1. 총 론

주원장朱元璋(1328~1398)은 스스로 "짐은 농민이었다"고 말했다. 몽골 귀족과 그 권력을 몰아내고 군웅을 다 평정하고 여러 어려움을 극복한 후 15년 후에 명나라 정권을 세웠다. 1368년 황제의 자리에 등극한 후 홍무洪武로 개원하고 명 태조가 되니 "오랑캐를 물리치고 중화를 회복하고 기강을 새로 확립해 백성을 구제하겠다"(송렴宋濂의 격문檄文)는 목적을 달성했다. 그리하여 유목 민족이 침입해 야기된 생산의 파괴를 종식하고 중국 역사상 또 한번의 통일된 강성한 대제국이 출현하게 되었으며 한족 남방인들이 다시는 멸시와 고통을 받지 않게 되었다. 이 때문에 손중산孫中山 선생이 신해혁명 후에 남경에서 효릉孝陵(주원장 태조릉)에 가서 제사를 지내기도 했다.

홍무제는 힘들게 얻은 강산을 유지하고 그 통치를 확고히 하기 위해 노심초사했다. 법과 제도를 정하고 정치적으로는 전국의 요지를 여러 왕자들에게 분봉하였다. 또 환관이 정사에 간여하는 것을 금하고, 관리가 청렴하고 부패가 없도록 엄징했다. 군사적으로는 바다와 육지의 요충지에 위소衛所를 세우고 국방을 유지했다. 그리고 국민의 생활 안정과 생산 발전에 치중하여 전쟁의 상처를 치유하고 황무지와 유랑민을 개간하고 정착시켰다. 변경 지역에 군대를 주둔시키고 개간을 하니 병사들이 개간한 농지가 850만 7천여 경(1경은 100무)에 이르렀다. 수리 시설을 개선하고 하천을 정비해 4만~5만여 곳에 제방을 쌓았다. 또한 뽕나무와 목화를 널리 보급하고 나무 심는 것을 장려하니 식량과 군사가 풍족했다. 홍무 말년에 "세상이 풍족해 세금이 넘쳐나고 외부 현의 곡식 창고가 많이 쌓이게 되어 붉게 썩어나가도 먹지 않았다"고 할 정도였다. 역사에서는 이를 "무武는 전란을 평정하고 문文은 태평성세에 이르렀다"라고 평했으니 허황된 칭송이 아니다.[1]

홍무제는 사상 교육을 특히 중시하여 여러 왕들과 문무 대신, 백관 백성들에게 간곡하게 다음과 같이 경고했다. 왕들은 그릇되어서는 안 되고, 공신은 사치를 해서는 안 되고, 관리는 탐욕스러워서는 안 된다. 또 《대명률》·《대명관제大明官制》·《홍무예제洪武禮制》 등을 제정해 출간하고 나라에 반포했다. 그는 또 서적의 수집과 출판에도 주의를 기울여 초기에 건강建康(남경)을 정돈하고 나서 관리에게 명해 고금의 서적을 구하라고 했다. 수도를 정하고 나서 대장군 서달徐達로 하여금 규장奎章·숭문비서도적崇文秘書圖籍을 모두 수집해 남경으로 가지고 오도록 명했다. 또 원래 항주의 서호서원에서 보관하고 있던 송나라와 원나라의 서판을 모두 국자감으로 가져왔다. 홍무 원년에는 서적·필묵·농기구에는 세금을 부과하지 않았다. 홍무 2년에 《사서》·《오경》·《강목》과 제자諸子 서적을 부주현학에 반포했다. 15년에는 유향劉向의 《설원說苑》·《신서新序》를 학교에 반포해 학생들에게 강독하도록 했다. 또 국자감에 없는 서판을 보충하도록 명했다. 23년 겨울에는 "예부에 명해 관리를 파견해 세상에 남겨진 선본을 구입하도록 했고 서방에서 판각 발행하도록 했다." 24년에는 다시 예부에 명해 국자감에서 인본 서적을 북방의 학교에 반포하도록 했다.

영락제(성조成祖, 처음에는 태종이라 함, 1360~1424)는 걸출한 재능과 웅대한 지략이 있는 뛰어난 군주였다. 영락 7년에 동북 지역에 노아간도사奴兒幹都司를 설치해 지금의 흑룡강에서 바다로 나가는 지역 이남과 사할린[庫頁島]지역을 관할했고 또 지금의 베트남 북부지역인 교지交趾를 되찾았다. 태감 정화鄭和(1371~1435)를 정사正使에 명해 배 63척과 병사 27,670명을 이끌고 7차례 남양군도를 순시하도록 했다. 정화는 아프리카 동쪽 해안까지 이르러 이후 화교들이 남태평양을 개척할 수 있는 기초를 닦아 놓았다. 지식인들의 건문제建文帝[1]에 대한 그리움을 없애기 위해서 이들을 끌어들여 송나라 초기에 《태평어람》을 지은 이야기를 모방해 해진解縉에게 서적을 편수하도록 했다. 해진 등은 영락 2년 겨울에 《문헌대성文獻大成》을 편수했다. 황제는 미비한 것을 싫어했다. 그래서 다시 5년 11월에 요광효姚廣孝(1335~1418) 등이 《문헌대성》을 중수하여 헌상하니 서적은 22,937권, 1,195책으로 《영락대전永樂大典》이라는 이름을 하사받았다.[2] 서적 역사상 '방대하여 빠진 내용이 없는' 전무후무한 대백과사전이 되었다. 요광효 등 2,169명이 만들었다고 하는데 그들에게 차등이 있게 상금을 하사했다.[3] 영락 초기에는 문연각 장서가 대부분 빠진 서적이 많아서 관리를 파견해 구입하도록 하여 오로지 구하고자 하는 것이 있으면 그 가격을 따지지 않고 구하니 서적이 많았다. 16년에 온 나라의 군현지를 만들도록 조서를 내려 또 관리를 여러 군현에

1_ 건문제 주윤문朱允炆(1377년~?)은 명나라의 제2대 황제로 명 태조 홍무제 주원장의 장손이자 의문황태자懿文皇太子 주표朱標의 아들이다. 숙부인 연왕 주체朱棣, 즉 영락제에게 황위를 빼앗겼으며 그의 행방은 묘연해졌는데 이는 역사의 수수께끼로 남아 있다.

파견하여 사적과 옛 군현지를 널리 구할 수 있었다. 북경에 수도가 다 건설되자 영락 19년에 문연각 서적 중 1부부터 100부까지 각각 하나씩을 취해 100함을 만들어서 북경으로 운송했다.

선덕宣德(선종) 때 "비각에 소장된 서적이 2만여 부, 100만 권에 달했으며 그 중 판각본 13권, 초록본 17권은 모두 송·원 때 남겨진 것으로 정교하고 아름답지 않은 것이 없었다. 장정은 호접장으로 벌레와 쥐가 갉아먹지 않았다"[4]는 기록이 있다. 바야흐로 명나라는 국가에서 서적을 소장하는 분위기가 극히 성했던 시기라 하겠다. 정통 6년에 서적이 다 갖추어지고 빠진 것이 없게 되자 양사기楊士奇 등이 《문연각서목文淵閣書目》을 편찬했는데 무릇 43,200여 책이 수록되었다. 만력 33년에 다시 《내각서목內閣書目》을 편찬할 때 이미 열에 하나는 없어졌으니 옛 서적의 소실이 참으로 안타깝다.

명나라 때 생산력이 발달하고 경제가 번영하게 되자 사회에서 문학을 중시하게 되고 과거에 급제하는 이가 많아지고 인재도 많이 배출되었다.

경학과 철학 분야에는 유삼오劉三吾·호광胡廣·나륜羅倫·구준丘濬·왕수인王守仁·진헌장陳憲章·주모위朱謀㙔·유종주劉宗周·황도주黃道周 등이 있다.

역사 분야에는 송렴宋濂·주권朱權·정효鄭曉·등원석鄧元錫·왕세정王世貞·장훤張萱·하교원何喬遠·윤수형尹守衡·진건陳建·초굉焦竑·소경방邵經邦·가유기柯維騏 등이 있다.

과학 분야에는 수학의 주재육朱載堉·정대위程大位 등과 농학의 서광계徐光啟, 공학의 송응성宋應星이 있다. 황하를 관리한 반계순潘季馴도 있다. 지리학에는 서굉조徐宏祖·마환馬歡·비신費信·공진鞏珍이 있고 군사학에는 척계광戚繼光·모원의茅元儀가 있다. 의학가로는 왕긍당王肯堂·장개빈張介賓·이시진李時珍 등이 유명하다.

저명한 문학가로는 송렴宋濂・유기劉基・삼양三楊(양사기楊士奇・양영楊榮・양부楊溥)・사걸四傑(고계高啓・양기楊基・장우張羽・서비徐賁[2])・칠재자七才子(이몽양李夢陽・하경명何景明・서정경徐禎卿・변공邊貢・강해康海・왕구사王九思・왕정상王廷相)・후칠자後七子(이반룡李攀龍・왕세정王世貞・사진謝榛・종신宗臣・양유예梁有譽・서중행徐中行・오국윤吳國倫)・공안파公安派 3원三袁(원종도袁宗道・원굉도袁宏道・원중도袁中道)・경릉파竟陵派(종성鍾惺・담원춘譚元春) 등이 있다.

저명한 소설가로는 나관중羅貫中・시내암施耐庵・오승은吳承恩 등이 있고 희곡가로는 주유돈朱有燉・탕현조湯顯祖 등이 있다. 황우직黃虞稷의 《천경당서목千頃堂書目》[3]에는 명나라 사람이 저술한 15,725종의 저작을 수록하고 있는데 이 숫자는 《명사・예문지》에 수록된 것보다 3배 정도 많다. 이는 관과 개인 출판자들을 위한 충분한 원고 자료를 제공했기 때문이다.[5]

해진解縉은 태조에게 "나라 안에 있는 시와 서적 저술을 모두 관에서 간행하는 것이 마땅합니다. 또 나라에서 소장하고 있는 서적

2_ 徐賁은 서분으로도 발음되지만 이름일 경우에는 비로 발음되어 서비로 했다.

3_ 황우직(1626~1692)의 자는 유태兪邰고 명대의 사학가이자 장서가이며 목록학 자이다. 선조는 복건성 진강晉江(지금의 천주泉州)에 살다가 그의 아버지 황 거중黃居中이 남경에서 관직에 있을 때 천경재千頃齋를 짓고 책을 수집하였 다. 황우직은 16세에 수재에 급제하였으나 더는 과거에 응시하지 않고 독서 에 매진했다. 1645년에 남명이 멸망하자 남경의 장서들이 많이 없어졌는데 그는 힘껏 구매하여 수십 년이 지나자 장서는 더욱 풍부해졌다. 강희 18년 (1680) 명사관明史館에서 예문지를 편찬할 때 《천경당서목》은 기본적으로 완 성되었다. 이 서목은 그 자신의 장서를 기초로 하여 명대 저술 목록을 편찬한 것이다. 전체 32권으로 경사자집 4부로 나누었으며 49류類이다. 유목類目은 상세하고도 새롭다. 적지 않은 유목 뒤에는 남송 및 요, 금, 원나라의 도서들 을 부가하였다. 모든 저서의 저자와 서명 및 권수를 적어 넣었고 필요할 때에 는 요점을 적어 넣었다. 《명사・예문지》는, 즉 이 책을 저본으로 하여 편찬되 었다. 《천경당서목》은 오랜 기간 필사본 형태로 내려오다가 1913년에 《적원 총서適園叢書》 제2지1에 수록되었다.

중 빠진 서적을 가능한 한 다 발행을 하고 또한 수도와 수륙으로 통할 수 있는 주와 현의 관에서 운영하는 서방을 설치해 서적 간행을 담당해야 합니다"하고 건의했다.[6] 그의 건의는 좋은 의도였지만 당시 상황에서는 실현되기 힘들었다. 그러나 명 황제는 출판 사업을 중시했기 때문에 내부內府·경창經廠·남북 두 국자감과 부원部院에서 모두 서적을 간행했다. 당시에 13개 성에 있는 포정사布政司[4]·안찰사按察使·소수의 염운사鹽運司[5]와 각 부에서도 역시 모두 판각을 했다. 청나라 왕사정의 《거이록居易錄》에서 "명나라 때 어사·순염다巡鹽茶·학정學政·부랑部郎·각관權關 등을 파견해 돈을 모아 서

4_ 포정사는 승선포정사사承宣布政使司의 간칭이다. 이곳의 최고 관리는 포정사布政使이고 관품은 종2품으로 한 성省의 민정, 전답세, 호적 등을 관리하였다.

주원장은 전국에 13개의 승선포정사사를 설치하고 좌우포정사를 각 1명씩 배치하여 민정과 재정을 관리하도록 했다. 또 제형안찰사사提刑按察使司(간칭 안찰사)를 두어 형법과 군대를 관리하도록 하였는데 이를 합해 '삼사三司'라고 하며 서로 통속되지 않고 각각 중앙에 귀속되었다. 포정사 아래에는 부府(직례주直隸州)와 현縣(州)2급 지방정권을 설치하였고 그 관리는 지부知府와 지현知縣이라 했다.

청대에 순무巡撫는 성급省級 지방 최고행정장관으로서 군사, 행정, 형옥刑獄 등을 감독 관리하였는데 지위는 총독보다 약간 아래로 종2품이었다. 순무는 양사兩司를 관할했는데 하나는 승선포정사사로 한 성의 민정, 전답세 호적등을 관리하였다. 또 하나는 제형안찰사사로 행정장관은 제형안찰사提刑按察使로 관품은 정3품으로 한 성의 사법과 역참 파발을 관리했다.

5_ 염운사는 관서명으로 지방의 소금업무를 관장했다. 염운사의 최고관리는 염운사鹽運使라고 하며 원대에 처음으로 설치되어 각 성의 소금 생산지에 설치되었다. 명청대에도 이를 따랐으며 전체 명칭은 '도전염운사사염운사都轉鹽運使司鹽運使'이고 간칭 '운사運司'라고 한다. 그 아래에는 운동運同·운부運副·운관運判·제거提擧 등의 관직이 있다. 이들 관리들은 종종 도찰원의 소금과세를 위한 어사 직함을 겸하고 있었기 때문에 이들을 '순염어사巡鹽御史'라고도 한다. 이들은 소금 업무만이 아니라 어떤 때는 궁실을 위한 귀중품을 사들이거나 사회정황을 정탐하기도 하여 백성들의 고혈을 짜내는 기구로 변하기도 하였다. 신해혁명 후에도 여전히 이 기구가 있었으며 1937년에 염무관리국鹽務管理局으로 개칭되었다.

적을 간행했다. 지금은 보기 드물다"라고 기록하고 있다. 원동袁棟의
《서은총설書隱叢說》에는 "관에서 서적을 출간하는 기풍은 명나라에
이르러 극히 성했으며 내륙으로는 남경과 북경 두 곳에서, 외곽지역
으로는 도학道學 두 부서에서 판각 제조하지 않는 곳이 없었다. 관리
가 부임하면 새 책 몇 권과 토산품으로 선물을 하니 이를 '서파본書帕
本'이라 불렀다"고 기록하고 있다. 외지에서 관직을 맡게 된 사람이
나 외지로 출장 가는 이는 봉록을 내어 서적을 판각해 부임지에서
새 서적을 인쇄한 것과 손수건 및 토산품을 선물하는 것이 일종의
유행이 되었다. 이런 것은 송나라 지방 관리가 서적을 새겼던 것과
함께 아름다운 풍속이라 할 수 있다. 그러나 고염무는 이 서파본이
정교한 것이 적다고 비판하며 "그 정교하지 못함이 오히려 방각본보
다도 못하다"고 했다.

명대에 각 번왕부에서 판각한 서적은 약 430종으로 남북 두 국자
감본보다 훨씬 많다. 신하 중에도 역시 호사가가 출자하여 서적을
판각한 이가 있는데 이는 명나라에만 있었던 일이다.

명나라 때는 서원·사찰·천주당에서도 서적을 간행했다.

강남 사가私家의 가숙이나 서당에서도 정교한 서적을 많이 간행했
는데 지주나 부유한 상인도 역시 판각에 새기거나 활자를 제조해 서
적을 인쇄하는 것을 좋아했다.

서방은 남경과 북경, 건녕에 집중되어 있었다. 남경과 건녕의 서
방은 각기 90여 곳 정도가 있었다. 항주·소주·휘주의 서방에서도
많은 양의 서적을 간행했다. 상주常州·양주揚州·장주漳州·무주撫
州 등지의 지역에서도 역시 각각 서방이 있었다.

명나라 육용陸容(1436~1496)은 《숙원잡기菽園雜記》에서 "나라의 초
기에 서판은 오직 국자감에만 있고 군현 외곽에는 아마도 서판이 없
었으리라 추측된다. 송잠계宋潛溪[6]의 〈송동양마생서送東陽馬生序〉를

보아도 그런 사실을 알 수 있다. 선덕·정통 연간 사이에는 서적의 인쇄가 그다지 광범위하지 않았다. 오늘날 서판이 나날이 늘어가는 것은 세상이 문을 숭상하는 현상으로 이전에 비해 흥해지고 있다. … 상관이 선물로 주고 받을 때 걸핏하면 1백 부까지 인쇄하니 관아의 비용도 역시 많아졌다"고 했다. 육용이 추측한 내용은 그 당시의 실제 상황과 대체적으로 들어맞는다. 성화成化·홍치弘治 연간은 역사적으로 "나라 안이 부유하고 백성들이 안락하고 풍족하다"고 평가받는 시기였고 서적의 인쇄도 나날이 발달해 가정·만력 연간에 이르러서는 극히 성행했다. 왕신중王愼中(존암遵岩)·당순지唐順之(형천荊川)는 서로 말하기를 "수십 년 동안 공부한 사람이 과거시험에 합격하면 반드시 자신의 원고를 한 부 출판했으며, 백정이나 술파는 천한 직업을 가진 사람도 (경제적 능력만 있으면) 죽을 때 반드시 묘지墓誌 한 장을 가졌다. 이런 책판이나 서적들은 다행히 오래지 않아 없어져 버렸다. 만일 남아 있다면 비록 대지大地를 선반으로 만든다 해도 쌓아둘 데가 없을 것이다"고 했다. 또 "근래 원고의 책판을 조룡祖龍[7]의 수단으로 처리한다면 남산의 땔감 가격이 반드시 떨어질 것이다"라고도 했다.[7] 이지李贄는 "사모紗帽를 쓰고 나면 서적을 새기는 것이 상례다[8]"라고 말했다.[8] 가정 시기에 과거에 급제를 한 이는 반드시 서적을 새겼고 만력 때에는 관직을 맡았던 이도 관례대로 문집을 새겼다. 명나라 때에는 '서적을 개인이 새길 수 있었기' 때문이다. 원나라 때처럼 심사를 거치고 비준을 거쳐야 하는 수속이 없었기에 돈

6_ 잠계潛溪는 송렴의 호다.

7_ 조룡祖龍은 진시황을 가리키는 것이고 이 말은 진시황의 분서갱유를 빗대서 한 말이다.

8_ 명대의 문무관원의 예복은 정해져 있었는데 관모인 사모를 써야 했다. 사모를 썼다는 것은 벼슬을 했다는 의미다. 검은색이기 때문에 오사모烏紗帽라고도 한다.

만 있으면 얼마든지 서판을 새길 수 있었으며 또 각자공의 노임도
아주 저렴하고 게다가 종이와 먹도 쉽게 구할 수 있었기 때문에 서
적을 많이 출판할 수 있었다. 주홍조周弘祖의《고금서각古今書刻》에
기재된 내용에 의하면 명나라 사람이 판각한 명대의 저작과 고서는
약 2,677종(혹은 2,489종이라도 함)에 달한다고 한다. 그러나 만력본은
그 숫자에 계산되지 않았기에 명대에 실제로 서적을 판각한 양은
1~2만 종에 달한다고 보아야 옳다. 어떤 서적의 판본은 많게는 수십
판에 달하기도 했다. 예로 원나라 말기 고명高明의《비파기琵琶記》는
만력 25년에 이르러 여러 곳의 판본이 이미 70여 종에 달했다. 명나
라 매응조梅膺祚의《자휘字彙》는 만력 43년 한 해 동안만 8종류의 방
각본이 있었다.《문선》·《도집陶集》과 같은 고서는 각기 40여 판이
있었고,《초사》는 60종의 판이 있었는데 동일한 책에 이처럼 판본이
많은 것은 이전에 없었던 일이라 하겠다. 오늘날 전하는 명판은 약 2
만~3만 부 정도가 되며 대만에 6천여 부(모두 대부분이 복본複本임)가 있
는데 대다수가 만력본이고 그 다음이 가정본이다. 이는 두 황제의 재
위기간이 각각 40여 년으로 긴 것과 관련이 깊다. 또 그 다음으로 정
덕正德·융경隆慶·천계天啟·숭정본崇禎本이 많다.

　명나라 농업을 살펴보면 외국에서 옥수수·땅콩·토마토 등을 들
여왔고 면·뽕나무·차·쪽을 많이 재배하도록 했다. 청대의 쪽빛
은 인쇄공들이 먹을 대신하여 광범위하게 사용했다. 명나라 때 수공
업은 전 시기에 비해 큰 발전을 보여 길이가 44여 장, 넓이가 18장이
나 되는 큰 배를 만들어 인도양까지 항해할 수 있었다. 송강松江에서
는 면을 생산했고, 남경·소주·항주·호주에서는 비단 주단 능라
를 생산했으며, 사천 지역은 촉금蜀錦으로 이름이 났다. 비단은 서적
상자를 제작하는 데 필요한 재료가 되기도 했다. 경덕진의 자기는
청화 이외에도 오채五彩가 있고, 의흥宜興의 자사도기, 선덕宣德의 청동

향로, 경태년에 발명된 경태람景泰藍은 모두 새로운 예술품이 되었다.

문방업도 역시 발달하여 호필湖筆 이외에도 익양필弋陽筆·영풍필 永豐筆이 있었다. 절강 구주부衢州府의 서안·용유龍遊에서는 모두 먹 이 생산되었고, 옥산玉山에서는 제봉묵齊峰墨을 제조했으며 건양에는 먹 굽는 가마[墨窯]가 있었다. 송강묵松江墨은 휘주묵과 함께 이름이 났으며 또 손씨경묵孫氏京墨이 있다. 내부內府에서 만든 먹은 모두 자 연히 휘묵의 질과 양에 미치지 못했다. 명나라 때 제지기술은 송· 원보다 훨씬 더 발전해 생산된 제품이 약 100종에 달했으며 인쇄에 사용된 종이는 구주의 각 현에서 생산된 서적지와 건양 서적지, 순 창順昌 서지, 영풍永豐의 면지棉紙, 상산常山의 간지柬紙, 운남의 면지 등이 있다. 종이와 먹 등 풍부한 원료가 있었기에 각 지역의 출판 사 업은 더욱 편리하게 되었다.

인본《대통력大統曆》은 정부의 예물이 되어 조선 등의 나라에 보냈 다. 인본 서적은 나라 안에 널리 유통되거나 혹은 상품이 되어 일 본·유구(현재의 오키나와)·월남 등에 판매되었고 특히 의학 서적은 일본에서 크게 환영을 받으며 보이는 대로 구매해 갔다.

명나라 시기 중 도서 간행이 가장 일찍 시작된 때는 오왕吳王 원년 (1364)이다. 홍무·영락 연간에 이르러 성행하다가 성화·홍치년 이 후, 정덕·가정·융경·만력 연간에 이르러 극도로 발전했다. 천 계·숭정 연간에도 쇠락하지 않았다. 오직 건문建文·홍희弘熙·태 창泰昌년에 잠시 주춤했다가 홍광弘光 때 남으로 도읍을 옮기고 얼마 안 되어 나라가 흔들리고 융무隆武·영력永曆에 이르러 나라가 겨우 명맥만 유지하게 되니, 판각 사업은 자연히 드문드문해졌다. 하지만 대륙·대만에는 여전히 영력 연호를 사용하는 곳도 있었다.[9]

명나라 서적 간행의 특징은 다음과 같다.

1. 판각 인쇄사업이 특히 흥성했다.

2. 판화가 정교하고 아름답다.

3. 남색 인쇄 · 투인 · 채인이 있다.

4. 각종 활자판이 유행했다.

2. 간행장소

남 경

명 태조가 남경에 도읍을 정하자 남경은 전국의 정치 · 경제 · 문화의 중심지가 되었다. 태조는 문화의 상층 구조를 아주 중시해 고금의 도서를 수집했을 뿐만 아니라 자신도 직접 많은 저서를 저술했다. 홍무 · 영락 때 이른바 '제서制書'[9]는 영락 때 도읍을 옮기기 전에 모두 남경 궁전 내부에서 간행한 것으로 '내부본內府本'이라 불렀다. 예로《사제번조칙賜諸蕃詔敕》·《대명일력大明日曆》·《회회력법回回曆法》·《제사직장諸司職掌》·《원사》(모두 홍무 연간)·《고금열녀전》·《효순사실孝順事實》[그림 45]·《인효황후권선서仁孝皇后勸善書》(모두 영락 연간)가 있다. 영락 7년 사례감司禮監에 명해《성학심법聖學心法》을 간행했고 역시 내부본이라 불렀다. 후에 사례감의 경창본經廠本의 이름이 유명해지자 점차 내부본이란 이름은 묻히게 되었다. 남경 각 부원에서도 역시 서적을 간행했으며 서적을 가장 많이 간행한 곳은

9_ 제서는, 즉 황제가 말한 것을 의미한다. 천자의 말을 '제制'라 하고 그 말을 적은 것을 '서書'라고 한다. 주대周代에는 제왕의 명령을 '명命'이라 하였고 진시황이 여섯 나라를 멸한 후에는 '명'을 '제制'로 바꾸었다. '제'는, 즉 황제가 반포한 중요한 법제명령의 전문적인 문서다. 한나라와 위진, 남북조시대의 '제서'는 기본적으로 진나라의 규정을 따랐다. 당나라의 제서는 제서와 위로제서慰勞制書 두 종류로 나뉘었다. 국가의 중요한 명령을 반포하는 외에도 또 관료의 포상에 사용하기도 했다. 명나라의 제서는 황제가 개별적이거나 혹은 부분적으로 관리들을 발표할 때 사용하는 명령문서였다.

남경 국자감이고 이곳서 간행된 것을 간략하게 '남감본'이라 칭한다.

남감본南監本 영락 19년 (1421)에 성조가 남경에서 북경으로 도읍을 이전한 후 남경은 제2의 수도가 되었고 혹은 '유도留都'라 칭하기도 했다. 남경의 6부 아문衙門은 사라지지 않았는데 이로써 국자감도 두 곳이 있게 되니 북경의 국자감은 북감北監 혹은 북옹北雍(고대 벽옹辟雍[10]의 간칭)이라 불렸고, 남경에 있는 국자감도 남감南監 혹은 남옹南雍이라 불렸다. 남경 국자감은 홍무 때 중국의 학생만 있었던 것이 아니라 조선·일본·태국·유구 등지에서 온 유학생도 있었다. 영락 18년 학생 수는 9천여 명에 이르렀으니 아시아에서 최고의 학부였을 뿐 아니라 그 당시 세계에서

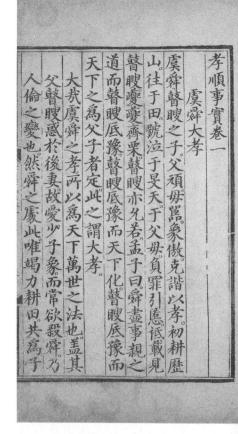

[그림 45] 명나라 내부본, 영락 18년(1420) 내부에서 《효사실孝順事實》을 판각했다.

10_ 고대의 대학으로 수도에 설치했다. 《예기》의 〈왕제王制〉에 "태학太學은 교교郊에 있고, 천자의 것은 벽옹, 제후의 것은 반궁이라 한다"라고 되어 있다. 벽옹은 문묘의 서쪽에 늘어선 국자감의 중핵을 이루는 건물로 벽璧과 같이 원형의 못 중앙에 네모난 백석기단白石基壇을 만들어 놓고 그 위에 전사殿舍를 세운다. 또한 지방의 문묘에서는 반궁의 제에 따라 대성문 전방에 반지泮地라는 반원형 또는 장방형의 못을 만들어, 돌 또는 전축博築의 다리를 남북방향으로 놓는다. 이를 장원교狀元橋라 하여 진사시험에서 수석을 한 사람은 이 다리를 걷는 의식이 있었다. 현재 북경 안정문安定門 내 성현가成賢街의 공자묘 내에 벽옹이 있다.

도 가장 큰 학교였다.[10]

남경의 국자감은 원나라 집경로集慶路 유학에서 소장하고 있던 각로의 역사서적 서판을 모았을 뿐 아니라 또 원대 항주 서호서원(남송 때에는 태학太學임)에서 판각한 서판도 이어받았다. 서호서원은 일부 몇 종류의 원각본 서판 외에도 남송의 국자감에서 새긴 판본의 일부도 1백 여 종 보관하고 있었다.[11] 명나라 초기 여러 황제들은 모두 감판을 중시했다. 홍무 15년 국자감에서 소장하고 있는 서판에 빠지거나 부족한 부분이 많아 여러 유학에 내용을 고증하고 보충하라 명을 내리고 공부工部에서 감독하게 했다. 후에 또 국자감에 명을 내려 인본 서적을 북방의 학교에 반포하라고 했다. 영락 2년에 공부에서 국자감의 경적판을 정리하고 보충했다. 선덕 6년(1431) 9월에 남경의 공부에 명을 내려 국자감 서적 중 빠진 판을 보충하라 명했다.[12] 그러나 여러 차례의 전쟁과 인쇄공들이 훔쳐가거나 다른 서적을 판각해 이익을 취하는 등의 이유로 보충해도 계속 없어졌다. 그래서 성화 후기에 이르러서는 여러 서적 중 빠진 숫자가 이미 2만여 판 이상이 되었다. 홍치 초기에 창고에 보관된 서적의 수를 계산했는데 저장하고 있는 서판의 일부 중 가정 23년(1544)에 이르러서는 없어지거나 빠진 서판이 성화 초기의 과반수를 넘었다.[13] 관리자는 방법을 다하여 유도留都(남경)의 서적을 남겨두려고 인쇄공에게 명해 남감에서 매일 보충해도 마치 완벽하게 된 듯했지만 당연히 다 갖출 수는 없었다.

남감에서는 또 지방에서 서판을 구했는데 예로 홍무 8년 원나라 경원로(지금의 영파)에서 왕응린이 지은 《옥해》판을 구했다. 후에 또 사람을 광동의 포정사布政司에 파견해 성화 연간의 《송사》판을 구했다. 《원사》는, 즉 홍무 3년 내부판이고 8년에 판을 남옹에 보냈다. 또 송·제·양·진·위·북제·주周나라의 7사七史는 송나라 소흥의 미산眉山에서 서판을 간행했으며 역시 남감에 있다. 홍무에서 가정·만력 연간에 이르기까지 또 누차에 걸쳐 경전을 보충하고 정리했다. 국자감에서 소장하고 있던 《21사》판은 글자가 또렷하지 못하고 많이 흐릿했다. 《양서梁書》가 특히 훼손이 심했고, 《사기》와 전·후《한서》가 빠지고 모호했으며 원판이 얇아지고 약해져서 한쪽을 파서 다른 쪽을 메우니 판이 떨어지게 되었다. 가정 7년(1528) 남감의 좨주祭酒 장방기張邦奇 등이 중간을 주청했다. 또 오하吳下[11]에서 《요사遼史》·《금사金史》를 사들이고 역시 판각하고 간행했는데 모두 공임 은자만 1,175냥 정도가 들어갔고 인쇄 등 비용은 그 계산에 들어가지 않았다.[14] 만력 초기에 속전贖錢[12]으로 《양서梁書》를 다시 판각했다.[15] 그리하여 남감의 《21사》는 송·원 구판이 있고 또 새로이 판을 중각해 정덕正德 이후에는 다시 보충하는 것이 없게 되니 그 수준이 송·원에 뒤지지 않았다. 그러나 어떤 서판은 훼손되고 모호해 깔끔하지 못한 판본을 납탑본邋遢本이라 불렀다. 송나라 촉각본 《7사》 잔판은 청나라 가경 연간에 강녕번江寧藩의 창고에 불이 나서 7백년 만에 결국 훼손되었다.[16] 남감에서는 《21사》를 모아 편집하여 간행 인쇄했고 또 《통감》·《통감기사본말通鑑紀事本末》·《통감전편通鑑前編》·《통감강목通鑑綱目》·《정관정요》·《통전通典》·《통지략通志略》·《통고通考》·《고사古史》·《남당서》 등을 인쇄 간행했는데 중국의 중요 역사서적을 보존하는 데 큰 공헌을 했다. 또 우세남·구양순·조맹부가 쓴 《백가성》·《천자문》 등의 서첩 9종류를 출판해 서예를 배우는 이들에게 베껴쓰기 학습용으로 제공했다. 과학 기술서적으로는 《천문지天文志》 24권의 존판存版 774면, 송나라

11_ 현재의 강소성 장강 이남.
12_ 죄를 면하기 위해 바친 돈.

이계의 《영조법식》 존잔판 60면이 있으며 두 종류는 모두 송나라 원판으로 보인다. 또 《농상촬요》·《농상의식農桑衣食》·《재상도栽桑圖》·《산법算法》·《하방통의河防通議》 등이 있다. 의학 서적으로는 《대관본초大觀本草》·《맥결간오脈訣刊誤》·《수친양노신서壽親養老新書》가 있다. 만력 초기에 또 《자휘》 24종을 출판했다.

황좌黃佐의 《남옹지南雍志》 권18 〈경적고經籍考〉 하편에 간행하게 된 전 과정을 기록하고 있다. 그 속에 수록된 저서가 약 2백여 종 정도이며 서·경·자·사·문집·유서類書·운서·잡서·석각石刻의 9종류로 나누어 제작했으며 모든 서적의 아래에 존판存版 혹은 좋은 판·나쁜 판·잘린 판[斷版]·갈라지거나 모호한 판의 면수面數를 밝혀 놓고 있다. 주홍조의 《고금서각》은 남경 국자감에 기록된 271종 중에서 제서류를 '본조서本朝書'로 바꾸어 13종으로 보았고, 잡서는 91종으로 가장 많다. 그 다음이 일반적인 경서·사서·시문집·자서 등 각 서적이 수십 종이 있다. 그중 《천문지天文志》·《평송지平宋志》·《수마역정水馬驛程》·《소담지昭潭志》·《창오지蒼梧志》·《짐심지鄩鄩志》·《옥융지玉融志》·《집경지集慶志》·《헌대기憲臺記》 등은 모두 이미 사라졌다.

부원본部院本　　남감본 이외에 남경 부원본이 있는데 태조가 예부에 명해 《사기》·《통감》 등을 간행하여 여러 왕들에게 하사했다. 예부에서 《서전회선書傳會選》·《황명조훈皇明祖訓》(모두 홍무 연간)을 간행했다. 영락제는 또 예부에 명령해 《오경사서대전五經四書大全》·《성리대전》(모두 영락 13년)을 간행했다. 남경의 예부에서 《명륜대전明倫大典》(가정년)·《선택력서選擇曆書》·《태조고황제어제문집太祖高皇帝御製文集》(만력 연간)을 간행했다. 병부에서는 《무경칠서》(홍무 30년)를 중간했다. 남경의 도찰원都察院에서는 구각본인 《학림옥로鶴林玉露》 16권을 보충 간행했다(만력 36년). 대리시大理寺·회동관會同館

에서도 각각 서적 1~2종을 간행했다. 남경 승록사僧錄司에서는 《금릉범찰지金陵梵刹志》(만력 35년)를 판각했다.

응천부본應天府本　　　응천부(남경)에서는 《모산지茅山志》·《남기통지南畿通志》·《구용지句容志》·《문공가례의절文公家禮儀節》 등 10종을 간행했다. 응천부학에서는 《성리대전서》(가정 22년)를 판각했다.

서방본書坊本　　　과거에는 명나라 남경에 서방이 많이 있다는 것은 알고 있었지만 그 숫자를 통계낼 수 없었다. 지금 여러 서방의 목록과 원본原本 패자牌子에 의해 각 서방을 고찰해 보면 아래와 같다.

〈서방〉

* 금릉 왕씨王氏 근유서당勤有書堂
* 금릉 왕거직王擧直
* 금릉 적덕당積德堂
* 경도京都 취보문리聚寶門里 서랑하西廊下 시가施家
* 금릉 당대계唐對溪 부춘당富春堂 – 또는 금릉 삼산가三山街 수곡繡谷 대계서방對溪書坊 당부춘唐富春, 또 금릉 삼산가 당씨 부춘당이라고도 부른다.
* 금릉 당수곡唐繡谷 세덕당世德堂
* 금릉 당씨唐氏 문림각文林閣 – 당금지唐錦池(또는 집현당이라 부름)·당혜주唐惠疇
* 금릉 서림書林 당리약唐鯉躍 집현당 – 또는 당리요문림각唐鯉耀文林閣이라 부른다.
* 금릉 당리비唐鯉飛 – 계룡季龍
* 당소촌唐少村 홍현당서포興賢堂書鋪 – 즉 금릉서방 당소교唐少橋
* 금릉서림 당진오唐振吾 광경당廣慶堂 – 당국달唐國達

* 금릉 당성唐晟 – 세덕당世德堂이라 부르기도 한다.

* 금릉서림 당문감唐文鑒

* 금릉 당충우唐翀宇

* 금릉서사 당정인唐廷仁

* 금릉 당룡천唐龍泉

* 금릉서림 당정서唐廷瑞

* 금릉 당건원唐建元

* 금릉서사 당겸唐謙 익헌益軒

* 금릉서림 주희단周希旦 대업당大業堂 – 수곡주씨대업당繡谷周氏大
  業堂이라고도 한다.

* 금릉서림 주일교周日校 – 응현應賢 · 대봉對峰 또 중일교周日校 만
  권루萬卷樓라고도 한다.

* 금릉서림 주근천周近泉 대유당大有堂 – 말릉주씨秣陵周氏 대유당大
  有堂이라고도 한다.

* 금릉서방 주씨周氏 가빈당嘉賓堂

* 금릉서방 주죽담周竹潭

* 금릉서방 주곤강周昆岡

* 금릉서림 주종공周宗孔

* 서림 주종언周宗顔

* 금릉서림 주사달周四達

* 금릉서사 주정괴周廷槐

* 금릉서림 주여천周如泉

* 금릉서림 주현周顯

* 금릉서사 주전산周前山

* 남경 주용서포周用书铺 – 원적은 강서 동향현東鄉縣이다.

* 금릉서방 오소산吳小山

* 금릉 오소계吳少溪 금수당錦繡堂

* 금릉서방 부춘명傅春溟

* 백하서림白下書林 부몽룡傅夢龍

* 금릉 이조李潮 취규루聚奎樓 – 서림書林 이조李潮(소천少泉)라고도
하고, 또 말릉秣陵 취규루聚奎樓라고도 한다.

* 금릉서방 이홍우李洪宇

* 금릉서림 이징원李澄源

* 금릉서방 호동당胡東塘

* 금릉서방 호현胡賢

* 금릉 호소산胡少山 소산당少山堂

* 금릉 소등홍蕭騰鴻 사검당師儉堂 – 소소거蕭少渠라고도 한다.

* 말릉 진대래陳大來 계지재繼志齋 – 금릉 진씨陳氏 계지재繼志齋라
고도 한다.

* 금릉 정사명鄭思明 규벽당奎璧堂 – 금릉서림 규벽재奎璧齋라고도
한다.

* 금릉서림 정대경鄭大經 사덕당四德堂 – 규벽당이라고도 한다.

* 금릉서림 여상훈余尙勳

* 금릉서방 건양建陽 섭귀葉貴 근산서사近山書舍

* 금릉서림 섭응조葉應祖

* 금릉서방 왕경우王敬宇

* 금릉서방 왕봉상王鳳翔 – 금릉서림 왕봉상이라고도 한다.

* 금릉 왕씨王氏 거서루車書樓 – 왕세무王世茂(이배爾培)·왕봉상

* 금릉서방 왕신오王慎吾 – 만력 때《평원록平冤錄》을 중간

* 금릉서방 왕상락王尙樂

* 금릉서방 왕락천王洛川

* 금릉서림 왕형잠王荊岑 광계당光啓堂 – 또 백문서림白門書林 왕형

잠王荊岑이라고도 한다.

* 금릉서림 뇌명雷鳴
* 금릉서방 서용화徐用和
* 금릉서사 모소지毛少池
* 금릉 서소산서방徐小山書坊
* 금릉서림 서송야徐松野
* 금릉서방 조군요趙君耀
* 금릉서방 공방록龔邦錄
* 금릉서방 장씨蔣氏 석거각石渠閣
* 건업 유씨劉氏 효우당孝友堂
* 금릉 대씨戴氏
* 금릉서림 대씨戴氏
* 금릉 영수당榮壽堂
* 금릉 형산서림荊山書林
* 금릉 삼산서방三山書坊
* 금릉서방 양형당兩衡堂
* 금릉 일관재一貫齋
* 금릉 만춘루萬春樓 – 만력 병오 때 《거관공안居官公案》 4권을 간
  행. 이춘모李春茅 편찬
* 금릉 보성루寶聖樓
* 말릉 종문당種文堂
* 금릉 대성당大盛堂
* 금릉 삼미당三美堂
* 금릉 삼다재三多齋
* 금릉 문추당文樞堂
* 금릉 문수당文秀堂

* 금릉 인서당人瑞堂

* 금릉 장춘당長春堂

* 금릉 겸선당兼善堂

* 금릉 휘금당彙錦堂

* 금릉 광유당光裕堂

* 금릉 친인당親仁堂

* 금릉 괴음당槐蔭堂

* 금릉 박고당博古堂

* 남경 구여당九如堂

* 금릉 취보문聚寶門 강가姜家 내빈루來賓樓

* 금릉 진존산경방陳尊山經坊

* 금릉 진룡산경방陳龍山經房

* 남경인경포南京印經鋪 – 서정주徐程鉒·서자강徐自強 등

이상에서 거론한 남경의 서적상은 94곳으로 건양보다 9곳이 많고
북경의 서방 수보다 훨씬 많다. 이 외에도 금릉의 요인경饒仁卿·주
문환周文煥·왕소당王少唐·장소오張少吾 등의 서방이 있는데 각각
판각을 했다. 금릉서림이라는 표기가 없는 것은 잠시 열거하지 않았
다. 금릉서림이건 서방書坊이건 대부분이 금릉이라는 두 글자를 앞
에 달았거나, 또 일부는 백하白下·말릉·건업이라는 글자를 표기하
고 있다. 가장 최초인 것은 왕씨 근유서당으로 홍무 4년에《신간대
상사언잡자新刊對相四言雜字》를 판각했는데 그림이 있는 글자 학습용
교본이다. 왕거직은 홍무 30년에《아송정음雅頌正音》을 판각했다. 적
덕당은 선덕 10년(1435)에《금동옥녀교홍기金童玉女嬌紅記》를 간행했
고 이는 현존하는 남경본 희곡 중 가장 오래된 것이다.

남경서방은 당唐씨 성을 가진 곳이 15곳으로 가장 많고, 그 다음이
주周씨 성을 가진 곳으로 14곳이다. 만력 연간에 당씨는 각 서방마

다 의학서·경서·문집·서신[尺牘]·거문고 악보[琴譜] 이외에도 또 희곡을 많이 판각했으며 그중 당대계 부춘당이 가장 많이 판각했다. 전하는 바에 의하면 10집 100종이 있다고 한다. 현존하는 것으로는 《관포분금기管鮑分金記》·《삼고초려기》·《여몽정파요기呂蒙正破窯記》·《악비파로동창기岳飛破虜東窗記》·《장순허원쌍충기張巡許遠雙忠記》·《상로삼원기商輅三元記》 등 약 50여 종 정도가 있다. 당대계의 판각 특징이 있는데, 즉 판광 네 변에 꽃무늬 도안이 있어 "화란花欄"이라 부른다. 송·원 이래로 전해지던 전통적인 단변 혹은 쌍변으로 된 단조로운 테두리에서 벗어난 것이다. 부춘당의 도안은 치첩雉堞[13] 형태로 되었으며, 어떤 때에는 서명 위에 특별히 표시가 되어 있기도 하다. 그 예로 《신각출상음주화란한신천금기新刻出像音注花欄韓信千金記》를 들 수 있다. 또 《백토기》·《심친기尋親記》·《금초기金貂記》·《왕소군출새군화융기王昭君出塞軍和戎記》·《범저제포기范雎綈袍記》·《관세음수행향산기觀世音修行香山記》·《출상금심기出像琴心記》 등도 모두 화란이 있다. 이와 같이 서적의 미관을 증가시키는 꽃무늬 테두리 장식은 당씨 세덕당의 《신각출상음주화란배도향산환대기新刻出像音注花欄裴度香山還帶記》에서도 보이지만 후에 유행하지는 않았고 어떤 때 우연히 서명이 있는 페이지에서나 보일 뿐이다. 세덕당에서는 또 《조씨고아기》·《오륜전비충효기五倫全備忠孝記》·《쌍봉제명기雙鳳齊鳴記》·《형차기荊釵記》·《배월정제평拜月亭題評》 등 모두 11종이 있다. 당씨 문림각은 당금지唐錦池·당혜주唐惠疇가 있다. 당금지는 《역혜기易鞋記》·《연지기燕脂記》·《원문정환혼기袁文正還魂記》 등을 간행했다. 당혜주는 《한유수운대기漢劉秀雲臺記》·《고성기古城記》 등을 간행했고, 이 두 곳에서 간행한 서적은 모두 16종이 있

13_ 몸을 숨겨 적을 공격할 수 있도록 성 위에 낮게 덧쌓은 담, 성가퀴라고도 한다.

다(문림각 당금지는 어떤 때에는 집현당 당금지라 불리기도 함). 광경당 당진 오(당국달 역시 광경당이라 불림)는 《서호기西湖記》·《무후칠승기武侯七勝記》·《규화기葵花記》 등 8종을 간행했다. 당성唐晟은 《비파기》를 교정 후 판각했다. 진씨 계지재에서는 《기정기旗亭記》·《절계기折桂記》·《매검기埋劍記》·《의협기義俠記》·《황량몽기黃梁夢記》 등 13종을 판각했다. 그 중 어떤 서적은 한번 판각하고 나서 다시 판각하기도 했는데, 예로 계지재에서 판각한 《옥잠기玉簪記》를 들 수 있다. 소씨 사검당본과 당씨 문림각본이 있다. 세덕당은 《향낭기》를 판각했고 계지재에도 판각본이 있다. 《천금기》는 세덕당·부춘당의 두 판본이 있다. 명나라 남경서방에서 판각한 희곡은 아마도 2백~3백 종으로 계산할 수 있겠다. 그 대부분을 정진탁鄭振鐸(서체西諦) 선생이 영인해 《고본희곡총간古本戱曲叢刊》에 수록했다.

금릉서림은 대량으로 희곡을 출판했으며 또 소설도 간행하기 좋아했는데 왜냐하면 이 두 종류의 책들이 대다수 사람들의 수요에 부응해 많이 판매되었기 때문이다. 만권서루에서는 이지李贄가 교정한 《삼국지전三國志傳》을 판각했다. 양이증楊爾曾의 《한상자전집韓湘子全傳》은 구여당본이 있다. 《서유기》는 영수당본이 있고 또 당씨 세덕당본도 있는데 《출상관판대자서유기出像官板大字西遊記》라 불렀다. 또 《남북송지전통속연의제평南北宋志傳通俗演義題評》·《당서지전통속연의唐書志傳通俗演義》·《삼수평요전三遂平妖傳》을 판각했다. 주씨 대업당에서는 《동서한통속연의東西漢通俗演義》·《삼국지연의》·《서진지전제평西晉志傳題評》·《동진지전제평東晉志傳題評》·《신간출상보정참채사감당서지전통속연의新刊出像補訂參采史鑒唐書志傳通俗演義》를 간행했다. 겸선당에서는 《경세통언》 10권을 판각하고, 취규루에서는 유머집 《학랑謔浪》을 판각했다.

독자들의 구미에 맞추기 위해 일반적인 희곡과 소설은 모두 출상

出像·출상出相, 혹은 전상全像·전상全相으로 불렀다. 이는 과거 건양 방각본 대부분이 상부에 그림이 있고 하부에 글이 있는 형태로 그림이 가로형태로 짧게 있는 것이었다. 이를 남경본[14]에서는 전체 판의 반 폭으로 바꾸거나 혹은 앞뒤 페이지를 합쳐서 하나의 큰 폭의 그림으로 만들었다. 그림이 크고 그림의 선도 굵고 거칠어 고풍스러움이 많이 풍긴다. 당진오의 광경당·진씨 계지재의 삽화는 정교하고 화려한 경향이 있고, 금릉 인서당본《수양제염사隋煬帝艷史》(숭정崇禎 4년)는 극히 정교한데 이는 휘파徽派에 속하는 판화공으로 항주에 거주하던 황자립黃子立(건중建中)의 손에서 나온 그림이다. 호현胡賢이 판각한《제감도설帝鑒圖說》(만력 원년), 규벽재본 초굉焦竑의《양정도해養正圖解》, 대성당본《출상증보수신기出像增補搜神記》에도 모두 삽화가 있다.

금릉서방에서는 또 의학 서적을 많이 판각했는데 예로 뇌명雷鳴은《제생산보방濟生産寶方》을 간행했다. 조군요는《태산수지胎産須知》를 판각했고(가정 14년), 당씨 부춘당에서는《부인대전양방》을 간행했다. 집현당의 당리약은《단계심법丹溪心法》을 판각했고, 당리비는《설공포제약성해雪公炮制藥性解》를 간행했다. 당소교는《대자상한지장도大字傷寒指掌圖》(만력)를 판각했다. 당충우와 삼다재에서는 서씨의《침구대성針灸大成》을 판각했고 삼다재는 또《동인유혈침구도경銅人腧穴針灸圖經》을 간행했다. 문추당에서는《만씨가초제세량방萬氏家鈔濟世良方》을 판각했다. 대업당은《보적전서保赤全書》를 간행했고 주사달은《고금의감古今醫鑒》을 판각했다. 주정괴는《신각증보고금의감新刻增補古今醫鑒》을 판각했고, 호동당은《의방선요醫方選要》를 중

14_ 여기서 말하는 남경본은 앞에 열거한 금릉서방에서 간행된 것을 말한다. 금릉은 남경의 옛명칭이다.

각했다. 장씨 석거각에서는 《행원생춘杏苑生春》을 새로 판각했다.

말릉 주씨 대유당(또 금릉서림 주근천 대유당이라고도 함)에서는 만력 30년에 관판 《황명보훈皇明寶訓》을 판각했다. 여기에 홍무·영락에 서부터 융경까지 다 갖추어져 있어 명나라 각 왕조실록과 함께 모두 명나라 역사를 연구하는 중요한 1차 자료가 되었다. 또 만력 13년에 《어제대명률례초의절옥지남御製大明律例招擬折獄指南》 18권을 다시 판각했는데 이 법률 서적의 첫 책 상단에 흠정欽定 당시의 가격 예시, 각종 상품의 시장 가격을 기록하고 있다. 이를테면 금 1냥兩은 400관貫, 은 1냥은 80관, 동전 1천문文은 80관, 메벼와 찰벼 1석石은 25관, 소금 10근은 2관 500문 , 향유와 차 1근은 각 1관, 방지榜紙 100장은 40관, 붓 10자루는 2관 등으로 만력 초기의 물가를 연구하는 데 좋은 자료가 된다. 주근천은 또 《역조척독대전역歷朝尺牘大全》을 간행했다. 만력 정유에서 무술(1597~1598)까지 금릉 형산서림에서는 《이역지異域志》 간행 이외에 또 주리정周履靖의 《이문광독夷門廣牘》 총서 170종을 간행했다.

금릉 방각본은 위에서 언급한 것 이외에 당금지가 또 《고열녀전》·《송조문감宋朝文鑒》을 간행했다. 섭귀葉貴는 《공성전서孔聖全書》를 간행했고 당충우는 《강목전서綱目全書》를 간행했다. 주일교는 《탁씨조림卓氏藻林》·《백자류함百子類函》을 간행하고 또 《신찬사사류기新纂事詞類奇》를 판각했다. 주현은 《산당사고山堂肆考》를 간행했고 주여천은 《만수단서萬壽丹書》가 있다. 소소거의 사검당에는 《만사불구인박고전편萬事不求人博考全編》이 있다. 규벽당의 정사명은 《급람류편急覽類編》을 간행했다. 공방록龔邦錄은 《고금경세격요古今經世格要》를, 왕신오는 《평원록平冤錄》을 간행했다. 이조李潮는 이지가 선별해 주석을 단 《만형실고萬形實考》를 판각했다. 당씨 부춘당은 《대륙임신과大六壬神課》·《대류15대전對類大全》이 있다. 당성의 세덕당에서는 문천상의 《지남록指南錄》을 간행했다. 당리약은 《오종비규전서五種秘竅全書》가 있고 당소교는 《초사집해楚辭集解》가 있다. 당건원은 투인본 《종백경선생수평사부령사鍾伯敬先生殊評詞府靈蛇》가 있고 종문당은 투인본 《소장공밀어蘇長公密語》가 있다. 주죽담周竹潭은 《황명한각문종皇明翰閣文宗》을, 주종공은 《황명백대가문선皇明百大家文選》을 간행했다. 금릉 대씨는 《양명문수陽明文粹》를 간행했다. 당씨 광경당에서는 왕석작王錫爵의 《왕문숙공문집王文肅公文集》을 간행했다. 모소지는 왕도곤汪道昆의 《부묵副墨》을 간행했다. 효우당은 《시학대성詩學大成》을, 당겸唐謙은 《원기활법시학전서圓機活法詩學全書》를 판각했다. 이홍우李洪宇는 스스로 《시단합벽詩壇合璧》을 편찬 간행했다. 부춘당·오소산·부춘명·왕경우·왕봉상 역시 모두 서찰[尺牘]을 간행했다. 박고당은 《시경주의관옥詩經主意冠玉》이 있고 삼산서방은 《거업명유론종擧業明儒論宗》이 있고 괴음당은 《자휘字彙》가 있다. 대체적으로 금릉서방에서 의학서적·잡서·소설 등을 판각한 수는 건양 방각본처럼 많지는 않지만 희곡은 건양 방각본보다 훨씬 많으며 두 곳에서 간행한 서적은 모두 만력 때 가장 흥성했다.

《남장南藏》이 판각된 후 경판은 대보은사大報恩寺에 소장되었다. 외지에서 남경으로 와서 불경을 구하고자 하는 승려들은 인경포印經鋪에 머무를 수 있었다. 승려들은 불경 한 부마다 반드시 보은사판의 초기 자금 20냥을 지급해야 했으며 보은사는 이 경판에서 나온 돈으로 매년 몇백 냥의 은자 수익을 거둘 수 있었다. 송나라 때 이미 이른바 '판두전板頭錢' 혹은 '임판전賃板錢'이라는 명목으로 돈을 거두었지만 보은사에서 거두어 들인 금액이 훨씬 많았다. 남경 인경포에

15_ 대를 이룰 수 있는 글자. 일반적으로 두 글자에서부터 열아홉 글자까지도 있다.

취보문 강가 내빈루가 있었는데, 지금도 선덕 9년에 이 서방에서 인쇄한 《대장존경大藏尊經》일부 약 1백 책을 볼 수 있다. 만력 연간에 또 서정주·서자강 등은 인경포의 가격에 따르지 않고 한 장경에 많게는 40여 냥이나 가격을 받았으며 종이와 비단도 아주 조악했고 2개월이나 기한을 넘기기도 했다. 이에 관방에서는 서정주·서자강 등에게 중대한 책임을 물어 가격을 추궁해 그 돈을 승려에게 되돌려 주었다. 경도 취보문리 서랑하 시가에서는 경태 3년에 가정현嘉定縣 봉도거사奉道居士 서근徐瑾을 위해《삼관묘경三官妙經》을 인쇄 발행했다.

상원上元·강녕江寧은 응천부應天府에 부속된 두 현으로 이 두 현에서 팔고문八股文을 많이 판각했는데 이른바 "시의時義"라고 불렀다. 당시에 어떤 이는 이 두 현과 건녕 서방에서 판각한 시의를 모두 없애버려야 한다고 건의하기도 했다.[17] 두 현에서 판각한 시의와 건녕서방은 같이 이름이 났는데 이를 통해 볼 때 그 생산량이 얼마나 많았는지 알 수 있지만 서방의 이름은 상세히 알 수가 없다.

만력 초기에 이탈리아의 마테오 리치(Matteo Ricci, 1552~1610)가 중국에 와 천주교를 전파하며 각 지역에 천주당을 세웠다. 남경 교당에서는 마테오 리치의《교우론交友論》(1599)·《기인십편畸人十篇》(1609)을 중각했다. 마테오 리치의《만국여도萬國輿圖》는《산해여지전도山海輿地全圖》라고도 하며 오중명吳中明의 남경각본(1600)이 있다.

명나라 때 남경은 판각본이 흥성했던 것 이외에도 개인이 또 목활자·동활자를 써서 책을 인쇄하기도 했다.

명나라 호응린은 "오회吳會·금릉 지역은 문헌으로 이름을 떨쳤는데 판각본이 얼마나 많았는가 하면 거질巨帙 유서類書로 모두 모였다. 나라 안의 상인들이 출자한 것이 2방二方 17곳인데 민지역에 13개가 있었고 연燕과 월越은 이와 같지 않다. 그러나 본방本坊에서 판각한 것 이외에도 타 지역에서 온 것은 대단히 적어서 비록 아름다운 집에 가득 들어 차 있어도 기이하고 신비스런 책을 찾으려면 백에 2, 3권도 안 된다. 모든 책에서 나온 것을 다 모으지 않아서 그렇다"라고 했다.[18] 소주·남경은 유명한 서적 생산지로 명나라 사람이 그린 《남도번회도南都繁會圖》 두루마리를 통해 남경 시가지가 얼마나 번영했었는지 그 상황을 살펴볼 수 있다. 그 안에는 '각자刻字', '전비鐫碑16' 등이라고 써붙인 시장 간판이 있다. 호응린은 또 "금릉 서방은 대부분 삼산가와 태학 앞에 있다"고 했는데, 그래서 어떤 서방은 아예 '삼산가서림三山街書林' 혹은 '삼산서방三山書坊'이라는 글자만 쓰기도 했다. 삼산가에 서방이 아주 빽빽이 즐비하게 있는 모습으로 볼 때 명나라 남경 서방의 홍성 정도는 건녕과 막상막하라고 할 수 있다.[19]

북 경

경창본經廠本　　북경은 요나라 제2의 수도로 당시에는 남경이라 불렀고 금과 원의 옛 수도였으며 도서간행도 발달한 것으로 알려져 있다. 명 영락 19년(1421), 남경에서 북경으로 천도하면서 북경은 수도가 되어 다시금 중국의 정치문화 중심지가 되었다. 영락제 이후 환관들의 권력이 강해지면서 사례감司禮監의 장인태감掌印太監과 병필태감秉筆太監 등은 중신이 되어 존경했는데, 그중 실권을 장악했던 위충현(魏忠賢, 1568~1627) 등은 황제를 자신들의 꼭두각시처럼 여기며 좌지우지했다. 당시 몇만 명에 달하는 환관을 관리하기 위해 궁내에 24아문衙門(내부 12감監, 4사司, 8국局)을 설치했다. 정부의 출판 사업 또한 사례감에서 주관했으며 이는 송·원·청과는 달랐다. 사례

16_ 비문을 새긴다는 뜻이다.

감에서 간행한 것을 '경창본經廠本'이라 불렸고 청나라 때는 이를 '창판서廠板書'라 부르기도 했다. 사례감 경창고經廠庫에는 모든 일을 총괄하는 제독提督이 있었고 그 아래로 네 명에서 여섯 명의 장사掌司를 두었다. 그들은 경창에 거주하며 경서의 인판印版과 간행된 서책을 관리했으며 《불장》·《도장》·《번장番藏》 등도 보좌해 관리했다.[20] 명 가정嘉靖 초기, 사례감 안에는 각자공 315명, 인출공 134명, 접지공 189명, 제본공 293명이 있었고 모필장[筆匠]과 묵장墨匠도 십여 명에 달했다.[21] 각자공과 인출공은 홍무洪武 때에 비해 2배 이상 증가했다. 인쇄에 참여한 기술자가 수백 명에 달해 오늘날의 중소규모 인쇄소나 제본소의 규모와 비슷했다. 이들 각자공과 인출공은 다량의 서책을 간행했다. 당시 《황명조훈皇明祖訓》·《대고大誥》·《대명률》·《대명령大明令》·《어제문집》·《대명집례大明集禮》·《대명관제大明官制》·《제사직장諸司職掌》·《홍무정운》·《홍무예제洪武禮制》·《위선음즐爲善陰騭》·《효순사실孝順事實》·《내훈》 등 30여 종의 서책이 간행되었다. 내부에서 책을 간행한 주된 목적은 제왕의 도서를 널리 알리기 위함으로 대부분이 남경에서 간행되었던 것을 북경에서 중간重刊한 것이다. 선종宣宗은 선덕 원년(1426) 《외척사감外戚事鑒》·《역대신감歷代臣鑒》을 황족과 신하들에게 하사했다. 정통 13년(1448)에는 《오륜서五倫書》의 서를 쓰고 제작 반포했다. 경태 5년에는 군신들에게 《군감록軍鑒錄》을 반포했다. 선종은 어제 《문화대훈文化大訓》을 제작했는데 이는 가정 8년에 간행된 것이다. 이러한 서적들은 모두 북경에서 출판되었다. 이 밖에도 《흥도대지興都大志》·《주자강목》·《속통감屬通鑒》·《정관정요》·《문헌통고》·《대학연의大學衍義》·《상명산법詳明算法》·《이시李詩》·《두시杜詩》·《소문素問》·《난경難經》·《증류본초證類本草》·《거가필용居家必用》·《음선정요飲膳正要》·《삼국지통속연의》(가정 판각) 등이 간행되었다.[22] 후자는 오늘

날까지도 간행본이 전해 내려오고 있다. 정통 12년(1447), 《오경》·
《사서》의 주해가 서방 간행본과 오류가 있게 되자 사례감에게 정서
하도록 명해 다시 인쇄하도록 했고, 같은 해 《대류對類》도 새로 간행
했다. 경태 7년에는 《환우통지環宇通志》가 간행되었다. 《작중지酌中
志》 권20에서는 "(11월 동지)사례감에서 구구소한시도九九消寒詩圖를
간행했다. 매 구시九詩는 4구로 동짓날 첫 번째 9로 시작하여 추위가
시작되고 겨울이 되며, 일월성신이 멈추면 겨울이 끝난다. 모두 민
간의 형식과 저속한 방언으로 지어진 것으로 문학시종 대신이 지은
것도 아니고 황제가 지은 것도 아닌데 어찌하여 계속 전해 내려왔는
지 모르겠으나 시간이 흐르면서 그것을 수정하지도 못하게 되었다.
의심스럽고 개탄스러울 뿐이다"라는 내용이 기재되어 있다.

선덕 4년(1429)에는 문서방文書房을 특별히 설치해 대학사 진산陳山
에게 내감內監들을 훈육하도록 했으며, 후에는 문학시종 대신들이
그 일을 맡아서 했다. 문서방은 내서당內書堂이라고도 불렀으며 열
살 전후의 어린 환관 2백~3백 명을 선발해 글을 가르쳤다. 내서당에
서 수학하는 모든 환관들에게는 《내령內令》을 배부했고, 《백가성》·
《천자문》·《효경》·《대학》·《중용》·《논어》·《맹자》 등을 차례로
가르쳤다. 궁에서는 궁녀들도 가르쳤으며 학문에 뛰어난 궁녀들은
여수재女秀才·여사女史 등으로 승격했다. 궁녀들에게는 환관들의
훈육 교재 외에 《여훈女訓》·《여계女誡》 등의 여성 도서를 별도로 가
르쳤다. 이 두 교재도 모두 사례감에서 간행해 공급한 것이었다.[23]
이 밖에도 《옥갑기玉匣記》·《해몽서대전解夢書大全》 등과 같은 미신
관련 서적도 있었다.

환관 유약우의 《작중지》 권18 〈내판경서기략內板經書紀略〉에는 약
172종(해산선관 각본에는 155종으로 되어 있음. 일각에서는 160종 혹은 140종
이라 함)의 도서목록이 기재되어 있다. 명대에 《내부경창서목內府經廠

書目》2권이 있었는데 오늘날에는 전해지지 않고 있다. 이 밖에도 《경창서목經廠書目》에서도 140여 부部의 책을 기재하고 있다. 청나라 부유린傅維麟의 《명서明書·경적지》의 내부 경적판에는 159종의 도서명(이 안에 《이십일사》·《십삼경》·불경·도경·번경 등이 1종씩 있음)이 기록되어 있다. 여기에 명나라 주홍조의 《고금서각》에 기재된 내부 도서 83종과 합해 중복되는 것을 제외하면 총 200여 종에 달한다. 이 200여 종에 한문과 외국어로 된 《불장》·《도장》을 합하면 수십만 판에 달한다.

유약우는 이와 관련해 "경창고 내에 누대에 걸친 판각본이 보관되었는데 만력 말년에 이르자 인부와 취사장 역부 등이 훔쳐 내다 팔거나 습기가 차서 알아볼 수 없게 망가졌다. 심지어 그것을 쪼개 땔감으로 쓰기도 했고 글자를 지워 개작을 하기도 했다. 경창고에 보관된 책들은 빗물에 젖어버렸거나 쥐가 갉아먹고 벌레 먹은 것들이 많고 심하게 좀이 슬고 먼지와 곰팡이가 쌓여 훼손된 것도 많았다. 날이 갈수록 상황이 더욱 심각해져 만력 초에 비해 열에 예닐곱은 훼손되는 지경에 이르렀다"고 말했다. 일반 관리들은 경창고의 일에 관여할 수 없었기 때문에 보관을 책임진 태감들은 낡아버린 판각본을 하찮게 다루었다. 이것만 보더라도 명 말기의 정치가 얼마나 부패했는지 알 수 있다.

주홍조의 《고금서각》 내부본에는 《도장경》·《불장경》만 수록되고 《번장경》은 수록되지 않았는데 오히려 《영락대전》에는 기록되었다. 《고금서각》은 귀중한 가치를 지닌 희귀본 대작이지만 명·청대의 저술 중에는 거의 수록되지 않았다. 만력 22년(1594, 갑오년), 남경 국자감 좨주祭酒 육가교陸可敎는 《영락대전》의 간행을 건의하고 어사들을 사방으로 파견해 각자 임무를 주어 판각을 교감하고 수집한 뒤 남옹南雍과 북옹北雍에 나누어 보관하는 일대의 대업을 이루고자 했다. 당시 윤허를 얻긴 했으나 결국 반포 시행되지 못했다.[24] 그리하여 육가교가 건의한 판각본 간행은 결국 완성되지 못했다. 이때의 판각본은 물론 영락제 때의 원본 또한 청나라 이후로는 찾아볼 수가 없다. 현존하는 잔본殘本 2백여 책은 세종 말에서 목종 초기에 고공高拱 등이 다시 정서한 부본인데 주홍조의 어떤 것을 근거로 했는지 알 수 없어 믿기 어렵다.

명나라 사설감司設監에는 각자공이 네 명, 인출공이 두 명 있었고 내승운고內承運庫에는 인출공 16명, 제본공 14명, 접지공 8명 등이 있었으며 침공국針工局에는 각자공이 두 명, 병장국兵仗局에는 세 명 있었다.[25] 이로 보아 여타의 감監과 국局에서도 서적을 인쇄 간행했음을 알 수 있으나 책이름은 알 수가 없다.

북감본北監本　　남경의 남감·남옹과 구별을 두기 위해 북경의 국자감을 줄여 북감 혹은 북옹이라 칭했다. 북감에서 판각해 간행한 책들은 남감본을 원본으로 삼았으며 남감에 비해 그 수가 적다. 형양邢讓이 성화 연간에 간행한 《국자감통지》 권9에는 판각본 47종이 실려 있고 모든 종류마다 아래에는 판편수까지 상세히 기재해 놓았다. 예를 들면 《신간대명률新刊大明律》판은 총 109편片, 《의례儀禮》판은 총 1,280편이라고 명시해 놓았다. 이 밖에도 《무본직언務本直言》·《칙유수직도임수지敕諭授職到任須知》·《본초방本草方》·《유소방幼小方》·《각기방脚氣方》·《초사》·《당시》·《번천집樊川集》·《임천집臨川集》·《회해집淮海集》·《동래집東萊集》·《유림잡설類林雜說》·《청운부靑雲賦》·《옥부도玉浮圖》·《맹사원부孟四元賦》·《진주낭珍珠囊》 등의 판이 있는데 어떤 것은 100편片도 채 되지 않는다. 사탁謝鐸이 홍치 연간에 간행한 《국자감속지國子監續志》[26] 권8 서판書板17에는

17_ 중국어로는 書版이라고 쓰는데 같은 뜻이다.

《고사古史》·《산해경》·《천자문체千字文體》·《대학연의》 등 66종이 실려 있다. 《국자감통지》와 《국자감속지》에는 일반 경서가 대부분이며 중복되는 것을 제외하면 총 85종이 실렸다. 《속지續志》에는 "본 국자감에 특별히 전적典籍 한 명을 두어 서적을 관리토록 하고 인출공 네 명을 두어 그 일을 하게 하니 임무가 중하다 하겠다"라는 내용이 실려 있다.

국자감에서 서적 인쇄를 중시했으며 인출공에게 명해 언제든 인쇄가 가능했다는 것을 알 수 있다. 성화 3년(1467)에서 홍치 6년(1503)에 이르기까지 40년도 채 안되는 동안 많은 서책이 유실되고 산실되었으며 판본도 좀이 슬어 훼손되었다. 따라서 모든 서명 아래에 판수가 적혀 있었다. 예를 들어 《소학》판 141편片이고 《속지》는 모두 135편으로 되어 있다. 다른 인쇄판본도 대부분 결함이 많았다.

가정 연간에 간행된 《황명태학지皇明太學志》 경적지는 국자감의 서판書板을 인쇄가 가능한 것과 심하게 훼손되어 인쇄가 불가한 것으로 분류해 놓고 서명 밑에 판목의 숫자를 자세히 기록해 놓았다. 인쇄가 가능한 것으로는 《칙유감규敕諭監規》 10판, 《국자감통지·속지》 총 169판, 《후백습례侯伯習禮》 25판, 《약성진주낭藥性珍珠囊》 14판, 《사시기후도四時氣候圖》 4판 등 총 22종이 있다. 인쇄가 불가할 정도로 훼손된 것에는 《유소방》 24판과 《본초》 45판 등 모두 47종이 있다. 그밖에 좨주였던 구준邱濬이 판각한 《세사정강世史正綱》·《진수록進修錄》이 있다. 또 여남呂柟이 판각한 《시락도보詩樂圖譜》·《춘계고록春季考錄》 등 5종이 있다. 그러나 《관잠官箴》·《학적學的》 등에 대한 옛 기록은 찾아볼 수 없고 융경과 만력 연간에 간행된 《임옹록臨雍錄》·《벽옹기략辟雍紀略》은 후에 추가된 것이다.

명나라 때는 단행본 《국자감서목》 1권이 있다. 주홍조의 《고금서각》은 북감에서 간행된 것으로 41종만을 기록했는데 마치 국자감통지에서 베껴 쓴 것 같고 오직 《대도지大都志》만이 국자감의 기록에 없거나 혹은 후대에 판각된 것이다.

북감에서 간행된 주요 서책으로는 경학을 집대성한 《십삼경주소》(만력 14~21 간행)가 있는데 이는 이원양李元陽 민각본을 원본으로 했다. 이 외에 《이십일사》(만력 24년에 판각을 시작해 34년에 완성)가 있는데 사업司業 장위張位가 6만금을 들여 남감본에 의거해 다시 판각한 것이다.[27] 청나라의 정병丁丙은 북감본 《이십일사》에 대해 "남감본을 필사해 간행한 것으로 비록 인쇄 형식은 비교적 정연하지만 결국 남감본보다 오래되지 못하고 오자는 적었다"[28]고 했다. 국자감 좨주 신모모臣某某가 칙령을 받들어 다시 글을 교감하고 간행한 것도 있다. 남감과 북감에서 새롭게 《이십일사》를 간행했다. 이런 정통 사서史書가 광범위하게 전해질 수 있게 된 데에는 남감과 북감의 공이 매우 컸다. 하지만 북감본은 판식版式이 일정치 않고 서체 또한 모난 것과 둥근 것이 뒤섞이고 잘못된 것이 많다. 그래서 요나라와 금나라의 역사는 결여되었고 몇 페이지만 기록되었을 뿐이며 특히 《의례》의 경우 탈자와 오자가 더욱 많다. 명나라의 심덕부沈德符는 이를 비아냥거리며 '재목災木'이라 했다. 청초의 고정림顧亭林[18]은 "분서갱유로는 진나라가 망하지 않았지만 국자감 판본으로는 망할 수 있다"고 했지만, 이는 목이 멘다고 먹기를 그만두는 격이니 정론으로 삼기에는 부족하다. 이 밖에 최초의 북경 지방지地方志였던 《대도지大都志》와 《석진지析津志》도 간행되었지만 현재에는 전해지지 않고 있다.

부원본部院本　북경 도찰원都察院에서도 많은 서적들이 간행되었다. 명나라 때는 《도찰원서목》이 간행되었으나 지금은 볼 수 없다. 주홍조의 《고금서각》에는 《산법대전算法大全》·《칠정력七政曆》·

18_ 고염무顧炎武(1613~1682)를 존경하여 정림 선생이라 부름.

《천금보요千金寶要》·《무경직해武經直解》·《사기》·《문선》·《두시집주》·《천가주소시千家注蘇詩》·《성세신성盛世新聲》·《태평악부》·《피도측해披圖測海》·《당음唐音》·《적정록適情錄》 등 33종이 수록되어 있다. 주목할 만한 것은 많은 사람들에게 사랑받아온 《삼국지연의》와 《수호전》 등도 수록되었다는 점이다. 과거에는 감찰 아문에서 소설을 간행했으나 사람들이 진지하게 생각지 않았고, 장서가들 또한 《삼국지연의》와 《수호전》의 도찰원본에 대한 기록이 없어 모두 산실되었다.

예부에서는 《대명집례大明集禮》·《대수용비집大狩龍飛集》·《제감도설帝鑒圖說》, 《소문초素問鈔》·《의방선요醫方選要》 외에도 3년마다 《등과록登科錄》과 《회시록會試錄》을 간행했다.

북경 향시 기간에는 과거시험장에 각자공의 작업장 열한 칸을 수리하고 인출공 48명[29]을 두어 《순천향시록順天鄕試錄》을 간행했다.

병부兵部에서는 《대열록大閱錄》·《구변도설九邊圖說》·《구변도九邊圖》 등을 간행했고 또한 《군령軍令》(가정 26년)과 《영규營規》(가정 40년, 천일각天一閣 소장) 및 역과의 《무거록武擧錄》 등을 반포했다.

공부工部에서는 《어제시御製詩》만을 간행했다. 태의원에서 간행한 서적으로는 《동인침구도銅人針灸圖》와 《의림집요醫林集要》 등이 있고 업무와 무관한 《대명률직인大明律直引》도 있었다.

흠천감欽天監[19]에서는 《천문각天文刻》 간행 외에도 매년 《대통력일大統曆日》 인쇄를 상주하여 허가받은 후 제작해 천하에 반포하고 시행했다. 소위 말하는 《대통력》은 원나라 곽수경郭守敬의 《수시력》에 기반한 것으로 명대에도 계속해서 사용되었다. 명대 책력의 표지에는 "위조한 자는 법률에 의거해 참형에 처하고 고발자에게는 상금으

19_ 기상의 변화를 관찰하고 절기를 계산해 역법을 제정하는 관청.

로 은 50냥을 지급한다. 만약 본감本監 책력 관인이 없다면 사적인 책력으로 간주한다"고 쓰여 있었다.[30] 당 이후에는 사적으로 책력을 인쇄하는 것을 엄격히 금했다. 명대에는 사가에서 책력을 인쇄하면 위조지폐를 인쇄한 것과 동일하게 처벌했기 때문에 개인이 인쇄한 책력은 찾아보기 어렵다. 《회전會典》의 기록에 따르면 흠천감에는 책력을 간행하는 장인이 2명, 제본공이 2명, 인출공이 28명 있었다고 한다. 사례감에도 책력을 만드는 장인이 81명이나 있었다니 책력을 많이 인쇄했음을 알 수 있다. 조선의 정원용鄭元容은 "황명력에는 왕력王曆과 민력民曆 두 가지 종류가 있다. 매년 《대통력》을 제작하는데 미리 이월 초하루에 이듬해의 책력 견본을 바치고 그런 후에 15부를 인쇄하여 예부로 보냈다. 그것을 다시 남경과 북경 그리고 각 포정사布政司로 보내 똑같이 인쇄 간행하도록 했다"[31]고 기록했다. 왕력이란 아마도 각지의 번왕藩王과 명나라의 역법을 준봉하는 각국에 하사하는 책력을 말하고, 민력이란 국내에서만 통용되는 것으로 조정의 문무백관들도 한 부씩을 소유할 수 있었던 것 같다. 명 홍치·영락 이후로 조선·베트남·유구琉球(지금의 일본 오키나와)·진랍眞臘(캄보디아)·태국·자바섬과 수마트라(지금의 인도네시아) 등에 대통력을 하사했다. 하지만 현재에는 왕력과 민력 모두 찾아보기 힘들다. 현존하는 것으로는 약 60여 종의 명 《대통력》이 있고 그 중 영락 15년에 제작된 것이 제일 오래된 것이다. 명대의 책력은 대부분 황색비단 포배장包背裝이었으며 종이로 만든 것도 있었고 드물게는 절첩장도 있었다. 먹으로 인쇄한 것 외에 별도로 청색으로 인쇄한 것도 있었다. 포정사에서 간행된 것은 아직 보지 못했다.

어마감御馬監에서는 《마경馬經》을 간행했다.

순천부본順天府本　　순천부에서는 만력 때의 《부지府志》와 《금대팔경시金臺八景詩》·《환우통지》·《사월史鉞》·《관매수觀梅數》·《대보잠첩大寶箴帖》등 8종을 간행했다.

사각과 방각본坊刻本　　명대 북경에서 사각私刻으로 가장 유명한 사람은 곽영郭英의 후손인 무정후 곽훈郭勛이다. 그는 정덕 3년(1508)에 봉작을 계승했다. 당시 명나라 사람들은 그가 판각한 책을 '무정판武定板'이라 칭했다. 전해 내려오는 것으로는 당나라 《원차산문집元次山文集》(정덕 12년) · 《백낙천문집》(정덕14년) · 《백향산시집白香山詩集》 · 《시운석의詩韻釋義》(정덕15년) · 《삼국지통속연의》 · 《충의수호전》 20권 100회(가정) 등이 있다. 곽훈은 곽영의 공덕을 기리기 위해 《삼가세전三家世典》을 편집하고 스스로 《황명영열전皇明英烈傳》을 집필했는데 삽화가 극도로 섬세하고 아름다웠다. 곽훈이 편집한 《옹희악부雍熙樂府》 20권(가정)은 북극北劇을 선별 수록했으나 곡만 수록되고 대사는 수록되지 않았다. 곽훈은 《서장기書莊記》라는 《가각서목家刻書目》 한 권을 간행했다.[32] 책을 간행하고 서목을 만들 정도였으니 얼마나 많은 책을 간행했는지 알 수 있지만 안타깝게도 그 나머지는 고증할 수가 없다. '무정판'이란 호칭은 곽훈이 무정후에 봉해졌기 때문에 얻게 되었다. 후대 사람들이 봉양鳳陽 원적지에서 판각한 것이라고 여기는데 이는 잘못이다. 오늘날에도 북경 서성西城 부성문阜城門 금십방錦什坊 서쪽에는 무정후 골목이 있으며 곽씨 고택이 남아 있다.

명대 북경에는 13개의 서방이 있었다. 이는 남경이나 건양 서방에 훨씬 못 미치는 수준이다.

　서방

 * 북경 영순서당永順書堂 – 또 영순당永順堂이라고도 한다.

 * 금대 노씨金臺魯氏

 * 국자감전조포國子監前趙鋪(국자감 앞 조포)[20]

 * 형부가주진씨刑部街住陳氏(형부가에 사는 진씨)

* 정양문내대가동하소석교제1항내금대악가正陽門內大街東下小石橋第一巷內金臺岳家(정양문 안 대가 동하 소석교 첫 번째 골목 안의 금대악가)

* 정양문내서제일순경경포대문왕량금대서포正陽門內西第一巡警更鋪對門汪諒金臺書鋪(정양문 안 서쪽 제1 순경 경포 맞은편 왕량 금대서포)

* 북경선무문리철장호동섭포北京宣武門裏鐵匠胡同[21]葉鋪(북경 선무문 안쪽 대장장이 골목 섭포)

* 숭문문리관음사호동당가崇文門裏觀音寺胡同黨家(숭문문 안쪽 관음사 골목에 있는 당가黨家)

* 태평창후숭극사단패루장포太平倉後崇國寺單牌樓張鋪(태평창 뒤쪽 숭국사 단패루에 위치한 장포)

* 경도고가경포京都高家經鋪

* 융복사隆福寺

* 이유당二酉堂

* 홍씨洪氏 기궐재剞厥齋

　　과거 장서가들은 영순당본을 본 적이 없다. 1967년, 상해 가정현 성동공사城東公社에서 토지 정리를 하던 중, 명대 선宣씨의 묘에서 성화 7년에서 14년(1471~1478)에 이르는 죽지竹紙에 인쇄된 11종의 설창 사화詞話와 남희南戱《백토기白兎記》를 발굴했다.[33]《당설인귀과해정요고사唐薛仁貴跨海征遼故事》표지 상단에 '북경신간北京新刊'이라는 네 글자가 가로로 쓰여 있다. 서명 앞에는 '신간전상설창新刊全相說唱'이라고 쓰여 있고 서명이 적힌 페이지에 '전상설창사화'라고 새겨져 있다. 주로 일곱 자로 이루어진 가사말로 대사와 노래가 섞여

20_ 서방의 당호가 고유명사처럼 쓰였지만 너무 길어서 ( ) 속에 작은 글씨로 풀었다. 아래 모두 마찬가지고 설명부분에서는 풀어쓴 내용을 사용했다.

21_ 胡同[hutong]은 골목이란 뜻이고, 鐵匠胡同은 대장장이 골목이라는 뜻이다.

있다. 대표적인 작품으로는 《설창석랑부마전說唱石郎駙馬傳》·《설창포대제출신전說唱包待制出身傳》·《포룡도단오분전包龍圖斷烏盆傳》·《단조국구공안전斷曹國舅公案傳》 등이 있다. 《포룡도단백호정전包龍圖斷白虎精傳》은 900여 구에 달하며 전부가 칠언 노랫말만 있고 대화는 없다. 그러나 서명에는 설창이라고 되어 있다. 고사鼓詞와 탄사彈詞는 설창 사화에서 유래되었고, 북경에서는 선덕 연간에 고좌顧佐(1376~1446)가 상소한 후에 "관기를 엄격히 금해 관리들의 오락거리가 없어지자 소창小唱이 성행했다"고 한다.[34] 성화 연간에는 금대노씨가 간행한 《사계오경주운비四季五更駐雲飛》[35] 등 얇은 소책자 4종이 있었고 이는 오늘날까지 전해지는 가장 오래된 명대 창본唱本이다.

국자감전조포[국자감 앞 조포]에서는 홍치 10년(1497)에 《육방옹시집陸放翁詩集》을 간행했다. 금대악가에서는 홍치 무오년(1498) 겨울, 《기묘전상주석서상기奇妙全相注釋西廂記》를 중간했고 희곡 총간본도 간행했다. 형부가에 있던 진씨[刑部街住陳氏]는 《율조편람직인律條便覽直引》을 새롭게 간행하고 표지에 《대명률》이라는 세 글자를 새겨 넣었다. 금대서포 왕량汪諒은 가정 원년 송과 원의 판각본을 원본으로 《사기》·《옥기미의玉機微義》·《무경직해》 등을 번각했고, 고판본을 참고해 《잠부론潛夫論》 등 총 14종의 서책을 중각했다. 《문선》의 후면에는 정식 출판 광고가 실려 있다.[36] 철장호동鐵匠胡同 섭포葉鋪는 기린麒麟을 로고로 사용하고 만력 12년(1584)에 간행된 《진해대자전호진신편람眞楷大字全號縉紳便覽》(청색으로 인쇄) 1권이 있다. 같은 해에 《남북직례십삼성부주현정좌수령전호환림편람南北直隷十三省府州縣正佐首領全號宦林便覽》[22] 2권을 간행했다. 숭정 연간 홍씨 기궐재에서는 《진신책縉紳冊》(중앙과 지방 관리의 명단)을 간행했다. 섭포와 홍씨

22_ 내용에 맞도록 한글은 띄어쓰기 하고 싶으나 도서명이라서 그냥 원서대로 쓴다.

기궐재가 청대 유리창서포《진신록縉紳錄》 간행의 물꼬를 텄다고 할수 있다. 숭문문 안쪽 관음사 골목에 있던 당가黨家에서는 불경을 간행했을 뿐만 아니라 독실한 신자인 관리 진문영陳文英 부부의 염원을 담아 도경《삼관경三官經》을 간행했다(만력 41년). 이 밖에 진노당육경포眞老黨六經鋪라는 데서 보권寶卷을 간행했는데 같은 점포가 아닌가 생각된다. 태평창 뒤쪽 숭국사 단패루에 위치한 장포張鋪에서는 어용감태감 이지혜李志惠를 위해 도가의《진무묘경眞武妙經》 5,048권을 간행했다(만력 24년). 이를 통해 북경의 정양문·선무문·융복사에 책을 인쇄하고 간행하는 책방이 있었고, 성 서쪽 태평창 호국사(숭국사)에도 서점이 있었음을 알 수 있다. 불경을 주로 간행한 고가경포의 정확한 위치는 알려지지 않았다. 융복사는 성 동쪽에서 규모가 가장 큰 사당으로(현재에는 상가로 바뀌었음) 성 서쪽 백탑사나 호국사처럼 사찰 앞에 점포가 즐비했고 이전에는 모두 묘회廟會를 거행했다. 융복사에서는 명대에《사림적염詞林摘艷》과《오음편해집운五音篇海集韻》을 간행했다.

만력 29년(1601) 정월에 북경에 도착한 이탈리아 천주교 선교사 마테오 리치는 1605년 남당南堂(현재 선무문 내에 있는 남당)을 건립했다. 이후 포르투갈·프랑스·독일의 예수회 선교사들이 앞다투어 북경에 들어왔다. 선교사들은 종교 서적을 다량으로 번역하고 인쇄하여 선교를 위해 인쇄본을 배포했다. 남당에서는 두 차례 마테오 리치의《천학실의天學實義》(후에《천주실의》로 개명됨)를 출간했다. 명대 남당에서는 천주교 서적을 발행했는데 서명을 알 수 있는 것으로는《성경직해聖經直解》 등 39종이 있다.[37] 파리 국민도서관에 소장되어 있는《기독교찬술각판목록基督敎撰述刻板目錄》 중에는 북경에서 판각된 것이 124종 포함되어 있다(일부는 청 초기에 판각됨).

북경에는 영락 연간부터 40리에 달하는 내성이 축조되었고 가정

연간에는 28리에 달하는 외성을 건축하여 시가지역이 확대되고 백
성이 늘어남에 따라 북경은 북방 최대의 소비도시가 되었다. 명나라
사람이 그린 긴 두루마리 형태의 채색 《황도적승도皇都積勝圖》[23](견본
絹本)에서 노점이 즐비하고 부채 · 수건 · 열쇠 · 신발 · 종 · 골동품 ·
서적 등 온갖 문물을 판매하던 대명문大明門[38] 일대의 모습을 찾아
볼 수 있다. 북경에서도 책을 간행하긴 했으나 많은 양은 아니었다.
명나라 호응린은 "연경에는 판각본이 희귀했지만 국내의 배와 마차
에 가득가득 채워 모여 들었다. 거상들이 그 서적들을 갖고 집안에
쌓아 놓으니 다른 지역보다 방대한 양이었다. 그러나 들어오는 곳이
중복되었고 여러 곳에서 들어온 서적 중 오중吳中의 것은 하나당 값
이 2배였는데 이는 거리가 멀었기 때문이다. 수도에서 판각 인쇄된
것 중 월중越中 것은 값이 3배 정도 되었는데 이는 종이가 비쌌기 때
문이다"[39]라고 했다.

연경에서는 일반적으로 종이를 이용해 인쇄했고 반드시 남방에서
생산된 종이[南方紙]를 사용했다. 멀리 떨어진 남방의 종이를 사용했
기 때문에 인쇄 원가가 높아졌다. 북경에는 책 수집을 즐기는 고관
들이 많았고 과거시험 응시자들이 많았기 때문에 책값이 매우 비쌌
다. 호응린은 "국내에 서책들이 운집하는 곳으로는 연경 · 금릉 · 창
합閶闔[24] · 임안 등 네 곳이 있다"고 했다. 그는 또 "연경 중에서도 대

23_ 세로 32센티미터, 가로 2182.6미터의 긴 두루마리 그림으로 명나라 중후기
북경성의 번화한 모습을 재현하고 있다. 화면은 노구교盧溝橋에서부터 광녕
문廣寧門(지금의 광안문廣安門)을 거쳐 정양문正陽門 · 기반가棋盤街 · 대명
문大明門 · 승천문承天門(즉 지금의 천안문) · 황궁까지의 화려한 거리 정경
을 그리고 있다. 시가지의 상업지역을 중점적으로 그리고 있으며 거리의 마차
와 행인들이 왕래하는 모습과 차관 등 상점이 즐비한 모습, 서커스나 연극을
보기 위해 모여 있는 사람물결을 그려내고 있다.
24_ 창합의 사전적인 의미로는 전설속의 천궁天宮의 남문南門 또는 황궁의 정문
을 뜻한다고 되어 있다. 만일 황궁의 정문이라면 호응린은 명대 사람이라서

명문 오른쪽, 예부 외곽, 공신문拱宸門 서쪽에 서점이 운집해 있다. 매번 회시를 치를 때마다 시험장 앞에 책을 파는 노점이 열렸는데 화조花朝(백화百花의 탄생일로 전해지는 음력 2월 12일)가 지나 사흘째 되는 날 등시燈市[25]로 옮겨갔으며 초하루와 보름 그리고 하순 닷새 동안은 서낭당으로 이동했다. 등시가 선 곳은 동쪽 끝이었고 서낭당은 서쪽 끝에 있었으며 하루 종일 매매가 이루어졌다. 등시는 일 년에 사흘, 서낭당에서는 한 달에 사흘 동안 온갖 물건들이 운집했고 서책도 그 중 하나였다"고 했다. 북경은 서적의 최대 집산지로 지금도 그 사정은 똑같다. 청나라와 후대의 서점은 선무문 밖의 유리창에 모여 있고 일부만이 융복사 일대에 운집해 있어 명대와 차이를 보인다.[40]

항주

원나라 초기에는 항주에 특사를 파견해 관서官書의 각판刻版을 모아 대도大都[26]로 가져왔다. 명 홍무 8년(1375)에는 항주 서호서원에서 오랫동안 소장해 왔던 송·원의 각판 20여만 장을 남경 국자감으로 옮겨왔다. 송·원대 이후 출판사업의 선두를 지켜왔던 항주는 남경에 그 지위를 빼앗겼지만 명대에도 관청과 민간에서는 출판사업이 여전히 왕성하게 이루어지고 있었다.

당시 황궁은 북경인데 바로 앞에 이전 북경을 나타내는 연경이 나오므로 북경은 아니다. 소주의 별칭 중에 금창金閶이 있는데 이는 이전 소주성에 금문金門과 창문閶門이 있었기 때문에 이렇게 불렸다. 소주성은 합려闔閭가 건설한 성으로 합려성闔閭城이라고도 한다. 그래서 창합은 소주를 뜻한다고 볼 수 있다. 바로 아래 문장 중에 저자 장수민도 "항주와 북경·남경·소주는 명대 서적의 4대 집결지"라고 했으므로 소주임이 분명하다. 이는 여기서 호응린이 말한 연경·금릉·창합閶閤·임안이다. 임안은 항주다.

25_ 명절이나 규정된 날에 절이나 사당에서 열었던 시장으로 일상 생활용품이나 농가공품 및 각종 먹거리가 주를 이루었으며 여러 가지 기예도 공연된다.

26_ 지금의 북경을 말한다.

명나라 주홍조의《고금서각》에는 명대 항주 관청에서 간행한 서적에 대한 기록이 있는데 포정사布政司·안찰사按察司·항주부杭州府 등 세 곳에서 40여 종을 간행했다. 앞에서 언급한 세 곳 외에 순무도찰원巡撫都察院과 양절운사兩浙運司까지 합하면 총 다섯 곳에서 141종을 판각했다. 절강 포정사布政司에서는《절강통지》70권·《황명조령皇明詔令》·《대명률》·《문형조례問刑條例》·《군정사례軍政事例》·《광여도廣輿圖》·《유증본초類證本草》·《식물본초食物本草》·《경험양방經驗良方》·《태상감응편太上感應篇》등 27종을 간행했다. 항주부에서는《항주부지杭州府志》·《대당육전大唐六典》·《서호유람지西湖游覽志》·《무림구사武林舊事》·《정충록精忠錄》·《항주부수리도설杭州府水利圖說》·《수령의범守令懿範》·《세원록洗寃錄》·《일본고략日本考略》·《임화정집林和靖集》·《유백온문집劉伯溫文集》·《송학사문수宋學士文粹》·《산법대전》·《양생잡찬養生雜纂》등을 간행했다. 순무도찰원에서는 출판 총독어사 호종헌胡宗憲이《황명경제록皇明經濟錄》·《주해도편籌海圖編》·《독무주의督撫奏議》등을 펴냈다. 순무도 어사 곡중허谷中虛는《광방고鑛防考》·《해방고海防考》·《수병율령水兵律令》·《육병율령陸兵律令》·《수병조법水丙操法》·《육병조법陸兵操法》등을 저술했다. 명대에는 수군과 육군의 율령조법律令操法을 처음으로 출간하기 시작했다. 안찰사에서는《의옥집疑獄集》·《관잠집요官箴集要》·《대명률》·《조례비고條例備考》외에도,《대당육전大唐六典》·《악무목집岳武穆集》·《구선주후경臞仙[27]肘後經》·《자치통감》·《문장정종文章正宗》등을 간행했다. 염정鹽政기관에서는 서책 간행을 거의 하지 않았으나 양절운사에서는《양절염차지兩浙鹽嵯志》·《양절염법조례兩浙鹽法

27_ 구선은 주권의 호이다. 본래 이 뜻은 신체가 여의고 정신이 무딘 노인을 가리키는 말로 문인학자들은 종종 자신을 이렇게 낮추어 불렀다

條例》·《행염사의行鹽事宜》·《초상사의招商事宜》·《대명률례》·《금타
잡편金陀雜編·속편》(가정 임인년) 등을 간행했다.[41] 명나라의 육심陸
深은 "오늘날에는 항주에서 판각을 안 한다"라고 했고, 사조제謝肇淛
는 "오늘날의 항주 판각은 언급할 만한 수준이 아니다"라고 했다. 현
재 사람들 또한 명대 항주의 서적 간행사업은 쇠퇴하여 언급할 만한
수준이 안 된다고 했는데, 이는 사실에 부합되지 않는다.[42]

항주와 북경·남경·소주는 명대 서적의 4대 집결지이다. 호응
린은 "대다수 무림서점은 진해루鎭海樓 외곽과 용금문 내에 있었으
며 필교방弼敎坊, 청하방淸河坊 등은 모두 사통팔달 지역이었다. 성도
에 회시가 있을 때는 과거장 앞으로 이동했다. 화조花朝가 지나고 며칠
뒤에는 천축으로 이동했는데 대사大士의 탄신이었기 때문이다. 상사上
巳가 지나고 한 달 뒤에는 악분岳墳(악비의 묘)으로 이동했는데 유람객
이 점점 많아졌기 때문이다. 불경은 대부분 소경사昭慶寺에서 승려들
이 판매했다. 항주 골목에서는 종종 기서奇書와 비밀스런 간찰도 발견
할 수도 있었지만 자주 그런 것은 아니다"라고 했다.[43] 항주에는 아름
다운 서호가 있어 여행자들과 참배객들이 많았다. 따라서 책을 파는
노점들도 시기에 맞추어 천축과 악분 사이를 오갔다. 소경사에서는
불경을 간행했고 그것을 승려들이 판매했다. 이는 금나라에서도 전문
적으로 불경을 판각했던 승려와 마찬가지로 매우 드문 일이다.

명대에 항주에서 책을 간행한 것으로 고증이 된 서방은 다음의 25
곳이다.

* 고항古杭 근덕서당勤德書堂
* 항주 중안교衆安橋 양가경방楊家經坊
* 항주 중안교 북 심칠랑경포沈七郎經鋪
* 전당錢塘 홍편洪楩 평산당平山堂
* 항군곡입승杭郡曲入繩

* 항성서림杭城書林 옹의산翁倚山[28]

* 절항浙杭 옹문원翁文源

* 항성 조천문朝天門 옹문계翁文溪 – 항성서림杭城書林이라고도 한다

* 무림武林 계금당繼錦堂

* 무림 풍소조馮紹祖 관묘재觀妙齋

* 무림 풍념조馮念祖 와룡산방臥龍山房

* 전당 양이증楊爾曾 이백당夷白堂

* 호림虎林 쌍계당雙桂堂

* 무림 서재양舒載陽 장주관藏珠館

* 무림서방武林書坊 조세해 趙世楷 – 전당서방錢塘書房이라고도 한다

* 항주서사杭州書肆 독서방讀書坊

* 무림 응서당凝瑞堂

* 무림 양춘당陽椿堂

* 무림 용여당容與堂 – 호림虎林 용여당容與堂이라고도 한다

* 무림 대경씨臺卿氏 태화당泰和堂

* 무림 장씨張氏 백설재白雪齋

* 고항 추상각秋爽閣

* 항주 횡추각橫秋閣

* 장덕성蔣德盛 무림서당武林書堂

* 호문환胡文煥 문회당文會堂

위에 언급된 25곳 중 가장 오래된 고항 근덕서당에서는 송대 전당
출신의 유명한 수학자 양휘楊輝의 《산서오종算書五種》7권을 간행했
다. 그중 제1권 《신간양휘산법新刊楊輝算法》은 홍무 12년 동지에 근
덕서당에서 새로 간행했다. 선덕 8년에 간행한 조선 번각본도 있다.

28_ 원서에는 翁傳山으로 나와 있으나 翁倚山의 오기라서 바로잡았다.

그밖에도 《황원풍아전후집皇元風雅前後集》(홍무 11년)·《신편한림주옥新編翰林珠玉》 등을 간행했다. 양가경방에서는 《천축영첨天竺靈簽》(홍무 18년 경)과 《금강경》 등을 간행했고 성화 11년까지도 불경을 간행했다. 심칠랑경포에서도 불경을 간행했다. 홍편은 《회사지몽繪事指蒙》을 정교하게 판각했고 송대의 《노사路史》·《분류이견지分類夷堅志》(가정 25년)를 모방하여 간행했다. 곡입승은 《황명경제문록皇明經濟文錄》(가정)을 간행했고, 옹문계는 《비점분류성재선생문회전후집批點分類誠齋先生文膾前後集》(융경 6년)을 간행했다. 옹의산翁倚山은 《만씨가전제세양방萬氏家傳濟世良方》을 중각重刻했다. 쌍계당에서는 명나라 고병顧炳의 《역대명공화보歷代名公畵譜》를 판각했고, 장덕성 무림서당에서는 《경재고금주敬齋古今注》를 판각했다. 계금당에서는 《양명선생도학초陽明先生道學鈔》(대략 만력경)를 간행했고, 장주관에서는 《서문장선생평당전연의徐文長先生評唐傳演義》(만력 48년)를 판각했다. 독서방에서는 《관윤자關尹子》(천계天啓), 태화당에서는 《모란정환혼기牡丹亭還魂記》를 판각했다. 조세해는 《양자법언揚子法言》·《태현경太玄經》(모두 천계 6년)을 간행했고, 횡추각에서는 《귀곡자鬼谷子》를 간행했다. 응서당에서는 《농주루弄珠樓》를 간행했고, 풍씨 관묘제에서는 《상자商子》·《초사장구》를 판각했다. 풍씨 와룡산방에서는 《오월춘추음주吳越春秋音注》를 간행했고 후에 각판이 양이증楊爾曾에게 넘어가면서 이름이 풍馮에서 양楊으로 바뀌었다. 양이증은 자신이 편찬한 《해내기관海內奇觀》(만력 38년)을 정교하게 판각했다. 용여당에서는 《이탁오선생비평충의수호전李卓吾先生批評忠義水滸傳》100권[그림 46]과 《이평유규기李評幽閨記》·《홍불기紅拂記》·《비파기》·《옥합기玉合記》 등을 간행했다.

장씨 백설재에서는 악부樂府를 선정해 《오소합편吳騷合編》(숭정 10

李卓吾先生批評忠義水滸傳卷之二

第二回

王教頭私走延安府　九紋龍大鬧史家村

詩曰

千古幽扃一旦開　天罡地煞出泉臺　自來無事多
生事、本爲禳災却惹災　祖稷從今雲擾擾　兵戈
到處鬧垓垓　高俅奸佞雖遺恨　洪信從今悔禍胎

話說當時住持真人對洪太尉說道太尉不知此殿内當
初是祖老天師洞玄真人傳下法符嚙付道此殿内鎮鎖
着三十六員天罡星七十二座地煞星共是一百單八箇
魔君在裡面上立石碑鑿着龍章鳳篆天符鎮住在此若

李卓吾先生批評忠義水滸傳卷之一

第一回

張天師祈禳瘟疫　洪太尉誤走妖魔

詩曰

絳幘雞人報曉籌　尚衣方進翠雲裘　九天閶闔開
宮殿　萬國衣冠拜冕旒　日色纔臨仙掌動　香煙
欲傍袞龍浮　朝罷須裁五色詔　佩聲歸到鳳池頭

話說大宋仁宗天子在位嘉祐三年三月三日五更三點
天子駕坐紫宸殿受百官朝賀但見
祥雲迷鳳閣瑞氣罩龍樓含煙御柳拂旌旗帶露宮花
迎劍戟天香影裡玉簪珠履聚丹墀仙樂聲中綉旗錦

[그림 46] 〈수호전〉, 명 만력, 항주 용여당容與堂 판각본

년)을 간행했는데 그림이 매우 정교하고 아름다웠다. 옹문원은 《전상담화기全像曇花記》를 판각 인쇄했다. 양춘당에서는 《완사기浣紗記》를 중각했다. 전당 금아金衙와 고항古杭 추상각秋爽閣에서는 각각 소설을 간행했다.

항주의 서점 중 서적을 가장 많이 판각한 곳은 호문환胡文煥의 문회당文會堂으로 명나라 사람들은 그것을 일컬어 "호문환판"이라 했다. 호문환은 인화仁和 출신으로 자는 덕문德文, 호는 전암全庵이다. 일찍이 만력·천계 연간에 문회당을 세워 책을 소장하고 서점을 세워 고서를 유통시켰다. 그는 또한 명망이 자자해 서문과 발문을 많이 남겼다.[44] 문회당에서는 《격치총서格致總書》를 편찬 간행했는데 세목[子目]이 2백여 종에 달했다. 또 《백가명서百家名書》(만력 판각본) 103종을 간행했으며 《격치총서》와 중복되는 부분도 있지만 고금의 서적을 수록해 내용이 지극히 방대했다. 이밖에도 패가稗家·유람遊覽·해사諧史·촌찰寸札·우문寓文 등 다섯 종을 엮어 《호씨잡편胡氏雜編》을 간행했다. 그중 호문환이 직접 저술하고 편집한 서적으로는 《문회당시운文會堂詩韻》·《문회당사운文會堂詞韻》·《문회당금보文會堂琴譜》·《축수편년祝壽編年》·《역세통보歷世統譜》·《성신격언省身格言》·《화이풍토지華夷風土誌》·《환우잡기寰宇雜記》·《황여요람皇輿要覽》 등 20~30종이 있다. 또한 자신이 집필한 전기傳奇 작품 《여경기餘慶記》를 간행했다. 《군음유선群音類選》 26권을 편집했는데 명대에 보기 드문 것이었지만 안타깝게도 악보만 수록하고 가사는 수록하지 않았다. 호문환이 판각한 서적은 총 450여 종으로 모든 서적 위에는 '신각新刻'이라는 두 글자를 덧붙였다. 호문환은 장서와 출판 외에도 매우 해박한 지식을 가지고 있었으며 이는 모진毛晉 등이 따라올 수 없는 점이다.

항주 소경사 경방經房에서는 《능엄경》(융경 6년)과 당나라 승려 대혜大惠의 《의주비간儀注備簡》 등을 간행했고 소경사 패엽재貝葉齋에서는 《교승법수敎乘法數》(모두 숭정 9년)를 간행했다. 무림사교보국원武林士橋報國院에서는 《원각경략석圓覺經略釋》(숭정 4년)을 간행했고, 항주 마노사瑪瑙寺 승려 통효通曉는 《오대부직음집운五大部直音集韻》(만력 2년)을 간행했다.

항주 천주당天主堂은 무림초성당武林超性堂이라 칭했으며 또 무림소사당·무림경교당으로도 불렸다. 이탈리아 선교사 쥴레 알레니[29]의 《직방외기職方外紀》·《서학범西學凡》(모두 천계 3년)·《삼산론학기三山論學記》(천계 5년)를 간행했다. 또 이탈리아 선교사 알퐁소[30](후에 고일지高一志로 개명)의 《천주성교성인행실天主聖敎聖人行實》(숭정 2년, 같은 해 강주판絳州版도 간행됨), 스위스 선교사 요한 슈렉[31]의 《인신개설人身槪說》, 이지조李之藻 등의 책을 간행했으며 서명을 고증할 수 있는 것으로는 십여 종이 있다. 항주부 천주당은 간행한 서판의 목록이 있으며 40여 종을 간행했다.[45]

소 주

일찍이 남송 시대에 "소주와 호주에 풍년이 들면 천하가 풍족하다 (蘇湖熟, 天下足)"라는 말이 있었는데 명나라 구준丘濬은 이 말을 "소주

29_ 쥴레 알레니(Jules Aleni, 1582~1649)이다. 중국어 표기는 애유략艾儒略으로 쓴다.

30_ 이탈리아 사람으로 원명은 Alfonso VAGNONI(1566~1640)이다. 예수회 선교 사로 중국에 왔다. 처음에는 왕풍숙이고 자는 일원一元이었는데 풍숙은 세례 명인 Alphonsus를 번역한 것이라고 한다. 1605년에 중국에 왔다가 1616년에 남경에서 출국당했다. 1624년에 다시 중국에 와서 산서성에서 선교활동을 했 다. 1640년 4월 9일 산서성 강주에서 선종했다. 중국어 이름 표기는 왕풍숙王 豊肅이고 자는 즉성則聖이다.

31_ 요한 슈렉(Johann Schreck, 1576~1630)이다. 중국어 이름 표기는 등옥함鄧 玉函이다.

와 송강에 풍년이 들면 천하가 풍족하다(蘇松熟, 天下足)"라고 고쳤다. 북송시대에는 소주부蘇州府 한 곳에서 해마다 조세로 상납한 쌀이 30만 석에 달했고 명 홍무 연간에는 278만 석으로 증가했다. 송강부 松江府도 120여만 석이 증가하여 전체 조세 곡식의 7분의 1을 부담했다. 소주·송강·상주常州 지역은 지류가 그물처럼 얽혀있어 관개가 용이하고 토지가 비옥해 벼농사·양잠·면직물 등이 특히 발달했기 때문에 재화와 세금이 많은 지역이 되었다. 또한 많은 지주와 거상이 모여 있어 글을 숭상하는 풍습도 왕성했다. 소주에서는 원래부터 서적을 소장하고 도서간행하는 기풍이 흥성해 송·원 시대부터 적사磧砂 연성원延聖院에서는 《대장경》을 판각 간행했기 때문에 오래된 숙련공들이 많았다.

명대 소주부에서 만력 초기까지 간행한 서책은 모두 177종[46]에 달해 전국의 모든 부府 중에서 으뜸이었다. 소주에서 판각된 것을 '소판蘇板'이라고 하며 '내부판內府板'·'복건본福建本'과 병칭되었다. 그 중 경서를 제외한 역사서로는 《사서》·《양한기兩漢記》·《구당서》 등이 있다. 지리서로는 《오군지吳郡志》·《고소지姑蘇志》·《장주현지長州悬志》·《숭명지崇明志》·《고소잡영姑蘇雜咏》·《여지도興地圖》·《지리도》 등이 있다. 의약서로는 《비위론脾胃論》·《내외상변內外傷辨》·《신효방新效方》·《동원시효방東垣試效方》 등이 있다. 그리고 《본초》는 남송시대에 판각한 것이 명대까지 보존되었다. 법률서로는 《형통부刑統賦》·《상형요람祥刑要覽》·《당음비사棠陰比事》가 있다. 문학 서적으로는 《초사》·《문선》·《당문수唐文粹》·《이륙집二陸集》 등과 이백과 두보의 시, 한유와 유종원의 문장, 《위소주시韋蘇州詩》, 육가六家·십이가·사십가·팔십가《당시唐詩》·《만수당인절구萬首唐人絶句》 및 《당시정성唐詩正聲》 등이 있다. 송대의 문집으로는 범문정范文正의 《범충선문집范忠宣文集》이 있다. 명대 문집으로는 오포암

吳匏庵・왕문각王文恪・고태사高太史 등 10여 종이 있으며 그중에는 소주지역 학자들의 문집도 있다.《천문도天文圖》와 당 태종의《제범帝范》은 다른 곳에서는 보기 드문 것이다.

사각과 방각　　소주는 유명한 서적 생산지로 간행된 책의 양도 방대했고 매우 정교했다. 명나라 호응린은 "오회吳會・금릉金陵 지역은 서적으로 유명한 곳으로 판각본이 많다"고 했다. 그는 또한 "내가 본 판각본 중에 소주와 상주의 것이 으뜸이고 금릉의 것이 그 다음이다"고 했다. 또 "정교함은 오회의 것이 으뜸이다"[47]라고 덧붙였다. 소주의 정교한 판각본은 대부분 사각본에서 나왔는데 시간과 자금을 아끼지 않고 우수한 인력을 사용했기 때문이다. 일례로 원경袁褧의 가취당嘉趣堂에서 번각한 송 촉본蜀本《문선》은 16년 만에 완성되어 엄청난 경비를 지출했으나 광곽과 글자체를 그다지 바꾸지 않았다. 곽운붕郭雲鵬 제미당濟美堂의《유집柳集》과 서시태徐時泰 동아당東雅堂의《한집韓集》은 모두 송대 요영중廖瑩中의 판본을 모방해 판각한 것이다. 공뢰龔雷가 간행한《포주국책鮑注國策》과 금나라 이택원당李澤遠堂 판본《국어》는 모두 가정 연간에 송대의 번각본을 모방 판각한 것이다. 서책을 판매하는 자들이 종종 서문을 찢어 없애고 송대의 판본으로 속여 고가에 판매했다. 심변지沈辨之[32]가 간행한《한시외전漢詩外傳》은 원대의 판본으로 자주 오인되고 두시杜詩가 간행한《전국책》은 송나라 판본으로 오인되는데 이는 판각이 정교하고 우수해 구별이 쉽지 않기 때문이다. 진택震澤 왕정철王廷喆 본《사기》와 고원경顧元慶의《고씨문방소설사십가顧氏文房小說四十家》(원제목《재오梓吳》)는 모두 정교하고 아름답다.

호응린은 "대다수의 고소姑蘇서점은 창문閶門 근처와 오현吳縣에

32_ 심여문沈與文을 말한다. 변지辨之는 심여문의 자字다.

있었는데 서책이 정교하고 정연하게 인쇄되어 다른 지역의 판각을 선도한다"고 했다. 명대 소주의 서방에서는 현지에서 간행된 서책을 판매했고 서방 이름 앞에 '금창金閶'이라는 두 글자를 놓았는데 이는 소주에 있는 금문金門과 창문閶門을 합쳐놓은 말이다. 금창 서방은 건양이나 금릉보다는 많지 않았으며 현존하는 서점의 목록은 다음과 같다.

* 동오서림東吳書林
* 금창서림金閶書林 섭현오葉顯吾
* 금창 섭경계葉敬溪
* 금창 섭요지葉瑤池 천보당天葆堂
* 금창 섭취보葉聚甫
* 금창 섭경지葉敬池 서종당書種堂
* 금창 섭곤지葉昆池
* 창문서림閶門書林 섭용계葉龍溪
* 금창 섭벽산葉碧山
* 금창서림 섭계원葉啓元 옥하재玉夏齋
* 금창서림 서재양舒載陽(문연文淵)
* 금창서방金閶書坊 서충보舒沖甫 – 서재양舒載陽이거나 혹은 한 집안으로 의심된다.
* 금창 오운거五雲居
* 금창 동관각東觀閣 신고재臣古齋
* 금창 세유당世裕堂
* 금창 서업당書業堂 – 혹은 오군吳郡 서업당書業堂
* 금창 옹만당擁萬堂
* 금창 황옥당黃玉堂 – 혹은 황옥당簧玉堂
* 금창 오아당五雅堂

* 금창 십승루十乘樓

* 금창 아언당雅言堂

* 금창서림 당정양唐廷楊

* 금창 영설초당映雪草堂

* 창문閶門 서씨서당徐氏書堂

* 금창 진씨 가회당嘉會堂

* 창문 진용산陳龍山 유유당酉酉堂

* 금창 동용천童湧泉

* 금창서림 진업당振鄴堂

* 금창 안소운安少雲 상우당尙友堂

* 창문 석감(옥조)席鑒(玉照) 소엽산방掃葉山房

* 창문 상춘당常春堂

* 창문 겸선당兼善堂

* 오문吳門 문회당文匯堂

* 오문 보한루寶翰樓

* 오문서림 옹소록翁少麓

* 고소姑蘇 공소산龔紹山

* 고소경방經坊 육서지陸瑞芝

앞에 언급된 37곳 중에서 섭씨 서점이 9곳이다. 동오서림은 비교
적 오래된 곳으로 가정 33년에 《설방산선생문록薛方山先生文錄》을 간
행했다. 그 외에는 모두 만력·천계·숭정 때의 서점으로 주로 소설
을 간행했다. 서림 서재양舒載陽은 많은 비용을 아끼지 않고 《봉신연
의封神演義》의 초고를 사들여 서충보舒冲甫와 함께 《봉신연의》를 간
행했는데 두 사람이 동일인이 아닐까 하는 의문이 든다. 무림武林 서
재양舒載陽 장주관藏珠館에서도 책을 간행했는데 서재양이 소주와 항
주 두 곳에서 서점을 운영한 것이 아닐까 생각된다. 섭현오는 《장각

노경연사서직해張閣老經筵四書直解》를 중각했고, 섭요지는 능凌씨[33]의
《오거운서五車韻瑞》(만력)를 간행했다. 섭곤지는《옥명당비점수상남
북송전玉茗堂批點繡像南北宋傳》을 간행했다. 섭경지는《이탁오비평삼
대가문집李卓吾批評三大家文集》(만력)과《성세항언醒世恒言》, 풍몽룡의
《신열국지》108회(구본과 다름) 및《석점두石點頭》(천계 7년) 등을 간행
했다. 섭경계 또한《성세항언》을 간행했으며 삽화가 극도로 정교하
다. 섭용계는《만병회춘萬病回春》을 간행했다. 섭계원은 아름답고 정
교한《척독쌍어尺牘雙魚》를 간행했다. 섭벽산과 아언당에서는《여면
담如面談》(편지글)을 간행했다. 황옥당에서는《성명백가시선盛明百家
詩選》과 모곤茅坤이 엄선한《당송팔대가문초唐宋八大家文抄》를 판각했
는데 후자는 옹만당본(숭정 4년)도 있다. 세유당에서는 양신민楊信民
의《성원주기姓源珠璣》(만력 28년)와《육조문집六朝文集》을 간행했다.
공소산은《진미공선생비평춘추열국지전陳眉公先生批評春秋列國志傳》
(만력 43년)을 판각 간행했고, 오아당에서도《열국지》를 간행했다. 가
회당에서는《묵감재비점북송삼수평요전墨憨齋批點北宋三遂平妖傳》을
정교하게 간행했다. 영설초당에서는《수호전전水滸全傳》·《잠확거류
서潛確居類書》(숭정)를 간행했다. 서씨서당에서는《황명금문정皇明今
文定》(숭정 6년)을 판각했다. 옹만당에서는 명나라 채청蔡淸의《사서
도사합고四書圖史合考》를 판각했고, 옥한루에서는 장부張溥의《사서
주소대전합찬四書注疏大全合纂》(숭정)을 판각했다. 고소경방에서는
《수릉엄경首楞嚴經》(천계 4년)을 간행했다. 유유당은 진인석陳仁錫의
《명문기상明文奇賞》(천계 3년)을, 옥한루에서는《동파선생전집》을, 십
승루에서는《무경칠서武經七書》를 판각했다. 진업당에서는 소무상蘇

33_ 명대의 능치륭凌稚隆을 말한다. 생존연대는 미상이고, 《오거운서》는 음시부
陰時夫의 《운부군옥韻府群玉》을 모방하여 지은 것이다.

茂相이 엮은《관판율례임민보경官板律例臨民寶鏡》을 간행했고, 옹소록은《복서전서卜筮全書》를 간행했다. 서업당에서는 탕현조湯顯祖의《남가기南柯記》(만력 28년), 매응조梅膺祚의《자휘字彙》(만력43년) 및《귤중비橘中秘》(숭정 5년)를 간행했다. 동용천은 장개빈張介賓의《유경類經》(천계 4년)을 간행했다. 당정양은《운림의성보도자항雲林醫聖普渡慈航》을 판각했다. 오운거는《두공부칠언율시분류집주杜工部七言律詩分類集注》(숭정)를 판각했다. 안소운은 능몽초凌濛初의《박안경기拍案驚奇》를 간행했고, 상춘당에서는《소장공합집蘇長公合集》(만력 28년)을 간행했다. 겸선당에서는《고문각체기초古文各體奇鈔》(숭정 15년)를 간행했다. 이 중에서 진업당·서업당은 청나라 초기까지 영업을 이어갔다. 소엽산방은 명 만력 때에 송강의 석씨와 소주 사람이 합자해 송강에서 영업을 시작한 뒤에 얼마되지 않아 소주 창문閶門으로 옮겨갔다. 그 후 중화민국 초기까지도 상해에서 영업을 했는데 오직 석인石印으로 바뀌었을 뿐이다.

부록: 상숙常熟의 모진毛晉

여기서 반드시 거론해야만 할 인물은 소주부 상숙현의 저명한 장서가이자 출판가인 모진[34]이다. 그의 초명初名은 봉포鳳苞, 자는 자진

34_ 모진에 대해 좀 더 알아보기로 한다. 모진毛晉의 자는 자구子九, 후에 이름을 진晉으로 바꾸고 자字는 자진子晉이라 했다. 별호는 잠재潛在다. 만년에는 호를 은호隱湖 또 독소거사篤素居士라 했다. 강소성 상숙常熟 사람으로 집안이 부유했다. 일찍이 제생諸生(명청 시기에 시험에 합격하여 부府, 주州 현縣 등의 각급학교에 들어가 공부하던 생원이다. 생원에는 증생增生·부생附生·늠생廩生·열생例生 등의 구분이 있는데 이를 통틀어 제생이라 함)이 되었으나 누차에 걸쳐 급제하지 못하자 고향에 은거하다가 전답을 팔아서 칠리교에 급고각을 세우고 고서를 수집하고 판각했다. 모진은 30여 명의 인사를 초빙하여 유가경전을 교감한 후에 판각 인쇄했다.

子쯤으로 만력 27년에 태어나 순치順治 16년(1599~1659)에 생을 마감했다. 수천 묘畝에 달하는 토지와 여러 개의 전당포에서 벌어들이는 돈을 도서구입과 출판에 사용했으며 장서가 8만 4천 권에 달해 '중국 최고의 장서가'라는 칭호를 얻었다. 그는 '급고각汲古閣'[그림 47]을 건축하고 그 외에 건물도 9채를 지어 서적을 보관했는데 아래층에는 전후좌우로 판각하는 각서공의 거처를 마련했다.

[그림 47] 우산虞山 모씨 급고각

급고각 밖에는 '녹군정綠君亭'이라는 정자가 있고 이 정자 둘레에 대나무를 심었다.[48] 대지주였던 그는 고리대금으로 착취한 소득으로 책을 모으고 출판하여 재생산했다. 그는 다량의 서적을 간행했다. 널리 알려진 것으로는 《십삼경주소》·《십칠사》·《진체비서津逮秘書》·《군방청완群芳淸玩》·《산거소완山居小玩》·《송명가사육십일종宋名歌詞六十一種》·《육십종곡六十種曲》과 당·송·원대 문인들의 별집別集을 간행했다.[49] 급고각의 《십삼경》과 《십칠사》는 숭정 원년(1628)에 판각을 시작해 순치 13년(1656)에 완성되었다. 모진은 40여 년간 10만 판 이상을 판각하여, 총 109,067쪽에 달하는 6백여 종의 책을 간행했다. 대부분은 숭정 연간에 간행했고 일부는 청나라 순치 연간에 가서야 완성된 것도 있다. 판심版心에 '급고각汲古閣' 세 글자가 새겨져 있고 어떤 책에는 따로 '녹군정'이라고 새겨져 있다. 집안에 인쇄 작업장을 만들고 인쇄공 20명을 두어 경서와 서책을 인쇄했다. 명나라 말기에는 모진이 인쇄한 서적이 양자강 남북지역에 널리 퍼졌고 운남에서도 먼 길을 마다하지 않고 구입해 갔으며 유구국[琉球國, 지금의 오키나와]까지 전해졌다. 모진은 고대문화의 보존과 보급에 양호한 영향을 끼쳤다. 일본의 나카야마 큐시로[中山久四郎]는 모진을 "전적 인쇄의 일등 공신"이라 칭했다.[50] 어떤 이들은 모진이 책을 판각할 때는 명사名士를 청해 교감하고 송본을 근거로 했다고 한다. 그러나 비난을 하는 사람들도 있다. 청나라 전증錢曾은 "천계·숭정 연간에 급고각의 서적이 천하로 퍼졌으나 잘못된 것을 바로잡으려 하는 자가 없었다. 내가 모진이 인쇄한 서적을 교정하여 바로잡으려 했지만 안타깝게도 몸이 노쇠하고 여유가 없어 그 뜻을 이루지 못했다"라고 했다.[51] 손종첨孫從添은 "모씨가 판각한 책은 몹시 많았지만 제대로 된 것은 몇 종류에 불과하다"라고 했다. 그는 또 "급고각의 《십삼경》과 《십칠사》는 교열을 건성으로 했기 때문에 틀린 부분이 많다"라고 덧붙였다.[52] 아마도 판각량이 엄청났기 때문에 자연히 잘된 것도 있고 오류도 많았던 것 같다. 급고각본은 모두 죽지竹紙에 인쇄했다.

급고각 판본은 청대에 상숙현과 소주·무석無錫·양주·산동 등 각지로 흩어졌다. 《십칠사》 각판은 처음에는 4천금에 노盧 모씨에게 저당잡혔다가 후에 노씨가 동정洞庭 석席씨에게 팔아버렸다. 석씨는 아들을 보내 상숙에서 서적 인쇄를 하도록 했으며 우선 서명 아래에 있는 '모씨급고각인毛氏汲古閣印'이라는 도장 표시를 깎아내고 '동정석씨洞庭席氏'라는 도장을 새겨 넣었다. 전해지는 바로는 석씨의 손자가 《사당인집四唐人集》판을 쪼개 땔감으로 사용해 차를 끓였다고 한다.[53] 하지만 일설에는 후에 《사당인집》판이 오문吳門 한송당寒松堂으로 넘어가 차를 끓이는 장작으로는 쓰이지 않았다고 한다. 겉표지에는 '당사명가집唐四名家集', '급고각정본'이라고 쓰여 있고 좌측 하단에 '오문한송당장판藏板'이라고 되어 있기 때문이다.

같은 시기 상숙현에는 두 개의 서방이 더 있었는데 해우서림海虞書林의 옹씨翁氏는 《경전류편經傳類編》을, 해우삼괴당에서는 천계 연간 《후청록侯鯖錄》을 간행했지만 당연히 모진의 급고각에 비할 정도는 아니었다.

휘주徽州

명나라 사조제 《오잡조五雜俎》 권4 〈지부地部〉에서 "부자 중 큰 부자로 꼽을 만한 곳은 강남에서는 신안新安을, 강북에서는 산우山右를 꼽는다. 신안의 대상인들은 생선과 소금을 주업으로 하여 1백만 냥이상의 부자도 있고 20만~30만 냥 정도는 중간상에 속한다"고 했다. 명대에 휘방徽幇은 시장에서 유리한 지위를 점했는데 흡주歙州 사람들은 포목·차·잡화를 주로 취급했고 목재와 칠기 두 업종이 그 다음이었다. 휴녕休寧 사람들은 전당포(이전에는 휘주조봉徽州朝奉이라고 불렀음)를 주로 운영했고, 화인伙人[35]들은 금융업에 종사했으며 적계績溪 사람들은 주점이나 음식점을 경영했다. 만력 35년(1607)에는 "휘상徽商이 운영하는 전당포가 강북까지 널리 퍼져 있었고 자금이 수천 금에 달했으며 세금(수수료)은 10냥이었다.[36] 하남에는 왕충汪充 등 213곳이 있다"고 했다.[54] 강절江浙·강서에는 더 많다.

송나라 사람들은 흡주는 '문방사우'가 구비되었다고 말했지만 사실 붓은 선주宣州에서 났고, 휘주에서는 종이·먹·벼루 세 가지만을 생산했다. 특히 휘주의 먹[徽墨]은 품질이 우수해 지금도 전국에서 최고로 꼽힌다. 고궁에는 40여 곳에서 생산된 명대 휘묵을 소장하고 있는데 그중 정군방程君房과 방우로方于魯 두 사람의 먹이 가장 유명했고 그 값은 황금 가격과 같았다. 휘주는 예로부터 질 좋은 먹과 종이를 생산하는 전통이 있었다. 또한 흡현 규촌虯村의 황씨 성을 가진 사람 중에 뛰어난 장인들이 많았는데 이들은 판각에도 능하고 판화 조각도 잘했으며 기술이 정교하고 노련해 귀하게 대접받았다. 명나라 호응린은 "호각湖刻과 흡각歙刻이 정교함에 가까워 드디어 소주·상숙의 것과 가격을 다투었다"고 했다. 사조제는 "오늘날 항주의 판각본은 언급할 만한 것이 못된다. 금릉·신안·오흥 세 곳의 판각은 매우 정교하여 송판에 뒤지지 않고, 초楚·촉蜀의 판각은 평범하다"고 했다.[55] 휘주본의 정교함은 판화에서 나타나고 있는데 그로 인

35_ '화인伙人'은 '화현伙縣 사람'이라는 뜻이다. 화현은 현재의 안휘성 휘주 이현黟縣이다. 이현은 휘주 6현 중의 하나로 휘주 문화의 발원지다. 당시에는 화현伙縣이라고 했기 때문에 장수민 선생도 화인伙人이라고 썼다. 중국인들의 저서에는 이렇게 축약된 용어가 종종 나온다.

36_ 원서에는 '課無十兩'이라고 되어 있다. 명대에 글자가 새겨지지 않은 '無字十兩'이라는 은전이 있었는데 이것을 말하는 것이 아닌가 생각되나 확실치 않다.

해 많은 사랑을 받았다. 그중 《양정도해養正圖解》는 수도에서 보배롭게 여겼다. 명대의 휘판·항판·소판은 민판閩版과 어깨를 나란히 했다.

휘주부는 명대에 남직례南直隷에 속했다. 주홍조의 《고금서각》에는 휘주부본 31종이 수록되었고 그중에는 그 지역 출신으로 존경을 받고 있는 주희朱熹·나원羅愿·정민정程敏政의 저서 《신안문헌지新安文獻志》·《황명문형皇明文衡》 등이 있다. 그 밖에 《비점사기한서批點史記漢書》·《명목방明目方》·《상한서傷寒書》·《산해경》·《초사》·《문심조룡》·《이시백문李詩白文》·《두시백문杜詩白文》 등이 있다. 고증이 가능한 서방은 다음의 10곳이 있다.

* 흡서歙西 포씨鮑氏 경독서당耕讀書堂
* 흡현歙懸 오면학吳勉學 사고재師古齋
* 신도新都 오계사吳繼仕 희춘당熙春堂 – 송본 《육경도六經圖》를 모방했는데 송각본과 구별이 불가하다
* 신도 오씨吳氏 수자당樹滋堂
* 휴양休陽 오씨 수옥재漱玉齋
* 서림 신안 여씨余氏 쌍영정사雙榮精舍
* 흠암진歙巖鎭 왕제천汪濟川 주일재主一齋
* 왕정눌汪廷訥 환취당環翠堂
* 신안 황성黃誠
* 휴읍休邑 둔계屯溪 고승포高升鋪

그중 책을 가장 많이 간행한 사람은 오면학이다. 오면학은 자가 사고師古며 그의 서방인 사고재에서는 의서를 주로 간행했다. 거기에서 벌어들인 수익금으로 고금의 전적을 수집하고 판각 간행했으며 판각 비용으로 10만 금을 사용했다.[56] 사고재에서 판각한 책으로는 왕긍당王肯堂이 엮은 《고금의통정맥전서古今醫統正脈全書》44종,

205권(만력 29년 판각)과 《하간육서河間六書》 8종·《이십자二十子》·《성리대전》·《오경》·《예기집설禮記集說》·《사서》·《통감》·《근사록近思錄》·《세설신어》·《문선》·《당시정성唐詩正聲》·《화간집花間集》 등이 있다. 《휘군주석대류대전徽郡注釋對類大全》(만력 23년, 을미) 중간에는 '신안오면학재행新安吳勉學梓行'이라고 한 행이 있다. 《이십자》판은 후에 황지채黃之寀에게 팔렸는데 황씨는 '오면학교간吳勉學校刊'이라는 한 행을 파버리고 '황지채교간'이라고 새겨 넣었다. 명·청 양대에는 이렇게 다른 이의 좋은 것을 빼앗는 악습이 있었다. 포씨 경독당에서는 송나라 포운룡鮑雲龍의 《천원발미天原發微》(천순 5년)를 간행했다. 오씨 수옥재에서는 《왕유시집王維詩集》(만력 18년)을 판각 간행했고, 오씨 수자당에서는 《진한인통秦漢印統》 8권(만력 25년)을 간행했다. 왕씨 주일재에서는 《소씨제병원후총론巢氏諸病源候總論》을 간행했다. 휴읍 둔계 고승포에서는 《신각조천자문집음변의新刻照千字文集音辨義》(천계 3년)를 간행했고, 여씨 쌍영정사에서는 《지리대전》을 중각했다. 오씨 희춘당에서는 《육경도》 6권을 간행했고 뒤에 "그림은 정교하고 글자는 아름다우니 송본과 대조해도 잘못된 것이 없다"라는 광고식의 말이 있다. 이 밖에도 휘판徽版으로는 《오각휘군석의경서사민편용통서·잡고五刻徽郡釋義經書士民便用通書·雜考》 등이 있다.

왕정눌은 자호가 좌은坐隱 선생이고 휴녕사람이다. 염운사의 관직에 있으며 한때 많은 부를 쌓았는데 남경에 원림園林을 가지고 있었고 《환취당악부環翠堂樂府》와 오늘날에도 잘 알려진 《사후기獅吼記》 등 15종을 간행했다. 하지만 주휘周暉는 《금릉쇄사金陵鎖事》에서 "오늘날 서방을 운영하는 왕정눌은 《사후獅吼》·《장생長生》·《청매青梅》 등 진소문陳所聞의 전기 8종을 모두 자신의 작품으로 판각했다"고 기록했다. 《사후기》 등 8종은 진소문의 작품인데 왕정눌이 훔치고 빼앗아 자신의 것으로 만들고 세상을 기만했으니 그의 인품에 대해서는 논할 만한 가치가 없다. 왕정눌의 판각본에 수록된 삽화는 극히 정교한데 이는 그가 엄청난 자본을 많이 들여 서방을 운영했고 인쇄소와 장판소藏版所를 운영했기에 가능한 것이었다. 왕정눌은 환취당본《좌은선생집坐隱先生集》·《좌은원희묵坐隱園戲墨》·《좌은일백이십영坐隱一百二十詠》(만력 38년)을 간행했고 진대성陳大聲의《초당여의草堂餘意》(만력 39년)를 정교하게 장정했다. 왕정눌[37]은 스스로 역사적인 인물화를 엮은 환취당본《인경양추人鏡陽秋》를 펴냈는데 참고하여 채용한 도서 목록이 600여 종에 달한다고 한다. 그러나 실상은 그 도서목록이란 것이《교주기交州記》·《임읍기林邑記》처럼 이미 없어진 것들로 유서類書 속의 목록을 재인용한 것에 불과했다. 이런 점으로 볼 때 명나라 사람들이 실속 없이 성과를 부풀리려고 하는 습관을 가지고 있었음을 알 수 있다.

건녕建寧

송나라 때부터 명나라 말기까지 복건 건녕부建寧府 서방은 줄곧 전국의 주요 출판지 중 한 곳이었다. 남송의 건본建本은 이미 고려와 일본에까지 널리 퍼졌다.[57] 청나라 복건사람 진수기陳壽祺는 "송대에는 건안 마사본麻沙本이 성행했지만 명대에는 이미 사라졌다. 사부四部의 많은 서책들이 우리 고향에서 판각 인쇄되어 사방으로 퍼져나가니 열에 대여섯을 차지했다"고 했다.[58] 송·원 시대 서방은 주로 건녕부 부곽附郭[38]의 건안현建安縣에 위치했으며 송대 37개의

37_ 본문에는 강씨江氏라고 되어 있으나 왕씨汪氏, 즉 왕정눌의 오기인 듯하여 바로잡았다.《인경양추人鏡陽秋》는 왕정눌이 편찬한 책이기 때문이다.

38_ 부곽附郭은 중국의 행정구역 용어로 현정부의 치소治所(과거 지방 고급관리의 관공서가 있던 곳)와 주州·부府·성省 등 상급정부 성내에 설치된 지역을

서방 중 마사라고 명기한 곳은 8곳뿐이며 건양 숭화崇化에는 서방이 하나밖에 없었다. 원나라 때는 42개의 서방 중 건양 혹은 마사·숭화라고 명기한 곳이 다섯 곳에 불과하며 그 나머지는 모두 건안에 있었다. 명대에 건안 서방들이 몰락하고 나서는 건양 서방들이 흥성했다. 경태景泰 연간의 《건양현지建陽縣志》에는 "천하의 서적이 건양 서방에 구비되어 있다"고 기록했다. 건양 서방은 마사와 숭화 두 곳에 있었으므로 '양방兩坊'이라고 했으며 서적의 주 생산지였기 때문에 '도서의 고장[圖書之府]'이라고도 불렀다. 가정 연간의 《건양현지》에는 "서적은 마사와 숭화 두 곳의 서방에서 제작되었는데 마사 서방은 원말에 사라지고 숭화 서방만 남아 있다"고 기록하고 있다. 명 홍치 12년(1499)의 기록에는 "건양현 서방들이 화재로 불타 고금의 서판들이 다 타버리고 재만 남았다"고 되어 있다. 《가정지嘉靖志》에도 "마사는 비록 훼손되었지만 숭화는 더욱 번성한다"고 기록했다. 그리고 덧붙여 "지금 마사향 진사 장선張璿과 유劉씨·채蔡씨가 다시금 책을 간행하여 숭화와 함께 널리 알려졌다"고 기록했다. 가정 연간에 마사 지역에서 다시 책을 간행했지만 숭화 지역이 더 흥성했음을 알 수 있다. 마사가廐沙街는 영충리永忠里에 있었고 건양성 서쪽에서 70리 떨어진 곳이었다. 서방가書坊街는 숭화리에 있었고, "집집마다 서적을 판매했는데 매월 초하루와 엿새 장에는 천하의 객상들이 빽빽이 모여들었다"고 한다.[59] 이처럼 매달 6일[39]은 전문적으로 서적을 판매했으며 이런 시장은 다른 지역에는 없었기 때문에 전국의 서적 판매상들이 끊임없이 몰려들어 도매로 사갔다. 선덕 4년에는 곡부曲阜의 연성공衍聖公[40]도 복건 마사에 사람을 파견해 책을 구입

말한다.

39_ 1일, 6일, 11일, 16일, 21일, 26일 6일간이다.

40_ 공자의 후손이다.

했다.[60] 이를 통해 '도서의 고장'으로 불린 이곳에서 공급한 서적이 얼마나 다양했는지 알 수 있다. 명나라 주홍조의 《고금서각》에는 건녕부의 서방서목이 365종이나 기록되었다.[61] 하지만 가정 연간에 간행된 《건양현지》 권5에는 건양서방의 서목이 451종으로 기록되어 있는데 이는 가정 24년(1545)에 기록된 것이다. 하지만 가정 24년 이후부터 명나라 말기까지 간행된 건본 소설과 잡서는 밤하늘의 별처럼 많았고 그 수는 천여 종에 달했기 때문에 전국에서 가장 많이 출판되었다. 호응린은 "정교함으로는 오吳가 으뜸이고, 수가 많기로는 민閩이 최고고, 월越은 이 정교함과 수량면에서 그 다음이다"고 했다. 명대에 간행된 《건녕서방서목建寧書坊書目》과 《복건서목福建書目》은 현존하지 않는다.

명대 건양서방은 스스로를 '서림書林'이라 칭했다. 이를 볼 때 지금 사람들이 서림이란 용어는 송대 것이고 명대에는 서방書坊으로 불렀다고 여기는 것은 사실과 다르다. 건양서림은 건읍서림建邑書林으로도 불렀고 건양의 별칭이 담양潭陽이었기 때문에 담양서림 혹은 담읍서림으로도 불렀다. 간혹 민건서림이나 민서림으로 부르기도 했지만 역시 '건양서림'으로 가장 많이 불렀다.

명 건본 패자牌子 및 관각판이나 사각판의 목록에 의거해 명대 건양서림 중 당호堂號와 이름을 고증할 수 있는 서방을 아래에 열거해 본다.

서방書坊

* 여소어余邵魚(여상두余象斗의 숙부)
* 건양서림 문대文臺 여상두 쌍봉당雙峰堂[41] – 여문대余文臺 쌍봉당雙峰堂 혹은 담양 여씨 삼대관三臺館으로도 불림

41_ 읽기 쉽도록 지명, 상호, 인명을 띄어쓰기 한다.

* 민건읍서림閩建邑書林 여상년余象年
* 여건천余建泉 여씨문대당余氏文臺堂
* 서림문대書林文臺 여세등余世騰
* 민서림 여량사余良史 흡경당恰慶堂
* 서림여군조書林余君詔 – 담양삼대관潭陽三臺館
* 건양 여씨 췌경당萃慶堂 – 여사천余泗泉 · 여창덕余彰德이라고도 한다.
* 건양 여정보余廷甫
* 담읍서림 여수봉余秀峰 창천당滄泉堂 – 경여당慶余堂 혹은 이경당 恰慶堂으로도 부른다.
* 서림헌가書林獻可 여응공余應孔 거인당居仁堂
* 담양 여원장余元長
* 담양서림 여응흥余應興
* 민건閩建 담성서림潭城書林 여성장余成章
* 민서림자신재閩書林自新齋 – 여량목余良木 · 여문걸余文杰 · 여명선 余明善 · 여태원余泰垣 · 여소애余紹崖
* 민건서림閩建書林 여선원余仙源 영경당永慶堂
* 서림여씨書林余氏 쌍계당雙桂堂 – 쌍계서당雙桂書堂이라고도 한다.
* 민건서림 여근천余近泉 극근재克勤齋 – 극근서당여명대克勤書堂余 明臺 · 여벽천余碧泉이라고도 함.
* 서림 여계악余季岳
* 건읍서림 여희우余熙宇
* 건양 유씨劉氏 취암정사翠岩精舍 유응강劉應康
* 건읍서림 유씨 안정당安正堂 – 유종기劉宗器 · 유조관劉朝琯(雙 松) · 유연대劉蓮臺(求茂)
* 삼건서림三建書林 유룡전劉龍田 교산당喬山堂 – 건읍서림 교산당喬

山堂・민교산당閩喬山堂이라고도 한다. 유룡전劉龍田・유옥전劉玉田・유공년劉孔年・유대역劉大易・유소강은 모두 교산당喬山堂이라고 함.

* 건녕서호建寧書戶 유휘劉輝
* 건양서호建陽書戶 유홍신劉洪慎 독재獨齋
* 용전龍田 유씨 충현당忠賢堂
* 담양서림 유흠은劉欽恩 – 영오榮吾라고도 한다.
* 담양서림 유태화劉太華 – 남민담읍예림南閩潭邑藝林이라고도 한다.
* 담양서림 유지평劉志平 귀인재歸仁齋
* 부사富沙 유흥아劉興我
* 건읍서림 웅종립熊宗立 웅씨종덕당熊氏種德堂 – 웅병신熊秉宸・웅성건熊成建・웅건산熊建山 등은 모두 종덕당이라 칭함.
* 건읍서림 웅충우(성야)熊冲宇(成冶) 종경당種經堂 – 종덕당種德堂 혹은 정덕서당正德書堂이라고도 한다.
* 담읍서림 웅옥병熊玉屛
* 웅씨熊氏 충정당忠正堂 – 웅대목熊大木(종곡鍾谷)・웅룡봉熊龍峰
* 건양서림 웅체충熊體忠
* 서림 웅성초熊成初
* 서림 웅운빈熊雲濱
* 서림 웅씨 중화당中和堂
* 웅청파熊淸波 성덕당誠德堂
* 민건서림 정소원鄭少垣 연휘당聯輝堂 – 삼원관三垣館이라고도 한다.
* 건읍서림 정씨鄭氏 췌영당萃英堂
* 민건서림 운죽雲竹 정자걸鄭子杰(세호世豪) 종문서사宗文書舍

* 정씨鄭氏 건양 종문당宗文堂 – 정희선鄭希善·정세괴鄭世魁·정망
  운鄭望雲
* 건읍서림 섭씨 작덕당作德堂
* 민건서림 섭지원葉志元
* 건읍서림 섭견원葉見遠 – 민건서림閩建書林이라고도 한다.
* 민건서림 섭귀근산葉貴近山
* 건읍서림 양씨楊氏 청강당淸江堂
* 건양서림 양발오楊發吾 수인재守仁齋
* 양씨 청백당淸白堂 – 귀인재歸仁齋라고도 한다.
* 건양서림 양기원楊起元 민재閩齋 – 청백당淸白堂 양민재楊閩齋라고
  도 한다.
* 민서림閩書林 양미생楊美生
* 건읍서림 양벽경楊璧卿
* 서림 양소경楊素卿
* 서림 양경생楊景生
* 건읍서림 진현陳賢 적선당積善堂
* 담양서림 진국왕陳國旺 적선당積善堂 – 진씨陳氏 곤천자昆泉子 적
  선당積善堂 혹은 진기천陳奇泉
* 담성서림 진손안陳孫安 –《해편직운海篇直韻》간행
* 민건서림 첨언홍詹彦洪
* 민건閩建 고서림역재古書林易齋 첨량詹亮 장경당長庚堂
* 담읍서림 첨림우詹霖宇
* 민건서림 첨장경詹長卿 취정재就正齋
* 복건서림 첨림詹林
* 복건서방 첨불미詹佛美
* 건읍서림 황찬우黃燦宇

* 지성담읍芝城潭邑 황정보서방黃正甫書坊

* 건양서림 왕흥천王興泉 선경당善敬堂

* 건읍서림 운명雲明 강자승江子升

* 서림 강씨 종덕당宗德堂

* 민건서림 금공당金拱唐 – 괴수魁綉라고도 한다.

* 민서림 서헌성徐憲成

* 건읍서림 소등홍蕭騰洪

* 건양서림 장호張好 – 유성경劉成慶

* 주정오周靜吾 사유당四有堂

* 건양서림 수인재守仁齋

* 민건서림 삼원관三垣館

* 민건서림 덕취당德聚堂

* 건읍서림 홍정당興正堂

* 건녕서호建寧書戶 유휘劉輝

* 건안서림 정씨鄭氏 종문당宗文堂

* 건안 유씨劉氏 일신당日新堂

* 건안 섭씨葉氏 광근당廣勤堂

* 건안 노씨盧氏 무본당務本堂

* 건안 박문당博文堂

위에 언급된 84곳의 서점은 대부분이 건양에 있었고 건안에는 몇
되지 않았다. 또한 담성 김씨와 지성 건읍서림 여씨가 있고, 상호명
이 기재되지 않은 곳도 있고 건양·담양·민건 등의 지명을 쓰지 않
고 서림이라는 두 글자만 사용한 곳도 있다. 예를 들어 서림여항書林
余恒·여조윤余兆胤·여운파余雲波·여종백余宗伯·여인백余寅伯·여응
규余應虬·여경우余敬宇·여동천余東泉·여남부余南扶·여장경장경관余
長庚長庚館·여씨홍문당余氏興文堂·여씨존경당余氏存慶堂 등이 있었

는데 이들은 모두 여상두余象斗 일족으로 사료된다. 유씨명덕당劉氏明德堂·유씨부제약실劉氏溥濟藥室·유구무劉求茂 등은 당시 유씨 안정당 일가였으며 웅야초熊冶初와 웅보熊輔는 웅종립熊宗立의 일가로 보인다.

정씨여정당鄭氏麗正堂·정이후鄭以厚·정이정鄭以楨·정세용鄭世容·정운림鄭雲林은 정씨 종문당宗文堂 일가라고 생각된다. 첨씨서청당詹氏西淸堂과 첨성휘詹聖輝는 첨언공詹彦洪의 일족으로 생각된다. 황정달黃正達·황정선黃正選·황정자집의당黃正慈集義堂은 황정보黃正甫의 형제들이다. 기타 서림 황렴재黃廉齋 등의 수십곳[62]은 아마도 모두 건양에 있었을 것이다. 신중한 계산을 위해서 모두 잠시 열외로 한다. 건양서림은 실제로 1백여 곳으로 남경보다도 더 많다.

건양서림도 남경서방처럼 어떤 곳은 부모자식과 형제들이 함께 동일한 상호명을 사용하지만 독립적으로 가게를 운영하기도 하고 스스로 새로운 상호를 만들기도 했다. 예를 들면 웅충우熊冲宇(성야成治)는 어떤 때는 웅종립 종덕당熊宗立種德堂 이름을 사용하면서도 자신은 또 종경당種經堂 혹은 정덕서당正德書堂이라는 상호를 사용하기도 했다. 건안과 건양은 모두 정씨 종문당宗文堂을 쓰니 아마도 체인점일 것이다. 어떤 건양서점은 현지에서 영업하는 것은 물론이고 동시에 남경에서도 개업을 했다. 민건서림 섭귀葉貴는 초횡焦竑의 《황명인물고皇明人物考》(만력)를 간행하였다. 동시에 금릉 삼산가에 '금릉건양섭씨근산서사金陵建陽葉氏近山書舍'라는 서점을 열었는데 '금릉삼산가건양근산섭귀金陵三山街建陽近山葉貴'라고도 부른다. 이곳에서 웅전熊璡의 《복거비수도해卜居秘髓圖解》(만력 23년)를 간행하고 "도문의 섭근산葉近山이 돈을 주고 구매하니 이로써 간행할 수 있었다"라는 글이 있다. 또 《제갈무후비연금서諸葛武侯秘演禽書》를 간행했다. 건읍서림 소등홍蕭騰洪은 《신각태의원교정두진의경新刻太醫院校正痘

疹醫鏡》이 있고 또 금릉 소등홍蕭騰鴻의 사검당師儉堂이라는 서점에서
도 《옥잠기玉簪記》를 여러 종류 간행했으니 이 두 사람은 한 사람이
아닌가 의심된다.

위에서 열거한 유씨 취암정사翠岩精舍, 유씨 일신당日新堂, 섭씨 광
근당廣勤堂, 정씨 종문당宗文堂, 우씨 무본당務本堂은 모두 원대의 오
래된 점포로 명대까지 1백여 년~2백여 년간 그 자손들이 지속적으
로 영업을 해왔다. 취암정사는 명나라 영락 때에 《사림광기事林廣
記》를 간행했고, 선덕 10년 유응강劉應康은 《소사서小四書》를 간행했
고, 경태 병자년에는 《사월史鉞》을 새로 간행했고, 성화 기축년에는
《통진자보주왕숙화맥결通眞子補注王叔和脈訣》·《맥교비괄脈要秘括》을
간행했다. 유씨 일신당에서는 지정 계축년에 《춘추금약시春秋金鑰
匙》 1권을 간행했다. 필자가 생각하기에 지원은 계축년이 없으니 실
제적으론 이미 명 태조 홍무 6년이다. 나라가 바뀌었는데도 여전히
원의 책력을 모시고 있었다. 이는 원초에 회명헌 장존혜가 《본초本
草》를 간행할 때 비록 금나라가 망한 지 이미 15년이 되었지만 여전
히 금나라 봉화 연호를 기록한 것과 같으니 이런 예가 하나만 있었
던 것은 아니다. 섭일증葉日增 광근당廣勤堂 후예인 섭경규葉景逵는
명 정통正統 연간에 《증광태평혜민화제국방增廣太平惠民和劑局方》·
《도경본초圖經本草》·《침구자생경針灸資生經》을 간행했고 성화 연간
에 또 《비아埤雅》를 간행했다. 건안 정천택鄭天澤 종문당 후예는 정가
正嘉[42] 연간 명 선종의 《오륜서五倫書》 및 《채백개시문집蔡伯喈詩文
集》·《초학기》·《예문유취》를 간행했다. 건안 우씨 무본당 후예는
홍무 연간에 《역전회통易傳會通》을 간행했다.

---

[42]_ 정덕과 가정 연간으로 보아야 한다. 명대에 정가正嘉가 합칭될 수 있는 시기
　는 정덕正德(1506~1521)과 가정嘉靖(1522~1566)밖에 없다.

송・원 양대의 건안과 건양서림은 유씨劉氏가 가장 많았고 그 다음이 여씨余氏였다. 명대는 위에 열거한 것을 보면 여씨 성이 20여 곳으로 가장 많고 그 다음이 유씨와 웅씨가 각각 9, 양씨가 8, 그 다음이 첨씨가 5, 정씨와 섭씨가 각각 4곳이다. 여씨의 도서간행은 송・원에 일어났으며 명초에 조금씩 쇠퇴하다가 만력 연간에 또 흥기했다. 모두가 서림 발원의 비조인 송대 광서 안무사 여동조余同祖[63]의 후예다. 여씨는 12세기에서 17세기까지 지속적으로 도서간행을 했으나 연대가 오래되어 간행된 책들은 중국 내에서 보기 드물다. 여군조余君詔는《황명영렬전皇明英烈傳》을 간행했다. 췌경당萃慶堂 여사천余泗泉은 만력 연간에 왕봉주王鳳洲의《강감역조정사전편綱鑑歷朝正史全編》・《여순양득도비검기呂純陽得道飛劍記》등을 판각했다. 여창덕余彰德은《육경삼주수초六經三注粹鈔》・《세사유편世史類編》・《고금인물론》등을 간행했다. 자신재自新齋 여량목余良木은《남화진경삼주대전南華眞經三注大全》을 간행했고, 거인당 여헌가余獻可는《이・원 이선생정선당시훈해李袁二先生精選唐詩訓解》를 간행했다. 여수봉余秀峰은《강감회약대성綱鑑彙約大成》・《초당시여草堂詩餘》를 간행했다. 여상년余象年은《강감대방綱鑑大方》을 간행했고 여계악余季岳은《안감연의제왕어세반고지당우전按鑑衍義帝王御世盤古至唐虞傳》을 간행했다. 여세등余世騰은《서한지전西漢志傳》을, 여연보余廷甫는《명가지리대전》을 간행했다. 여선원余仙源은《황명자치통기皇明資治通紀》를, 여원장余元長은《속백장전續百將傳》을, 여씨 쌍계당雙桂堂에서는 여상두가 편찬한《삼대시림정종三臺詩林正宗》을 간행했다. 문태文臺 여상두는 여자고余子高의 부친으로 자는 앙지仰止, 호는 앙지자仰止子 또는 앙지산인, 산대산인이라고 한다. 또는 쌍봉당 여문대라고 하였으며 서방 중에서도 가장 유명하다. 만력 연간에《대방만문일통내외집大方萬文一統內外集》・《교정연의전상삼국지전평림校正演義全

像三國志傳評林》20권 · 《전상충의수호지전평림全像忠義水滸志傳評林》
25권을 간행했고 그 외에 자신이 《서한지전》·《남유기南遊記》·《북
유기》·《황명제사렴명기판공안皇明諸司廉明奇判公案》 등을 편찬했다.
여응별余應鱉은 《안감연의전상대송중흥악왕전按鑒演義全像大宋中興岳
王傳》을 편찬했다. 또 별봉鱉峰 웅대목熊大木이 편찬한 《전한지전》·
《당서지전통속연의唐書志傳通俗演義》·《대송중흥통속연의大宋中興通
俗演義》가 있다. 후자는 양씨 청백당의 간본이 있다(가정 31년).

웅종립의 또 다른 자는 도헌道軒이며 유섭劉剡에게 배웠고 음양·
의서·점복 등에 통달하였다. 저서로는 《홍범구주수해洪範九疇數
解》·《통서대전通書大全》이 있으며 또 의서 10여 종이 있다.[64] 그의
종덕당은 정통에서 성화 연간까지(1436~1487) 황제黃帝《내경소문內
經素問》·《소아방결小兒方訣》·《진씨소아두진방론陳氏小兒痘疹方論》·
《태평혜민화제국방太平惠民和劑局方》·《외과비요外科備要》·《수진방
대전袖珍方大全》 등 여러 종류를 번각하였다. 또 스스로 《원의약성부
原醫藥性賦》를 편찬하고 《부인양방婦人良方》을 편집했다. 《도주난경
圖注難經》과 《도주맥결圖注脈訣》은 웅종립의 후예인 웅충우(성야)가 만
력 연간에 간행하였으며 《맥결주해脈訣注解》는 웅성야 종경당 명의
로 간행되었다. 일본사람은 웅종립이 편집한 《명방류증의서대전名
方類證醫書大全》을 번각했다.

유종기劉宗器의 안정당安正堂과 그의 자손 유조기劉朝琦(쌍송雙松)·
유연대劉蓮臺 등이 선덕 4년(1429)부터 만력 39년(1611)까지 근 2백 년
동안 간행한 서적은 24종이다. 경經·사史·의서·유서類書 이외에
《이태백집》·《두공부집》·《동파시》·《진회해집秦淮海集》·《상산집
象山集》·《진지재집陳止齋集》, 송나라 임역지林亦之의 《강산집綱山集》,
명나라 송렴의 《학사문집學士文集》과 《동래좌씨박의東萊左氏博議》·
《한문정공韓文正宗》 등 문학작품이 있다.

유홍劉洪의 신독재愼獨齋는 또 신독서재愼獨書齋라고도 하고 자칭 '서호유홍書戸劉洪'이라고도 했다. 유홍의 자는 굉의宏毅, 호는 목석산인木石山人이다. 당시에는 '의로운 선비'라는 의미로 '의사義士'의 호칭이 있었다. 그가 간행한 대편폭 서적은 역사서와 유서類書로《통감강목》·《통감절요》·《십칠사상절十七史詳節》·《독사관견讀史管見》·《명일통지明一統志》·《벽수군영대문회원선요璧水群英待問會元選要》·《동·서한문감》·《송문감宋文鑒》·손진인孫眞人의《비급천금요방備急千金要方》·《군서집사연해群書集事淵海》(정덕 8년)가 있다.

건양지현 구옥區玉은《산당군서고색山堂群書考索》을 간행했고 '의로운 선비'인 유홍劉洪에게 교수校讎를 보고 장인들을 총감독하도록 했다. 그래서 "유홍의 요역徭役 1년을 면해주어 그 노고를 갚는다"고 했고 정덕 무인戊寅 13년에 간행했다. 16년에《사기대전史記大全》을 간행했고 잘못된 글자 245자를 수정했다. 이보다 2년 전 기묘년에는《문헌통고》를 간행하고 잘못된 글자 11,221자를 수정했다. 청나라 서강徐康은 신독재愼獨齋 세자細字가 원대의 구각본 대자거책大字巨冊보다 낫다고 여겼다. 명나라 고렴高濂은 "나라 초에 신독재 각서 역시 아름다웠다"고 했다. 그는 판각인쇄하는 데 있어 진지하고 엄숙하여 착오가 비교적 적었으니 동종업계에서는 이를 따를 수 없었다.

유룡전劉龍田의 교산당喬山堂은 만력 연간에 감기에 관한 책 세 종류를 판각했고 또한《윤산전서胤産全書》·《천가성》·《백가교련百家巧聯》·《천하난자天下難字》·《유정진신교제편몽문한품조類定縉紳交際便蒙文翰品藻》·《오정역조첩록백가평론五訂歷朝捷錄百家評論》·《공자가어형孔子家語衡》·《수상고문대전繡像古文大全》·《전태사평주이어린당시선옥錢太史評注李於鱗[43]唐詩選玉》·《문방비람文房備覽》·《서상

43_ 이어린은 이반룡의 자字이다.

기》·《삼국지전》·《고금현상古今玄相》·《도상마의상법圖象麻衣相
法》·《해연자평대전淵海子平大全》·《설심부雪心賦》·《만물개비유찬萬
物皆備類纂》·《음양첩경陰陽捷徑》·《복지선지福地先知》 모두 22종을
간행했다. 유옥전劉玉田은 풍수지리서와 《회상주석괴자편몽일기고
사繪像注釋魁字便蒙日記故事》를 간행했다. 또 용전의 유씨 충현당忠賢堂
에서는 만력 말년에 《서경발영집주書經發穎集注》를 간행했다. 기타
수십 가문에서도 1~2종 혹은 3~4종을 간행했지만 대부분은 현지의
서방 서목에는 기재되지 않아 일일이 열거하지 않는다.

명대 남경과 북경 국자감 및 각 성의 포정사布政司 관아에서도 제
서制書·관서官書 및 일반적으로 소위 정통적이라고 할 수 있는 책들
을 간행했으나 사회의 수요에 부응하기에는 역부족이었다. 이리하
여 이런 임무는 남경·북경·소주·항주·휘주徽州·건양建陽의 서
방들에게 떨어졌다. 특히 이런 서방들은 고객들의 마음에 능히 영합
할 수 있어 서방 주인들은 자신이 하거나 혹은 사람을 청하여 과거
시험에서 절실하게 필요한 팔고문八股文 시책試策·자서字書·운서韻
書·잡서雜書·유서類書·소설·희곡 등의 도서를 편찬했다. 글자를
깨치기 위한 교육과 초학입문을 위해서는 건양서림에서 《천하난자
天下難字》·《천가성》·《초학승척初學繩尺》·《성율발몽聲律發蒙》·《시
대압운詩對押韻》 등을 간행했다. 시험을 위한 서적으로는 《사서四書》
의 본문·집주集注·방주傍注·대전大全·찬소纂疏·통고通考·통증
通証·음고音考·구절의 해석·주석모음·발명發明[44]·인장 등이 있
었다. 《오경》 중에는 각각의 경에 대한 주석이 더욱 많았다. 또 《헌
정책표獻廷策表》·《답책비결答策秘訣》 등의 책이 있다. 사학방면에서
는 《통감》·《소미통감절요少微通鑒節要》·《강목綱目》 및 보통의 정사

44_ 창의적인 설명을 뜻한다.

등이 있다. 일반적으로 부현지는 모두 그 지역에서 인쇄 간행했는데 건양서림의 장호張好·유성경劉成慶도 홍치《대명흥화부지大明興化府志》54권을 아름답게 판각 인쇄했다.

문학류에는 시문총집 및 한·진晉·당·송·원·명대의 문학가의 문집 60~70종이 있다. 동시에 또 대량의 통속문학서적을 출판했는데《삼국지연의》·《수호전》·《열국지》·《서상기》·《전상우랑직녀전全像牛郎織女傳》·《당삼장서유석액전唐三藏西遊釋厄傳》·《비파기》등이 있다. 만력 갑오년에 쌍봉당雙峰堂 여문대余文臺는《수호전》을 간행하면서 "《수호》는 서적상 사이에서 간행된 것이 많지만 10여 폭의 그림에 편향되었고 전체 글만이 있는 것은 한 곳뿐이다"고 했다.《삼국지연의》는 여상두余象斗·유용전劉龍田·웅충우熊沖宇·양기원楊起元·양미생楊美生·황정보黃正甫·정소원鄭少垣 등의 집안에 판본이 있으며 대부분은 그림 밑에 문장이 있는 연환화連環畫식으로 베스트 셀러가 되었다. 기타 도서도 종종 전상全像·회상繪像·수상繡像·도상圖象·전상全相·출상出相·보상補相 등의 단어를 앞에 내걸어 흥미를 불러일으키도록 했다. 예를 들면《수상고문대전繡像古文大全》·《출상당시出相唐詩》와 같은 경우다. 운명雲明 강자승江子升은《신간 도상음석 당시고취대전新刊圖象音釋唐詩鼓吹大全》을 간행했으며 이 책 역시 위에는 그림이고 아래는 시로 되어 있다.

그들은 일반인들이 일상에 참고할 수 있도록《사림광기事林廣記》·《거가필용居家必用》및 성씨·대류對類·편지 등과 같은 전문서적을 출판했다. 심판관 및 법무사[45]들의 필요에 의하여《독률쇄언讀律瑣言》·《상형요람詳刑要覽》·《율조소의律條疏義》와 법의학의 전문

45_ 지금의 법무사와 같은 일을 한다. 옛날 사회에서 소송을 거는 사람에게 아이디어를 주고 소장을 쓰는 등의 일을 하던 사람이다.

서적인《세원록洗冤錄》을 간행했다. 군사참고를 위해서는《무경칠서武經七書》·《무경직해》·《손무자병법》등을 간행했다. 과학기술서로는《구장산법》·《명해산법明解算法》·《상명산법詳明算法》·《지명산법指明算法》·《농상촬요農桑撮要》·《편민도찬便民圖纂》·《전가력田家曆》·《우경牛經》·《마경馬經》·《노반경魯班經》등이 있다. 의서의 출판도 많게는 50~60종이 되는데 경전 이외에도 침구針灸·내외과·소아과·산부인과 등 전문도서가 있으며 각종 고금 처방서와 본초 60종이 있다. 연환화 도서 및 각종의 실용가치가 있는 전문 서적은 여러 계층의 독자들의 환영을 받았다. 그래서 건본의 수량은 시종일관 모든 서적을 압도했으며 자연스럽게 미신서적들도 섞이게 되는 것은 피할 수가 없었다.

건양서방은 현지 학자들의 협조를 얻기도 했는데 예를 들어 유섬劉剡은 호가 인제仁齋고 숭화崇化 사람으로 대대로 서방에 거했다. 박학다식했지만 벼슬길에 나가지 않고 서방에서 간행되는 모든 서적은 유섬이 교정했고《송·원 자치통감》도 편집했다. 또한 유문금劉文錦은 자가 숙간叔簡으로 박학다식했으며 시도 잘 지어 저술도 많다. 서판이 마모되면 교정을 보고 보충하여 간행했다.[65] 유홍劉洪은 신독재慎獨齋에서《사기》와《통고通考》등의 오자를 개정했으며 당연히 전문가를 청하여 교감했다. 그러나 건본은 종종 수량만을 목적으로 추구했기 때문에 질을 중시하지 않아 교감이 정확하지 않고 잘못된 글자가 많아 정부의 간섭을 야기시켰다. 가정 5년에 어떤 사람이 전문적으로 경적을 교감할 수 있는 유학자 관원을 설립하자고 건의하여 특별히 시독侍讀 왕전汪佃을 파견하고 교정을 다 본 후에 서울에 돌아오도록 했다. 그 대신 다시 관리를 보내지는 않았다. 6년이 지난 후에 복건 제형안찰사는 건녕부에 다음과 같은 첩문을 보냈다. "《오경》·《사서》는 선비에게 첫 번째로 필요한 책들로 구각舊刻이

선본이라 할만하다. 근자에 서방들이 이익만을 추구하여 수진판 등
으로 바꾸어 판각하니 판식은 좁아졌고 글자에 오류가 많다. 예를
들면 '손여巽與'를 '손어巽語'로 잘못 쓰고, '유고由古'를 '유고猶古'로 잘
못 썼으니 이는 초학자들을 그릇되게 할 뿐만 아니라 비록 선비들이
라도 글자를 잘못 써서 과거시험장에서 쫓겨나게 하거늘… 즉시 각
서적을 찾아내 건양현에 보내도록 하라. 각자공들을 관으로 불러들
여 각자에게 1부씩 주어 본래대로 번각하도록 엄히 감독하도록 하
라. 현에서는 사생師生을 선발하여 일치하는지 대조하도록 한 다음
인쇄와 판매를 허용하고 책말미에 각자공의 성명을 새기고 대조하
여 다시는 일부러 관식官式을 어기며 따로 바꾸어 간행하지 못하게
한다. 만일 위반하거나 오류가 있으면 체포하여 심문하고 그 책판을
찾아내 부숴버리고 결코 함부로 빌려주지 못하게 한다"[66]는 내용이
다. 당연히 이는 선비들의 과거필수용의 경서독본에 제한했으며 기
타 서적은 간섭하지 않고 자연스럽게 진행되도록 내버려 두었다.

　건양서방은 구두점이나 자획에 오류가 있을 뿐만 아니라 어떤 때
는 임의로 한 절을 빼먹기도 했다. 명나라 낭영郎瑛은 "우리 조정이
오래도록 태평스러우니 이전 책들도 많이 나오는데 이는 무척 다행
이다. 복건서방의 판각본이 나쁜 점이 아쉬울 뿐이다. 복건서방에서
는 전문적으로 이익만을 따지므로 각 성소省所에서 판각한 좋은 책
이 비싸면 즉시로 번각을 한다. 그런데 권수 목록은 같으면서도 책
내용을 빼버리고 사람들이 알지 못하게 한다. 그래서 한 부의 책값
이 반값 가격밖에 안되니 사람들이 이를 다투어 구매한다"고 했
다.[67] 명대 복건 사람인 사조제謝肇淛도 "건양서방에서는 많은 책을
간행하지만 종이와 판은 가장 나쁘다"고 했다. 또 "각판이 얇고 바삭
거려 오래되면 갈라지고 글자가 점점 사실과 어긋나니 이것이 복건
서적의 병폐의 원인이다"[68]고 했다. 건본은 극소수만 백면지白棉紙

와 남전藍靛[인디고indigo]을 사용해 인쇄한 것을 제외하고 나머지는 대부분 대고죽大苦竹을 사용해서 제조한 전문 인쇄용으로 공급하는 본지 특산의 서적종이 및 인근 현에서 생산되는 값이 싼 순창지順昌紙를 사용했다. 명나라 호응린은 "민 지역의 종이는 짧고 좁고 검고 부스러지기 쉬우며 판각에 오류가 많고 품질이 최하로 그 가격도 가장 싸다"[69]고 했다. 가정 연간, 건양에는 먹을 제조하는 곳이 두 곳 있었는데 그 지역에서 재료를 취했기 때문에 건묵建墨은 당연히 휘묵徽墨의 훌륭함과는 비교가 되지 않았다. 판각, 종이, 먹 모두 차이가 나는데다가 또 장정에도 신경을 안 쓰고 공임을 훔쳐 재료를 감하고 형식 또한 아름답지 않으나 가격이 가장 쌌기 때문에 당시 사회적 구매력에는 적합했다. 그래서 사방에서 잘 팔리고 먼 지역과 국외로까지 팔려나갔다. 그러나 그 중에 《송남도사宋南渡史》·《신농가교神農家教》·《초우유서楚愚類書》·《야율경耶律經》·《천리마》·《목천일람木天一覽》 등과 같은 서적은 연대가 오래되었기 때문에 실전된 것도 적지 않다.

명대 관부에서는 건양서방에 책 제작을 요구하면서 교묘한 수단과 힘으로 빼앗고, 투자비는 아주 적게 지급하였다. 서방은 수고비를 받지 못하고 본전을 까먹게 되어 종종 몰래 판각본을 훼손하곤 했다.[70] 정주汀州 상항현上杭縣에 명나라 양신楊愼의 《단연총록丹鉛總錄》 각본이 있었는데 복건에 관리로 온 사람들은 모두 그것을 갖고자 했다. 현령은 민간에서 이 책을 구했는데 면측리綿側理[46]에 인쇄하고, 비단으로 장정을 하여 매 부마다 백성들의 돈 2금이 들어갔다. 나머지 관리들도 걸핏하면 십수 부를 취하고 또 값도 쳐주지 않으니

46_ 종이 이름으로, 즉 측리지側理紙를 말한다. 옛날에 남쪽 사람들은 김을 사용해 종이를 만들었는데 그 문양과 결이 비슷하여 이런 이름이 붙었다.

민가는 모든 재산을 탕진하게 되었다. 이는 당시 출판사업에 있어 심각한 타격을 주었다.

명대 건녕서방들은 전통의 판각인쇄를 답습했을 뿐만 아니라 또한 목활자와 동활자를 채용해 책을 인쇄했다.

동시에 건녕부 관방에서도 《건녕부지》·《건녕인물전》·《무경총요》·《당문수唐文粹》·《고악부》·《주문공등과록朱文公登科錄》·《안씨가훈》 등 17종[71]을 간행했으니 자연히 서방과 관계가 있다.[72]

이상에서 살펴본 출판의 중점지역 이외에도 전국의 각 성의 서적인쇄에 관해서는 아래에 약술하겠다.

기타 성

남직례南直隷

소주와 인접해 있는 상주常州와 무석無錫 역시 비교적 자원이 풍부한 지역이었다. 주홍조는 《고금서각》에 상주부에서 45종의 책을 판각했다고 기록하고 있는데 이 고장의 《비릉지毗陵志》·《석산지錫山志》·《석산유향錫山遺響》 및 《절강통지浙江通志》 등이 있다. 유서類書로는 《초학기》·《금수만화곡錦繡萬花谷》·《합벽사류合璧事類》·《군서총류群書總類》가 있다. 문학서적으로는 《태평광기》·《고문원古文苑》·《백씨장경집白氏長慶集》·《안노공문집顏魯公文集》이 있고 또 《백천학해百川學海》·《주장군전周將軍傳》 등이 있다. 상군常郡에는 서림 하경당何敬塘에서 《중각장각로경연사서직해重刻張閣老經筵四書直解》와 《황명삼원고皇明三元考》를 간행했다.

무석의 화정華珵은 송나라 좌규左圭의 《백천학해》 1백여 종을 간행했고(홍치 14년), 화린상華麟祥은 《사류부事類賦》를 간행했다(가정 11년). 석산錫山의 진씨秦氏 수석서옥繡石書屋에서는 《금수만화곡》 전·후·속·별집 150권을 간행했고(가정 15년), 또 《한무고사漢武故事》를 간행했다. 석산의 진삭秦爍은 《고금합벽사류비요古今合璧事類備要》를 간행했다(만력 37년). 무석 고기경顧起經의 기자재奇字齋에서는 《유전왕우승시문집類箋王右丞詩文集》을 간행하고(가정 34, 35년), 또 《표제보주몽구標題補注蒙求》를 간행했다(만력 원년). 만일 무석의 화씨華氏와 안씨가 동활자를 이용해 간행한 40종을 더한다면 상주부본은 93종에 달한다.

소주의 동쪽과 송강부는 땅이 인접해 있는데 송강의 면직물로 만든 의복과 이불이 전국으로 팔려나갔다. 여기서 인쇄한 서적으로는 《송강지》·《운간지속지雲間志續志》·《당아唐雅》·《팔십가당시八十家唐詩》·《낙빈왕집駱賓王集》·《초사》·《철경록輟耕錄》·《고금설해古今說海》등 25종이 있다. 이곳에서 간행된 서적은 '송강판松江板' 또는 '송각松刻'이라고 부르며 '경각京刻'이나 '민각'과 구별하고 있다.

남직례의 간행서적은 소주부가 첫 번째로 손꼽히며 그 다음이 양자강 이북의 양주부揚州府이다. 주홍조가 기술한 75종 중에는 《어제문집》·《대고삼편大誥三編》·《황명정요皇明政要》·《유양지維揚志》·《유양향음維揚鄉飲》이 있다.

의약서로는 《소문素問》·《난경難經》·《원병식原病式》·《맥결脈訣》·《본초권도本草權度》·《본초집요本草集要》및 《백전기법百戰奇法》·《농상촬요農桑撮要》·《설원說苑》·《신서新序》·《염철론鹽鐵論》·《포명원집鮑明遠集》등이 있다. 또 유양維揚의 자정좌실資政左室에서 《여씨춘추》(만력 7년)를, 양주의 진대과陳大科는 《초학기》(만력 35년)를 간행했다. 그리고 서방으로는 양주서림의 진항화陳恒和가 《동파선생서전東坡先生書傳》을 판각했다. 현재 어떤 사람은 각 직성直省에서 판각한 것으로는 소주부에서 판각한 것이 가장 많고 회안부淮安府가 그 다음이라고 하지만 실제적으로 회안부에서 판각한 것은 겨우 양주부의 3분의 1밖에 안 된다.

양주부 이북에 있는 회안부에서 간행한 서적은 주홍조의 기록에 의하면 25종으로 《부지府志》·《회군문헌지淮郡文獻志》·《대명령大明令》·《교민방문敎民榜文》·《위정준칙爲政准則》·《왕씨맥경王氏脈經》·《농상찰요》·《무경》 등이 있다. 그런데 《염정지鹽政志》와 《조하지漕河志》는 다른 곳에서는 볼 수 없는 것이다.

여주부廬州府에서는 《여양지廬揚志》·《포공주의包公奏議》·《오충집五蟲集》·《황정집荒政集》 등이 있다. 영국부寧國府에는 《부지府志》·《사선성집謝宣城集》·《완릉시집宛陵詩集》·《대관본초大觀本草》·《산거사요山居四要》 등이 있다. 진강부鎭江府에는 《금산지金山志》·《감로사제영甘露寺題詠》·《경구삼산지京口三山志》·《관자管子》 등이 있다. 이상 세 부府에서는 각각 10여 종을 판각했다. 기타 태평부·봉양부鳳陽府·안경부安慶府·지주부池州府·서주徐州·화주和州·광덕주廣德州 등에서는 약 6~7종을 판각했다.

절강

절강은 항주와 호주湖州 두 지역 이외에 도서 간행이 20~30종이 있는 지역으로는 영파·금화金華·가흥 세 부府가 있다. 영파부는 《부지府志》, 《사명문헌지四明文獻志》, 원각袁桷의 《청용거사집淸容居士集》, 원공袁珙의 《유장시柳莊詩》·《유장유편柳莊類編》·《양문의공문집楊文懿公文集》이 있다. 장서가인 범흠范欽은 《천일각기서天一閣奇書》를 판각했다. 영파 천주당에서도 교회서적 두 종류를 출판했다.

금화부金華府에는 《송잠계집宋潛溪集》·《송학사문수宋學士文粹》·《속문수續文粹》·《노재문집魯齋文集》·《황문헌공집黃文獻公集》·《오연영문집吳淵穎文集》·《소평중문집蘇平仲文集》·《금화문통金華文統》·《왕문충공집王文忠公集》·《구령선생집九靈先生集》·《황진경집黃晉卿集》·《정씨가규鄭氏家規》 등이 있다.

가흥부에는 《육선공집陸宣公集》·《삼원참찬三元參贊》·《급가주서汲家周書》·《의림意林》·《육가신어陸賈新語》·《괴담록愧郯錄》·《월절서越絶書》·《문심조룡》 등이 있다.

처주부處州府에는 《익운록翊運錄》·《복부집覆瓿集》·《성의백문집誠意伯文集》·《단계심법丹溪心法》 등 19종이 있다. 그런데 《섭수심문집葉水心文集》[47]·《매계집梅溪集》 두 종류는 온주 사람의 저서다.

소흥부에는 《회계삼부會稽三賦》·《양철애문집楊鐵崖文集》·《매보梅譜》·《통신론通神論》·《계몽》·《육자백문六子白文》·《시학대성詩學大成》 등 15종이 있다.

온주부·엄주부·태주부·구주부衢州府에는 주홍조의 기록에 의하면 7~8종 또는 4~5종이 있다.

복건

명대 건양의 서적 간행은 전국에서 으뜸이었다. 복주부福州府에서 판각한 서적은 70종으로 복주부의 여섯 곳에서 책이 간행되었다. 포정사에는 《대명회전大明會典》·《대명률》·《국초사적國初事跡》·《의림집요醫林集要》·《의방선요醫方選要》·《금괴요략金匱要略》·《앵녕방櫻寧方》·《여지고荔枝考》·《감응편感應篇》 등 18종이 있다. 안찰사에는 《사서오경집주》·《세원록》·《마의상결麻衣相訣》 등이 있다. 염운사鹽運司에는 《단계의안丹溪醫案》·《지리관견地理管見》·《육선공주의陸宣公奏議》 등이 있는데 모두 염운사에서 관장하는 소금의 정무와는 무관한 것들이다. 복주부에는 《오대사》·《일통지략一統志略》·《문원영화》·《관자》·《한비자》·《옥수진경玉髓眞經》 등 16종이 있다.

복주부학에는 《사기제평史記題評》·《진서晉書》·《당서》·《송사신

47_ 수심은 섭적葉適의 호다.

편》·《대명일통지》·《팔민통지八閩通志》·《백장전百將傳》·《무경칠서》·《위생이간방衛生易簡方》 등 14종이 있다. 오경서원에서는 중요한 경서와 사서를 판각했다.

복주의 흠일당欽一堂이라고 하는 천주당에서는 《미사제의》를 간행했고 간행서적 목록에는 51종을 간행했다고 되어 있다.

기타 각 부에서도 건녕부의 관서官書 17종 이외에 홍화興化·천주泉州·장주漳州·정주汀州·연평延平·소무邵武 등의 부와 복녕주福寧州에서는 대부분 5~6종을 넘지 않으며 적은 곳은 겨우 2종밖에 없다. 《대명령大明令》·《연평답문延平答問》(연평)·《구양첨집歐陽詹集》(천주)·《백호통白虎通》·《풍속통》(장주)·《보양문헌지莆陽文獻志》(홍화)·《이충정주의李忠定奏議》·《단계심법부록丹溪心法附錄》(소무)·《문산동년록文山同年錄》(정주)·양신楊愼의 《단연총록》(상항上杭)이 있다. 천주와 장주 두 부에는 각각 부지府志가 있다. 장주에는 만력 연간에 서방도 생겼는데 민장서방閩漳書坊의 양대모楊大謨는 《주석락승문초평림注釋駱丞文抄評林》을 판각했다.

강서

강서의 도서 간행은 주홍조의 《고금서각》 기록에 의하면 267종이며 만일 영왕부寧王府·익양왕부·회부淮府·익부益府에서 간행된 것까지 포함한다면 그 숫자는 464종에 달한다. 강서성에서는 남창南昌이 가장 많고, 그 다음이 길안吉安과 임강臨江 두 부府이고 또 그 다음이 건창建昌·서주瑞州·공주贛州·원주袁州·무주撫州 등의 부다.

남창부 도서 간행은 포정사·안찰사·남창부·영왕부·익양왕부 등에서 했다. 포정사에서 간행한 것으로는 《대고삼편大誥三編》·《대고무신》·《대명률》 및 《군정조례軍政條例》·《문형조례問刑條例》·《황

명시선皇明詩選》·《소아수진방小兒袖珍方》·《명목방明目方》·《한유·
유종원문》·《등왕각집滕王閣集》 등 21종이 있다. 안찰사에서 간행한
도서로는 《강서통지江西通志》·《헌강憲綱》·《강목綱目》·《경적고》 등
16종이 있다. 남창부에는 《환우통지寰宇通志》·《구급방》·《산곡도필
문집山谷刀筆文集》·《요해집遼海集》·《서소전徐蘇傳》 등 23종이 있다.

남창 천주당에서는 《천학실의天學實義》·《교우론》·《서국기법西國
記法》(모두 만력 23년)은 마테오 리치가 선교용으로 제작한 최초 판본
이다.

길안부에서는 《부지府志》, 《산해경》, 나염암羅念庵의 《광여도廣興
圖》, 《구시歐詩·구문歐文》, 《문산문집文山文集》 등 46종을 간행했다.
또 명향明鄕 사람 해학사解學士·증학사曾學士·양동리楊東里 등의 시
문집이 있다.

임강부에는 《부지》·《수서隋書》·《십구사》(절략節略으로 생각됨)·
《송사략宋史略》·《원사략元史略》·《사림광기事林廣記》·《금천옥설金
川玉屑》·《유훈類訓》·《논림論林》·《수고론搜古論》·《척독법언尺牘法
言》·《교문여력校文餘力》 등 40종이 있다.

건창부에는 《부지》·《양생잡찬養生雜纂》·《보생요록保生要錄》·
《급구이방急救易方》·《금수책錦繡策》·《마고시麻姑詩》·《남풍문집南
豊文集》 등 20여 종이 있다. 건창부 성내에 있는 익왕부益王府에서도
15종의 도서를 간행했다.

서주부瑞州府에는 《부지》·《당서》·《대명률》·《이형정요理刑正
要》·《농상촬요》·《수신사용隨身便用》 등 20여 종이 있다.

공주부贛州府에서는 《건대지虔臺志》·《홍무정운》·《무경칠서》·
《수진방袖珍方》·《백씨풍간白氏諷諫》·《왕양명무예도王陽明武藝圖》·
《수신비용隨身備用》 등을 판각했다.

원주부袁州府에는 《부지》·《손진인방孫眞人方》·《십팔방가감十八方

加減》·《원사종집院嗣宗集》·《창해유주집滄海遺珠集》·《목천자전穆天子傳》 등이 있다.

광신부廣信府에는 《광신지》·《선현사실록先賢事實錄》·《침구방針灸方》·《군정요례軍政條例》 등이 있다.

무주부撫州府에는 구양문충歐陽文忠·왕형공王荊公·오문정공吳文正公 등의 문집이 있고, 《의경소학醫經小學》·《동향현지東鄕縣志》 등이 있다. 이상 네 부에서는 각각 10여종을 간행했다. 무주 동읍東邑의 주문규周文奎 서포에서는 《서법규범書法規範》(가정 45년)을 간행했다.

이 밖에도 요주饒州에 있는 회왕부와 남강南康·구강九江·남안南安 등의 부에서도 각각 4종 혹은 7~8종의 도서를 간행했다.

호광湖廣

명대의 호광성은 호북과 호남 두 성을 포함하고 있었으며 도서 간행은 호북이 대다수였다. 호광의 포정사에서는 《호광통지湖廣通志》·《제민요술》·《본초찬요》·《상한전서》·《지리서》·《여지도輿地圖》·《송론宋論》을 간행했다. 안찰사에서는 《사서》·《오경》·《육자六子》·《이아》·《국어》·《대명률례》·《황여고皇輿考》 등 17종을 간행했고 성의 각 안찰사에서도 많은 도서를 간행했다. 무창부에는 《좌전》·《시여도보詩餘圖譜》가 있다. 한양부에는 가정 연간의 《부지》·《사물기원事物紀原》·《독물비망讀物備忘》·《설항부견雪航膚見》 등 9종이 있다. 황주부黃州府에는 홍치 연간의 《부지》·《전습록》 등이 있고 덕안부德安府에는 정덕正德 연간의 《부지》·《수주지隨州志》·《응산현지應山縣志》·《산릉부山陵賦》 등이 있다. 승천부承天府에는 《면양지沔陽志》·《시품》·《신감申鑒》 등이 있다. 양양부襄陽府에는 《양양지》, 《광화현지光化縣志》, 호영胡濚의 《위생이간방衛生易簡方》 등

4~5종이 있다.

악주부에서는 《악주도경주嶽州圖經注》·홍치 연간의 《부지》·《악양고금시집》을 판각했다. 장사부에는 《부지》·《악록서원도지》가 있고, 보경부寶慶府에는 융경隆慶 연간의 《부지》·《신이부神異賦》·《해학사문집解學士文集》이 있다. 구주부에는 가정 연간의 《부지》·《활유신서活幼新書》가 있다. 나머지 상덕부常德府·영주부永州府에서는 자신들의 부지만을 간행했을 뿐이다.

무창부 성내에는 초왕부楚王府와 무강왕부武岡王府, 형주성 내에는 요왕부遼王府, 장사성 내에는 길왕부吉王府가 있는데 각각 도서를 간행했다.

사천

송대의 촉각蜀刻은 항본杭本과 더불어 이름을 날렸으나 원나라로 들어와서는 한번 사라진 뒤 성행하지 못하다가 명대에 이르러 비로소 조금 회복되었다. 사천 포정사에서는 《환우통지寰宇通志》·《초당유영시草堂遊詠詩》·《두시집주》·《거가필용居家必用》·《상위촬요象緯撮要》·《사통》·《대학연의大學衍義》·《옥호빙玉壺冰》 등 13종을 판각했다. 안찰사에는 《잠계집潛溪集》·《시림류선詩林類選》·《연금시집聯錦詩集》이 있고 성도부에는 《책학집략策學集略》·《영기경靈棋經》·《문류文類》가 있다.

중경부에는 《본초》·《섭생요의攝生要義》·《서원해설書院解說》·《성리문금性理文錦》 등이 있다. 서주부에는 《부지》·《헌강憲綱》·《대고大誥》·《소사서小四書》·《구황활민서》 등이 있으며 두 부에서는 각각 6, 7종의 도서를 간행했다. 이 밖에도 기주부夔州府에는 정덕 연간의 《부지》가 지금도 있다. 가정부·순경부順慶府·보령부·노주瀘州 역시 도서를 간행했다. 미주眉州에는 《삼소문집三蘇文集》이 있다. 공주邛州에는 《금단정리대전金丹正理大全》이 있고 아주雅州에는 《이두천가시李杜千家詩》가 있다.

성도성 안에 있는 촉왕부에서는 잇달아 40종의 도서를 판각했다.

광동

명대에는 '광판廣板'이라는 명칭이 출현했는데 광동에서 간행된 도서를 말한다. 광동의 포정사에서는 《당서》·《송사》·《영남주옥嶺南珠玉》·《공양전·곡량전·좌전》·《동파문집》·《동파시》·《유편고사類編故事》·《이정전서二程全書》·《동리문집東里文集·시집》·《대학연의大學衍義》 등 13종의 도서를 간행했다. 안찰사에는 《오선생시집五先生詩集》과 《상한쇄언傷寒瑣言》이 있다. 가정 연간의 《광동통지초고廣東通志初稿》는 대경戴璟이 편찬했으며 가정 14년의 각본이 있다.

광주부에는 가정 연간의 《부지》·《본초》·《두씨통전》·《오경》·《국어》·《육자서》·《백사문집白沙全集》이 있다.

조주부潮州府에는 가정 《부지》, 융경隆慶 《조양현지》, 《학사學史》, 《상형요람祥刑要覽》, 《초목자草木子》, 《옹동애집翁東涯集》(가정·만력), 임대흠林大欽의 《책대策對》, 초단몽肖端蒙의 《동야집同野集》(모두 가정) 등이 있다. 경주부瓊州府에는 《경대음고瓊臺吟稿》·《구문장집丘文莊集》·《대학연의보》가 있다. 경산瓊山의 구준丘濬은 자신이 직접 문연각 목록에서 뽑아낸 장구령張九齡의 《곡강집》, 송나라 여정余靖의 《무계집武溪集》(모두 성화 9년)을 간행했다. 정덕 연간의 《경대지瓊臺志》가 있다. 염주부廉州府에는 《흠주지欽州志》, 《안남도安南圖》가 있고, 혜주부惠州府에는 《혜대기惠大記》, 《동파우혜록東坡寓惠錄》, 가정 《혜주부지》가 있다. 기타 소주부韶州府·뇌주부雷州府·남웅부南雄府·조경부肇慶府에는 각각 1~2종을 넘지 않는다.

광서廣西

광서 포정사에서는 《명황이학명신록皇明理學名臣錄》·《황명명신록皇明名臣錄》이 있다. 안찰사에는 《문형조례問刑條例》·《숭고문결崇古文訣》·《무학경전武學經傳》이 있다. 계림부桂林府에는 《부지》·《조업전曹鄴傳》이 있고, 남녕부南寧府에는 가정 《부지》·《전습록》이 있다. 주홍조의 기록에는 전체 광서성에 모두 9종이 실려 있다. 지금 고증할 수 있는 것은 계림부의 정강왕부靖江王府에서 정덕·가정 연간에 3종을 간행했다는 것이다. 광서에서는 또 의서 《체인휘편體仁彙編》을 간행했고, 가정 《광서통지》 남인본藍印本이 현재 남아 있다.

귀주貴州

귀주와 광서는 명대의 각 성 중 가장 책을 적게 간행했는데 주홍조의 기록에 의하면 귀주에서 간행된 책은 모두 8종이다. 포정사에서는 《제이국諸夷圖》·《대고삼편大誥三編》·《율해부례律解附例》·《역대갑자도歷代甲子圖》·《영사시》·《본초》·《강서재시초強恕齋詩抄》를 간행했다. 사남부思南府에서는 가정 《부지》를 간행했다. 사실 홍치 연간의 《귀주도경신지貴州圖經新志》가 있는데 대흑구大黑口에 사각본寫刻本이고, 가정·만력 《귀주통지》도 있지만 만력지는 지금 일본에 있다. 또 《사남부지思南府志》·《보안주지普安州志》(모두 가정)도 있다. 귀주에서 새롭게 판각한 《편민도찬便民圖纂》이 있고 동인부銅仁府에서는 나흔羅欣의 《물원物原》(가정 24년), 곽자장郭子章의 《검기黔記》(만력)를 간행했다. 곽자장은 귀주에서 마테오 리치의 《산해여지전도山海輿地全圖》(만력 32년)를 간행했다. 귀주에서는 부순손傅順孫이 편집한 《신간비점양한저화新刊批點兩漢咀華》(만력)를 간행했다.

운남

운남은 대리국大理國이 지배하던 시기에 이미 불서를 판각했다. 명 홍무 23년에 주정왕周定王 주숙朱橚이 전양滇陽에 기거하게 되자 부府에 명령해 좋은 의학서적인 《수진방》 4권을 편찬하도록 하였다. 이에 작은 판목에 판각하니 명나라 초기 운남의 최초 각본이다. 영락 13년 다시 개봉의 주왕부에서 간행했다. 명대 운남 포정사에서는 25종을 간행했다. 그 다음 섬서 포정사에는 《전남지滇南志》·《어제문집》·《황명시초皇明詩鈔》·《속문장정종續文章正宗》·《원사속편元史續編》·《통감유요通鑑類要》·《통감총류通鑑總類》·《소사서小四書》·《단연여록》·《도시陶詩》·《가어家語》·《가의신서賈誼新書》·《무경칠서》·《상형요람》·《전유심감全幼心鑒》·《건곤생의乾坤生意》·《보생여록保生餘錄》·《군방속초群方續鈔》등이 있다. 안찰사에는 《운남통지》·《묵지쇄록墨池瑣錄》·《수경비목水經碑目》·《고악부》·《오언율조五言律祖》등이 있고 영왕寧王 주권朱權의 의서 《건곤생의》도 있다. 《검남류편黔南類編》은 명 활자본이다.

운남부에는 《가어家語》·《신서》 및 《문장정종》 등이 있고, 임안부에는 《예기집주》·《역대갑자도》·《천문지리도》·《교지도交趾圖》가 있다. 대리부에는 《소학구두小學句讀》·《황명시초》가 있고, 요안부姚安府에서는 양신의 《단궁총훈檀弓聚訓》(가정 35년)을 간행했다. 운남에서는 《선화서화보宣和書畫譜》, 경태 《운남도경지서》, 사조제의 《전략滇略》(만력)을 간행했다. 가정 《심전부지尋甸府志》, 주태정朱泰禎의 《운중약초雲中藥草》(명말)도 있다.

현존하는 운남 최초의 도서간행은 대리국 및 원나라 연우판 불경 두 종을 제외하고는 영락 17년 조주趙州 몽화蒙化의 승려와 신도들이 판각한 《대방광불화엄경大方廣佛華嚴經》 잔본 5책으로 여강麗江 용천사龍泉寺에 있다. 운남의 도서간행 대사업은 천계天啓 3년(1623)에 여강부 토사土司[48] 목증木增이 여강부에서 주관한 티벳트어 대장경의 판각인쇄다.

북직례北直隸

북직례(민국초에는 직례성이라고 불렀음, 지금의 하북성)의 도서 간행은 남직례를 따라가지 못하며 하남성·산동성·산서성 등도 비교적 적다. 북직례는 북경을 제외하고는 명대 호북 마성麻城 사람인 주홍조의 《고금서각》 기록에 의하면 78종이 있다. 순천부順天府에 《부지》 등 8종이 있고 보정부保定府에 《부지》·《무경주해武經注解》·《십삼가병법十三家兵法》 등이 있다. 대명부大名府에서는 《부지》·《경험방經驗方》·《산해경》을 판각했고 광평부廣平府에서는 《위생보감衛生保鑒》·《보생육영록保生育嬰錄》을 간행했다. 진정부眞定府에는 《구변도九邊圖》·《두진방痘疹方》·《양왕대전기陽王大傳記》가 있다. 이상 보정부 등 네 곳의 부에서는 각각 10여 종을 간행했다. 그 나머지 영평永平·하간河間·순덕順德의 부府의 간행본도 모두 10종이 안된다.

하남河南

하남 포정사에서는 21종을 간행했는데 《하남통지》·《대명률》·《전국책》·《당시품휘》·《당음》·《우숙민집于肅愍集》·《용재수필》·《민생이용》·《금수만화곡》·《두진방》·《수진방》·《단계찬요丹溪纂要》·《상한지장도傷寒指掌圖》 등이 있다. 안찰사에는 《원류지론源流至論》·《소학》·《제사직장諸司職掌》이 있다. 한남부에는 《하남지》·《가람기》 등이 있다. 여녕부汝寧府에는 《신양지信陽志》·《농상

48_ 토사는 원·명·청나라 때 소수민족 지역의 족장에게 주던 세습 관직으로 해당 민족 사람들을 회유하고 통치하기 위해 두었다.

찰요》·《보생여록保生餘錄》 등이 있다. 창덕부彰德府에는 《인물지》와 《문원영화》 등이 있다.

명대의 번왕 중 하남에 봉해진 사람이 가장 많았는데 개봉부 주왕부周王府, 창덕부의 조왕부趙王府, 균주의 휘왕부徽王府, 남양부의 당왕부唐王府에서 간행한 것이 비교적 많고 여녕汝寧·낙양·회경懷慶·위휘衛輝 등 각 번藩에서도 역시 도서간행을 했다.

산동

산동 포정사는 산동 및 요녕 일부지역을 관할하고 있었다. 포정사에서는 《동유기東遊記》·《행군수지行軍須知》·《왕씨농서王氏農書》·《문수집問水集》·《황제소문黃帝素問》·《의방집성醫方集成》·《가숙사친家塾事親》·황복黃福의 《황충선공시집黃忠宣公詩集》·《삼사충고三事忠告》 등 20종을 간행했다. 안찰사에는 《증류본초証類本草》·《조례편람》·《일통부一統賦》·《장양호문집張養浩文集》 등이 있다. 제남부濟南府에서는 《한시외전韓詩外傳》을 간행했고, 연주부兗州府의 곡부에는 《궐리지闕里志》·《공맹통기孔孟通紀》·《누항지陋巷志》 등이 있다. 등주부登州府에는 《해도경海道經》·《서유기》가 있고 청주부靑州府와 동창부東昌府에도 각각 3종이 있다.

연주부에 봉해진 노왕부魯王府와 낙안주樂安州의 한왕부漢王府, 제남부의 덕왕부, 청주부의 형왕부衡王府와 신악왕부新樂王府에서도 역시 도서 간행을 했다.

요동도사遼東都司에서는 《요동지》 9권(가정 16년) 및 《요성음고遼城吟稿》와 《백전기서百戰奇書》를 간행했지만 다른 각 성의 도사에서는 도서를 간행했다는 말을 듣지 못했다. 만력 때에 손광孫鑛은 요양판遼陽版 《학림옥설鶴林玉露》이 자못 아름답다고 했다.

산서

산서 포정사에서는 하남 포정사와 같은 숫자를 간행했다. 《산서
통지》·《사기》·《전국책》·《문선》·《당문수》·《송문감宋文鑒》·《원
문류元文類》·《속문장정종》·《하분제로시河汾諸老詩》·《태평경국
서》등이 있다. 안찰사에는 《문장정종》·《행군수지》·《변화천시집
邊華泉詩集》등이 있다. 하동운사河東運司에는 《사마온공문집》·《박고
도博古圖》2 종이 있지만 역시 소금 행정과는 전혀 관계가 없다. 염운
사에서 도서간행을 한 곳은 산서, 절강, 복건 세 곳이다.

평양부는 금·원 양대에 걸쳐 판각이 몹시 성행하다가 명대에 쇠
락했다. 겨우 《중설고中說考》(포주蒲州)·《강첩絳帖》·《석명釋名》(모두
강주)·《논략論略》(해주)·《독서록·속록》·《설문청문집薛文清文集》·
《홍무정운》·《어사잠御史箴》등 19종이 있다. 그런데 《동인침구경銅
人針灸經》·《서방자명당자경西方子明堂灸經》의 삽화는 그 졸렬함이 심
하다. 태원부에는 《마석전문집馬石田文集》·《장정산문집莊定山文集》
이 있다.

태원의 진왕부晉王府, 대동大同의 대왕부代王府, 노주의 심왕부沈王
府, 포주의 산양왕부山陰王府에도 각각 각본이 있다.

산서는 명대 지방지가 42부 있는데 《산서통지》로는 성화·가정·
만력 3본이 있다. 산서의 명대 간행본은 332종이 있는데 가정과 만
력 연간에 가장 많이 간행했다. 하진河津의 설선薛瑄은 명대 최고의
유학자로 칭해지고 있다. 설선은 만력 연간에 《설문청공문집薛文清
公文集》을 간행했고 하진 설씨 사당에서는 《설문청공행실록》을 간행
했다.

강주絳州에서는 이탈리아 선교사 알퐁소[49]와 쟈코모 로[50]가 천주

---

[49]_ 중국어 이름은 고일지高一志이다. 처음 이름은 왕풍숙이었다. 앞의 주석 참조.

교 선교서적인 《교요해답教要解答》·《천주경해天主經解》등 11종(모두 천계 5년에서 숭정 13년 사이)과 프랑스 사람 니콜라스 트리고[51]가 지은 《서유이목자西儒耳目資》(천계 6년)를 간행했다. 이 세 사람은 모두 강주에서 선교활동을 했다.

섬서

명대 섬서성은 섬서·감숙·영하 세 성을 포함하고 있었으며 이곳에서도 1백여 종의 도서를 간행하여 호광과 비슷하다. 섬서 포정사에서는 35종을 간행했는데 이 숫자는 각 성의 포정사 중에서 으뜸이다. 간행된 도서로는 《섬서통지》·《장안지》·《옹록雍錄》·《옹대기雍大紀》·《석각구경石刻九經》·《사기》·《한본기》·순열苟悅의 《한기漢紀》·《마정지馬政志》·《제민요술》·《서담野談》·《유춘기遊春記》가 있다. 또 의서 《단계신법丹溪新法》·양순楊珣의 《침구상설針灸詳說》·《상한촬요傷寒撮要》·《활인심통活人心統》·《양노신서養老新書》·유순劉純의 《옥기미의玉機微義》·《의경소학醫經小學》·《비전안과　용

50_ Giacomo Rho(일설에는 Jacques Rho, 1593~1638). 중국어 이름은 나아곡羅雅谷이다. 그는 1593년에 이탈리아 밀라노에서 태어났으며 신학공부를 하고 1617년에 44명의 선교사들과 함께 아시아 지역으로 선교를 왔다. 마카오에서 선교를 했는데 1622년 마카오가 네덜란드 군대에게 침공을 당하자 주민들에게 대포사용법을 알려주고 도시를 포위에서 구해내었다. 1624년에 고일지와 중국으로 들어와서는 산서에 거주하면서 선교활동을 했다. 1631년에 북경 역국의 부름을 받고 서광계徐光啓, 아담 샬 등과 함께 중국역법을 개혁했으며 《숭정역서崇禎曆書》를 편찬했다. 1638년에 북경에서 선종했다. 수많은 중국 관원들이 그의 장례식에 참여했다고 한다.

51_ Nicolas Trigault(1577~1629), 중국어 이름은 금니각金尼閣이다. 대표적인 작품으로는 《기독교원정중국사》가 있고 《한자서어병음사전漢字西語拼音詞典》은 최초로 한자를 라틴음으로 표기한 책이다. 중국 대륙의 한어병음편집회에서도 이 책을 참고했다. 1628년 11월 14일 절강에서 선종했으며 대방정大方井 선교사 공원묘지에 매장되었다.

목총론秘傳眼科龍木總論》 10권(가정 45년에서 융경 4년까지)·《중간구황활
민보유서重刊 救荒活民補遺書》(만력 40년) 등이 있다.

서안부에는《홍무예제洪武禮制》·《삼보황도三輔黃圖》·《서안지리
도》·《천금보요千金寶要》·《사학지남》(모두 함양)·《문장궤범文章軌
範》(조읍朝邑)·《오색선五色線》(동주同州)·《계찰청전啟札青錢》(분주汾州)
등 21종이 있다. 서안부 성내의 진왕부秦王府에서도 14종을 간행했다.

한중부漢中府에서는《구급이방》·《쇄금집碎金集》·《쇄지령鎖地鈴》
등을 간행했다. 봉상부鳳翔府에서는《제사직장諸司職掌》·《군정조
례》·《출행보감出行寶鑒》·《조고표장궤요詔誥表章杌要》등을 간행했
다. 연안부延安府에는《삼체당시三體唐詩》·《천문법첩千文法帖》·《육
선공주의陸宣公奏議》가 있다.

가정 연간에 섬서성에서 간행한 지방지는 근 40여종에 이른다. 명
대 전체에 걸쳐 섬서성에서 판각한 곳은 약 40여 곳에 이른다. 명대
섬서성에서 개인이 간행한 책으로 가장 유명한 것은 요개廖鎧가 판
각한《사기집해색은정의史記集解索隱正義》(정덕 12년)다. 허종로許宗魯
는《여씨춘추》·《육자전서六子全書》·《국어》·《좌전》·《운보韻補》·
《옥파주의玉坡奏議》등을 간행했다(가정). 사가판을 간행한 사람은
왕승유王承裕가 있고, 교세녕喬世寧과 교세정喬世定도 있는데 이들은
형제간이다.

감숙성에 속한 경양慶陽·평량平涼·임조臨洮 등의 부에서는 각각
3, 4종을 간행했다. 경양부에는《양씨책요梁氏策要》와《금벽고사金璧
故事》가 있고, 평량부에는 최표崔豹의《고금주古今注》가 있다. 임조부
에는《익성지翼城志》와《빈퇴록賓退錄》이 있다. 공창부鞏昌府에는《본
초집요本草集要》·《사물기원事物記原》·《풍속통》·《백호통白虎通》등
8종이 있다.

영하에는 선덕·홍치 두 지志가 있다. 영하 위성衛城 내에 있던 경

왕부慶王府에서도 16종을 간행했다.

명대에 책을 간행한 주요지역은 북경과 남경·항주·호주(투인套印이 있음)·소주·휘주·건양 일곱 개 도시다. 복건성은 건양이 있기 때문에 약 1천여 종의 도서를 간행했다. 이 밖에 도서간행이 비교적 많은 성은 남직례로 약 468종이고, 다음은 강서와 절강으로 각각 4백여 종이 있다. 그 다음이 북직례·호광·하남·섬서·산서로 각각 약 1백여 종이 있다. 그 다음은 사천·산동으로 각각 70여 종이 있고 광동·운남은 비교적 적어 각각 50여종이 있다. 광서와 귀주가 가장 적으니 각각 10여 종뿐이다.

각 부府 중에서 도서간행이 가장 많은 곳은 소주로 약 177종이 있다. 남창부는 150종, 복주부는 120종, 상주·양주·서안부는 각 70여종이 있고, 무창·성도·개봉부는 각 50여 종이 있다. 30~40종을 간행한 곳으로는 길안·임강·태원·제남·영파 등의 부가 있고, 20여 종이 있는 곳으로는 가흥·금화·송강·회안·서주·건창·형주 등의 부가 있다. 10여 종을 간행한 곳으로는 소흥·처주·공주贛州·무주撫州·원주袁州·광신廣信·영국寧國·여주廬州·진강鎭江·광주·보정·대명大名·진정眞定·광평廣平·노주潞州·하남·여녕汝寧 등의 부 및 영하위寧夏衛가 있다. 10종 이내로 간행한 곳은 생략한다.

각 성의 포정사·안찰사에서도 모두 책을 간행했다. 포정사본이 가장 많은 곳은 섬서성으로 35종이 있다. 다음은 운남·하남·산서·강서의 포정사로 모두 20종 이상이다. 다음은 산동·복건·광동·사천 등의 포정사다. 명대에는 《포정서목布政書目》이 있었는데 지금은 볼 수가 없다. 안찰사의 도서 간행은 호광·강서·복건으로 각각 10여 종이 있다. 개별 순무도찰원巡撫都察院·염운사·부학 및 각 지역에 분봉된 번왕부藩王府·각 성의 서원·사원·천주교당에서도 역시 도서 간행을 했다.

명대 도서간행 지역은 송대나 원대에 비하여 많은데 중심부에서 동북과 서북, 서남의 변경 지역으로까지 확대되었다. 예를 들면 요동에서는《요동지遼東志》를 간행했고, 서북의 영하에 있는 경왕부, 공창·임조 및 사천 서부의 공주邛州·아주雅州, 광동의 염주부廉州府·경주부瓊州府, 광서의 남녕부南寧府에서도 각각 도서를 간행했다. 송과 원 시대에 귀주는 거의 공백 상태[73]였는데 명대에는 인본서가 출현했다.

대만은 자고 이래 중국 영토로 정성공鄭成功이 네덜란드 침략자들을 몰아낸 후에《명령팔조命令八條》[74]를 간행하여 반포했으니 그때가 명 영력永曆 15년(청 순치順治 18년, 1661)이었다. 또《오매화조법五梅花操法》각판도 유통되었다. 이 두 서적은 대만 최초의 한문 인쇄품이다. 현존하는 대만 초기 인본으로는《대명중흥영력이십오년대통력大明中興永曆二十五年大統曆》(청 강희康熙 10년, 1671)이 있다. 대만 정씨는 시종일관 명나라의 역법을 사용했다. 강희 원년에 영력제가 포로가 되어 피살되어 명나라 최후 정권이 멸망했는데도 대만에서는 여전히 영력 연호를 썼다. 강희 22년(1683)에 대만이 청나라 군대에게 침공을 당하자 대륙과 대만은 비로소 통일이 되었다.

주홍조《고금서각》에 기록된 중국의 남경과 북경, 13개 성에서 간행한 책은 약 2,489종이지만 전반적인 것은 아니다. 주홍조는 가정·융경 연간에 생활했고 그 뒤의 만력·천계·숭정 시기에 관방과 개인의 도서 간행이 가장 많았으니 자연히 수록할 수가 없었다. 예를 들면 호주부는 단지 4종만 기록했지만 후에 민閔[52]·능凌[53] 두

52_ 민제급閔齊伋을 말한다. 생존연대는 미상이다. 자는 우오寓五이고, 오정烏程 (지금의 호주) 사람이다. 어려서부터 독서를 좋아했고 도서 간행을 업으로 삼았다. 명 만력 44년(1616)년에 붉은색과 흑색을 사용한 2색 투인《춘추좌전春

사람의 투인판만 해도 144종이나 된다. 모씨毛氏 급고각汲古閣에서 명말에 간행한 책은 6백여 종이다. 주홍조는 번부본藩府本을 모두 142종이라고 기록했지만 필자가 고증해 본 바로는 430종이었다. 건녕부 서방 목록에 365종이 기록되어 있고 가정 24년까지 이미 451종이 있었으니 이후에는 그 수가 배로 되었을 것이다. 《명사·예문지藝文志》에는 명대인의 저작 4,633종이 수록되어 있지만 역시 전부는 아니다. 번왕 종실들의 작품 같은 경우는 대부분 빠져 있기 때문이다. 청나라 황우직黃虞稷의 《천경당서목千頃堂書目》에는 명대 사람의 저작이 15,725종이 수록되어 있고 그중 판각본이 아마도 대다수를 점할 것이다. 명대 사람들이 재판하고 번각한 고서(어떤 책은 60~70판까지 했음)·총서와 불장·도장까지 합친다면 명대의 출판 총수는 수만 종이 될 것이니 정말 성행했다고 할 수 있겠다.

3. 번부본藩府本

명대에 번부에서 도서간행을 했던 일은 다른 왕조에서는 없었던 일로 번부본은 많으면서도 아름다워 명대 인본印本의 특색을 갖고 있기 때문에 상세히 서술할 필요가 있다.

명 태조는 나라를 건국한 후에 타성他姓의 공신들을 믿을 수 없다

秋左傳》을 성공시켰다. 후에 5색투인으로 바꾸었으며 경사자집 등의 고서와 여러 희곡과 소설을 간행했다. 인쇄기술이 완벽하여 명성이 높았다. 작가이자 각서를 잘했던 능몽초淩濛初와 명성을 함께 했다. 저서로는 《육통서六書通》가 있다.

53_ 능몽초淩濛初를 말한다. 능몽초의 자는 현방玄房·치성稚成이고 호는 초성初成 또는 즉공관주인卽空觀主人이다. 절강성 오흥현 사람으로 숭정 초년 서주徐州의 통판通判이 되었으며, 이자성李自成의 난 때 사망했다. 대표작으로는 《박안경기拍案驚奇》·《이각박안경기二刻拍案驚奇》가 있다.

고 여기고 정권을 공고히 하기 위하여 여러 자식들을 전국 요지에 분봉했다. 스물 여섯 명의 아들 중 의문태자懿文太子와 황자 주남朱楠이 생후 한 달도 넘기지 못하고 죽어 봉하지 못한 것을 제외하고 스물 네 명이 모두 번부에 봉해졌다. 또 질손 수겸守謙을 정강왕靖江王에 봉하니 번부왕은 도합 25명이 된다. 친왕親王 적장자는 나이가 10세가 되면 왕세자에 책봉되고, 장손은 세손에 책봉되며 여러 아들들은 10세가 되면 군왕에 봉해진다. 성조 후에 여러 황제들은 각각 그 자손을 친왕親王·군왕郡王에 봉하고 왕의 자자손손에게 진국鎭國·보국輔國·봉국奉國 장군이나 중위中尉에 봉했다. 친왕은 한해의 녹봉이 만석이고, 군왕은 천석이었으며 또 민전 만경萬頃·이만경을 하사하여 당시에 최대의 대지주가 되었다. 가정 41년(1562) 어사 임윤林潤은 "천하의 재부를 한 해에 경사미로 4백만 석을 공급하는데 각 번藩의 세록은 853만 석이나 된다"[75]고 말했다. 예로 진왕晉王 세록歲祿만 1만 석이고 후에 자손이 많아지면서 세록은 87만 석에 달했다. 임윤은 그래서 "해가 거듭될수록 번이 늘어나 대세가 이러하고 역량이 부족하니 장차 어떻게 지불할 것인가!"하고 탄식했다.

융경隆慶 원년(1567)에 척원좌戚元佐는 "지금 2백 년 이래 종실의 《옥첩玉牒》[54]에 수록된 자는 모두 45,115분이고 현재 계신 분은 28,492분이다"[76]고 말했다. 이 몇만 왕자와 왕손들은 황실혈통의 귀족 후손이라는 것에 기대어, 고귀한 지위와 신분으로 부유한 생활을 누리며 호의호식하고 마음을 쓸 곳이 없었다. 그래서 대부분 헛된

54_ 옥첩은 중국 역대 황족의 족보를 말한다. 당나라 때 이미 있었고 송나라에서는 10년마다 한 번씩 편찬을 하였다. 명청 시대에도 계속 되었다. 청대에는 옥첩을 만주어와 한문 두 종류로 만들었고, 순치 13년(1656)에 황제의 비준을 받은 후부터 10년마다 이어서 편찬했으며 청대에는 모두 26차례를 편찬하였다. 청대의 옥첩은 현재 1,070책이 있으며 중국에서 유일하게 지금까지 보존된 황족의 족보로 세계적으로도 방대한 족보다.

놀음에 자족하니 마치 한 무리의 메뚜기 떼와 다름없었다. 그중에 영왕寧王 주신호朱宸濠는 "전답과 백성의 자녀들을 강탈하고 도적떼들을 길러 강호를 탈취"[77]하기도 했다. 민왕岷王 주기풍朱企鋒은 무강武岡에서 민간인의 처녀를 탈취한 일이 무수히 많았다. 또한 더운 여름날에 백성들을 동원하여 무강주성武岡州城을 수리하느라고 밤낮으로 쉴 틈이 없었으니 죽은 자가 길거리를 채웠다.[78] 명말에 농민 기의군 이자성李自成이 기의起義 후에 각지 번왕의 자손들과 그 호화롭던 왕부와 그 안에 있던 모든 금은보석들과 도서문물은 모두 없어져 버렸다. 오늘날 명대 각 번왕의 궁전은 하나도 남은 것이 없고 대동大同 대왕부代王府의 구룡벽九龍壁[55]과 양양襄陽 양왕부襄王府의 녹영벽綠影壁[56]만이 남아 있어 사람들에게 옛 일을 추억하게 할 뿐이

55_ 대동의 구룡벽은 중국에 현존하는 세 곳의 구룡벽 중 가장 오래되고 크며 예술성이 뛰어나다. 북경 북해공원과 고궁 황극문 앞에도 구룡벽이 있지만 모두 청대에 건축된 것으로 대동의 구룡벽보다는 350~400년 늦게 건축되었다. 대동 구룡벽은 명초 주원장의 13번째 아들인 주계朱桂 왕부의 건축물로 명대 왕부 단례문端禮門앞의 조벽(照壁: 밖에서 대문 안이 들여다보이지 않도록 대문을 가린 벽으로 영벽影壁이라고도 함)이다. 주계는 홍무 7년(1374)에 태어났으며 대왕代王에 봉해졌고 촉왕 주춘朱椿과 함께 곽혜비郭惠妃의 소생이다. 대왕비는 중산왕 서달徐達의 딸로 인효문황후仁孝文皇后(주체朱棣 황후)의 여동생이다. 명황실의 규정에 번왕은 지방정치에 간섭하지 못하도록 되어 있었지만 위와 같은 특수한 관계로 인하여 실제로는 대동지역의 소황제나 다름없었다. 비록 몇 번의 위기는 있었지만 《명사·주계전朱桂傳》의 기록에 의하면 대왕 주계부터 시작하여 그 자손으로 군왕에 봉해진 자는 23명이라고 한다.

56_ 1956년 호북성 중점문물 보호재로 지정되었으며 2001년에는 전국중점문물 보호재, 2002년 8월에는 국가 1A급 경치구로 지정되었다. 형양성 동남쪽에 있으며 정통 원년 영헌왕襄憲王 주첨선朱瞻墡이 장사長沙에서 이곳으로 오면서 건축하였다. 녹영벽은 영헌왕부의 영벽이다. 명 숭정 14년에 왕부가 훼손되면서 겨우 녹영벽만 남게 되었다. 현재 남아 있는 것은 전체 길이 24.56미터, 두께는 1.57미터 정도고 높이는 약 6미터다. 밑받침은 수미좌로 용이 가득 새겨져 있다. 벽체는 커다란 녹색의 사암砂岩에 날아다니는 용과 구름, 물결 등 장식이 가득하다. 조각과 상감장식 등이 몹시 교묘하고도 아름다워 고

다. 당연히 번왕 중에서도 비교적 훌륭한 사람들이 있었는데《명사》에서는 사천이 오랫동안 평화롭고 부유한 것은 모두 촉헌왕蜀獻王 주춘朱椿의 공으로 돌리고 있다.

번왕 종실 중에도 적지 않은 인재가 배출되었으며 유명한 희곡가인 영헌왕寧獻王 주권朱權은《형차기荊釵記》및 잡극 12종을 지었다. 주헌왕周憲王   주유돈朱有燉은《성재집誠齋集》·《성재악부誠齋樂府》를 저술했고 또《관운장의용사금전기關雲長義勇辭金傳奇》·《맹호연답설심매전기孟浩然踏雪尋梅傳奇》등 31종을 저술했으며 총집명은《성재잡극》이다. 또《잡극십단금십집雜劇十段錦十集》 10권을 지었다. 그가 쓴 극본은 명대에 무대에 올려졌는데 이몽양李夢陽은 그의 시〈작중원소시作中元宵詩〉에서 "모두가 헌왕의 신악부를 노래하니 금량교 밖의 달빛이 서리와 같네"[57]라는 구절이 있다. 주권은 또한《태고유음太古遺音》·《신기비보神奇秘譜》·《금완계몽琴阮啟蒙》도 저술했다. 고당왕高唐王 주후영朱厚焜은《슬보瑟譜》를 저술했다. 가정 25년(1546), 정세자鄭世子에 봉해진 주재육朱載堉(1536~1610)은 역법에 정통했고, 만력 연간에는《악률전서樂律全書》를 진상하기도 했다. 청나라 주이준朱彝尊[58]은 그를 칭하여 "하간헌왕河間獻王 이후에 예악을 말한 자

대 건축과 조각예술품의 정수라 할 만하다.

57_〈汴京元夕〉이라는 시 속에 나오는 구절로 전체 시는 다음과 같다.
    中山孺子倚新妝/鄭女燕姬獨擅場. 齊唱憲王新樂府/金梁橋外月如霜.

58_ 주이준朱彝尊(1629~1709)은 청대 시인, 사인詞人이자 학자며 장서가다. 자는 석창錫鬯이고 호는 죽타竹垞, 만년의 호는 금풍정장金風亭長이라고도 했다. 절강성 가흥 출신으로 강희 18년(1679)에 박학홍사과博學鴻詞科에 급제하여 검토檢討에 제수되었다. 22년(1683)에 남서방南書房에 입직하여《명사》편찬에 참가하였다. 경사經史에 정통하였고 시로는 왕사정과 함께 남북의 양대 산맥으로 불린다. 절서사파浙西詞派의 창시자로 진유숭陳維崧과 이름을 나란히 하여 '주진朱陳'으로도 불린다. 금석문에 조예가 깊고 고서적을 소장하는 데 힘을 쏟았으며 청초의 유명한 장서가의 한 사람이다.

는 이보다 더한 사람이 없다"고 했다. 주재육은 12평균율을 발명했는데 유럽보다 50여 년이나 빠른 것으로 독일 물리학자의 높은 평가를 받았다. 현대의 피아노 등 건반악기에서 보편적으로 채용하는 것이 12평균율인 점을 감안하면 그는 대단한 중국의 음악가였다.

주권은 《신은神隱》 상권에서 섭생의 도를 논하고 있으며 하권에서는 전문적으로 농사를 언급하여 월령에 따른 종자 심기·육축六畜을 기르고 치료하는 방법 등을 서술하고 있다. 또 《구산차보瞿山茶譜》도 저술했다. 주정왕周定王 주숙朱橚은 기근을 도울 수 있는 야생초 4백여 종을 대조하여 그림으로 그렸는데 책 제목은 《구황본초救荒本草》다. 그의 아들 주유돈朱有燉은 《모란보牡丹譜》를 저술했으며 모란 20종류의 재배 방법이 기록되어 있다. 주유현朱有炫은 《덕선재국보德善齋菊譜》를 저술했다.

주권은 의술에 정통해서 《건곤생의乾坤生意》·《수역신방壽域神方》·《활인심법活人心法》을 편찬하고 간행했다. 주숙은 《보제방普濟方》을 편집하여 중국 명초 이전의 의약처방을 집대성했다. 영구왕靈邱王 주손전朱遜烇은 특히 의술에 뛰어나서 약으로 유행성 급성 전염병을 치료했다. 영녕왕永寧王은 《경위팔괘맥결經緯八卦脈訣》을 저술했고 당왕唐王은 《신묘비방神妙秘方》을 저술했다.

번왕 중에는 적지 않은 서화가도 있었다. 경정왕慶靖王 주전朱栴(혹은 전栴으로도 씀) 같은 경우는 "초서가 시원시원하고 전아하니 절대로 속된 장애가 없으며, 국내에 전해지는 것은 진귀한 보배로 여겼다"[79]라고 평해진다. 형공왕衡恭王 주우휘朱祐楎는 "손에서 책을 놓지 않았으며 특히 서예에 정통했는데 네 가지 체[四體][59] 모두 뛰어났

59_ 일반적으로 서법에서 사체는 진서眞書·초서草書·예서隷書·전서篆書를 말하는데 진서는 지금의 해서고 행서는 사체에 속하지 않는다.

다. 그 중에서도 해서와 행서가 최고였다. 단청丹青[60]에 있어서는 모두 묘품에 이르렀다"[80]고 한다. 나머지 주호집朱豪集·주은계朱恩鑭는 모두 대서大書[61]를 잘 썼고, 주은갑朱恩鉀은 좌우 양손으로 대서를 쓸 수 있었다. 주재공朱載堼은 옥저玉箸[62] 대大·소전小篆에 뛰어났고, 주후엽朱厚燁은 서법서 연구에 정통했으며 그의 해서·초서·소전을 세상에서 몹시 귀하게 여겼다. 주후혼朱厚焜·후황厚熿 형제는 시도 잘짓고 그림도 잘 그리는 것으로 이름을 떨쳤는데 애석하게도 그들의 작품은 거의 사라지고 없다.

번왕 종실 작가로 알 수 있는 사람은 약 93명으로 저서는 359종이 있다. 그 중 시문집은 약 112종인데 대부분이 자신들의 번부에서 자체적으로 판각한 것 이외에도 사례감이나 각종 간본이 있다.

번왕 종실 중에 특별히 거론할 만한 인물로는 박학다식하며 많은 작품을 낸 작가 세 사람이 있다. 그 한 사람은 영헌왕 주권으로《명사》에서는 그를 태조 제17번째 아들이라고 하는데 그러나 그 후손 주모위朱謀㙔가 지은《번헌기藩獻記》와 새롭게 출토된 광지擴志에 의하면 16번째 아들이라고 되어 있으니《명사》의 기록이 잘못이다. 홍무 26년에 대녕大寧(지금의 요녕)번으로 가게 되었으며 대녕에서 병사 8만을 이끌고 때때로 연왕燕王(태조의 넷째 아들인 주체朱棣, 즉 성조 영락)

60_ 여기서는 그림을 말한다.

61_ 1촌 이상 크기의 글자.

62_ 옥저는 소전의 일종이다. 저箸는, 즉 젓가락을 말한다. 소전의 필획이 둥근 것이 마치 옥젓가락과 같다하여 옥저전玉箸篆이란 이름으로 불렸다. 옥저전을 대표하는 서예가로는 진나라의 이사李斯와 당나라의 이양빙李陽冰이 있다. 옥저전은 또 옥저전玉筋篆이란 한자를 쓰기도 한다. 옥저전은 자형으로 볼 때는 약간 장방형이고 구조상으로는 좌우대칭이어서 아주 반듯하고 수려한 느낌을 준다. 오른쪽이 옥저전이다.

을 위해 격문을 써서 돌리고 수차에 걸쳐 여러 왕이 변경에서 회합하도록 했다. 연왕은 기병할 때 주권에게 "일이 성사되면 천하를 반분하겠다"고 말했다. 영락 원년에 봉지가 남창으로 바뀌었는데 성조의 의심과 시기를 피하기 위하여 일부러 매일 음탕하게 지냈다. 그리고 조그만 초가집을 짓고는 그 속에서 음악을 연주하거나 독서를 했다. 주권은 역사상 보기 드물게 문무를 겸비한 인재로서 군사·역사·지리·농업·의약·문학·음악·거문고와 바둑까지 할 줄 아는 대학자였다. 《번헌기》에서는 그를 평하길 "경자구류經子九流·천문·역법·의술·황도술 등을 모두 갖추었으며 고금 저술의 풍부함은 헌왕을 넘을 사람이 없다"고 했다. 지금 책제목을 알 수 있는 것은 50여 종이 된다.[81] 그 중 병서로는 《주소서注素書》·《고금무고古今武考》가 있고 사학으로는 《한당비사漢唐秘史》·《구선사략臞仙史略》·《사단史斷》·《통감박론通鑒博論》이 있다. 지리서로는 《이역지異域志》가 있고 문학서로는 《태화정음보》·《구선문보》·《시보詩譜》·《궁사宮詞》·《선기회문시사璇璣回文詩詞》가 있다. 또 적지 않은 의서·금보琴譜·기보棋譜 및 음양오행도의 서적들이 많다.

주모위朱謀㙔는 칭찬을 많이 해도 넘치지 않는 사람이다. 영왕의 후세인 남창南昌 봉국중위奉國中尉 주통계朱統鑑는 《영헌왕사실寧獻王事實》을 저술했으나 애석하게도 지금은 전하지 않는다. 주모위는 군적群籍을 꿰뚫고 조정의 전고典故를 모두 알고 있으며, 방문을 걸어 잠그고 독서를 했고 112종의 책을 손수 써서 저술했다. 현재 책명을 알 수 있는 것은 25종으로 《역易》·《시》·《춘추》 및 고문의 기자奇字·육서음운六書音韻에 대한 전문 저서가 모두 있다. 또한 《수고기邃古記》·《반헌기藩獻記》·《이림異林》·《현람玄覽》·《수경주전水經注箋》·《예장기구전豫章耆舊傳》도 저술했으나 애석하게도 《금해金海》 120권 등은 지금 모두 사라져 버렸다.

《명사》에서는 진국중위鎭國中尉 주번종정周藩宗正 주목결朱睦㮮이 《명제세표明帝世表》 등 8종을 저술했다는 기록이 있다. 경학과 사학 이외에 또 《주승周乘》·《주국세계표周國世系表》·《진평세계록鎭平世系錄》·《주정왕周定王·헌왕연표憲王年表》·《중주문헌지中州文獻志》·《중주인물지中州人物志》·《황조중주열녀전皇朝中州列女傳》 등이 있다. 대부분은 주번周藩 역사 및 하남 지방문헌과 관련이 있다. 그가 편수한 가정 연간의 《하남통지》와 만력 연간의 《개봉부지》는 아직 전해 내려오는 판본이 있다.[82]

이들의 이러한 박학다식함과 풍부한 장서는 불가분의 관계에 있다. 주모위(욱의郁儀)는 저명한 장서가고 주목결은 서정선생西亭先生이라고 불리는데 강도江都 갈씨葛氏·장구章丘 이씨李氏의 책 만 권을 구입했는데 그때 찍은 단연丹鉛[63]이 선명하며 지금 《만권당서목萬卷堂書目》에 남아 있다. 이외에도 번왕 중에는 자신의 장서 목록을 편찬한 것도 있는데 《휘부서목徽府書目》·《강녕왕부서목江寧王府書目》·《형부서목衡府書目》이 각 1권씩 있으며 형공왕 주우휘는 한 궤짝에 고금서적 천 권이 들어가는 궤짝이 백여 개나 있었다.[83] 주통계와 익양 단혜왕端惠王 주공궤朱拱槻는 각각 10여 만 권을 수집했다. 대번代藩 영구세자靈邱世子 주준격朱俊格은 공부를 좋아하고 문장을 잘 썼으며 수만 권의 책을 수집했다. 이들은 특히 책을 좋아하는 것이 도가 지나쳐 죽어서도 도서와 명화들을 관 속에 넣어 매장하도록 하여서 현재 많은 부분이 발굴되었다.

이들이 서적을 소장하게 된 경로는 직접 구입한 사각판본이나 방각판본 이외에 내부內部로 부터 하사받은 것들이 많다. 명 태조는 손

63_ 이전에 서적에 교정을 보거나 권을 찍을 때 사용하던 단사丹砂와 연분鉛粉 (주필朱笔로 글을 쓰고 연분을 발랐음).

수 여러 차례 《소감록昭鑒錄》·《영감록永鑒錄》을 편찬하여 제왕들에게 하사했다. 또 상湘·담潭·노魯·촉蜀 네 왕에게는 《십칠사十七史》 등을 1부씩 하사했다. 예부에 《통감》과 《사기》를 간행하도록 명령하여 제왕들에게 하사하기도 했다. 전하는 바로는 홍무 초년에 친왕들의 봉지에는 반드시 사곡詞曲 1,700권을 하사했다고 한다.[84] 영락·선덕 및 이후의 여러 황제들은 자주 친왕親王·군왕·장군·중위中尉에게 서적을 하사했다. 그래서 이들이 소장한 책의 질과 양은 일반 장서가들이 따를 수 없는 것이었다. 청초의 대장서가였던 전겸익錢謙益은 "국내 장서의 풍부함은 여러 번들을 따를 수 없다. 지금 진秦·진晉·촉·조 등이 그곳이다. 주번周藩의 죽거竹居, 영번寧藩의 욱의郁儀의 집안에 소장되었던 서적들이 지금은 손톱만한 종이 조각도 남아 있지 않다!"[85]고 했다. 이들 서적들은 대외에 필적할만한 도서지만 안타깝게도 청나라 초기에 이미 하나도 남김없이 사라졌다. 현재는 진부晉府의 구소장품인 송판 《통전》·《서한회요西漢會要》·《문원영화》 및 덕부장德府藏 영락본 《오초노집吳草廬集》 등 소수만을 볼 수 있을 뿐이다.

번왕들은 멋스러움을 표시하기 위하여 장서를 좋아했을 뿐만 아니라 또 도서 간행으로 이름을 떨치기를 좋아하는 풍조가 성행했다. 왕부의 관속官屬에 장사長史[64]·기선紀善[65]·반독伴讀[66]·교수 같은 직함을 설치했는데 이는 번왕의 비서와 교원에 상당한다. 그중에는 적지 않은 저명한 학자들도 있다. 촉 세자부世子傅 방효유方孝孺, 촉

64_ 관명. 진나라에서 처음에 설치했으며 한나라에서는 상국, 승상이, 후한에서는 태위, 사도, 사공, 장군이 각각 장사가 있었다. 당나라에서는 주의 자사가 장사 1인을 두었으며 종5품이었다. 청나라에 와서는 친왕부, 군왕부에 장사를 두어 부의 일을 관리하도록 했다.
65_ 명대에 친왕부에 속한 관리로 강의를 담당했다.
66_ 다른 사람을 모시고 함께 책을 읽는 것.

부장사楚府長史 관시민管時敏 등과 같은 사람이 바로 그렇다. 어떤 사람은 왕부에 있으면서 책을 편집하기도 했다. 회부장사淮府長史 이백서李伯嶼, 기선紀善 풍원馮原은 회왕의 명을 받들어 《문한류선대성文翰類選大成》을 편찬했다. 여남汝南의 강성強晟은 진부秦府 기선을 위하여 진간왕秦簡王의 전해오는 사적을 순서에 따라 편찬해주기도 했는데 이 책이 《빈죽유행록賓竹遺行錄》이다. 책을 간행할 때 이들은 교정 임무도 담당하였다. 예들 들어 초부楚府에서는 소수민족시인인 《정학년시집丁鶴年詩集》을 간행했는데 기선 관연지管延枝와 마순馬純에게 편집 간행하도록 명했다. 이리하여 번부의 도서간행은 비교적 실력있는 편집 교정원들이 했고 또한 재력이 풍부하여 물질적인 조건을 구비해 주었다.

번부의 도서 간행은 홍무 말에 시작되어 숭정 말년까지였으며 명나라에서 시종일관 지속되었고 가정·만력 연간이 가장 성했다. 도서간행을 가장 일찍 했던 부는 주周·촉·경慶·녕寧·초부 등이었고, 가장 늦게 간행한 부는 익益·로潞·복福부였다. 어떤 도서 간행은 수십년이 경과한 것도 있고 또 주周·촉·영 3부는 지속적으로 2백여 년에 걸쳐 간행하기도 했다. 도서간행을 가장 많이 한 곳은 남창영번南昌寧藩과 그의 후예인 익양왕이다. 《번헌기藩獻記》에서는 헌왕 주권을 "여러 도서는 풍교와 관계있고 박물博物의 수사에 있어서는 사람들이 보지 못한 것이 나라에 간행되어 유포되지 않은 것이 없다"고 했다. 청초의 주이준朱彝尊은 그를 "여러 책을 보지 않은 것이 없고 여러 책들이 비본이 있다. 간행해 유포하지 않은 것이 없다"[86]고 말했다. 명대에 《영번서목寧藩書目》 1권이 있었는데 주권이 편집하고 간행한 책만을 모은 것만 137종에 이른다.[87] 애석하게 지금 그 서목[목록]은 볼 수 없으며, 어떤 사람이 자서를 썼는지 어떤 사람이 타인의 작품을 간행했는지를 알 수가 없다. 그 손자 주준견朱奠

埴이 경태 2년(1451)에 진국장군鎭國將軍에서 익양왕에 봉해져서 5세까지 내려오다가 주다혼朱多熴에 이르러서 봉이 폐지되었다. 익왕왕도 남창성 내에 살았으며 주홍조의 《고금서각》에 보면 익양왕부의 각본이 55종[88]에 이르러 번부 중의 최고라고 기록되어 있다. 지금 고증해 볼 수 있는 것은 그중에서 《채지음采芝吟》·《신은神隱》·《이역지異域志》·《주후신우肘後神堀》·《원시비서原始秘書》·《구선사략臞仙史略》 등 26종으로 모두 주권이 지은 책들이다.

다음으로 익양왕부에서는 촉번蜀藩 40종이 있고 또 화양왕부華陽王府 1종이 있다. 《오경》은 본문과 주해가 있고 사서史書로는 《사통》·《사략》·《통감강목전서通鑑綱目全書》 및 사천과 관련된 《촉감蜀鑒》·《촉한본말蜀漢本末》이 있다. 또 《방씨여교方氏女敎》·《조대가여교曹大家女敎》가 있고 의서와 방효유의 《손지재집遜志齋集》 등이 있다.

주부周府와 남릉왕南陵王·박평왕부博平王府에서는 36종을 판각했고 의약처방전·잡극·지리·유서·법첩·화훼 및 《왕국전례王國典禮》·《성전聖典》·《중주인물지》 등이 있다.

초부楚府와 무강왕부武岡王府에서도 36종을 판각했으며 《사서》·《오경》·《인효황후서씨내훈仁孝皇后徐氏內訓》·《홍헌황후장씨여훈興獻皇后蔣氏女訓》과 정학년·관시민·패경貝瓊과 초왕 시문집 등이 있다.

수십 종의 책을 간행한 곳으로는 다음의 10부府가 있다.

* 경부慶府 경정왕慶靖王 주전朱㮵은 영하에 살면서 선덕 《영하지》를 저술했고 《문장유선文章類選》·《증광당시고취속편增廣唐詩鼓吹續編》을 스스로 편찬하여 간행했다. 작은 아들인 안새安塞 선정왕宣靖王 주질경朱秩炅은 한번 보면 잊지를 않았다. "다른 사람

에게 고금의 서적이 있어 문득 금을 내어 그것을 구하여 원근의
학자들과 아름답게 판각 인쇄했다."[89] 주전은 책을 사고 책을
간행하는 것을 좋아한 사람으로 저서로는《저재수필樗齋隨筆》이
있다. 그가 죽은 후에 그의 내시였던 이경李璟과 노명魯明이 간행
했다. 또《하성시집夏城詩集》·《음선정요飮膳正要》·《도연명
집》·《당시고금주》·《당시고취唐詩鼓吹》·《시림광기詩林廣記》·
《문원영화》가 있다.

* 조부趙府에서는 의가경전醫家經典·경사·《육자六子》를 간행했으
  며 또 조왕과 설선薛瑄·사진謝榛·최선崔銑·마경 등의 문집이
  있다.

* 진부晉府 단왕端王 주지양朱知烊은《소명문선》·《한문선》·《당문
  수》·《송문감》을 간행했다. 간왕簡王 주신전朱新㙦은《원문류元
  文類》를 간행했으며 또《속문장종정續文章正宗》·《명문형明文衡》
  등이 있고 다수의 문학총집이 있다.

* 진부秦府에는 진왕 시집과 성조成祖의《신승전神僧傳》·《사기》등
  이 있다.

* 익부益府에서는 문자음운·향보香譜·다보茶譜·혁보弈譜와 자신
  의 시문집이 있다. 활자를 이용해 인쇄한 책도 있다.

* 요부遼府에서는 요왕 자신의 시문과《양생잡찬養生雜纂》·《양생
  일람養生日覽》등이 있다.

* 심부沈府에서는 심번沈藩 시문을 판각했는데 그 중 주정요朱珵堯
  가 편찬한《심국면학서원집沈國勉學書院集》12권 4종이 있다. 그
  안에 주전화朱銓鈺의《응재고凝齋稿》, 주윤이朱胤柊의《보화재고
  保和齋稿》, 주염교朱恬烄의《녹균헌고綠筠軒稿》, 주정요의《수업당
  고修業堂稿》와《용호경주龍虎經注》·《음부경주陰符經注》등이 있
  다.

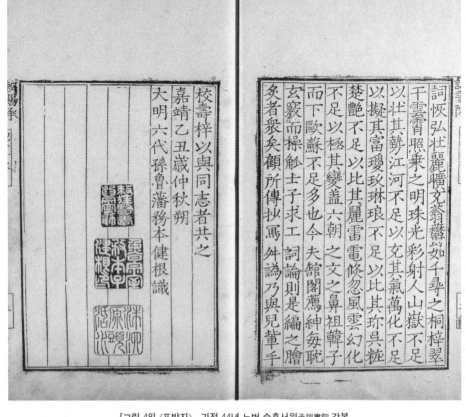

[그림 48] 《포박자》, 가정 44년 노번 승훈서원承訓書院 각본

* 휘부徽府에는 《칠자七子》·《사림적염詞林摘艶》·《이물휘원異物彙苑》·《군공수간群公手簡》·《보선권寶善卷》·《원궤활법圓机活法》 등이 있다.
* 산음왕부山陰王府에서는 불경 12종을 간행했다.
* 노부魯府에서는 노번魯藩 시문집과 《노부비방魯府秘方》·《포박자抱樸子》[그림 48]·《서유기》 등이 있다.
10종 이하를 간행한 곳은 다음의 다섯 부다.
* 덕부德府에서는 《한서백문漢書白文》과 제남 출신인 원나라 장양호張養浩의 저서를 간행했다.
* 형부衡府에서는 《오경백문五經白文》·《편어수검便於蒐檢》을 간행

했고 《홍무정운》은 세 차례나 간행했다.

* 요번遼藩 광택왕光澤王 주총양朱寵㵂은 《동원십서東垣十書》·《삼사시三謝詩》 및 송·원인의 문집을 간행했다.

* 길부吉府에서는 《이십가자서二十家子書》·《가의신시賈誼新詩》·《초사집주》 등을 간행했다.

* 정부鄭府에서는 세자 주재육朱載堉의 《악률전서樂律全書》·《도해고주비산경圖解古周髀算經》·《가량산경嘉量算經》·《정왕퇴사록鄭王退思錄》 및 송나라 진양陳暘의 《악서樂書》를 간행했다. 하당何塘의 《백재집柏齋集》 역시 하당의 생질인 주재육이 간행한 것이다.

3, 4, 5종을 간행한 부는 다음과 같다.

*   노부潞府에서는 《고금종번의행고古今宗藩懿行考》·기보棋譜·금보琴譜를 간행했다.

* 숭부崇府에는 《정관정요》·《효숙포공주의孝肅包公奏議》·《도덕경》이 있다.

* 대부代府에는 《보유대전保幼大全》·《몽양대훈蒙養大訓》·《담자화서譚子化書》가 있다.

* 정강왕부靖江王府에서는 이백과 두보 시 및 《육선공주의陸宣公奏議》를 간행했다.

* 회부淮府에서는 《문한유선대성文翰類選大成》·《경방집瓊芳集》·《적벽부》·《증수시화총귀增修詩話總龜》를 간행했다.

* 숙왕부肅王府에서는 숙세자肅世子의 《성해시집星海詩集》·《정수선생집靜修先生集》·《홍무정운》·《삼관경三官經》을 간행했다.

* 이왕부伊王府에는 《사서집주》·《주역참동계주해周易參同契注解》·《화서化書》가 있다.

* 양왕부襄王府에는 《종번훈전宗藩訓典》과 양번襄藩 《조양왕집棗陽

王集》이 있다.

 * 형번衡藩 신악왕新樂王 주재새朱載璽는《기합수양집綺合繡揚集》을
   편집했고 또 시집과 금보琴譜·슬보瑟譜를 간행했다.
 * 초번楚藩 무강왕부武岡王府에서는 무강왕집 4종을 간행했다.

기타 민岷·한韓·한漢·홍興·여汝·영榮 등의 여러 친왕부와 박
평博平·남릉南陵 두 군왕부郡王府에서는 가각 1~2종을 간행했으나
모두 생략한다. 상세한 것은 부록표를 참조하면 된다.

 각 번에서는 또 적지 않은 고서들을 번각했으며 중요한 것으로서
사부서는 대략 구비되어 있었다. 그중에 어떤 서적들은 여러 번에서
서로 판각하여 한 권이 3~4종의 번부본이 있으며 한 부에서도 중각
한 것도 있다. 《사서집주》같은 경우는 초부본楚府本·이부본伊府本·
길부본吉府本·형부본衡府本이 있다. 진번 정왕定王 주유작朱惟焯은
"관중에서 멀리 편벽한 곳에 있어《사기》의 선본을 얻기가 어렵다.
이에 가정 갑오에 자금을 들여서 간행하니 제후에 분봉된 종실과 함
께 열람한다"고 했다. 그가 참고한 것은 송나라 건안의 황선부黃善夫
본이다. 16년이 지나서 그의 조카 주회권朱懷埢이 다시 중각했다. 원
나라 정진손鄭鎭孫은《직설통략直說通略》에서 백화문으로 역사를 기
술했으며 촉부본·요부본·당부본이 있다. 유향劉向은 한나라에서
제후로 분봉된 종실이었는데 명나라 번왕들은 특히 그를 경모하여
그의 저작을 표창했다. 그래서 유향의《신서新序》는 촉부·진부晉
府·초부·익양왕부 4종본이 있다.《설원說苑》도 촉부본·초부본(정
덕 5년, 가정 14년 간행)이 있다.《초학기初學記》는 진부본·심부본이 있
다.《금수만화곡錦繡萬花谷》은 촉부본·초부본·휘부본이 있다.《도
집陶集》은 휘부본·익양부본이 있다.《소명태자문집》은 요부본·덕
부본이 있다.《이백시》는 정강왕부본靖江王府本과 익양왕부본이 있

고, 《두보시》는 조부본과 정강왕부본이 있다. 《소명문선》은 당번唐
藩 주지지朱芝址(함화 21년)·주석황朱碩熿(융경 5년)·진부의 양덕서원養
德書院(가정 4년)·초부의 정심서원正心書院(만력 6년)의 4종본이 있다.

각 번에서는 또한 적지 않은 고대와 당대의 의서들을 번각했는데
조부趙府 거경당居敬堂에서는 《황제내경소문》·《영구경靈樞經》·《맥
경》을 간행했다. 세상에 전해오는 《소문素問》 왕빙王冰 주본注本 속에
결여된 편이 있어 조간왕趙簡王은 전체 책을 구해 이를 보충했다.
《중수정화경사증류비용본초重修政和經史證類備用本草》는 초부 숭본서
원崇本書院본(가정 16년)이 있고, 또 촉부본(만력 5년)이 있다. 금나라 이
과李果의 《동원십사東垣十書》는 요혜왕 주은계 간본(홍치 8년전)이 있
고 그의 아들 광택왕光澤王 주총양朱寵瀁의 매남서옥梅南書屋에서 중
간했다(가정 8년). 송대의 《의설醫說》·《보유대전》·금대의 《병기기
의보명집病機氣宜保命集》·《유문사친儒門事親》·원대의 《수친노신서
壽親老新書》등 역시 여러 번에서 중간되었다. 명나라 서용성徐用誠·
유순劉純이 저술한 의서 《옥기미의玉機微義》도 각처의 판본이 아주
많아 촉부에도 간본이 있다. 장시철張時徹의 《섭생중묘방攝生衆妙
方》·《급구양방急救良方》은 형부에서 두 차례(가정 29년과 융경 3년) 간
행되었으며 융경본은 명의 마숭유馬崇儒가 교정했다. 《군서요방群書
要方》·《양생잡찬養生雜纂》은 요부에서 간행되었으며 후자는 또 경부
본慶府本도 있다.

번왕들은 자신들이 의서를 편집 간행하는 것 말고도 또 부중에서
보건업무를 맡고 있는 '양의소良醫所'의 명의들에게 명하여 의사들의
처방을 편집하도록 했다. 주부周府의 명의名醫 이항李恒은 명을 받들
어 《수진방袖珍方》을 편집했으니 모두 3천여 처방전이 들어 있다. 흥
부興府의 명의 주문채周文寀는 흥헌왕의 명을 받들어 《의방선요醫方選
要》를 편집했다. 노부의 명의 유응태劉應泰도 명을 받들어 《노부비방

魯府秘方》(만력 22년)을 편집했다. 주부에서도 《보생여록保生餘錄》을
지어 간행했다.

　번왕들은 수많은 고대문학 명저 및 시문총집을 출판하는 것 말고
도 자연스럽게 자신의 저서를 간행하는 것을 좋아했고 또한 그의 자
손들이나 신료들이 간행한 것도 있다. 예를 들면 익양왕부에서는 주
권의 《채지음采芝吟》·《선기회문시사》를 간행했다. 주공통朱拱樋은
《서학당근고瑞鶴堂近稿》(가정)·《광남선생시집匡南先生詩集》(가정 27년)
이 있다. 익양 단혜왕 주공궤는 《동낙헌시집東樂軒詩集》이 있으며 그
의 사후 6년이 지나서 간행되었다(가정 36년). 영번寧潘 후 석성왕石城
王 일파도 10여 명의 시인을 배출했다. 석성왕 손자 보국장군 주공정
朱拱梃이 지은 《초운시집樵雲詩集》은 그의 사후 40년에 아들 주다괴朱
多炜가 간행했다. 《주종양집朱宗良集》은 주다귀朱多熽가 지은 것으로
만력 각본이 있다. 봉국장군 주공요朱拱橋는 스스로 《예장기백시고
豫章既白詩搞》(가정 29년)를 간행했다. 요간왕遙簡王 주식朱植의 《유고》
는 그의 증손인 주은계가 간행했다. 한왕 주고후朱高煦의 《의고감
흥시擬古感興詩》는 그의 신료가 판각하여 세상에 내놓았다. 진간왕秦
簡王 주성영朱成泳의 《경진빈죽소명고經進賓竹小鳴稿》는 그의 기선紀善
강성强晟이 교정 간행했다(홍치 11년). 진번 영수왕永壽王의 《동헌시집
東軒詩集》 역시 간행본이 있다. 주부周府에서는 헌왕 주유돈朱有燉의
《성재잡극誠齋雜劇》(영락, 선덕, 정통)·《성재모란誠齋牡丹·매화·옥당
춘 백영百詠》(선덕, 가정 12년)을 간행했다. 주승약朱承爚은 촉 성왕 주
양허朱讓栩의 《장춘경진고長春競辰藁》(가정 28년)를 간행했다. 당번에
서는 당왕 주미제朱彌鍗의 《옹천소고甕天小稿》(가정 19년)와 주미겸朱彌
鉗의 《겸광당시집謙光堂詩集》(가정 20년)을 간행했다. 대부代府에서는
주성삭朱成鑠의 《경원재소고經元齋小稿》(만력 37년)를 간행했다. 초단
왕楚端王 주영계朱榮㵂는 《정심시집正心詩集》이 있는데 흑구본黑口本이

다. 초장왕 주맹완朱孟烷은 《근유문집勤有文集》과 《시집》이 있다. 초무강楚武岡 보강왕保康王 주현귀朱顯槐는 《소작시고小鵲詩稿》(가정)와 《속고續搞》가 있다. 익번益藩에서는 장왕莊王 주후엽朱厚燁의 《물재집勿齋集》을 간행했고, 익번 세자 선원도인 주상천朱常遷은 《동관부음東館缶音》(만력)이 있다. 세상에서 '심번다재沈藩多才'라고 일컫는 주윤빈朱允杉 삼형제 및 주염환朱恬烷·주염교朱恬烋·주정기朱理圻·주정요朱理堯 등도 모두 시를 잘 지었다. 주윤소朱胤橾는 그의 아버지 심헌왕沈憲王 주훈철朱勛澈의 《운선집雲仙集》(가정 18년)을 간행했다. 심선왕沈宣王 주염교의 《녹균헌고綠筠軒稿》는 만력 원년본이 있다. 심정왕沈定王 주정요의 《수업당고修業堂稿》는 그의 세자인 주효용朱效鏞이 교정 간행했다. 주정요는 또 《심국면학서원집沈國勉學書院集》을 편집했고 면학서원본이 있다(만력 19년, 숭정 원년). 민정왕岷靖王 주언태朱彦汰의 《설봉시집雪峰詩集》은 흑구본(가정 14년)이 있다. 주성위朱成鍏의 《이재시집怡齋詩集》은 가정본(17년)이 있다. 또한 숙소헌肅昭憲 세자의 《성해시집星海詩集》, 한소왕韓昭王의 《빙호유고冰壺遺稿》, 휘왕徽王의 《이비음迻卑吟》, 조강왕趙康王의 《거경당집居敬堂集》 등이 있다. 주목朱睦의 만권당에 소장된 종실 시문집은 모두 40종(모두 말미에 판각한 연도가 표기되어 있음)이 있는데 종실시문집에서 이름을 알 수 있는 것은 약 110종이 있다. 청주부 형번衡藩 신악왕新樂王 주재새朱載璽는 학문이 넓고 품행이 방정하며 글을 잘 써서 《홍무성정송洪武聖政頌》 등을 저술했다. 가정 정사년(36년)에 봉작을 세습받았으며 《정사동봉록丁巳同封錄》을 저술했다. 《번헌기藩獻記》에서는 그에 관해서 "제후로 분봉된 종실 중 재주와 예능을 가진 사람들을 드러내고자 편지를 천하에 보내 종실들이 편찬한 책을 찾으니 수십 종을 얻게 되었다. 다행히 이를 간행할 수 있게 되어 전하니 이를 《기합수양집綺合繡揚集》이라고 한다"고 했다. 이 종실들이 쓴 수십 종 저서를 수집해 판각한 것이 시문총집인지 아니면 총서인지 모르겠는데 아쉽게도 이미 실전되었다. 지금 오로지 볼 수 있는 것은 그가 행서체로 저술한 《갑술고甲戌稿》 친필원고 7페이지가 있다(만력).

번왕 종실의 기타 작품으로는 당왕唐王의 《효경주해孝經注解》, 주숙朱橚의 《갑자편년甲子編年》, 주통계朱統鑐의 《고사기》, 주유귀朱有燉의 《현왕전賢王傳》, 주정계朱鼐鑘의 《자도어自渡語》(천계 판각), 주질경朱秩炅의 《저재수필樗齋隨筆》, 주재잠朱載堨의 《여랍자茹蠟子》, 주성영朱誠泳의 《익재가화益齋佳話》, 동회왕東會王의 《초화보草花譜》, 휘부徽府의 《촉직보促織譜》·《축국논보蹴鞠論譜》, 주권의 《관경貫經》·《위기圍棋》·《상기세보난가경象棋勢譜爛柯經》, 주상천朱常遷의 《기보棋譜》 등이 있다. 또 주재육 등도 적지 않은 운서韻書를 저술했다.

번왕들 중에 많은 서예가도 있는데 서예를 좋아했기 때문에 법첩法帖을 번각했다. 주유돈의 《동서당집고법첩東書堂集古法帖》·《상계서첩象禊序帖》이 있다. 진장왕 주종현朱鍾鉉의 《보현당집고법첩寶賢堂集古法帖》은 홍치 9년에 표표表[67]로 헌상되었다. 당번 승휴왕承休王 주미진朱彌鋠은 《복재집고법첩復齋集古法帖》이 있다.

번부에는 본래 일반적으로 해서체 이외에 또 초서와 전서 등도 있다. 예를 들면 촉왕蜀王의 《초서집운草書集韻》, 형왕衡王의 《전자편어수검篆字便於搜檢》, 익왕의 전서체 《효경》·《충경忠經》, 고당왕의 전서체 《홍무정운》이 있다. 진번秦藩 영수왕永壽王 수일도인守一道人 정양자正陽子는 《제전대학諸篆大學》을 썼는데 일경십전一經十傳으로 모두 11체로 이루어졌다. 그러나 주석과 설명은 아름다운 해서·초서·예서·전서로 썼다. 또 《제전중용諸篆中庸》은 비록 3체를 겸하

67_ 고대에 임금에게 올리는 글을 가리키는 문체의 하나로 비교적 국가의 중대한 사건을 언급할 때에 쓰인다.

긴 했지만 전서의 명성을 독차지했다.

문자 이외에 《성적도聖跡圖》·《선성도先聖圖》·《군신도감》·《봉래도蓬萊圖》 같은 판화도 있다. 또 《본초本草》·《구황본초救荒本草》·《음선정요飮膳正要》·《악률전서樂律全書》 등이 있으며 여기에는 모두 그림이 있다.

번왕들이 책을 간행했음은 물론 왕비들도 간행했다. 양왕襄王은 왕비 왕씨王氏와 함께 《불설고왕관세음경佛說高王觀世音經》 등 6종 6권(정덕正德 16년)을 간행했다. 진단왕晉端王은 《초학기》를 간행하다가 끝내지 못하고 죽었다. 그러자 그의 계비 왕씨가 가정 13년에 내전선內典膳 양보양楊保襄에게 그 일을 계속하도록 명해 판각본을 취해 다시 자세히 교정을 보고 간행하여 그 뜻을 이루었다. 덕왕비德王妃 장씨張氏가 다섯 공주와 함께 간행을 주재한 가정 22년본 《약사본원공덕보권藥師本願功德寶卷》은 앞에 채색그림이 있는데 이는 현존하는 최초의 보권의 하나다. 여안왕비汝安王妃 이씨는 《관음구고경觀音救苦經》과 《불설호신주佛說護身咒》(융경 2년)를 간행했다. 숙왕비肅王妃 오씨는 도교서적인 《삼관경三官經》(가정 44년)을 간행했다.

번왕부는 간칭으로 모번某藩 모부某府라고도 하는데 예를 들면 영번寧藩·촉번蜀藩 또는 영부寧府·촉부蜀府라고도 한다. 어떤 때는 또 나라를 칭하여 요국遼國·심국沈國·노국潞國이라고도 한다. 번왕 본인은 종종 도인이라고 불리길 좋아했는데 예로 심번은 서병도인西屛遍人, 만번滿藩은 경일도인敬一道人, 익번 세자는 선원도인仙源道人, 민번岷藩은 설봉도인雪峰道人 등으로 불렀다. 또 아들 자子 자를 붙이기도 했는데 경번慶藩은 응진자凝眞子(전椭), 진번秦藩은 정일자正一子·청양자青陽子 등으로 불렀다. 또한 자칭 도사나 선인으로도 불렀는데 예를 들면 중산우객中山羽客 주재새朱載壐, 함허자涵虛子·현주도인玄洲道人·구선臞仙 주권朱權, 죽림라선竹林懶仙 주존배朱奠培, 강서

이선頤仙 주기전朱祁銓(회강왕) 등이 있다.

번부는 도서를 간행할 때 서문과 발문, 패기牌記 혹은 상하 판심版心에 당堂·헌軒·서원 등의 이름과 호를 사용하는 것을 좋아했다. 예로 진부의 보현당寶賢堂은 지도당志道堂, 허익당虛益堂, 또는 칙사양덕서원敕賜養德書院이라고도 했다. 요국은 보훈당寶訓堂이 있고, 당부唐府의 거선당居善堂은 충경당忠敬堂이라고도 했다. 조부趙府의 거경당居敬堂은 미경당味經堂, 또는 빙옥당冰玉堂이라고도 했다. 익번은 낙선당樂善堂, 숭번崇藩은 보현당寶賢堂, 노번魯藩은 삼외당三畏堂, 정강부에는 무덕당懋德堂이 있다. 덕번德藩은 최낙헌最樂軒, 형번은 시습헌時習軒이 있다. 또 심국의 면학서원勉學書院, 휘번의 칙사숭고서원敕賜崇古書院, 길번吉藩의 숭덕서원, 대번代藩의 진덕서원進德書院, 영번榮藩의 숭의서원, 양번襄藩의 정백貞白서원, 신악왕 박문서원博文書院이 있다. 노번의 민학서원敏學書院은 또 칙사숭훈서원이라고도 했다. 초부의 정심서원正心書院은 숭본崇本서원 또는 숭고崇古서원이라고도 했다. 그 중 어떤 서원 이름은 황제가 하사한 것이다. 또 주부周府의 경덕재敬德齋, 영부寧府의 문영관文英館, 광택왕光澤王의 매남서옥梅南書屋도 있다.

도서 간행을 한 번왕으로 고증할 수 있는 곳은 43곳의 번藩이며 그 중에 진秦·진晉·주周·초·노·촉·대代·숙肅·요遼·경慶·영寧·민岷·한韓·심沈·당唐·이伊 등 16왕은 모두 태조의 아들이다. 정강왕은 태조의 조카손자며 모두 태조가 처음에 봉한 이들이다. 한漢·조趙 두 왕은 성조의 아들이고, 정鄭·양襄·회淮 세 왕은 인종의 아들이고, 덕德·숭崇·길吉·휘 네 왕은 영종의 아들이다. 흥興·익益·형衡·여汝·영榮 다섯 왕은 헌종의 아들이고, 노왕潞王은 목종의 아들이다. 복왕福王은 신종의 아들이며 모두 친왕親王이다. 남릉南陵·박평博平·무강武岡·화양華陽·산음山陰·광택光澤·익양七

陽ㆍ신락新樂 등의 왕은 모두 군왕郡王이다. 이외에 포번蒲藩ㆍ진번津藩이 있다. 여러 번은 하남에 제일 많이 분포되어 있어 주周ㆍ당ㆍ이伊ㆍ조ㆍ정ㆍ숭崇ㆍ휘徽ㆍ여汝ㆍ로潞ㆍ복福의 10부府가 있었다. 다음으로는 호광지역으로 초楚ㆍ요遼ㆍ민岷ㆍ양襄ㆍ흥興ㆍ길吉ㆍ영榮 7府가 있었다. 산동지역에는 노魯ㆍ한漢ㆍ덕德ㆍ형衡 4府, 섬서지역에는 진秦ㆍ숙肅ㆍ경慶ㆍ한韓 4부가 있었다. 산서지역에는 진晉ㆍ대代ㆍ심沈 3부, 강서에는 영寧ㆍ회淮ㆍ익益 3부가 있고 사천에는 촉부, 광서에는 정강왕부가 있었다.

요즘 사람들은 분봉받을 때 어느 지역에 분봉되면 그 지역의 번왕으로 불린다고 여긴다. 즉 요땅으로 분봉되면 요번遼藩, 노주에 분봉되면 노번潞藩, 휘지역에 분봉되면 휘번徽藩이라고 생각하는데 실은 위에서 보는 것처럼 그런 것이 아니다. 예를 들면 노왕은 노주가 아니라 위휘衛輝로 분봉되었지만 위휘왕이라고 부르지 않는다. 휘왕고徽王顧는 이름이 사의思義로 마땅히 휘주에 분봉되었을 것 같은데 도리어 하남 균주鈞州에 분봉되었으며 그렇다고 균주왕이라고 부르지는 않는다. 요간왕遼簡王 주식朱植은 홍무 26년에 요동 광녕주에 분봉되었고, 영락 2년에는 형주로 옮겨가게 되었다. 홍무 연간에는 동부와 서북의 먼 변경지역에 먼저 분봉된 후 얼마되지 않아 내지로 옮겨가곤 했다. 민장왕岷莊王 주편朱楩은 처음에는 민주에 봉해졌다가 후에는 무강으로 옮겼다. 숙왕肅王 주영朱楧은 감주甘州에서 난주蘭州로 옮겨졌으며, 덕번은 덕주에서 제남으로 옮겼다. 비록 봉지가 바뀌었다고 하더라도 본래 분봉되었던 명칭은 바꾸지 않았다. 이들의 도서 간행은 거의 봉지를 옮긴 이후의 일이다. 또 명대 사람들은 길번이 길주에 있다고 잘못 알았는데 실은 길왕 주견준朱見浚은 성화 13년에 장사 번왕이 되었고 악록서원에서 도서를 간행했다. 군왕들의 숫자는 너무나 방대하여 주번周藩의 자손으로 왕에 봉해진 자는

50여 명(혹은 70~80명이라고도 함)이나 되며 비록 어느 지역의 왕으로 불려도 실제적으로는 친왕부와 함께 같은 성에 살기도 했다. 남릉왕부와 박평왕부는 주왕부周王府와 함께 개봉성에 있었고, 익양왕부와 영왕부寧王府는 남창성에 같이 있었다. 광택왕부와 요왕부는 함께 형주성에 있었다. 무강왕은 무강에 살지 않고 초왕부와 함께 무창성에 살았다. 신악왕과 형왕부도 청주부 성내에서 함께 살았다. 일반적으로 군왕부는 친왕국 부근에 있었기 때문에 같은 성내에 있었다. 물론 개별적으로 다른 성에 사는 곳도 있었는데 대부代府에서 분봉된 산음왕부는 대동大同에 있지 않고 포주蒲州에 있었다.

번부각본은 명대에는 '번저판藩邸板'이라고 했다. 이에 가장 먼저 주의를 기울인 사람은 명나라 마성麻城의 주홍조였다. 그는 《고금서각》에서 회淮·익·초·요·조·덕·여·노魯·대代·진秦·한·경·길·촉·익양 등의 15왕부를 열거했고 142종(이는 섭씨의 각본에 따른 것이며 또 다른 판본에는 주周·숭崇·형衡·산음왕부 등 모두 19왕부에 171종이 있음)을 간행했다고 했다. 애석하게도 서명은 아래에 권수와 판각연도가 없고 작가의 성명도 써놓지 않았다. 근대의 섭덕휘는 《서림청화》에서 촉·영寧·대·숭·숙·당·길·진晉·익·진秦·주周·휘徽·심沈·이伊·노魯·조·초·요·덕·노潞 20부를 열거하고 도서 간행은 56종이라고 했다. 이 둘을 합하면 중복되는 것을 제하고도 모두 27부府에서 간행한 도서는 191종이다(또 다른 판본 《고금서각》의 합계는 227종임). 현대 사람인 창피득昌彼得[68] 선생의 역

68_ 창피득(1921~2011)은 도서문헌학자로 중앙대학 역사과를 졸업하고 중앙도서관 장서관 주임을 지냈으며 대만 고궁박물원 도서문헌처 처장, 부원장을 역임했다. 대만대학, 보인대학, 담강대학 등에서 교수를 역임했다. 《고궁학술계간》을 편집했고 저서로는 《중앙도서관송본도록》·《중국도서사략》·《도종의 생년고陶宗儀生年考》·《도서판본학요략》 등 다수가 있다.

저 《명번각서고明藩刻書考》[90]에는 번본藩本을 비교적 상세하게 기록
했는데 약 233종이라고 하지만 그 역시 전부는 아니다. 필자가
20~30년 간 조사한 바에 의하면 번부의 도서간행은 주홍조와 섭덕
휘가 열거한 각 번 이외에도 정鄭·양襄·한·민·홍·영榮·무강
왕·광택왕·신악왕·박평왕·남릉왕부·정강왕부가 있다. 이외에
도 포번蒲藩의 《쌍천시집雙泉詩集》, 진번본津藩本 《자치통감》, 화양왕
부의 《시운석의詩韻釋義》 등 총 43부에서 고대 및 명대의 저서 약
430종(이 안에는 활자인본 3종도 있음)[91]을 간행했다.

그중 《육자六子》·《칠자七子》·《이십자二十子》, 《성재잡극誠齋雜
劇》 31종, 《다보茶譜》 21종, 《기합수양집綺合繡揚集》 수십 종을 세목으
로 계산한다면 당연히 5백 수십 종이 될 것이니 정말 많다고 할 수
있다. 그중 각 번에서 스스로 저술한 것이 200종, 기타 명대 사람들
의 저술이 약 150종이고 나머지는 고서古書다.

번부본을 만약 지역별로 구분한다면 모두 100여 종을 간행한 강
서가 가장 많다. 다음은 하남으로 약 90종인데 하남지역의 번봉이
10여 곳으로 가장 많기 때문이다. 그 다음은 호광으로 63종이 있고,
산서는 44종, 사천과 산동, 섬서는 각각 30여 종이 있다. 광서가 가
장 적은데 겨우 3종이다.

번부의 고서 출판은 내부內部에서 하사한 송본·원본을 저본으로
하고 또 명사들의 교감을 거쳤기 때문에 착오가 비교적 적다. 진부
본秦府本 《사기》와 진부본晉府本 《초학기》가 틀린 글자가 비교적 적
어 청대에는 모두 이를 선본이라고 여겼다. 진번晉藩에서는 《사서오
경주해》·《당문수唐文粹》·《송문감宋文鑒》 등의 도서를 간행했는데
당시에 원근에서 모두 이를 보물로 여겼다. 이리해 어떤 번각본은
종종 책장사들에게 서문과 발문이 찢겨져 송본·원본으로 사칭되기
도 했다. 또한 번부의 재정이 넉넉하여 생산원가를 아까워하지 않고

본래 각서를 잘하는 지역의 각서장을 청했다. 예를 들어 제남濟南 덕번德藩의 최낙헌最樂軒에서는 《한서》를 판각하는 데 이택李澤 · 이수李受 · 장오張敖 등 소주에 사는 명 판각공들을 청하여 판각했다. 사용된 종이와 먹도 최상품을 골라 사용했고 인쇄와 장정도 비교적 공을 들여 대부분 대자관본大字寬本에 남색비단 포배장으로 내부본과 비슷하다. 그래서 요즘 사람들은 명대 판본 중에서 가장 아름다운 판각은 번부가 최고라고 여기고 있다. 당연히 이런 서적들은 영리만을 목적으로 한 금릉이나 건양 방각본보다 우위에 있다. 애석한 것은 지금 남아 있는 번본은 1백수십 종에 불과하고 대부분 이미 실전되었다. 《선현기중先賢器重》 · 《환성歡聲》 · 《노경광老更狂》 등과 같은 도서는 그 내용조차 알 수가 없다.

현재 국가도서관 · 영파의 천일각天一閣에서 볼 수 있는 것과 각 대학 도서관 목록 및 주홍조 · 섭덕휘 · 창피득 세 사람의 기록에 의거해 명대 번봉藩封의 소재지를 상세히 밝혀 아래에 열거하여 참고하기에 편하도록 한다.

부록: 명대 번부 도서간행표

명대의 저서는 모두 '명明'자를 생략했다. 또한 자주 보는 고서 역시 저자명을 생략했다.

진왕부秦王府　　　왕부는 서안이다. 진민왕秦愍王 주상朱樉은 태조의 둘째 아들로 홍무洪武 11년에 번지藩地인 서안으로 갔다.
* 강성強晟 《나천전설시羅川剪雪詩》 1권 – 진간왕秦簡王 판각,[69] 홍

69_ 여기서는 진간왕이 직접 판각했다는 뜻이 아니라 진각왕 당시에 판각했다는 의미이다. 아래 '~왕 판각'인 경우 모두 그렇다.

치弘治 7년.

* 진간왕　주성영朱誠泳《경진빈죽소명고經進賓竹小鳴稿》10권 – 강성强晟이 교감하고 간행. 홍치 11년.

* 강성《대명진간왕유사大明秦簡王遺事》·《빈죽유행록賓竹遺行錄》·《진번세덕록秦藩世德錄》3종 – 이 안에 주성영《빈죽유고賓竹遺稿》3권이 있다.

* 주지계朱志墍《묵암고默庵稿》3권 –《진번세덕록秦藩世德錄》참조.

* 주의즐朱誼㳦《대업당시초大業堂詩草》11권 – 천계

*《사기》– 진정왕秦定王 주유작朱惟焯이 가정 13년에 판각. 선왕宣王 주회권朱懷埢이 가정 29년에 중각.

* 송나라 포룡운鮑雲龍의《천원발미天原發微》5권 – 가정 29년

* 송나라 채심蔡沈의《지서至書》1권 – 가정 36년

* 성조成祖《신승전神僧傳》9권 – 진부에서 중각

*《천금보요千金寶要》– 융경 6년

* 진번秦藩 청양자靑陽子《주음압이람注吟押易覽》3권

* 진번 영수왕永壽王《동헌시집東軒詩集》1권

*《영수왕시운永壽王詩韻》1권

* 진번 영흥왕永興王《음운상주吟韻詳注》5권

*《진왕비영애록秦王妃榮哀錄》

진왕부晉王府　　왕부는 태원이다. 진공왕晉恭王 주강朱棡은 태조의 셋째아들로 홍무 11년 번지인 태원으로 갔다.

*《사서오경주해》– 가정 초년, 양덕서원養德書院을 하사받음, 주지양朱知烊, 원래 명칭은 지도당志道堂이다.

* 원나라 조송설趙松雪의《속서보續書譜》– 가정 초년

* 원나라《장백안본이선문선주張伯顏本李善文選注》60권 – 가정 4

년, 양덕서원은 원나라 장백안본에 의거해 중간함. 상해와 산서 성도서관에서 모두 소장하고 있다.

* 송나라 여조겸呂祖謙의 《송문감宋文鑒》 105권 – 가정 5년

* 《춘추좌전유해》 – 가정 7년

* 《한문선漢文選》

* 송나라 요현姚鉉의 《당문수唐文粹》 1백 권 – 가정 8년

* 세종어제 《경일잠敬一箴》 – 위의 3종은 모두 진서왕 7세손 주지양이 간행. 지도당은 양덕서원이라는 이름을 하사받았다. 가정 8년

* 《초학기》 – 진간왕 8세손 허익당虛益堂 주신전朱新㙛이 판각, 가정 13년

* 원나라 소천작蘇天爵의 《원문류元文類》 – 주신전 판각, 가정 16년. 지도당에서 처음 판각을 시작하고 허익당에서 간행 완료. 잘못된 것을 정확하게 교정보았다. 《당문수》·《송문감宋文鑒》과 더불어 삼각세를 이루었다.

* 한나라 유향劉向의 《신서》 – 진번晉藩 흑구본黑口本.

* 송나라 계유공計有功 《당시기사唐詩紀事》 진부晉府 판각.

* 주권朱權 《구선주후경臞仙肘後經》 진부 4세손 주종현朱鍾鉉 보현당寶賢堂 판각, 가정 39년.

* 송나라 진덕수眞德秀 《진문충공속문장정종眞文忠公續文章正宗》

* 정민정程敏政 《명문형明文衡》

주왕부周王府　　　왕부는 개봉이다. 주정왕周定王 주숙朱橚은 태조의 다섯째 아들로 홍무 3년에 오왕에 봉해지고 11년에 주왕으로 다시 봉해졌다. 14년에 개봉으로 나갔으니, 즉 송나라 고궁터가 주왕부였으며 홍희 원년에 사망했다.

* 이환李恒《수진방袖珍方》4권 – 홍무 22년, 영락 13년

* 《천금방》홍무 간행

* 정왕 주숙《보제방普濟方》168권 – 영락

* 정왕 주숙《구황본초救荒本草》4권

* 주헌왕周憲王 주유돈《성제잡극誠齋雜劇》31권 – 영락, 선덕, 정통

* 《성재모란보誠齋牡丹譜》1권 – 선덕

* 《성재악부誠齋樂府》2권 – 선덕 9년

* 《성재 모란·매화·옥당춘백영玉堂春百詠》3권 – 선덕, 가정 12
  년

* 《성재록》4권,《신록新錄》1권 – 가정 12년

* 주헌왕《동서당집고법첩東書堂集古法帖》12권

* 유국한劉國翰《기사주記事珠》14권 – 가정 15년

* 《금단정리대전金丹正理大全》42권 – 가정 17년

* 주목결朱睦㰴《운보韻譜》5권 – 취락당聚樂堂 판각, 가정 24년

* 주목결 편집 판각《소문충공표계蘇文忠公表啟》2권 – 가정 34년

* 옹만달翁萬達《옹동애집翁東涯集》17권 – 가정 34년

* 당나라 이정조李鼎祚《주역집해周易集解》– 가정 36년

* 주목정朱睦㮮 편《여덕해수록儷德偕壽錄》4권 – 가정 40년

* 송나라 장흡張洽《춘추집주春秋集注》– 취락당 판각, 가정 43년

* 주목결《진평세계록鎭平世系錄》2권

* 주목결《중주인물지中州人物志》16권 – 스스로 판각, 융경 4년

* 주목결《선고봉국공년표先考奉國公年表》1권 – 융경 만력 연간 판
  각

* 양교梁橋《황명성제책요皇明聖制策要》– 융경 4년

* 왕교王教《중천선생집中川先生集》주목결 판각

* 송 조여매趙汝楳《주역집문周易輯聞》6권 – 만력 간행

* 주목결 집 《성전聖典》 24권 - 만력 41년
* 주근미朱勤美 《왕국전례王國典禮》 8권 - 만력 43년 판각, 천계 증각
* 주부周府 편찬 판각 《보생여록保生餘錄》 5권
* 《당시삼체唐詩三體》
* 《홍무정운洪武正韻》
* 《석첩집石疊集》
* 진평왕鎭平王 《덕선재집德善齋集》 1권
* 《남극지리南極地理》 1권 - 이것과 아래 《남극시령》은 주번 경덕재敬德齋 판각
* 《남극시령南極時令》 1권

남릉왕부南陵王府   왕부는 개봉이다.
* 송나라 동사고董嗣杲의 《서호백영西湖百詠》 1권 - 남릉왕 주목영朱睦㮮 판각. 가정 16년

박평왕부博平王府   왕부는 개봉이다.
* 《속편금낭시대고사續編錦囊詩對故事》 4권 - 가정 12년, 흑구
* 박평왕博平王 《양정여력록養正餘力錄》 1권

초왕부楚王府   왕부는 무창武昌이다. 초소왕楚昭王 주정朱楨은 태조의 여섯째 아들로 홍무 3년에 초왕에 봉해지고 14년에 번지인 무창으로 갔다. 영락 22년에 사망했다.
* 관시민管時敏 《인규집蚓竅集》 10권 - 초소왕 주정이 간행. 홍무 또는 영락 원년이라고도 한다.
* 초장왕楚莊王 주맹완朱孟烷 《근유시문집勤有詩文集》 2권 - 초왕 주

계예朱季坝가 판각, 정통 6년

* 정학년丁鶴年《해소집海巢集》3권 – 초 강왕康王 주계숙朱季埱 판
각, 정통 9년

* 《초소왕행실楚昭王行實》1권 – 초왕 주계예가 짓고 정통 연간에
판각

* 한나라 유향《신서》 – 정덕 5년, 가정 14년

* 임응룡林應龍《일정록逸情景》20권 – 기보棋譜, 초부 숭본서원崇本
書院 간행. 가정 4년

* 한나라 유향《설원說苑》20권 – 주영계朱榮㳘 판각, 정덕 5년, 흑
구, 또 가정 14년

* 송나라 당신미唐慎微의《중수정화경사증류비용본초重修政和經史
證類備用本草》주현용朱顯榕 간행. 가정 16년

* 주권《태현월령경太玄月令經》 – 융경 5년

* 《문선》초부 정심서원正心書院, 만력 6년

* 《대명인효황후서씨내훈大明仁孝皇后徐氏內訓》1권

* 《흥헌황후장씨여훈興獻皇后蔣氏女訓》1권 – 초부 정심서원 판각

* 초헌왕 주계예《동평하간도찬東平河間圖贊》

* 《옹희악부雍熙樂府》

* 초단왕 주영계《정심시집正心詩集》9권 – 정덕, 흑구본, 4책

* 《오경》주현용 판각

* 《사서집주》26권

* 한나라 채옹蔡邕《독단獨斷》2권

* 진晉나라 장화張華《박물지博物志》10권

* 송나라 주필周弼《삼체당시三體唐詩》6권

* 송나라 여조겸《동래선생고문관건東萊先生古文關鍵》2권 – 초부
숭본서원 판각

* 원나라 사람《고인훈학대략古人訓學大略》4권
* 패경貝瓊《청강선생집淸江先生集》
* 《서암집舒庵集》
* 《소자첩小字帖》
* 송대 사람의《금수만화곡錦繡萬花穀》
* 초번 주재잠朱載埒《대은산인집大隱山人集》
* 초 번산왕樊山王 주재잠《여랍자茹蠟子》

무강왕부武岡王府　　왕부는 무창武昌이다.
* 무강 보강왕保康王 주현괴朱顯槐《소작시고少鵲詩稿》8권 – 가정 17년 후
* 《소곡속고少谷續稿》8권
* 무강왕《정심서원집正心書院集》1책
* 무강왕《화추향백영和秋香百詠》1권

노왕부魯王府　　왕부는 연주兗州이다. 노황왕魯荒王 주단朱檀은 태조의 열째 아들로 홍무 3년 2월에 봉을 받고 18년에 번지 연주로 갔다.
* 송나라 양만리楊萬里《성재역전誠齋易傳》20권 – 가정 22년
* 송나라 장선생張先生 교정《양보학역전楊寶學易傳》20권 – 주당면朱當㳿 간행, 가정 23년
* 임영任瀛《한림고문초翰林古文鈔》8권 – 가정 41년
* 진晉나라 갈홍葛洪《포박자》70권 – 주건근朱健根 판각, 가정 44년
* 《서유기》
* 《봉래도蓬萊圖》

* 원나라 고치전高恥傳《군서구현群書鉤玄》12권

* 원나라 《살천석시薩天錫詩》

* 《금정직지金精直指》 1권 – 주관구朱觀熰 판각, 가정 44년

* 양나라 유협劉勰《문심조룡》 – 삼외당三畏堂 간행, 융경 3년

* 주관구 편찬《해악영수집海岳靈秀集》 22권 – 융경과 만력

* 《노번망양시고魯藩望洋詩稿》

* 유응태劉應泰 편찬《노부비방魯府秘方》 4권 – 노왕 주수쟁朱壽鏳
  간행, 만력 22년

* 《공정현금방龔廷賢禁方》 – 공씨龔氏가 노왕비의 병을 치료한 것을
  왕이 금방禁方으로 판각

촉왕부蜀王府   왕부는 성도다. 촉헌왕 주춘朱椿은 태조의 열 한
번째 아들로 홍무 11년에 봉을 받고 23년에 번지 성도로 갔다.

* 송나라 조선료趙善璙의 《자경편自警編》 9권 – 홍무 27년, 또 가정
  7년

* 한나라 유향《설원說苑》 20권 – 홍무 27년

* 송나라 곽윤도郭允蹈《촉감蜀鑒》 10권 – 홍무

* 원나라 추현鄒鉉《수친양노신서壽親養老新書》 4권 – 홍무

* 원나라 조거신趙居信《촉한본말蜀漢本末》 3권

* 송나라 장자張鎡《사학궤범仕學軌範》 40권

* 《증수비아增修埤雅 · 광아廣雅》 42권 – 천순 원년

* 《촉왕초서집운蜀王草書集韻》 5권 – 성화 10년, 흑구

* 원나라 유인劉因《유문정공문집劉文靖公文集》 28권 – 성화 5년

* 당나라 유지기劉知幾《사통史通》 20권 – 가정 14년

* 방효유方孝儒《손지재집遜志齋集》 24권, 부록 1권 – 주양허朱讓栩
  간행, 가정 20년

* 성왕成王 주양허 《장춘경진고長春競辰稾》 주승약朱承爚 간행, 가정 28년

* 《홍무정운洪武正韻》 가정 28년

* 《중수정화경사증류비용본초重修政和經史證類備用本草》 – 만력 5년

* 《통감강목전서通鑑綱目全書》 – 만력 21년

* 한나라 유향 《신서》 10권

* 《오경전주五經傳注》

* 《오경개기五經改機》

* 《오경구해五經句解》

* 《오경찬언五經纂言》

* 《오경백문五經白文》

* 《좌전左傳》

* 《예기찬언禮記纂言》

* 《사략史略》

* 《소학사단小學史斷》

* 원나라 정진손鄭鎭孫 《직설통략直說通略》 13권

* 당나라 오긍吳兢 《정관정요貞觀政要》 10권

* 《충경忠經》

* 《방씨여교方氏女教》

* 《조대가여교曹大家女教》

* 《정씨여효경鄭氏女孝經》

* 《선현기중先賢器重》

* 《고문관건古文關鍵》

* 《금수만화곡錦繡萬花穀》

* 유순劉純 《옥기미의玉機微義》 50권

* 《금단정리대전金丹正理大全》 – 원나라 소정지蕭廷芝 《금단대성집

金丹大成集》5권이라고도 함, 촉부 판각, 가정 42년

* 《수정십서修正十書》
* 《첨맹거천문첩詹孟擧千文帖》
* 송나라 소철蘇轍《혁성집奕城集》84권 – 주양허 활자인, 가정 20년
* 손응규孫應奎《내경유초內經類鈔》1권 – 촉번이 각 서署에 나누어 판각, 가정 18년

화양왕부華陽王府 – 왕부는 풍주澧州이다.
* 《시운석의詩韻釋義》2권 – 천계 4년

대왕부代王府 – 왕부는 대동大同이다. 대간왕代簡王 주계朱桂는 태조의 열두 번째 아들로 홍무 11년에 예왕에 봉해졌다가 25년에 대왕으로 봉지가 바뀌어 번지 대동으로 갔다.
* 오대의 담초譚峭《담자화서譚子化書》6권 – 천순
* 《대불정수능엄경정맥소大佛頂首楞嚴經正脈疏》10권·《우시愚示》1권·《과문科文》1권(명나라 승려 진감眞鑒 저술) – 만력 28년 대부 간행[92]
* 주성삭朱成鑠《경원재소고經元齋小稿》20권 – 만력 37년 중간, 또는 만력 13년 간행이라고도 한다.
* 《보유대전保幼大全》
* 원나라 웅대년熊大年《몽양대훈蒙養大訓》12권

산음왕부山陰王府   왕부는 포주蒲州, 혹은 평양부성이라고도 한다.
* 오대의 승려 연수延壽의 《선종영명집禪宗永明集》 – 융경 2년

* 《마하반야바라밀다심경摩訶般若波羅蜜多心經》 – 주준산朱俊柵　판각, 융경 2년
* 《화엄원인론華嚴原人論》 – 주준산朱俊柵 판각, 만력 5년. 혹은 대번에서 판각했다고도 함.
* 《조론肇論》 및 기타 불경 12종

숙왕부肅王府　　왕부는 난주蘭州이다. 숙장왕肅莊王 주영朱楧은 태조의 열네 번째 아들로 홍무 28년에 처음에는 번지 감주甘州로 갔다가 건문 원년에 난주로 옮겼다.
* 원나라 유인劉因 《정수선생집靜修先生集》 – 성화 15년
* 《홍무정운洪武正韻》 16권
* 숙소헌세자肅昭憲世子 《성해시집星海詩集》 2권
* 《삼관경三官經》 숙왕비 오씨가 판각하고 인쇄, 가정 44년

요왕부遼王府　　왕부는 형주荊州이다. 요간왕遼簡王 주식朱植은 태조의 열다섯 번째 아들로 홍무 25년에 요에 다시 봉해지고 그 다음에 광녕번으로 갔다. 건문 연간에 정난의 변고로 주식과 영왕 주권을 서울로 불러들이고 형주에 다시 봉했다. 영락 22년 사망.
* 금나라 이고李杲 《동원십서東垣十書[70]》 19권 – 요 간왕 간행. 영락
* 《요간왕식유고遼簡王植遺稿》 5권, 《연사蓮詞》 2권 – 손자 혜왕 주은계朱恩鑵 간행, 홍치 8년

70_ 동원은 이고(1180~1251)의 만년 자호다. 이고李杲의 자는 명지明之이고 진정眞定(지금의 하북성 정정正定)사람이다. 이고는 중국 의학사상 '금원 4대가'의 한사람으로 중의학에서 '비위학설脾胃學說'을 창시한 사람이다. 이고는 인체에서의 비위의 중요성을 강조하였는데 오행 중에서 비위는 중앙에 속해 있기 때문이다. 이리하여 그의 학설은 '보토파補土派'로 불린다.

* 송공전宋公傳의 《원시체요元詩體要》 14권 - 공왕 주총수朱寵㳅 간행. 정덕 10년
* 양나라 소통 《소명태자문집》 5권 - 요국 보훈당 판각, 가정 34년
* 주헌절朱憲㷿 《종련세고種蓮歲稿》 6권, 《문략文略》 2권 - 가정 35년
* 《양생일람養生日覽》
* 《양생잡찬養生雜饌》
* 《상헌유고湘獻遺搞》
* 《군서요방群書要方》
* 《직설통략直說通路》
* 《선서選書》
* 《간생유집簡生遺集》
* 《서고천문첩서고천문帖》

광택왕부光澤王府[71]　　왕부는 형주荊州.

* 송나라 임경희林景熙 《임제산집林霽山集》 5권 - 가정 7년
* 송나라 유염劉炎 《이언邇言》 12권 - 가정 8년
* 금나라 이고李杲 《동원십서東垣十書》 - 가정 8년
* 송나라 《진후산시주陳后山詩注》 - 가정 10년
* 송나라 남궁정일南宮靖一 《소학사단小學史斷》 2권 - 가정 12년
* 원나라 양재楊載 《한림양중홍시翰林楊仲弘詩》 8권 - 가정 15년
* 《삼사시집三謝詩集》 8권
* 광택왕光澤王 《아음종지雅音從和》 1권 - 이상은 모두 광택왕 주총

---

[71]_ 요왕부가 있는 형주에 있기 때문에 따로 독립하지 않고 요왕부에 붙여서 쓴 것이라고 생각했으나 앞에 주왕부, 남릉왕부, 박평왕부는 모두 개봉이 왕부임에도 따로 되어 있어 광택왕부도 독립시켰다.

양朱寵瀷이 간행했다.

경왕부慶王府   왕부는 영하寧夏이다. 경정왕慶靖王 주전朱梻은
태조의 열여섯 번째 아들(혹은 15번째라고도 함)로 홍무 26년에 번지 영
하로 나갔으며 정통 3년에 졸했다.

* 경정왕慶靖王 주전《문장유선文章類選》40권 – 홍무 31년 간행하
  였으며 현존한다.
* 또 선덕《영하지寧夏志》2권
* 또《증광시고취속편增廣唐詩鼓吹續編》1권
* 금나라 원호문元好問《당시고취唐詩鼓吹》10권
* 안새왕安塞王 주질경朱秩炅《저재수필樗齋隨筆》20권 – 성화 9년
* 원나라 홀사혜忽思慧《음선정요飮膳正要》3권
* 송나라 이방李防 등《문원영화文苑英華》1천 권
* 《당시고금주唐詩古今注》
* 송나라 채정손蔡正孫《시림광기詩林廣記》
* 《여경원기麗景園記》
* 《도연명집》
* 송《모황운毛晃韻》
* 《양생잡찬養生雜纂》
* 한위漢魏 백양伯陽《주역참동계周易參同契》
* 《오진편悟眞篇》
* 《하성시집夏城詩集》과《영하지寧夏志》등 12종판, 모두 경부 내에
  있다. 홍치《영하지》에 보인다.
* 《경성왕칠대소계시慶成王七代小溪詩》

영왕부寧王府   왕부는 남창南昌이다. 영헌왕寧獻王 주권朱權은

태조의 열여섯 번째 아들(명사에서는 17번째 아들로 되어 있으나 《번헌기藩
獻記》 및 광지壙誌[72]에 의거하여 고쳤음)로 홍무 26년에 번지 대녕大寧으로
나갔으나 영락 원년에 남창을 다시 봉받았다. 정통 13년에 71세로
사망했다.

* 영헌왕寧獻王 주권 《태화정음보太和正音譜》 2권 – 명대 간행본은
  이름을 바꾸어 《북아北雅》
* 《무두집운務頭集韻》 4권
* 《경림아운瓊林雅韻》 1권
* 《한당비사漢唐秘史》 2권 – 건문 4년
* 《천운소통天運紹統》 1권 – 영락 4년
* 《수역신방壽域神方》 4권
* 《건곤생의乾坤生意》 4권
* 《구명색救命索》 1권 – 영락
* 《활인심법活人心法》 3권 – 중국 내에는 없어졌으나 한국에 가정
  각본이 있음[73]
* 《관경貫經》 – 선덕 판각, 이상은 모두 주권의 저서임
* 《천황지도태청옥책天皇至道太淸玉冊》 3권
* 송나라 조희곡趙希鵠 《동천청록洞天淸錄》 1권
* 《중편송갈장경백옥섬문집重編宋葛長庚白玉蟾文集》 – 정통 7년
* 호규胡奎 《두남선생시집斗南先生詩集》 6권 – 영락
* 《대역구현大易鉤玄》 – 선덕 10년

72_ 광지는 죽은 이의 행적이나 무덤이 있는 장소와 방향을 글로 새겨 무덤 앞에
    묻은 돌이나 도판 또는 거기에 새긴 글을 말한다.
73_ 명종 50년(1550)에 경주부에서 간행한 신간 목판본을 말한다. 이황 퇴계는
    이 책의 상권을 복사하여 《활인심방活人心方》이라는 제목의 책을 내었는데
    도인법의 그림을 좀 더 상세히 그려 사용하였다.

* 금나라 장원소張元素《소문병기기의보명집素問病機氣宜保命集》3권

* 《금단대요金丹大要》

* 영정왕寧靖王 주전배朱奠培《석공헌시평松石軒詩評》1권 – 성화 10년

* 주공요朱拱橬《천계성덕중흥송天啟聖德中興頌》– 가정 16년

* 또 《예장기백시고豫章既白詩稿》4권 – 가정 29년

* 또 주공요 편집《제증녹존題贈錄存》15권

* 주공통朱拱樋《서학당근고瑞鶴堂近稿》3권 – 가정

* 또 《광남선생시집匡南先生詩集》4권 – 가정 32년

* 《매화백영梅花百詠》3권 – 주신로朱濱澇 판각, 가정 32년

* 주공정朱拱挺《초운시집樵雲詩集》10권 – 가정 27년

* 주다소朱多炤 편《우아友雅》3권 – 융경 3년

* 주다소《오체집당五體集唐》

* 주다귀朱多熿《주종량집朱宗良集》8권 – 만력

* 주모위朱謀㙔《번헌기藩獻記》4권 – 만력

* 《변아駢雅》– 만력 17년

* 《현람玄覽》8권 – 만력 22년

* 《수경주전水經注箋》40권 – 만력 40년

* 《수고기邃古記》8권 – 만력

* 《주역상통周易象通》– 만력

* 《고문기자古文奇字》– 만력 판각

* 《이림異林》– 만력. 이상 8종은 모두 주모위의 저서

《태화정음보》등 3종은 모두 홍무 31년 판각,《한당비사漢唐秘史》
는 건문 각본이다. 이때에 주권은 아직 남창에 도착하지 않았
다. 또 영부寧府의 후세는 익양왕부 이외에도 모두 영부간본을

여기에 수록했다.

익양왕부弋陽王府　　왕부는 남창南昌이다.

* 주권 《사단史斷》 1권

* 《통감박론通鑑博論》 2권

* 《채지음采芝吟》 4권

* 《건곤생의》 4권

* 《수역신방》 4권

* 《활인심법》 3권

* 《천운소통天運紹統》 1권

* 《구명색》 1권 – 지금은 정통 용호산본龍虎山本이 있다.

* 《이역지》 1권

* 《구선주후신추》 2권

* 《구선문보》 8권

* 《시보詩譜》 1권

* 《구선서강시법臞仙西江詩法》 1권 – 가정 11년

* 《신은神隱》 2권

* 《태화정운太和正韻》

* 《태고유음太古遺音》 2권

* 《구선신기비보臞仙神奇秘譜》 3권 – 홍희 원년

* 《금완계몽琴阮啓蒙》 2권 – 일명 《금음주문琴音注文》

* 《대아시운大雅詩韻》 7권

* 《경림아운瓊林雅韻》 1권

* 구선臞仙 편찬 《운화현기運化玄機》 5권

* 《구선 속동천청록續洞天淸錄》 1권

* 구선 편찬 《선기회문시사璇璣回文詩詞》 3권

* 《원시비서原始秘書》 10권
* 《구선사략史略》 2권 – 청나라 전증성錢曾盛이 이 책에 관해 말했다.
* 《증기집增奇集》 – 모두 당대의 시문, 이상은 모두 주권이 편찬하고 익양왕부에서 간행했다.
* 《환성歡聲》
* 《호가浩歌》
* 한나라 동방삭東方朔 《영기경靈棋經》 2권
* 《십약신서十藥神書》
* 《북두과北斗課》
* 《용호경龍虎經》
* 《노경광老更狂》
* 《모시毛詩》
* 《보명집保命集》
* 《신서新序》
* 《춘추》
* 《이백시》
* 《당시唐詩》
* 고병高棅 《당시정성唐詩正聲》 23권
* 송나라 위경지魏慶之 《시인옥설詩人玉屑》 20권
* 호규胡奎 《호두남문집胡斗南文集》
* 호엄胡儼 《이암문집頤庵文集》 30권
* 호엄 《이암문선頤庵文選》
* 《대명중흥송大明中興頌》
* 《매화백영》
* 《문장구야文章歐冶》

* 《문장전제文章筌蹄》
* 《예제집요禮制集要》
* 《나선시평懶仙詩評》
* 《충계자독보대라천沖溪子獨步大羅天》 - 이상은 모두 경태 2년 후
  에서 만력 5년 전까지 판각된 것이다.
* 《영번서목寧藩書目》1권 - 주다혼朱多焜 간행, 가정 20년
* 익양 단혜왕端惠王 주공궤朱拱橀《동낙헌시집東樂軒詩集》6권 - 아
  들인 주다혼이 간행, 가정 30년
* 《나선죽림만록懶仙竹林漫錄》2책
* 《도정절집陶靖節集》 - 가정 29년

민왕부岷王府　　왕부는 무강武岡이다. 민장왕岷莊王 주편朱楩은
태조의 열여덟 번째 아들로 홍무 24년에 민주岷州에 봉해졌으며 인
종 즉위 후에는 무강으로 옮겨졌다.
* 민정왕 岷靖王 주언태朱彦汰《설봉시집雪峰詩集》8권 - 아들인 주
  예진朱譽榛이 편찬하고 간행, 가정 14년.

한왕부韓王府　　왕부는 평량平凉이다. 한헌왕韓憲王 주송朱松은
태조의 스무 번째 아들로 홍무 24년에 개원에 봉해졌으나 봉지에 가
기 전에 영락 22년에 평량으로 바뀌었다.
* 《성현도聖賢圖》
* 한소왕韓昭王《빙호유고冰壺遺稿》

심왕부沈王府　　왕부는 노주潞州이다. 심간왕沈簡王 주모朱模는
태조의 스물한 번째 아들로 영락 6년에 번지인 노주(지금의 장치長治)
로 나갔다.

* 심헌왕 주훈철朱勛澈《운선집雲仙集》 – 아들 주윤소朱胤榛가 판각,
  가정 18년
* 당나라 서견徐堅 등《초학기》 – 가정 23년
* 강린康麟《아음회편雅音會編》12권 – 가정 24년 면학서원 판각,
  지금 국가도서관에 있다. 만력 22년 중각.
* 송나라 장고張杲《의설醫說》10권 – 헌왕 주윤이朱胤杉 판각, 가정
  25년
* 《성적도聖跡圖》1권 – 주윤이 판각, 가정 27년
* 한나라 초연수焦延壽《초씨역림焦氏易林》2권 – 주염교朱恬焌 판
  각, 가정 40년, 송 순우본 번각에 의거했다.
* 심선왕沈宣王 주염교《녹균헌고綠筠軒稿》4권 – 만력 원년
* 주정요朱珵堯 편찬《심국면학서원집沈國勉學書院集》4종 12권 – 만
  력 19년, 숭정 원년, 면학서원《응재고凝齋稿》·《보화재고保和齋
  稿》·《녹균헌고》·《수업당고修業堂稿》는 주전삭 등이 지었다.
* 《오음금보五音琴譜》
* 《용호경주龍虎經注》
* 《음부경주陰符經注》
* 심정왕 주정요《수업당고》2권 – 세자 주효용朱效鏞이 간행
* 서종준徐宗濬《속위재역의허재續韋齋易義虛裁》8권 – 만력 42년 중
  각

당왕부唐王府   왕부는 남양南陽이다. 당정왕唐定王 주경朱桱은
태조의 스물두 번째 아들로 영락 6년에 번지 남양으로 갔으며 13년
에 사망했다.
* 원《직설통략直說通略》 – 성화 16년
* 원《장백안본문선張伯顏本文選》 – 성화 23년, 융경 5년 중각

* 당장왕唐莊王 주지지朱芝址《일재시一齋詩》 10권 – 아들 주미제朱
  彌鍗가 간행, 가정 2년
* 당성왕唐成王 주미제《옹천소고甕天小稿》 12권 – 가정 19년
* 심진沈津《충무록忠武錄》 – 가정 19년
* 송《동래여씨양한정화東萊呂氏兩漢精華》 28권 – 주미민朱彌鈱 충경
  당忠敬堂 판각, 가정 26년
* 뇌명춘雷鳴春《뇌씨백운루집雷氏白雲樓集》 3권 – 당번 주주정朱宙
  禎 판각, 융경 5년
* 당왕唐王 주미겸朱彌鉗《겸광당시집謙光堂詩集》 8권 – 가정 20년
* 당왕《신묘비방神妙秘方》

이왕부伊王府　　　왕부는 낙양이다. 이여왕伊厲王 주이朱㰘는 태
조의 스물다섯 번째 아들로 홍무 21년에 출생했다. 네 살 때에 책봉
을 받았으며 영락 6년에 번지인 낙양으로 갔다.
* 송나라 주희《사서집주》 26권 – 가정 27년
* 원나라 진치허陳致虛《주역참동계주해周易參同契注解》 3권 – 가정
  31년
* 《담자화서譚子化書》 – 이부伊府 판각
* 원나라 이도순李道純《청암선생중화집清庵先生中和集》

정강왕부靖江王府　　　왕부는 계림桂林, 정강왕 주수겸朱守謙은 태
조의 종손從孫으로 홍무 3년에 정강왕에 봉해졌고 다 자란 후에는 번
지인 계림으로 갔다. 25년 사망.
* 당《육선공주의陸宣公奏議》 – 주약린朱約麟 판각, 정덕 3년
* 《분류보주이태백집分類補注李太白集》 30권 – 가정 8년
* 《집천가주비점두공부시집集千家注批點杜工部詩集》 20권 – 주방저

朱邦苧 판각, 가정 8년

한왕부漢王府　　　왕부는 낙안주樂安州이다. 한왕 주고후朱高煦는 성조成祖의 둘째 아들로 영락 15년에 낙안주로 봉지를 옮겼다.
* 한왕 주고후《의고감흥시擬古感興詩》1권 – 주고후의 신료가 선덕 원년 전에 판각을 하였다.

조왕부趙王府　　　왕부는 창덕彰德이다. 조간왕趙簡王 주고수朱高燧는 성조의 셋째 아들로 영락 2년에 책봉되었고 선덕 원년에 번지인 창덕으로 갔다.
* 장천서張天瑞《운평집雲坪集》4권 – 조부趙府 미경당味經堂에서 판각, 가정 27년
* 설선薛瑄《경헌설선생문집敬軒薛先生文集》24권
* 설선《설문청공독서록薛文清公讀書錄 · 속록續錄》
* 송나라 주희《통감강목通鑒綱目》59권 – 이상 3종은 모두 가정 35년. 이중 원척암袁滌庵 구장서 60책은 만력 거경당居敬堂 판각
* 조강왕趙康王 주후욱朱厚煜《거경당집居敬堂集》10권 – 가정 44년
* 송나라 엄찬嚴粲《시집詩緝》36권 – 가정
* 유삼오劉三吾《서전회선書傳會選》6권 – 가정 판각
* 송나라 조형晁迥《법장쇄금록法藏碎金錄》10권 – 거경당 판각, 가정
* 최선崔銑《원사洹詞》12권 – 조부趙府 미경당 판각
* 사진謝榛《사명산인전집四溟山人全集》24권 – 조부 빙옥당冰玉堂 판각, 만력 24년과 32년.
* 서패徐珮《천지설당휘고天池雪堂彙稿》18권 – 만력 25년
* 진晉《왕필주주역王弼注周易》10권

* 《육자六子》
* 《좌전》
* 《두시선주》
* 《보주석문황제내경소문補注釋文黃帝內經素問》 12권, 《유편遺篇》 1
  권
* 《영추경靈樞經》 12권
* 《맥경脈經》 10권
* 《주역참동계周易參同契》 3권 – 미경당 판각
* 마경馬卿 《중승마선생집中丞馬先生集》 9권 – 조왕 보충 판각, 숭정
  9년

  정왕부鄭王府　　　왕부는 회경懷慶이다. 정정왕鄭靖王 주첨준朱瞻
埈은 인종의 둘째 아들로 영락 22년에 책봉되었고 선덕 4년에 번지
인 봉상鳳翔으로 갔다가 정통 8년에 회경으로 옮겼다.
* 하당何塘 《백재집柏齋集》 11권 – 정공왕鄭恭王 주후완朱厚烷 판각,
  가정 28년
* 세자 주재육朱載堉 《악률전서樂律全書》 12종 40권 – 17종 49권이
  라고도 한다. 만력 24년, 또는 만력 31년에 판각이 완성되었다
  고도 한다.
* 주재육 《도해고주비산경圖解古周髀算經》 1권 – 만력 38년
* 주재육 《가량산경嘉量算經》 3권, 《문답問答》 1권 – 만력 38년
* 송나라 진역陳暘 《악서樂書》 2백 권 – 정세자 간행
* 《정왕퇴사록鄭王退思錄》 4책

  양왕부襄王府　　　왕부는 양양襄陽이다. 양헌왕襄憲王 주첨선朱瞻
墡은 인종의 다섯 번째 아들로 영락 22년에 책봉되었고 선덕 4년에

번지인 장사로 갔다가 정통 원년에 양양으로 옮겼다.

* 《불설고왕관세음경佛說高王觀世音經》 – 양왕이 왕비 왕씨와 함께
  판각, 정덕 19년
* 풍가馮柯 편찬 《종번훈전宗藩訓典》 12권 – 만력 21년, 37년 중각
* 양번襄藩 조양왕棗陽王 《주중자시집朱仲子詩集》
* 조양 영숙왕榮肅王 주우사朱祐樞 《방성집方城集》

회왕부淮王府　　　왕부는 요주饒州이다. 회정왕淮靖王 주첨오朱瞻
墺는 인종의 일곱 번째 아들로 영락 22년에 책봉을 받았고 선덕 4년
에 번지인 소주韶州로 갔다가 정통 원년에 요주로 옮겼다. 11년에 사
망.

* 이백여李伯璵 《문한류선대성文翰類選大成》 163권 – 성화 8년, 홍치
  14년, 가정 25년 차례로 수정.
* 강왕康王 주기전朱祁銓 편 《경방집瓊芳集》 2권 – 성화 14년
* 《적벽부》
* 《증수시화총귀增修詩話總龜》 48권, 《후집後集》 50권 – 가정 23년

덕왕부德王府　　　왕부는 제남濟南이다. 덕장왕德莊王 주견린朱見
璘은 영종의 둘째 아들이다. 처음에 영왕에 봉해졌다가 천순 원년 3
월 같은 날에 덕德·수秀·숭崇·길吉 네 곳의 왕에 봉해졌다. 처음
엔 덕주였으나 제남으로 바뀌었다. 성화 3년에 번지로 갔다.

* 《약사본원공덕보권藥師本願功德寶卷》 – 가정 21년
* 《한서백문漢書白文》 1백 권 – 약 가정 연간
* 양나라 《소명태자문집昭明太子文集》
* 《순천가舜泉歌》
* 금나라 장종정張從正 《유문사친儒門事親》 15권

* 원나라 장양호張養浩《운장악부雲莊樂府》
* 《장문충張文忠(양호)가훈》
* 《장문충시집》
* 《소학》

숭왕부崇王府　　왕부는 여녕汝寧이다. 숭간왕崇簡王 주견택朱見
澤은 영종의 여섯째 아들로 천순 원년에 봉지를 받았고 성화 10년에
번지인 여안으로 갔다. 18년 사망.
* 당나라 오긍吳兢의《정관정요》– 성화 12년
* 유적劉績《춘추좌전유해春秋左傳類解》20권,《지보세계地譜世系》1
  권 – 가정 7년
* 송나라 포증包拯《효숙포공주의집孝肅包公奏議集》10권 – 가정 22
  년
* 《도덕경》

길왕부吉王府　　왕부는 장사長沙이다. 길간왕吉簡王 주견준朱見
浚은 영종의 일곱 번째 아들로 천순 원년에 2살의 나이로 책봉을 받
았고 성화 13년에 번지인 장사로 갔다.
* 송나라 주희《사서집주》– 정통, 성화 16년
* 《선성도先聖圖》
* 《상서》모두 주견준이 판각, 성화 13년
* 한漢나라 가의賈誼《신서新書》10권 – 정덕 10년
* 《이십가자서二十家子書》29권 – 길선왕吉宣王 주익란朱翊鑾이 간
  행, 만력 6년
* 송나라 주희《초사집주楚辭集注》8권 – 주익란이 간행. 만력 25년

휘왕부徽王府　　왕부는 균주鈞州이다. 휘장왕徽莊王 주견패朱見沛는 영종의 아홉 번째 아들로 성화 2년에 책봉을 받았다. 17년에 번지인 균주로 갔으며 정덕 원년 사망.

* 《회통관본금수만화곡전후속집會通館本錦繡萬花谷前後續集》120권
  – 가정 14년
* 장곤張鯤 《풍선현품風宣玄品》16권 – 가정 18년
* 이원명李原名 등 《예의정식禮儀定式》1권 – 휘번 운창도인芸窻道人 다시 간행, 가정 24년
* 송나라 완열阮閱 《시화총구詩話總龜》 – 월창도인月窻道人 간행, 가정 24년
* 장록張祿 편집 《사림적염詞林摘艷》 – 월헌도인月軒道人 중간, 가정 30년
* 《원기화법圓機話法》50권 – 유서類書
* 《칠자七子》7권
* 《군공수간群公手簡》
* 《이물휘원異物彙苑》
* 《현기경玄棋經》
* 《보선권寶善卷》 – 모두 휘부 판각
* 휘왕徽王 《이비음집邐卑吟集》1권

흥왕부興王府　　왕부는 안륙주安陸州이다. 예종睿宗 흥헌황제興獻皇帝 주우항朱祐杬은 헌종의 넷째 아들로 성화 23년에 흥왕에 봉해졌으며 홍치 4년에 덕안에 관저를 건설하였는데 이미 안륙으로 바뀌었다. 홍치 7년에 번지로 갔으며 정덕 14년에 사망했다. 아들이 세종이다.

* 주문심周文寀 《의방선요醫方選要》10권 – 정덕 14년 전 간행

익왕부益王府　　왕부는 건창建昌이다. 익단왕益端王 주우빈朱祐檳은 헌종의 여섯 번째 아들(출토된 익단왕 광지에 의하면 헌종의 넷째 아들임)로 홍치 8년에 번지 건창으로 갔고 가정 18년에 사망했다.

* 송나라 이도중李燾重 편《설문해자오음운보說文解字五音韻譜》12 권 – 홍치
* 장구소張九韶《이학류편理學類編》8권 – 가정 21년
* 단왕 주우빈《중편광운重編廣韻》5권 – 가정 28년
* 장왕莊王 주후엽朱厚燁 전서篆書《효경孝經》1권, 부록《충경忠經》 1권 – 가정 34년
* 장왕 주후엽《물재집勿齋集》
* 《사서집주》 – 가정 42년
* 양나라 고야왕顧野王《대광익회옥편大廣益會玉篇》34권 – 만력 원년
* 《중각고선군신도감重刻古先君臣圖鑒》 – 만력 12년
* 선왕宣王 주익인朱翊鈏 편집 겸 비점批點《성명십이가시선盛明十二家詩選》12권 – 만력 원년
* 경왕敬王 주상천朱常遷《동관격음東館擊音》12권 – 만력
* 주상천 편집《종고수계일선천회혁통현보從姑修禊一線天會弈通玄譜》
* 송나라 진경陳敬의《향보香譜》4권 – 숭정 13년
* 《다보茶譜》21종 12권 – 숭정 13년
* 원나라 사응방謝應芳의《변혹편辨惑篇》5권
* 고량顧亮의《변혹속편辨惑續篇》 – 이 두 종은 모두 익번 세손인 주익인이 활자로 간행, 만력 2년

형왕부衡王府　　왕부는 청주青州다. 형공왕衡恭王 주우휘朱祐楎

는 헌종의 일곱 번째 아들로 홍치 12년에 번지안 청주로 갔고 가정 17년에 사망했다.

* 형왕 주우휘 편《전자편어수검篆字便於搜檢》4권 – 홍치
* 《오경백문五經白文》23권 – 가정 19년
* 《홍무정운洪武正韻》– 가정 27년, 융경 원년, 만력 12년
* 장시철張時徹의《섭생중묘방攝生衆妙方》11권을 재간 – 융경 3년
* 장시철의《급구양방急救良方》2권 – 가정 29년, 융경 3년 다시 간행
* 《사서집주》19권 – 융경 4년
* 원질袁袠《서태선생집胥臺先生集》12권 – 만력 12년
* 《편해직음篇海直音》

신악왕부新樂王府　　왕부는 청주青州이다.
* 신악왕 주재새朱載璽 편집《기합수양집綺合繡揚集》– 가정 36년 후
* 고당왕高唐王 주후영朱厚煐《금보琴譜·슬보瑟譜》1권 – 조카인 주재새가 간행, 가정 40년
* 신악왕《□□아창驢巌[74]雅唱》1권

여왕부汝王府　　왕부는 위휘衛輝이다.　여안왕汝安王 주우팽朱祐樗은 헌종의 열한 번째 아들로 홍치 14년에 위휘로 갔다. 가정 20년에 사망했다.
* 《진한문秦漢文》– 가정 20년 전
* 《관음구고경觀音救苦經》– 여안왕비 이씨가 판각, 융경 2년

74_ 독음을 알 수 없다.

영왕부榮王府　　왕부는 상덕常德이다. 영장왕榮莊王 주우추朱祐樞는 헌종의 열세 번째 아들로 정덕正德 3년에 상덕으로 갔다.

* 《영기경靈棋經》 – 정덕 15년
* 《사서집주》 19권 – 만력 13년

노왕부潞王府　　왕부는 위휘衛輝이다. 노간왕潞簡王 주익류朱翊鏐는 목종의 넷째 아들로 네 살 때 노왕에 봉해졌으며 만력 17년에 위휘로 갔다.

* 노왕 주상방朱常淓 《고금종번의행고古今宗藩懿行考》 10권 – 숭정 8년
* 또 《만휘선기기보萬彙仙機棋譜》 10권 – 숭정
* 또 《술고서법찬述古書法纂》 10권 – 숭정 9년
* 또 《고음정종古音正宗》 – 숭정 7년, 이상은 모두 주상방의 저서다.
* 《금보琴譜》
* 곽심郭諶 《초운변체草韻辨體》, 부록 《초결백운가草訣百韻歌》 – 숭정 7년

복왕부福王府　　왕부는 낙양洛陽이다. 복공왕福恭王 주상순朱常洵은 신종의 셋째아들로 서자이다. 만력 29년에 복왕에 봉해졌고 42년에 처음으로 번으로 갔으며 숭정 13년에 피살되었다.

* 《불설금륜불정대위덕치성광여래다라니경佛說金輪佛頂大威德熾盛光如來陀羅尼經》 – 만력 38년, 수도에서 판각한 것으로 의심된다.

포왕부蒲王府
* 포왕蒲王 《쌍천시집雙泉詩集》 3권

진왕부津王府

《자치통감》

4. 서원본書院本

서원의 도서간행은 송 · 원 · 명대 서원에서 시작되었고 통계에 의하면 가정 연간에 약 700여 곳으로 가장 많았으며 도서 간행 역시 이때가 가장 많다. 무석의 숭정서원崇正書院에서는 《사류부事類賦》를, 구오서원勾吳書院에서는 《왕준암가거집王遵岩家居集》을 간행했다. 또 영풍永豐의 운구서원雲丘書院에서는 《쌍강섭선생문집雙江聶先生文集》을, 회옥서원懷玉書院에서는 왕수인王守仁의 《주자만년정고朱子晚年定稿》를 간행했다. 광동의 숭정서원崇正書院에서는 《사서집주》·《한서》·《통전通典》을 간행했다. 섬서의 정학서원正學書院에서는 《국어》·《손산보독학시집孫山甫督學詩集》을 간행했다. 대량서원大梁書院에서는 《우숙민공집于肅愍公集》을, 의양서원義陽書院에서는 하경명何景明의 《대복집大復集》을, 정심서원正心書院에서는 송나라 호굉胡宏의 《호자지언胡子知言》을 간행했다. 우양서원羽陽書院에서는 《왕우승집王右丞集》을, 구봉서원九峰書院에서는 원씨[75]의 《중주집中州集》을 간행했다. 또 한동漢東서원에서는 《제유강의諸儒講義》를, 태화太華서원에서는 《위자사시집韋刺史詩集》을, 서정서원西亭書院에서는 《이석첩집李石疊集》을 간행했다.

비교적 이른 시기에 있던 자양서원紫陽書院에서는 《영규율수瀛奎律髓》(성화 3년)를, 양주의 정의서원正誼書院에서는 《철애문집鐵崖文集》(홍치 14년)을, 백록서원에서는 《사기집해》(정덕 10년)를 간행했다.

---

[75] 금나라 원호문을 말한다.

조금 늦은 시기에 있던 오천서원五泉書院에서는 서일명徐一鳴의 《녹한집淥汗集》(융경 3년)을 간행했다. 만력 시기의 적산서원籍山書院에서는 《중간경사증류대전본초重刊經史證類大全本草》를, 신안의 유당서원柳塘書院에서는 《정책회요程策會要》 간행했다. 연천練川의 명덕서원明德書院에서는 《운학집성韻學集成》을, 영산서원瀛山書院에서는 《금속재선생문집金粟齋先生文集》을 간행했다. 기타 동림東林서원·관중關中서원·용천龍川서원·영명永明서원·동강桐岡서원·동문同文서원·문정文靖서원·별봉鱉峰서원 등도 각각 각본이 있다. 복주의 오경五經서원에서는 《십삼경주소》·《통전》·《통지》·《동서한서東西漢書》 등 중요한 경전과 사서 및 《황명진사등과고皇明進士登科考》를 간행했다.

5. 환관의 도서 간행

명대 정치 폐단의 하나는 바로 환관[76]의 전권이다. 북경에 거주하던 태감太監[77]은 관직의 고하를 막론하고 수만 명에 이르렀으며 24개의 아문을 설치하여 각종 사무를 관리했다. 영락 이후에는 또 태감

76_ 환관은 고대 중국에서 전문적으로 황제와 군왕 및 그 가족들을 돌보던 남자 관원이다. 선진先秦과 서한西漢 시기에는 거세를 하지 않았다. 동한부터 성기능을 거세하기 시작했다. 이들을 또 태감太監·시인寺人·엄인閹人·환자宦者·중관中官·내관內官·내시內侍·내감內監 등으로도 부른다. 환관의 전권은 중국 역사에서 많은 비극을 초래했다. 그중에서도 동한·당나라와 명나라 때가 최고였다. 진나라의 조고趙高, 동한의 후람侯覽과 장양張讓, 당나라의 구사량仇士良과 전령자田令孜, 명나라의 왕진王振·왕직汪直·유근劉瑾·위충현魏忠賢, 청나라 말기의 이연영李蓮英과 추걸鄒傑은 모두 역사적으로 오명을 남긴 환관들이다.

77_ 환관의 별칭으로 성능력을 거세당한 중성인을 말한다. 원서에서는 환관과 태감을 별 구별 없이 사용하였다. 이 책에서도 모두 같은 뜻으로 사용한다.

들에게 명해 지방에 주둔하며 지키도록 하니 그 권력은 현지의 지방 관인 도都·포布·안按 삼사를 능가하였다. 그들이 외성에 나갈 때 는 반드시 거액을 써서 권세를 가진 간신들에게 뇌물을 주었다. 예 를 들면 "광동은 반드시 15만, 절강은 10만, 복건은 8~9만 은전이 필 요하다"고 했다.[93] 그들은 거액을 주고 수입이 좋은 관직을 샀으므 로 임지에 도착한 후에는 당연히 백성들에게 칼을 들이대 수배의 이 익을 취하였다. 후에는 여러 황제들이 또 누차에 걸쳐 내관을 파견 해 향료·약재와 서적을 구입하도록 했다. 성화 19년 계묘癸卯년에 태감 왕경王敬이 "약재와 서적을 구입하러 강남에 가니 관리들은 영 합하려고 동정을 살피고 멋대로 재화를 취해도 감히 저지하는 자가 없었다"[94]고 할 지경이었다. 만력 때에는 또 환관을 사방으로 보내 광산을 개척하라고 명하여 전국이 소란스러웠다. 이런 탐욕스런 환 관들은 가족에 묶여 있지 않고, 돈이 있어도 쓸 곳이 없기 때문에 북 경의 서산西山 일대에 대대적인 토목공사를 일으키고 800여 곳에 달 하는 크고 작은 사원을 창건하여 내생의 복을 구했다. 또 다른 환관 들은 내서방內書房에서 책 좀 읽었다고 문화적 교양이 부족하면서도 겉치레를 하기 위해 문인과 친분을 맺고 문화 활동에 참여하기 위해 서, 혹은 재앙을 없애고 복을 기원하기 위해 스스로 불경이나 도경 을 판각했다.

주지하는 바와 같이 명대에는 중앙에서 도서 간행을 했으며 사례 감司禮監 태감이 주재하였고 이를 '경창본經廠本'이라고 한다. 태감들 자신이 돈을 출자하여 도서간행을 하거나 자신의 저서를 인쇄 간행 한 것은 역사적으로 보기 드문 일로 그동안 학자들이 주의를 하지 않았던 점이다.

성화 21년에 증민曾敏이란 상선태감尚膳太監이 있었는데 자는 인재

寅齋다. 그는 "충성스럽고 신중하며 학문이 넓었으며 특히 경전과 사서를 좋아하여 정무가 끝난 여가에는 손에서 책이 떨어질 줄 몰랐다"고 한다. 그는 《제갈공명심서諸葛孔明心書》를 읽고 "깊이 얻은 바가 있어 수 차례 판각 간행하여 이를 전했다."[95] 후에 절강 경원慶元에서 교유教諭를 역임한 한습방韓襲芳은 동활자를 이용해 이를 번각했다. 뇌태감賴太監은 《직설소서直說素書》와 《병법심요兵法心要》[96]를 판각했다. 태감들은 병서를 번각하기를 좋아했는데 이는 아주 신기한 일이다. 성화 7년에 태감 가안賈安과 방무房懋는 융복사隆福寺에서 예를 드리고 돈을 기부하여 《개병오음류취사성편改並五音類聚四聲篇》을 판각했다. 정덕 10년, 사례태감 장웅張雄이 또 시주하여 간행했다. 성화 16년 태감 전씨錢氏는 송나라 심추沈樞의 《통감총류通鑑總類》 20권을 중간했다. 천일각에 소장본이 있다. 만력 23년에 태감 손륭孫隆은 소주로 서적을 구입하러 갔다가 소주에서 이 도서를 간행했다. 손륭은 그림을 잘 그렸는데 일찍이 소항직조蘇杭織造를 역임하였으며 청근당묵清謹堂墨을 제조했다. 명나라 유약우劉若愚의 《작중지酌中志》 권16에 "소항직조 대감 한 명이 있는데 성지나 관방關防[78]을 갖고 있어, 그 차례는 병필秉筆로 볼 수 있으며, 안일하고 부유하게 보냈다. 만력 연간에 오로지 손륭 태감이 먼저 동년을 감독하게 되었다. … 학문이 높고 그림을 잘 그렸으며 일찍이 《통감총류》와 《중감록中鑒錄》 등을 판각했다. 그가 제조한 청근당묵은 모양이 정교하여 방어로方於魯·정군방程君房의 먹과 같았고 재료도 아주 정련되고 뛰어났다. 신묘神妙를 제일 중히 여겼지만 지금은 얻기 어렵다. 손륭은 소항蘇杭에 오래 있었고 틈이 나면 서호의 소제蘇堤[79]를 중수

78_ 옛날, 정부 기관이나 군대에서 사용하던 인장印章으로 대부분 직사각형이다.

79_ 송나라 희녕 10년(1077) 8월 21일에 홍수가 서주성을 휩쓸었다. 이에 소식蘇軾은 급히 5천여 명을 동원하여 성의 기단과 성벽을 높이 쌓았다. 또한 서주

하였다. 침착하고 학문이 깊었으며 일을 행함에 있어서도 백성을 괴롭히지 않았으니 동남의 민심을 많이 얻었으며 지금까지도 그를 그리워함이 멈추지 않고 있다"는 내용이 있다. 내궁감좌소감內宮監左少監 가성賈性은 성화 초년에 일찍이 내서관에서 글을 읽었으며 후에 사례에서 기밀을 출납했고 학문이 고상하였다. 그는《군서집사연해群書集事淵海》47권을 구입하고는 그것을 애지중지했다. 그런데 교정이 잘못되었기 때문에 새롭게 간행했다. 홍치 18년에 그의 스승 유건劉健과 황제를 보좌하던 이동양李東陽·사천謝遷 세 사람의 제발문이 있다. 이 유서類書는 이름을 밝히지 않은 명대 초 사람들이 편집한 것으로 명나라 사우당四友堂 발행본이 있다. 이를 '중수내부원판重修內府原板'이라고 하며 남색 도장이 찍혀 있다. 책 제목 페이지에 《군서유함群書類函》이라 되어 있으며 위에 가로로 '집사연해集事淵海' 넉 자가 쓰여 있다. 정덕 4년 요廖씨 성을 가진 환관이 중주中州를 진무할 때 영락본《수진방袖珍方》을 번각했다. 가정 45년 태감 춘산春山은《옹희악부雍熙樂府》를 번각했다.

보타산普陀山[80]은 바다 속에 있는 불교성지의 하나로 만력 35년에 문안文安 사람 어용감 태감인 장수張隨가 주응빈周應賓의《보타산지普陀山志》6권을 간행했다.

군민들을 조직하여 긴 제방을 건축했는데 그 길이는 984장丈이었다. 그래서 아무리 비가 와도 끄덕없게 되었다. 서주사람들은 소식에게 감사하는 마음으로 이를 '소제'라 하였고 지금까지 있다.

80_ 보타산은 산서성의 오대산五臺山·사천성의 아미산峨眉山·안휘성의 구화산九華山과 함께 중국불교 4대 명산으로 꼽히며 관세음보살이 대중을 교화한 도량이라고 한다. 보타산은 주산군도舟山群島(절강성 동북부 해역) 1390개의 섬가운데 하나인 작은 섬에 있으며 그 모양이 용이 바다에 누워있는 형태다. '해천불국海天佛國'·'남해성경南海聖境'이라고도 불린다. 보타산은 신성하고 신비한 곳으로 많은 참배객이 오는데 본문에서 바닷속에 있는 불교성지라고 한 것은 보타산이 섬에 있기 때문이다.

무당산武當山[81]은 태화산太和山이라고도 하며 용호산동龍虎山同과 함께 도교 성지다. 성조가 '정강의 난' 때 스스로 진무대제眞武大帝의 암중 보호를 받았다고 말하며 신의 비호에 보답하기 위하여 군사 25만 명을 동원해 무당산에 8궁八宮 2관二觀을 건립했다. 청동을 녹여 전각을 만들고 금으로 진무상을 칠하고 내신사를 보내서 참배를 드렸다. 가정 2년에 태감 반진潘眞·조영趙榮이 《태악태화산지泰岳太和山志》 15권을 중각했다. 어용감 태감 이지혜李志惠는 안륙현安陸縣 사람인데 만력 24년 병신년에 《현천상제백자성호玄天上帝百字聖號》·《무당산현천상제수훈武當山玄天上帝垂訓》·《원시천존설북방진무묘경元始天尊說北方眞武妙經》 5,048권을 인쇄했다.[97] 만력 32년에 도교를 신봉하는 독실한 신자인 어마감御馬監 태감 유주劉住는 《삼관경三官經》 1장藏을 인쇄 간행했는데 모두 5,048권이었다.

만력 연간에 태감들은 또 비용을 출자하여 《혼원교홍양중화보권混元教弘陽中華寶卷》 1권과 《혼원문원돈교홍양법混元門元沌教弘陽法》 2권을 간행했다. 혼원교混元教는 후에 백련교白蓮教[98]가 되었다. 이 두 종류의 경권은 비밀 홍보물이었다. 명대는 황궁 안의 보통 태감들은 물론이고 외지 번왕부의 태감들도 도서간행을 했다. 예를 들면 영하에 거주한 경번慶藩 안새왕安塞王 주질경朱秩炅의 유작 《저재수필樗齋隨筆》 20권이 사후 그의 내시였던 이경李璟과 노

81_ 무당산은 도교의 주류인 전진파全眞派의 성지로 호북성 서북부의 십언시十堰市에 있다. 또 다른 이름으로는 태화산·사라산謝羅山·선실산仙室山 등으로 불린다. 고대에는 '태악太嶽'·'현악玄嶽' 등으로도 불렀다. 무당산은 세계문화유산의 하나로 중국 국가중점풍경지역이다. 무당도교는 봉건황제들의 추앙을 받았는데 특히 명나라 때가 가장 성했다. 영락제는 "북에는 고궁이 있고 남에는 무당이 있다"고 할 정도였다. 원말명초에는 도사 장삼풍張三豐이 집대성한 무당무술이 중국무술의 커다란 유파가 되기도 했다.

명魯明에 의해 간행된 바 있다(성화 9년).[99] 건청궁乾淸宮 근시近侍 사례감 태감 순의順義 사람 이우李佑(괴정槐亭)는 설선薛瑄·왕양명·채허재蔡虛齋·왕석산王錫山 등의 어록을 집록하여 《군현요어群賢要語》라는 제목으로 두 권을 만력 5년에 스스로 간행했다. 또한 내감 김충金忠이 봉양鳳陽으로 진무를 나가 《어세인풍御世仁風》 4권을 편찬하여 만력 48년에 간행했다. 이처럼 스스로 편집하고 간행한 일은 지극히 드문 일이다. 이 밖에 환관들의 저서로 고증할 수 있는 것으로는 진구陳矩의 《황화기실皇華紀實》, 공련龔輦의 《충허집沖虛集》이 있다. 가정 연간에 사례감독서司禮監讀書에 선발된 통주通州 사람 어마감御馬監 우승右丞 왕고王翶의 《금체공음禁砌蛩吟》이 있다. 융경 초에 반독동궁伴讀東宮[82]에 선발된 만력 연간의 제독提督 안의 충용영忠勇營에 시를 잘 짓고 그림을 잘 그리는 패주霸州 사람 장유張維의 《창설재고蒼雪齋稿》가 있다. 그들의 문집은 아마도 스스로 간행하였을 것이다.

6. 호주의 투인套印

중국은 원나라 때 비록 주색朱色과 흑색 투인의 불경을 발명하긴 했지만 그러나 이를 계승한 사람이 없었다. 명말에 이르러서야 호주湖州 지역의 민씨閔氏와 능씨凌氏 두 집안에서 비로소 이런 종류의 인쇄기술을 크게 발전시켜 두 가지 색에서 3색과 4색, 심지어는 5색으로까지 발전하였으니 색채 인쇄사상 커다란 진보라고 할 수 있다. 진계유陳繼儒는 《사기초史記抄》서에서 "풍도馮道와 무소예毋昭裔가 재상을 한 후로 한번 변하여 목판 인쇄가 되었다. 포의 필승畢

82_ 동궁과 함께 공부하는 직분이다.

昇이 다시 바꾸어 활판인쇄가 되었다. 민씨가 세 번째 바꾸어 주평朱評[83]을 사용하니 책은 나날이 풍부해지고 나날이 정교해졌다. 오흥에서 주평서가 출시되자 빈부 고하를 막론하고 침을 흘리며 그것을 구하였다. 그러나 1~2권 혹은 수권에 불과했다. 《사기》같은 것은 권질이 이미 너무 무겁고 평가는 더욱 믿을 만했다"고 기록했다.[100]

호주 투인은 만력 9년(1581)경에 능영초凌瀛初의 《세설신어世說新語》[그림 49]에서 시작되었고 그 다음 해 능여형凌汝亨이 《관자管子》를, 17년에는 능씨[84]가 《여씨춘추》를 인쇄했다. 일설에는 44년(1616)에 민제급閔齊伋의 《춘추좌전》에서 시작되었다고도 한다. 두 사람의 인본은 모두 만력·천계·숭정 연간의 생산품이다. 명나라 호응린은 "근래에는 호주 각본과 흡주歙州 각본이 아주 정교하다"고 했다. 또 "인쇄에는 주색도 있고, 검은색도 있고, 푸른색도 있다. 쌍인雙印(2색 인쇄)도 있고 단색 인쇄도 있다. 쌍인은 붉은색과 같이하며 반드시 귀중히 사용한다"고도 했다. 호주 판각이 갑자기 좋아졌다고 하는 것은 당연히 쌍인을 뜻하며 바로 투인을 말하는 것이다.

청나라 유월俞樾은 민제급이 주朱·묵본墨本의 창시자라고 하였다. 민제급은 오정현烏程縣의 수재로 그의 형 민몽득閔夢得은 숭정 연간의 재상으로 집안이 부유했다. 민제급은 노자·장자·열삼자列三子와 도연명·위응물·왕유·맹호연·한유·유종원 등의 시집 및 《초사楚辭》를 판각했다. 민소명閔昭明은 《주비무경칠서朱批武經七書》를 판각했고 민진성閔振聲은 《주정서상硃訂西廂》을 간행했다. 민

83_ 붉은색으로 쓴 평어와 주해를 단 것을 말한다.
84_ 어느 능씨인지 확실히 알 수 없지만 바로 앞에 거론한 능여형이 아닌가 싶다.

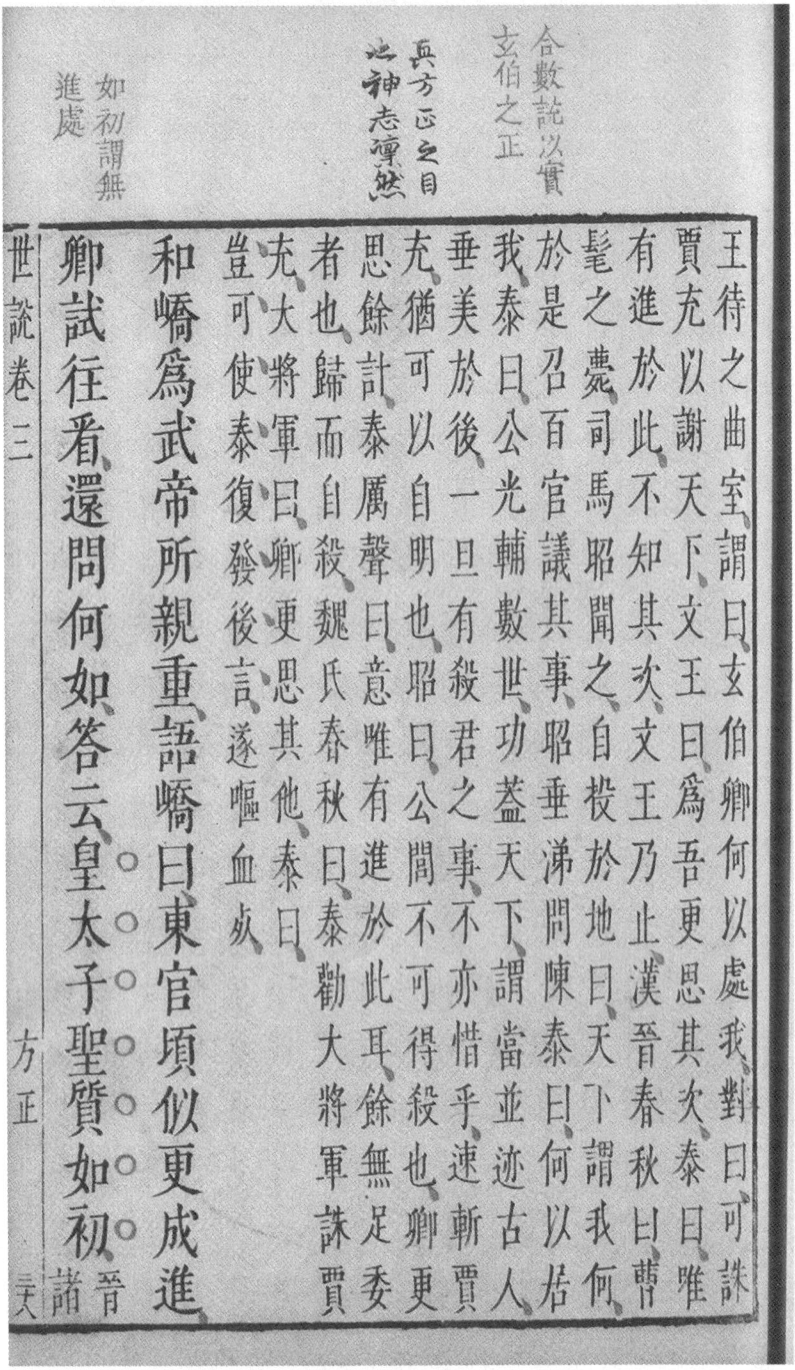

合數說必實
玄伯之正

兵方正之目
此神志凛然

如初謂無
進處

世說卷三

卿試往看還問何如答云皇太子聖質如初諸

和嶠為武帝所親重語嶠曰東官頃似更成進

豈可使泰復發後言遂嘔血死

充大將軍曰卿更思其他秦曰他日勤大將軍

者也歸而自殺魏氏春秋曰秦勸大將軍誅賈

思猶可計秦屬聲曰唯有進於此耳餘無足委

充餘可以自明也昭曰公閭不可得殺卿更

垂美於後一旦有殺君之事不亦惜乎速斬賈

我秦曰公光輔數世功蓋天下謂當並迹古人

於是召百官議其事昭問陳秦曰何以居

髦之燕司馬昭聞之自殺於地曰天下謂我何

有進於此不知其次文王乃止漢晉春秋曰

賈充以謝天下文王曰為吾更思其次秦曰唯

王待之曲室謂曰玄伯卿何以處我對曰可誅

方正

三大

晉

[그림 49] 《세설신어》, 만력 9년 능영초가 4색 투인본으로 간행했다.

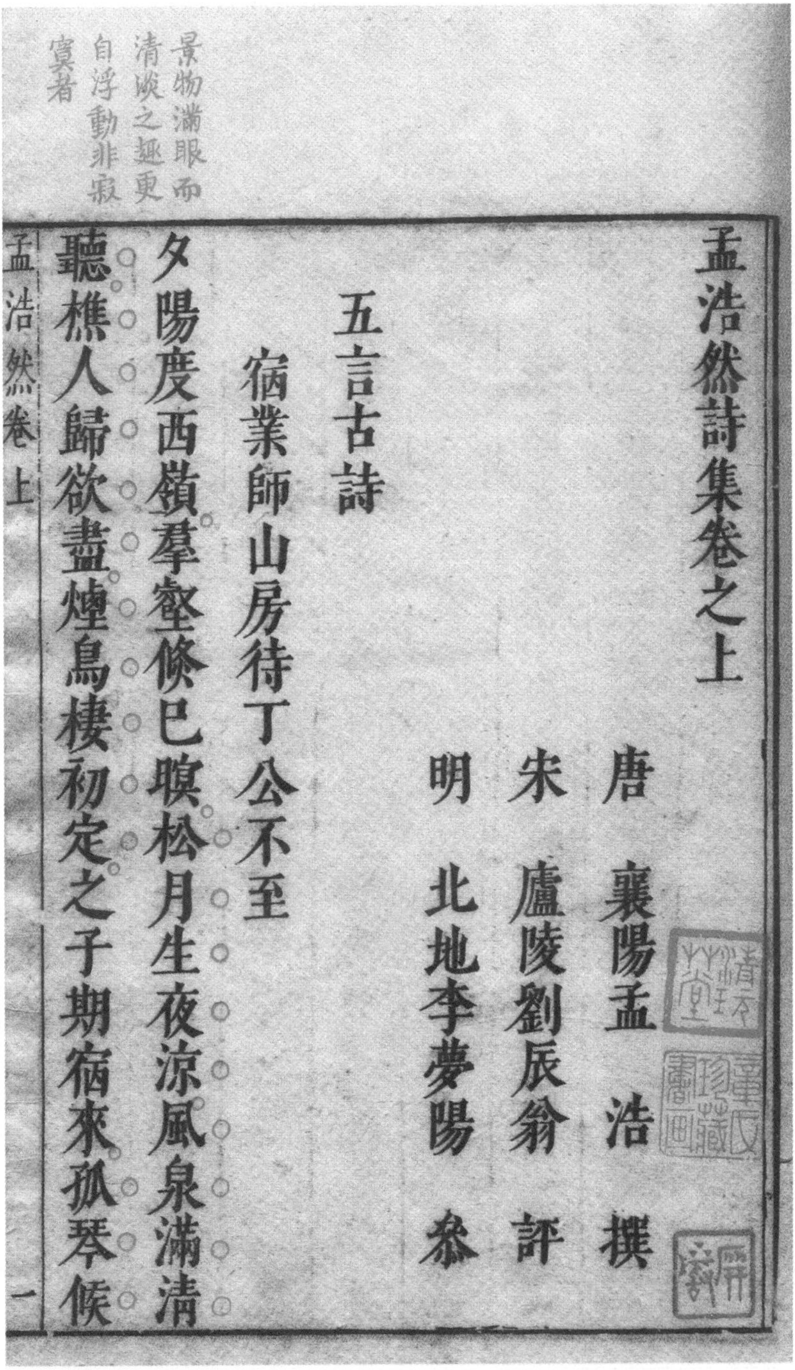

孟浩然詩集卷之上

唐　襄陽孟　浩然　撰

明　北地李夢陽　參

朱　廬陵劉辰翁　評

五言古詩

宿業師山房待丁公不至

夕陽度西嶺　羣壑倏已暝　松月生夜涼　風泉滿清聽

樵人歸欲盡　煙鳥棲初定　之子期宿來　孤琴候

景物滿眼而
清談之趣更
自浮動非寂
寞者

孟浩然卷上

一

[그림 50] 《맹호연시집》, 만력 연간에 능영초가 투인본으로 간행했다. 중국 인민대학 도서관 소장

목판인쇄의 발전　757

진업閔振業은 《사기초》를, 민광유閔光瑜는 《한단몽邯鄲夢》을, 민우침閔于忱은 《손자참동孫子參同》을, 민영벽閔映璧은 《화간집》·《초당시여草堂詩餘》를 간행했다. 민무파閔無頗·민일식閔一拭·민원구閔元衢·민승초閔繩初 역시 각각 각본이 있다. 여러 민씨 일가들은 모두 형제 조카들이다.

능씨 일가로는 능영초와 능몽초凌濛初(적지자迪知子)가 있다. 능몽초는 《맹호연시집》[그림 50]·《왕마힐85시집》을 판각했다. 능현주凌玄洲는 《홍불기紅拂記》를, 능징초凌澄初는 《안자춘추》를, 능연희凌延喜는 《비파기》를, 능성덕凌性德은 《우초지虞初志》를 간행했다. 능두약凌杜若은 《주례》·《시경》을, 능유남凌毓楠은 《당락선생집唐駱先生集》·《초사》를 간행했다. 능계강凌啟康은 《소장공소품蘇長公小品》을, 능홍헌凌弘憲은 불경을 간행했다. 기타 능군실凌君實·능현초凌玄初·능계동凌啟東·능성덕凌性德 역시 각각 각본이 있다. 여러 능씨도 같은 일가 친척이다.

두 집안에서는 주색·흑색 두 색 이외에도 여러 색을 사용했다. 민제급은 《삼경평주三經評注》·《소노천비점맹자蘇老泉批點孟子》를, 민진업은 《당시귀唐詩歸》·《고시귀古詩歸》를, 민진성은 《병원사편兵垣四編》·《두공부 칠언율시》를, 능군실은 《남화경주南華經注》를 간행했는데 모두 3색이다. 민승초는 《문심조룡》을 남·황·주·흑 4색으로 인쇄했다. 민제급도 《국어》(만력 47년)를 4색으로 간행했다. 능영초는 《세설신어》를 본문만 흑색으로 하고 표점은 붉은 점에 남점도 함께 사용했는데 남필藍筆은 유진옹劉辰翁이, 주필朱筆은 왕세정王世貞이, 황필黃筆은 유응등劉應登이 썼으며 역시 4색이다. 또 민제급은 《남화경》을 5색까지 인쇄했다고 한다. 각종의 선명한 채색은 새하

85_ 마힐摩詰은 왕유의 자字이다.

얀 연사지連四紙에 인쇄하니 보기에도 좋고 정감이 가서 독자의 애호를 받았다. 평주 및 각종 표점 부호가 적합하게 있는 작품과 지도는 일목요연하게 볼 수 있었다. 난欄 위에 비평을 기록하거나 행간에 권점 표시를 할 때, 사의詞義가 분명하고 단락이 분명하여 초학자들이 소리내어 읽기에 아주 편리했다. 행과 글자 사이도 분명하여 투인하기에도 편하였고 광곽 내에 직선이 없고 광곽 안에는 8행이나 9행이 많으며 매 행은 18자 혹은 19자다. 이런 종류의 인본은 특히 3, 4색으로 한권의 책을 만드는 비용이 많이 들고 또 시간도 많이 걸리며 게다가 일정한 인쇄기술이 필요하였으므로 좋은 것이 거의 나오지는 못했다.

민씨와 능씨 두 집안에서 간행한 투인서를 계산해보면 전체 144종으로 대다수가 주색과 흑색 두 색이고 3색은 13종, 4색은 4종, 5색은 1종이 있다.[101] 집부集部가 69종으로 가장 많고 유명 희곡 시문집도 적지 않다. 자부子部는 43종으로 선진제자先秦諸子들의 저서가 있다. 사부史部는 7종으로 가장 적으며 어떤 책은 서명 위에 '주비朱批', '주정硃訂'이라는 글자를 써서 보통의 흑인본과 구별됨을 보여주고 있다. 명나라 사조제는 "민씨의 책이 능씨보다 우월하다. 오흥 능씨의 여러 각본은 이익만을 취하고자 급히 만들어 남에게 편집을 부탁하면서도 쩨쩨하게 아껴 그 사이의 문자가 잘못된 것이 아주 많으니 어찌 그렇지 않을 수 있겠는가?"[102]라고 했다. 그러나 사실은 두 집안에서 인쇄한 도서 모두 아름다워서 좋고 나쁘고를 구분하기가 매우 어렵다. 청나라 손경증孫慶增은 "민씨의 투인판 역시 보통이다"고 했다. 아마도 여기서 보통이라고 말하는 것은 자주 보는 서적으로 특별히 귀한 비본은 없다는 뜻인 것 같다. 투판 자체의 질에 있어서는 당연히 보통의 일반 흑색인본보다는 좋았다.

같은 지역의 모씨茅氏 투인 《주비무비전서硃批武備全書》·《황명장략皇明將略》(모두 천계 원년)이 있다. 금릉과 소주 서방에서도 어쩌다가 투인본을 발행했다. 금릉의 일관재一貫齋는 주朱·묵본墨本《삼원선택단서三元選擇丹書》를 투인했고, 종문당種文堂은《소장공밀어蘇長公密語》를 투인했다. 오군吳都의 주명기周鳴岐의 계신재啟新齋에서는 《역경주의강목易經主意綱目》(천계)을 3색 투인했다.

7. 남경의 채색 인쇄

명 만력 이후에 통속 문예소설과 희곡의 유행에 따라서 휘파徽派 판화의 기술 역시 이미 최고봉에 도달했다. 그러나 백지에 검은 그림에 불과해 여전히 단조로움을 피할 수 없었으므로 사람들은 그림 위에 색깔을 인쇄할 방법을 생각해내었다. 안휘성 흡현의 정씨程氏[86] 자란당滋蘭堂에서 판각한《묵원墨苑》[87]은 채색을 입혀서 근 50폭을 간행했는데 대부분 4색, 5색으로 되어 있다. 이 책은 채색화로 모두 색을 판각 위에 칠한 후에 인쇄한 것으로 비록 한판에 여러 색을 구비했지만 오채가 화려하고 문채가 현란하여 사람의 눈길을 빼앗는다. 장기간의 감정을 거쳐 만력 33년(1605) 인본으로 약정했다.

86_ 정대약程大約을 말한다.
87_ 명대 만력 연간의 안휘성 흡현에서 먹을 제조하던 명인 정대약程大約이 저술한 먹조각에 대한 도보집圖譜集이다. 유명화가인 정운붕丁雲鵬과 오정우吳廷羽가 그림을 그렸으며 휘주의 황씨목각으로 유명한 황응태와 황일빈이 조각했다.《묵원》에는 정대약이 제조한 먹도안 520개가 있는데 그중 도판이 50여 폭이 있다. 정대약의《묵원》은 중국 고대예술에서 수준 높은 묵보도집墨譜圖集으로 정대약의 먹의 조형설계와 도식 안배상의 새로움과 정운붕의 아름다운 그림, 황씨의 조각 등 세 거장이 만들어낸 걸작이다. 명대 4대 묵보 중 가장 아름다워 '국보'로까지 불린다.

天老對庭頌

黃帝坐於殊庭觀於大皇之野有神烏者五喈日而來棲於屋閣其爲狀也龍文而龜身燕頷而雞味崔植而鴻前而麟後虵頭而魚尾鸛顙而鴛腮綟以赤金鏘以黃銀間之黙翠五綵備爲帝頌而異之于是奏咸池之樂張於洞庭之浦摩臣風后力牧有焱氏畢在膺歌而和焉帝復異而問之是何祥也余何德以感靈乎摩臣未有以後也左頷而屬天矣天老天老對曰是火精也產兗州之西丹山之穴所謂鳳皇者也羽亘三百六十而此爲之長豈其形之璿瑋備至德焉首若穰青戴仁也嬰若白壘抱義也斧若丹赤負禮也胷若石壘蘊知也足下趐黃履

그림 51] 《정씨묵원》 '천로대정' 그림, 정씨 자란당 채색 투인본이다. 그림은 정운붕丁雲鵬이 그렸고 판각공 황린黃鏻 · 황응태黃應泰 · 황응도黃應道 · 황일빈黃一彬이 판각했다.

《묵원》 안의 〈천로대정도天老對庭圖〉[그림 51]는 홍색 · 황색의 봉황과 녹색의 대나무를 5색 먹을 사용하여 수십 폭을 모인했다.

　다음 해에 신안新安의 황일명黃一明이 판각한 《풍류절창도風流絶暢圖》는 묵인본 이외에 또 채인본도 있다. 인물의 옷차림과 창문의 주렴 내지는 피부색이 눈길을 끌 정도로 모두 인쇄가 뛰어나다. 만력 28년경 《화사花史》 안에는 붉은색의 연꽃과 녹색의 잎까지도 인쇄가 되었다. 처음에는 몇 가지의 색으로 동일한 판각 위에 칠했는데 예를 들면 홍색은 꽃 위에 칠하고 녹색은 잎사귀 위에 칠하고 홍갈색은 나뭇가지에 칠하였다. 단 이렇게 인쇄하면 서로 쉽게 혼합되어 분명치 않았다. 그래서 진일보하여 매 색상을 각 한 개의 목판에 새기고 인쇄할 때에 색을 차례대로 투인해 나간다. 이렇게 되면 먼저 조각한 작은 판을 쌓아 다시 포개 놓기 때문에 마치 음식을 진열해 놓은 것처럼 보여 명대 사람들은 이를 두판餖版[88]이라고 불렀다. 두판은 아주 세밀하고 복작한 작업으로 먼저 전체 그림을 그린다. 그런 후에 그림의 모습에 따라 몇 부분으로 나누는데 이를 '적투摘套'라고 한다. 한 폭의 그림은 종종 30~40판으로 판각을 하며 차례로 경중輕重에 의해 6, 7차례 인쇄된다. 한송이 꽃이나 잎을 색상의 농담에 따라 나누고 음양을 나누어 놓아 보기에는 마치 북송인의 몰골화沒骨畵[89]와 비슷하다. 이렇게 복제되어 생산된 그림은 중국회화의 본질과 정신을 보존하기에 가장 적합했다. 여기에 사용한 안료와 화선지는 모두 원래 그림에서 사용한 것과 같아서 민족예술의 특색을 구비하고 있기 때문이다. 이런 두판 채색인쇄는 인쇄사상 또 하나의

88_ 지금도 컬러 인쇄 기술의 한 종류인 목각수인木刻水印을 이렇게 부른다. 현재는 화고畫稿에 착색한 농담濃淡, 음양陰陽, 방향方向 등에 따라 각각 다른 여러 개의 판에 인쇄 또는 오버프린트(overprint) 하는 것을 말한다. '두餖'는 늘어놓다는 의미로 두판은 진열한 음식처럼 늘어놓은 판이란 의미다.

89_ 동양화에서 윤곽선을 사용하지 않고 바로 색채나 수묵으로 그리는 화법으로 그린 그림을 말한다. 화조·화훼花卉·초충草蟲 분야의 주요 묘법으로 구륵법鉤勒法과 반대된다. 양나라의 장승요張僧繇, 당나라의 양계楊界를 거쳐 오대와 북송 초기의 서희徐熙와 서숭사徐崇嗣 등에 의해 서씨체徐氏體 또는 야일체野逸體로 지칭되기도 한다. 화조·화훼 분야의 기본양식으로 정립되었다. 북송대 이후 수묵화와 문인화의 이념에 따라 보다 자유분방하고 사의성寫意性을 띤 몰골법이 문인들의 취향과 밀착되면서 성행했다. 우리나라에서는 조선 중기 화조화가들과 조선 후기의 심사정沈師正·김홍도金弘道, 말기의 홍세섭洪世燮·장승업張承業 등이 화조화에서 이 기법을 즐겨 사용했다.

비약으로 17세기 초에 이미 성공을 거두었다. 가장 특출난 것으로 대표되는 작품은 강녕사람 오발상吳發祥이 간행한 《몽헌변고전보夢 軒變古箋譜》다. 산수 화초 동물을 두판과 공화법拱花法[90] 투인을 사용 했다. 장주漳州의 안계조顔繼祖는 "내 친구 오발상에 관해 말하자면 어렸을 때부터 그림을 그렸으며 온 힘을 다해 금수를 그렸고 그래서 한림의 웅장하고 기이한 장관으로 실로 문방의 보물에 이르렀다"고 했다. 이때는 천계 병인 6년(1626)이다. 요즘 사람은 이를 호정언胡正 言의 《십죽재전보十竹齋箋譜》보다 19년이나 앞선 사실이라고 말하는 데 천계 정묘丁卯 7년 《십죽재서화보十竹齋書畫譜》보다는 1년 앞서고 있다. 호정언은 자가 왈종曰從이고 원적은 안휘성 휴녕休寧 사람이 다. 후에 집안이 남경 계롱산雞籠山 옆으로 이사와 오발상과 함께 남 경에서 살았으며 모두 전보箋譜[91]의 판각인쇄에 종사했다.

호정언은 남경재 앞뜰에 10여 종의 대나무를 심고서 자신의 거처 를 '십죽재十竹齋'라 하고 자호는 '십죽주인十竹主人'이라고 했다. 그는 어려서부터 총명하여 6서에 정통했으며 전서·예서·행서·해서 모두 독보적이었다. 육안六安과 곽산霍山[92]을 주유하면서 의술로 생 계를 꾸렸다. 또한 좋은 종이와 먹을 제조할 수 있었고 각인刻印에 정통했으며 그림에도 뛰어났다. 저서에 《인존현람印存玄覽》·《호씨 전초胡氏篆草》가 있다. 또 《육서정와六書正訛》·《패부통옥牌孚統玉》 등 의 서적을 판각했으며 홍광弘光 시기에 중서사인中書舍人을 지냈다. 명나라가 망한 후에는 작은 누각에 은거하면서 30년간 두문불출하

90_ 먹을 묻히지 않은 일종의 각판 인쇄방법으로 요철凹凸 두 판을 끼워 맞춰 판 면에 문양이 나오도록 하는데 현대 인쇄술의 요철인쇄와 비슷하다. 돌출된 선 으로 문양을 표현하고 그림 속의 행운유수나 화훼 초충 등을 두드러지게 하여 화면이 풍부하고 운치가 있다.

91_ 그림 등을 인쇄한 아름다운 편지지를 책으로 묶은 것을 말한다.

92_ 육안과 곽산은 모두 안휘성에 있다.

며 91세까지 살았다.[103]

그가 인쇄 제작한《십죽재서화보》[104]는 서화책書畫冊・죽보竹譜・
묵화책墨華冊・석보石譜・영모보翎毛[93]譜・매보梅譜・난보蘭譜・과보
果譜 등 8보 16책으로 되어 있으며《십죽재전보》에는 박고博古・인
물・화석 등 32류가 있다[그림 52].

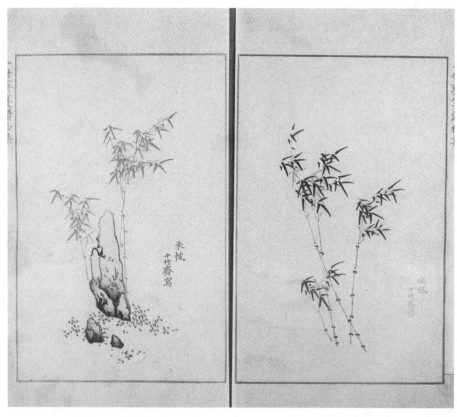

[그림 52-1] 명나라 호정언이 편집한《십죽재전보》초집이다. 숭정 17년 투인 인쇄

93_ 영모는 우모羽毛와 같으며, 즉 새의 깃털과 짐승의 털이란 뜻으로 새와 짐승
을 제재로 한 그림을 말한다. 송나라 곽약허郭若虛는《도화견문지圖畫見聞
志・논제작해모論制作楷模》에서 "영모를 그리는 사람은 반드시 짐승의 형태
에 대해 잘 알아야만 좋은 그림을 그릴 수 있다"고 했다.

[그림 52-2]

원고의 그림도 좋고 판각할 때도 매우 능숙하게 자유자재로 운용
했으며 조각도를 능수능란하게 다루었다. 인쇄할 때에도 종려털로
만든 솔을 붓 대신으로 사용하여 농담을 경중에 따라 아주 적절하게
다르게 했다. 호정언과 훌륭한 장인들은 조석으로 10년을 하루같이
연구하고 검토하면서 온 마음을 다해 독창적으로 그림·판각·인쇄
라는 삼절三絕을 이루어냈다. 그래서 화훼나 초충草蟲을 막론하고 운
치가 있고 생동적이며 색상이 모두 진짜와 같다. 그의 친구 양용우楊
龍友가 "뛰어난 고수의 손에서 나왔으니 전 시대를 뛰어넘는다 할 수
있으며 정말로 천고에 한 사람만이 있을 뿐이다"고 말한 것이 전혀
과장이 아니다. 그의 작품은 곧장 양자강 남북사람들의 환영을 받았
으며 처음으로 그림을 배우는 사람들은 모두 그를 받들어 모사하는
것을 표본으로 삼았으니 회화 교육에도 커다란 역할을 했다. 가경
시기의 개자원芥子園[94]·광서光緖의 교경산방校經山房 번각본의 색감
은 모두 원본의 선명함만 못하다. 1950년대 북경의 영보재榮寶齋에
서 모각摹刻한 《십죽재전보》, 1980년대 상해의 타운헌朶雲軒에서 8년
간의 노력을 거쳐 모각한 《몽헌변고전보夢軒變古箋譜》와 《십죽재서화

94_ 개자원芥子園은 청나라 초기의 명사인 이어李漁의 별장이름이다. 이어는 청
대의 유명한 희극가·희극이론가·소설가이다. 이어의 사위 심심우沈心友
집안에는 명대 산수화가인 이유방李流芳의 그림 43폭이 있었는데 가흥嘉興
의 화가 왕개王概를 청해 90폭을 더 그리고 정리하여 133폭으로 만들었다. 또
한 이전사람들의 산수화를 임모하여 40여 폭을 만들어 초학자들이 교본으로
쓰도록 했다. 그런 후 이어의 도움으로 강희 18년(1680)에 '개자원'이란 이름
으로 투인으로 책을 간행하니 이것이 바로 《개자원화보芥子園畵譜》 제1집이
다. 계속하여 왕개는 심심우의 부탁으로 그의 형 왕시王蓍, 동생 왕얼王臬과
함께 '난죽매국蘭竹梅菊'과 '화훼영모花卉翎毛' 보를 제작하여 제2, 제3집을
만들었다. 이는 강희 14년(1701)에 개화지에 목각 오색투인판으로 제작되었
다. 이를 보통 '왕개본王概本'이라고 한다. 근현대 유명 화가인 황빈홍黃賓
虹·제백석齊白石·반천수潘天壽·부포석傅抱石 등도 모두 《개자원화보》를
교본으로 공부했다고 한다.

보》는 모두 종이와 먹이 양호하고 조각과 인쇄도 정교하여 원본의
아름다움과 비견된다. 두 서점에서는 또 당송의 고대 명화를 복제했
으며 두판 투인본 인쇄는 7백~8백여 차례를 했다. 그러나 운치가
있고 색감이 좋으며 묘사와 모방이 진품과 똑같아 진위를 파악하기
어렵다. 또 비단 위에 인쇄를 하여 채색인쇄에 있어 낡은 것을 버리
고 새로운 정화를 찾아내 온갖 예술이 함께하는 새로운 아름다운 예
술품이 되었다.

　오발상과 호정언은 또 공화법拱花法을 이용했다. 즉 목판 인쇄를
종이에 눌러 인쇄하는 것으로 백지를 볼록 나온 곳에 눌러 문양[그림
53]을 만들었다. 말하자면 현재 사용하는 철인鐵印[95] 같아 일종의 무
색의 인쇄라고 할 수 있다. 이를 사용해 그림 속의 흐르는 물·흰구
름·꽃잎 등의 문양을 두드러지게 하여 더욱 우아하고 대범함이 드
러났다.

　현존하는 정덕 원년에 판각한 《성적도聖跡圖》 1권은 채색인본이라
고 하는데 그렇다면 앞에서 말한 《묵원墨苑》과 비교한다면 1백 년이
앞선다.

　명대에 판각한 《호산승개湖山勝槪》 2권 역시 채색인쇄다. 그러나
최초의 채색인쇄 연화年畵는 만력 25년(1597)에 간행된 수성도壽星圖
다. 정번鄭藩에서는 만력 연간에 《고주비산경古周髀算經》을 판각했고
주재육朱載堉의 도해는 채색도다.

95_ 찍힌 부분이 도드라져 나오거나 들어가도록 만든 도장으로 기관, 단체, 학교,
　　기업 등에서 공문서나 증명서를 찍는 데 사용한다.

[그림 53-1]

[그림 53-2] 명나라 호정언이 《십죽재전보》 초집을 편집하고 공화법拱花法을 이용해 인쇄하였다.

8. 인본 내용

명대 사람들의 저술은 풍부하면서도 품종도 다양하여 소위 제서
制書 · 총서叢書와 일반 사부서가 있었다. 지방 부현지도 대국답게 풍
성하였고 팔고문은 선비들의 필독서라서 도처에 넘쳐났다. 등과
록 · 향시록은 3년마다 간행 유포되었고 대통력도 해마다 국내외에
반포되었다. 소설희곡과 과학기술 의약 역시 비교적 발달했다. 명말
에는 서양과학기술 도서들도 얼마간 소개되었는데 이는 전 시대에
는 볼 수 없던 일이었다. 관부와 개인은 계속하여 고대의 명저들을
간행했고 어떤 책들은 40~50판 혹은 60~70판까지 간행되기도 했으
니 이는 송대와 청대에는 따라올 수 없는 일이었다.

경부經部

명대 사람들이 간행한 경서에는 《오경》 · 《육경》 · 《구경》 · 《십삼
경》 등이 있으며 후자는 오면학吳勉學 각본이다. 숭정 연간에 영회당
永懷堂에서는 금나라 반갈정蟠葛鼐이 편찬한 《십삼경고주古注》 290권
을 간행했다. 가정 때에는 복건 순안 이원양李元陽이 《십삼경주소》 335
권을 간행했고 그 판은 남감南監에 편입되었다. 만력 시기에는 북경
국자감, 숭정 연간에는 모진의 급고각汲古閣 본 《십삼경주소》가 있
으며 모두 이씨 민본閩本에서 나왔다.

명나라는 유명한 경학가들을 배출했다. 유삼오劉三吾 · 호광胡廣 ·
나륜羅倫 · 채청蔡淸 · 여남呂柟 · 매작梅鷟 · 계본季本 · 고공高拱 · 담약
수湛若水 · 이정기李廷機 · 주모위朱謀㙔 · 주조영朱朝瑛 · 유종주劉宗
周 · 황도주黃道周 등이 있다. 이들은 경전 하나에 통달하거나 혹은
여러 경전에 통달했다. 명대에 경전을 설명하고 해석하는 작품으로
는 황씨 《천경당서목》에 1,700여 종이 실려 있는데 《역경》 · 《예

경》·《춘추》가 200~300여 종으로 가장 많고 《서경》·《시경》이 그 다음이다. 550여 종의 당시 간본이 지금까지 전해온다. 가장 영향이 큰 것은 영락 연간의 한림학사 호광 등이 칙명을 받들어 편찬한 《오경대전五經大全》 120권과 《사서대전》 36권으로 내부와 각종 간본이 있다. 후에 비록 청나라 사람들에게 비아냥을 받았지만 당시 학관을 세워 인근 국가까지 전해졌다. 명대에 관리를 뽑을 때는 오직 《사서》의 뜻만을 중시했기 때문에 《사서대전》이 가장 존중을 받았다. 방각본의 경서를 해설한 책은 아주 다양한데 모두 이 책의 지류라고 볼 수 있다. 명나라 사람으로 《사서》를 주해한 사람은 약 100여 명이 있다. 서방에서는 독자들을 끌어 모으기 위해 책제목 앞에 이태사李太史·주회괴周會魁·삼태사三太史·칠한림七翰林이 편찬, 비점批點, 보충, 교정을 보았다는 문구를 적어 넣었다.

명대에 《소사서小四書》라는 것이 있는데 주승朱升이 송나라 방봉진方逢辰의 《명물몽구名物蒙求》, 송나라 정약용程若庸의 《성리자훈性理字訓》, 원나라 진력陳櫟의 《역대몽구歷代蒙求》 각 1권과 송나라 황계선黃繼善의 《사학제요史學提要》 2권을 집록하여 합칭 《소사서》라고 했다. 경창본經廠本·운남본·서주부본敍州府本·건양방본이 있다.

자서字書 《설문해자》는 《옥편》이나 《광운》판본만큼 많지 않다. 금나라 한도소韓道昭의 《개병오음류취사성편改幷五音類聚四聲篇》은 책제목 앞에 대명大明 성화경인成化庚寅·성화정축成化丁丑·홍치갑자弘治甲子·정덕을해·만력을해·만력기축 중간重刊이라는 글이 있는 것으로 보아 여러 차례 번각했음을 알 수 있고 또한 수많은 사원에서 판각하였다.

명나라 사람들은 수십 종의 운서韻書를 저술했다. 중요한 것으로는 악봉소樂鳳詔·송렴宋濂 등이 칙명을 받들어 편찬한 《홍무정운洪武正韻》 16권으로 홍무 8년에 책이 완성되어 천하에 반포했다. 내외

판본이 20여 종에 이른다. 후에 자의字義 음절音切이 합당치 않아서 홍무 23년에 《운회정정韻會定正》을 다시 간행했다. 자전으로는 매응조梅膺祚의 《자휘字彙》 12권을 사람들이 많이 구매했으며 청나라 때까지 유행했다.

명나라의 계몽서적으로는 경창본으로 《산가山歌》·《삼자경》·《백가성》·《천자문》·《몽구백문蒙求白文》·《신동시神童詩》·《천가시千家詩》·《사언잡자四言雜字》·《칠언잡자七言雜字》·《계몽집》 등이 있다. 각 지역의 서방에서도 대량으로 판각인쇄하지 않은 곳이 없어 전국의 아동 학습의 수요에 대응했다. 이러한 소학 교본은 당시에 출판량이 가장 많았으나 과거에 장서가들이 유의하지 않았기 때문에 지금은 아주 보기 드물다.

사부史部

명대인들은 사학을 중시하여 고서를 많이 번각했다. 중요한 것으로는 모진의 급고각의 《십칠사》가 있는데 절본節本으로 의심된다. 남경 국자감에서는 《이십일사二十一史》를 판각했다. 송대에는 《십칠사》에 그쳤으나 명대에는 송·요·금·원의 사사四史를 더하여 《이십일사》가 되었다. 《이십일사》에는 송·원 구판이 있고 또 신판을 중각했다. 만력 연간에 북경 국자감에서는 남감본에 의거하여 《이십일사》를 다시 판각했다. 그중 《사기》는 명대 번각이 수십 판에 이른다.[105]

고대 역사서 번각으로는 《국어》·《전국책》·《오월춘추》·《월절서越絶書》·《목천자전穆天子傳》·《급총주서汲塚周書》·《양한기兩漢紀》·《정관정요》·《사통》·《통감》·《통감기사본말》·《통감총류通鑑總類》·《통감강목通鑑綱目》 등이 있으며 종종 한번 새기면 여러 판각까지 이르렀다.

21사 중에 《원사》 210권(홍무 3년)은 명나라 송렴 등이 편찬했다. 호수중胡粹中은 《원사속편元史續編》을 저술했다. 명대인들은 특히 당대當代의 사실에 마음을 기울여 사서를 저술하는 사람이 많았다. 《명사·예문지》에 수록된 사부서 통계는 약 1,316종이고 《천경당서목》에는 약 3,900종이 있다. 그 중 전대에 기록한 사서 전기 외에 대부분은 명대 사람들이 명대의 사서를 기록한 것으로 사서의 미비함을 보충하기에 족하다.

명사明史**의 저술**　　명대의 역대 《실록》과 《보훈寶訓》은 명사의 가장 기본적인 사료로 실록은 2천여 권에 달하고 그 원고본은 북경 황사皇史 서고에 소장되어 있다. 소수의 장서가만이 완전하지 않은 전초본傳抄本[96]을 갖고 있었으며 수십 년이 지나서야 비로소 두 종류의 인본이 전해졌다. 홍무·영락부터 융경에 이르기까지의 '보훈'은 남경 주씨周氏 대유당大有堂에 뜻밖에 각본이 보관되어 있어 이를 《신전관판황명보훈新鐫官板皇明寶訓》이라고 하는데 몇 년 전에도 새로운 인본이 있었다. 개인이 저술한 명대만의 단대사斷代史로는 정효鄭曉의 《오학편吾學編》, 등원석鄧元錫의 《명서明書》, 왕세정王世貞의 《엄주사료弇州史料》, 장훤張萱의 《서원문견록西園聞見錄》, 하교원何喬遠의 《명산장名山藏》, 윤수형尹守衡의 《황명사절皇明史竊》, 진건陳建의 《황명종신록皇明從信錄》과 《황명통기법전록皇明通紀法傳錄》, 진인석陳仁

96_ 전초본이라 함은, 즉 원고본이나 인본을 근거로 하여 베껴 쓰거나 복사하여 만든 판본형태를 말하고 간단하게는 초본抄本이라 한다. 그중에서도 서법이 정확하고 문자가 신중한 것을 정초본精抄本이라고 한다. 초본은 통상적으로 베껴 쓴 시대를 앞에 놓는데 예를 들면 명대초본, 청대초본이라고 한다. 만일 그 쓴 연대를 확실히 모르지만 비교적 고대 시기라고 판단되면 그냥 두루뭉실하게 구초본舊抄本이라고 한다. 초본은 원고본과 가장 구별하기 어려운 판본 형식이다. 일반적으로 정확한 원고본을 판정할 수 없는 필사본일 경우에는 전초본이라고 한다. 본 번역에서는 초본을 대체적으로 필사본이라 했다.

錫의 《황명세법록皇明世法錄》, 설응기薛應旂의 《헌장록憲章錄》(명 태조부
터 무종까지), 황광승黃光昇의 《소대전칙昭代典則》(태조부터 융경 2년까지)
이 있다.

각 황제의 통치시기를 기록한 것으로는 홍무와 영락 각각의 《성정
기聖政記》가 있고 도숙방屠叔方의 《건문조야휘편建文朝野彙編》·《가릉
헌장록嘉隆憲章錄》·《영永·소昭 이릉편년신사二陵編年信史》·《가정대
정기嘉靖大政記》 등이 있다. 또 각각의 통치 시기의 중대사를 기록한
전문서적도 있다. 홍무의 개국을 기록한 유기劉基의 《예현록禮賢
錄》·《영운록翎運錄》, 육심陸深의 《평원록平元錄》, 동승서童承敘의 《평
한록平漢錄》, 요래姚淶의 《구제록驅除錄》, 채우곡蔡于谷의 《개국사략開
國事略》이 있다. 황좌黃佐가 건문建文 연간의 일을 기록한 《혁제유사
革除遺事》, 주목결朱睦㰏의 《손국기遜國記》가 있다. 영락 시기를 다룬
책으로는 구준丘濬의 《평정교남록平定交南錄》, 양명楊銘의 《정통임융
록正統臨戎錄》·《북수사적北狩事跡》이 있다. 가정 시기에 관한 책으로
는 옹만달翁萬達의 《평교기사平交紀事》, 구구사瞿九思의 《만력무공록
萬曆武功錄》, 모서징茅瑞徵의 《만력삼대정고萬曆三大征考》가 있다. 천
계·숭정 연간에 관한 책으로는 섭무재葉茂才의 《삼안기三案記》가 있
다. 요나라와 관계된 일을 적은 손승종孫承宗의 《독사전서督師全書》,
농민기의를 적은 팽손이彭孫貽의 《유구지流寇志》와 이청李淸의 《남도
록南渡錄》 등 각각 전문서적이 없는 것이 없다. 어떤 것은 동일한 제
목도 있다. 가령 가정 연간의 왜구를 기록한 책은 6~7종이나 된다.
명나라 만큼 개인사가 많은 나라도 없을 것이다. 통계에 의하면 약
400종이나 된다고 한다. 그중에는 이미 실전된 것도 많은데 왕대강
王大綱의 《황조조야기략皇明朝野紀略》은 1,200권이나 된다고 하는데
이미 실전되었다.

정서政書[97]는 《대명회전大明會典》 180권이 가장 중요하다. 홍치 10

년 서부徐溥 등이 칙명을 받들어 편찬하였으며 정덕 4년 이동양李東
陽 등이 중수했다. 육부六部를 요강으로 하여 옛일을 모두 기록했다.

명·청 양대에는 모두 이吏·호戶·예禮·병兵·형刑·공工 6부를
설립하였다. 영락 때에 북경으로 천도한 후 남경의 각 부는 여전히
철수하지 않고 그대로 두었다. 북경에 이부가 있으면 남경에도 역시
이부를 두었고 각부의 소속 관청을 남북에 모두 두었다. 만일 북경
에 태상시가 있다면 남경에도 태상시가 있었다. 이런 직관職官을 기
재한 서적은 약 150종이 있는데 명대 정부 조직과 관원의 변천을 고
찰해 볼 수 있다. 또한《태상지太常志》·《국자감지國子監志》는 각각
6~7종이 있고《태복시지太仆寺志》는 3종이 있었지만 애석하게도 대
부분 실전되었다. 지금은 유일하게 천일각에 사빈謝彬의《남경호부
통지南京戶部通志》, 왕종원汪宗元의《남경태상시지南京太常寺志》, 임희
원林希元의《남경대리시지南京大理寺志》, 여윤서余胤緒의《남경태복시
지》, 형양邢讓의 성화成化 연간《북경국자감지》, 사탁謝鐸의 홍치 연
간《속지續志》가 있으며 비록 완전하지는 않지만 유일본이다. 청대
《사고전서》에는 태창관泰昌官이 편찬한《예부지고禮部志稿》110권이
수록되어 있는데 사실은 유여집俞汝楫이 편찬한 것이다.

명대 사람들이 종번宗藩·부역·둔전·해운·조운·선정船政·염
법鹽法·과거제도 등에 관해 기록한 책을 이전에는 전고류典故類, 혹
은 고사류故事類라고 칭했으며 약 300여 종이 있다.

명대의 주의奏議에 관한 전문적인 서적들이《사고전서》에 수록되
었다. 그 저자로는 상로商輅·왕여王恕·마문승馬文升·양일청楊一
清·양정화楊廷和·호세녕胡世寧·하맹춘何孟春·하언夏言·담륜譚
綸·반계순潘季馴 등 열 여섯 명이나 있다. 또한 엄숭嚴嵩의《남궁소

97_ 전문적으로 전장 제도를 기록한 책이다.

략南宮疏略》(가정 간행), 장부경張孚敬의 《나산주소羅山奏疏》, 장거정張
居正의 《장문충공주대고張文忠公奏對稿》(천계), 여자준余子俊의 《여숙민
공주의余肅敏公奏議》(가정), 정효鄭曉의 《정단간공주의鄭端簡公奏議》(융
경) 등 수십 사람이 더 있는데 모두 수록되지 않았다. 이러한 것은 명
대 군정대사의 소장疏章이 반영된 것으로 명대 역사를 연구하는 데
에 귀중한 자료가 된다. 명대의 상주문[奏疏]을 수집 편찬한 사람은
장한張翰으로 그의 《황명소의집략皇明疏議輯略》 37권이 있다. 또한 경
창본 《역대명신주의歷代名臣奏議》는 350권에 9,720페이지에 이르는
거작으로 고대 상주문의 총집이다.

　명대 전기 작품도 적지 않은데 유명한 것으로는 황금黃金의 《개국
공신록開國功臣錄》, 사탁謝鐸의 《명신사략名臣事略》(홍무에서 성화 시대
사람), 윤식尹直의 《황조명신언행통록皇朝名臣言行通錄》(홍치 13년 판각),
심응괴沈應魁의 《황명명신언행록신편皇明名臣言行錄新編》, 서굉徐紘의
《명신완염록名臣琬琰錄》(양예손楊豫孫의 보충본도 있음), 뇌례雷禮의 《각
신행실閣臣行實》·《열경기列卿記》, 왕세정의 《가정이래수보전嘉靖以
來首輔傳》, 설응기薛應旂의 《황명인물고皇明人物考》, 항독수項篤壽의
《금헌비유今獻備遺》, 초횡焦竑의 《국사헌징록國史獻徵錄》·과정훈過庭
訓의 《직성분군인물고直省分郡人物考》 등이 있다. 각 서적은 종종 100
권을 넘는다.

　과제록科第錄　　명나라 때 팔고문을 잘 짓는 이는 수재秀才·거
인擧人·진사進士에 뽑혔다. 그리하여 선비들이 꿈에서도 그리던 거
인·진사에 오를 수 있었다. 그래서 "10년 동안 가난한 집안에 안부
묻는 이 없더니 한 번에 이름을 날려 천하가 다 그 이름을 알도다"라
는 말과 같이 이름을 알렸다. 급제자 명단에 오르고 특히 장원급제壯
元及第(전시殿試에서 1등)를 하면 더없는 영광이었고 연이어 삼원三元[98]
에 모두 오르는 것은 특히 드물었다. 송나라 때는 3원에 오른 이가 3

명이 있었고, 명나라 때에는 절강 순안淳安의 상로商輅[99]한 명뿐이었다. 사실 역대로 장원은 대부분 헛된 명성뿐이었고 명나라 장원 중 비교적 학문이 있는 이로는 양신楊愼·초굉焦竤 등 몇 명이 있을 뿐이다. 세상 사람들이 여요餘姚사람 왕수인王守仁(양명陽明)은 잘 아는데 장원이었던 아버지 왕화王華는 오히려 그 이름이 세상에 알려지지 않았다. 그러나 명·청 때 진사 출신을 중시하는 것이 옳다고 보아 진사들이 갑자기 벼슬이 올라가거나 현달하게 되어 재상이 된 이들도 있었다. 명나라 초기 장원에 급제한 이는 강서 출신이 많았고 후에는 강소·절강 출신들이 대부분이었다. 통계에 의하면 홍무 4년에서 만력 44년(1371~1616)까지 240여 년간 회원으로 급제한 이는 모두 240명으로 그 중 남직례南直隸(강소·안휘) 출신이 66명, 절강·강서 출신이 각각 38명, 복건 출신이 31명, 북방에서는 29명뿐이었다.[106] 청나라 때 삼정갑三鼎甲[100]에 모두 급제한 이는 강소·절강 출신이 가장 많았다. 그래서 건륭 황제는 일찍이 "강소·절강은 인문의 연수淵藪[101]이다"라고 말하기도 했는데 이는 사실과 맞는 말이다. 가정 초기에 진사는 매 과에 약 300~400명을 선발했는데 급제한 이는 북경 국자감에 진사 제명비題名碑(역대 과거 석비는 지금 모두 북경 국자감에 남아 있음)가 세워졌을 뿐 아니라, 또 예부에서 《등과록登科錄》을 간행했다.[107]

《등과록》은 송나라 때 이미 있었다. 등과록은 진사의 이름을 기

98_ 3원이란, 즉 해원解元·회원會元·장원狀元을 이른다. 해원은 향시鄕試에서 1등한 사람을 말하고, 회원은 회시會試에서 1등한 사람을 말한다.

99_ 상로(1414~1486)는 명나라 재상으로 자는 홍재弘載, 호는 소암素庵으로 절강 순안 출신이다. 명나라 300여 년의 과거시험 중에서 유일하게 '삼원급제三元及第'한 사람이다.

100_ 연중삼원連中三元과 같은 의미다. 즉 연달아 3원에 오르는 것을 말한다.

101_ 깊은 못에 물고기가 모여드는 곳과 물가의 초원에 새와 짐승이 모여드는 곳.

록한 책자로 일명《진사이력편람進士履歷便覽》, 혹은《진사동년서치록進士同年序齒錄》, 또는《진사동년편람록進士同年便覽錄》이라고 부르기도 했는데 지금의 학교 졸업 때 만드는 졸업자 명단에 해당된다고 할 수 있다. 그 내용으로 전시일갑殿試一甲 · 이갑二甲 · 삼갑三甲 전체 진사 명단이 수백 명 기재되어 있고 이름마다 본적 · 자와 호 · 항렬 · 생년월일 · 나이를 기록하고 있다. 또한 증조 · 조부모 · 형제의 이름 · 간단한 이력 · 아내의 성씨도 기록되어 있다. 진사의 생일과 3대를 기록한 것은 정사나 지방지에서 찾아볼 수 없는 특이한 경우이다. 또 부록으로 시험제목과 장원 · 방안榜眼[102]의 대책對策[103] 원문도 수록하고 있다.

《회시록會試錄》은 매 진辰 · 술戌 · 축丑 · 미未년이 올 때마다 전국의 거인擧人들이 수도의 예부(지금의 교육부에 해당함)에 와서 회시會試를 치루어 합격한 이들의 명단이다. 매 과마다 약 200여 명, 혹은 300여 명이 있고 1등을 한 이는 속칭 회원會元이라 했고 회시록 역시 예부에서 간행했다.

원나라 때 이미《강절행성향위기록江浙行省鄕闈紀錄》을 간행했다 (지정 19년). 명대《향시록鄕試錄》은 순천부順天府(북경) · 응천부應天府 (남경) 그리고 13개 성에서 간행되었고 녹삼장錄三場[104]의 제목과 시험감독관 · 밀봉관密封官 · 검시관 등을 관리하는 직무관이 있다. 매번 자子 · 오午 · 묘卯 · 유酉년이 올 때 각 성의 수재秀才 2천~3천 명 심지어는 만 명 정도가 성의 소재지로 가서 응시했는데 반드시 시험에 합격할 인원수가 정해져 있었다. 예로 절강 · 호광湖廣(지금의 호

102_ 명 · 청 때 전시殿試에서 2등으로 합격한 사람.
103_ 고대에 과거에 응시한 사람이 황제가 질문하는 치국에 관한 방법에 대답한 것이다.
104_ 여기서 녹삼장錄三場은 향시록 · 회시록 · 전시록 세 번의 시험을 말한다.

북·호남) 두 성에서는 각각 약 90명이 합격하고 여기서 1등을 하면, 즉 해원解元이 된다.

《무거록武擧錄》은 병부에서 간행하여 배포했고, 《무거향시록武擧鄕試錄》은 각 성에서 판각했다. 그러나 명나라와 청나라는 문을 숭상하고 무를 경시했기에 무과의 거인이나 장원은 문과처럼 중시하지는 않았다.

《명사·예문지》와 《천경당서목》에는 명나라 역대 전시록殿試錄과 역대 회시록會試錄이 각각 70권이 기재되어 있지만 향시록鄕試錄은 없다. 3년에 과거를 한번 치룬 것으로 계산해 볼 때 이 숫자에 이르지는 않지만 만약 남경과 북경, 그리고 13성의 문무향시록을 합쳐 계산해 본다면 그 수는 2천 종 이상에 달한다고 볼 수 있다. 명나라 무석無錫의 유헌俞憲이 편찬한 《황명진사등과고皇明進士登科考》 12권 서언에 "만약 천일각에서 《등과록》을 소장하고 있다면, 빠진 부분을 보충할 수 있을 것이다"[108]고 말했다. 이를 통해 볼 때 영파의 범씨 천일각에서 명나라 《등과록》을 소장했다는 것은 이미 알려진 사실이다. 현재 중국 내에서 이러한 서적을 가장 많이 소장하고 있는 곳은 여전히 천일각을 으뜸으로 꼽을 수 있다. 그 중 《등과록》은 약 50여 종이 있고,[109] 《회시록》이 약 40종이 있으며,[110] 각 성의 《향시록》이 비교적 많아 약 280종, 모두 390여 종으로 대부분이 성화 이후의 것이다. 또 《무거록》 11종, 《무거향시록》 8종이 있는데 모두 가정·융경·만력본이다. 국가도서관에서 소장하고 있는 명나라 등과록 15종은 회시록이 7종이고 향시록이 38종이다. 과거에는 이러한 서적이 봉건 시대의 쓸데없는 잔재물로 여겼지만 사실 이는 보기 드문 명대의 전기傳記 자료를 대량 보존하고 있는 것으로 지금까지 사람들이 이용을 하지 않고 있을 뿐이다.

북송 인종 이후로 전시殿試의 제목이 모두 인쇄 간행되었고 명나라 때에는 향시鄕試 · 회시會試 · 전시殿試의 제목도 모두 인쇄 모인하여 하사하였다.[111] 이처럼 시험 제목을 일괄적으로 인쇄 간행한 것은 문제가 누출되는 것을 방지하기 위해서였다.

지리　　지리총지로 이현李賢 등이 명을 받아 편찬한《대명일통지大明一統志》90권이 있는데 내부본(천순 판각)이고 그 체례는 원나라의《일통지》를 따랐다. 진순陳循 등이 편찬한《환우통지寰宇通志》119권은 순천부 각본이 있다(경태). 장천복張天復이 편찬한《황여고皇輿考》12권(가정)이 있다.

명나라 초기 주권朱權의《이역지異域志》, 정화鄭和를 따라 서양에 간 회계會稽 출신 통역사 마환馬歡이 지은《영애승람瀛涯勝覽》, 태창太倉의 비신費信이 지은《성사승람星槎勝覽》, 금릉 공진鞏珍의《서양번국지西洋番國志》는 15세기 초 동남아 · 인도양 · 아라비아 · 아프리카 동부 각 나라의 풍토와 관습 등을 충실하게 기록하고 있다. 장섭張燮은 통상했던 수십 개 나라를 기록하였으며 처음으로 필리핀에 관해 소개하고 있는데 그 책이름은《동서양고東西洋考》다. 또 나일경羅日褧의《함빈록咸賓錄》, 모서징茅瑞徵의《상서록象胥錄》, 화성증黃省曾의《서양조공전록西洋朝貢典錄》이 있다. 엄종간嚴從簡은 국가 문서에서 중국과 관련이 있는 각국의 기록을 대량으로 가려 뽑아《수역주자록殊域周咨錄》이란 서적을 편찬했다(가정 연간). 이 책은 모두 중국과 외국의 외교통사를 연구하는 중요한 자료가 된다. 또《조선지朝鮮志》·《일본지日本志》도 있다. 항주부에서는《일본고략日本考略》을 간행했다. 또 진간陳侃의《사유구록使琉球錄》, 사걸謝杰의《사유구록使琉球錄》이 있다. 지도집으로는 나홍선羅洪先이 주사본朱思本의《광여도廣輿圖》를 보충하고 추가했다.

지방지　　송 · 원의 지방지로 지금까지 전해지는 것은 약 40종이 있다. 명대에 이르러 통치 권력자들이 지방지를 더욱 중시하니 크게 성행했다. 《명사·예문지》에는 약 340종이 기록되어 있고, 황우직黃虞稷의 《천경당서목》에는 1,500종이 기록되어 있다.[112] 청 건륭 연간에 항주의 조욱趙昱(곡림谷林)의 소산당小山堂은 장서로는 군내에서 최고였으며 명 성화 이전의 지방지만 해도 이미 1,000종에 달했다.[113] 현재 중국 내에 존재하는 약 900여 종 가운데 가정·만력 시기의 지방지가 각 300여 종으로 가장 많고 홍치·정덕·숭정 시기는 각각 50~60종으로 그 다음이다. 융경·천계 시기가 각각 20~30종으로 그 다음이며, 성화 때의 지방지가 약 10여 종이 있고 성화 이전의 지방지는 극히 드물다. 국가도서관에 300여 종이 소장되어 있으며 천일각에는 원래 400여 종이 있었으나 지금은 270~280종이 남아 있고 대부분이 가정본이다. 그 나머지는 각 성과 시 그리고 미국과 일본의 도서관에 산재해 있다.

　홍무·영락·정통·경태 연간에 조정에서는 관리를 파견해 천하에 돌아다니는 지방지를 찾아 정리하여 문연각에 들였다[114]. 영락 10년에 《일통지》를 정리하여, 《수지범례십육칙修志凡例十六則》을 반포했다.[115] 16년(1418)에 전국의 군현지 서적을 모아 정리하라고 조서를 내리고, 예부에는 관리를 전국의 군현에 모두 파견해 사적과 구 지방지를 수집해 오도록 명령했다. 같은 해에 또 《수지범례修志凡例》를 반포하였는데 건립·연혁·분야·변강지역·성지城池·산천·성곽과 시가지·진시鎭市·토산土産·공물과 부세[貢賦]·풍속·호구·학교·군위·군현·관사[廨舍]·절과 도관·사묘祠廟·교량·고적·관리의 행적·인물·신선·잡지·시문 등 25개 분야로 나누었다.[116] 이러한 조례는 송·원 이래로 내려온 지방지 찬수의 총결이 되었다. 이후 명·청 두 나라의 지방지 항목은 비록 증감이 있기는 했지만 대체로 이 25개 항목 범위를 벗어나지 않았으니 지방지의 정형이 되었다. 그러므로 이 두 차례 범례를 반포한 것은 후세에 큰 영향을 끼쳤다고 볼 수 있다. 가정 초기에 또 군현郡縣의 지방지를 편찬하라고 명했다. 정부에서 제창했으므로 각 성의 부와 현에서는 대대적으로 이를 받들어 지방지가 우후죽순으로 증가했다. 사부史部는 번성한 대국과 발맞추어 성에는 성지省志(통지通志)만이 있는 게 아니라 각 부府·주·현에서 향·진에 이르기까지 모두 전문서적이 있었다. 지방지는 또한 연속된 출판물이어서 동일 부府·주·현에서 종종 한번 정리하고 또다시 정리해 심지어 3, 4차례도 정리했고 중국 내지뿐 아니라 요동遼東·경주瓊州[105]·운남雲南 지역에서도 역시 각각 지방지가 있었다. 또 영락 때의 《교지총지交趾總志》는 프랑스 사람들에 의해 《안남지원安南志原》으로 제목이 잘못 붙여지기도 했다.

지방지는 통상적으로 관서官書로 불렸는데 지방의 공금을 운용해 그 지역의 유명한 유학자를 초빙해 편찬하거나 지방관의 손에서 나오거나 혹은 번왕藩王 종실에서 나오기도 했다. 예로 경정왕慶靖王 주전朱㮵은 선덕 《영하지寧夏志》 2권을 저술했고, 주번周藩 종정宗正 주목결朱睦㮹과 추수우鄒守愚·이렴李濂은 가정 《하남통지河南通志》를 정리했으며, 또 만력 《개봉부지開封府志》를 찬수했다. 지방지는 모두 그 지역에서 판각했으나 상주부常州府에서는 《절강통지浙江通志》를 판각하고, 홍치 《흥화부지興化府志》를 건양서방에서 판각 간행한 예는 비교적 드문 경우이다. 어떤 지방지는 많게는 100여 책이나 되기도 했고 어떤 경우는 얇은 한 권으로 되어 있는 경우도 있다. 명나라 지방지는 모두 목판본이고 오직 정덕 《동광현지東光縣志》만이 동활자본이었으나 이미 없어졌다.

지방지는 한 지방의 큰 사건과 지리 산천·천문기상·동식물과

105_ 지금의 해남도海南島를 말한다.

광산 · 경제 · 정치 · 문화 · 인물 전기 등과 조사 통계 자료를 기록했기 때문에 그 지방의 백과전서라 말할 수 있을 정도로 중국의 사회과학 · 과학기술 자료의 보고다. 옛날 지방관은 부임지에 도착해 가마에서 내리면 바로 지방지를 열람해 그 지역의 상황을 이해하고 시정에 참고자료로 활용했다. 오늘날 전국적으로 광산 · 지진 · 천문기상자료를 조사하는 것도 역시 지방지를 주요 근거로 삼지 않는 경우가 없다. 과거 제국주의자들이 중국의 경제를 약탈할 때에도 각 지역의 사회 상황을 조사했는데 북경 등지에서는 지방지를 대량으로 약탈하거나 사들였다. 이리하여 어떤 지역의 지방지는 중국내에서는 이미 사라지고 오히려 일본이나 미국의 도서관에서 찾아볼 수 있다. 현존하는 명나라 지방지는 924종이다. 10여 년 전 상해고적서점上海古籍書店에서 천일각 소장본 명나라 유일본[고본孤本] 지방지 107종을 찾아 옛것 중에서 좋은 점을 오늘에 맞게 받아들여, "좋은 책은 온 세상에 알린다"[117]는 의미로 영인했는데 사회주의 건설에 중요한 참고 자료가 되었다. 그래서 이 천일각에 소장되어 있는 유일본 지방지 100여 종이 계속 출판되기를 희망한다. 명나라 가정 연간에 천일각의 창시자 범흠范欽은 당시의 지방지 · 등과록 · 명실록 · 명나라 사람 저작물을 대량으로 수집하였다. 이로 인해 천일각은 명나라 역사 자료의 보고가 되었다. 일반 장서가들이 옛것을 소중히 하고 지금 것을 가벼이 하며 송나라와 원나라판을 중시하고 명나라를 경시하던 것에 비하여 그 안목이 타인보다 한 층 위에 있었다고 하겠다.

오악五嶽[106]과 명산 관광지를 소개한 서적으로는 하당何鐺의 《명산

106_ 오악은 중국 5대 명산의 총칭으로, 즉 동악 태산(해발 1532.7미터로 산동성 태안시泰安市 소재) · 남악 형산衡山(해발 1300.2미터로 호남성 형양시衡陽市 소재) · 서악 화산華山(해발 2154.9미터로 섬서성 화음현華陰縣 소재) · 북

기名山記》, 사지륭査志隆의 《대사岱史》, 송도宋燾의 《태산기사泰山紀事》, 연여정燕汝靖의 《숭악고금집록嵩嶽古今集錄》, 이시방李時芳의 《화악전집華嶽全集》, 왕준王濬의 《항악지恒嶽志》, 팽잠彭簪의 《형악지衡嶽志》, 송규광宋奎光의 《경산지徑山志》(천계天啟 간행)가 있다. 또 교세녕喬世寧의 《오대산지五臺山志》, 임자원任自垣의 《태악태화산지太嶽太和山志》, 장래張萊의 《경구삼산지京口三山志》, 왕가립汪可立의 《구화산지九華山志》, 곽자장郭子章의 《아육왕산지阿育王山志》, 주응빈周應賓의 《보타산지普陀山志》, 승려 전징傳澄의 《천대산지天臺山志》, 주간朱諫의 《안산지雁山志》, 상교桑喬의 《여산기사廬山紀事》, 좌종영左宗郢의 《마고산지麻姑山志》, 양긍楊亘의 《무이산지武夷山志》, 진련陳璉의 《나부지羅浮志》가 있다. 그리고 왕오王鏊가 태호太湖에 대해 기록한 《진택편震澤編》, 전예형田藝蘅의 《서호유람지西湖遊覽志·지여志餘》가 있다. 이외에도 요충지, 절과 사원, 능묘, 서원에 관해서도 각각 전문 서적이 있다. 예로 《산해관지山海關志》·《무림범찰지武林梵刹志》·《천동사지天童寺志》·《관중릉묘지關中陵墓志》·《백록동서원지白鹿洞書院志》 등을 들 수 있다.

금석류 서적으로는 양신楊慎의 《수경주비목水經注碑目》, 우혁정于奕正의 《천하금석지天下金石志》, 도목都穆의 《금해림랑金薤琳琅》, 조함趙崡의 《석묵전화石墨鐫華》, 뇌준未濬의 《금석비고金石備考》, 손극굉孫克宏의 《비목碑目》 등이 있다.

악 항산恒山(해발 2016.1미터로 산서성 혼원현渾源縣 소재)·중악 숭산嵩山(해발 1491.7미터로 하남성 등봉시登封市 소재)을 말한다. 태산과 숭산은 일찍이 봉건 제왕들이 하늘에 제사를 드리던 곳이며 제왕들이 하늘의 명을 받던 곳으로 중원의 상징이다. 오악은 모두 경치가 특색이 있어 수많은 문인 작가들이 이곳에 왔다가 많은 작품들을 남겼다.

자 부

자부로는 《사자四子》·《오자五子》·《육자六子》·《칠자七子》·《십자十子》·《십이자十二子》·《십육자十六子》·《이십자二十子》가 있다. 무림방武林坊에서 《합제명가비점제자전서合諸名家批點諸子全書》를 판각했는데 26종이 전한다. 또 《관자》·《한비자》·《회남자》·《신어》·《신서新書》·《신서新序》·《설원》·《염철론》·《논형》·《독단獨斷》·《백호통》·《풍속통風俗通》·《신감申鑒》·《중론中論》 등 고대 자서 중 단행본이 많다.

명나라 철학 저서로는 장구소張九韶의 《이학류편理學類編》, 방효유方孝孺의 《잡계雜誠》, 조단曹端의 《이학요람理學要覽》, 오여필吳與弼의 《강재일록康齋日錄》, 설선薛瑄의 《독서록讀書錄》, 호거인胡居仁의 《거업록居業錄》, 진헌장陳獻章의 《언행록言行錄》, 구준丘濬의 《대학연의보大學衍義補》, 채청蔡淸의 《성리요해性理要解》·《허재삼서虛齋三書》가 있다. 또 왕수인王守仁의 《전습록傳習錄》·《양명칙언陽明則言》, 담약수湛若水의 《격물통格物通》·《감천명리론甘泉明理論》, 여남呂柟의 《경야자내편涇野子內篇》, 소경방邵經邦의 《홍도록弘道錄》, 왕간王艮의 《심재어록心齋語錄》, 손응오孫應鰲의 《논학회편論學彙編》, 나흠순羅欽順의 《곤지기困知記》, 여곤呂坤의 《신음어呻吟語》, 고헌성顧憲成의 《동림상어東林商語》, 주여등周汝登의 《왕문종지王門宗旨》·《성학종전聖學宗傳》, 고반룡高攀龍의 《취정록就正錄》, 유종주劉宗周의 《이학종요理學宗要》·《인보人譜》, 황도주黃道周의 《용단문업榕壇問業》 등 모두 간본이 있다.

옛 병서로는 《무경칠서武經七書》와 《손자》가 여러 종의 판본이 있다. 《제갈공명심서諸葛孔明心書》는 판각본(성화 21년)·동활자본(정덕 12년)이 있다. 《무경총요武經總要》는 정덕간본이 있는데 정교한 그림이 있고 또 금릉 당부춘 각본(만력)이 있다.

명나라 홍무 6년《조련군사례操練軍士例》1책을 판각하여 반포했다. 항주에서는 수륙병사의《율령律令》·《조법操法》을 간행했다. 유인劉寅의《삼략직해三略直解》는 금대金臺의 왕량본汪亮本이 있으며 조선에 전해져 도활자본陶活字本이 있다.[107] 왜병의 침략을 방어한 명장 척계광戚繼光의《기효신서紀效新書》(융경)·《연병실기練兵實紀》(만력)는 군사 훈련과 전란 평정에 관한 경험을 종합 정리한 내용이 담겨 있어 세상 사람들의 추종을 받았다. 당순지는《무편武編》·《병원사편兵垣四編》이 있다. 왕명학王鳴鶴은《등단필구登壇必究》를 지었다. 모원의茅元儀의《무비지武備志》240권은 내용이 풍부하고 중요한 군사학 명저로 활자본(천계)이 있다.

또 유대유俞大猷의《도령속편韜鈴續篇》·《검경劍經》, 고욱顧煜의《사서射書》[108] 4권이 있다. 정종유程宗猷의《경여잉기耕餘剩技》6권(만력 42년, 천계 원년) 안에는〈소림곤법천종少林棍法闡宗〉·〈장창법선長槍法選〉·〈단도법선單刀法選〉이 있다. 신도新都의 정충두程冲斗《소림곤법천종》3권은 따로 만력각본이 있다. 또《신간명교진전권세체식新刊名教眞傳拳勢體式》3권,《곤봉체식棍棒體式》1권이 있다. 이러한 무술 서적의 출판은 전대에는 없던 일로 무술을 보급하는 데 어느 정도 작용을 했다.

명 가정 연간에《고송화보高松畫譜》가 있었는데, 비교적 시기가 빠른 화보로 그중《국보菊譜》·《죽보竹譜》·《영모보翎毛譜》는 근년에 영인본이 나왔다. 명나라 때 서화에 관해 논의한 서적으로는 주리정周履靖의《예원藝苑》·《회림繪林》·《화수畫藪》가 있다. 또 주존리朱存理의《철강산호鐵網珊瑚》, 당인唐寅의《화보畫譜》, 양신楊愼의《묵지쇄

107_ 도활자로 찍은 책으로 1722년(경종 2) 3월에 청해에서 찍은〈삼략직해 三略直解〉가 있는데 정확하지는 않다고 한다.
108_ 궁술에 관한 책이다.

록墨池瑣錄》·《서품書品》, 주관구朱觀熰의 《서법권여畫法權興》, 왕세정王世貞의 《화원畫苑》, 장축張丑의 《청하서화방淸河書畫舫》, 정리상鄭履祥의 《인림印林》이 있다. 또 주권朱權의 《금완계몽琴阮啓蒙》이 있고 엄징嚴澄·양표정楊表正도 각각 《금보琴譜》를 저술했다.

　　유서類書　　고대의 유서로는 《초학기》·《예문류취藝文類聚》·《태평어람》·《금수만화곡錦繡萬花谷》·《사문류취事文類聚》·《기찬연해記纂淵海》·《산당고색山堂考索》·《고금합벽사류비요古今合璧事類備要》·《고금원류지론古今源流至論》 등이 있다. 여러 곳에서 판이 간행되었을 뿐 아니라 또 7, 8종의 동활자본이 있다. 그중 《예문류취》는 화씨華氏 난설당蘭雪堂과 상주常州 두 종류의 동판인쇄본이 있다. 명나라 유서로는 고금을 통털어 드문 명저 《영락대전》이 있지만 아쉽게도 그 당시에 판을 간행하지 못했다. 판본이 있는 서적으로는 당순지의 《형천비편荊川碑編》, 진요문陳耀文의 《천중기天中記》, 장황章潢의 《도서편圖書編》, 팽대익彭大翼의 《산당사고山堂肆考》, 왕기王圻의 《삼재도회三才圖會》, 유안기俞安期의 《당류함唐類函》, 유중달劉仲達의 《유씨홍서劉氏鴻書》, 동사장董斯張의 《광박물지廣博物志》, 능치륭淩稚隆의 《오거운서五車韻瑞》, 용양자龍陽子의 《만용정종불구인전편萬用正宗不求人全編》이 있다. 그리고 누가 저술했는지 이름이 없는 《군서집사연해群書集事淵海》가 있다.

집 부

　명나라 사람은 고전 문학 작품을 가장 많이 번각했다.

　《초사》는 60종의 판본이 있다.

　장부張溥는 《한위육조백삼명가집漢魏六朝百三名家集》을 편집하고 판각했다(판각본과 활자본이 있음). 그중 《양자운집楊子雲集》·《혜중산집稽中散集》·《육사룡집陸士龍集》·《양소명태자집梁昭明太子集》은 원본은 없어지고 모두 명나라 사람의 손을 거처 다시 편집되었다. 설응기薛應旂는《육조시집六朝詩集》이 있다(가정 22년). 소주부의 서판으로는《사십가당시四十家唐詩》·《팔십가당시八十家唐詩》·《백가당시百家唐詩》가 있다. 당나라 이전과 당·송·금·원나라의 유명 작가 문집도 역시 많이 번각되었다. 그중《도연명집》은 42종의 판본이 있다.《집천가두공부시집集千家杜工部詩集》·《두공부칠언율시杜工部七言律詩》·《두율오언주해杜律五言注解》·《두시분류杜詩分類》등은 많게는 49종까지 있다.《이태백문집李太白文集》(혹은《이한림집李翰林集》, 혹은《분류보주이태백시分類補注李太白詩》라고도 함)·《한창려집韓昌黎集》·《유하동집柳河東集》, 이 세 서적은 각각 약 20종의 판본이 있다.

명나라 사람은 어제御製 및 종실과 번부 시문집 이외에도 일반 선비나 급제를 한 사람들 대부분이 시문 별집이 있다. 청나라《사고전서》에는 홍무에서 숭정 연간 동안 명나라 사람의 별집 238부(종)를 기록하고 있고,《명사·예문지》별집류에는 1,188부가 있으며, 황우직의《천경당서목》집부에는 6,825종이 있다. 그중 시문 별집이 약 5,940종(여성 시문집도 70명 정도)이 있다. 명나라의 어떤 사람이 3,700명의 문집을 모아 그 속의 전고典故를 편집하고자 했지만 도둑이 들어 없어지고 말아 완성하지 못했다.[118] 일반인이 별집을 3,700명까지 소장할 수 있었다는 점으로 볼 때 명나라 사람들의 문집이 얼마나 풍부했는지 알 수 있다.

유명 작가의 문집 판본은 더욱 많았다. 예로 개국공신의 으뜸이라 불리는 포강浦江 송렴의《잠계문집》30권은 금화부본金華府本·사천안찰사본·하간부본河間府本·양주부본揚州府本이 있다. 송렴의《학사문집學士文集》26권은 건양서림 유종기 안정당본(가정 3년 중간)이 있다.《송학사문수宋學士文粹》10권은 홍무 10년 포강 정제간본鄭濟刊本이 있고, 또 항주부본이 있다. 송렴은 세상에 그 학문으로 이름을 떨쳐 사대부로서 문장을 얻고자 하는 이들이 문턱이 닳도록 그의 집을 방문했고, 조선·안남·일본에서까지도 그 문집을 구입해갔다.[119] 이처럼 그 명성이 중국 내외에 알려진 작가는 드물었다. 처주부에서는 청전靑田 유기劉基의 《복부집覆瓿集》·《이미공집犁眉公集》·《성의백문집誠意伯文集》을 간행했고, 항주부에서는 《유백온문집劉伯溫文集》도 간행했다. 그 외에도 방효유方孝孺·해진解縉·김유목金幼孜·황복黃福·임홍林鴻·설선薛瑄·진헌장陳獻章·구준丘濬·이동양李東陽·나륜羅倫·정민정程敏政·오관吳寬·사천謝遷·왕오王鏊·이몽양李夢陽·하경명何景明·왕수인·양신楊愼·해서海瑞·왕신중王愼中·당순지·이반룡李攀龍·왕세정·모곤茅坤·귀유광歸有光·서위徐渭·이지李贄·원굉도·종성鍾惺 등과 같은 유명인 문집이 있으며 대부분 여러 곳의 간행본이 있다. 어제御製 시문집은 내부간본이다. 일반인들의 문집은 그 수량이 너무 많아서 열거하지 않겠다.

소설 명나라 때에는 정통적인 시문이나 사집詞集 이외에도 통속문학인 소설·희곡도 역시 아주 발달했다. 인구에 회자되는 《삼국지연의》·《수호전》·《서유기》·《봉신방封神榜》 등 유명 소설은 모두 명나라 때 작품이다. 삼국 이야기는 희극적 성격이 가장 풍부해 북송 때에 이미 어른들이 돈을 받고 아이들에게 삼국의 이야기를 들려주기도 했다. 유비가 패하는 대목을 들을 때면 모두가 눈물을 흘리고 조조가 패하면 기뻐했다. 금·원의 잡극에서도 삼국 이야기를 종종 채용했고 원나라 때는 《삼국지평화三國志平話》가 있었다. 명나라 초기 전당錢塘(지금의 항주)에서 나관중본[120] 《삼국지연의》가 나왔는데 낙양의 종이값을 올릴 정도로 명성을 떨쳤다. 명나라 고유高儒의 《백천서지百川書志》에 《삼국지통속연의》 240권이 기재되어 있다. 진晉나라 진수陳壽가 저술한 역사서가 내려오는데 이를 토대로 명나라 나관중이 순서에 따라 안배하였다. 정사에 근거하고 소설 형식을 빌어 백 년의 역사를 진술하였다. 온갖 이야기를 포괄한 최초의 장편 역사 소설로 야사류에 속한다. 명각본으로 고증할 수 있는 것은 16종으로 남경 국학, 북경 사례감司禮監, 도찰원都察院, 무정후武定侯 곽훈郭勛[109] 판이 있다. 그 판로가 넓어 서방에서는 귀한 상품으로 취급했기에 번각하지 않은 곳이 없었다. 만력 연간에 단지 건양 한 곳만 보더라도 유룡전의 교산당, 웅청우熊淸宇의 종덕당, 웅청파熊淸波의 성덕당 등 각 서적상에서 판각한 서판이 많게는 8~9종에 이른다. 금릉에도 역시 방각본이 있다. 현존하는 최초의 서판은 가정 사례감각본司禮監刻本이다. 조선에도 역시 인본이 있어 "집집마다 모두 읽었고, 시험에도 출제되었다."[121] 외국에도 라틴 · 영국 · 프랑스 · 독일 · 네덜란드 · 러시아 · 일본 · 한글 등의 언어로 번역된 번역본이 있으며, 서양 사람들은 이를 '지혜의 책'이라 불렀다.

나관중이 저술한 소설은 수십 종에 달하며 현재 남아 있는 소설은 《삼국지연의》 이외에 또《수당지전隋唐志傳》·《잔당오대사연의殘唐五代史演義》·《삼수평요전三遂平妖傳》·《수호전》 등이 있지만 대부분이 후세 사람들이 내용을 더하거나 삭제를 거쳤기 때문에 이미 본 소설의 모습은 아니다.

《수호전》에서는 관이 백성을 핍박해 반란을 일으켰다는 내용을 주제로 농민 봉기를 묘사하고 있다. 오늘날 대부분의 사람들이 시내암施耐庵의 작품이라고 하지만 이는 본래 명나라 호응린이 주장한 내용으로 내암의 이름은 혜惠, 자는 군미君美로 역시 항주 출신이라고 한다. 그러나 명나라 왕기王圻 · 전여성田汝成 · 낭영郎瑛, 청나라 주량

109_ 명초 개국공신 무정후 곽영郭英의 6세손으로 정덕 3년(1508)에 무정후 작위를 세습받았으며 우국공翊国公에 봉해졌다. 글씨를 잘 썼으며 특히 전서篆書에 능했다.

공周亮工은 모두 나관중의 작품이라고 보았다. 명나라 고유高儒는 《충의수호전忠義水滸傳》100권을 기록했는데 전당錢塘 시내암의 판본과 나관중의 편차를 취하였고 야사류에 넣었다. 이지李贄 역시 시내암이 저술하고 나관중이 차례를 배열했다고 여겼고, 청나라 김성탄金聖歎은 또 시내암이 저술한 것을 나관중이 계속 지었다고 보았다. 노신魯迅은 "《수호》 간본簡本에 편찬한 사람의 이름에 나관중만 있다. 주량공은 옛날 노인들의 말을 듣고 나관중이 지었다고 언급했는데 곽씨본郭氏本[110]이 나온 것보다 시내암이 먼저 시작했다. 시내암이 계속 번본繁本에 이름만 올렸던 것으로 보이는데 당연히 후에 생긴 것이고 고본에는 없다"[122]고 했다. 노신의 고증은 비교적 믿을 만하다. 《수호》는 판본은 많고 횟수도 서로 다르다. 나관중의 원본은 100회로 되어 있고 매 회마다 요상하고 괴이한 말로 시작되고 있는데, 가정 연간에 곽무정郭武定이 중각하면서 그 치어致語[111]는 삭제하고 본전本傳만 남겨 두었다. 호응린은 "내가 20년 전에 본 《수호전》본은 읽는 재미가 아주 풍부했는데, 십수 년 동안 복건지역의 서점상인들이 간행하면서 많은 부분을 빠뜨렸다. 그들은 사실만을 기록하는 것에 그치고 중간에 있는 멋진 말들과 여운, 신묘하고 기이한 부분을 일괄적으로 삭제하니 결국 아주 졸렬한 졸작이 되어 버렸다"고 했다. 복건성의 상인들은 빨리 판매해 이윤을 얻는 것만을 목적으로 했기 때문에 마음대로 삭제해 그 원서의 모습을 잃어버렸던 것이다. 건본建本이 경시를 받았던 이유가 바로 이 때문이다. 120회본 《충의수호전서忠義水滸全書》는 첫부분에 초지역 사람 양정견楊定見의 서문이 있다. 115회본은 숭정 말엽에 《삼국지연의》와 합각하여

110_ 곽무정郭武定이 중각한 것을 말한다.
111_ '치어'는 여러 가지 뜻이 있지만 여기서는 화본소설에서 매 회마다 나오는 인자引子(줄거리를 제시하거나 배역配役을 설명함)를 말한다.

《영웅보英雄譜》라 불렀다.

나관중의 《평요전平妖傳》은 명나라 신마소설神魔小說[112]의 선구가
되었는데 이를 계승한 것이 《서유기》이다.[123] 산양山陽(지금의 회안淮
安) 출신 오승은吳承恩은 감수성이 풍부하고 지혜가 많았으며 역시
해학에도 능했다. 양지화楊志和의 41회본 《서유기》를 근거로 하고
거기에 윤색을 해 100회본의 《서유기》로 증보하였다. 묘사가 과장
되고 기괴하고 요상하며 운취가 넘쳐난다. 특히 아동과 청소년들이
좋아하니 아주 진귀한 신화소설이 되었다. 금릉 당씨 세덕당에 《출
상관판대자서유기》가 있다. 명나라 말기에 승려 남잠南潛이 또 《서유
보西遊補》 16회를 지었다. 《서유기》의 외국어 번역본도 아주 많은데
《원숭이》라 번역되기도 하였다. 현재 일본어 번역본도 역시 여러
종류가 있다.

《서유기》 다음으로 유명한 환상소설에 또 100회 《봉신전》이 있는
데 명나라본에는 원래 허중림許仲琳 편찬이라 되어 있다. 소주 서방
서충보舒沖甫의 정간본精刊本 《신각종경백선생비평봉신연의新刻鍾敬
伯先生批評封神演義》는 명나라 육서성陸西星 편찬이라 되어 있다.

삼보태감三寶太監 정화鄭和(원명은 마삼보馬三保)는 7차례나 서양을
다녀왔는데 이는 명나라 초기 큰 업적이 되었다. 만력 중엽 나무등羅
懋登(삼산도인三山道人)은 연의 20권 100회를 지었는데 제목이 《삼보태
감서양기통속연의三寶太監西洋記通俗演義》(만력 25년 간행)로 신괴한 내

112_ '신마소설'이란 말은 노신魯迅이 《중국소설사략中國小說史略》에서 처음으
로 말했는데 이런 류의 소설은 명청 시기에 가장 흥성했다. 이런 소설로는
《서유기》·《봉신연의封神演義》·《연화경鏡花緣》 등과 같은 우수한 작품이
있지만 '괴력난신怪力亂神'을 꺼리던 고대 중국에서 소설의 작가는 그 이름을
알 수 없거나 작품이 금지되었다. 신마소설은 규격에 구애받지 않고 상상력이
풍부하였다. 일반 민중들이 좋아하는 신화나 종교적인 것을 가미하여 지금까
지도 광범위하게 전해온다.

용만 늘어놓고 있으며 문사가 정교하지 못하다.

나관중과 동시대를 살았던 전당錢塘 사람 구우瞿佑는 영락 중엽 주왕부周王府의 장사長史[113]의 관직을 지냈는데 학식이 깊고 넓어 새로운 기이한 이야기를 엮어 《전등신화剪燈新話》를 지었다. 고유는 이를 소사小史라 불렀다. 정통 7년 국자감의 좨주 이시면李時勉은 "근래 유학자들이 기이하고 괴상한 일을 빌려서 근거 없는 말을 포장하고 있다. 예로 《전등신화》 같은 종류의 작품이다"라고 말했다. 그는 "이러한 서적을 접하게 되면, 즉 불태워버리고 책을 인쇄하거나 소장하거나 읽는 이도 법률에 따라 죄를 물어야 한다"고 건의했다.[124] 그러나 명나라 조정은 이러한 사실에 대해서 시종일관 대충 처리하는 데다가 그의 건의를 아랑곳하지 않았다. 이후에 이창기李昌期가 《전등여화剪燈餘話》 4권을 편찬하자 정덕 6년에 청강서당淸江書堂은 예전대로 출판을 하고 서명을 《중증부록전등신화重增附錄剪燈新話》라 했다. 서림書林의 첨씨詹氏는 여기에 삽화까지 첨가했다. 만력 연간에 황정위黃正位는 또 그림이 있는 《전등신화》를 간행하고 부록으로 《전등여화》를 첨가했다. 안남安南의 완서阮嶼가 《전기만록傳奇漫錄》 4권을 지었는데 이는 《전등신화》를 모방한 것이다.

이 외에도 또 명대에는 인정소설人情小說이란 것이 있었다. 이는 재자가인을 묘사하고, 아름답고 화려한 인물이 등장하고, 기쁨과 슬픔, 이별과 만남이 있으며 세태의 냉혹함과 온정 그리고 인과응보 등이 그 주요 내용이다.

명나라 섭성葉盛은 "요즘 이익만을 추구하는 서적상들이 소설과 잡서를 위조하고 있다. 남방 사람들은 한소왕漢小王(광무光武) · 채백개蔡伯喈(채옹) · 양육사楊六使(문광文廣)를 좋아하고, 북방 사람들은 계

113_ 군부나 관부官府의 하급관리.

모와 현자 등의 이야기를 좋아한다. 농민 장인 상인 중에도 그림을 베껴서 집안에 모아두는 이도 있다. 흐리멍텅한 부녀자들이 특히 이를 좋아하며 호사가들은 《여통감女通鑑》 같은 것을 보기도 한다"[125]고 했다. 서방에서 출판한 소설·잡서는 사회 각 계층의 사람들, 특히 부녀자들의 환영을 받았으며 심지어 이들 서적을 집에 모아두는 이도 있을 정도였다. 소설과 희곡은 사회의 수요에 따라 생산되었고 대중의 지지가 있었기 때문에 관방에서 쉽게 금하지 못했다.

명나라 사람들은 소설을 모아서 책을 만들거나 총서를 편찬하기도 했다. 예로 《고씨문방소설顧氏文房小說》 40종이 있고, 청평산당에서 소설을 15종 간행했다. 천계·숭정 연간에 천허재天許齋 서방에서 고금 명인 연의 120종을 구입해 이 중 3분의 1을 먼저 판각하고 《전상고금소설全像古今小說》이라 서명을 붙이고 40권을 냈다. 장주長州의 풍몽룡馮夢龍은 《유세명언喻世明言》·《경세통언警世通言》·《성세항언醒世恒言》을 지었으며, 이 셋을 합쳐서 《삼언三言》이라 부른다. 각각 단편소설 40편을 수록하여 모두 120편을 수록했는데 화본소설을 집대성했다고 평가받는다. 세태 인정의 갈등 등을 묘사하고 있으며 이별과 만남, 슬픔과 기쁨 등의 내용을 다루고 있다. 근래에 신판이 있다. 같은 시기에 오정烏程의 능몽초淩蒙初가 있는데 그의 호는 공관주인空觀主人이다. 능몽초는 고금의 잡다하고 소소한 이야기 중에 새로운 내용이거나 이야기할 만하고 재미있는 것을 뽑아 부연하고 저술해 《박안경기拍案驚奇》 36권을 지었다. 2각은 39권이 있고 이를 합쳐서 《이박二拍》이라 부른다. 풍몽룡의 《삼언》을 모방했으나 그 수준에 이르지는 못했다. 또 포옹노인抱翁老人이 풍몽룡과 능몽초 두 사람의 책 중에서 선별해 《금고기관今古奇觀》 40회를 만들었는데 비교적 유행했다.

창본唱本**과 보권**寶卷   명나라 통속소설 중에는 또 창본과 보권이 있었는데 창본은 남송의 설화說話·원나라 평화平話에서 나온 것이다. 북경에서 선덕 이후부터 소창小唱이 성행했으며 성화 연간에 《사계오경주운비四季五更駐雲飛》 등이 간행되었다. 만력 《황도적승도皇都積勝圖》에서도 대명문大明門 앞에서 소창을 부르고 비파를 연주하는 장면을 볼 수 있다. 성화 연간에 북경의 영순당서방永順堂書坊에서 11종의 설창사화를 간행했는데《설창포대제출신전說唱包待制出身傳》 등이 있으며 전부 7언의 노래구절로 되어 있다.

어렸을 때 시골에서 여름밤 더위를 식힐 때 이른바 "선권宣卷"이라는 것이 있었는데 이는 불교 이야기를 강창하며 향을 피우고 목어를 두드리는 등 종교적 색채가 농후했다. '선권'은 당나라 때 불경 변문에서 출발했다. 선권의 저본은 "보권"이라 부르며 명나라 중엽에 출현하기 시작했다. 이는 비밀 조직의 활동과도 연관이 있는데 백련교白蓮教·홍양교紅陽教에서는 보권을 경전으로 이용했다. 비교적 초기의 것으로 정덕 4년에 간행된《외외부동태산심근결과보권巍巍不動太山深根結果寶卷》이 있고, 같은 해에 또《정신진의무수중자재보권正信陳疑無修證自在寶卷》을 간행했다. 가정 때에《약사본원공덕보권藥師本願功德寶卷》을 간행했다. 만력 36년에《혼원홍양 여래무극표고조임범보권混元弘陽如來無極飄高祖臨凡寶卷》, 또《소석맹강충렬정절현량보권銷釋 孟江忠烈貞節賢良寶卷》이 있다. 명간본 보권은 약 60~70종이 있다.

희곡 "홍무 초기에 친왕에게 사곡詞曲 1,700본을 꼭 하사했다"고 전해진다. 당시에 20여 명의 친왕이 있었으니 하사한 책 약 수만 본은 당연히 새로 인쇄한 것으로 보이며 대부분은 원나라 사람의 옛 작품으로 보인다. 청나라 초기 양청원梁淸遠은 "교화가 미치지 못하자 소리로 사람을 감동시키고자 했고 게다가 속세의 말은 쉽게 귀에 들어오지 않는가?"라고 추측했다. 명대에 희곡은 몹시 발전을 하여 유명 작가가 여러 명 나왔고 저명한 작가로 주유돈朱有燉·탕현조

湯顯祖가 있다. 개봉에 거주하던 주헌왕周憲王 주유돈朱有燉은 호가 금과노인錦窠老人 또는 전양옹全陽翁이다. 시문에 능했을 뿐 아니라 《흑선풍장의소재전기黑旋風仗義疏財傳奇》·《여동빈풍월신선산회呂洞賓風月神仙山會》등 희곡 31종을 썼으며 모든 종류마다 전기傳奇라는 두 글자가 있어 《성재전기誠齋傳奇》,[114] 혹은 《성재잡극誠齋雜劇》이라 부른다. 고유高儒는 '외사外史'라 불렀는데 이는 야사·소사와 구별하기 위함이었다. 영락·선덕·정통 연간에 주유돈은 자신의 왕부王府에서 판각을 해 지금까지 판본이 전한다. 임천臨川 사람 탕현조는 《임천사몽臨川四夢》·《모란정牡丹亭》[115]과 같은 명작이 있다. 이외에도 희곡 작가로 심경沈璟·서위徐渭·장풍익張風翼·매정조梅鼎祥·왕치등王稚登·주리정周履靖·서복상徐複祥·왕정눌汪廷訥 등이 있고 각각 저술한 희곡의 수는 같지 않다.

영락 황제는 일찍이 희곡을 부분적으로 금지시켰다. "배우들이 잡극에서 분장할 때에는 법에 의한 신선의 교화, 의로운 남편과 절개 있는 아내, 효성스러운 자식과 손자, 권선징악 및 태평성세의 기쁨을 이야기 하는 것 이외에는 금지한다. 제왕과 성현을 업신여기는 사곡詞曲이나 제왕이나 궁실 이야기를 하는 잡극雜劇을 짓는 것은 법을 어기는 것이고 이를 소장하거나 돌려 읽거나 인쇄해 판매하는 자는 법사法司에 보내어 취조하고 처벌한다. 성지를 받들지어다 … 감

114_ '성재'도 주유돈의 호이다.

115_ '임천사몽'은 또 '옥명당사몽玉茗堂四夢'이라고도 한다. 명대 극작가 탕현조 (1550~1616)의 《모란정牡丹亭》·《자차기紫釵記》·《한단기邯鄲記》·《남가기 南柯記》 네 작품의 합칭이다. 앞의 두 작품은 남녀의 애정극이며 뒤의 두 작품은 사회풍정극이다. 이 네 작품 모두 꿈을 소재로 했기 때문에 '임천사몽'이라고 한다. 임천은 작가 탕현조의 고향이다. 그러므로 본문에서 《임천사몽》이라고 작품처럼 표기한 것은 잘못이지만 원서대로 따랐다. 탕현조는 '중국의 셰익스피어'라고 불리는데 1616년 셰익스피어와 같은 해에 사망했고 올해 2016년이 400주기로 많은 기념행사가 진행 중이다.

히 소장하는 이는 전 가족이 죽음을 당한다"[126]고 금지했다. 금지령이 이처럼 엄하니 자연스럽게 분위기가 위축되었다. 후에 사회적으로 또 희곡이 유행하게 되어 유흥 오락이 되어 음악을 곁들여 손님을 즐겁게 하니 관에서도 자연히 금하지 못하게 되고 사대부들은 여기에 또 더 크게 유행하도록 박차를 가했다. 관방에서는 금지령을 풀고, 사대부들은 더욱 제창을 하고, 장서가들은 희곡 극본을 수집하니 사가 산처럼 많고 곡이 바다를 이룰 정도라는 뜻으로 '사산곡해詞山曲海'라는 말이 있을 정도였다. 심덕부沈德符는 "현재 교방敎坊의 극본이 약 1천 본 정도나 있는데 조악한 작품이 많고 속되고 천박하니 가히 읽을 만 한 것은 10개 중 3개뿐이다"라고 말했다. 부석화傳惜華의《명대전기전목明代傳奇全目》통계에 의하면 명나라 전기 작가는 약 350명이고(이름이 없는 이는 계산하지 않았다) 전기 작품은 약 950종이다. 만력 때 남경 서적상에서 판각한 희곡은 많게는 2,300종에 이른다. 송·금대부터 그 서명을 고증할 수 있는 극본은 모두 4,000종으로 원·명 두 나라에서 특히 성행했다. 명나라 조청상趙淸常은 원·명의 잡극을 합쳐 300종 이상 장정했고, 심태沈泰는《성명잡극盛明雜劇》초집·2집을 편찬했는데 60종이 있다. 명 말기에《이원아조梨園雅調》60종을 간행했고 모씨 급고각에서도《육십종곡六十種曲》을 판각했다. 정진탁 선생의《고본희곡총간古本戲曲叢刊》2·3·4집은 현존하는 명나라 전기가 전부 수록되어 있는데 모두 177종이다.

온주溫州 사람 고명高明이 원나라 지정 연간에 지은 명저《비파기琵琶記》는 명대에 가장 많은 판본이 있다. 가정 무오(1558)년에 어떤 이가 남도南都(남경)에서 명나라 초기의 필사본과 여러 서적상의 판각본 40여 종을 계속해서 구했는데 "같고 다른 부분이 많고, 판각이 좋고 나쁜 곳이 너무 많다"고 말했다. 만력 25년 왕광화汪光華는 완호헌본玩虎軒本《비파기》의 범례에서 "여러 서적상의 판각본이 모두

70여 종이다"고 말하고 있다. 한 책의 판본이 많게는 70여 종까지 있는 경우는 명나라 판각본 중 가히 신기록이라고 할 만하다.

명나라 사회에서는 개인 간의 교류가 밀접해 통신이 빈번했다. 그리하여 남경·소주·건양 등의 서적상에서는 편지에 관한 전문서를 많이 출판하고 이를 《여면담如面談》이라 불렀다. 여장경余長庚은 《절매전折梅箋》 범례에서 "서적상에서 서신을 판각하는 것이 수십 종뿐이겠는가?"라고 말했는데 이는 송나라·원나라 때에는 없던 새로운 출판품이다.

팔고문八股文　　명·청 두 나라의 통치 권력은 경서의 의미를 바탕으로 문장을 짓는 형식의 시험으로 관리를 뽑았고 이를 통해 백성들의 통치사상을 강화하면서 백성을 우롱했다. 지식인 집단의 관심과 지혜를 모두 팔고문[116]을 짓는 데 소모하도록 해 중국의 과학 문화의 진보를 방해했다. 또한 전체 사회의 경제 문화에 있어서도 장기적으로 정체하도록 만들었으니 그 죄악을 말로 다 할 수 없다. 팔고문은 송나라 말기와 원나라로 거슬러 올라간다.[127] 일정한 격식이 있으며 문체는 대구를 사용하고 전문적으로 기승전결·지호자야之乎者也[117] 등의 허자를 사용하는 데 공을 들여야 한다. 가식적으로 내용을 수식하고 천편일률적으로 말끝마다 "성인을 대신해 말한

116_ 팔고문은 명청 과거시험의 문제로 제의制義, 제예制藝, 시문時文, 팔비문八比文이라고도 한다. 팔고문은 문장의 8개 부분을 말하며, 문체는 일정학 격식이 있다. 파제破題, 승제承題, 기강起講, 입고入股, 기고起股, 중고中股, 후고後股, 속고束股의 8개 부분으로 이루어진다. 제목은 일률적으로 사서오경 중의 원문에서 나와야 한다. 뒤의 4개 부분에서는 한쌍 두줄이 대우가 되어야하며 합치면 모두 8이 된다. 팔고문에서는 공자나 맹자의 어투에 네쌍의 대우는 평측平仄이 되어야 하고 화조풍월이나 외설스러우면 안 된다. 모든 문장은 기고에서 속고까지 네 부분을 포함해야 한다.

117_ '之', '乎', '者', '也'는 문언문 중에 자주 쓰이는 어조사로 케케묵은 지식을 자랑한다는 비유로 쓰인다. '지호자야'는 《천자문》 중 맨 마지막 구절이다.

다"고 하지만 실제로는 아무런 내용이 없다. 그러나 팔고문은 중국에서 5백 년의 역사 기간 동안 극히 중요한 자리를 차지하고 있었기 때문에 호적胡適 박사는 일찍이 팔고문을 대대적으로 구입해 놓으라고 강력히 주장했지만 아쉽게도 당시에 아무도 호응을 하지 않았다.

명나라 초기 과거시험장에서 시험 치는 문장으로는 《사서정문四書程文》·《오경정문五經程文》, 책론·조詔·고誥·표정문表程文이 있다. 어떤 사람이 성화 이전 시험 문장을 모아 편집했는데 640권에 이르는 방대한 양이었고 서명을 《국조시록國朝試錄》이라 했다. 또 이른바 《삼장문해三場文海》·《책략비람策略備覽》, 방각본 《명장원책明狀元策》 12권이 있다. 팔고문은 처음에 남방에서 출판되었고 성화 이후에 항주에서 어떤 이가 《경화일초京華日抄》라는 책을 간행하고 이윤이 크게 나자 복건에서도 이를 모방했다. 각 성에서는 제학고권提學考卷을 간행했다.[128] 가정 초기 이렴李濂은 "요즈음 서적상들은 과거科擧에 관련된 서적이 아니면 출간하지 않고, 시장에서도 과거 관련 서적이 아니면 팔지 않으며, 선비들도 과거 관련 서적이 아니면 보지 않는다"라고 말했다.[129] 서관徐官도 "명나라에서 판각한 서적은 정문程文류의 서적이 아니면 선비들은 읽지를 않았고 시장에서도 팔리지 않았다"라고 말했다.[130] 이로 볼 때 당시에 판각한 것, 팔린 것, 읽는 것 모두가 다 팔고문이었다는 사실을 알 수 있다. 만력 15년 "예부에서 새롭고 기이한[新奇] 문장을 숭상하니 전아典雅한 것을 뽑아서 학관에서 간행 배포하게 하고 (시험)경향을 알게 한다. 이에 시험에 합격한 문장 110여 편을 간행하고 배포하니 이것이 전범이다"[131] 여기서 신기新奇니 혹은 전아典雅니 라는 표현을 쓰기는 했지만 어쨌든 모두가 다 가치가 없는 팔고 문장이다. 청나라 위송魏崧은 "시험에 합격한 문장을 판각하는 일은 당형천唐荊川[118]에서 시작되었다"고 말했다.[132] 명나라 이후李詡는 "당순지가 회원에 합격했을 때 그 원고를 무석의 일가와 인척 집안에서 동시에 판각했다"고 말했다. 또 "내가 어릴 적 과거에 급제하는 것을 배웠는데 간행본이나 창고窓稿[119]가 없다. 지금 눈에 보이는 것은 온통 방각坊刻이다"고 말했다.[133] 대체로 과거관련 서적은 방각본이 많았으며 가정·융경·만력에 이르기까지 아주 성행했다.

명나라 방각본 팔고문 서적은 4종류로 나뉜다. 즉 정묵程墨(이는 과거장의 주 시험과 수험생의 문장), 방고房稿(18방[120] 진사의 평소 작품), 행권行卷(거인擧人이 된 이의 평소 작품), 사고社稿(여러 학생의 회과會課[121] 작품) 4가지이다. 매 과의 방고를 판각하면 소주·항주, 북방의 서적상에서 구입해 갔고 모든 이들이 이를 표준으로 삼았다.[134] 상원上元과 강녕의 두 현과 건녕서방에서 판각한 《시의時義》도 아주 많았고 어떤 이는 이를 있는 대로 다 불태우라고 건의하기도 했다. 당시 사회에서 글을 배워 과거에 합격하는 것은 지식인으로서는 유일한 출구로, 그들은 관직에 오르고 재물을 벌기 위해 신분 상승을 바랐기 때문에

118_ 당형천(1507~1560)은 명나라 무진(지금의 상주) 사람으로 원래 이름은 당순지唐順之이고 자는 응덕應德이다. 형계荊溪의 산천을 몹시 좋아하여 형천이라고 호를 지었다. 명 가정 8년(1529)에 23세로 진사에 합격하였다. 예부회시에서는 1등을 하였고 한림원에 들어가 편수를 담당했다. 1년 후에 병으로 낙향하여 20여 년간 독서를 하여 통하지 않는 것이 없었다. 가정 초년에 왕신중王慎中 등과 함께 당시 고문운동의 대표로 세상에서는 이 둘을 '왕당王唐'이라고 부른다. 또는 "진강의 왕신중, 비릉의 당형천[晉江王, 毗陵唐]"이라고도 부른다. 후에 귀유광歸有光, 왕신지와 더불어 '가정3대가嘉靖三大家'로도 불린다. 후에는 이 세 사람과 송렴宋謙·왕수인王守仁·방효유方孝孺를 '명6대가'라고 한다. 저서에는 《형천집》·《구고용방원론勾股容方圓論》 등이 있다. 정진탁鄭振鐸은 《중국문학사》에서 "당송팔대가라는 이름은 맨처음 당순지로부터 시작되었다"고 하였다. 이로써 당순지의 문학사에서의 영향을 알 수 있다.

119_ 옛 서당에서 학동들이 연습 삼아 쓴 글들.

120_ 명나라 회시會試와 청나라 회시 및 향시에서 18명의 시험 감독관이 방을 나누어 오경 시험답안지를 읽었기 때문에 이를 '18방'이라고 한다.

121_ 문인들이 정기적으로 모여 지은 문장을 서로 돌려보던 것.

자연히 팔고문을 잘 지어 출세의 디딤돌로 삼으려 했고 모방해 배워 가며 급제하기를 원했다. 사회에 이와 같은 수요가 있었기 때문에 그것을 태워 없애고자 해도 불가능한 일이었다. 그러나 출세의 문이 열리고 나면 이러한 디딤돌도 다 먹고 난 후 뱉는 과일의 씨처럼 버리게 되었다. 명나라 때 정사程士의 문장과 학생들의 평상시 습작 문장은 너무 많아서 통계를 낼 수 없을 정도다. 단행본 이외에도 종종 개인의 문집 끝에 부록으로 실려 《제의制義》나 《시문時文》으로 불렸다. 장서가들도 이런 것을 줄곧 중시하지 않았고 쉽게 생겨났다 쉽게 사라지게 되니 시대에 따라 도태되어 현존하는 전문서적은 가물에 콩 나듯 아주 적다.[135]

총집　　양나라 소통의 《문선》은 40여 종의 판본이 있다. 기타 총집도 역시 판본의 종류가 많다. 예로 《문원영화文苑英華》(경번본慶藩本·복주부본福州府本·창덕부본彰德府本)·《서산선생진문충공문장정종西山先生眞文忠公文章正宗·속집續集》(운남본·산서본)·《고문원古文苑》(상주부본常州府本·강서포정사본江西布政司本)·송나라 진감陳鑒의 《동서한문감東西漢文鑒》(절강포정사본)·《당문수》(진번본晉藩本·소주부본·건녕부본·산서포정사본·서육각본徐焴刻本)·《송문감宋文鑒》(남감본·산서포정사본)·《원문류元文類》(진번본·남감본·산서본)이 있다.

명나라 사람이 편찬하고 간행한 명대인의 시문집으로는 정민정程敏政의 《황명문형皇明文衡》(휘주각徽州刻), 장시철張時徹의 《황명문원皇明文苑》(융경), 하교원何喬遠의 《명문징明文徵》, 진인석陳仁錫의 《명문기상明文奇賞》, 진자룡陳子龍 등의 《황명경세문편皇明經世文編》 540권(명나라 말엽 판각), 양신楊慎의 《황명시초皇明詩鈔》(가정), 사동산謝東山의 《황명근체시초皇明近體詩鈔》, 서태徐泰의 《황명풍아皇明風雅》, 유헌俞憲의 《성명백가시盛明百家詩》 등이 있다.

서양 문학　　프랑스 선교사 니콜라스 트리고(Nicolas Trigault)는 강주絳州·서안·항주에서 판각하고 서적을 인쇄했다(천계 5년). 서안에 있을 때 신자인 진강晉江의 장갱張賡과 함께 《황의況義》 1권을 선별해 인쇄했다.[136] 《황의》는 우언을 빌어서 상황을 비유했다는 뜻이며 세계적인 명저인 《이솝우언》으로 중국에서 출판된 초기 서양문학 작품이다. 첫번째 중역본 《이솝우언[伊索寓言]122》은 모두 22칙으로 이루어져 있고 파리에 아직 전초본傳抄本이 보관되어 있다고 한다. 최근 이 초본을 보았는데 22칙 이외에도 16칙이 더 보충되어 있었다. 머리말에 "서양의 니콜라스 트리고가 구술하고 남국의 장갱이 글로 받아 적었다"라고 적혀 있고 또 사무명謝懋明의 발문이 있었다. 청나라 때 광동에서 출판된 《의습유언意拾喩言》(도광 20년), 교회가 출판한 영한 대역본 《의습몽인意拾蒙引》(도광 21년), 홍콩 영화서원英華書院에서 인쇄한 《이사보유언伊娑菩喩言》123(동치 7년)이 있다. 후에 임금남林琴南이 번역하고 제목을 《이솝우언[尹索寓言]》으로 바꾸어 상무인서관에서 출판했는데, 《이솝우화》라는 서명만 남게 되었고 나머지 번역 서명은 점차 사라졌다.

제서制書

명나라 초기에 '제서'는 '본조서本朝書' 혹은 '반강서頒降書'라고 불렀고 중앙에서 각 지방에 발급한 것이라 '국조반강관서國朝頒降官書'라고도 불렀다. 양교梁橋의 《황명성제책요皇明聖制策要》에 《역조제서歷朝制書》 48부를 열거했다. 청나라 부유린傳維鱗의 《명서明書·경적지經籍志》는 전각殿閣 황실역사서고書庫 내 통적고通籍庫에 소장된 장서인데 그 처음이 바로 《제서》 167부이다. 모두가 황제의 어찬·어

122_ 伊索의 중국어 발음은 'yisuo'다.
123_ 앞에 인용한 도서명도 모두 《이솝우화》라는 뜻이다.

주가 있거나, 혹은 신하에게 명해 찬수한 것이라 청나라 때의 어제御
製・어찬御纂・흠정欽定 등의 서적에 상당한다. 태조 주원장의 저서
가 가장 많아 약 70종이 있다. 명나라는 봉건 통치를 유지하기 위해
홍무 6년에 《조훈록祖訓錄》을 지어 자손들에게 교훈을 내렸다. 즉
"후세에 이를 지킨다면 곧 천록을 영원히 보존할 수 있다. 만약 제멋
대로 총명한 척 옛 전장을 어지럽히고 조상의 교훈을 어긴다면 망하
게 된다!"라고 하고 게다가 친히 서문을 썼다. 또 계속해 《소감록昭鑒
錄》(홍무 6년)・《영감록永鑒錄》(홍무 26년)을 편찬해 여러 친왕에게 하
사했다. 《기비록紀非錄》에는 주周・제齊・담潭・노魯의 여러 왕을 훈
계하고 있다. 송렴에게 역대 간신의 행적을 찾아 편집하도록 해 《변
간록辨奸錄》(홍무 6년)을 편찬하고 태자와 제왕에게 반포했다. 《계제
록稽制錄》(홍무 26년)・《계고정제稽古定制》(홍무 29년)를 지어 공신들이
사치하는 것을 경계하도록 공신들에게 반포하여 알렸다. 중외의 여
러 신하들에게 알리는 것으로는 《신계록臣戒錄》(홍무 13년)・《지계록
志戒錄》(《신계록》의 남은 원고를 보충, 홍무 19년)・《세신총록世臣總錄》(홍무
26년)・《대고무신大誥武臣》(또는 《무신대고武臣大誥》라 함. 홍무 20년, 황릉
포배장 1책, 고궁도서관 소장)・《무신칙유武臣敕諭》・《무사훈계록武士訓戒
錄》(홍무 20년)이 있다. 또 호부에 명해 《성탐간요록醒貪簡要錄》을 편집
했다. 일명 《성탐록醒貪錄》(홍무 25년)이라고도 하며 중국과 외국에 반
포해 하사하고 백성들을 구제하도록 했다. 서적 중에 특히 농민들의
노고에 관해 언급하고 있는데 "지금 관직에 있는 이들은 농민들의
어려움을 알지 못하고 착취하고 학대하니 인심이 없도다!"라고 말하
고 있다. 호부에서 또 《교민방문敎民榜文》(혹은 《교민방敎民榜》이라고 함.
홍무 31년)을 간행했다. 또 《공자서公子書》를 편찬하도록 명하고 세습
신하의 자제들에게 교훈으로 삼게 했다. 《무농기예상가서務農技藝商
賈書》를 만들어 서민의 자제들을 교육하도록 하고 직접적으로 설명

을 해 알기 쉽도록 했다. 그는 또 각종 법률 제도를 만들었다. 예컨대 《대명률》·《대명령》·《대명관제大明官制》·《제사직장諸司職掌》(홍무 26년)·《대명집례大明集禮》(홍무 3년)·《홍무예제洪武禮制》·《예의정식禮儀定式》(홍무 20년)이 있다. 원나라 말기 관부 문서가 쓸데없이 번잡하고 많은 폐단을 살펴 공문을 간소화하기 위해 《행이번감체식行移繁減體式》 1권을 편찬하도록 명하고 판각해 반포했다. 이처럼 전장 제도를 만들어 홍무 연간에 커다란 역할을 했을 뿐만 아니라 명나라 여러 황제들도 이에 따라 시행했다. 또 《어주도덕경御注道德經》·《어주홍범御注洪範》·《어제문집》·《어제시집》이 있다. 그중 언급할 만한 것으로 그가 직접 쓴 《대고大誥》가 있는데, 홍무 18년(1385) 겨울 10월에 천하에 반포하고 국자감과 전국 부주현의 학생들에게 하사했다. 19년 3월에 또 《대고속편大誥續編》을 만들고, 12월에 또 《대고삼편大誥三編》을 완성하니 통칭해 《어제대고삼편御製大誥三編》(속편·삼편, 수안궁에 3책이 소장되어 있음)이라 부른다. 탐관오리로 주살된 관리들을 모두 간범과奸犯科에 이름을 올리고 책 속에 구체적으로 나열하고 있다. 마을마다 있는 서당에서도 그 내용을 가르치고 신하나 백성에게 소장하고 읽어 경계의 본보기로 삼도록 했으며, 만일 이를 따르지 않으면 교화가 미치지 못하는 곳으로 쫓아 버렸다. 그 중에 《대고》만 갖고 있으면 어쩌다 범죄를 지어도 등급을 낮추어 죄를 다스렸다. 범인이 《대고》만 가지고 있어도 곧 그 죄가 경감되었으니 이러한 혜택은 고금과 동서양을 통틀어 드문 현상이다.

성조의 제서는 약 25종이 있고 중요한 것은 호광胡廣 등에게 명해 찬수하였다. 예부에서 간행한 《오경대전五經大全》·《사서대전四書大全》은 6부 및 남경과 북경의 국자감과 전체 군현학당에 반포했다. 또 《성리대전性理大全》 70권(모두 영락 12, 13년에 완성됨)이 있다. 영락 17년에 또 165명의 전기를 모아 《위선음즐爲善陰騭》 10권을 편찬하고 예부에 명해 지금부터는 과거에서 합격자를 선발할 때 《대고》의 예에 따라 그 안에서 문제를 낸다고 하니 선비들의 필독서가 되었다. 그 다음 해에 또 어제 《효순사실孝順事實》 10권을 저술했는데 이 책에 207명을 나열하였고 모두 반포 시행했다. 일찍이 영락 7년에 성조는 《성학심법聖學心法》을 써서 황태자에게 하사했다. 또 태조의 창업 사적과 역사에서의 흥망 성쇠를 가려서 《무본지훈務本之訓》을 지어 황태손을 훈육했다. 또 황회黃淮 등이 명을 받들어 편찬한 《역대명신주의歷代名臣奏議》 350권은 영락 14년에 완성되었고 이를 인쇄 간행하여 황태자·황태손과 여러 대신들에게 하사하도록 명했다.

인종은 《문집》·《시집》·《체상서體尚書》·《천원옥력상이부天元玉歷詳異賦》가 있고 후자는 친히 서문을 지어 여러 공경대부에게 하사했다(홍희 원년). 선종은 《어제제훈御製帝訓》 25편이 있고 《어제관잠御製官箴》 35편이 있다. 또 《어제역대신감御製歷代臣鑒》·《외척사감外戚事鑒》이 있는데, 전자는 여러 신하들에게 하사했고 후자는 황친들에게 각 한 부씩 하사했다. 또 《오륜서》(정통 13년)와 《시문집》이 있다. 영종은 《대명일통지大明一統志》(천순 2년)가 있다. 대종은 《환우통지寰宇通志》·《어찬력대군감御纂歷代君鑒》·《근정전요勤政典要》가 있다. 헌종은 《문화대훈文華大訓》(성화 18년 완성, 가정 때 간행)·《속통감강목續通鑒綱目》·《군선집群仙集》·《시집》이 있다. 효종은 《대명회전大明會典》(홍치 10년)·《시집詩集》이 있고, 무종은 《중수대명회전重修大明會典》이 있다. 세종은 《명륜대전明倫大典》(가정 7년 간행)을 편찬하라 명했고,《대수룡비록大狩龍飛錄》·《흠금사치欽禁奢侈》 등 10여 종이 있다. 신종은 《권학시勸學詩》 1권이 있다. 또 《대명회전大明會典》(만력 4년)을 다시 정리하고 각 왕부에 《종번사례宗藩事例》·《종번요례宗藩要例》(만력 6년)를 반포했다.

영락 인효황후 서徐씨는 《내훈內訓》 1권,《권선서勸善書》 20권과

《고황후전高皇后傳》이 있다. 장성태후章聖太后 장蔣씨는 《여훈女訓》
이 있다.

　이상의 제서는 대부분이 내부·사례감·예부 혹은 국자감에서 간
행되었고, 영락 19년 전에는 모두 남경에서 인쇄되었다. 또 각 성의
포정사·안찰사·각부의 간행본과 번부본藩府本과 서방본書坊本이
있다. 가장 이른 시기의 것으로는 오왕吳王 원년(1364, 원 지정 24년)에
간행되어 바쳐진 《율령직해律令直解》가 있다. 《대고》는 모든 관과 백
성들이 반드시 이 책 한 권을 가지고 있어야 했기 때문에 판본이 제
일 많았는데 내부본, 남감본, 양주부본, 서주부본, 강서·귀주 포정
사본, 건양방본 등이 있다. 《대명률》은 내부본 이외에도 북경 국자
감 성화 신간본, 절강 안찰사본, 복건·강서·하남 포정사본, 서주
부본瑞州府本, 또 건양 오봉당본鰲峰堂本으로 《중증석의대명률重增釋義
大明律》 7권을 만들었다. 《제사직장諸司職掌》은 내부본 이외에도 절
강 포정사본, 하남 안찰사본, 봉상부본鳳翔府本, 광덕주본廣德州本이
있다. 다른 것으로는 《고황제어제문집高皇帝御製文集》 7~8종 본이
있으며 《홍무정운》 판본이 아주 많다. 그중 성조의 《효순사실》·《위
선음즐》·《고금열녀전》은 국내에서 반포되고 하사했을 뿐 아니라
조선·태국 등지의 나라에도 선물로 보냈다. 《대명지서大明志書》와
같은 일부 제서는 홍무 3년에 서적이 완성되자 비서감에 명해 간행
인쇄했다. 홍무 28년에 간행된 《홍무경성지서洪武京城志書》는 지금은
이미 사라지고 없다. 당시 가장 많이 유통되었던 《대고》마저도 지금
은 내부본과 태원부본 두 종류만 볼 수 있다.

총서叢書

　명나라 때 번각된 송나라 좌규左圭의 《백천학해百川學海》는 화씨華
氏 동활자본이 있고(홍치), 건양 각본(가정)이 있다. 명나라 사람 스스

로가 편찬하고 간행한 총서는 정통·가정 이후 강남 일대지역에서 유행처럼 번져 약 160종이 있으며 엉성한 서적만 모아도 근 만 부 정도가 되어 명나라 출판물 중 주종을 이룬다.

명나라 사람의 총서는 대략 보통 총서·전문 총서·자작 총서 3종류로 분류된다. 보통 총서에 수록된 서적이 비교적 많은데 옛날 서적과 당시 서적을 함께 수록한 것으로 육즙陸楫의《고금설해古今說海》135종, 이식李栻의《역대소사歷代小史》160종, 주리정의《이문광독夷門廣牘》170종(금릉 형산서림, 만력 25년)이 있다. 서적상 호문환은 항주에서 문회당文會堂이란 서점을 열었고 만력 연간에《격치총서格致叢書》와《백명가서百名家書》를 편찬하고 간행했다. 항목이 모두 300여 종이다.

고서를 전문적으로 수록한 것으로는 범흠范欽의《범씨기서范氏奇書》가 있다. 또는《천일각기서天一閣奇書》라고도 하는데 20종, 명나라 신안新安 정영程榮이 판각한《한위총서漢魏叢書》36종, 하윤중何允中의《광한위총서廣漢魏叢書》, 종인걸鍾人傑과 장수진張遂辰의《당송총서唐宋叢書》90종, 모진 급고각의《진체비서津逮秘書》140종이 있는데 그 안에 고산경古算經·고농서 등이 있다.

명나라 사람의 작품을 전문적으로 수록한 책으로는 심철포沈節甫의《기록휘편記錄彙編》123종(만력 45년 판각), 고명봉高鳴鳳의《금헌휘언今獻彙言》, 등사룡鄧士龍의《국조전고國朝典故》와 또《금현휘설今賢彙說》등이 있다.

전문 총서로는《관상정요官常政要》가 있는데 이 속에《신관규범新官規範》·《거관격언居官格言》·《세원록洗冤錄》·《평원록平冤錄》·《무원록無冤錄》등이 수록되어 있어 지방 관리의 참고 서적이 되었으며 금릉서방에서 수차례 번각되었다. 호문환의《수양총서壽養叢書》는 양생과 위생에 관한《식물본초食物本草》·《식감본초食鑒本草》등 35종을 전문적으로 수록했다. 진회秦淮 우객寓客[124]이 편집한《녹창여

사綠窓女史》는 부녀자와 관련이 있는 내용을 전문적으로 수록한 총서이다.

명나라 1인 자작 총서로는 이탁오의 《이씨총서李氏叢書》, 《양승암잡저楊升庵雜著》, 원굉도의 《원중랑집袁中郎集》 14종, 진계유陳繼儒의 《진미공십종장서陳眉公十種藏書》 등 60~70명이 있다.

보통 총서는 고금의 4부를 같이 수록했기 때문에 내용이 아주 광범위하다. 예로 왕도곤王道焜의 《설당운사雪堂韻史》 76종(숭정)은 계절, 산수, 꽃과 나무, 붓과 먹, 연회, 기예와 희극, 인물 평론, 유머 등 8종류로 나누었다. 《이문광독夷門廣牘》에는 예원, 박아博雅, 존생尊生, 서법, 서화, 식품, 오락, 점술, 금수, 초목, 초은招隱, 한적, 음주시의 13류로 되어 있고 모두 170종류이다. 이러한 서적은 어떤 경우에 너무 잡다하지만 그렇기 때문에 보기 드물거나 기이하고 편벽된 서적이 많아 오히려 보존해야만 한다. 섭소태葉紹泰의 《증정한위육조별해增定漢魏六朝別解》 62권(채은산거采隱山居 판각, 숭정 15년)이 있는데 그중 권47에서 권62에 한·위·서진·육조의 별집別集이 수록되어 있고, 《가장사집賈長沙集》에는 수나라의 《설사례집薛司隸集》을 많게는 49종을 수록하였다. 그러나 송·명 두 나라의 소사나 야사, 필기 잡설이 대부분 총서에 수록되어 보전된 데 반하여 오직 왕로王路의 《연화소사煙花小史》 8종(만력 연간 판각)은 아름다운 기생과 가인의 이야기로 거의 무협류에 가깝다고 하겠다.

명대에는 동활자를 이용해 인쇄한 총서는 무석 화씨 회통관본 《백천학해》 이외에 또 어느 곳에서 인쇄했는지 알 수 없는 《당인시집唐

124_ 잠시 머무르는 여행객이라는 뜻이 있다. 명 만력 24년(1606) 간본 《양가통속연의楊家通俗演義》제에 '진회묵객교열秦淮墨客校閱'이라고 되어 있지만 서의 끝에는 또 '기진륜紀振倫'·'춘화春華'라는 도장이 있기 때문에 왕중민 선생은 이 책이 기진륜이 편집한 것이 아닌가 하고 의심했다.

人詩集》50가家가 있다.

과학 기술서적

명나라의 과학 기술은 비교적 발전했다. 수학은 이엄李儼[125] 선생의 〈명대산학서지明代算學書志〉(《도서관학계간圖書館學季刊》에 게재)에 의하면 70여 종을 기록하고 있다. 그중 엄공嚴恭의 《통원산법通原算法》, 유사륭劉仕隆의 《구장통명산법九章通明算法》이 있다. 경태 초기에 인화仁和 사람 오경吳敬의 《구장산법비류대전九章算法比類大全》10권은 《산법대전算法大全》이라 간략하게 부르며, 북경 도찰원본都察院本·항주부본이 있는데 대부분이 응용계산 문제이다. 만력 때 휴녕休寧 정대위程大位의 《산법통종算法統宗》17권은 주산을 응용해 연산을 하는 것으로 당시에 아주 광범위하게 유행되었다. 세계 최초로 12평균율을 발명한 정번鄭藩의 세자世子 주재육朱載堉은 《악률전서樂律全書》·《도해고주비산경圖解古周髀算經》·《가량산경嘉量算經》을 저술했으며 정왕부鄭王府 판각본이 있다(만력). 또 고응상顧應祥 등의 수학서적도 있는데 없어진 서적도 역시 많다.

천문 방면으로는 해달아海達兒[126] 등이 구술하고 이충李翀·오백종吳伯宗 등이 번역한 내부각본(홍무 16년)《천문서天文書》가 있다. 또 북경 내부內府에 《천문상이부天文祥異賦》가 있다. 흠천감欽天監에 《천문각天文刻》이 있다. 고응상은 《수시력법촬요授時曆法撮要》(가정)를 지었다. 또 주재육의 《만년력萬年曆》·《역학신설曆學新說》(만력)이 있다. 서광계徐光啓의 《숭정역서崇禎曆書》가 특히 유명하다.

고대 농서로는 《제민요술》이 있는데 섬서·호광 포정사본이 있

---

[125]_ 이엄(1892~1963)은 중국 과학원 학부위원, 역사학가, 중국 고대 수학사 연구자다.

[126]_ Haidar, 서역 사람.

다. 《왕씨농서王氏農書》는 산동 포정사본(가정, 또 만력)이 있다. 《농상촬요農桑撮要》는 남감 · 양주부 · 회안부淮安府 · 서주부瑞州府 · 여녕부汝寧府 · 건양방본이 있다. 남감에는 또 《농상의식農桑衣食》(즉 원나라 노명선魯明善의 《농상의식촬요農桑衣食撮要》임) · 《재상도栽桑圖》가 있다. 원나라 유종본兪宗本의 《종수서種樹書》 · 《종과소種果疏》 · 《종소소種蔬疏》 · 《종약소種藥疏》는 명나라 말기에 판각되어 《거가필비居家必備》에 수록되었다.

명나라 농업서적으로는 유기劉基의 《다능비사多能鄙事》, 주권朱權의 《신은神隱》 하권(농사에 관해 전문적으로 언급), 광번鄺璠의 《편민도찬便民圖纂》(가정 23년, 만력 21년), 장국유張國維의 《농정전서農政全書》, 마일용馬一龍의 《농설農說》, 황성증黃省曾의 《도품稻品》, 왕세무王世懋의 《과소소瓜蔬疏》, 송후宋詡의 《송씨수축부宋氏樹畜部》가 있다. 또 편찬인이 누구인지 모르는 《노포서老圃書》 · 《채보菜譜》 · 《종우법種芋法》이 있다. 《포도보葡萄譜》는 명나라 《보문당서목寶文堂書目》에 보인다. 유정목兪貞木은 《종수서種樹書》가 있다. 유정喻政은 《다서이십칠종茶書二十七種》(만력 40년)을 편찬했다. 익왕부益王府에서는 《다보茶譜》 21종을 편찬하고 간행했다(숭정 13년). 그 안에는 명나라 사람 도본준屠本畯 · 도영屠榮 등의 차에 관한 서적 19종이 수록되어 있다. 주권도 《구산다보臞山茶譜》가 있다. 여지荔枝[127]에 관한 서적은 서발徐𤊹 · 조번曹蕃 등이 지었다. 화훼에 관한 서적은 고렴高濂의 《예화보藝花譜》, 《모란화보牡丹花譜》, 강지원江之源(도종道宗)의 《강도종백화장보江道宗百花藏譜》(만력), 왕상진王象晉의 《이여정군방보二如亭群芳譜》,[128] 왕

127_ 중국 남방에서 나는 과일로 중국어 발음은 'lizhi'고 학명은 'Litchi Chinensis'인데 이는 중국어 발음이 변한 것이라고 한다. 당나라 양귀비가 가장 좋아했던 과일로 유명하다.
128_ 일반적으로는 《군방보群芳譜》라고 한다.

로왕路의 《화사좌편花史左編》(만력 46년, 천계)이 있다. 주유돈朱有燉의 《모란보牡丹譜》, 주통계朱統鑻의 《모란지牡丹志》, 주유현朱有炫의 《덕선재국보德善齋菊譜》, 동회왕東會王의 《초화보草花譜》가 있다. 기타 난초 등에 관한 서적도 각각 전문서적이 있다. 주유돈은 모란·매화·옥당춘에 대해 각각 여러 차례 읊조렸다. 신무관慎懋官은 《화이화목조수진완고華夷花木鳥獸珍玩考》12권(만력 9년)이 있다. 설봉상薛鳳翔은 《모란팔서牡丹八書》가 있다.

동물 방면에 관한 서적으로는 황성증의 《수경獸經》, 가씨賈氏의 《우경牛經》, 양시교楊時喬의 《우서牛書》와 《마서馬書》, 곽자장郭子章의 《마기馬記》가 있다. 유본원俞本元과 유본형俞本亨의 《요마집療馬集》에 《우경牛經》·《타경駝經》[129]이 부록으로 있다. 또 작자 미상인 《호원虎苑》·《호회虎薈》·《금경禽經》·《합경鴿經》,[130] 그리고 장덕경蔣德璟의 《학경鶴經》이 있다. 《거가필비》에 《납묘경納猫經》이 수록되어 있다. 또 장구준張九俊의 《해미색은海味索隱》, 도본준屠本畯의 《민중해착소閩中海錯疏》, 황성증의 《양어경養魚經》, 양신楊慎의 《이어도찬異魚圖贊》, 도륭屠隆의 《금어품金魚品》, 정웅비丁雄飛의 《해보蟹譜》가 있다. 곤충에 관한 서적으로는 황성증의 《잠경蠶經》, 심홍정沈弘正의 《충천지蟲天志》, 원달袁達의 《금충술禽蟲述》, 목희문穆希文의 《담사蟬史》,[131] 서발의 《봉경蜂經疏》, 휘부徽府의 《촉직보促織譜》[132] 등의 전문서적이 있다.

주정왕周定王 주소朱橚의 《구황본초救荒本草》4권은 주왕부에서 판

129_ 낙타에 관한 책이다.

130_ 비둘기에 관한 책이다.

131_ 이 책은 벌레를 전문적으로 기록한 책이라서 서명을 《담사蟬史》(담蟬은 벌레가 움직이는 모양을 말함)라고 했다. 전체는 우충羽蟲·모충毛蟲·인충鱗蟲·갑충甲蟲·제충諸蟲 다섯가지로 분류했다.

132_ 촉직은 귀뚜라미의 별칭이다. 귀뚜라미의 한자는 실솔蟋蟀이다.

각했고(영락), 또 필소畢昭·채천우蔡天祐 판각본(가정 4년)이 있는데, 야생초 중 식용으로 먹을 수 있는 414종을 수록하고 그림을 덧붙여 책을 완성했다. 이를 모방한 서적으로 왕반王磐의 《왕서루선생야채보王西樓先生野菜譜》(가정 30년), 주리정의 《여초편茹草編》[133] 4권, 또 《구황야보救荒野譜》 1권(천계)이 있다. 이러한 종류의 서적은 기근 때 구황 역할을 했으며 야생 식물학에도 공헌이 크다. 가정 시기에는 영원寧原의 《식감본초食鑒本草》가 있으며 호문환은 이를 이고李杲의 《식물본초》와 함께 《수양총서》 속에 수록했다. 목세석穆世錫은 《식물집요食物輯要》(만력 42년)를 편집했는데, 물·곡식·야채·짐승·집짐승·과실·생선·맛의 8분야로 나누었다. 소화우蘇化雨의 《곡지曲志》 7권(만력), 풍시화馮時化의 《주사酒史》 6권(명나라 말기에 판각)은 송나라 사람이 지은 《주경酒經》을 계승해 지은 전문 서적이다.

치수 서적·수리 서적은 약 80종에 달하는데 황하를 치수한 전문가 반계순潘季馴의 《하방일람河防一覽》은 "제방을 쌓아 물을 가두고, 물로 모래를 공격한다"라고 주장하며 황하를 다스리는 데 공헌을 했다. 사조제의 《북하기北河記》가 있고 귀유광·장내온張內蘊·장국유 등도 각각 삼오三吳의 수리에 관한 전문 서적이 있다. 바다나 저수지에 관해 언급한 책은 5종이 있다. 남경 병부 거가사車駕司에서 편찬한 《선정船政》은 지금 가정관각본 3책이 전해진다. 심□沈啓[134]는 남경의 공부에서 관직에 있을 때 《남선기南船記》를 지었으며 지금은 청나라 판각본이 있다. 손오孫敖의 《항해지남航海指南》, 등주부登川府의 《해도경海道經》이 있다. 《정화항해도鄭和航海圖》는 모원의茅元儀의

133_ 여초는 또 다른 이름으로는 시호柴胡라고 하며 약재이다. 8월에서 9월에 노란색의 꽃이 핀다. 뿌리는 말려서 해열제로 쓰며 말라리아, 가슴막염, 황달에도 쓴다.

134_ 독음을 알 수 없다.

《무비지武備志》 중에 수록되어 있다(천계 원년 목활자본).

《신편노반영조정식新編魯般營造正式》 6권은 명나라 판각본이 있고 천일각이 소장하고 있다. 또 명나라 오영午榮의 《신전경판공사조착정식로반경장가경新鐫京板工師雕斲正式魯班經匠家鏡》(명나라 말엽 판각)이 있다. 계성計成의 《원야園冶》(숭정)는 원림과 주택 건축의 구조에 대해 전문적으로 서술하고 있다. 또 《수법繡法》이 있다.

과거 중국에서는 통치 권력자가 과학 기술을 중시하지 않아, 창조나 발명에 대해 괴이하거나 음험한 기교로 취급하며 말살했기에 과학자들은 존중받지 못했다. 명나라의 과학자로 송응성宋應星과 서광계徐光啟 이 두 명을 언급할 필요가 있는데 그들의 저작은 지금까지도 사람들의 중시를 받는다. 송응성(약 1587~1661)[137]이 저술한 《천공개물天工開物》 3권은 명나라와 그 이전의 농업·공업·광업·제조업의 생산경험을 종합하고, 음식·의복·염색·도자기 굽기·채광·제련·병기·배와 수레·지묵·주옥 등 원료 생산과 제조 과정을 일일이 그림으로 설명하고 있다[그림 54]. 한번 보기만 해도 생산자의 실제 상황을 알 수 있도록 했으니 이처럼 그림이 있는 과학 기술 저작은 과학기술사상 아주 중요한 그림 자료다.

《천공개물》은 송응성의 친구인 도백취塗伯聚가 숭정 10년에 간행한 판본이 있고 또 서림 양소경이 판각한 본이 있다. 비록 《고금도서집성古今圖書集成》에 인용되었지만 중국 내에서 널리 알려지지는 않았고 근대에 다시 인쇄되기 시작했고 또 영파에서 발견된 숭정 10년의 원간본이 있다. 일본에 메이와[明和] 8년(1771) 번각본이 있다. 프랑스의 한학자 줄리엔(S. Julien)[135]은 1869년에 이 책을 프랑스어로 번역하고 제목을 《중화제국고금공업中華帝國古今工業》이라 했고 이후

135_ 중국식 이름은 여련茹蓮이라고 표기한다.

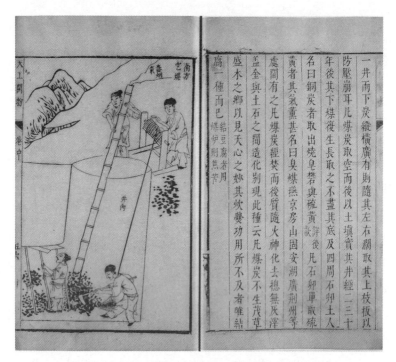

[그림 54] 송응성의 《천공개물》, 숭정 10년(1637) 스스로 판각한 본[自刻本].

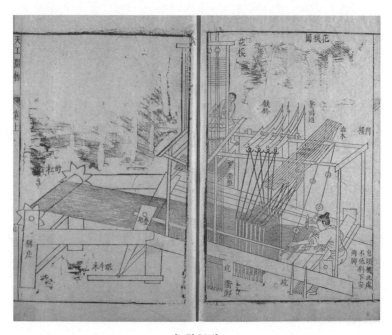

[그림 54-1]

[그림 54-2]

에 독일어·영어 번역본도 나왔다.

명나라의 농업 서적은 약 40종이 되는데 서광계徐光啟(1562~1633)의 《농정전서農政全書》60권(천계 5년에서 시작해 숭정 원년에 완성됨)이 가장 뛰어나다.[138] 서광계는 일찍이 스스로 쟁기와 같은 도구를 들고 직접 풀과 나무의 맛을 보고 시간 나는 대로 채집을 하고 또 찾아다니며 이 책을 만들었다. 그는 130종의 서적을 참고했을 뿐 아니라 어떤 경우에는 《구황본초救荒本草》에 수록된 야생초를 직접 맛을 보는 실험을 했기 때문에 여러 견해가 섞여 종합적이긴 하지만 독창적인 견해를 제시했다. 이 책은 명나라와 명나라 이전의 중국 농민들이 농업을 통해 쌓았던 생산 경험을 종합했으며 지금까지도 참고할 가치가 있다. 그는 특히 수리의 중요성을 강조하며 서북의 수리설비를 다스려 국가가 부강할 수 있는 기초를 쌓고자 했다. 고구마 같은

작물을 심어 곡식을 대신하고, 오구나무[136]와 목화를 심을 것을 건의
했다. 명나라에 평로당 간본(숭정 12년 어사御史 장국유張國維, 송강지부의
방악현方岳賢과 상해지현 왕대헌王大憲이 같이 평로당본을 판각)이 있다.

   서광계는 서양의 자연과학을 소개한 공적이 있는데 이탈리아 사
람 사바티노(Sabbatino de Ursis)[137]와 함께 《태서수법泰西[138]水法》 6권을
공역했다. 사바티노가 구술하면 서광계가 붓으로 적었다고 한다. 만
력 임자년 북경각본(또 《농정전서農政全書》 중에 수록됨)은 물을 끌어올리
는 도구인 서양의 용미차龍尾車[139]·옥형차玉衡車·항승차恒升車[140] 등
을 소개하고 있다. 서광계는 수학의 경전인 유클리드의 원저 《기하
원본幾何原本》 전 6권을 번역했는데 마테오 리치가 구술하고 서광계
가 받아 적었다고 한다. 만력 35년 정미(1607) 판각본 4책이 있고 마
테오 리치의 역서譯序가 있다. 두 사람은 또 《구고의勾股義》(즉 삼각
법)·《측량법의測量法義》도 공동 번역했다. 숭정 2년 서광계와 이지
조李之藻·왕응린王應遴과 이탈리아 사람 자코모(Giacomo Rho)[141]와
독일인 아담 샬(Johann Adam Schall von Bell)[142] 등이 명을 받아 달력을
고치고 계속해서 《숭정역서崇禎曆書》 126권을 완성했다[139]. 이 달력
은 명나라가 망하자 채용되지 않았다가 청나라에 와서 처음으로 사

136_ 조구나무 혹은 팝콘나무라고도 한다. 단단한 열매 안에는 하얀 밀랍으로 둘
      러싸인 씨앗이 3개가 들어 있는데 옛날에는 이 흰 밀랍으로 초를 만들었다고
      한다.
137_ 중국식 이름은 웅삼발熊三拔이라고 표기한다.
138_ 태서泰西는 서양, 그중에서도 유럽을 말한다.
139_ Archimedes screw로 나무 축이 있는 원통형 수차를 말한다.
140_ 옥형차와 항승차는 모두 개천이나 우물의 물을 끌어오는 데 사용하는 양수
      기의 일종이다.
141_ 앞의 〈각 성〉의 주석 참조.
142_ 요한 아담 샬 폰 벨, 중국식 이름은 탕약망湯若望(1591~1666)이다. 독일의 예
      수회 선교사이자 로마 가톨릭 신부이다. 한국에서는 흔히 아담 샬이라 부른다.

용되었고 《신법역서新法曆書》라 이름이 바뀌었다. 달력 중 유럽의 새로운 항성도표恒星圖表를 소개하고 있으며 자코모는 처음으로 코페르니쿠스의 지동설을 언급했다.

이 외에도 마테오 리치가 구술하고 이지조가 계산한 필산서筆算書[143] 《동문산지同文算指》가 있다. 스위스의 테렌츠(Joannes Terrenz)[144]가 구술하고 왕징王徵이 번역하고 그림을 그린 《원서기기도설遠西奇器圖說》은 기중기를 들어 올리고 물로 방아를 돌리는 등의 물리학, 중력학, 기중기를 소개하고 있다. 천계 7년 북경간본이 있으며 중국 최초의 기계 공학서적으로 불린다. 아담 샬이 전수하고 초력焦勗이 저술한 《화공설요火攻挈要》는 또 《칙극록則克錄》이라고도 하며 서양의 총포를 그림과 함께 서술하고 있으며 숭정 계미년 판각본이 있다. 아담 샬은 또 《원경설遠鏡說》을 저술했다. 이탈리아인 기울리오 엘레니(Giulio Aleni)[145]가 증보 번역하고 양정균楊廷筠이 모아 기록한 《직방외기職方外記》 6권은 천계 3년(1623) 항주인쇄본이 있다. 이 책은 최초로 오대양 각국의 풍토와 습관 기후와 명승고적 등을 소개했다.

마테오 리치의 공헌물 가운데는 《만국여도萬國輿圖》가 있다. 이 한 폭의 세계 지도는 중국 사대부들에게는 이제까지 한 번도 본 적이 없는 매우 희한한 것이었다. 호기심 때문에 만력 12년부터 20여 년 간, 각 지역에서 7~8종의 판본이 번각되었으며 게다가 소주 석각본도 있는데 지금까지 남아 있는 것은 만력 30년(1602) 각본뿐이다.[140]

프랑스 선교사 니콜라스 트리고(Nicolas Trigault)는 1620년(태창 원년) 7월에 두 번째로 중국에 왔을 때, 서양의 인본 서적 7,000여 부를

143_ 필산이란 연필이나 붓으로 직접 숫자를 쓰면서 계산하는 것을 말한다.
144_ 1576~1630, 중국식 이름은 등옥함鄧玉函이다. 1621년 중국에 선교사로 왔다.
145_ 1582~1649, 중국식 이름은 애유략艾儒略이다.

가지고 왔다.[141] 그 속에는 로마 교황 바오로 5세(Paul V)가 증정한 서적도 500권 있었는데 대부분이 교회 신학 관련 서적이었지만 그 외에 자연과학·철학·의약·역사와 지리 등에 관한 서적도 있었다. 명나라가 하루하루 쇠락해가는 과정이어서 과학 발전에 필요한 조건이 부족했기에, 이 중에서 서광계·이지조·왕징 등이 번역해 낸 자연과학 서적은 단지 극소수뿐이었고 의학 서적은 하나도 번역이 되지 않았다. 그래서 서양 과학은 당시의 생산력을 촉진하는 역할을 크게 하지 못했고 단지 잠깐 나타났다 사라졌을 뿐으로 일부 지식인들에게 약간의 영향을 끼쳤다. 니콜라스 트리고가 가져온 7,000부의 서적은 현재 534부, 457권만 남아 있다.[142] 대부분이 라틴어로 되어 있고 교황이 증정한 일부 서적과 2, 3종의 요람본搖籃本이 있는데, 원래 북경 북당北堂 선본고善本庫(즉 서십고西什庫 천주당)에 있다가 지금은 국가도서관에 소장되어 있다.

과거에 일부 사람들은 이러한 서양 선교사들이 중국에 가져온 서양 과학 기술이 끼친 긍정적인 역할을 지나치게 과장했다. 서양 선교사들은 과학 기기를 선교 수단으로 삼았고 선교는, 즉 식민지를 만들기 위해 봉사한 것이다. 1641년에 필리핀 교회 변론서 중에 "모든 과학 중에서 천주는 특히 이 나라(즉 중국을 가리킴)에서 수학을 사용했으니 중국인들을 끌어들이는 미끼가 되도록 했다"고 쓰여 있다. 선교사들은 수학을 미끼로 삼아 지식인들을 끌어들이며 중국의 문호를 개방했다. 그 동기를 명백히 밝히지 않았을 뿐이지 실제로 선교사들은 서양 식민주의의 앞잡이였다. 1492년, 신대륙이 발견된 후에 라틴 아메리카에 주둔하던 스페인 함선에는 모두 선교사가 반드시 있었다. 그들도 스페인 식민주의자들이 천만 명 이상의 인디안 토착민들을 살육하는 것을 도왔으며 게다가 선교를 이른바 '기독문명'이라고까지 말했다. 동시에 광대한 토지를 약탈하고 점령한 후,

수많은 사원을 우상을 섬긴다는 이유로 무너뜨리고 진귀한 재물을 약탈해 갔다. 중국에 온 천주교 예수회 선교사들이 신대륙에 간 예수회 선교사보다 인자했다고 할 수 없다. 마테오 리치는 "수십, 수백 개 나라를 널리 돌아다니다 본 중국 땅의 사람들은 예악禮樂으로 명성이 나 있으며 실제로도 세계에서 으뜸이다"라고 말했다. 중국은 문화 수준이 높았고 또 당시의 명제국은 막강한 통일 국가였기에 여기저기 흩어진 인디언들처럼 그렇게 쉽게 정복할 수 없었기 때문에 그들의 흉폭한 야심이 이루어지지 못했던 것일 뿐이다.

의약서적

명나라 통치 계급은 의학을 중시하여 영종英宗은 송나라를 모방해 혈맥 지점이 그려진 동상[俞穴銅人]을 새로 주조했다.[143] 효종은《유증본초類證本草》를, 세종은《역간방易簡方》을 간행했다. 영헌왕寧獻王 주권은《건곤생의乾坤生意》·《활인심법活人心法》·《수역신방壽域神方》을 저술했다. 그의 형 주정왕周定王 주소朱橚는《진제방普濟方》168권이 있는데 그 속에 61,739종의 처방이 수록되어 있어 중국 명나라 초기 이전의 의학 처방이 총망라되어 있다. 다른 시기에 비해 명나라 때 의사는 아주 많아 태의원太醫院은 13과로 구분되었다.[144] 의학 방면에서도 전문가가 배출되었으니 유순劉純·설기薛己·왕기汪機·왕긍당王肯堂·무희옹繆希雍·장개빈張介賓·웅종립熊宗立 등이 있다. 황우직의《천경당서목》의 저서 목록에는 의학 서적이 약 400종이 있고 그 중 의약 처방을 쓴 이가 약 66가家, 외과 12가家, 안과 7가, 산부인과 14가, 소아과 34가가 있다.《본초》는 서언순徐彦純·방곡方谷·서표徐彪·진가모陳嘉謨·무희옹繆希雍 등 16명이 있다. 그중 가장 저명한 이는 이시진이다.

이시진李時珍(1518~1593)은 호가 빈호瀕湖이고 기주蘄州 출신이다.

《본초강목》 52권에는 약재 1,892종이 수록되어 있고 모든 종류마다 형태·습성·용도·생산 지역을 다루고 있으며 명나라 이전의 약물학을 집대성한 저작이다. 약재 374종이 새로 증가되었으며 의학 처방도 8,160가지나 수록되어 있고, 그림이 1천여 폭 수록되어 있다. 명나라 왕세정은 "광범위하게 수록되어 있지만 번잡하지 않고, 자세하지만 중요한 것이 있고, 핵심을 종합해 고찰하고 있으며, 깊고 넓은 내용을 직접 볼 수 있다"고 말했다. 이시진은 그의 부친 이언문李言聞의 의학을 계승하고 또 초왕부楚王府와 북경 태의원太醫院에서 일했기에 진귀한 저서를 많이 볼 수 있었다. 그는 8백여 종의 서적을 참고한 후 30년의 탐구와 연구를 통해 자신이 직접 채집한 약재 표본을 수록해 여태까지 볼 수 없었던 명저를 완성시킬 수 있었다.[145] 《본초강목》은 이시진이 사망한 3년 후에 금릉에서 처음으로 판각을 했고(만력 24년), 강서에서 중각했고(만력 31년), 호북에서도 간행했고(만력 34년), 무림武林 전울기錢蔚起는 또 강서본을 중각했다(숭정 13년). 18세기 말엽 전후로 일본어·라틴어·독일어·프랑스어·영어·러시아어로 번역되어 전 세계에 알려졌다.

명나라 때 번부藩府와 남경 북경 두 국자감, 각 성부, 금릉 건양서방에서 고금의 의학 서적을 많이 간행했다. 그 중 명나라 사람의 저서로 주권의 《건곤생의乾坤生意》4권이 있는데 남창 영왕부본, 익양왕부본弋陽王府本, 운남 포정사본, 안찰사본이 있다. 유순劉純의 《옥기미의玉機微意》50권은 성도 촉왕부본, 복건 연평사본, 복녕주본, 섬서 포정사본, 북경 금태서포 왕량본이 있다.[146] 그 외의 의학 서적도 역시 대부분이 한번 판각하고 또 다시 판각하기도 했다. 건양 웅종립이 개설한 종덕당 서포는 정통·성화 연간에 고대 의서를 번각한 이외에도 웅종립 자신이 직접 《명방류증의서대전名方類證醫書大全》·《도주난경圖注難經》·《원의약성부原醫藥性賦》·《상한활인지장도론傷寒活人指掌圖論》등 10여 종의 의학 서적을 썼다. 휘주 오면학吳勉學도 의학 서적을 광범위하게 판각했는데 이는 돈을 많이 벌 수 있었기 때문이었다. 자연스럽게 다른 서적상들도 이를 따라했다.

그 외 저명한 의학 저서로는 또 왕기汪機의 《외과리예外科理例》, 왕긍당王肯堂의 《증치준승전서證治准繩全書》·《의론醫論》, 장개빈張介賓의 《장씨유경張氏類經》, 설기薛己의 《가거의록家居醫錄》, 서봉徐鳳의 《침구대전針灸大全》 등이 있다.

수의獸醫와 관련된 명저로는 《사목마경전기통현론司牧馬經痊驥通玄論》이 있다. 변관구卞管勾가 집주를 했으며 말의 병의 원인과 치료에 대해 남김 없이 기술하고 있다.

종교 서적

불장　　　송·금·원나라에는 적지 않은 장경판이 있었지만 명초에 이르러서는 전부 없어져 버렸다. 주원장은 승려출신이었기 때문에 자연히 불교를 숭상했다. 황제가 된 후에도 삼보三寶 신앙을 표시하고 여러 승려들을 규합하여 《대장大藏》을 교정 간행하도록 했다. 홍무洪武 5년(1372)에 간행하기 시작하여 영락 원년(1403)에 드디어 완성을 보았다(혹은 홍무 31년에 판각이 완성되었다고도 함). 남경에서 판각했기 때문에 《대명삼장성교남장大明三藏聖教南藏》이라 부르고 간단히 《남장》이라고 한다. 전체 636함에 천자문 일련번호로 하여 '천天'에서 시작하여 '석石'자에서 끝나는데 6,331권으로 판목수는 모두 57,160판이다. 반엽 6행이며 한 행은 17자다. 범협본梵夾本으로 글자는 안진경체에 가깝다. 산동도서관에 몇 부가 소장되어 있다. 명대 남장 《불반니원경佛般泥洹經》에는 '사례감유사충감간司禮監劉思忠監刊'이라는 글자가 쓰여 있다.[147]

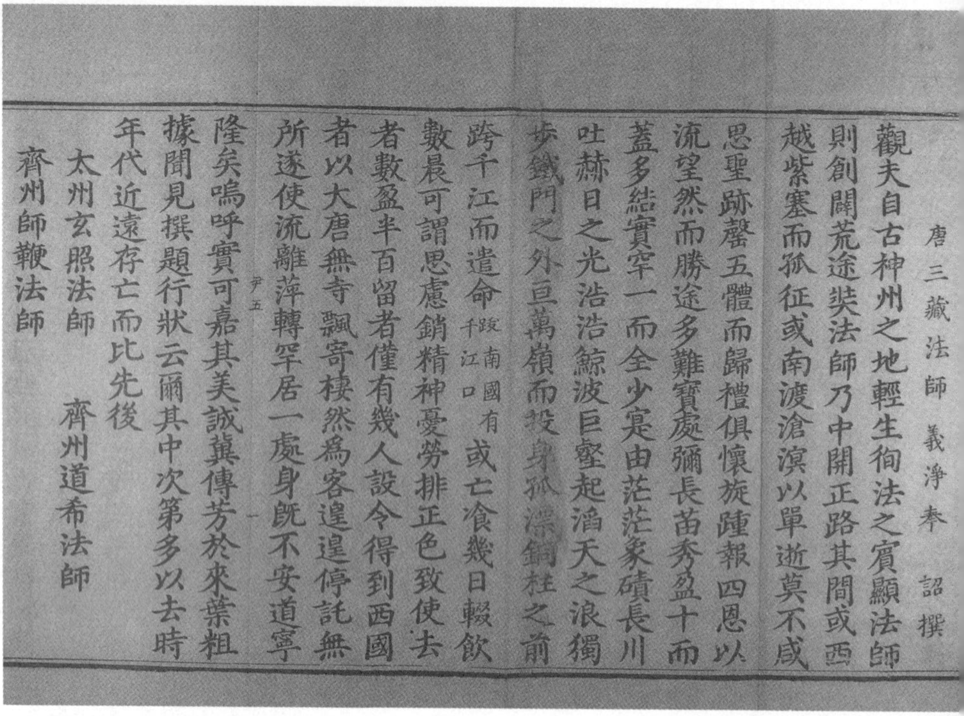

唐三藏法師義淨奉　詔撰
觀夫自古神州之地輕生徇法之賓顯法師
則創開荒途獎法師乃中開正路其間或西
越紫塞而孤征或南渡滄溟以單逝莫不咸
思聖跡罄五體而歸禮俱懷旋踵報四恩以
流望然而勝途多難寶處彌長苗秀盈十而
蓋多結實罕一而全少寔由茫茫象磧長川
吐赫日之光浩浩鯨波巨壑起滄天之浪獨
步鐵門之外巨萬嶺而投身孤漂銅柱之前
跨千江而遣命　跂南國有或亡飡幾日輟飲
數晨可謂思慮銷精神憂勞排正色致使去
者數盈半百留者僅有幾人設令得到西國
者以大唐無寄飄然為客遑遑停託無
所遂使流離萍轉罕居一處身既不安道寧
隆矣嗚呼實可嘉其美誠冀傳芳於來葉粗
據聞見撰題行狀云爾其中次第多以去時
年代近遠存亡而比先後
太州玄照法師　齊州道希法師
齊州師鞭法師

[그림 55] 《대당서역구법고승전大唐西域求法高僧傳》권상, 명 영락에서 정통 연간에 내부에서 판각한 북장본

대종太宗(성조 영락)은 "돌아가신 부모님의 하늘에서의 복을 천도" 하기 위하여 《대장》[그림 55]을 판각 간행했다. 영락 경자庚子 18년 (1420)에 시작하여 정통 경신庚申 4년(1440)에 간행이 완성되었다.[148] 두루마리 첫머리에 정통 5년 11월 어제서御製序가 있는데 "《대장》여러 경전은 630함으로 전체 6,361권卷 모두 인쇄간행을 끝내고 드디어 유포한다"라고 되어 있다. 천자문 일련번호로 '천天'자에서 시작하여 '석石'자로 끝나며 반엽 5행이고 1행은 17자다. 만력의 모친[146]

146_ 만력황제의 어머니는, 즉 자성황태후慈聖皇太后 이씨李氏를 말한다. 이씨는 본래 궁녀로 유왕裕王을 시중들다가 유왕이 융경황제隆慶皇帝로 즉위한 뒤 귀비에 봉해졌다. 후에 아들 주익균朱翊鈞이 만력황제로 즉위하자 자성황태후에 봉해졌다. 융경황제의 정궁 진황후의 자식들은 어렸을 때 모두 병사하고 세 번째 아들이자 이태후의 아들 주익균이 만력황제가 되었다. 만력이 10살의 나이로 등극했기 때문에 당시 조정은 자성황태후·사례감 병필태감 풍보

이 41함으로 증각하였고 '거ㅌ'자에서 시작하여 '사史'자로 끝나는데 410권으로《속입장경續入藏經》이라고도 하며 석전釋典이 모두 구비되어 있다.《대명삼장성교북장大明三藏聖教北藏》은 간략하게는《북장》이라고 하며 전체 678함에 6,771권, 18만 8,002쪽에 달한다.[149] 역대 장경 중 서책의 품질과 자체가 모두 가장 크고 해서체로 되어 있으며 책표지는 색이 다른 오색무늬 비단으로 포장이 되어 있어 몹시 아름답다. 절강도서관에서 소장하고 있다.

《북장》은 비록 영락 때에 시작했지만 영락 때에는 완성하지 못했다.《소화법보목록昭和法寶目錄》에《계고록稽古略》을 인용하여 말하길 "태종 영락 18년에 어지를 받들어 대장경판 2부를 판각했는데 남경장은 6행 17자고 북경장은 5행 15자로《북장》이라고 했다"고 기록하고 있다. 또한 "다시 어지에 따라 석각장을 새겨 대석동大石洞에 안치했다. 성지에 따라 향후에 나무가 훼손되기 때문에 석각으로 하였다"고 한다. 여기에 의하면 영락 18년 남경과 북경에서 동시에 1장藏씩 간행했다. 당시 남경에는 이미《홍무대장洪武大藏》이 있어 인쇄간행은 아주 편하였기 때문에 거의 다시 판각할 필요가 없었을 것이다. 소위 남경장은 6행 17자라고 하는데 아마도 여기서 말하는 것은《홍무남장洪武南藏》일 것이다. 5행 15자의《북장》은 지금까지 보지 못했으며 기록한 것이 믿을 수 있을지는 여전히 의문이다. 대석동도 어디에 있는지 알 수 없다. 북경 방산의 석각장경을 말하는 것인지 아니면 간행이 되었는지 모두 고증할 수 없다. 요즘 사람들은《영락북장永樂北藏》에 앞서 영락 6년에서 17년까지(1408~1419)《영락남장永

馮保·대학사 수보 장거정張居正 세 사람이 합심하여 만력을 보필했다. 이태후의 출신은 미천했다고 전해진다. 이태후는 꿈속에 구련보살九蓮菩薩을 본 후에 자신을 구련보살의 현신이라고 여기며 만수탑(현재는 자수사탑慈壽寺塔이라고 함)을 건설하였으며 독실한 불교신자였다.

樂南藏》(혹은 영락 15년 판각)[그림 56]을 판각했다고 여기고 있으며 중국 전역에 현존하는 것은 아직도 많이 있다고 한다. 오로지 《만력어제성모인시불장경서萬曆御製聖母印施佛藏經序》에서는 《영락북장》에 대해서만 언급하고 《영락남장》에 대해서는 언급하지 않았다. 승려 도개道開 역시 "《태조남장太祖南藏》·《태종북장太宗北藏》"이라고만 했지 《태종(영락)남장》에 대해서는 언급하지 않았다.

승려 도개의 《모각대장문募刻大藏文》에서는 태조의 《남장》과 태종의 《북장》에 대해 언급하면서 "노魯자와 어魚자도 서로 구별 못하고 료潦자와 학鶴자도 구별 못하였다"고 했으니 두 장경의 교감이 얼마나 부정확했는지를 알 수 있다. 그는 또 "후에 절강의 무림이 덕풍을 앙모하고 계승하여 또 방책方冊을 제조했는데 대대로 오래 내려오다

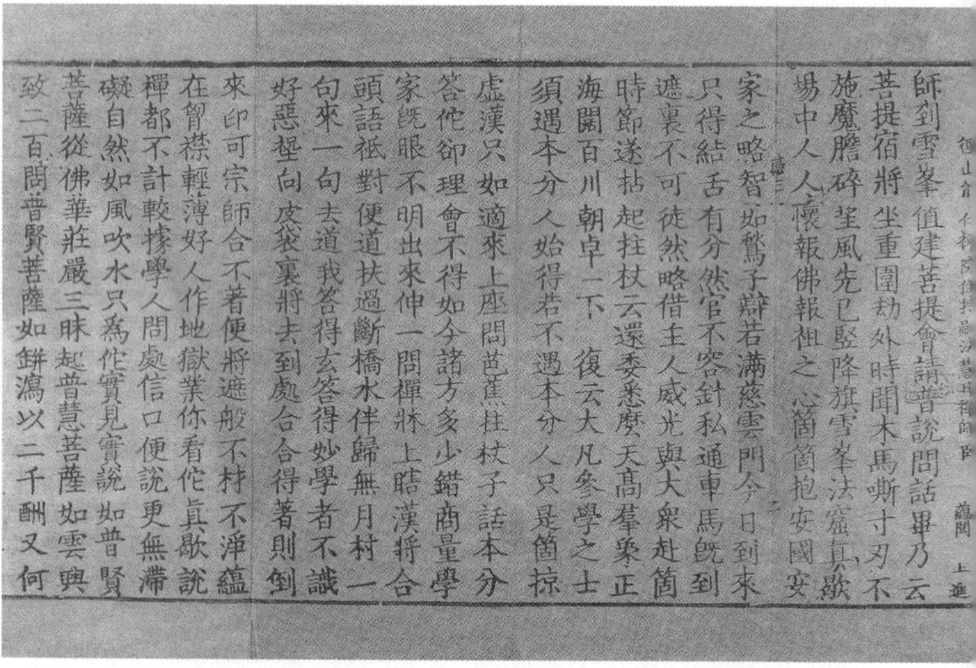
徑山能仁禪院住持嗣法慧日禪師臣蘊聞上進
師到雪峯值建菩提會請普說問話畢乃云
菩提宿將坐重圍劫外時聞木馬嘶寸刃不
施魔膽碎望風先已竪降旗雪峯法窟眞歟
場中人人懷報佛報祖之心箇箇抱安國安
家之略智如鶖子辯若滿慈雲門今日到來
只得結舌有分然官不容針私通車馬既到
遮裏不可徒然略借主人威光與大衆赴箇
時節遂拈起拄杖云還委悉麼天高羣象正
海闊百川朝卓一下復云大凡參學之士
須遇本分人始得若不遇本分人只是箇掠
虛漢只如適來上座問芭蕉拄杖子話本分
答他卻理會不得如今諸方多少錯商量學
家既眼不明出來伸一問禪牀上瞎漢將合
頭語祗對便道扶過斷橋水伴歸無月村一
句來一句去道我答得玄答得妙學者不識
好惡埋向皮袋裏將去到處合合得著則倒
來印可宗師合不著便將遮般不村不淨蘊
在胸襟輕薄好人作地獄業你看他眞歇說
禪都不計較據學人問處信口便說更無滯
礙自然如風吹水只爲他實見實說如普賢
菩薩從佛華莊嚴三昧起普慧菩薩如雲興
致二百問普賢菩薩如缾瀉以二千酬又何

[그림 56-1] 《대혜보각선사보설大慧普覺禪師普說》 권13, 명 영락남장본, 경절장.

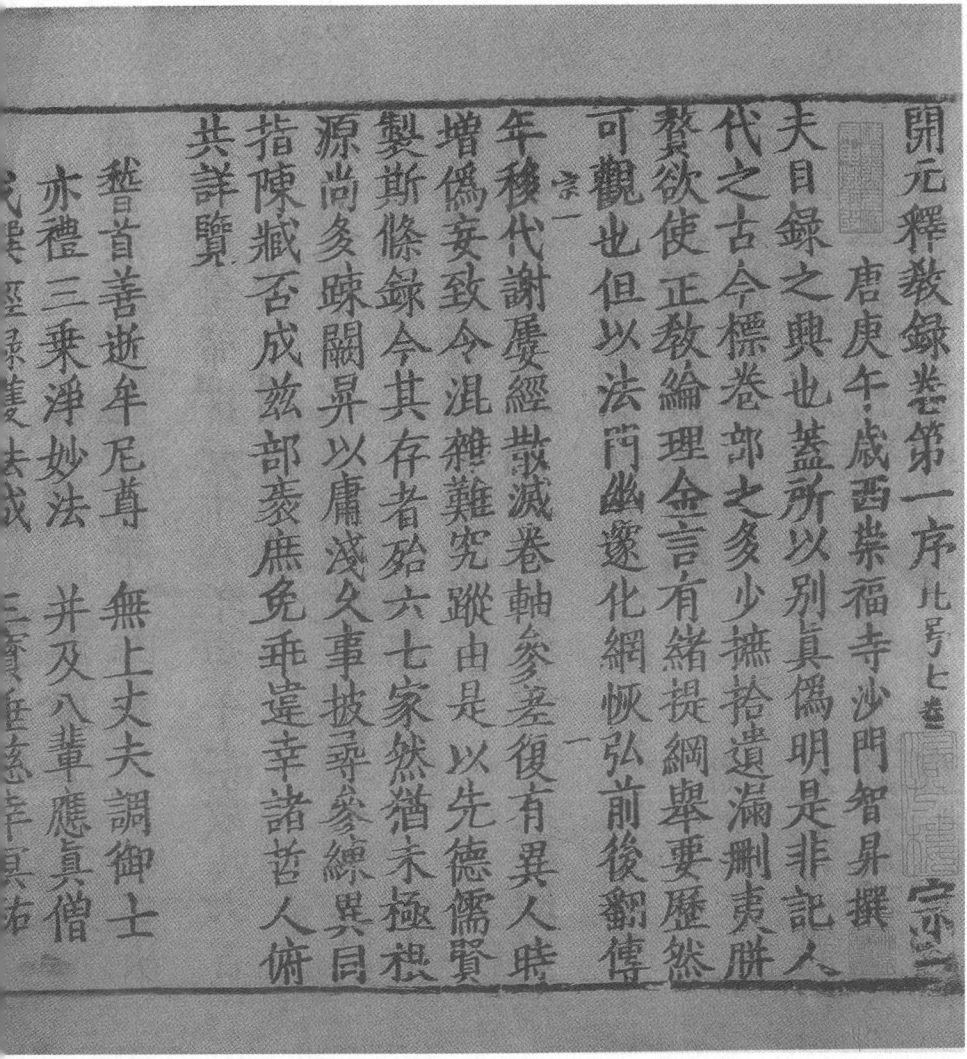

開元釋教錄卷第一序 北号七一

唐庚午歲西崇福寺沙門智昇撰 宗心二

夫目錄之興也蓋所以別真僞明是非記人

代之古今標卷部之多少撫拾遺漏刪夷冊

贅欲使正教綸金言有緒撮提綱舉要歷然

可觀也但以法門幽邃化網恢弘前後翻傳

年移代謝屢經散滅卷軸參差復有異人時

增僞妄致令混雜難究蹤由是以先德儒賢

製斯條錄今其存者殆六七家然猶未極根

源尚多疎闕昇以庸淺久事披尋參練異同

指陳藏否成茲部庶免垂違幸諸苦人俯

共詳覽

誓首善逝年尼尊　　無上丈夫調御士

亦禮三乘淨妙法　　并及八輩應真僧

[그림 56-2] 《개원석교록開元釋敎錄》 권제1, 명 영락남장본, 방책본方冊本.

가 결국 사라져 버렸다"고 했다. 영락 이후에 항주에서 일찍이 《방책장方冊欌》을 판각했고 만력 초에 이르러 없어졌음을 알 수 있다. 당시 중국내에 유행한 것은 오로지 관본인 남북 두 장경이었다. 무림 방책을 간행한 시말과 그 내용, 행간, 글자 등에 관해서는 상세히 알 수가 없다. 어떤 사람은 각자공이 훌륭하지 못해 인쇄 간행한 지 60여 년이 지나 모호해져서 폐본했다고 말하기도 한다.

만력 초에 민간인 풍몽룡馮夢龍・육광조陸光祖와 승려 밀장密藏・자백紫柏 등은 북판의 정교함에 감화를 받았지만 장경판이 궁중에 있어서 인쇄를 청하기가 몹시 어려웠다. 남판의 인쇄제조는 비록 쉽기는 하여 많이 인쇄했으나 판은 이미 모호하고 정확치 않아 세월이 오래되어 부식되고 잘못된 곳도 많아서 고칠수록 심해져서 거의 읽을 수가 없을 지경이었다. 이리하여 급히 모금을 하여 《대장大藏》을 중각할 것을 발기하였다. 이들은 《대장》의 권질이 방대하고 번잡하고 또 통용되는 범협본의 글자가 커서 공임이 많이 들기 때문에 그래서 무림 방책方冊을 모방하여 범협을 바꾸어서 방책으로 하였다. 범협이란 바로 경절본經折本을 말하는 것이고 방책이란 선장線裝을 말한다.

이들은 1,200책을 예상하고 범협 7,000권의 전체 문장을 종이를 절약하여 6분의 5로 하여 판각하고 인쇄 장정하니 운임도 역시 절반 이상을 절약할 수 있었다. 당시에 비록 사람들은 범협본을 방책으로 바꾸는 것은 "경전을 경멸하고 업신여기는 것"이라고 생각했지만 경제적인 문제로 보수주의자의 반대 역시 일을 해결하는 데 아무런 도움이 되지 않았다. 만력 17년(1589), 산서성 오대산 묘덕암妙德庵에서 장인들을 규합하여 다시 새겼는데 후에 추위와 폭설로 고생이 심하여 각장刻場을 남쪽인 절강성 여항현餘杭縣 천동산天同山의 동북봉東北峰 경산徑山 적조암寂照庵과 흥성興聖 만수선사萬壽禪寺로 옮겼다.

31년에 가흥·오강吳江·금단金壇 등지에서 산발적으로 판각을 했다. 청나라 순치 원년에 사방에 판각을 재촉하여 모두 경산徑山으로 귀속시켰다. 강희 16년(1677)에 장경이 전부 완성되었다. 만력 7년(1579)에 시작하여 두 왕조에 걸쳐 장장 98년이 걸린 대사업이었다.[150]

《경산장徑山藏》은 '천天'자부터 시작하여[그림 57], '어魚'자로 끝나며

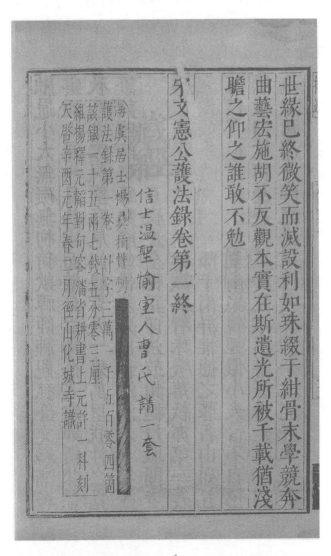

[그림 57] 《송문헌공호법록宋文憲公護法錄》10권, 명 천계 원년에서 3년까지 경산 화성사化城寺에서 판각한 경산장본

210함, 속장續藏 90함, 또 속장 43함이 있으며 모두 번호가 매겨져 전체 678함에 6,956권이다. 반엽 10행이며 1행에 20자다. 정장正藏 있지 않다. 총 343함에 12,600여 권으로 각 불장 중에서 가장 많게 수록하고 있다. 판장版藏은 적조암寂照庵을 거쳐 인쇄와 장정 역시 이곳에서 하였으나 경전을 청한 사람은 모두 가흥嘉興의 능엄사楞嚴寺에 가서 수속을 해야만 했다. 가경 7년에 화성化城과 적조암 두 절의 경판을 모두 능엄사로 귀속시켰으므로 이를 능엄사본이라고 하며 혹은 《가흥장嘉興藏》이라고도 한다. 또 밀장선사密藏禪師가 발기인의 한 사람이었으므로 '밀장본'이라고도 하며 또는 만력본이라고도 한다. 현존하는 불장 중 유일한 선장본으로 통칭 《방책장方冊藏》이라고도 한다. 일본사람들은 또 이를 '지나본支那本', 또는 '경산본徑山本'이라고 한다. 그 특징은 방책 형식 이외에도 경과 소를 합질하여 초학자에게 편하도록 했다. 북경 불교협회와 운남성 도서관에서 전체 장경을 소장하고 있다.

　《남장南藏》이 비록 관본이긴 해도 판은 남경의 유명한 대보은사大報恩寺에 소장되었기 때문에 민간이 인쇄를 청하기 쉬웠다. 만력 연간에 광범위하게 인쇄 간행되어 해마다 약 20장이 인쇄 제조되어 경판이 모호해질 지경에 이르렀다. 성화成化·만력 연간에 지속적으로 보충 간행했다. 이 기간에 거론할 만한 것으로는 태감 정화鄭和도 10부를 제작했다는 점이다. 주지하다시피 대내외적으로 유명한 이 대항해가인 삼보태감三寶太監[147]은 이슬람교도로서 운남 곤양昆陽 사람이다. 항해할 때 복건을 지났는데 특히 천주성泉州城 밖의 영산성묘靈山聖墓(당대 아랍 회교도들의 묘지)에 들러 분향을 하고 항해가 평안하도록 '성령의 가호'를 빌었다.[151] 그러나 정화는 또한 불교신자이기

──────────

147_ 정화를 말한다.

도 하여 자칭 '봉불신관奉佛信官'이라고 했으며 법명은 '속남타석速南吒釋', 즉 '복길상福吉祥'이었다. 영락 원년에《불설마리지천보살경佛說摩利支天菩薩經》을 간행하여 보시했다. 또 영락 5년부터 선덕宣德 5년까지 부처의 은덕에 보답하고, 또 안전한 출항을 위하여 여덟 차례《장경》을 인쇄 간행했다. 축원문에서는 "… 여러 차례 성은을 받아 공무로 서양으로 항해했다. 군관들과 함대를 이끌고 해양을 경유하여 부처님의 보호를 받아서 왕래하는 데 경사가 있었으며 경전을 놓아 걱정이 없으니 항상 보답의 마음을 갖고 있다. 이리하여 시주를 하여 지속적으로《대장존경大藏尊經》을 인쇄 제작하여 명산대찰로 들여보내 유통하여 봉독하게 한다.…"라고 쓰여 있다. 그는 모두 10장藏을 인쇄하여 남북의 사찰에 희사하였으니 남경의 영곡사靈谷寺·계명사雞鳴寺와 북경의 황후사皇后寺 등에 희사했으며 그의 고향인 운남 오화사五華寺에도 양장兩藏을 희사했다.[152] 명대의 개인 시주 인쇄《장경藏經》중 비교적 많다고 볼 수 있다.

《북장》에 의거해 인쇄 제작한《대장경》은 정통 10년 영종英宗이 일제히 전국의 사찰에 반포하도록 했다. "강남의 여러 사찰에 있는 것은 모두 경태에 하사받은 것이다". 또한 대관들도 요청하면 역시 얻을 수 있었다.[153] 만력 13년에 또 조서를 받들어《대장경》을 간행하여 천하의 명산에 하사했는데 그 중 오대산 한 곳만 하더라도 여러 차례 태감을 보내 하사한 것만 해도 10장에 이른다.[154] 그래서 과거에는 각 명산대찰에는 대부분 장본이 있었다.

티베트어《대장경》은 명대에는《번장番藏》이라고 불렸다.《번장》은 원대에 이미 간본이 있었으며 명 성조에 이르러서는 다시 새롭게 판각을 했다. 영락 8년(1410)에 어제御製《장경찬서藏經贊序》에는 "돌아가신 어머님의 낳고 길러주신 정을 생각하면 그 수고로움에 보답할 길이 없네. 이에 사신을 서방으로 보내 장경의 문장을 구하여 종이에 간행하여 보시하네. 이로써 추천하고 찬양하는 전범이 되어서 일체중생에게 주어 모두 끝없는 복을 받도록 한다"고 했다. 여기서 말하는 "사신을 서방으로 보내 경전을 구했다"라는 말은 환관 후현侯顯과 대지법왕大智法王이 티베트로 가서 범협장경을 구해온 후에 "축수하며 번경창番經廠에서 판각하고 먼저 한 장을 인쇄하여 오대산 보살정으로 보내 공양"[155]한 것을 말한다. 영락판 티베트문《대장경》은 티베트의 내당고판柰塘古版의 번각판이라고 하는데 〈감주이甘珠爾〉만 있고 주색朱色 인본이다. 만력 33년(1605)에 또 영락본에 의거하여 중각했는데 42질을 첨가하여 속장을 만들었고 이를 만력판이라고 한다. 유약우劉若愚는 "번경番經 1장은 147함(어느 책에서는 145함이라고 함)에 15만 74쪽이다"고 했다. 항전시기에 일본사람들이 오대산 나후사羅睺寺에서 발견했다고도 한다.

명대의 황제·황후·황태후·번왕藩王 및 유명 장수들, 즉 탕화湯和·척계광戚繼光·이정국李定國·손가망孫可望 등은 모두 얼마간의 불경을 새기고 복을 구하는 것을 좋아했다.

도장道藏　　명대 황제들은 모두 불교를 믿었으며 또한 도교도 믿었다. 태조는《남장南藏》을 간행하고《금강경》을 집주했으면서 동시에 또《도덕경》에 주를 달았다. 성조는《번장》을 간행하고 어제《신승전神僧傳》을 씀과 동시에《신선전神仙傳》도 썼다. 이들의 자손인 세종에 이르면 더욱 도교에 심취했다. 영종英宗은 성조의 유지를 받들어《북장》을 완간했으며 동시에《도장》도 완간했지만 이런 일은 하나도 이상한 것이 아니었다. 영종에 이르러서는 근 1백 년의 평온한 세월로 사회가 안락하고 번성하였으며 나라 안이 풍족하여 교지交趾[148] 출신인 태감 완안阮安에게 북경의 삼대전을 중건토록 하여

148_ 현재의 베트남 북부 통킹, 하노이 지방을 말한다.

구문성루九門城樓를 건설했다. 또한 새롭게 침구동인針灸銅人을 주조하고 또 정교하게 동으로 유명한 천문의기 10개(동인과 의기는 현존함)를 제작하였으며, 가장 야만적이고 참혹한 궁인宮人들의 순장제도를 철폐했다. 송·금·원에는 적지 않은 도장판이 있었지만 지금은 남아 있는 것이 없다. 정통 9년(1444)에 《도장경》[그림 58]을 간행하였고, 12년(1447) 2월에 간행을 마치고 천하의 도관에 반포했다.[156]

이 《도장》 간행의 동기는 그의 발원문에서 볼 수 있다. 그는 "풍속

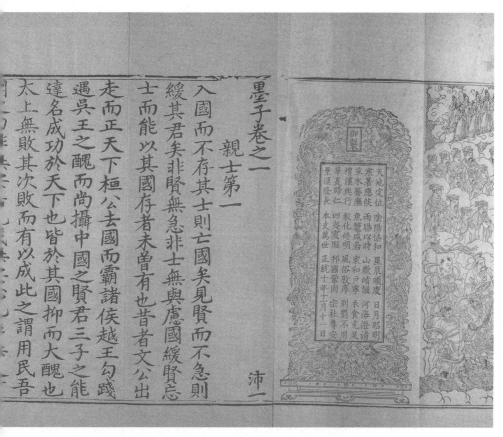

[그림 58] 명 《정통도장正統道藏》 본 《묵자墨子》, 권 첫머리에 정통 10년(1445) 용패간어龍牌刊語가 있다.

이 돈후하여 형벌이 필요 없고 중국은 인仁을 중히 여기니 사방의 오랑캐 나라들이 복속하고 근린국과 공고하니 종묘사직이 안정하다"고 했다. 그러나 사실은 발원문과는 달라 불과 2년도 안되어 그는 토목土木[149]에서 끝내 포로가 되었다. 정통《도장》은 480함으로 '천天'자에서 시작하여 '영英'자에서 끝나는데 5,305권이다. 《속도장續道藏》은 만력 35년(1607)에 속간하였으며 '두杜'자에서 시작해 '영纓'자에서 끝나고 32함이다. 《정도장》·《속도장》은 모두 512함에 12만 2,589쪽에 달한다(혹은 12만 1,589쪽이라고도 함). 반엽에 5행이고, 1행은 17자로 되어 있어 《북장》과 같다. 역시 범협장으로 만들었다. 정통 도장판편은 청나라 때에는 북경 서안문 안 대광명전大光明殿에 보관되었었다. 그러다가 경자년에 팔국연합군이 북경에 진입하여 남아 있던 판들을 전부 훼손하여 인본은 얻기가 어렵다. 청대에 항주 화덕묘火德廟, 소주의 현묘관玄妙觀, 강녕의 조천궁朝天宮은 모두 장본이 있었다. 지금은 오로지 상해도서관, 태원太原 숭선사崇善寺에 전체 장경이 있을 뿐이다. 국가도서관에 소장된 것은 북경 서쪽 문밖의 백운관白雲觀에 있던 옛 것이다. 송·금·원 도장본은 일찍이 없어졌고 현존하는 비교적 옛날 것은 겨우 이 정통《도장》만이 있을 뿐이다. 해방 전(즉 1949년), 상무인서관에서 백운관 장본의 영인본을 만든 적이 있지만 오로지 범협본을 선장 1,120책으로 바꾸었을 뿐이다. 이렇게 되어 학자들은 겨우 《도장》의 전모를 볼 수 있게 되었다. 《도장》은 당·송 시대의 도사들이 《석장釋藏》을 모방해 편집하였기 때문에 어떤 것은 비록 번잡하고 허망하고 황당하지만 적지 않은 고대의 철학·의학·위생·문학·역사와 지리 저작으로 참고가치가

149_ 하북성 회래현懷來縣에 있는 토목진土木鎭을 말한다. 역사에서는 이를 '토목보의 변'이라고 하며 영종은 이곳에서 오랑캐에게 인질로 잡혀갔다.

풍부하다.

명 천계 병인년(1626)의 신간 수진본《도장》이 있다고 하는데 그 진본은 본 적이 없다. 명나라 염학주閻鶴州가 편찬한《도서전집道書全集》86권은 만력 19년 적수당積秀堂 간본으로 26책이다.

도교에서 말하는 삼관三官은, 즉 천관天官이 복을 내리는 것, 지관地官이 죄를 사해주는 것, 수관水官이 재앙을 풀어주는 것을 의미하며 이리하여《삼관경三官經》을 저술하게 되었다. 당시 사회에서는 이 경이 복을 내리고 죄를 사해주며 생명을 보존해 준다고 믿었기 때문에 그래서 관민 모두 인쇄하고 보시하는 수량이 몹시 방대했다. 경태 3년 가정현嘉定縣에서는 도교 신자 서근徐瑾이《삼관묘경三官妙經》을 널리 보시했다. 가정 44년 숙왕비肅王妃 오씨는《삼관경》3,000권을 간행하여 보시했다. 만력 갑신년(32년)에 도교를 신봉하던 태감 유주劉住는 깨달음을 얻고 중생을 제도하려는 마음이 일어《삼관경》(즉《태상삼원사복사죄해액연생경고太上三元賜福赦罪解厄延生經誥》) 한 장藏을 인쇄하였는데 모두 5,048권이었다. 사방에 보시를 하고 독송하도록 하여 평안을 구하고 복을 구하여 재앙을 없애게 했다. 만력 34년 "지금의 황제께서 삼가고 경건하게《삼관사복묘경三官賜福妙經》한 장을 인쇄 제조했다." 41년에는 신관信官 진문영陳文英이 처 허씨와 함께 발원하여《삼관경》을 인쇄했다. 관원, 민간인, 태감만이 간행한 것이 아니라 만력 황제 자신도 발원하여 경건하게 내부에서 간행했다. 이 경은《속도장》에 수록했다.[157]

여기서 거론할 만한 것으로는 가정 11년(1532)에 요동의 여산閭山에서 도교서적《태상노군팔십일화도설太上老君八十一化圖說》을 간행했다는 점이다. 책 속에는 노자 일생을 묘사하고 도교활동을 선전하는 이야기가 있다. 이전에는 이 연속 그림책을《화호경化胡經》이라고 불렀고 일찍이 원나라 정부에서 태워버린 적이 있는데 이는 도사의 위작이라고 한다. 이 책은 광녕廣寧·의주義州·금부錦府·심양성·본계호本溪湖 등에서 도교 신도들이 돈을 모아서 판각을 했는데 판각에 든 비용은 약 은 1천 냥이었다고 한다. 어떻게 이 얇은 두 책의 절첩장이 이처럼 많은 비용이 들었는지 모르겠다. 앞에 홍무 〈어제도덕경서御製道德經序〉가 있으며 가정 11년 이득성李得晟 서序도 있다.[158]

천주교 서적　　원대에는 중국과 서양의 교통이 발달하여서 유럽 상인들과 선교사 및 교황의 사절단들이 중국에 오는 사람들이 아주 많아 북경과 복주에는 이미 천주교당이 있었다. 또한《신약성경》과《시편》이 달단어(몽골문)로 번역되었으나 당시에 인쇄본은 없었던 것 같다. 1590년(만력 18년)에 로마 교황은 만력제에게 중국어로 편지를 써서 보내왔으며 또한《진주성경眞主[150]聖經》1권을 보내왔다. 이 이전에 1583년에는 마테오 리치가 이미 마카오에서 광동 조경肇慶까지 선교를 하였고 이후에는 계속하여 선교지역을 점차 넓혀 갔다. 이탈리아 사람 이외에도 포르투갈·프랑스·독일·스페인에서 온 선교사들도 모두 천주교 예수회 선교사들로 만력에서 숭정까지 약 10~20명이 있었다. 이들은 서양의 과학을 소개하는 수단으로 상층의 지식인들을 끌어들여 입교시켰고 이런 책략은 부분적으로 성공을 거두었다. 예컨대 서광계徐光啟·이지조李之藻·양정균楊廷筠·왕징王徵·풍응경馮應京 등은 모두 정식으로 세례를 받아 천주교 신자가 되었다. 서광계는 또《영언여작靈言蠡勺》[151]을 번역하여 교의

150_ 현재 중국어로는 이슬람교에서 신봉하는 유일신인 알라(Alla)를 말하지만 여기서는 천주를 뜻한다.

151_《영언여작》은 이탈리아 예수회 선교사 프란체스코 삼비아시(Francesco Sambiasi, 중국 이름은 필방제畢方濟, 1582~1649) 신부가 17세기 중국에서 저술한 서양철학 영혼론이다.《영언여작》의 '영언'은 아니마(anima, 영혼 또는 영성)에 관한 이야기라는 뜻이고, '여작'은 작은 표주박으로 바닷물을 측량

를 선양했다. 서양 선교사들은 문자로 하는 선교가 힘있는 무기라고
여겨 그들 스스로 각고의 노력으로 중국어를 공부하여 교회서적들
을 번역하고 보통 백성들에게 통속 백화본의 작은 책자를 인쇄하여
배포했다. 그중에는 소위 성경·성전聖傳·숭수崇修·경례·논도論
道·변호·미신 피하기·재난 피하기, 의혹 풀기·신학·격언·교
회 역사 등이 있다. 명 숭정 10년(1637) 전에 이미 출판된 것으로는
약 215종이 있으며 발간되지 않은 것도 128종이 있다.[159] 그중 나명
견羅明堅이 저술한《천주성교실록天主聖教實錄》은 서양 선교사가 중
국어로 쓴 첫 번째 간행본으로 만력 12년(1584)에 광주廣州에서 출판
되었다. 같은 해 조경肇慶에서 마테오 리치의《기인십규畸人十規》(즉
《천주십계명》)가 출판되었다. 23년에 남창에서 마테오 리치의《교우
론》과《천학실의天學實義》가 출판되었다.《천주십계명》과《교우론》
은 모두 남경에서 재판되었다.《천학실의》는 또《천주실의天主實義》
로 제목이 바뀌었다. 이 책은 남창에서 재판되었고 또 북경에서는
재판, 삼판까지 인쇄되었으며 항주에서는 4판까지 인쇄되었다. 당
시 출판지역은 북경의 남당南堂 이외에도 광주·조경·소주韶州·항
주·호주湖州(1610년에 호주 삼화당三和堂에서《천주성교약언天主聖教約言》이
출판됨)·남경·영파·상해·복주·남창·개봉·서안·강주絳州·
마카오 등이 있다. 그 중 북경에서 출판된 것은 약 124종, 복주는 51

한다는 뜻이다. 따라서 영언여작은 작은 식견으로 심오한 진리를 다루었다는
겸손의 표현이다. 본서는 스콜라철학의 중요한 명제 가운데 하나인 영혼론을
소개하였다. 영혼론은 동양철학에서도 오랫동안 사색해온 문제이기도 한 인
성론과 연관이 깊어 중국 학자들의 관심을 끌었을 뿐만 아니라 정약용이나 이
익 같은 실학자들에게도 성리학의 철학적 모순을 해결하는 데 결정적인 단서
를 제공하기도 했다. 본서는 첫 번째 아니마의 실체, 두 번째 아니마의 능력,
세 번째 아니마의 존귀함, 네 번째 아니마가 최고선을 지향하는 본성에 관해
논하고 있다. 우리나라에도 번역본이 있다(김범철·신창석 역, 일조각,
2007).

종, 항주는 40종, 나머지는 각각 수종씩 각기 다르다.[160] 북경에는 《간행천주성교서판목刊行天主聖教書板目》이 있고, 항주부 천주당 및 복주부 흠일당欽一堂 역시 《간서판목刊書板目》이 있으며 세 곳의 출판이 비교적 많다. 서안 천주교회에서는 《추력년첨례법推曆年瞻禮法》·《종도도문宗徒禱文》을 간행했다. 프랑스 선교사 니콜라스 트리고가 강주絳州·서안·항주에서 인쇄소를 설립하고 서양활자가 아닌 모두 중국어로 판을 짜서 매년 많은 도서를 간행했다.

명말에는 운남성, 귀주성, 사천성을 제외하고 각 성에 모두 천주교당이 있었고 신도들은 약 15~16만이나 되었다. 신도들은 지식인 이외에도 광범위하여 노동자층도 있었다. 남경의 신도 중에는 짐꾼, 그물 만드는 사람, 농사꾼, 요리사, 떡팔이, 목수 등이 있었고 그 종교를 따르는 자에게 "모든 사람에게 은 2냥을 주었다". 신도들이 많아지자 자연히 교회 서적의 수요도 있게 되었다.

서광계와 함께 이름을 날린 신도 중에 항주 사람 이지조李之藻가 있는데 마테오 리치와 관계된 과학 및 천주교의 번역서적 20종을 《천학초함天學初函》이라고 하여 숭정 원년에 출판했다. 이 역시 천주교와 관계된 총서라고 할 수 있다. 그 다음 해에 그가 죽자 제2, 제3의 재판은 없게 되었다.

소수 민족어와 외국어

명대에 간행된 소수민족 문자로는 몽골문·티베트문·여진문·서하문·이족彝族 문자 등이 있다.

몽골문 원나라의 몽골정권이 몰락한 후에는 몽골문은 형태도 없이 도태되었으나 명대에 사이관四夷館[152] 안에는 여전히 달단관

152_ 사이관은 명 영락 5년에 변방의 소수민족과 주변국과의 언어문자를 번역하

鞑靼館이 있었다. 명 내부에서는 타타르[達達] 문자로 《효경》 1권을 간행했는데 42쪽이었다. 소위 타타르 문자는 달단문자가 아닌가 싶은데, 즉 몽골문 《효경》이 있다. 또 타타르 문자의 《충경忠經》·《타타르자모達達字母》가 있다. 현존하는 명대 몽골문 인본 전문 서적은 아주 적은데 비교적 이른 것으로는 선덕 6년에 간행된 《제불보살묘상명호경주諸佛菩薩妙相名號經咒》가 있으며 산스크리트어와 몽골문 6쪽이 있다. 몽골어 《백가성》은 당순지의 《형천패편荊川稗編》(만력 9년 간행) 권81에 보이는데 아마도 원본元本 《사림광기事林廣記》에서 옮겨 적은 것 같다. 명나라 홍무 간행본 화원결火源潔의 《화이역어華夷譯語》는 몽골어를 한자로 번역했고 전체 책 속에 몽골문자는 하나도 없다.

몇 년 전 일본학자 간다 기이치로[神田喜一郎] 박사가 보내온 《동양학문헌총설東洋學文獻叢說》(일본 니겐샤[二玄社], 1969년판) 안에 〈파스파 문자의 신자료[八思巴文字的新資料]〉라는 글이 있는데 처음으로 일본 궁내청 소장 명 영락 간본인 《임천오문정공초려선생집臨川吳文正公草廬先生集》[161]을 소개하고 있다. 그 부록에 원나라에서 대대로 임천군의 오문정공에게 선칙宣敕[153] 11통이 내려온 것이 있는데 모두 몽골

기 위해 설립한 기구로 처음에는 한림원에 예속되었으나 후에 태상시太常寺 소경제독관少卿提督館 소관이 되었다. 그 안에는 몽골문·여진·티베트·회골·백이百夷·서역·고창高昌·면전緬甸(현재의 미얀마) 8관이 있었고 후에 팔백八百·섬라暹羅(지금의 시암) 2관이 추가되었다. 명대에는 조공과 무역의 왕래를 위하여 대량으로 번역가가 필요했다. 이런 번역인재를 배양하기 위하여 전문적으로 사이관을 설치하게 되었다. 사이관은 중국 역사상 최초로 번역가를 양성하기 위해 관방에서 설립한 전문기구이다. 이들은 국가간 왕래하는 조공에 관한 문서를 번역하면서 주변의 민족과 국가의 언어를 학습했다.

153_ 선칙宣敕, 또는 선래宣敇라고도 한다. 관직의 변경을 명령하는 정부의 정식 문서다. 선과 칙은 사용이 다른데 선은 1품에서 5품까지에 내리는 명령이고 흰색을 사용한다. 칙은 6품에서 9품까지 내리는 명령으로 적색을 사용한다. 원나라에서는 선칙을 모두 종이를 사용하여 이전에 비단을 사용한 것과는 달

문자다. 한자는 부본에 주를 달았고 통마다 사진이 모두 있는데 선류宣類 여덟 통通, 칙류敕類 세 통이다.[162] 태정泰定 3년 이전부터는 모두 오씨의 관직이 승진하는 명령으로 후세의 위임장에 해당되며 오씨의 조부모와 부모 및 그 처를 추봉하는 봉고封誥[154]다. 모든 몽골문은 세조에서 원나라 초기 파스파가 창제한 몽올신자蒙兀新字다. 그러므로 파스파문자(P'agspa Script)라고 칭하며 위그르문자(외올아畏兀兒), 즉 회골문자回鶻文字의 자모로 구성된 이전의 몽골문자와는 별개다. 파스파문자를 쓸 때는 왼쪽부터 시작하는데 한문이 오른쪽에서 시작하는 것과는 다르며 위에서 아래로 직접 읽는 것은 같다. 원나라 때의 선칙宣敕은 몽골문이 정본이고 한문이 부본이었으며 명초에 각서刻書할 때는 모두 합각을 하여 먼저 몽골문자를 쓰고 후에 한자를 썼다. 그러므로 한문 역시 왼쪽부터 쓰고 몽골문자로 옆에 주를 달았다.

오증吳澄(1249~1333)의 호는 초려草廬고 무주로撫州路 숭인현崇仁縣 사람이다. 당시에는 "나라의 명유名儒요, 조정의 옛 덕"이라고 불렸는데 몽골 통치자들은 그를 더욱 존경했다. 그 자손들은 이를 표창하기 위하여 원대의 선칙을 권말에 부록으로 하였다. 간다 기이치로 박사는 내각문고에 소장된 명나라 장지환張之奐 시집《한만금汗漫唫》부록 중에도 파스파문과 한자가 합각된 것을 발견했는데 정광定光과 복호伏虎 두 승려에게 토지와 작위를 내린다는 지정 26년의 칙서 두 통이다. 장지환은 이를 '번자番字'라고 했지만 실은 몽골문자다.

라 많은 비용을 절약했다고 한다.(명나라 섭자기葉子奇의《초목자草木子 · 잡제雜制》)

154_ 명청시대에 제왕이 오품 이상의 관원 및 그 선조와 처에게 작위와 명호를 내리던 영전 명령이다.

티베트문　　명대 최대의 인본은 티베트《대장경》으로 당시에는 이를《번장番藏》이라고 불렀다. 영락제는 부모의 낳아주신 은혜에 보답코자 사신을 티베트로 파견하여《장경》문을 구해오도록 하여 이를 간행하여 보시했다. 그런데《감주이甘珠爾》밖에 없다고 한다. 만력 때에 또《속장續藏》을 간행했다. 현재 볼 수 있는 비교적 초기의 티베트문《성묘길상진실명경聖妙吉祥眞實名經》[그림 59]은 윗 부분에 두 단락으로 한문 7구절이 있고 아래에는 티베트문이 있다. 티베트문 바로 위에는 '대명 영락 9년 4월 17일'이라는 글자가 있다.

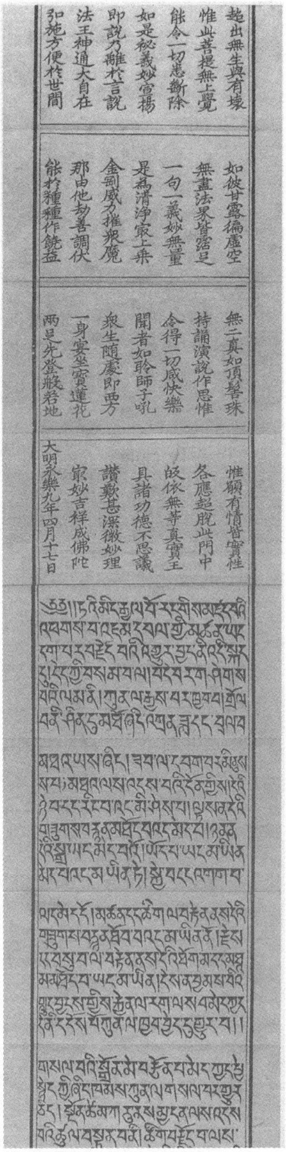

여진문女眞文　　여진문은 혹은 여직문女直文이라고도 하며 여진족의 금나라에서 창제한 것으로 대자와 소자 두 종류가 있다. 명나라 때 사이관四夷館에는 여직관이 있었다. 천순天順·성화 연간에(1457~ 1487)에 중국 동북의 해서海西[155]여직女直은 여전히 여진문자를 쓰고 있었다. 정통 때에 문연각에 여진문자《반고서盤古書》·《공부자서孔夫子書》·《강태공서姜太公書》·《오자서서伍子胥書》·《십팔국투보전十八國鬪寶傳》·《손빈서孫臏書》·《백가성》·《합답양아우哈答咩兒于》·《여진자모女眞字母》등 18종의 통속도서가 있는데 명초에 출판되었거

[그림 59] 영락 9년(1411) 판각된 티베트문《성묘길상진실명경》

155_ 해서는 지금의 해서몽골족 장족 자치주 지역으로 청장고원靑藏高原의 북부와 청해성 서부지역이다. 남으로는 티베트와 통하고 북으로는 감숙성과 연결되며 서로는 신강과 연결된다. 교통의 중심지며 티베트로 나가는 요충지다. 전략적으로 중요한 곳이다.

나 금대의 도서로 보인다. 현재 볼 수 있는 《여진역어女眞譯語》는 반엽 4행으로 여진자 글자 옆마다 왼쪽에 한자 뜻을 주로 달았으며 오른쪽에는 한자 독음을 달았다. 예를 들면 '부伕'의 독음은 '필특흑必忒黑'으로 주를 달았고 뜻은 '책[書]'이라고 주를 달았다. 명나라 방서생方瑞生의 《묵해墨海》는 만력 연간에 판각되었다. 삽화가 있고 두 개의 둥근 도장 안에 "명왕신덕明王愼德, 사이함빈四夷咸賓"이라는 글자가 새겨져 있다. 정면에는 외국인 두 사람이 각각 꿩을 잡고 있는 모습이 있고 뒷면에는 여진글자 2행 12자가 새겨져 있다. 이로 볼 때 만력 연간에도 여전히 여진글자를 아는 사람이 있었음을 알 수 있다.

　　서하문西夏文　　　서하문자는 원나라에서는 '하서자河西字'라고 불렸으며 명나라에서는 서하문자를 아는 사람이 많지 않았다. 홍무 5년에 서하문 불경 《고왕관세음경高王觀世音經》을 판각했는데 고궁에 소장되어 있다.[163]

　　이문彝文　　　이문은 운남성 이족彝族들이 한자를 모방하여 만든 것으로 필획 역시 비교적 간단하다. 국가도서관에 소장되어 있는 이문 《태상감응편太上感應篇》[그림 60]은 명대 운남의 무정武定 각본으로 이는 과거에는 볼 수 없던 것이다.

　　외국문자로는 일본어·범어[산스크리트어]·페르시아어·라틴어 및 아라비아 숫자도 출현했다.

　　일본어　　　건양서림 쌍봉당의 여문대余文臺는 만력 26년 전각篆刻으로 《해편정종海篇正宗》 권1을 간행했는데 그 속에 '유구국이자琉球國夷字 음역'이 있다. 유구국이자란 바로 일본어를 말한다. 명나라 이언공李言恭 《일본고日本考》에는 일어 가타카나 문자가 있다.

　　범어梵語　　　외국문자 중에서 최초로 중국에서 인본으로 출현한 문자는 인도의 범어[산스크리트어]다. 당나라와 송나라 때에 이미

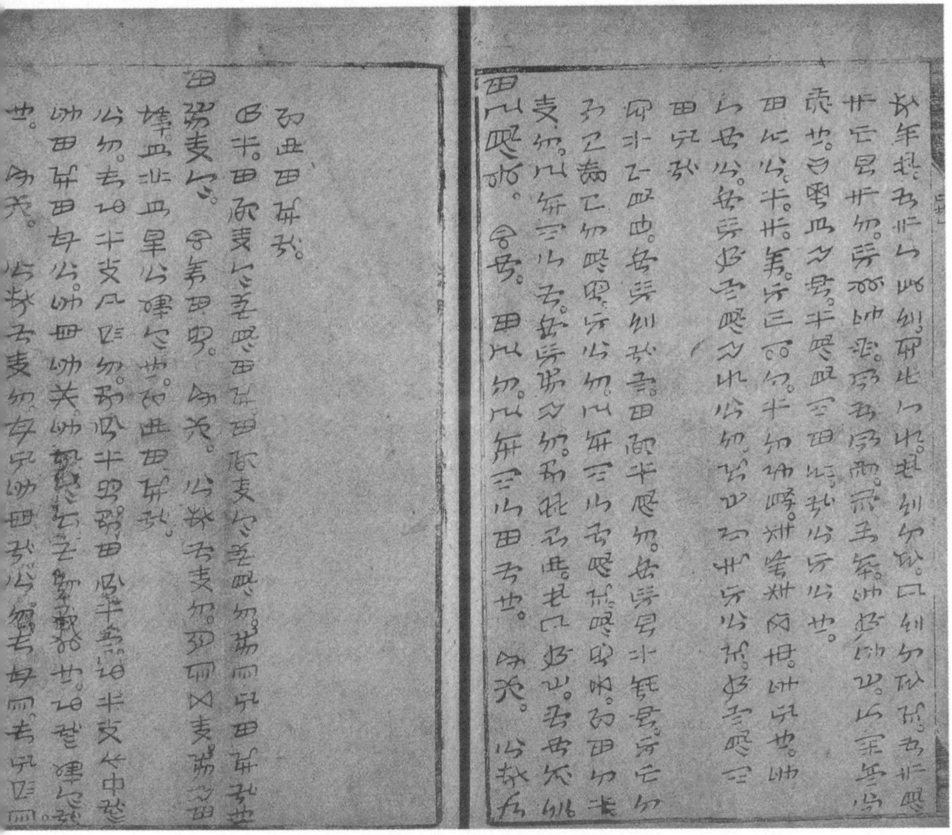

[그림 60] 명각본 이문《태상감응편》

있었으며 서하 역시 한자와 범어의 대조본이 있었다. 명대 인본 중에는 상술한 선덕본宣德本《제불보살묘상명호경주諸佛菩薩妙相名號經咒》에서만 볼 수 있다. 또 성화 각본《불설금륜불정대위덕치성광여래다라니경佛說金輪佛頂大威德熾盛光如來陀羅經》의 앞에 어제서가 있는데 "대성치성광여래옹호륜大聖熾盛光如來擁護輪"이라고 쓰여 있으며 원륜圓輪 속에는 범문이 새겨져 있다. 갖고 다니며 독송하고 휴대하는 사람은 "복을 받으며 천수를 누리고 모든 일이 순조롭다"는 뜻이라고 한다.

페르시아어   국가도서관에 아랍과 페르시아의 약재들을 소개한 명 필사본《회회약방回回藥方》이 있다. 각종의 약재는 한문과 페르시아 원문으로 주를 달았다. 북경 구 협화의학원協和醫學院[156]에 신 필사본이 있었는데 명간본에서 베껴 쓴 것이라고 한다. 이 책이 바로 명대의 간본이었음을 알 수 있다.

라틴어　　서양 선교사들이 1590년(만력 18)부터 마카오에서 서양활자로 인쇄된 교회서적[164]을 사용하였기 때문에 중국 땅에 처음으로 서양인쇄본이 출현했다. 활자 이외에 17~18세기에 선교사들도 북경과 광주 등지에서 목판을 이용하여 라틴어 도서를 인쇄했다. 어떤 사람은 라틴어와 한문 두 종류의 저서도 내었다. 이런 서양문자의 목판 인쇄품은 여전히 적지 않게 전해오고 있다.[165] 문자의 장벽에 의한 어떤 영향도 명대 사회에 주지 않았으나 중국 인쇄본에 있어서는 어쩌다가 라틴 자모의 병음자가 출현했다. 정대약의 《묵원墨苑》에 만력 33년(1605) 마테오 리치의 문장 한 편이 있는데 그 제목은 〈술문증유박정자述文贈幼博程子〉다. 한자 마다 옆에 라틴 자모의 음을 주로 달았고[그림 61] 자칭 "유럽 마테오 리치가 저술하고 붓으로 썼다"고 되어 있다. 5년 후에 안휘성 사람 왕정눌汪廷訥이 자신의 기보棋譜《좌은선생집坐隱先生集》·《좌은원희묵坐隱園戲墨》을 간행할 때 마테오 리치가 헤어지면서 손수 써준 격려의 말 8행을 판각했는데 모두 직접 쓴 것이다. 예를 들면 '유럽 파리 마테오'를 EuRó Pà Rí mà teù 라고 썼다. 천주교인이었던 섬서성 사람 왕징王徵은 서양글자의 자모字母와 자부字父라는 것을 배웠으며 그의 저서 《기기도설奇器圖說》에 ABC를 사용해 그림의 표기를 했다.

156_ 중국협화의과대학中國協和醫科大學(Peking Union Medical College)으로 중국 최초의 8년제 임상의학대학이다. 2007년 5월 18일에 북경협화의학원北京協和醫學院으로 명칭을 바꾸었다. 그 전신은 협화의학당協和醫學堂이었으며 미국의 록펠러 재단이 1917년에 창설했다. 현재 중국의 유일한 국가급 의학과학 학술센터와 종합의과의 연구 기구가 있다.

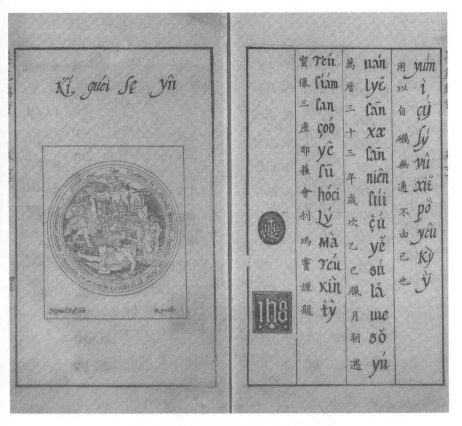

[그림 61] 정대약의 《묵원》에 출현한 라틴어 발음 표시

아라비아 숫자　　　정대약의 《묵원》 성모도聖母圖에는 'SMARIA'
(성 마리아)라는 글자가 있으며 또한 '1597'이라는 네 글자가 있다. 이
는 중국 인본서에 처음으로 출현한 아라비아 숫자다. 1597년은 만력
25년이다.

판 화

　　명대 인쇄사 특색 중의 하나는 판화가 발달했다는 점이다. 삽화서
적은 수폭에서 수십 폭, 심지어는 1백~2백 폭이 있기도 하다.[166] 수
량만이 많은 것이 아니라 질적인 면에서도 종종 송나라와 원나라를

웃돌아 판화예술의 최고봉에 도달했다. 삽화는 위에 그림이 있고 아래에 문장이 있는 연속 그림책인 연환화連環畵이거나 매회 혹은 글 중간에 그림을 삽입하여 책머리에 집중할 수 있도록 한 것이 많았다. 명대 성화·홍치 연간 이후 민간에서는 설창說唱·사화詞話·소설·희곡 등이 광범위하게 유행했다. 출판가들은 독자의 기호에 영합하고 판로를 확대하기 위해 책 첫머리에 그림을 넣지 않은 것이 없었으니 "고금 전기가 세상에 유행하는데 그림이 없으면 쓰러진다"[167]고 할 정도였다. 천계 연간에 "희곡에 그림이 없으면 유행하지 않으니 그래서 모방하여 그리는 것을 두려워하지 않게 되었다. 그림 감상을 하니 내가 옳지 않다고 여기는 풍속이나 습관에서 벗어나지 못해 조금 다시 했을 뿐이다"[168]고 했다. 삽화는 도서에 대한 취미를 증가시킬 수 있고 본문의 내용을 이해하는 데 도움을 줄 수 있어 독자의 흥미를 높였다. 그리하여 고상한 사람이건 저속한 사람이건 다 같이 감상할 수 있어 폭넓은 독자의 애호를 받았으므로 명 말에는 그림을 부록으로 한 도서가 한때 유행했다. 마음과 정성을 다해 정교하고 아름답게 판각하고 천부의 재능으로 도서를 만들어서 보는 이들로 하여금 머리와 눈을 헷갈리게 하여 시류에 영합하였다. 그래서 제목에는 무슨 무슨 찬도纂圖·회상繪像·수상繡像·전상全像·도상圖像·출상出像·전상全相·출상出相·보상補相 등의 글을 붙혀서 광고를 하였다. 만력·천계·숭정 연간에 가장 유행했으며 찬란하게 빛을 내며 백화제방의 국면을 이끌어내었다. 다음 4파로 이를 구분해 볼 수 있다.

북경파　　북경 영순당永順堂은 성화 연간에 설창 사화를 간행했으며 서명 앞에는 '신간전상설창新刊全相說唱'이라는 제목이 있었다. 그중 《화관색출신전花關索出身傳》은 위에 그림이 있고 아래에 글이 있다. 그 외 《전상석랑부마전全相石郎駙馬傳》에는 모두 그림이 한

면에 있고 각각 3폭에서 13폭까지 있다. 정양문 안의 악가岳家에서는 홍치 무오戊午년에 《기묘전상주석서상기奇妙全相注釋西廂記》를 간행했는데 책 모양이 커서 명실상부한 대자본大字本이다. 페이지마다 위에 그림이 있고 아래에 문장이 있다. "노래와 그림을 합쳐 독자들이 저택과 유람선에서 들고 보기 편하도록 했으며 승객들이 편리하게 보면서 노래하니 심심풀이로 감상하기에 좋았다." 그림은 졸렬했다.

남경파 만력 연간에 남경의 당씨서방唐氏書坊에서 희곡집을 많이 간행했다. 당대계唐對溪의 부춘당富春堂에서는 백여 종에 이르는 희곡집을 간행했다. 페이지마다 판광의 네 주위에 테두리를 둘렀는데 이를 '화란化欄' 또는 출상出像이라고도 했다. 당씨 세덕당世德堂에서도 출상·음주音注·화란化欄이 있었다. 당씨 문림각文林閣은 수각연극전상繡刻演劇全像을 간행했다. 《대자서유기大字西遊記》역시 출상이다. 이러한 그림은 대부분 반폭이 전체판이거나 혹은 전후 페이지가 합하여 커다란 한 폭이 된다. 당진오唐振吾의 광경당廣慶堂·진씨의 계지재繼志齋 삽화는 몹시 아름다웠다.

건양파 원대에 건안에서 처음으로 위에는 그림이 있고 아래에는 글이 있는 그림 이야기식의 도서를 만들었다. 건양서림은 이런 전통을 이어서 가경·융경·만력 연간에도 이런 풍속이 성행했다. 소설 《견우직녀전》·《당삼장서유석액전唐三藏西遊釋厄傳》등에는 부록으로 그림이 있다. 《일기고사日記故事》·《고문대전古文大全》도 그림이 있다. 건읍서림에서 아름답게 인쇄된 《당시고취대전唐詩鼓吹大全》은 아래에 시가 있고 위에는 그림이 있다.

이상 세 파의 판화 처리는 선이 거칠고 질박하여 옛정취가 가득하다.

휘주파徽州派 만력 연간에 휘주 판화가 흥기하였는데 섬세하고 세밀하여 그 모양이 아름다워 눈길을 끌 뿐만 아니라 살아있는 듯이 생생했다. 창문이나 주렴의 문양 역시 몹시 세밀하게 조각되었으며 그 선 하나 하나는 마치 터럭같아 비단실처럼 부드럽다. 그 기교를 다함이 조각칼에 눈이 있는 듯하고 손가락에는 영험이 있는 듯하다. 마음과 손이 하나가 되어 그 묘를 다하니 명실상부한 최고의 그림이며, 최고의 간행물로 책을 펼치면 눈이 즐겁고 마음을 끌어당긴다[그림 62]. 수많은 작품이 당시 유럽 서적의 삽화를 능가했다. 수도에서도 이를 진기한 물건으로 보았고 현대 장서가 중에도 휘파 판화 애호가들이 많이 있다. 휘파 판화는 대부분 중국의 명필이라고 하는 정운붕丁雲鵬이 그린 《묵원》·《박고도록博古圖錄》, 왕경汪耕이 그린 《인경양추人鏡陽秋》, 장몽징張夢徵의 《청루운어靑樓韻語》, 정

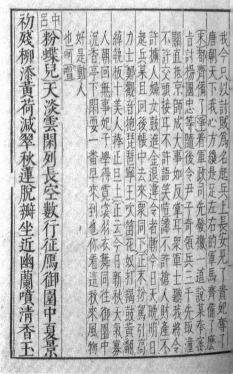

[그림 62] 아름다운 휘주 판화이다. 명 만력 연간(1573-1620)에 황일봉黃一鳳이 판각한 고곡재顧曲齋본 《추야오동우秋夜梧桐雨》이다.

기룡程起龍이 쓴《여범편女範編》, 오문吳門의 왕문형王文衡이 그린《서상오극西廂五劇》를 들 수 있다. 이들의 그림원고는 휘파 조각공들의 수를 놓은 듯한 정교한 조각을 거쳐 그 붓끝이 하나 하나 살아 있으며 조각칼의 법도를 얻어 그림 속 인물의 내심의 정서까지도 표현해 내고 있다.

조각공 대부분은 흡현 규촌虬村(혹은 규천촌虬川村이라고도 함) 출신자들로 모두 성이 황씨였기 때문에 자칭 신안新安 황씨, 혹은 고흡古歙 황씨라고도 했다. 황씨 성을 가진 판화공들로 그 이름을 알 수 있는 사람은 31명이고 글을 새긴 것은 47종이다.[169] 그중 유명한 것으로는 황응광黃應光이 판각한《서상기》·《비파기》·《곤륜노昆侖奴》·《악부선춘樂府先春》등 9종이 있다. 황응서黃應瑞·황덕시黃德時·황응해黃應楷 등도 각각 5~6종이 있다. 황씨 일가의 부자 형제 숙질 등은 그 솜씨가 절묘하여서 당시에는 '조룡수雕龍手' 또는 천하의 장인이라는 뜻으로 '우내기공宇內奇工'이라 불리며 세상에 그 명성을 떨쳤다. 당시 사람들은 판각할 것이 있으면 반드시 흡현의 장인을 찾았다. 그들은 늘상 외지에서 각서刻書 주문을 받았으며 어떤 사람들은 업무관계로 타지로 이사를 갔다. 황덕룡黃德寵이 소주로 이사를 했고, 황일중黃一中은 금릉金陵에 오래도록 살았고, 황응광黃應光·황응추黃應秋·황상윤黃尚潤·황일해黃一楷·황일빈黃一彬과 그 아들인 황건중黃建中 등은 항주로 옮겨가 살았다. 그중 어떤 이들은 윗대에 이미 항주로 이사를 왔으니 항주사람이나 마찬가지였다. 무림武林[157]의 용여당容與堂본《옥합기玉合記》·《비파기》는 황응광이 판각한 것으로 항주 판화는 그들의 영향을 받았다. 그래서 그런지 무림武林 명장

157_ 무림은 옛날 항주의 별칭으로 항주에 무림산이 있어 이런 명칭을 얻게 되었다.

인 항남주項南洲·항중화項仲華·유소명劉素明이 판각한 아름다운 삽화는 이미 휘주판화와 구별하기 힘들 정도다.

현재 장서가와 판화를 연구하는 사람들은 비록 황씨 성의 판화공들을 알고는 있지만 황씨 일가의 관계는 알지 못한다. 어떤 사람들은 황응서黃應瑞와 황백부黃伯符를 두 사람으로 알고 있는데 실은 황응서의 자가 백부伯符로 같은 사람이다. 황응효黃應孝와 황수야黃秀野를 한 사람으로 보는 사람도 있던데 사실 황응효는 황수야의 아들이다. 수야는 황전黃鋑의 별호다. 《옥결기玉玦記》를 판각한 응웅應熊은 그 성씨를 상세히 알 수 없다고들 했지만 응웅 역시 황씨로 황응웅이며 황응효의 종형제다. "길보吉甫는 응순應淳으로 의심된다"고 하는데 길보의 이름은 덕수德修고 응순과 역시 종형제간이다. 《규범閨範》의 각자공 서명에 "황일빈黃一彬·원길元吉·백부伯符·양중亮中·사교師教·양곡[158] 등의 여러 사람이 있는데 여러 황씨 성을 가진 명장으로 대성한 이들을 모은 것이다." 또 "황일빈 및 그 형제 각刻"이라고 쓰여 있기도 하다. 생각컨대 양곡陽谷은 황응순의 별호로 백부와는 모두 황일빈의 아저씨이지 형제는 아니다. 황양중은 청 강희 계축년(1673)에 태어났고, 황사교는 건륭 정사년(1737)에 사망했으니 이미 황일빈의 손자뻘이므로 그들 두 사람이 어떻게 명대에 각서를 할 수 있단 말인가? 주관적인 추측만으로 하다 보니 어떤 때는 추측이 맞을 수도 있지만 추측이 틀릴 때가 더 많게 된다. 그래서 한 사람을 두 사람으로 나누기도 하고, 혹은 두 사람을 한 사람으로 만들기도 하니 세대가 뒤바뀜을 면하기 더욱 어렵게 되었다. 지금 확실하게 믿을 수 있는 도광道光 《규천황씨종보虬川黃氏宗譜》[그림 63]에

158_ 앞의 성씨는 모두 생략되어 있다. 즉 황원길, 황백부 … 등이다. 한문에서는 앞에 성이 나오면 뒤에서는 생략한다.

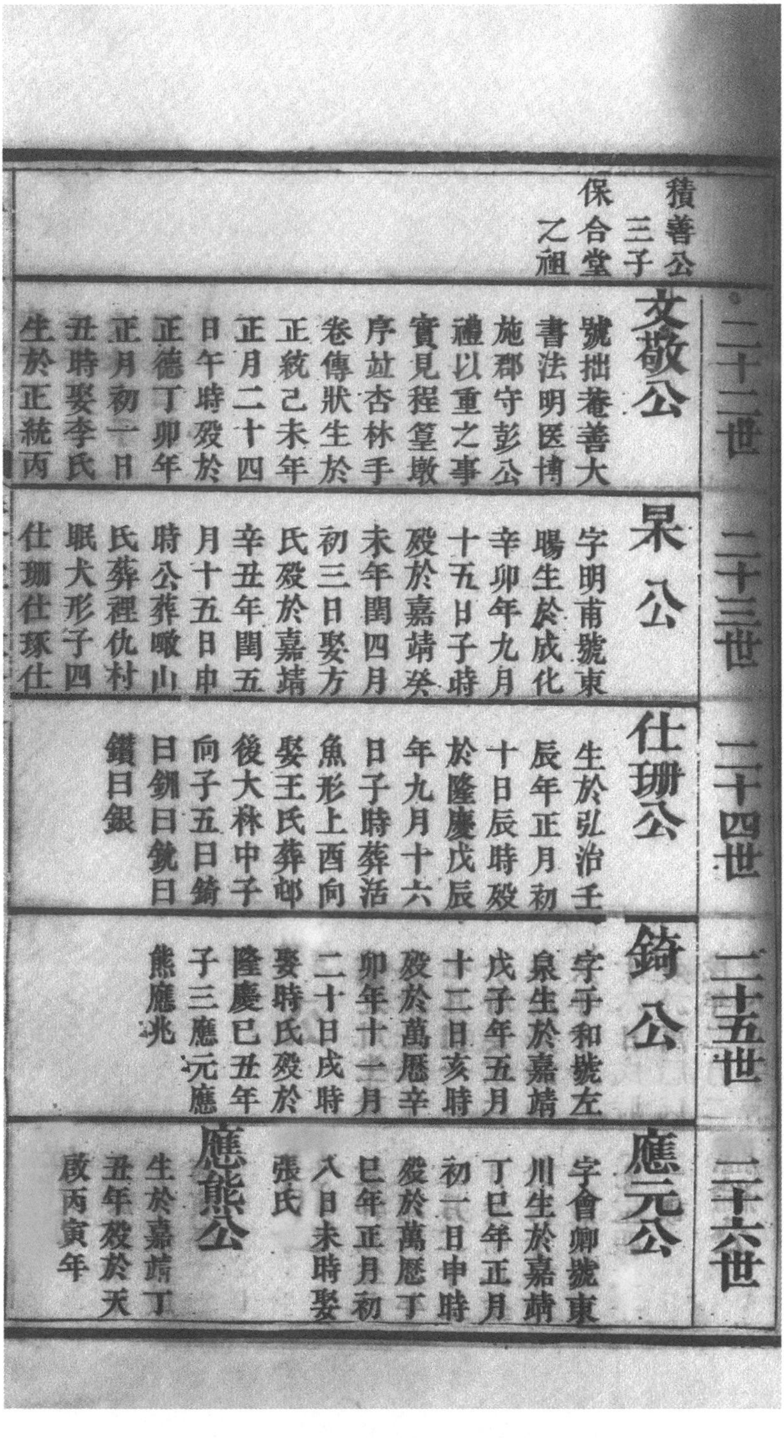

二十二世	二十三世	二十四世	二十五世	二十六世

積善公
三子
保合堂
乙祖

文敬公
號拙卷善大
書法明医博
施郡守彭公
禮以重之事
寶見程筀敦
序址杏林手
卷傳狀生於
正統己未年
正月二十四
正德丁卯年
日午時歿於
生於正統丙
丑時娶李氏
生於正統丙
仕珊仕璩仕

杲公
字明甫號東
賜生於成化
辛卯年九月
十五日子時
歿於嘉靖癸
未年閏四月
初三日娶方
氏歿於嘉靖
辛丑年閏五
月十五日申
時公葬嚨山
氏葬裡仇村
眠犬形子四
仕珊仕璩仕

仕珊公
生於弘治壬
辰年正月初
十日辰時歿
於隆慶戊辰
年九月十六
日子時葬活
魚形上酉向
娶王氏葬邨
後大林中子
向子五日鎬
日鈎日銀

鈎公
字子和號左
泉生於嘉靖
丁巳年正月
初六日申時
歿於萬曆丁
巳年正月初
八日未時娶
張氏

應元公
字會卿號東
川生於嘉靖
丁巳年正月
歿於萬曆辛
巳年十一月
二十日戌時
娶時氏歿於
隆慶巳丑年
子三應元應
熊應兆

應熊公
生於嘉靖丁
丑年歿於天
啟丙寅年

[그림 63] 도광 12년 《중수규천황씨종보重修虯川黃氏宗譜》

근거하여 위의 각종 잘못을 정정할 수 있었다(부록 표 참조).

또한 황군천黃君蒨 · 황진여黃眞如 · 황원길黃元吉 · 황단보黃端甫 · 황상보黃翔南 · 황성지黃誠之 · 황여요黃汝耀 · 황백시黃伯時 · 황자화黃子和 등 판화공은 비록 종보에는 기록되지 않았지만 역시 규천 황씨 일족으로 보인다.

휘주판화의 판화공들은 황씨 성 외에도 또 신안의 왕충신汪忠信 · 왕성보汪成甫 · 유계선劉啟先 · 유응조劉應組 · 유군유劉君裕 · 홍국량洪國良 등이 있다. 이들 역시 수많은 도서에 아름답게 판화를 했다. 정진탁鄭振鐸 선생은 일찍이《흡중수각도화명수성씨록歙中繡刻圖畫名手姓氏錄》을 필사한 적이 있다고 하는데 그 원래 도서를 소장한 장서가를 아직 본 적은 없다.

금릉 판화공 위소봉魏少峰이 판각한《삼국지후전三國志後傳》(만력)과 유희현劉希賢이 판각한《삼수평요전三遂平妖傳》이 있다.

판화가 유소명劉素明은《공부자주유열국대성기린기孔夫子周遊列國大成麒麟記》·《고금소설》등 그림책이 몇 종 있다. 요즘 사람들은 그가 건안사람이라고도 하고 남경의 장인이라고도 한다. 유소명이 판각한 삽화에는 "소명간상素明刊像" 혹은 "유소명필劉素明筆"이라고 표기가 되어 있고 제에 "유소명동화劉素明同畵"라고 되어 있으니 그는 화가이면서 조각에도 뛰어난 고수였음을 알 수 있다. 금릉 사검당본師儉堂本《옥잠기玉簪記》(만력 판각)에 "유소명이 판각하고 소등홍蕭騰鴻 · 유소명 · 채원훈蔡元勛 · 조벽趙璧이 함께 그렸다"는 글이 있다.《삼국지통속연의》의 "무림유소명전武林劉素明鐫"이라는 관지에 의거하면 유씨는 항주 사람이라는 것을 의심할 여지가 없다. 또 "서림유소명전각상書林劉素明全刻像"이라는 제목도 있는데, 즉 유씨 자신의 서적상도 갖고 있었음을 알 수 있다. 무림의 항남주項南洲를 금릉의 유명 판각공으로 여기는 사람도 있고 항남주와 황응서를 규촌사람으로 보는 사람도 있는데 이는 모두 잘못이다.

항남주가 판각한 것으로는 《전상손방투지연의全相孫龐鬥智演義》(숭정) · 《초호로醋葫蘆》가 있다.

명대 판화의 제재 내용은 몹시 풍성하고 다채롭다. 지리서와 지방지같은 대량 지도 외에도 성현 유명인 · 열녀 작가의 도상이나 옛날이야기 전설, 신선 부처 신화이야기 그림, 기타 중국 산천의 명승지, 짐승 조류 어류, 초목 화훼, 사농공상, 사회풍속, 여관 연회, 음악무용, 괴뢰희, 잡기 등 모두 생동적이고 구체적인 형상으로 역사적 사료가 된다. 만력 간본의 《서호편람西湖便覽》에서는 항주 서호 일대의 형형 색색의 현상을 볼 수 있다. 관상쟁이와 그림파는 사람, 소경사昭慶寺의 스님들이 책을 팔고 있는 모습, 또 부채를 파는 사람, 꽃을 파는 사람, 장남감을 파는 사람 그리고 연을 날리고 축구를 하고 무예를 연습하고 물구나무를 서는 사람들, 각종의 기예를 하는 사람들과 유람객들이 왕래를 하는 아주 번화한 모습이다. 이는 《무림구사武林舊事》를 형상화한 것으로 명대 항주 사회생활의 정황을 종이에 재현해 낸 것이다. 송나라 장택단의 〈청명상하도淸明上河圖〉, 명나라 채색의 〈남도번회도南都繁會圖〉와 함께 얻기 힘든 걸작품이다.

명대의 별집別集은 저자가 가장 많다. 나륜羅倫의 《일풍선생문집一豐先生文集》(가정 28년), 모곤茅坤의 《모록문집茅鹿門集》(만력 16년), 진유陳儒의 《근산집芹山集》(만력), 상열桑悅의 《사현집思玄集》(만력 44년), 장악張岳의 《소산류고小山類稿》(천계 원년), 황중소黃仲昭의 《미헌공문집未軒公文集》이 있다. 《구장산법비류대전九章算法比類大全》의 저자는 오경상吳敬像(홍치)이다. 막단莫旦은 홍치 연간에 《오강지吳江志》를 간행했으며 그 속에 지방 현인들의 모습이 있다.

최대의 명청 판화로 현재 발견된 것으로는 《석수신보공도石守信報功圖》[159] · 《호연경극복성도보공도胡延慶克服成都報功圖》가 있다. 모두 가로 세로가 2백~3백 미터 이상인 것으로 화면마다 구조가 위대하고 기세가 드높으며 인물의 수는 셀 수 없이 많다. 마치 무수히 많은 퍼즐조각을 맞추어 놓은 것처럼 커다란 화면마다 대부분 인쇄를 하였고 어떤 것은 날인이고 날인한 인물의 크기와 간격은 전부 작가가 안배한 것으로 이처럼 거대한 판화는 현재 휘주 지역에서만 발견되고 있다.[170]

중국과 서방의 문화교류로 인해 삽화에도 서양의 조총·포루투칼과 스페인의 대함선 및 천칭天秤·기중기·사이펀(siphon) 같은 그림도 출현했다. 황린黃鱗·황응태黃應泰는 정대약의 《묵원》을 판각했는데 여기에는 예수가 홍해를 건너고, 성모가 예수를 안고 있는 종교화 네 폭이 등장했다. 화면에는 서양 가옥과 십자가 등도 있다. 이 네 폭의 성경화는 마테오 리치가 정대약에게 준 것이다. 이 그림은 원래 벨기에의 안트베르펜(Antwerp) 브랜딘 인쇄소에서 인쇄한 것으로 아마 베라크루즈 등 세 사람이 조각한 것으로 보인다. 중국어 출판물 중 첫 번째로 출현한 서양 조각의 아름다운 화면이다. 성모도聖母圖는 성모가 예수를 안고 있는 것으로[그림 64] 위에는 천사 두 명이 있고 옆에는 아름다운 도안이 있다. 아래에는 'SAMARIA' 성모 마리아 및 '1597'이라는 글자가 있다.

159_ 《석수신보공도》는 목판화로 조각공의 성명은 알 수가 없다. 정확한 크기는 높이 188미터, 가로 267미터다. 석수신은 송나라 초기의 대장이고 판화에는 그와 그 선조들의 전공을 새겨 넣었다.

[그림 64] 서양화 성모상: 명 만력 34년(1606)에 황린과 황응태가 정대약의 《묵원》을 판각했다.

	성명	자字와 호	관계	생졸년	판각한 도서 번호
25대	황준黃鋑	자 군패君佩 호 수야秀野		명 가정 계축 10월 1일~태창 원년 12월 17일 (1553~1621)	18,26,40
	황린黃鱗	자 약우若愚		가정 갑자년 11월 -(1564-	10, 30
	황정黃鋌			북경에서 사망	1
	황호黃鎬	자 자주子周		가정 -	14
26대	황상윤黃尙潤	자 중교仲橋		가정 술오-(1558-, 항주로 이사)	38
	황덕시黃德時	자160 여중汝中		가정 기미년 12월 1일~만력 을사년 8월 (1560~1605)[171]	11,12,13, 31,45
	황덕룡黃德龍	자 옥림玉林	덕시의 동생	융경 병인년 10월~(1566~, 항주로 이사)	9
	황응조黃應組	자 앙천仰川		가정 계해년 3월~(1563~)	15,16
	황응신黃應紳	자 여사汝仕	응조의 동생	만력 정축년 정월~(1577~)	34
	황응제黃應濟			가정 을축년 12월 8일~숭정 경신년 12월 28일(1565~1641)	25
	황응순黃應淳	자 중환仲還 호 양곡陽谷	응제의 동생	만력 계유년 5월~숭정 신사년(1573~1641)	20
	황응위黃應渭	자 조청兆淸	응순의 동생	만력 11년 7월~(1583~)	20,23,28
	황덕신黃德新	자 원명原明		만력 갑술년 정월~청 순치 무술 5월 (1574~1658)	27
	황덕수黃德修	자 길보吉甫	덕신의 동생임	만력 경신 8월~청 순치 임신년 8월 (1580~1652)	23,27,28
	황응웅黃應熊			만력 정축~천계 병인년(1577~1626)	32
	황응서黃應瑞	자 백부伯符		만력 병인 6월~ 숭정 임오 5월(1583~1642)	6,20,23 24,25,35
	황응태黃應泰	자 중개仲開 호 초양初陽	응서의 동생	만력 임오 12월 20일~숭정 임오 11월 (1583~1642)	23,25,30
	황응상黃應祥	자 숙길叔吉	응태의 동생	만력 신묘 3월~(1591~)	20
	황응효黃應孝	자 중순仲純	황준의 아들	만력 임오 6월~순치 신축 11월(1582~1661)	26
	황응추黃應秋	자 계방桂芳		만력 정해 10월(1587~, 항주로 이사)	7
	황응광黃應光			만력 임신~ (1592~, 항주에서 거주)	3,4,5,8, 17,19,21

성명	자字와 호	관계	생졸년	판각한 도서 번호
				22,29,36
황응신黃應臣	자 유경惟敬		만력 병신 6월~청 강희 신해 12월 27일 (1596~1672)	37
황수언黃守言	자 소야少埜		생졸 연월일 미상	18,31
황일목黃一木	호 이수二水	수언의 아들	만력 병자~숭정 신사(1576~1641)	18,27,42
황일림黃一林		일목의 동생	만력 기묘~(1579~)	18
황일삼黃一森		일림의 동생	만력 갑신~(1584~)	18,43
황일해黃一楷			만력 경신 12월~임술 2월(1580~1622, 항주에 거주)	2,10,20,27,28,4144
황일빈黃一彬 [172]		일해의 동생	만력 병술~(1586~, 항주에 거주)	7,17,29,47
황일봉黃一鳳	자 명기鳴岐		만력 계미~(1583~)	27,28
황일중黃一中	자 조초肇初	응서의 아들	만력 신해 12월 29일~(1612~, 금릉에 늘 거주)	39
황건중黃建中 [173]	자 입立	일빈의 아들	만력 신해~(1611~, 항주에 거주)	33,46

(27대는 황일목~황일중 구간, 28대는 황건중)

부록: 명대 규촌 황씨들이 판각한 도서표

1	《신편목련구모권선희문新編目蓮救母勸善戲文》	명 만력 임오(10년, 1582), 정지진鄭之珍의 고석산방高石山房 간본
2	《왕이합평북서상기王李合評北西廂記》	만력 경술(38년, 1610), 기봉관起風館 간본
3	《곤륜노昆侖奴》	만력 을묘(43년, 1615), 유씨劉氏 간본
4	《신교주고본서상기新校注古本西廂記》	만력 갑인(42년, 1614), 향설거香雪居 간본
5	《진미공선악부선춘陳眉公選樂府先春》	만력 간본
6	《대아당잡극大雅堂雜劇》	약 만력 임자(40년, 1612) 간본
7	《춘루운어春樓韻語》	만력 병진(44년, 1616) 간본
8	《이탁오비평 옥합기李卓吾批評玉合記》	약 만력 임자 전후 무림의 용여당容與堂 간본
9	《선원기사仙媛紀事》	만력 임인(30년, 1602) 초현거초玄居 간본

160_ 원문에는 안여중安汝中으로 되어 있으나 자여중子汝中의 오기인 것 같아 바로잡았다.

10	《양정도해養正圖解》	만력 연간 왕씨汪氏 왕호헌玩虎軒 간본
11	《박고도록》	만력 중엽(약 1600년), 보고당寶古堂 간본
12	《고고도考古圖》	만력 중엽(약 1600년), 보고당 간본
13	《고옥도古玉圖》	만력 중엽(약 1600년), 보고당 간본
14	《고열녀전》	만력 병오(34년, 1606), 보고당 간본
15	《인경양주人鏡陽秋》	만력 을해(27년, 1599), 왕정눌汪廷訥의 환취당環翠堂 간본
16	《좌은선생집坐隱先生集》《좌은원희묵坐隱園戲墨》	만력 경술(38년, 1610), 왕정눌의 환취당 간본
17	《이탁오선생비평비파기》	만력 연간 무림 용어당 간본 간본
18	《전등신화여화剪燈新話餘話》	만력 연간 황정위黃正位 간본
19	《서문장선생비평북서상기徐文長先生批評北西廂記》	만력 신해(39년, 1611)간본
20	《여범도설閨範圖說》[174]여곤呂坤 편	약 만력 임자(40년, 1612) 좌우左右의 박여재泊如齋 간본
21	《소영주사회도小瀛洲社會圖》	만력 계축(41년, 1613) 간본
22	《원곡선元曲選》	만력 병진(44년, 1616) 간본
23	《명장원도고明狀元圖考》	만력 정미(35년, 1607) 간본
24	《성명쌍수만신규지性命雙修萬神圭旨》	만력 을묘(7년, 1579) 간본
25	《여범편女範編》 또는 《고금여범古今女範》이라고도 함	만력 임인(20년, 1602) 간본
26	《제감도설帝鑒圖說》	만력 갑진(32년, 1604) 간본
27	《고곡재원인잡극顧曲齋元人雜劇》	약 만력 기미(47년, 1619) 간본
28	《모란정환혼기牡丹亭還魂記》	만력 정사(45년, 1617) 간본
29	《서상기》	약 천계 연간(1621~1627)능씨凌氏, 즉공관卽空觀 주묵투인본
30	정대약 《묵원》	약 만력 병진(44년, 1616) 흡현 정대약의 자란당滋蘭堂 간본. 32년본과 34년본도 있음
31	방어로方於魯 《묵보墨譜》	만력 을축(17년, 1589) 흡현 방어로의 미음당美蔭堂 간본
32	《옥결기玉玦記》	만력 연간 간본
33	《구가도九歌圖》	숭정 술인(11년, 1638) 간본
34	《감감재주비酣酣齋酒牌》	약 만력말 간본
35	《사성원四聲猿》	명 간본
36	《중각정정비점화의북서상重刻訂正批點畫意北西廂》	명 간본
37	《원서기기도설遠西奇器圖說》	천계 정묘(7년, 1627) 신안 왕씨 간본(숭정본에는 각자공의 이름이 없음)
38	《구화산지도九華山志圖》	만력 기묘(7년, 1579) 간본

39	《수호패水滸牌》	숭정 신사(14년, 1641) 간본
40	《적광경寂光鏡》	만력 간본
41	《범강경보살계梵綱經菩薩戒	명대 인과사因果寺 비구니 명새明璽 간본
42	《유상열선전有像列仙傳》	만력 연간 왕광화汪光華 완호헌玩虎軒 간본
43	《앙산승仰山乘》	만력 연간 간본
44	《오월춘추악부吳越春秋樂府》 (즉 완사기浣紗記)	명 간본
45	《여정관중회옥잠기女貞觀重會玉簪記》	명 간본
46	《수양제염사隋煬帝艶史》	명 금릉金陵의 인서당人瑞堂 본
47	《한정여사閑情女肆》	명 숭정 계유(6년, 1633) 간본

9. 명판의 특색과 장단점

글자체

명인본明印本은 통용되던 해서체 이외에도 판각할 때 어떤 때는 고체자古體字가 등장하기도 했다. 예컨대 가정 초에 복건 지역 허종로許宗魯의 의정서옥宜靜書屋에서는 《여씨춘추》와 《국어》를 판각했는데 고체를 사용했다. 다행히 《설문》은 해서체로 썼다. 동시에 육월陸鉞은 《여씨가숙독시기呂氏家塾讀詩記》를 간행했고 역시 고체를 많이 사용했다. 출판서적은 본래 홍보에 편하도록 글자는 통속적인 것을 중시하는데도 그들이 고체로 쓴 것을 보면 일부러 사람들이 알지 못하도록 하여 세상을 놀라게 하고자 한 것 같다.

송·원본에 이미 적지 않은 간체자簡體字가 있었다. 명대에는 각처의 서방들이 희곡소설을 판각할 때 더욱 간체자 쓰기를 좋아하였는데 이는 작업공정을 줄여 빨리 팔기 위해서였다.

명대 사람들은 초서草書 각본도 있는데 《초서천가시草書千家詩》·《초서집운草書集韻》같은 것이 있다. 또 전서篆書 각본도 있는데 진봉오陳鳳梧의 《전문육경篆文六經》(가정), 허초許初의 전서 《모시》(가정 5

년)도 있다. 또《전각초소篆刻楚騷》가 있고 전문篆文으로 쓴《굴부屈賦》도 있다. 전문 대자마다 아래에는 작은 해서자로 주가 달려 있어 읽고 이해하는 데 도움을 주고 있다. 또《삼십이체전서금강경三十二體篆書金剛經》이란 도안문자도 있었다. 만력에 아름답게 간행된《문자회보文字會寶》에 각종 글자체가 있는데 여기에 진眞·초草·예隸·전서篆書가 책 한 권에 모아져 있으니 당연히 희귀본이다.

명 영락 내부간본《효순사실孝順事實》·《위선음즐爲善陰騭》 등의 해서체는 몹시 아름다워 조선에서는 이를 근거하여 동으로 갑인자甲寅字[161]를 주조했는데 이를 '위부인자衛夫人字'[162]라고 한다. 영락 시기

---

[161]_ 1434년(세종 16) 갑인년에 주자소鑄字所에서 만든 동활자다. 경자자庚子字가 납을 판 위에 글자를 차례로 맞추어 꽂아 사용하였기 때문에 글자가 쏠리고 비뚤어지는 등 정밀하지 못하자 이를 보완하기 위해 만들었다. 글자는 본문에서 말한 것처럼 경연청經筵廳에 소장된《효순사실孝順事實》·《위선음즐爲善陰騭》·《논어》 등 명나라 초기 판본을 자본字本으로 삼았다. 활자의 모양이 반듯하고 글자 크기가 고르게 조립되었으며, 자판의 빈틈을 납 대신 대나무를 이용하여 글자가 선명하고 아름답다. 하루에 활자를 찍어 낸 양이 40여 장에 달해 경자자보다 배 이상의 생산력이 제고되었다. 갑인자는 조선말까지 모두 여섯 번에 걸쳐 고쳐서 주조되었다. 처음 만들어진 활자를 초주갑인자, 1580년(선조 13) 경진년에 만들어진 활자를 재주갑인자(혹은 경진자庚辰字), 1618년(광해군 10)에 만들어진 활자를 삼주갑인자(혹은 무오자戊午字), 1668년(현종 9)에 주조된 활자를 사주갑인자(혹은 무신자戊申字), 1772년(영조 48)에 만들어진 활자를 오주갑인자(혹은 임진자壬辰字), 1777년(정조 1) 주조된 활자를 육주갑인자(혹은 정유자丁酉字)라고 부른다.
　초주갑인자로 인쇄된 책으로는 성암고서박물관誠庵古書博物館에 소장된《대학연의大學衍義》, 국립중앙도서관에 소장된《분류보주이태백시分類補註李太白詩》 등이 있다.
[162]_ 위부인(272~349)은 동진의 여성 서예가로 이름은 삭鑠, 자는 무의茂漪이며 화남和南이라는 서명이 있다. 하동 안읍(지금의 산서성 하현)사람이다. 위부인의 할아버지 위관衛瓘은 서진의 사공司空으로 초서를 잘 썼다. 백부 위항衛恒은 황문랑의 관직에 있었으며 역시 서예를 잘했고《사체서세四體書勢》라는 저서가 있다. 아버지 위전衛展은 강주江州 자사 등을 역임했다. 위부인은 어려서부터 배우기를 좋아하였으며 특히 서예를 좋아했다. 일찍이 대서예가인 종요鍾繇를 스승으로 하여 서예의 법도를 배웠으며 예서를 잘 썼다. 조정의

에 심도沈度[163]의 서법을 중시하여 내정의 각서는 모두 그의 체를 모방하였다. 예를 들면 《오경대전五經大全》과 경태본景泰本 《환우통지寶宇通志》 역시 심도의 서체를 모방했다. 내부의 경창본은 대부분 조맹부체 대자였다. 주부周府의 《수진방袖珍方》과 《모산지茅山志》는 협행세자狹行細字로 역시 조맹부체로 흡사 원대에 판각한 것 같다. 왕일란汪一鸞은 《회남홍열해淮南鴻烈解》(만력)를 안진경체로 판각했고, 조병충趙秉忠은 《기산집琪山集》을 구양순체로 판각했으며, 《양승엄전집楊升庵全集》과 왕세정의 《엄주산인사부고弇州山人四部稿》는 우아한 것이 구양순과 유공권체에 가깝다. 정덕正德·가정 연간에는 송본의 기풍을 번각하는 풍습이 점점 성행하였고 그래서 진짜 송본 자체와 차이가 없게 모방 판각했다.

칙명으로 《급취장急就章》을 쓰기도 했다. 위부인의 서예작품은 지금 전해오는 것이 없지만 이전 사람들의 글 속에서 그 풍모를 엿볼 수 있다. 그녀의 명성이 높아지자 대서예가인 왕희지도 어렸을 적에 그녀에게서 배웠으니 청출어람으로 중국서법사에서 제일의 인물을 배출해내었다. 위부인의 대표작은 해서체의 〈고명희첩古名姬帖〉으로 그 필법이 고졸하면서도 엄숙하고 자연스럽고 전자篆字의 특징을 흡수한 해서중의 최상급이다. 《필진도筆陣圖》를 저술했는데 기본적으로 붓을 잡는 법, 붓을 운용하는 법에 관해 서술했다. 그중 "필력이 좋으면 뼈[骨]가 많고 필력이 좋지 못하면 살[肉]이 많은데 골이 많고 살이 적은 것을 근서筋書라 하며, 살이 많고 뼈가 적은 것을 먹돼지[墨猪]라고 한다. 힘이 많고 근육이 풍성한 것은 성스럽고 힘이 없고 근력이 없는 것이 병폐다"고 했다. 위부인은 서예의 "힘이 많고 근육이 풍성한[多力豊筋] 것"을 주장하였으니, 즉 힘이 강건하고 근골筋骨이 풍만한 것을 높게 사고 무력하고 힘이 없는 것을 반대했다.

163_ 심도(1357~1434)는 명대의 서예가로 자는 민칙民則이고 호는 자락自樂이다. 일찍이 한림시 강학사를 역임했다. 전서·예서·해서와 행서에 능했으며 아우 심찬沈粲도 서예에 뛰어났다. 명대 대각체臺閣體 서법의 대표인물이다. 심도의 대각체는 성조 주체朱棣가 몹시 좋아했기 때문에 한 시기를 풍미했다. 그의 작품으로는 《교재잠教齋箴》·《사잠명四箴銘》 등이 전해온다.

인쇄체

청나라 포송령蒲松齡은 "융경, 만력 연간에 서공書工들은 전문적으로 표피적으로만 부곽자膚郭字[164]를 쓰고는 이를 송체宋體라고 한다. 간본에 송체자가 있게 된 것은 이로써 시작되었다"[175]고 하였다. 청나라 전영錢泳은 "명 중엽에 서장書匠들은 방필方筆로 바꾸었으니 안진경체도 구양순체도 아니어서 이미 이들의 글자라고 할 수 없게 되었다"[176]고 했다. 이런 네모나게 쓰는 '부곽방필膚郭方筆' 자를 당시에는 '송체宋體', 혹은 '송판자宋板字' 또는 '송자양宋字樣', '장체자匠體字'라고 했다[177]. 사실 이는 진정한 송판자와는 전혀 같은 점이 없다. 필자가 현존하는 송판 서적 근 4백종을 살펴보았으나 이런 류의 단조롭고 좋지 않은 네모난 글자를 찾아볼 수 없었으니 응당 '명체자明體字' 또는 '명조자明朝字'라고 명칭을 바꾸어야만 비교적 그 사실에 부합할 것이다. 명체자는 비록 안진경·유공권·구양순·조맹부처럼 손으로 직접 쓴 것처럼 아름답고 황홀한 멋은 없지만, 그러나 목판 인쇄사에서 볼 때 일대 진보라고 할 수 있다. 이렇게 말하는 까닭은 당·송·금·원 이래로 각종의 해서체가 빈번히 인본에 출현했지만 통일된 표준체는 없었으며 이때 와서야 비로소 정형의 인쇄체가 있게 되었기 때문이다. 일반 장인들은 글자의 모양대로 쓸 수 있고 각자공들은 필획의 가로는 가볍게, 세로는 힘있게 원칙에 근거해 조각칼로 판각이 쉽게 되니 이는 서사공書寫工이나 각자공에게 비

164_ 이 글씨체에서는 정확한 해석이 없는데 근자에 북경대 김민金岷이라는 학자는 이 활자를 필획이 네 주변으로 쏠리고 안이 빈 듯한 글씨체라고 주석을 했다. 또 다른 설로는 이는 보통 사람들이 쓰는 글씨체가 아니라 전문적인 기예로 글자의 가장자리에 윤곽을 그리는 것으로 안을 비게 한다고 한다. '부곽'이 겉표면이라는 뜻이므로 이런 설이 타당할 것 같다. 어찌되었던 이 글씨체에서 변화 발전하여 우리가 지금 가장 흔하게 쓰고 있는 명조체가 탄생하였다. 본문에서 이의 변화에 관하여 언급하고 있다. 명조자는 명조체다.

교적 편리하여 효율을 높혀 주었다. 명대 사람들은 "글자는 송체가 귀하니 그 단정하고 엄중함을 취해야 영원하다"[178]고 생각했다. 송체자만이 오래도록 남을 수 있다고 여겨 당시인들의 중시를 받았다. 명청 시대에는 목판과 동활자 목활자를 막론하고 대부분 이런 명자明字를 채용하였으며 일종의 인쇄체가 되었다.[179] 청말의 연자鉛字 역시 이 자체를 사용했다.

피휘않기에서 피휘하기까지

이름을 알 수 없는 명대 사람이 "피휘하지 않는 일과 황제 한 분에 연호가 한 가지만 있는 것은 우리 조정의 덕정德政이다"고 말했다. 당·송의 여러 왕들은 늘상 연호를 바꾸었으며 무측천은 17번이나 바꾸어서 사람들이 기억하기조차 어렵다. 명대에는 영종英宗을 제외하고는 모두 한 황제에 하나의 연호만 있었고 또한 제왕을 피휘하지도 않았으니 이것 역시 명 인본서에 반영되었다. 그러나 말년에 이르러 어찌된 일인지 별개의 예외가 출현하게 되었다. 예를 들면 광종光宗(태창泰昌)의 이름은 주상락朱常洛이었는데 태상太常을 태상太甞으로, 상숙常熟을 상숙甞熟으로, 낙양洛陽을 낙양雒陽으로 바꾸었다. 희종熹宗(천계)은 이름이 주유교朱由校인데 유由의 마지막을 생략하여 甶로 썼고 교校자는 교較자로 바꾸었다. 사종思宗(숭정)의 이름은 주유검朱由檢인데 숭정인본 《설이說頤》에는 검檢을 간簡으로 썼고 교校 역시 교較로 썼다. 급고각 《십삼경》에서는 유由자를 모두 甶자로 썼다.

항주사람 양이증楊爾曾은 《해내기관海內奇觀》에서 "각刻 사이에는 점획을 빼는데, 글자를 바꾸는 것은 피휘를 하기 때문이다. 노魯를 어魚로 쓰고, 해亥를 시豕로 쓰는 잘못이 있어 비웃음을 받지 않기를 바랄 뿐이다"고 했다. 그러나 이런 피휘의 명인본은 드물며 어떤 때는 그다지 엄격하지도 않았다. 천계 숭정년 간본 장부張溥의 《당문수산唐文粹刪》에서 교校자를 피휘하기도 하고 하지 않기도 했다. 고염무顧炎武는 《일지록日知錄》에서 "숭정 3년 예부에서는 성지를 받들어 태조와 성조의 묘휘廟諱를 하였고, 효孝·무武·세世·목穆·신神·광光·희熹 7종宗의 묘도 피휘하고, 금상의 어명御名도 반드시 피해야 한다고 세상에 반포했다"고 했다. 그러나 명인본에 홍무·영락 및 여러 제왕을 피휘한 것은 보지 못했고 단지 광종과 희종 및 사종思宗 역시 어쩌다가 한번 볼 수 있을 뿐이다. 규정에서는 본래 아래한 글자를 피하므로 윗 글자 한 자와 친왕이 함께 쓰는 자는 피하지 않았지만 각본刻本 중에는 윗 자가 유由자면 피휘를 했다. 당시 명 조정은 기강이 해이하고 멸망을 앞두고 있었기 때문에 비록 명령은 있었지만 실행되지는 않았다.

송본의 형식과 자체를 모방하며 모두 송본을 번각하기에 이르니 송휘宋諱를 보존할 수 있었다. 《모시》·《당인시집唐人詩集》 같은 책에서는 광匡자의 마지막 획을 생략하여 匡로 썼다. 서학모徐學謨의 《세묘식여록世廟識餘錄》, 상대협桑大協의 《사현집思玄集》은 모두 명대사람의 저서지만 여전히 송대 피휘자인 匡자를 사용하고 있는데 이는 정말 이해하기 어려운 대목이다.

문장부호[표점]

명대의 문장부호는 송대의 기초 위에서 다시 새롭게 발전했다. 명대에는 고문이나 팔고문을 비점批點하는 전문가가 나와 표점을 다르게 만들어 적지 않은 새로운 모습을 만들어내었다. 그러나 끝내 정형화되지는 않았다. 명초 경창본은 대부분 문장을 나눌 때 '。(권圈)'을 첨가하였는데 만력 숭정연간에는 팔고문·소설·희곡의 성행으로 인해 문장부호의 모습이 다양해졌으며 평점자의 임의대

로 하였다. 지금 명나라 진인석陳仁錫의 《통감평감通鑑評鑑》의 범례
(천계 판각), 《고일서古逸書》 권수卷首, 삼색 투인본 《소동파문선蘇東坡
文選》 범례 및 각종 평주評注 서적에서 자주 보는 것에 근거해보면 다
음의 표와 같다.

、	문장을 나눌 때	「	한 글자의 독음 평상거입을 주 달 때
` ` ` `	기발한 글귀	秦 堯 舜	왕조 부호(또는 인명 부호)
ƍ	먼저 표시했는데 다시 할 때	□	바뀌는 곳, 또는 왕조 부호
ƍƍƍƍƍ	정신이 약동하는 곳	▯▯	왕조부호 또는 인명부호, 또는 잘못된 곳 (모두 본문 옆 우측에 한다)
● 혹은 O	쉼표점, 혹은 구두점, 혹은 위에서 했을 때, 또 편명을 쓴 곳	‖ 白居易	중요한 부분, 또는 인명 부호 (본문 오른쪽에 표시함)
O O O O O	이치나 의론 등의 문장이 아주 좋은 곳	▯	인명부호(가운데에 인명을 첨가)
◎	쉼표점, 또는 급한 곳	中興藝文志	서명부호(중간에 서명을 첨가)
◎ ◎ ◎	어구를 강조하는 곳	—	분단 부호, 문장에서 문장말미 마지막 글자 아래에 표시

◎ ◎		T	문장을 바꾸는 부호
⊙	혈맥이 호응하는 곳	ㄴ	짧게 끊기
Ө	위에 없는 곳	ㄴ	크게 절과 단락을 끊기

  이상의 문장 부호는 마음내키는 대로 임의로 사용하였으며 청대 각본에 이르기까지 통일되지 않았다. 쉼표(comma)는 어떤 때는 ' 、' ' . '를 사용하거나 혹은 ' 。' ' ◎ '를 사용하기도 했다. 마침표는 ' 。'를 사용했다. 송대 사람들은 공자孔子 태조太祖로 하여 인명을 표시하였고 명대 사람들은 ☐☐☐ 를 사용하는 이외에 본문 옆에 ───── 와 같은 단선을 긋거나 혹은 ☐☐ 표를 표시했다. 중흥예문지 서명 부호는 명대 사람들이 만들어냈다. 그러나 서양 인본에서 사용하는 ' : ' ' ; ' ' ───── ' 등은 청말에 이르러 연인본과 석인본에서 겨우 채용되었다. 서적의 구절을 나누는 문장부호는 독자들에게 문장의 뜻을 이해하는데 도움을 주어 독자들의 환영을 받았다. 그러나 명대 사람들은 고문이나 시문時文에 비점을 할 때 어떤 때는 단선, 쌍선을 연하여 두세 개씩 긋거나, 혹은 처음부터 끝까지 빡빡하게 권점을 사용하거나, 혹은 두 개의 빡빡한 원을 그리거나, 정신이 약동하거나 호응이 잘되거나 의론이 아주 좋은 곳에는 전편에 처음부터 끝까지 모두 원을 그려 넣었다. 그리고 응당 구를 끊어야 할 곳에는 오히려 아무런 끊어 읽는 표시를 더하지 않았으니 이런 문장부호는 하지 않는 것과 같고 문장부호의 원뜻을 잃어버렸다고 할 수 있다. 온 종이에 빡빡하게 표시된 부호는 본문의 미비眉批[165] · 방비旁批[166]와 같은 단일 혹

───────

165_ 책이나 원고 위쪽 공백에 적어 놓은 평어와 주해.

색으로 서로 분간하기 어려웠기 때문에 이로써 투인의 유행을 촉진시켰다.

속표지

원대 건양서방에서 그림이 있는 속표지가 출현한 이후 명대에 지속적으로 이를 모방한 것은 그다지 많지 않다. 최초로 정덕 6년(1511)에 양씨揚氏의 청강서당본淸江書堂本《전등신화》에 보인다. 청강서당은 건양서림으로 선덕 연간에 이미 책이 간행되었으며 이《신증보상전등신화대전新增補相剪燈新話大全》은 위에는 그림, 아래에는 문장이 있고 속표지의 그림 아래에는 "중증부록전등신화重增附錄剪燈新話"라는 2행 8글자가 크게 쓰여 있다[옆에는 작은 글자로 "編成神異新奇事, 敦尙人倫節義□(신기하고 이상한 일을 엮어 인륜 절의를 돈독하도록 한다)"는 글이 있고 그 중간에 작은 음각으로 '호해湖海'라는 두 글자가 있다]. 서림 유조관劉朝琯은 만력 27년에《합병맥결난경태소평림合幷脈訣難經太素評林》을 판각하고 복희가 붓을 들어 팔괘를 그리는 모습, 신농씨가 온갖 약초들을 맛보는 모습, 편작扁鵲·장중경張仲景·갈홍葛洪·화타華佗·손사막孫思邈 등 명의 13인상을 그려 넣었다. 위에는 안정당재安正堂梓라는 글자가 있다. 유씨의 안정당 역시 건양의 오래된 서점으로 2백년간 간행한 책이 아주 많다. 만력 35년 간본《학해군옥學海群玉》은 속표지에 어부·나뭇꾼·농부·독서인 네 사람을 그려 넣었고 아래에는 대자로 "편용학해군옥便用學海群玉"이란 두 줄이 있고 중간에 "종덕당種德堂 담양潭陽 웅충우熊冲宇가 간행하다"라는 1행이 있다.

웅충우는 건양의 유명한 의사 겸 출판가 웅종립熊宗立의 후예다. 또 고석산인高石山人 정지진鄭之珍이 간행한《목련희문目蓮戱文》의 속

166_ 본문 옆에 써놓은 평어와 주해.

표지 중간에는 맨발의 선인이 물결위에 서서 삿갓을 쓰고 퉁소를 불고 있는 모습이 그려져 있다. 그 옆에 "새롭게 목련구모권선희문目蓮救母勸善戲文을 편찬하니 만력 임오(1582)년 맹추孟秋[167] 길단吉旦[168]에 아름답게 판각하여 간행하다"라고 되어 있고 위부분에는 가로로 '고석산방高石山房' 4자가 쓰여 있으며 전체 3권이다. 중·하 두 권의 속표지는 관리 1명, 어린이 1명, 꽃사슴 1마리가 그려져 있으며 흡읍歙邑의 황정黃鋌이 판각한 것으로 휘주 생산품이다. 이런 그림이 있는 속표지는 건양과 휘주 외에 다른 곳에서는 드물게 보인다.

명대 금릉서방은 일종의 도안이 있는 속표지를 만들었으며 후에 당씨唐氏 부춘당에서 이를 확대하여 한 페이지 본문의 네 주위에 테두리를 둘렀는데 이를 '화란化欄'[169]이라고 한다. 이런 테두리가 있는 속표지는 최초로 금릉의 대씨戴氏가 판각한 왕수인王守仁의 《양명문수陽明文粹》인 것 같은데 속표지에 큰 글씨로 "양명선생의 문수文粹를 후학들이 편하게 읽을 수 있도록 정선하였다"라는 2행[옆에는 작은 글자로 "역대로 전해져오는 정통으로 어린이들이 걱정하지 않아도 되는 양지良知"라고 쓰여 있음. 중간에는 작은 글씨로 "가정 병인년(1566) 음력 8월 초하루에 간행했다"고 되어 있고 위에는 가로로 '금릉대씨신간金陵戴氏新刊'이라고 쓰여 있음]이 있다. 또 금릉서방의 당소교唐少橋는 《태의원교정대자상한지장도太醫院校正大字傷寒指掌圖》를 간행했고 당소교 세덕당世德堂에서는 《계중정출상주석배월정제평鍥重訂出像注釋拜月亭題評》(모두 만력 기축년, 1589)을 간행했는데 속표지는 모두 성가퀴[170] 모양의 테두리가 있

167_ 음력 7월.
168_ 음력으로 매월 초하루를 말한다.
169_ 이 책에서는 이를 광곽으로 번역하였다. 앞의 〈송판의 특색〉에서 이에 관해 자세히 설명했다.
170_ 옛날, 성 위에 낮게 쌓은 담. 한자로는 치첩雉碟, 또는 치첩雉堞으로 쓴다. 앞의 주석 참조.

다. 신안의 오면학吳勉學은 자식을 대상으로 훈몽 교본인《휘군주석대류대전徽郡注釋對類大全》을 간행했는데(만력 을미, 1595) 속표지가 이와 같다. 그러나 건본에는 이런 것이 드물다. 후에 태평천국 시기에《천조전무제도天朝田畝制度》를 출판할 때 속표지는 이런 장식을 답습하여 사용했다. 명대 속표지는 인디고색으로 인쇄를 한 것도 있다. 일반 묵인으로는 단지 서명·저자·모년에 모인이 출판했다는 것만 쓰는 방식이 명청 이후에는 자주 사용하는 속표지가 되었다.

천계 병인 6년(1626)에 항주에서 프랑스 선교사 니콜라스 트리고(Nicolas Trigault)가 출판한《서유이목자西儒耳目資》는 속표지 네 주위에 ABCD 등 26개의 라틴자모가 새겨져 있으며 이것이야말로 속표지에 새로운 형식을 창조한 것이다. 1933년에 북경도서관에서 영인본을 소장했다.

패기牌記

원대의 패기 목기木記는 이미 송대에 보편적으로 사용되던 장방형이나 아자형亞字形에 국한되지 않고 귀부형龜趺形[171]·종鍾 형식·세발달린 솥인 정鼎형식, 거문고 형식 등으로 더욱 발전했다. 명대 내부에서 인쇄한 불경과 도경에는 용모양의 패기, 즉 용패龍牌가 있다. 일반적으로는 연화패가 보편적이었다. 건본으로 안정당安正堂에서 간행한《주역전의대전周易傳義大全》(가정 15년)·《신간고금군서류고新刊古今群書類考》(가정 24년)·여벽천余碧泉이 간행한《세설신어》(만력 14년), 쌍봉당雙峰堂의 여문태가 간행한《전상충의수호지전평림全像忠義水滸志傳評林》(만력 22년), 금릉 삼산가三山街 당씨 부춘당에서 간행한《유지원백토기劉知遠白兔記》는 모두 연화 연잎패로 어떤 때는 한 면

171_ 비석이나 법고의 받침 등에 쓰이는 거북모양의 몸체에 거북 머리나 용머리를 조각한 모양으로 길상을 뜻한다고 한다.

을 차지했다. 구평寇平의 《전유심감全幼心鑒》(성화 연간)은 어린이가
패기를 받쳐들고 있는 모습인데 이런 것을 '전유당기全幼堂記'라고 하
며 '옥봉서당玉峰書堂'이라는 넉자가 있다.

광곽匡郭[172]

　보통 테두리에 사주단변四周雙邊, 혹은 사주쌍변四周雙邊, 혹은 좌
우쌍변左右雙邊으로 격식이 간단하다. 명대 백록재白鹿齋 《도이합각

[그림 65] 광곽: 명 만력 연간(1573-1620)에 금릉 서방 당씨 부춘방에서 《신각출상음주증보 유지원백
　　토기新刻出像音注增補劉智遠白兔記》의 네 주위 문양 도안이다.

172_ 중국에서는 '화란花欄'이라고 한다. 원서 제목도 그렇다.

陶李合刻》은 본래 대나무마디 모양의 테두리인 죽절란竹節欄이고 《십죽재화보十竹齋畫譜》 제발題跋 표지 네 주위의 광곽 사이에 녹색의 죽절란이 있는데 이는 비교적 보기 드물다. 남경의 당씨 부춘당[그림 65]과 세덕당世德堂에서 간행한 희곡은 성가퀴형의 광곽이 있으며 서명위에 특별하게 '광곽'을 표시하여 다른 책과 다름을 나타내었다.

책 한 권에 두 책의 내용

명말에는 작가가 서로 다른 내용의 책 두 권을 동시에 합각合刻했다. 책을 사는 사람들은 책 한 권을 사면 동시에 또 다른 책 한 권을 사는 셈이어서 비용을 절약할 수 있었으니 이는 출판사상 또 다른 새 형식을 찾은 것이다. 숭정 연간에 웅비관雄飛館에서 《정전합각삼국수호전전精鐫合刻三國水滸全傳》 40권을 발간했는데 겉표지의 제목은 《영웅보英雄譜》라 되어 있고 윗 칸에는 《수호전》이 반엽 17행, 1행에 14자다. 아래 칸에는 《삼국지》로 반엽 14행, 1행에 22자다. 《삼국》 240회와 《수호》 100회를 수록했으며 《삼국》의 그림은 62쪽, 《수호》의 그림은 37쪽이다. 문장 옆에는 권점과 평이 있으며 모두 붉은색과 검은색을 사용했다.

세 단락 판[三節版]

명판 중에는 위에 그림, 아래에 문장이 있는 두 단락의 판 이외에 또 세 단락의 판이 나타났다. 한 책에 제일 위 칸에는 평석評釋, 중간 칸에는 그림, 아래 칸에는 본문을 썼다. 여씨余氏 쌍봉당雙峰堂에서 간행한 《전상충의수호지전평림全像忠義水滸志傳評林》·《전상열국지전全像列國志傳》(만력 34년) 같은 책이 이에 속한다.

대형 판형

송본 가운데는 수진소본袖珍小本과 대본大本이 있으며 원대에 간행된《통지通志》역시 대형판형이다. 명대 경창본은 대부분 큰 판형으로 서양에서 말하는 반절 판형이다. 명대 필사본《영락대전》은 본래 거대한 대작으로 세로는 약 51센티미터, 너비는 약 31센티미터다. 그리고 가정 각본《태화선생도상찬太和先生圖像贊》은 세로 높이 77.5센티미터, 너비 55.5센티미터로《영락대전》보다 훨씬 크다. 비록 청대의 필사본인《옥첩玉牒》의 높이와 두께에는 못미치지만 중국 인본 서중에서 아주 큰 판형이라고 할 수 있다.

행과 글자가 가장 작은 판형

송판 중에는 반엽에 3~4행인 것이 있었으며 명대 홍치 7년에는 구이재仇以才가 판각한《적벽부》는 반엽 2행으로 매 행은 4자였다. 판본 중에서 행과 글자가 가장 작은 것이라고 할 수 있겠다. 이처럼 글자의 크기를 작게 한 것은 미불米芾의 글씨체를 모방한 것으로 아마도 초학자들에게 베껴쓰기 용으로 사용했던 것 같다.

특별 쪽수와 권수

모든 인본은 판심 가운데에 쪽수를 명기하는데 1, 2, 3, 4로 물흐르듯이 숫자를 매겨서 독서에 편하도록 종이를 접어 장정한다. 그러나 명본 중에 어떤 것은 간지干支로 쪽수를 매긴 것도 있다.《사림적염詞林摘豔》(가정 4년) 같은 책이 그렇다. 또 천자문을 숫자 대신으로 사용하기도 했는데 진부秦府에서 송본《사기》(가정 13년)를 번각한 것도 그렇다. 또한 육예六藝·팔음八音 등 글자로 권수를 대체하기도 했는데《정파주첩통속연의征播奏捷通俗演義》6권과 같은 것으로, 예禮·악樂·사射·어御·서書·수數로 순서를 정했다.《황명개운영무

전皇明開運英武傳》8집 8권은 금金·석石·사絲·죽竹·포匏[173]·토
土·혁革·목木의 항목이 있다.

육어미六魚尾

송본은 장정의 접는 부분에 이미 어미魚尾를 사용하기 시작했으나
한 개 혹은 두 개였다. 명판 중에는 어미가 없는 것도 있는데 가령
《도정절집陶靖節集》·《고학비체古學備體》같은 도서다. 보통 두 개
혹은 세 개의 어미가 있는 것도 있다. 숭정 10년에 차응괴車應魁가
명나라 김충金忠이 편찬한《서세량영瑞世良英》5책을 판각했는데 모
두 이야기 그림이 있고 판심 안에 여섯 개의 어미가 두 개씩 나누어
세 쌍이 서로 마주보도록 되어 있다. 첫 번째 어미에는 '서세량영'이
라는 넉자가 있고 두 번째 어미에는 권의 몇이라는 것이 들어 있고
맨 아래의 한 쌍은 쪽수와 작은 글자로 각자공 이름이 쓰여 있다. 이
처럼 많은 어미는 인본 역사에서 보기 드물다.

색 인

중국의 고서에는 목록만 있고 색인(Index)은 없었으나 서양 서적에
는 대부분 색인이 첨부되어 찾기에 무척 편리했다. 중국어 서적에
맨 처음 색인이 등장한 것은 1642년 북경에서 출판된 포르투칼 사람
엠마뉴엘 디아스(Emmanuel Diaz)[174]가 번역한《성경직해聖經直解》8권
이다. 그러나 계속해서 이를 모방하는 사람이 없다가 근대 출판물에
이르러서야 비로소 색인이 첨부되었다. 독자들의 검색을 편리하게
하고 시간을 절약해주는 색인은 장려할 만한 가치가 있다.

173_ 박, 또는 바가지로 해석된다.
174_ 중국명은 양마락陽碼諾이다.

광고

송본 간기刊記 중에 이미 새 책을 예고하는 광고가 나온다. 서적상에서 새롭게 나온 책목록을 열거하여 독자들이 책을 선택하고 구매하기에 편하도록 했다. 가장 빠른 시기의 광고는 명 가정 원년에 북경서포의 왕량汪諒이 시작한 것으로 보고 있다. 그는 간행한 14종[180]의 도서를 《문선》 뒷면에 열거하고 또한 다음과 같이 써넣었다.

─────

금대서포金臺書鋪 왕량汪諒이 지금 거주하고 있는 곳은 정양문내서正陽門內西 제1순경경포第一巡警更銷 맞은 쪽입니다. 지금 간행된 고서목록을 왼쪽에 적어놓았지만, 집안에 소장되어 있는 고서적을 전부 적을 수는 없으니 원컨대 사실 분은 오셔서 보시기 바랍니다.

그는 송·원 판본에 의거하여 간행한 《사기》와 《문선》은 번각이라 하고, 《한시외전韓詩外傳》 등 고판에 의거한 것은 중각重刻이라고 했다. 실제적으로 의서 《옥기미의玉機微義》는 명나라 유순劉純의 저서고, 《무경직해武經直解》는 명나라 유인劉寅의 저서로 송판이나 원판일 리가 불가능하다. 《구선신기비보臞仙神奇秘譜》는 명나라 영헌왕 주권의 금보琴譜로 이 역시 고판이 아니다. 그런데도 왕량은 책값을 높게 받기 위하여 송원판을 번각했고 고판古版을 중각했다고 한 것이다.

명 건본建本에는 그림이 있는 속표지에 광고가 등장하였는데 만력연간에 여문태의 쌍봉당에서 간행한 《계삼태산인운창휘상만금정림鍥三臺山人芸窗彙爽萬錦情林》 제제題에 "삼태관산인三臺館山人 앙지仰止 여상두余象斗가 찬했다"고 되어 있다. 위 칸에는 한 사람이 조용히 앉아 있고 앞에는 작은 책상이 있으며 그 옆에는 시동 둘이 시립하고 있

는데 여문태의 모습이 아닌가 생각된다. 아래에는《휘종정려집彙鍾
情麗集》·《휘삼묘전전彙三妙全傳》·《휘삼기전彙三奇傳》·《휘유생멱련
彙劉生覓蓮》·《휘정의표절彙情義表節》·《휘천연기우彙天緣奇遇》·《휘
전기전집彙傳奇全集》7종이 있다. 옆에는 또 3행에 작은 글자로 "더욱
많은 시사가부詩詞歌賦·여러 작가의 소설을 많이 모았고, 전체 목록
을 합해 놓기가 어려울 정도다. 해내의 선비들께서는 이를 펼쳐보면
알 수가 있다"고 했다. 속표지 제일 위에는 가로로 '쌍봉당여문태재
행雙峰堂余文臺梓行'이란 글씨가 쓰여 있다. 이 사람도 왕량처럼 가격
을 확실하게 표시하지는 않았다.

　여씨 쌍봉당의 만력본《수호》는 또 아래와 같은 홍보문구가 있다.

　《수호》는 각 서점에서 분분히 간행을 하는데 그림은 10여 폭에 불과하
고 전체 그림이 있는 출판사는 한 곳뿐입니다. … 지금 쌍봉당 여余선생
이 개정하여 평을 더했으며, … 전후 20여 권으로 1획 1구에도 착오가 없
으니 구매하실 선비들은 쌍봉당을 확인하여 주십시오. 만력 갑오(1594)
서림 쌍봉당 여문태 간행[181].

여기서 특별히 거론할 것은 전상全像《수호》는 쌍봉당 한 집에만
있으니 구매자들은 쌍봉당이라는 글자를 꼭 확인하라는 것이다. 이
쌍봉당은 서점에 걸어 놓은 편액이다. 이보다 10년 이전(1584)에 북
경에서《신간진해대자전호진신편람新刊真楷大字全號搢紳便覽》3책을
간행했으며 모든 책의 뒤에는 다음과 같은 글귀가 있다.

　북경 선무문宣武門 안 철장호동鐵匠胡同 섭포葉鋪 간행, 상표는 기린.

이는 현대 상업에 있어서 상표의 효시라고 할 수 있다.

신안 왕원汪瑗의 《초사집해楚辭集解》에 초
횡焦竑의 서가 있고 권 앞에 공백의 속표지
가 있는데 그 위에 흑색의 목도장으로 4행
이 쓰여 있다(옆과 같다).

이 광고는 판매되는 서적은 빠졌거나 삭
제된 부분이 없는 완전한 판본으로 만일 빠
진 곳이 있으면 교환할 수 있으며 책임을
지겠음을 표시하였다. 흑목인 광고의 말미
에 '당소교'라는 작은 도장이 있어 당소촌
홍현당서포와 금릉서방 당소교는 실은 한
사람임을 알 수 있다.

송본 중에는 공임 영수증과 판매가가 공
개되었지만 명본 중에는 이런 정가표시는

많이 보이지 않는다. 겨우 찾을 수 있는 것은 금창서방金閶書坊의 서
충보舒冲甫가 간행한 《봉신연의封神演義》(만력)에 "매 부의 정가는 은
2냥"이라고 밝히고 있다. 안정당安正堂에서 간행한 《신편사문류취한
묵대전新編事文類聚翰墨大全》 125권(만력 39년)은 "좋은 종이판에 매부
가격은 은 1냥 정"이라고 밝히고 있다. 건양본은 소주본에 비해 싸
고 그래서 판로도 비교적 광범위했었음을 알 수 있다. 항주의 이아李
衙가 간행한 《월로음月露音》은 "매 부 은 8전이고 만일 번각을 한다면
천리 끝까지라도 가서 추궁한다"는 글귀가 있다.

원고모집 광고

시 원고를 모집하는 광고는 원말에 처음으로 볼 수 있으며 명말에
이르러 소주 항주의 서점에서도 이를 본받아 모집광고는 더욱 확대
되었다. 예를 들면 천계 3년 판각본 진인석陳仁錫 평선評選 《명문기

상명文奇賞》40권에는 첫머리에 계속하여 모집광고를 내보내고 있다. 그리고 말미 서명에 "원고를 보낼 사람은 부처도 되고 직접 가져와도 되며 반드시 소주 창문閶門에 있는 서점 유유당酉酉堂 진용산陳龍山 앞으로 보내야 하며 그 자리에서 교부한다"는 글이 있다.

숭정 각본 중 하위연何偉然이 선정하고 육운룡陸雲龍이 평한《황명십육가소품皇明十六家小品》32권은 원고모집 광고를 두 쪽에 걸쳐 하고 있다. 그 광고는 "좋은 문장이 있으시면 항부杭付 화시花市 육우후陸雨侯 집안, 또는 금릉부 승은사承恩寺 안의 임수방林季芳·왕복초汪復初 거처로 보내주시는 은혜를 주십시오"라고 되어 있다. 그 모집광고 안에 서명을 새겨놓았다.

하나,《행급2집行笈二集》간행, 유명대신의 제고制誥·주소奏疏·시문·사계詞啟·소찰小札 원고 모집.

하나,《광여속집廣興續集》간행, 각 성의 태평성대의 유명한 관리 인물에 관한 원고 모집.

하나,《속서호지續西湖志》간행, 유람객의 시나 가정 융경 후의 항주의 유명관리나 인물에 관한 원고 모집.

하나,《명문귀明文歸》간행, 유명 인사·은둔자·방외지사·규수 등의 산실된 시문을 모집.

하나,《황명백가시문선皇明百家詩文選》간행, 유명 인사·은둔자·방외지사·규방의 시를 수집한 자의 원고 모집.

하나,《행급별집行笈別集》간행, 유명 대신의 새로운 연극이나 시대에 맞는 곡 원고 모집.

하나,《형세언이집型世言二集》간행, 중국 내외의 이상한 이야기 원고 모집.

청나라 초기에 이어李漁·여유량呂留良·장조張潮는 모두 이런 방법으로 원고를 모집했다. 세상을 달리한 필자의 친구인 왕중민王重民은 "이런 풍기는 언제부터 시작되었는지 모르겠다"고 했는데 필자의 생각으로는 원나라 때 이미 그 서막을 열었다고 본다.

만력 연간에 또 다른 서방 주인이 돈을 출자하여 원고를 구매한 일이 있었다. 예를 들면 웅전熊瓂은《복거비수도해卜居秘髓圖解》에서 "도문의 섭근산葉近山이 돈을 주고 구매하니 이로써 간행할 수 있었다"라는 말이 있다. 금창서림의 서재양舒載陽은《봉신연의》를 간행하고 그 표지에 "이 집集은 모선생이 비책秘冊을 고증하고 비평하였는데 나는 막대한 금액을 아까워하지 않고 그 간행된 것을 구매했다"고 되어 있다. 문인들은 비싼 원고료를 받을 수 있으니 자연히 글쓰기를 좋아하게 되고 문예계 역시 더욱 번창하게 되었다.

출판가 초상화

출판가는 자신을 선전하기 위하여 자신의 모습을 책 위에 새겨 넣었다. 최초로 명대 홍치 병신년에 건안본《주역전의대전周易傳義大全》에 그 모습이 보인다. 책 위에 여씨 쌍계서당 주인 모습이 있는데 그 이름은 다시 조사를 해야 한다. 건안 여씨 쌍계서당은 원나라 말에 이미 서적을 간행했으며 명대에도 지속적으로 영업을 했다.

만력 연간에 건양서림의 여씨 중에는 문태 여상두 쌍봉당이 가장 유명하다. 자칭 '삼대산인여앙지三臺山人余仰止'라고 하며 자신이 책을 편찬하고 간행한 것도 적지 않으며 만력 무술년에는《해편정종海篇正宗》20권을 편찬하기도 했다. 그 첫머리에 〈삼대산인여앙지영도三臺山人余仰止影圖〉가 있는데 그림에는 여앙지가 삼대관三臺館 상좌에 앉아있고 하녀들은 벼루를 들고 있고 시동은 차를 끓이고 있다. 그는 안석에 기대어 문장을 논하는 모습이다. 또 앙지 여상두가 편집한《시림정종詩林証宗》을 쌍봉당 문태 여씨가 간행했는데 역시 이런 류의 〈삼태산인여앙지영도〉가 있다. 이처럼 돌출되게 자신을 홍보하는 작가 겸 출판가는 역사적으로 보기 드물다.

금릉 서적상 중에는 자신의 모습을 큰 검은색 네모난 나무도장에 조각하여 인주를 찍어 광고하기도 했다. 예컨대 만력 43년본 왕원汪璦의 《초사집해楚辭集解》에는 당소촌唐少村(즉 당소교)이 삿갓을 쓰고 손에는 책을 든 모습의 반신상이 있다. 위칸에 "먼저 내 이름을 알리고 지금 내 모습을 드러내어 여러 책들을 위탁하니 선본만을 전문으로 선정한다"라는 글이 4행으로 작은 글씨로 되어 있다. 이런 광고는 독창적이라고 할 수 있다.

판 권

송대 미산眉山 정사인程舍人 댁에서 간행한 송대 사서인 《동도사략東都事略》은 패기 중에 "이미 상부에 보고했으니 복제판을 불허한다"라는 글귀가 있다. 명나라 풍몽룡馮夢龍의 《지낭智囊》에서도 "오 지역에서 책을 간행하는데 이익을 보고자 심하게 번각판을 낸다"고 하였다. 그러므로 명말에 강절江浙 일대 서적상이 발전하자 "번각을 불허한다" "중각을 불허한다" "감히 번각을 할 경우는 반드시 끝까지 추궁한다" "번각은 반드시 추궁한다"라는 글자를 적어 넣게 되었다.[182] 청대에서 근대에 이르기까지 이런 것은 계속 이어져 왔고 그 영향은 일본과 월남에까지 미쳤다.[183] 출판자는 판권을 보호하고 침해를 받지 않으려 하고 정당한 방법을 택하였지만 그러나 어떤 때는 고인의 작품을 번각하면서도 "천리라도 찾아가 반드시 추궁한다"고 한 것은 좀 과한 감이 없지 않다. 다행히 당시 법률에는 아직 판권에 관한 규정이 없어서 책 위에 '번각필구翻刻必究(번각하면 반드시 추궁한다)' '천리필구千里必究(천리 밖이라도 반드시 추궁한다)'라고 쓰여 있어도 실제적으로는 그저 헛된 말에 불과하며 아무도 추궁당하지는 않았다. 서점에서는 이익을 추구하였기 때문에 이렇다하여 번각의 기풍이 사라지지도 않았다.

남인藍印

보통 서적은 대부분 묵인墨印을 사용하니, 즉 흰 종이에 검은 글씨다. 그러나 명대 인본은 검은 글씨인 흑자黑字 이외에도 남색글자도 있었다. 흰 면지에 남인본이 있어 명 인본의 특색의 하나가 되었다. 순자荀子는 일찍이 "청은 남에서 취했는데 남보다 푸르다"고 '청출어람'을 말했으니 2,300년 전에 이미 남색[고발트]이 있었음을 알 수 있다. 송대에는 가짜 회자會子[175]를 만든 후에 붉은색·코발트색·흑갈색을 사용하여 위조지폐를 만들었다. 원대에는 강남에 광범위하게 남색을 사용해 면포를 염색하기도 했으며 근대 시골에 있던 염색집에서는 각종 남색의 화조 도안을 이용해 이부자리와 커튼을 염색했다.

코발트를 종이에 인쇄하여 검은 먹 대신 이용한 방법은 명나라 사람들이 처음으로 만들어내었다. 현존하는 비교적 이른 시기의 남인본은 15세기 말의 《영기경靈棋經》 1권(성화 14년)과 《안노회유서安老懷幼書》 4권(홍치 11년)이다. 광동에서 출판된 정덕 14년 기묘과己卯科(1519)와 가정 13년 갑오과(1534)《향시록鄕試錄》은 모두 남인으로 되어 있다. 명나라에서 남인은 가정·만력 연간에 가장 성행했다. 건양에서는 먹장에서 먹을 생산하면서 또 코발트도 생산했다. 그래서 건본 중에는 토산 코발트를 이용하여 인쇄한 책들이 적지 않다. 명나라 호응린은 "모든 인쇄에는 붉은 색, 검은 색, 남색이 있고 또 두

175_ 이에 관해서는 앞의 〈송대-목판 인쇄의 황금시대〉 중 〈기타인쇄〉에 자세한 내용이 있다.

가지가 인쇄된 것도 있고 단색인 것도 있다. 쌍인雙印과 붉은 색은 자연히 귀중하게 이용되었다"고 했다. 그가 말한 쌍인이란 아마도 붉은 색과 흑색의 투인을 말하는 것 같지만 단색의 주인朱印은 보기가 극히 드물고 이는 인보류印譜類 같은 서적에 국한된 것 같다. 주인朱印과 남인藍印은 후에는 초인初印 견본품에 사용되어 검은 붓으로 교정을 보기에 편리해졌다. 명청 인본 중에도 역시 본문은 묵인, 겉 표지는 남인으로 된 것이 있는데《황명삼원고皇明三元考》와 같은 것이 있다. 1949년 전에《북평도서관선본서목北平圖書館善本書目》목각본에는 부분적으로 한 색상의 남인이 있다.

명 활자본에도 남인이 적지 않은데《모시毛詩》·《묵자墨子》등이 있다.

은분인銀粉印

운남 여강麗江의 소수민족인 목증토사木增土司[176]는 일찍이 백색 은분을 사용해 청자색 면지[177] 위에《대승관세음보살보문경大乘觀世音菩薩普門經》을 인쇄했는데 만력 27년(1599) 목증의 관지가 있다[184]. 오대·송·명나라에서는 일찍이 적지 않은 금니와 은니로 쓴《대장경》이 있으며 불경이건 도경이건 은분을 직접 종이 위에 인쇄했는데 이는 중국내외를 막론하고 인쇄사상 아마도 공전에 없을 것이다. 목

176_ 목증(1587~1646)은 명대 납서족納西族의 작가다. 자는 장경長卿이고 호는 화악華嶽이다. 목득木得의 8세손으로 만력 25년(1597) 11세 때에 토사土司(소수민족의 세습 족장을 말함)를 세습했다. 천계 2년(1622)에 아들이 장성하자 양위하고 옥룡산 남쪽에 은거하며 독서에 전념했다. 저서에는《소월함嘯月函》·《산중일집山中逸集》·《지산집芝山集》·《공취거록空翠居錄》등 시문집 7부가 있다. 1천여 수의 시를 남겼는데《사고전서·자부잡가子部雜家》에 수록되어 있다.

177_ 우리가 흔히 감지紺紙라고 말하는데 검은빛이 도는 짙은 남색으로 물들인 종이를 말한다.

중은 또한 금니를 사용해《묘법연화경妙法蓮華經》을 썼는데 그 시기
는 만력 43년이다. 목중은 토지부土知府 직에 있었고 시문詩文에 능
했다. 서하객徐霞客178이 그의 집에 머문 적이 있으며 양신楊慎과도
왕래를 하였다.

명판의 장단점

명대 사람들은 "감서監書·내주內酒179·단연端硯·촉금蜀錦(촉나
라의 비단)·정자定瓷·절칠浙漆(절강의 옷칠)·오지吳紙를 천하의 제일
이라고 여겼다".[185] '감서'는 사례감 경창에서 인쇄한 관방서적으로
소위 경창본을 말한다. 판식이 넓고 행격이 드문드문하고 뚜렷하며
대흑구에 쌍어미가 서로 마주보고 있다. 대흑쌍변이며 본문에 작은
주가 달려 있고 구절이 끊어지는 곳에 구두점을 가했다. 해서체에
조맹부체로 글자는 동전만큼 크며, 종이는 옥처럼 희고, 폭은 대본大
本만큼 넓어 능견에 포배장으로 아름답고 대범하다. '광운지보廣運之
寶'라는 큰 주인朱印이 찍혀있으며 남북 국자감본을 말하는 것은 아
니다. 경창본은 과거에 장서가들이 홀대했는데 그 이유는 환관들의
손에서 나왔기 때문이다. 그런 사람들 손에서 나온 책이기 때문에
공론화되지 않았다. 호응린은 "내가 현재의 각본을 보니 소주와 상
주의 도서가 제일이고, 금릉이 그 다음이고, 항주가 또 그 다음이다.
호각湖刻·흡각歙刻이 정교하여 드디어 소주와 상주의 도서와 경쟁
을 하게 되었고, 촉본은 세상에 나오는 것이 심히 적으며 민본이 최

178_ 서하객(1587년 1월 5일~1641년 3월 8일)의 이름은 홍조弘祖, 자는 진지振
之, 호는 하객霞客이다. 명나라 남직례 강음江陰(지금의 강소성 강음시)사람
이다. 위대한 지리학자이자 여행가, 탐험가이다. 저서에《서하객유기徐霞客
游記》가 있다.
179_ 궁중에서 양조한 술.

하다"[186]고 했다. 사조제는 "금릉·신안·오흥 세 곳에서 서적을 판각하는 것이 아름다워 송판에 뒤지지 않는다"고 했다. 소주에서 개인적으로 고서를 번각한 진택震澤의 왕씨본《사기》와 원씨袁氏 가취당嘉趣堂에서는 송본《문선》을 모방하여 종종 서발序跋을 찢어버리고는 송판이라고 사칭했다. 호각과 흡각의 아름다움은 주로 호주의 주묵 투인과 휘주의 정교한 판화로 인한 것으로 이전에는 이런 것이 없었다. 각처의 번부 각본 역시 내부에서 하사한 송·원판을 원본으로 하고, 왕부에 속한 관원들의 교정을 거쳐 간행하였고, 최고의 종이와 먹을 사용하였기 때문에 인쇄와 장정이 내부본과 비슷했다. 동활자본이 세상에 내려오는 것은 극히 적어 본디 소장가들이 아끼는 바다. 청나라 황비열은 "명각明刻의 서적 중에서 송·원 판본과 같은 것은 오로지 명초의 흑구본만이 있을 뿐이다"라고 했다. 명대의 흑구 송인집宋人集은 특히 사람들의 중시를 받았다. 사조제는 "근래의 서각 중《풍씨시기馮氏詩紀》·《초씨유림焦氏類林》 및 신안에서 판각한《장자》·《이소離騷》와 같은 서적은 모두 아주 정교하여 송본에 뒤지지 않는다. 그러나 역시 교정보는 데 비용이 많이 들었기 때문에 잘못된 것이 절대적으로 적다.《수호》·《서상》·《비파》·《묵보墨譜》·《묵원墨苑》등 서적은 오히려 정신이 깊이 응축되어 있어 극한 곳까지 오묘함을 추구하였으나 천하의 기교를 헛되이 전기傳奇[180]를 위해 이목을 즐겁게 하니 역시 아쉽다"[187]고 했다. 이처럼 최고 장인으로부터 나온 아름다운 판화도서는 이미 일종의 예술품이 되었다

명나라 전여성田汝成은 "이익을 중히 여기고 이름을 가볍게 여기나 단 눈앞을 돌아보지 않으니 백공이 모두 그렇다. 서적 간행에서는 더욱 그렇다"[188] 고 했다. 명각본에서 어떤 것은 교정을 거치지

180_ 여기에 예로 든《비파》·《서상》등은 전기 작품이다.

않고 멋대로 원서를 바꾼 것도 있다. 이리하여 청대 사람들은 종종 풍자와 비평으로 명대 사람들의 이런 점을 지적하고 있다. 황비열은 "명나라 사람들은 도서 간행을 좋아했지만 옛것을 준수하지 않아 판각이 종종 옛것과 맞지 않다"고 했다. 그들은 겉모습만 바꾸기를 좋아하여 멋대로 서명을 바꾸거나, 억지로 종류를 나누거나, 조목을 첨가하거나, 차례를 바꾸거나 혹은 임의로 삭제하거나, 원문을 멋대로 하여 원서 본래의 면목을 잃어버렸다. 예를 들면《석명釋名》을 《일아逸雅》로 바꾸고,《대당신어大唐新語》를《당세설신어唐世說新語》로 바꾸고,《시총詩總》을《시화총귀詩話總龜》[189]로 바꾸었으며 저자 송완열宋阮閱을 완일열阮一閱로 바꾸기도 했다. 만력《패해稗海》목록은 저자 왕정보王定保를 왕보정王保定으로 바꾸었고 방소方勺를 방균方勻으로 바꾸었다. 호문환胡文煥의《격치총서格致叢書》를 송자宋慈의 《세원록洗冤錄》권제로 하고 조목을 첨가했다. 송나라 왕모王楙의 《야객총서野客叢書》본 30권, 진계유陳繼儒의《비급신서秘笈新書》에서는 겨우 12권만 판각하여 그 아름다운 핵심부분은 모두 삭제되었다.[190] 이처럼 편폭과 내용을 삭감하는 악습은 복건서점에서 가장 심했다. 낭영郎瑛은 "세상에서 송판의 시문을 중시하는 것은 그 글자의 오류가 없기 때문인데 지금 도서 간행에는 오류가 있을 뿐만 아니라 빼놓는 곳도 많다"[191]고 했다. 복건 지역의 서방에서는 교묘한 수단을 이용하여 개인적인 이득을 챙기는 못된 풍습이 있었으며 이는 휘주본의《산해경》까지 영향을 주었다. 주씨周氏 박고당博古堂 본 《세설신어》(만력), 세덕당世德堂 본《노자도덕경》은 모두 틀린 글자가 아주 많다. 활자본《혁성집奕城集》에서는 계자季子를 이자李子로 잘못 썼다. 또한 명본에는 문장이 빠지고 페이지가 빠진 것도 적지 않은데 북감北監의 요遼·금金 여러 역사서는 여러 페이지에 걸쳐 빼먹었다.《남제서南齊書》는 문장 네 곳이 빠졌으며,《의례》는 빠지고 잘못된 곳이 특히 많다. 성화 연간에 간행한 《주서구해周書句解》는 경문經文을 임의로 삭제했고, 감본 《한서》는 안사고顏師古 주 열중 다섯은 삭제했다. 가정 연간에 간행한 《장열지문집張說之文集》은 1행 누락된 곳이 몇 십 곳이나 된다. 오관吳琯의 《고금일사古今逸史》는 시도 때도 없이 잘못된 곳이 있다. 청나라 주량공周亮工은 "상항현上杭縣에서 양승엄楊升庵의 《단연총록丹鉛總錄》을 판각했는데 억지로 분류를 나누었으며 잘못된 글자는 낙엽처럼 많고, 빠진 곳은 더욱 많다"고 했다.[192] 어떤 경우는 책 제목마저도 탈자가 있었다. 예를 들면 《패해稗海》 본 《강인기잡지江鄰幾雜志》는 '幾' 자가 빠졌다. 융경 활자본 왕세정王世貞 《봉주필기鳳洲筆記》 권 17 권단 서명의 '鳳' 자 아래에 '洲'자를 빠뜨렸으며 책제목과 저자도 모두 틀리게 했다.

청나라의 고광기顧廣圻는 "명대 중엽 이후에 도서간행은 판각이 완성된 후에 또 세심한 교정을 반복하지 않아 잘못된 곳이 여러 군데서 나왔다.[193]"고 했다. 항세준杭世駿은 "심지어 《설문》에 《오음운보五音韻譜》를 섞어 넣고, 《통전通典》에 송대 사람들의 의론을 섞어 놓고, 《이견지夷堅志》에 당대 사람들의 사적을 집어넣어 원서와는 전혀 상관도 없는 것들을 마구 집어 넣었으니 명대 사람들의 잘못됨이 이와 같다"[194]고 했다. 고형림顧亭林[181]은 "이전 사람들의 말을 들었는데 가정 이전 서적의 판각은 비록 정교하지는 못했어도 뜻이 통하지 않는 곳에는 '의疑'라고 했다. 지금의 판각본은 정교하기는 하지만 의심되는 곳에 주를 달지 않고 게다가 바꾸기까지 했다"고 했다. 또 "만력 연간에 사람들이 고서를 멋대로 바꾸어 인심이 사악해지고 풍기가 변한 것은 이때부터 시작되었다"고 했다. 책에 오류가 있으면 개정을 하는 것이 사리에 맞는 일이건만 소수의 명대 사람들은

181_ 고염무顧炎武(1613~1682)를 말한다. 형림은 고염무의 호다.

종종 무지하여 멋대로 고치고 알지도 못하면서 아는 체를 하여 웃음을 면치 못하게 만들었다. 고형림은 산동사람이 간행한 《금석록金石錄》을 예로 들었다. '紹興二年玄黓歲壯月'[182] 중에서 '장월壯月'을 '모란牡丹'으로 고쳤는데 이는 장월의 출전이 《이아爾雅》[183]인지도 몰랐을 뿐만 아니라 8월을 장壯이라고 하는지는 더욱 몰랐음을 예로 들었다. 그래서 고형림도 "만력 이래로 간행된 도서는 대부분 '모란'처럼 엉망으로 바꾼 그런 종류다"[195]고 했다. 또 장지상張之象의 《당아唐雅》 같은 경우에는 조형朝衡을 호형胡衡으로 바꾸었는데 조형朝衡이, 즉 조형晁衡과 동일인이라는 사실조차 알지 못해 멋대로 바꾼 것이다. 조형朝衡은 일본인 아베노 나카마로[阿倍仲麻呂][184]다. 동사천董思泉 서림에서 《묵자》(만력 9년)를 판각했는데 모든 '올兀'자를 '역亦'자로 바꾸었다. 이는 '兀'이, 즉 고대에는 '기其'자 였다는 것을 알지 못했으니 이런 경우는 위에서 말한 '모란'이라고 바꾼 것처럼 웃기는 이야기다. 그러나 만약 이렇다하여 명대 사람들의 도서 간행이 진나라의 분서갱유와 같다고 말한다면 실로 목이 멘다고 아예 먹기를 그만두는 것과 같으니 너무나 불공평하다. 현재 우리가 볼 수 있는 문화 유산에 관해서는 여전히 명대 출판가와 각자공들에게 그 공을 돌리지 않을 수 없다.

182_ 이는 "소흥 2년 임년壬年 음력 8월"이라는 뜻이다.

183_ 현익玄黓은 천간 중 임壬의 별칭으로 연대를 기록할 때 사용한다. 즉 임년壬年을 현익이라고 한다. 이는 《이아 · 석천釋天》에 "(太歲)在壬日玄黓"이라는 말이 있다. 또 《이아 · 석천》에 "八月爲壯"이라는 말이 있으니 장월은, 즉 음력 8월을 말한다. 학의행郝懿行 의소義疏에는 "壯者, 大也. 八月陰大盛"이라고 되어 있다. 저자는 이를 두고 한 말이다.

184_ 아베노 나카마로(698~770년)는 나라[奈良] 시대의 견당 유학생이다. 성은 조신朝臣. 당나라에서 과거에 합격하여 당 조정의 여러 관직을 역임하고 고관까지 올랐다. 일본으로 귀국하지 않았다. 중국이름은 조형晁衡, 또는 조형朝衡이라 했다.

10. 관방과 개인 장서

명 태조는 도서출판을 몹시 중시하여 원나라의 수도를 공격하고 나서는 비본秘本을 수집하여 남경에 두었다. 또 원래 항주 서호서원에 있던 이전의 송·원 판본을 모두 옮겨와 남경의 국자감으로 보냈다. 영락 때에 북경으로 천도한 후 문연각 서적 1백 궤짝을 남경에서 북경으로 옮겼다. 선종 때에 비각에 소장하고 있던 약 2만여 부, 1백만 권에 가까운 서적은 송·원대의 호접장이며 양사기楊士奇 등이 편찬한 《문연각서목文淵閣書目》이 있다. 만력에 이르러 《내각서목內閣書目》을 다시 편찬했으나 이미 열에 하나는 없었다. 명대 한림관각과 북경 남경의 국자감은 각 부서에 모두 장서가 있었다. 행인사行人司[185]에서는 매번 업무가 끝나고 조정으로 돌아오면 반드시 사방에서 2~3종의 책을 구매해 와야 했다. 시간이 오래되어 부서에 사온 책이 쌓여 대들보에 닿을 정도였다. 아래로 군읍의 제학에서도 지방의 사대부가 기증하기도 하여 없는 책이 없었다. 명대에는 책을 제작하여 전국의 지방에 반포하였으며 주현의 관리들이 이임하면 서적을 기증하여 기념으로 삼기도 하였으므로 명나라의 각 부와 주현에서는 많은 정부발행의 도서들이 보존되어 있었다.

개인 장서로는 경제문화가 발전함에 따라서 인본이 구하기 쉬워졌기 때문에 수많은 장서가들을 배출해냈다. 특히 물자가 넉넉한 소주 송강 일대가 가장 번성했으며 절강이 그 다음이었다. 유명한 장서가로는 소주의 오관吳寬·오수吳岫·주존리朱存理·양순길楊循吉·

185_ 관서명으로 명 홍무 13년(1380)에 설치되었다. 행인行人은 정9품이고, 좌우행인은 종9품이었다. 후에 행인을 사정司正으로 개편했고 좌우행인은 좌우사부司副로 개편되었다. 따로 행인 345인을 설치했다. 이들은 전지傳旨와 책봉冊封 등의 일을 관장했다.

도목都穆·문징명文徵明·전수錢殳가 있다. 태창太倉에는 왕세정王世
貞·육용陸容이 있고, 상숙常熟에는 양의揚儀·조기미趙琦美(맥망관脈望
館)·전겸익(강운루絳雲樓)·모진毛晉(급고각)이 있다. 곤산에는 섭성葉
盛(녹죽당菉竹堂)이 있으며 상해에는 육심陸深·왕기王圻가 있다. 화정
華亭에는 하량준何良俊·진계유陳繼儒가 있고, 무진武進에는 당순지唐
順之가 있다. 강음江陰에는 이악충李鶚翀(득월루得月樓)이 있고, 금릉에
는 초횡焦竑이, 절강 금화에는 송렴宋濂이 있다. 포강浦江에는 정계鄭
灝, 영파에는 범흠范欽(천일각), 원씨袁氏 정사재靜思齋, 풍씨豊氏 만권
루萬卷樓가 있다. 호주湖州에는 심절보沈節甫·모곤茅坤이 있고, 가흥
에는 항원변項元忭·고승연高承埏이 있다. 소흥에는 기승업祁承㸁(담
생당澹生堂), 뉴씨紐氏[186] 세학루世學樓가 있고, 복건 연강連江에는 진제
陳第(세선당世善堂), 민현에는 서륵徐爀(홍우루紅雨樓)이 있다. 북방에는
복주濮州의 이정상李廷相, 개주開州의 조율晁瑮(보문당寶文堂), 장구章丘
의 이개선李開先, 탁주琢州의 고유高儒(이상 괄호 속은 장서각 명으로 지금
모두 서목이 남아 있음)가 있다. 그중 고유와 진제는 무관이면서도 장서
를 좋아하였으니 당시 장서 기풍이 얼마나 성행했는지를 알 수 있
다. 송렴은 서적 만권이 있었고 왕세정은 3만 권, 홍우루에는 5만 3
천여 권이 있었다. 포강의 정계는 8만 권, 기승업 담생당의 장서는
10만 권으로 모든 책이 사람들이 만나기 어려운 비책들이었다. 또한
모진의 급고각에는 8만 4천 책이 있어 중국내에서 제일 장서가로 불
린다(1책은 보통 여러 권으로 되어 있다). 이외에 개인적으로 장서 목록이
있고 또《영암가장서목瑩庵家藏書目》·《우재가장서목愚齋家藏書目》이
있다. 또 돈호루惇好樓·심죽동沈竹東·장삼주章三洲 등 30여 사람이
있다. 지금 모두 그 목록은 없어졌다.

186_ 뉴위鈕緯를 말한다.

명나라 개인 장서가로서는 여러 번藩이 가장 풍부하다. 이는 내부로부터 하사받았기 때문이다. 주부周府·형부衡府·휘부徽府·강녕왕부江寧王府 등에도 서목이 있다. 익양의 단혜왕端惠王 주공귀朱拱樻, 남창 봉국중위奉國中尉 주통계朱統鑑, 형공왕衡恭王 주우휘朱祐楎는 각기 10여만 권의 책을 수집하였다. 영헌왕의 7세손인 주모위朱謀瑋(욱의郁儀)와 주번周藩 죽거竹居에는 내부와 같은 도서를 수집했다. 고당왕高唐王 주후영朱厚煐, 여강왕廬江王 주견남朱見湳 역시 장서가다. 현재 전하는 것으로는 주정왕周定王 6세손 주목결朱睦楔의 《만권당서목萬卷堂書目》이 있다.

명대 1백여 개인 장서루와 수백만 권 도서는 당시 얼마 못가 화재에 손실되어 많은 도서가 없어졌으니 정말 애석하지 않을 수 없다. 단지 영파의 범흠(자 요경堯卿, 호는 동명東明, 범사마范司馬라고 부름)의 천일각만이 명대 가정 이래 4백여 년[196] 간을 거쳐 지금까지 의연하게 존재하니 정말 대단한 일이 아닐 수 없다. "책 도시의 장관은 인간세상에서 보기 드문 일"이라는 말은 《도서집성圖書集成》을 하사할 때 황제가 한 말이다. 원래 장서가 7만여 권이 있었지만 중간에 도둑을 맞았고 1949년 해방 초기에는 1천 5백~6백 종, 1만 3천 권[197]이 있었다. 후에 천일각이 원래 소장했다가 유실된 3천여 권을 최대한 회수하고, 유관방면의 기증형식으로 이관하여 현재는 이미 30만 권 이상을 소장하게 되었다. 또 부근에 새로운 서고를 건축했다. 천일각에 보존된 것은 대부분 명대의 직접적인 사료로서 명나라 역사를 연구하는데 귀중한 보고다. 또한 주위 환경이 아름답고 오래된 나무들이 하늘을 찌를 듯하며 곧게 뻗은 대나무와 장뢰나무, 계수나무들, 정말 똑같이 만든 사자상들이 가산석假山石 사이에 있다. 앞에는 '천일생수天一生水'라는 작은 연못이 있고 이 안에 금붕어 몇 마리들이 느긋하게 놀고 있어 선경仙境에 기서奇書를 모아 둔 곳으로 영파의

명승 유람지가 되었다.[198]

범흠은 책 수집을 좋아했을 뿐만 아니라 도서간행도 좋아하여 호광湖廣과 강서에서 관직에 있을 때도 《완사숭집阮嗣崇集》 등 3종을 간행했다. 귀향 후에는 《건곤착도乾坤鑿度》·《주역고점법周易古占法》 등 20종을 교정 판각하였으니 이를 《범씨기서范氏奇書》 20종[199]이라고 부른다. 또한 고서 7종 및 범흠 자신의 저서인 《주의奏議》·《고금언古今諺》·《천일각집》 등 1종이 있다. 현재 천일각에 현존하는 가정 연간의 서판 25종이 있는데 쌍면판이 597편이고 단면판이 1백여 개가 있어 중국에서 비교적 이른 시기의 목판 인쇄 판을 갖고 있다.

11. 기타인쇄

신 문

청나라 초기 사람인 고염무顧炎武는 명사明史를 수정하기 위해서는 〈저보邸報〉를 근거로 해야 된다고 여겼으며 그는 충분히 신문의 사료적 가치를 인식하고 있었다. 또한 말하길 "생각컨대 이전의 〈저보〉는 숭정 11년(1638)에 활판이 있었고 이전에는 필사본이었다"고 했다. 필자는 남송 시대에 작은 신문으로 돈을 벌었다는 것에 의심이 가는데 하루에 종이 한 장이 나오면 서울에는 전문적으로 신문을 파는 작은 보급소가 있었다. 이는 마땅히 인본일 것이지만 그러나 활자를 사용하지 않았을 뿐이다. 만력 연간에 북경에 〈저보〉를 배달하는 것을 업으로 하는 신문방이 있었으며 남경의 서양 선교사들은 정보를 얻기 위하여 "신문 배달부에게 급료와 식량을 주었다"고 한다. 이는 신문보급소가 이미 외국인의 중시를 받았으며 이용했음을 알 수 있다. 명대 홍치 〈저보〉에 호북의 "응산현應山縣 여자는 갑자기 머리가 3촌 넘게 자랐다"[200]는 내용이 있고, 만력 술신(36년) 겨울 을사일에 복주군福州軍 소구랑蘇九郎의 처 등일鄧一은 사내 애 둘, 여자애 둘을 낳았다[201]는 등의 지방의 신기한 소식이 있다. 이런 소식이 등재되면 당연히 조야 사람들의 환영을 받았다. 청나라의 도르곤[多爾袞][187]은 명말의 조보朝報가 상하를 서로 속이는 것이라고 비평했다. 현존하는 〈저보〉는 만력 원년 필사본이 가장 이른 것이다.

보초寶鈔

홍무 연간에 남경의 최대의 인쇄사업은 《대장경》의 판각 이외에 보초를 인쇄하는 것이었다. 명초에 화폐는 동전과 은량의 유통 외에 또한 지폐를 사용했는데 이를 보초寶鈔라고 한다. 홍무와 영락 연간에는 모두 '대명통행보초大明通行寶鈔'라고 했다.

홍무 7년(1374) 초에 보초제거사寶鈔提擧司를 설치하고 그 아래에 초지抄紙와 인초印鈔 이국二局과 보초寶鈔 · 행용行用 이고二庫를 설치했다. 홍무 8년 3월에 처음으로 중서성에 조서를 내려 대명보초를 제조하도록 했다. 뽕나무와 강아지풀을 지폐의 원료로 삼아 장방형에 가로는 1척, 너비는 6촌으로 제정하고 청색 종이의 네 주위에 용 문양의 테두리를 하고 가로로 "대명통행보초大明通行寶鈔"라고 썼다. 그 안 위에는 '일관壹貫'이라는 큰 글자(뒷면 역시 일관이라는 인쇄가 있음) 두 개가 있고 옆에는 전서체의 8글자, 즉 "대명보초大明寶鈔, 천하통행天下通行"이라고 두 줄로 쓰여 있다. 중국 동전은 꿰어진 열 꾸러미를 1관貫이라고 한다. 그 아래에 "호부에서는 대명보초를 제조 인쇄하고 동전과 함께 유통하여 사용하는 것을 비준한다. 위조하는 자는

187_ 아이신교로[愛新覺羅] · 도르곤[多爾袞](1612~1650)은 누루하치의 14번째 아들로 황타이지[皇太極]의 동생이다. 청초의 걸출한 정치가이자 군사가로 청나라 통일의 기반을 다진 중요한 인물이다. 한족의 이름이 아니고 우리가 일반적으로 부르는 이름이라서 한자음이 아닌 음역으로 했다.

참형에 처하고, 위조를 보고하는 자는 상금으로 은 250냥을 준다. 또한 범인의 재산을 함께 준다. 홍무 연월일"[202]이라고 쓰여 있고 위에는 '보초제거사인寶鈔提擧司印'이라고 커다란 붉은 도장이 두 방 찍혀 있다. 그 등급은 1관貫, 5백 문, 4백 문, 3백 문, 2백 문, 1백 문 으로 모두 여섯 등급이었다. 13년에 중서성을 폐지했지만 보초의 제 조는 여전히 호부에 속했다. 22년 소초小鈔로 바꾸어 10문에서 50문 까지 있었다. 초 1관은 동전 1천 문에 준했다.

남경의 보초국에서는 지폐공 580명을 고용하여 보초국에서 지폐 를 제조했다. 홍무 18년(1385) 2월 24일부터 12월 겨울까지 제조된 지폐는 모두 694만 6599정錠[203]이다. 만일 매년의 누적을 계산한다 면 그 숫자는 필히 사람을 놀라게 할 것이다. 14세기 말에 5백~6백 명이 인쇄공장에서 일했다는 점은 인쇄사상 드물게 보는 일이다.

처음에 보초 1관은 은 1냥과 같았기 때문에 백성들은 이를 좋아하 여 중국의 여러 곳에서는 받들지 않는 사람이 없었다. 후에 지폐의 가치가 날로 떨어지고 성화 연간에는 지폐 1관이 1문전의 가치도 없 게 되자 홍치 6년에 지폐는 오로지 관부에서만 봉급을 줄 때 사용되 었다. 그러나 받은 사람은 전혀 쓸모가 없게 되자 민간에서도 역시 폐지廢紙로 보았다.[204] 그러나 현대 지폐에 비해 크기가 2~3배나 큰 이런 류의 대명보초는 일찌감치 각 박물관의 진품이 되었다.

송·원에서도 모두 위조지폐를 만들었으며 명초에도 위조지폐가 나타났다. 대명보초 위에 비록 "위조하는 사람은 참한다"라고 늘 인 쇄했지만 이익이 생기는 까닭에 양절兩浙·강동서의 민간에서는 여 전히 위조를 하였다. 남경 부근에 "구용현句容縣에 사는 사람 양만두 楊饅頭가 계책을 내고 현 사람들과 모의를 하였다. 은세공자에게 몰 래 석판錫板을 수리하게 하고, 그 판화의 문맥이 분명하므로 지마紙 馬[188]를 제조하는 집과 인쇄할 것을 도모했다". 석판은 판화의 문맥이 분명하였으니 은세공의 기술이 상당히 높았음을 알 수 있다. 발각이 된 후에 양만두와 은세공자는 참수를 당하고 남경에서 구용현 90리 길에 효시를 하여 서로 마주보게 하였으니 대참극으로 끝났다.[205] 이런 석판 위조지폐는 물론 이미 존재하지 않는다.

12. 장 정

명대 서적의 장정 형식은 아주 다양하며 송대의 호접장·범협장梵夾裝과 원대의 포배장을 계승했다. 권축장은 천일각 소장《태상노자도덕진경太上老子道德眞經》2권과 고명誥命을 내리는 서화수권書畫手卷에서만 볼 수 있다. 대체로 홍치 정덕이전에 유행했던 포배장은 가정 만력 이후 선장본이 흥기함에 따라 점차 다른 장정을 압도했다.

호접장　　과거의 장서가들은 명대의 호접장을 그다지 보지 못했지만 사실 전해오는 것은 적지 않다. 필자는 국가도서관에서 명초인본《대고속편大誥續編》·《원사元史》·《상감相鑒》·《내훈》·《설원說苑》·《옥해玉海》·《거사집居士集》·《고당율소의故唐律疏議》등을 보았는데 모두 호접장이었다. 또 홍치본《군선요어찬요群仙要語纂要》, 만력 원년본《제감도설帝鑒圖說》도 호접장이었다. 천일각에 소장하고 있는《가정십삼년갑오과운귀향시록嘉靖十三年甲午科雲貴鄕試錄》·《가정십구년경자과호광향시록嘉靖十九年庚子科湖廣鄕試錄》·《만력팔년경

188_ 속칭 '갑마甲馬'라고도 하는데 이전에 제사를 지낼 때 드리는 제사용의 화폐다. 후에 목마로 변하였다. 지마의 형질은 실질적으로 목각에 흑백의 판화로 민간에만 전해져 왔기 때문에 다른 서적의 삽화 판화나 불·도경 판화와 구별된다. 당연히 민간판화는 연화年畵나 문화門畵를 포함한다. 지마는 '갑마甲馬' 또는 '갑마지甲馬紙'라고도 부른다.

지마에 쓰인 판화

신과회시록萬曆八年庚辰科會試錄》등과 같은 향시록과 회시록 모두 호
접장이었다. 명대 지방지도 호접장이 있었으나 만력 이후에는 거의
보이지 않는다.

범협장　　송·금의 불장은 권축장 이외에도 대부분 범협장(경
절장經折裝)으로 서하와 원대 불경 역시 범협장이다. 범협장은 불교
전적의 거의 유일한 장정 형식으로 아마도 이렇게 하는 것이 경전을
욕보이지 않고 존경을 나타내기에 족하다고 보기 때문이다. 그러므
로 명대의 《남장南藏》·《북장北藏》 역시 모두 이 절본折本 형식이다.
명대와 청초의 보권寶卷 역시 대부분 범협본으로 도교 전적에까지
영향을 주었으니 《정통도장正統道藏》 같은 것이 그 예다. 유교경전도
역시 범본 형식을 사용했고 오로지 명각 《오경방주五經旁注》에서 볼
수 있는데 천 개 가운데 하나 정도다. 명 홍치 3년, 정덕 3년 《대통력
大統曆》은 모두 좁고 긴 범협장이다.

포배장　　명초에는 원나라의 구풍을 답습해서 내부 경창본,
번부본藩府本, 북경과 건양建陽의 초기 방본坊本, 성화成化 이전의 흑
구본黑口本, 천일각 소장의 명대 지방지는 일반적으로 포배장이다.
중국 최대의 백과전서인 《영락대전》 22,877권마저도 포배장으로
11,095책이다. 우리가 지금 볼 수 있는 것은 명 가정 연간에 잔본을
다시 베낀 것으로 안은 면지를 꼬아서 장정을 했고 밖은 황능견지로
포배를 하였으며 《영락대전》이라는 네 자를 붙였다. 아래에는 책의
권의 몇, 오른쪽 위에는 책의 운목韻目이고 매 책은 1권, 2권에서 3권
까지 서로 다르다. 이렇게 화려하고 아름다운 큰 책은 중국 현존 도
서 중에서 보기 드물다. 중화서국에서 영인한 선장본 730권 202책
은 원서 1백분의 3으로 되었다. 포배장으로 거론할 만한 것으로는
영락 17년에 판각한 《제불세존여래보살존자명칭가곡諸佛世尊如來菩
薩尊者名稱歌曲》이다. 350페이지 인장印張[189]으로 커다란 1책으로 만

들어졌으며 두께는 6.6센티미터로 인본 중에서는 드물게 보는 두꺼운 책이다. 명대 포배의 장정으로 쓰인 것은 황능黃綾이나 남능면藍綾綿이며 면지도 있었다. 포배장 중에는 포각包角[190]도 출현했는데 책의 모서리가 훼손되는 것을 보호하고 또한 미관을 위한 것이었다.

선장線裝　　현재 일반인은 고서라고 하면 모두 선장서로 여기고 있지만 사실 최초의 중국고서는 선장이 아니었고 선장은 인본서 가운데 비교적 늦게 출현했다. 대략 북송시기에 이미 선장서가 출현했는데 '봉궤縫繢'라고 불렀으며 사람들의 환영을 받지 못해 송대 선장본은 현재 실물을 볼 수가 없다. 원나라 때 어떤 사람이 《지원법보감동총록至元法寶勘同總錄》을 방책方冊[191]으로 만들었는데 "불경같지 않다"라고 여겼으며 명 만력초에 이르기까지도 사회에서는 여전히 "범협본을 존중하고, 방책은 경멸한다"는 설이 있어 별로 유행하지 못했다. 명대에 이르러 항주에서 《방책장方冊藏》 판각을 했는데 그 시기는 정통 이후다. 만력 초에 이미 "시간이 오래되어 그 판각이 드디어 없어졌다"고 하니 전해지는 판본을 볼 수 없다. 대략 15세기 말에 선장본의 《불장》이 출현하고 만력에 또 다시 《방책장》을 판각하였으니 그 주요한 동기는 돈과 자료를 절약하기 위해서였다. 방책 1200책은 범협 7,000권의 전체 문장을 다 담아낼 수가 있었으므로 평소 6분의 1에 그쳐 절약할 수 있었다. 만드는 사람은 재료 값이 절약되었고 운반하는 사람은 운임을 절약할 수 있고, 소장자는 책 상자를 절약할 수 있었다.[206] 현존하는 비교적 이른 시기의 명 선장서는 정덕 원년 사례감에서 중각한 《소미통감절요외기속편少微

189_ 인쇄 작업량의 계산 단위다. 1 '印張'은 단면 인쇄된 전지 1장, 즉 양면 인쇄된 2절지 1장이다.

190_ 서뇌書腦 상하 모서리를 둘러싼 헝겊이나 두꺼운 종이를 말한다.

191_ 방책은, 즉 선장본을 말한다. 앞에 자세한 내용이 있다.

通鑑節要外記續編》과 정덕 6년 사례감 간행의 《대명회전大明會典》은 모두 선장이며 남능면이다. 이때부터 후에 시작된 것이 앞선 것을 따라잡는 격으로 만력 이후부터 청대 말까지 3~4백 년간 선장이 다른 모든 장정을 압도했다.

선장은 먼저 인쇄된 쪽수를 반으로 잘 접어, 그 접은 것을 잘 포개어 책 하나로 만든 후에 송곳으로 구멍을 뚫은 후 다시 면실이나 혹은 잠사蠶絲로 한 권으로 묶는다. 보기에는 아주 간단해 보이지만 사실 스물한 번[207]이나 장정공들의 손길이 가는 복잡한 작업을 거친 후에야 비로소 완성이 되는 전문적인 기술을 필요로 한다. 선장서는 대부분 부드러운 종이로 책의 앞과 뒤표지를 만들어 밖에다 구멍을 뚫는다. 명대에 뚫는 방법으로 가장 자주 볼 수 있는 것은 구멍을 네 개 뚫은 4침[192]이며 그 다음은 6침이다. 또 5침 · 7침 · 8침 · 10침도 있는데 7침과 10침은 그다지 많지 않다. 왜냐하면 구멍이 많으면 일정치 않게 되어 배열의 위치도 자연히 같지 않기 때문이다. 실끈이나 면끈은 너무나 가늘어서 종종 끊어지기 쉬워서 두 줄을 쓰기도 하였지만 조선본에서 사용한 붉고 굵은 끈처럼 그렇게 견고함과 튼실함을 따라가지는 못했다. 명대에는 어떤 사람이 이미 선장서를 제작한 경험을 총결하여 《정서십약訂書十約》[208]이라는 책을 썼다. 책표지는 대부분 종이를 사용했다. 어떤 사람이 "표지는 눈과 같은 흰 비단, 푸근한 푸른 비단, 응달에 말린 고추빛의 빨간색을 사용해야 한다"고 주장했다. 정성을 많이 들인 선장은 대부분 색상이 들어간 비단으로 썼다. 책표지는 일반적으로 청자색 혹은 황색지 외에도 남능藍綾, 남견藍絹 · 황릉면黃綾綿 같은 천을 사용하기도 했으며 바깥에

192_ 중국어로는 사공四孔이라고 한다. 중국 고서와 한국 고서를 구별할 때 가장 기본적인 것이 이 4침이다. 한국 고서는 거의 다 5침이지만 중국에서는 드문 편이다.

책이름을 썼다. 또 요나라와 송나라의 옛 방법을 따라 인쇄한 제첨題
簽을 붙이기도 했다.

호응린은 "장정에는 능綾, 면錦, 견絹이 있고 함을 보호하는 것도
있고 호수를 표시하는 것도 있다. 오지역의 장정이 가장 좋고 다른
곳은 이를 따르지 못한다. 민 지방에서는 장정이 많지 않다"고 했다.
호응린이 말한 능・면・견으로 장정하는 것은 대부분 내부본과 각
번부의 출판물이었다. 특히 범협본 불경과 도경의 겉표지와 보호함
函은 종종 오색찬란한 각종의 무늬를 넣은 비단과 색실을 이용해 색
상이 선명하였고, 산호・상아・벽옥・백옥의 메뚜기[193]를 달아 호화
로운 미관으로 진귀한 예술품이 되었다. 소주의 장정은 청대에서도
여전히 유명했으며 민본閩本은 가격이 쌌기 때문에 그다지 장정에
신경을 쓰지 않았으니 호응린이 말한 것은 사실에 부합된다. 명대
장정에는 결점이 하나 있다고 하는데 당시에는 아주 잘 드는 큰 칼
이 없어 많은 서적을 한 번에 재단할 수가 없어 나누어서 재단을 했
기 때문에 같은 한 부의 책이라도 권마다 칼날이 닿은 곳이 가지런
하지 않다는 점이다.

마테오 리치와 니콜라이 등이 서양에서 가져온 가죽표지 장정의
서양인본은 종이의 희기가 마치 누에고치 같고 양면에 인쇄를 하였
으며 어떤 것은 금도금을 한 동으로 만든 고리가 달려 있었고 교황
의 문장紋章이 찍혀 있었다. 당시 고기원顧起元・이일화李日華 등의
사대부들은 이를 본 후에 몹시 놀랐다. 그러나 중국 도서의 장정에
는 어떤 영향도 주지 못했다.

193_ 책갑이나 활의 팔찌, 탕건 같은 물건에 달아서 그 물건이 벗겨지지 않도록
　　꽂는 기구. 흔히 뿔이나 댓개비를 깎아서 만든다.

13. 인쇄 재료

조각도　　　이전에는 글자를 조각할 때의 조각도에 관한 기록이 아주 적었으며 그저 뭉뚱그려서 "기궐劂劂은 둥근 칼[曲刀]이다. 조각하는 데 사용한다"라고만 했었다. 명나라 팽대익彭大翼의 《선당사고仙堂肆考》에서는 "기劂라는 것은 둥근 칼이고, 궐劂이라는 것은 곡착曲鑿이다. 모두 조각하는 기구다. 지금 사람들은 목판활자를 만드는 것을 기궐이라고 했다"고 했다. 명대의 각자공들은 스스로를 가리켜 '기궐씨劂劂氏'라고 한다. 명말 청초에 안휘사람인 방이지方以智는 《물리소식物理小識》에서 각서용의 조각도에 관해 제일 먼저 언급하고 있다. 그에 의하면 조각도는 세 가지가 있는데 하나는 정덕旌德 지역에서 생산된 권도拳刀가 있다. 또 하나는 작도雀刀로 금릉과 강江·광廣지역에서 사용했다. 또 하나는 도도挑刀[194]로 복건사람들이 사용했다고 한다. 지역마다 각서인들이 사용하는 조각도는 서로 달랐다. 복건성의 도도는 외국에서 들여온 양철을 사용하여 중국산의 쇠칼보다 좋았다. 정덕 권도는 해서·행서·초서를 조각하는 데 사용하면 제대로 모양을 낼 수 있었다. 흡현의 규촌 황씨성의 판화가들은 대체로 인근의 정덕현에서 생산되는 권도拳刀를 사용했다. 현재 시장에서 볼 수 있는 도장을 새기는 장인들은 대여섯 자루의 작은 직도直刀를 사용하고 소위 곡도니 곡척같은 조각도는 사용하지 않고 있다. 명대 《제서아의制書雅意》에는 "재단에는 잘드는 칼을 사용하고 광석을 사용해 갈아 쓰는데 훌륭한 장인들이 갖고 있다"는 말이 있다. 책을 재단하는 칼과 글자를 새기는 칼은 당연히 서로 다르다.

194_ 물건을 파내는 데 사용하는 작은 칼을 말한다.

판목版木　　중국에서 글을 새기는 데 사용되는 목재는 옛날에는 재목梓木, 즉 가래나무를 사용했기 때문에 글자를 새기는 것을 '각재刻梓'·'부재付梓'라는 말을 사용했다. 또 배나무나 대추나무도 사용했기 때문에 '부지리조付之梨棗'[195]라고도 한다. 한국 해인사 대장경판은 자작나무[196]를 사용했고 또 황양목黃楊木[197]에 목활자를 새겼다. 일본에서는 벚나무판을 사용했다. 명나라에서는 도서간행용의 목판은 전통적으로 배나무와 대추나무를 벗어나지 않았으나 대추나무는 쉽게 부숴지는 성질이 있어 일반적으로는 배나무판을 많이 사용했다. 만력에 판각한 《방책장》은 오직 배나무판만을 사용하여 두께 1촌 이상이며 모든 판은 은 3푼의 가격을 주었다. 두께가 1촌에 못미치거나, 습하거나 너무 건조하거나, 마디가 많거나, 짜맞추어 이은 것은 모두 사용하지 않았다. 보통의 목판은 여러 번 찍어낼 수 없었다. "비록 배나무 판이라도 2만 편을 찍어내면 모호해진다"고 한다. 서판書版은 또 벌레가 먹기 쉬워서 사람들은 먼저 판을 물에 삶아서 오래 견디도록 했지만 이렇게 하면 글자를 새길 때는 어려움이 있었다. 이리하여 또 생각해 낸 것이 석회염에 삶는 것인데 이러면 새기기도 쉽고 벌레도 슬지 않았다.[209] 이런 방법은 비교적 선진적이다. 명대에는 배나무와 대추나무 외에도 강절江浙 일대에서는 또 백양목과 오구목烏桕木을 사용하기 시작했다. 호응린은 "지금 항본을 목판에 새길 때는 역시 백양목을 사용하는데 다른 지방에서는 오구판을 사용하기도 한다. 모두 이를 쉽게 얻을 수 있기 때문이다"

195_ 원서에는 '付諸梨棗'로 되어 있으나 '付之梨棗'의 잘못인 것 같아 바로잡았다. 자세한 것은 주석 40)참조.

196_ 현재 의미로 화목을 자작나무로 번역했다. 그러나 이는 산벚나무라고 한다. 자세한 것은 주석 41) 참조.

197_ 황양목은 회양목이라고도 한다. 양목은 백양나무를 말한다.

고 했다. 서광계도 "오구나무 열매는 기름을 짤 수 있으니 백성들에게 몹시 이익을 준다. 강절 사람들은 오구나무를 심는 사람들이 몹시 많은데 그 나무에는 글을 새길 수 있다"고 했다. 그 지역에서 재료를 취할 수 있으니 오구나무는 자연히 남방에 제한되었다. 휘파 판화가 터럭처럼 세밀하게 새길 수 있었던 것도 황양목을 사용했기 때문이 아닐까 생각된다.

붓　　천하의 모필장은 오직 오홍吳興 사람일 뿐이라고 한다. 명나라 서헌충徐獻忠의《오홍장고집吳興掌故集》에서는 "호주湖州 지역에서 모필장이 나왔으니 천하에서 붓을 제작하는 사람들은 모두 호주 사람이다. 그 지명은 선련촌善璉村이다"고 했다. 원나라의 풍응과馮應科와 육영陸穎 역시 선련촌 사람이었다. 오홍의 육씨陸氏는 붓을 잘 만드는 것으로 천하에 이름을 떨쳤고 그 후손들도 가업을 이었으며 모두 두각을 나타냈다. 원말명초에 육문준陸文俊은 솜씨가 뛰어났으며, 육문보陸文寶는 명사들과 사귀기를 좋아하였는데 양철로楊鐵崖는 그를 칭찬했다. 후에 육계옹陸繼翁과 왕고王古는 붓으로 명성을 얻었는데 모두 호주 사람이며 금릉에 살았다. 오홍의 육용지陸用之는 붓 만드는데 정통하여 풍응과나 육영에 뒤지지 않았으며 루강婁江으로 이사해 살았고 그의 생질 고수암顧秀岩에게 전수했다. 고수암은 또 그의 생질 장몽張蒙에게 전수했다. 대대로 전해진 붓 만드는 방법은 손에서 손으로 이어진 후 장주漳州·천주泉州·광해廣海의 상선을 통해 붓을 싣고 오 지역으로 왔다. 배가 해안에 도착하면 백금과 바꾸었으며 거의 손해보는 해가 없었다. 손대아孫大雅의《증필생장몽서贈筆生張蒙序》가 있다. 오홍에는 또 장천석張天錫붓과 모씨茅氏 붓이 있었다. 붓은 네 가지 덕을 구비해야 하는데 뾰족하고[尖][198]·

198_ 첨尖은 먹이나 물을 묻혔을 때 놓은 붓의 끝이 날카롭고 흐트러지지 않는 것

가지런하고[齊]¹⁹⁹·둥글고[圓]²⁰⁰·곧아야[健]²⁰¹ 한다. 특히 붓끝이 가지런하고 허리가 강한 것이 좋은 붓이다. 붓끝을 가지런하게 하는 것은 어렵지 않지만 허리를 강하게 하는 것은 어렵다. 비록 조문민趙 文敏이 풍웅과와 육영의 붓을 사용한다 해도 가지런한 것을 얻을 수 는 있지만 허리가 강한 것은 얻기 어렵다고 했다.

길수吉水의 정백청鄭伯淸은 영락 초에 돼지털로 만든 붓이 있었는 데 몹시 곧고 아름다웠다. 익양弋陽에서 만든 붓도 쓸모가 있었고, 영풍永豐 동향東鄕에서도 붓을 만들었지만 모두 호주에서 만든 호필 湖筆만은 못했다. 화필畫筆은 항주의 장문귀張文貴 붓을 최고로 치는 데 장문귀 역시 후대에게 전수하는 것을 잊지 않았다. 붓은 쉽게 좀 이 슬어 보존하기가 어렵다. 남아 있는 명대의 붓으로 가장 오래된 것은 대명 선덕 연간에 제작한 검은 옷칠 붓대에 운룡을 금박으로 박은 겸호필兼毫筆²⁰²이 있고 또 가정·만력시기의 붓이 있다. 붓대 는 척홍剔紅(조칠彫漆)·대모·단향목 혹은 자기瓷器로 만든 붓대도 있으며 황제들이 사용하는 붓은 외관의 아름다움에 몹시 신경을 썼 지만 민간에서는 보통 대나무붓을 사용했을 뿐이다.

벼루　　옛날에는 쇠벼루·동벼루·은벼루·석벼루[錫硯]·옛 날벽돌·옛날기와벼루·옥벼루·마노벼루·자기벼루·도기벼루·

을 말한다. 붓을 힘껏 눌렀다가 급히 붓을 들어 올리면서 가느다란 털끝 같은 선을 그을 때 깨끗하게 그어지면서도 항상 붓털이 팽팽한 붓을 말한다.

199_ 제齊란 굽은 털이 없이 길이가 가지런하게 정돈되어 있는 것을 말한다. 붓을 눌러서 폈을 때 털이 들쭉날쭉하지 않아야 좋은 붓이라고 할 수 있다.

200_ 원圓이란 붓털이 모여져 있을 때 모난 데가 없는 것을 말한다. 붓을 물에 적 셨을 때 그 모양이 팽이 모양처럼 둥글고 중심점이 있는 것을 말하는데 팽이 의 원리처럼 어느 방향으로 선을 그어도 될 수 있는 것을 말한다.

201_ 건健이란 붓털 하나하나가 잘 빗어놓은 머리카락처럼 곧은 것을 말하며 또 붓의 수명이 긴 것을 말한다.

202_ 양털과 족제비털을 같이 섞어 만든 붓.

점토벼루 등이 있었다. 명대 사람들이 보통 사용하던 것은 돌벼루인, 즉 흡연歙硯과 단연端硯이었다. 단연은 부드러워 특히 중시를 받아 천하 제일로 여겼다. 영락·선덕 시기에는 모두 사신을 보내 이 벼루를 구해왔다. 만력 기해년에는 월동粵東 주강州江에 내신 이봉李鳳이 단인疍人[203]에게 명해 하암下岩을 시험 채취하게 하여 백여 개를 얻었는데 물이 크게 차올라 사람 몇 명이 빠졌다가 헤엄쳐 나오기도 했다. 단주端州의 진하암眞下岩을 얻을 수 없게 되자 중암中岩을 사용했고 만력 연간에는 중암도 다 써버리자 상암上岩의 갱을 새로 파서 사방의 수요에 맞추었는데 매끈하고 검은 것이 완석頑石과 같았다고 한다. 명대에 유명인들이 사용하던 돌벼루가 고궁박물원에 소장되어 있는데 필자는 개인적으로 기회가 있어 문징명文徵明과 종성鍾惺의 벼루를 친견한 적이 있다.

먹　　　명대에 먹제조는 여전히 휘주가 제일이었다. 북방에는 경묵京墨이 있고 남방에는 송강묵松江墨이 있고 구주부 서안과 용유龍遊에서도 모두 먹을 생산했다. 옥산에서는 제봉묵齊峰墨을 제조했고, 건양묵요建陽墨窯에서도 먹이 나왔지만 모두 휘묵徽墨의 정교함을 따르지는 못했다. 휘묵으로 유명한 것은 명초에 방정方正이 만든 우설묵牛舌墨으로 그 위에 "극품청연極品淸煙" 넉 자가 새겨져 있다. 먹을 논하는 사람들은 대부분 방정을 최고로 치며 거의 소화도인小華道人과 동급으로 친다. 소청구邵靑丘는 과묵瓜墨으로 유명했고 그의 아들 소격지邵格之 역시 유명하다. 선덕 연간에는 호진언胡進言의 먹

203_ 단인疍人은 중원사람들이 '남만南蠻'의 하나를 부르던 말이다. 선진시기부터 동남 연해등지와 주강珠江 삼각주는 이들의 주거지였다. '단민疍民' '수상가옥에 사는 사람'으로도 불린다. 이들은 영남 토착민인 '진월인眞粵人'이라고 한다. 단인은 남해에서 가장 오래되었고 가장 원시적인 형태를 유지해 온 토착민이다.

이 있었다. 문징명은 수정궁묵水晶宮墨 사용하기를 좋아했는데 이는
흡현 사람인 왕정기汪廷器가 만든 것으로 왕정기는 글을 잘쓰는 사대
부에게 제공하고 팔지는 않았다. 그의 먹 제작은 특히 정교한데 등
불의 심지가 탄 것에 반드시 붉은색을 물들이고 1년이 지나면 염색
이 사라지며 먹이 완성되는데 금방 동이 났다. 그의 생질인 오산천吳
山泉이 그 비법을 배웠으며 오 지역에 거주하며 먹을 제조했다. 그
먹 역시 정교하여 문사들이 이를 좋아했다. 위에서 말한 소화도인은
나소화羅小華[204]로 그 이름은 용문龍文이고 그가 제작한 미옥설금주麋
玉屑金珠는 진기한 보물로 여긴다. 신종神宗이 문예방면에 흥미를 갖
고 있을 때 나소화의 먹 파는 점포를 방문한 적이 있는데 중연中涓[205]
들이 거금을 들여 다투어 구매하니 진기한 보물과 같았다고 한다.
즉 먹 한 냥에 말발굽처럼 얇은 금 한 근이었고[206], 반드시 진짜를 살
수 있는 것도 아니니 대체로 먹 하나면 무슨 일이던 끝낼 수 있었다.
만력 말에 오조일吳肇一이 제작한 관묘제묵觀妙齋墨은 금박에 구슬을
상감하였고, 오현상吳玄象은 자설묵紫雪墨을 제조했다. 천계·숭정
시기에는 오거진吳去塵이 처음으로 고대에 정통하여 새로운 모양을
내었는데 그 품목이 60여종에 이르렀으며 재료가 모두 뛰어났지만

204_ 소화도인의 자는 함장含章, 호는 객도인客道人·소화小華라고 하며 흡현 사
람이다. 가정 때에 엄숭嚴嵩의 아들 엄세번嚴世藩의 막빈으로 관직은 중서사
인까지 올랐다. 흡현묵의 대표적 인물로 먹 제조에 이름을 날렸으며 통천향묵
通天香墨과 용문묵龍文墨이 유명하다. 《협현지歙縣志》 권10 《인물지·방기
方技》에 그의 먹에 대해 "견고하기가 옥같고 문양은 소뿔소 문양이고, 검기는
칠흑과 같아 한 개에 만전萬錢의 가치가 있다"고 설명했다. 명나라 심덕부도
"소화의 먹은 진기한 보물과도 같으니 말발굽 한 근으로 먹 1~2냥을 바꿀 수
있을 뿐이다. 그렇다고 반드시 진품을 얻을 수 있는 것은 아니다"라고 극찬했
다.
205_ 군주의 측근에 있는 시종관, 혹은 환관을 가리킨다.
206_ 한 근은 16냥이다. 그러므로 먹이 금보다도 훨씬 비쌌음을 알 수 있다.

진품은 열에 하나, 위조품은 열에 아홉이었다.

휘주먹은 명장들을 배출했는데 특히 유명한 사람은 정군방程君房(혹은 정대약程大約이라고도 하는데 자는 유박幼博임)과 방우로方于魯다. 명나라 심덕부沈德符의 《만력야획편萬曆野獲編》 권 26의 '신안제묵新安制墨'에 다음과 같은 내용이 있다. "신안 사람 여러 명이 먹을 제조했는데 방우로의 이름이 가장 유명하다. 왕태함汪太函 사마司馬는 방우로와 인척관계로 그에 대한 칭찬이 과하기는 했어도 방우로의 이름은 천지를 진동했고 《묵보墨譜》를 판각했으며 그 기술이 대단했다. 같은 마을의 정군방의 솜씨는 그보다 월등히 낳았는데 두 사람은 불구대천의 원수로 원한이 깊었다. 정군방 먹이 일찍이 내신들에 의해 황제께 헌상되자 방우로는 더욱 질투를 하게 되었다. 정군방은 좋지 않게 죽었는데 방우로의 힘이 작용했다고 한다. 정군방 역시 《묵원墨苑》을 판각했고 특이함으로 아름다움을 다투었고 방우로보다 나은 것 같다. 정말로 서화시문을 잘했다. 손사례륭孫司禮隆이 강남에서 제조한 청근당清謹堂은 자못 훌륭하여 내신들의 손에 들어가 은보다도 귀했으며 그것을 얻으면 스스로 좋아했다. 지금 휘주 사람들 풍습이 있는데 집집마다 정군방을 작위는 없지만 큰 부자로 정중히 받들어 모시고 먹을 제조하여 선물한다. … 문방의 아름다운 도리가 땅에 떨어졌다"는 내용이 있다.

청린수青麟髓는 방우로가 제작한 제일 좋은 먹으로 수십 종이 있었는데 그 제작이 각각 다르다. 네모진 먹의 정면에는 기린 한 마리를 그렸으며 웅담을 많이 사용해 이를 핥으면 몹시 쓰다. 방우로도 《묵보墨譜》를 저술했으며 전체 385식式으로 문식이 정교하여 그 가늘기가 터럭이라도 들어갈 거 같아 일시에 완상품으로 퍼져나가 종이가 격이 몹시 비싸졌다. 그의 두 아들 방자봉方子封 · 방가수方嘉樹도 모두 먹 제조에 일가견이 있었다. 정군방은 뛰어난 《묵원》을 저술했다. 《묵원》에는 정운학丁雲鵬과 오좌천吳左千의 그림이 다수를 차지한다. 아름다운 조각도 만력시기의 걸작이라고 칭해지며 문방의 감상품이 되었다. 방우로는 어렸을 때 정군방으로부터 먹 제조법을 배운 적이 있었다. 후에 어떤 일 때문[207]에 간극이 생겼고, 얼마 안 되어 정군방이 살인에 연관되어 감옥에 들어가게 되었다. 방우로가 암암리에 이렇게 되도록 사주한 것으로 의심했다. 그래서 《묵원》에 중산랑中山狼[208]을 그려 방우로를 비난했다. 명나라 강소서姜紹書와 사조제는 "정군방은 먹에 있어서 의기가 있고 그 뜻은 명성에 있었다. 그러나 방우로는 이익만을 추구하고 이익이 된다면 진짜와 가짜가 섞여도 의심이 없었다. 정군방의 먹은 단계가 있어도 모두 훌륭하여 비록 최하라 하더라도 묘품이니 역시 상품이라고 하기에 족하다. 이것이 두 사람의 차이가 아니겠는가"라고 했다. 정군방은 가정 갑자년(1564)에 국자감에서 독서를 했고 홍려시鴻臚寺의 서반序班 직에 있던 말단 관리였다. 도륭屠隆은 《묵원서墨苑序》에서 "신도新都[209]에서 먹을 제조하는 자는 대략 100여 명쯤 되는데 지금 정군방이 제일로 외국 섬나라 왕들도 모두 다투어 그의 먹을 사고자 한다. 그 제작이 정교하고 아름다우니 실로 신이 전수한 묘법의 비결인 듯하다"고 했

207_ 방우로는 집안이 몰락하여 정군방의 집에 식객으로 들어가 먹제조를 배우고 영업을 배우게 되었다. 후에 방우로의 실력이 좋아지자 정군방 집에서 나와 독자적으로 가게를 내고 영업을 했는데 정군방네보다 잘 되었다. 정군방은 이를 매우 못마땅하게 생각했다고 한다. 여기서 일이라는 것은 바로 이를 두고 하는 말이다.

208_ '중산랑'은 명나라 마중석馬中錫의 《중산랑전中山狼傳》에서 비롯되었다. 전국戰國시기에 조간자趙簡子는 중산으로 사냥을 갔다. 이리 한 마리를 화살로 맞혔는데 이 이리는 동곽선생東郭先生에게 살려달라고 빌었다. 동곽선생은 이리를 구해주었는데 생각지도 않게 이 못된 이리는 동곽 선생을 잡아먹었다. 후대 사람들은 이 중산랑을 배은망덕한 사람을 비유할 때 쓰게 되었다. 여기서는 방우로가 정군방에게 은혜를 입고도 죽인 것을 비유하여 사용한 것이다.

209_ 신안新安을 말한다.

다. 특별히 정군방을 높이 평가했다. 정군방과 방우로 두 사람이 우열을 다투며 서로 간에 자랑하고 선전한 것은 휘주먹 제조 역사에 있어 아름다운 두 송이 꽃의 다툼이라 하겠다. 그들은 최고의 청연淸煙과 정선된 배합자료를 이용했을 뿐만 아니라 묵정의 형태와 문양에서도 특별히 신경을 써서 먹 자체를 하나의 예술품으로 승화시켰다. 기타 먹장인들 중 고증할 수 있는 사람은 43명[210]이며 오씨, 왕씨汪氏, 정씨程氏 3성이 가장 많으며 이들은 한 가족으로 보인다. 고궁박물원에서 본 선덕 연간의 용향묵龍香墨은 검은 광택이 났으며 또한 가정 · 융경 · 만력의 먹도 있었다.

휘묵은 황산의 송연松煙을 주요 원료로 하는데 청연淸煙 · 정연頂煙 · 노연老煙 · 장연藏煙 등의 이름이 있다. 송응성宋應星은《천공개물天工開物》에서 "소나무를 태워 그을음을 만드는데 불을 놓아 연기를 통하게 하면 처음부터 끝까지 통하게 한다. 끄트머리에서 한두 마디를 청연이라 하고 이를 취하면 좋은 먹의 재료가 된다. 중간 마디는 혼연混煙이라 하며 때로는 이를 취하여 먹의 재료로 쓴다. 만일 처음[머리] 쪽에 가까운 한두 마디에서도 그을음을 취하는데, 인쇄문서를 파는 집에서는 여전히 이를 취하여 곱게 갈아서 사용한다"고 기록하였다. 이로써 알 수 있는데 당시에는 좋은 먹을 만들 때는 청연을 사용하고 인쇄 문서 같은 일반적인 것은 송연의 그을음을 사용했으니, 즉 곱게 연마를 거친 그을음이나 유연탄을 말한다. 인쇄공들은 그을음을 곱고 윤기가 나게 하기 위해 "유연탄을 자석 항아리에 넣고 불이 붙은 장작 하나를 그 속에 넣은 후 반나절 동안 뚜껑을 덮어 태운 후 그을음을 절구에 넣어 빻으면 그을음이 곱게 윤기가 나서 전보다 좋아진다"[211]고 한다. 이는 명말에 인쇄공들이 실천 속에서 얻은 도서인쇄의 먹색에 관해 향상 진보된 방법이다. 그러나 "잘 인쇄된 책은 방씨의 휘묵과 손씨의 경묵京墨을 중시했는데 모든 먹을 사용할 수는 없었고 정본을 인쇄할 때만 먹물을 사용"[212]했거나 혹은 다시 인쇄하여 검게 만들었다. 위에서 말한 방씨 휘묵은 방우로 집안에서 만든 먹을 말하는 것으로 명대 사람들이 책을 간행할 때는 먹, 먹물, 유연탄[그을음] 세 가지를 모두 사용했음을 알 수 있다.

근자에 어떤 사람은 만력 이후에는 대부분 원가가 싼 그을음과 밀가루를 이용해 먹물을 대신했다고 하면서 만력 각본《남경예부편정인장경호부南京禮部編定印藏經號簿》중의 한 조條를 거론했다. 즉 유연탄 다섯 광주리는 은 1냥이고, 밀가루 5백 근은 은 3냥이라고 증명했다. 그런데 사실 유연탄은 위에서 말한 송연의 그을음이며 또한 이씨의《묵보墨譜》에서 말하는 "동유桐油 20근에서 그을음 1근이 나온다"라고 하는 그 유연탄이다. 결코 공업용이나 가정에서 밥할 때 쓰는 석탄이 아니다. 만일 유연탄 다섯 광주리를 5백 근의 밀가루와 함께 섞으면, 즉 그을음덩이가 될텐데 어찌 인쇄를 할 수 있단 말인가? 이는 실로 자구의 정확한 뜻은 이해하지 못하면서 글자만 보고 대충 뜻을 짐작한 것으로 잘못임이 확연히 드러난다. 밀가루 5백 근에 또 명반 30근을 더하여 은 1전 2푼이라면 법협본《남장南藏》을 표구하고 함을 만드는 데 쓸 수 있는 양이다.

가정 연간에 사례감 내에 거주하는 장인들 중에는 각자공·인쇄공이 수백 명 있었고 이외에도 또 모필장 48명, 먹장 77명이 있었다. 당시 북경에서도 붓과 먹을 제조하여 내부內府 용품으로 제공했음을 알 수 있다. 민간에는 또 손씨경묵孫氏京墨이 있다. 서광계는 "내가 송연으로 먹을 제조하여 신안新安의 먹과 이름을 같이 날렸으나 오늘날 점점 나빠져서 신안만 홀로 성하게 되었다. 그러나 지금 나쁘기는 해도 신안 것보다 나은 것도 있으니 아교를 사용하면 특히 가벼워, 즉 색을 넣어도 엉키지 않는다. 지금 비석을 탁본할 때는 운간묵雲間墨을 쓰고 신안묵을 쓰지 않아도 된다"[213]고 했다. 운간묵이라는 것은, 즉 송강묵松江墨을 말하며 비석을 탁본할 때만 쓰고 문서를 인쇄할 때는 여전히 휘묵을 사용했다.

청람[인디끄]　　　일반 인본은 모두 묵인墨印인데 명대에는 백지에 남색글자[白紙藍字]가 출현했다. 가정본은 백면지白棉紙 남인藍印이 특히 유명하다. 남인은 식물염료인 쪽을 이용해 인쇄한 것으로 실은 명대 사람들이 처음으로 만들었다. 현재 비교적 초기 것으로 볼 수 있는 것은 성화·홍치 연간의 인본으로 건녕부에서도 쪽을 생산했다. 그래서 건양방본 중에도 남인이 얼마간 있는데 남인은 대략 명 인본 중에서 5퍼센트 정도다. 명말과 청대에는 적지 않은 인본이 있지만 속표지만 남인으로 하고 나머지 본문은 역시 흑인이다.

종이　　　명대의 제지공업은 송이나 원에 비하여 발달했으며 주요 산지는 강서·절강·복건이고 그 다음이 사천과 운남이었으며, 장강이북은 이미 쇠락했다. 제지 원료는 크게 두 종류로 나눌 수 있다. 하나는 대나무 재료로 가늘게 자른 대오리[210]나 대줄기로 만들었으며 태사太史·노련老連·옥판玉版·백록白鹿 등의 명칭이 있다. 또 하나는 면재료로 대나무 이외에 각종 초목껍질과 닥나무껍질·뽕나무껍질·모시·칠나무와 등나무·부용피 등을 물에 담갔다가 가는 섬유를 채취하여 면의 재료로 사용했다. 이를 통칭 면지棉紙 또는 피지皮紙라 부르며 헤진 옷을 이용하면 더욱 편리했다. 명대에 등지藤紙는 이미 보이지 않으며 상용하는 종이는 닥나무껍질[楮皮]이나 고로쇠나무껍질, 낙엽 교목과의 또 다른 종류의 닥나무껍질을 이용했다. 어떤 피지는 대부분 닥나무껍질을 사용하는 외에도 소량의 연한 대나무나 마를 섞기도 하고 심지어는 소량의 볏짚도 섞었다. 송

210_ 대나무를 가늘게 자른 것을 말한다. 중국어로는 죽사竹絲라고 한다.

응성 《천공개물》에 피지 제조법에 대해 다음과 같이 기술하고 있다. "모든 닥나무에서 껍질을 채취할 수 있는데 늦봄이나 초여름에 이미 늙은 닥나무에서 취한다. 닥나무껍질 60근에 아주 연한 대나무나 마 40근을 섞는다. 같이 물통 속에 넣고 희게 바랜 후에 석회액을 바르고 솥에서 무르도록 끓인다. … 세로로 찢어보면 마치 면사와 같아서 면지라고 부른다. 옆으로 찢어보면 몹시 힘이 든다"라고 기록되어 있다. 면지는 질기고 튼실해서 명대 복건에서는 이런 종이로 종이 이불을 생산해냈고 호주에서는 종이 천막을 생산했다.

온주溫州의 견지蠲紙는 오월시기에 유명했으며 명대에는 구계瞿溪에서 국局을 개설하고 관리를 보내 제조를 감독했으며 그 원료는 뽕나무 줄기를 사용했다. 사천의 설도전薛濤箋[211]은 부용피[212]를 재료로하며 부용꽃의 즙을 섞어 끓이는데 그 아름다움은 색에 있지 질에 있지는 않았다. 당나라와 오대의 유명한 종이는 명대에도 여전히 모방하여 만드는 사람이 있었음을 알 수 있다. 강서 광신부廣信府의 영풍永豐·연산鉛山에서도 좋은 종이가 생산되었으며 각 조방漕房(종이제조방)에서는 흐르는 맑은 물을 이용해 하얗게 표백했다. 그 원료로는 고로쇠나무껍질·대오리·정향나무껍질을 푹 삶아 가늘게 찧은 후 발로 떠서 종이를 만든다. 제지공들은 추운 겨울이나 더운 여름

211_ 설도가 디자인한 편지지로 시를 쓰기에 적당한 크기의 편지지이다. 처음에는 시를 쓰기 위해서 제작되었으나 후에는 편지 쓰는 데 사용되었고 심지어는 관방에서까지 사용하였으며 지금까지 전해져 온다. 설도는 당나라 때의 여성 시인이다. 그의 부친은 궁정 악관이었으나 안사의 난 때 촉나라로 피하여 전쟁의 화를 면했고 성도成都에 정착했다. 설도는 어려서 아버지를 여의고 의탁할 곳이 없어 기녀가 되었다. 젊어서 성도 완화계浣花溪에 살았으며 시전詩箋을 잘 만들었다. 설도전은 '완화전浣花箋' 또 '송화전松花箋'이라고도 한다. 설도전은 전하는 바에 의하면 "완화계의 물, 목부용의 껍질, 부용화의 즙"으로 만든다고 한다.
212_ 여기서는 목부용의 껍질을 말한다.

에도 손과 발이 물과 불에서 떨어질 날이 없어 속담에서도 "종이를 만드는 일은 쉽지 않으니 일흔 두 번의 손길이 가야 한다"라는 말이 있다. 크고 작은 72번의 작업공정을 거쳐 겨우 종이 한 장을 만들어 내지만 이런 고생스런 노동의 결과는 봉건 통치자들이 빼앗아 갔다. 영락 연간에 강서성의 서산西山에 공관을 설치하고 감독했는데 후에 공관을 신주信州로 바꾸었으며 사례감에서는 28색의 종이[214]를 제조했다. 정기적으로 5년에 한번 제조했다. 을자고乙字庫[213] 제지는 11색[215] 이었으며 부족할 때마다 만들었고 만드는 데는 기한이 없었다. 이 중 가장 두껍고 크며 좋은 종이는 연칠지連七紙로 관음지觀音紙라고도 한다.

명대 종이는 영락·선덕 연간에 제조한 것이 가장 좋으며 선덕 5년에 소향지素馨紙를 제조했는데 '진청陳清'이라는 관지가 찍힌 것이 제일이다. 선덕 연간에 제조된 오색운룡전五色雲龍箋은 양면을 밀랍으로 문질러 몹시 좋으며 자청지磁青紙는 질기기가 주단과 같아 금니로 쓰기에 적당했다. 그러므로 자청지는 황궁 안에서 흰 종이로서는 세상에서 진귀한 것으로 여겼다. 명옥진明玉珍[214]은 성도사람 육자량陸子良을 시켜 설도전을 만들었다. 촉왕 역시 사람을 시켜 설도정薛壽井에서 황궁에 진상할 어전御箋을 만들도록 했다. 명말의 면지는 홍

213_ 명대의 내부 창고로 병부에 속한다. 솜저고리, 군화, 군인용 모자 등의 보관을 관리하는 내부 창고의 하나다.

214_ 명옥진(1331~1366)은 원말에 대하大夏 정권을 건립한 사람이다. 원말에 수현隨縣(지금의 호북성 수주) 사람으로 집안은 대대로 농사를 지었다. 지정 11년(1351)에 농민전쟁이 폭발하자 명옥진은 고향의 병사 천여 명을 모아 청산에 목책을 치고 주둔했다. 후에 서수휘徐壽輝가 이끄는 홍건군에 참가하여 원수에 임명되었다. 지정 20년 여름 진우량陳友諒이 서수휘를 살해하고 황제라고 칭하자 명옥진은 이에 불복하여 스스로 농촉왕隴蜀王이라 칭했다. 후에 유정劉楨 등의 옹립을 받아 황제로 등극하고 국호를 대하라 했다. 1366년 명옥진이 병사하자 대하는 주원장이 이끄는 명나라 군대에게 멸망당했다.

국興國 · 경현涇縣에서 생산되는 것을 최고로 쳤고, 휘주에서는 송장
경지宋藏經紙를 모방해 제조했고 역시 훌륭했다. 흡현의 용수지龍須
紙는 빛이 나고 흰 것이 정말 아름다웠다.

명대 종이 생산은 1백여 종이나 되는데 그 생산지를 이름으로 한
것으로는 오지吳紙 · 구홍지衢紅紙 · 상산간지常山柬紙 · 안경지安慶
紙 · 신안토전新安土箋 · 지주모두지池州毛頭紙 · 광신청지廣信青紙 · 영
풍지永豐紙 · 남풍지南豐紙 · 구강지九江紙 · 청강지淸江紙 · 용호산지龍
虎山紙 · 순창지順昌紙 · 장락지將樂紙 · 광택지光澤紙 · 호광정문지湖廣
呈文紙 · 영주지寧州紙 · 빈주지賓州紙 · 항련지杭連紙 · 천련지川連紙 ·
공천지貢川紙가 있다. 그중 오지吳紙는 명대 사람들이 천하 제일로 꼽
았다. 용도로 나누면 금방지金榜紙 · 황책지黃冊紙 · 군책지軍冊紙 · 역
일지曆日紙 · 연산주본지鉛山奏本紙 · 감합지勘合紙 · 행이지行移紙 · 정
문지呈文紙 · 당본지堂本紙 · 호창지糊窗紙 · 신마지神馬紙 · 석박지錫箔
紙 등이 있다. 절강에서는 또 공문서용의 면지를 만들었는데 속명으
로는 '서청지徐靑紙'라고 한다. 이 종이는 아주 질겨서 먹이 번지지
않고 오래되어도 곰팡이가 끼지 않는다. 인쇄하는 데 사용된 것으로
는 대쇄인지大刷印紙 · 소쇄인지小刷印紙가 있다. 구주衢州의 각 현에
서는 서적지를 많이 생산했다. 또 건양서적지建陽書籍紙 · 순창서지順
昌書紙 · 영풍면지永豐綿紙 · 상산간지常山簡紙 · 역일지曆日紙 · 보초지
寶鈔紙 등이 있다.[216] 명대 사람들은 "좋은 책을 인쇄하려면 종이는
청문경고천淸文京古千 혹은 태사연방지太史連方紙를 사용해야 한다"라
고 주장했다.

내부 경창본은 두껍고 흰색에 결점이 없어 28색 중의 면련사綿連
四나 백련칠白連七과 같은 좋은 종이에 인쇄한 것이 아닌가 생각된
다. 건양방본은 현지에서 생산된 대고죽大苦竹으로 만든 전문적인
인쇄용의 건양서적지와 순창서지에 인쇄했다. 호응린은 "모든 인본

서는 영풍면지가 최고이고, 상산간지가 그 다음이고, 순창서지가 또 그 다음이고, 복건죽지는 하위다. 영풍면지는 희고도 질기며, 상산 간지는 부드럽고도 두껍다. 순창서지는 질긴 것은 면지보다 못하고 두꺼운 것은 상산간지만 못하니 가격은 염가로 살 수 있다"고 했다. 또 "민지역의 종이는 짧고 좁으며 검고 찢어지기 쉽고 판각을 하면 또 잘못되기 쉬어 품질이 최하위고 가격도 가장 싸다"고 했다. 또 "대체적으로 민閩·월越·연燕·오吳에서 인쇄하는 책은 이 몇 가지 를 넘지 않는다"고 했다.[217] 순창서지는 가격이 싼 민지역 특산물 의 하나로 "만력 연간에 복홍福興의 여지荔枝·천장泉漳의 설탕 등과 함께 이름을 날렸다. 날마다 오월吳越에 오는 사람이 흐르는 물처럼 많고 또한 바다를 통해 외국으로 수출되는 것도 셀 수 없이 많아 중 국내외의 인기 판매품이 되었다."[218] 후에 민지역의 종이는 점차 개 량되어서 이전에 비해 몇 배나 질겨지고 종이 폭도 넓어지고 가격도 저렴하여 순창에서는 팔지 않는 곳이 없을 지경이었다. 강서 남풍지 와 경덕진의 도자기는 소주 항주의 비단 등과 함께 대량으로 북경으 로 운송되어 판매되었다. 남풍지南豊紙는 자연스럽게 북경 현지에서 생산된 조잡하고 질이 나쁘고, 망가진 어망으로 만든 나쁜 인쇄용지 를 대체하게 되었다. 사조제는 "인서지는印書紙는 태사노련太史老連 이라는 이름의 종이로 얇지만 벌레가 먹지 않으며 대나무 재료로 만 들었다. 만일 잘 인쇄하려면 반드시 면료로 만든 백지에 회색점이 없는 것을 사용해야 하는데 복건과 절강에 모두 있다. 초楚·촉蜀· 운남 지역의 면지는 빛이 나고 얇은데 특히 소장하기에 적합하다"고 했다. 또 "국초國初에는 얇은 면지를 사용했고 사천과 운남에서 생산 된 것은 그 색감이 원나라 송나라와 비해도 손색이 없었다. 그러나 성화·홍치 이후로 점점 형편없고 초라해져 오늘날에 이르러서는 그지없이 추악해졌다"[219]고 했다. 호응린은 또 "운남의 종이는 질긴 것이 비단과 필적할 만하지만 색과 결이 성기고 잡스러워 월지만 못하다"고 했다. 명청 시기에 사천 운남일대의 면지는 비록 질기기는 하지만 지질이 얇고 회색과 흑점이 많아 실은 절강과 장주에서 생산되는 종이를 따르지 못했고, 명대의 운남 인본 역시 그다지 볼 수 없다.

명대 초기 인본은 대부분 백면지였으며 장서가들, 즉 천일각 같은 데서 필사본을 할 때 역시 백면지 사용을 좋아했다. 만력 이후에는 죽지가 대세였는데 가격이 싸고 판매가 쉬웠기 때문이다. 명말의 대 출판가였던 모진의 급고각에서는 거의 전부를 죽지(녹군정緣君亭《굴자屈子》만 면지에 인쇄했음)를 사용했다. 이전에 들은 바로는 모진은 해마다 강서에서 종이를 주문 제작했다고 한다. 두꺼운 것은 모변지毛邊紙라 하고 얇은 것은 모태지毛太紙라고 불렀는데 현대에 이르기까지 옛 종이를 파는 점포에서는 이 두 가지 명칭을 아직도 사용하고 있다. 사실 모변지는 만력 20년에 이미 있었으며 모진은 만력 27년에 겨우 태어났다.

명초에 통행되던 대명보초大明寶鈔는 뽕나무줄기를 재료로 하며 자작나무껍질을 더하기도 하는데 종이가 크고 동전처럼 두꺼우며 면지의 색상은 청흑색이다. 세상에 전해지고 있는 명초明鈔는 태학생 교재로 쓰이는 습자지로 만들었다.[220] 일찍이 남송시기에 호광회자湖廣會子(일종의 수표)는 거인 낙제자의 답안 및 폐기하는 다인茶引 등의 폐지를 재활용하여 만들었다. 명대 보초는, 즉 학생교재 글씨 연습용 습자지를 원료로 하여 다시 제조했으며 이런 재활용지는 표백을 거치지 않아 색상은 청흑빛을 띠었다.

명대에는 종이를 절약하기 위하여 송·원을 모방하여 공문서나 관책지의 뒷면을 이용하여 인쇄했다. 원대 간본《수서隋書》의 뒷면은 홍무 초년 행이문책行移文冊이고, 송본《이단시집李端詩集》 번각은 홍치 소주부 관책 뒷면에 인쇄했으니 폐지를 이용했다고 할 수 있다. 또 명인본 중에 어떤 것은 송판과 같은 것이 있는데, 간혹 종이를 이어 맞춰 인쇄한 것을 볼 수도 있다.

명대 사람들이 서적을 인쇄할 때 사용한 물품과 공임을 적은 글은 많지 않다. 단지 만력 16년 로왕국潞王國에서 간행한《지국공응사의서책之國供應事宜書冊》5백 본이 있다. 여기에 배나무판에 각자공의 임금과 식대를 적어 넣었고 강련지江連紙, 남지藍紙, 장정용 풀, 먹, 아교, 인쇄공 음식값 등이 모두 은 4냥 2전 3리釐 1호毫였다고 기록되어 있다.[221]

명 내부에서 인쇄한 불경 1장은 678함에 18만 82쪽으로 대량의 물자가 필요했는데 백련사지白連四紙 4만 5천여 장, 황련사지黃連四紙・황모변지黃毛邊紙・남모변지藍毛邊紙・백호유지白戶油紙가 1만 8천여 장이 들어갔다. 흑먹이 286근 반에 남견은 253여 필, 황견 26여 필(한 필은 3장 2척의 길이임)이 들어갔다. 또 1125근의 밀가루와 45근의 명반이 들어갔다.[222] 명대 인쇄업은 이처럼 발달했기 때문에 당시 조각도・종이・먹・청람・능・견・실 등 각종 수공업의 발전과도 뗄 수 없었다.

명대 사람들은 고려지와 서양지를 소중히 생각했다. 심덕부는《야획편》에서 "지금 해내외에서 최고의 종이는 고려공전高麗貢箋이다. 두껍기로는 오수전五銖錢215보다 두껍고 희기는 흰 기름덩이나

215_ 오수전은 중국 화폐사상 가장 오래 사용한 동전으로 화폐사에 커다란 영향을 주었다. 서한 광무제(118년) 때부터 오수전을 발행하기 시작하였는데 이는 한나라 오수전의 시작이 되었다. 동한 말년까지 사용되었다. 중간에 왕망王莽이 통치한 시기를 제외하고 서한과 동한 4백여 년간 오수전이 사용되었다. 오수전은 밖은 원형에 가운데가 네모난 구멍이 있는 동전전통을 확립했는데 이런 밖은 둥글고 안은 네모난 모양은 천지 건곤을 상징한다. 동전 아래에 오수五銖라는 두 글자가 주조되었는데 '수銖'는 일종의 중량단위로 한 냥의

옥을 잘라놓은 것 같은데 매번 두 장으로 떼 내 사용해도 되며 이리해 경면전鏡面箋이라는 명칭도 있다. 붓이 가는 곳마다 붓끝이 멈추지 않으니 정말로 귀하고 갸륵하며 단지 그림 그리는 데는 적당하지 않다. 동현재董玄宰[216]가 이를 몹시 좋아했다"고 기록되어 있다. 왕긍당王肯堂《욱풍재필주郁風齋筆塵》에는 "내가 서쪽 유럽 사람인 마테오 리치가 출판한 저들의 중국판 서적을 보았다. 그 종이가 흰 것이 마치 누에고치처럼 얇고도 질겼으며 양면에 글자가 있었는데 전혀 비치지 않았다. 내게 십여 차례 주었는데 먹이 번지지 않고 물이 닿아도 젖지 않는 것이 몹시 신기했다. 무슨 물건으로 만들었느냐고 물었더니 마테오 리치가 '옛날 천을 물에 불려 찧어 만들었다'고 했다. 채륜이 그물을 빨아 종이를 만들었다는 것은 알고 있는데 이것도 바로 이런 종류였다"고 했다. 고려지는 일찌감치 중국에 들어왔고 서양 수공지手工紙는 명말에서야 선비들이 볼 수 있었다.

24분의 일이다. 한 냥은 16분의 1근이다. 그러므로 오수는 실제적으로 몹시 가벼웠다.

216_ 동기창董其昌(1555~1636)을 말한다. 현재는 동기창의 자字이다. 명대 후기의 유명한 서예가이자 화가, 서예이론가며 감상가이다. 화정파華亭派의 대표적 작가이다.

청대(1644~1911)
각종 인쇄의 흥망성쇠

1. 총 론

동북 건주建州 여진수령인 아이신교로 · 누루하치[愛新覺羅 · 努爾合
赤][217]는 1616년(천명天命으로 개원했는데 명 만력 44년임)에 나라를 세우
고 '금金'이라 했다. 역사에서는 '후금後金'이라 칭하는데 이가 바로
청 태조이다. 아들 황타이지[皇太極]가 왕위를 이어 즉위하여 1636년
(숭덕 원년, 명 숭정 9년)에 '청'이라 국호를 바꾸니 청 태종이다. 아들 복
림福臨이 이어 즉위하고 도르곤[多爾袞]이 섭정하였다. 매국노 오삼계
吳三桂가 선도하여 이자성李自成의 농민군을 토벌하고 북경을 공격해
점령했다. 1644년(숭정 17년), 복림이 순치順治로 개원하니 이가 바로
청 세조인 순치황제다.

만주 통치자는 산해관 내의 반항하는 백성들을 진압하는 과정 중
에서 야만적인 잔혹한 살인과 약탈 정책을 일관되게 행하였다. 예컨

217_ 본 번역의 한자 독음 원칙은 우리말 발음으로 하였으나 청나라의 왕과 대신
들 이름은 우리에게 익숙한 발음으로 한다. 만주족의 정확한 발음을 모르므로
누루하치나 황타이지처럼 우리에게 익숙한 것은 그대로 따르지만 잘 알려지
지 않아 발음을 모르는 경우는 역시 한자를 우리말 독음으로 처리하였다.

914 제1장 목판 인쇄술의 발명과 발전

대 직례直隸는 "보이는 곳마다 황량하고" "제남성 안은 모두 불사르고 죽여 텅비어"버렸다. 근 백만 명이 살고 있던 요충지인 임청臨淸은 "모두 불살라버려 시체가 산고개처럼 쌓였을 정도"였으며 산서성은 7~8년간 사람을 찾아내 죽여 "백성은 반 이상이 살해당했으며 재물은 모두 불태우고 노략질해 갔다." 사천성만 해도 10여 년간 "죽은 사람이 그 수를 헤아릴 수 없을 정도"였다.[223] '양주揚州 10일'이라는 말이 있는데 10일 동안 수십만 명을 죽인 일을 말하고, '가정삼도嘉定三屠'라는 말은 2만여 명이 죽은[224]것을 말한다. 강음江陰 역시 도시를 점령당한 후 주민 전체를 죽인 일은 정말 사람이 놀랄 지경이었다.[225] 청나라 군대는 강음을 점령하고 "머리가 있는 자는 머리털을 자르고[218], 머리털이 있는 자는 머리를 잘라라"는 포고를 내렸다. 강희(1654~1722) 20년(1681)에 오삼계 등 삼번을 평정한 후에야 백성들은 휴식을 취할 수 있었다. 또한 성룡成龍·팽붕彭鵬·진팽년陳鵬年 등과 같은 청렴한 관리를 발탁하여 정권을 공고히 하니 농업은 비로소 회복되었으며 공상업도 점점 번영하기 시작했다. "옹정(1678~1735) 7년(1729)에 좁쌀 한 말의 가격은 3푼이었고, 콩 한 말 가격은 1푼 2리였으니 역사에서도 이런 현상은 드물다. 건륭(1711~1799)은 '십전노인十全老人'[219]이라 부른다. 태평성세에 물산이 풍부해지자 도서간행 사업 역시 특별히 성행했다.

218_ 이는 만주인의 풍습인 변발을 말한다. 남자의 머리를 뒷부분만 남기고 나머지 부분을 깎아 뒤로 길게 땋아 늘이거나 또는 그런 머리를 말한다.

219_ 건륭제는 자칭 '십전노인十全老人'이라 했다. 건륭은 스스로 "10번의 무공이 전부 성공했다"고 생각하여 스스로를 이렇게 칭하고 또한 《어제십전기御製十全記》를 저술했다. 이 책은 만주어, 중국어, 몽골어, 티베트어의 비석도 있다. '십전무공十全武功'이란 두 번에 걸쳐 준가르의 반란을 평정한 것, 크고 작은 화탁의 난을 평정한 것, 두 차례의 금천지난金川之亂을 평정한 것, 대만의 기의군을 진압한 것, 미얀마의 난을 진압한 것, 안남의 난과 두 차례의 곽이객廓爾喀의 난을 공격한 것을 말한다.

만족 통치자는 중국 전역의 요충지에 팔기군八旗軍을 주둔시키고 백성을 진압했다. 초기에 총독은 전부 만주족을 기용하고 지부知府 이하에만 한족을 기용했다. 순치 2년에 단발령을 내렸다. 당시에는 "머리가 있는 자는 머리털을 자르고, 머리털이 있는 자는 머리를 자른다"는 규정이 있어 남자는 반드시 앞머리를 자르고 변발을 늘어뜨려 새로운 왕조에 대한 충성을 표시해야만 했다. 종족간의 멸시는 비록 원나라처럼 그렇게 노골적이지는 않았지만 방비하는 방법은 원나라보다 더욱 세밀하였고 특히 지식분자에 대해서는 마음을 놓지 않았다. 강희 · 옹정 · 건륭 세 황제 때 120여 차례의 크고 작은 문자옥, 즉 필화사건이 있었으며 건륭제 때에 가장 심했다. 어떤 사람이 "건삼효불상용설乾三爻不象龍說"[220], "일파심장논탁청一把心腸論濁淸[221]"이라고 했는데 건륭황제는 대로하며 자신의 대청국을 욕했으니 이는 반역이라고 했다. 큰 문자옥은 작가 · 편집자 · 출판가가 멸문지화를 당할 뿐만 아니라 어떤 때는 각자공 · 인쇄공 · 장정공 · 책을 판 사람과 산 사람마저도 모두 죽음을 면치 못했다. 건륭제는 '계고우문稽古右文[222]'이라는 미칭을 얻었지만 《사고전서》를 편찬한다는 빌미로 전국에 있는 서적에 대해 대대적인 검사를 진행했다. 청나라에 불리한 말이 몇 마디라도 있거나 호胡 · 로虜 · 적賊 · 구寇 · 견犬 · 양羊 · 이夷 · 적狄 자만 있어도 위배된다 하여 모조리 금서로 만들었다. 그리하여 전부 훼손하거나 부분적으로 훼손한 것이 수천 종

220_ 호중조胡中藻가 광서학정의 직에 있을 때 "有乾三爻不象龍說"이라는 시제를 냈는데 건륭황제는 용龍과 건륭의 륭隆이 발음이 같으므로 이는 그의 연호를 비방하는 것이라는 구실로 호중조를 죽였다.

221_ 이는 내각학사 호중조胡中藻의 시 속의 두 구절 중 하나로 일부러 대청국의 국호를 탁濁자를 사용해 더럽혔으니 불경하다고 여겨 호중조를 감옥에 가두었다.

222_ 옛것을 상고하고 문을 숭상한다는 뜻이다.

(일설에는 2,855종이라고 하기도 하고 또 일설에는 8,000종이라고도 하며 서판은 68,000편이라고 함)[226]에 달하여 한족의 반만反滿 감정을 단절시켰다. 강희와 건륭은 친히 산동성 곡부에 가서 공자에게 제사를 드리고 정이와 주자의 이학을 제창하고 소위 삼강오륜의 유가도덕관념을 유지하였다. 명대에 팔고문으로 선비를 뽑던 악습을 계속 사용해 독서인들의 정력을 쓸모없는 팔고문에 쓰도록 했다.

청초의 저명한 학자인 고염무顧炎武 · 황종의黃宗義 · 왕부지王夫之는 모두 반청을 견지한 불굴의 사상가로 "천하의 흥망은 필부에게 책임이 있다"는 것을 제창하여 경세치용을 주장하였으며 많은 저서를 남겼다. 그러나 청 조정의 문화사상의 고압정책으로 인하여 일반 학자들은 문자옥을 두려워하여 자기를 보호하지 못할까 벌벌 떨면서 감히 경세치용을 말하려고 하지 않았다.

그럭저럭 생명을 보존하기 위해서 한학은 고고학의 길을 걷게 되었으며 이리하여 이른바 혜동오파惠棟吳派, 대진완파戴震皖派가 있게 되었다. 소학小學은 경전을 공부하는 방도로 훈고와 음운을 연구하고 고서를 교감하고 전해지지 않는 작품들을 모으는 데 성과를 내었다. 사학은 절강에서 몹시 성행했으며 황종희가 그 시조라고 할 수 있다. 그 제자인 만사동万斯同이 독자적으로《명사고明史稿》를 완성했으며 그의 사숙私淑인 전조망全祖望 역시 유명하다. 장학성章學誠의 사학이론도 사뭇 참신한데 "육경이 모두 역사다[六經皆史]"라고 제창했다. 방지方志는 지방사로서 정사의 부족한 부분을 메워 주었다.

과학기술 방면으로는 방이지方以智 · 왕석천王錫闡 · 매문정梅文鼎 · 이선란李善蘭 · 화형방華蘅芳 · 서수徐壽 · 오기준吳其濬 등이 있다. 의학 방면에는 부산傅山 · 진념조陳念祖 · 서대춘徐大椿 · 풍조장馮兆張 등이 있다.

문학에는 방포方苞 · 요내姚鼐의 동성파桐城派와 장혜언張惠言 · 이

조락李兆洛・운경惲敬의 양호파陽湖派가 있다. 양계초梁啟超 선생은 "청나라 초창기의 미술과 문학은 발달하지 않았고 시로 말할 것 같으면 쇠락함이 극에 달했다. 오위업吳偉業의 미려함, 왕사정王士禎의 경박함 마저도 개국종장開國宗匠이라고들 한다. 건륭 전성시의 원매袁枚・장사전蔣士銓・조익趙翼 3대가에게서는 고약한 냄새가 나 접근할 수도 없다"고 말했다. 그리고 오로지 왕중汪中의 변문, 납란성덕納蘭性德의 사詞, 공상임孔尚任의 《도화선桃花扇》과 홍승洪昇의 《장생전長生殿》[227] 만을 꼽았다. 청대의 유명한 소설로는 조설근의 《홍루몽》, 포송령蒲松齡의 《요재지이聊齋志異》, 오경재吳敬梓의 《유림외사儒林外史》가 있다. 청대 시문집은 수만 권이 있고 그중에서 여성 저작이 3천여 점이 넘는다. 민간문학으로는 탄사彈詞・고사鼓詞・자제서子弟書・민가民歌・차곡岔曲・앙가秧歌 등의 속곡이 가장 발달했으며 출판된 것은 수만 종에 이른다.

누루하치는 이미 인쇄가 정치에 도움이 된다는 것을 알았다. 후금에서 판각한 《격명만력황제문檄明萬曆皇帝文》은 현존하는 최초의 청대 초기의 인본이다. 청나라가 중원으로 들어온 뒤 내부의 도서간행은 여전히 명대 경창본의 양식을 따랐다. 강희와 건륭 두 시기에는 무영전武英殿에서 판각한 것이 가장 유명하여 이를 '전본殿本'이라 한다. 지방관서에서의 도서간행은 송・명에 미치지는 못하지만 동치・광서 연간에는 각 성에 관서국官書局이 흥기하였고 이를 '국본局本'이라 한다. 서원에서도 도서간행을 했으며 개인적인 도서간행은 주로 남방에서 이루어졌고 교정이 정밀하고 판각이 세밀하였으며 총서가 가장 성행했다.

강희 초에 사적인 도서간행은 금지되었다. 탕빈湯斌은 강소성 순무일 때 음사淫詞・소설・희곡이 계속 간행되는 것을 금지했다. 또한 병란으로 인해 다른 성에서의 도서 간행은 극히 적었다. 왕사정은 "사천에 병란이 있어서 성곽이 폐허가 되니 도서 간행하는 일이 없어졌다"[228]고 했다. 건륭 말에 "산서성에는 판각을 하는 대서점이 없고 서점 사이에서는 경사 서적을 파는 곳이 있었는데 그 안에서는 수도에서 가져온 것을 팔고 밖에서는, 즉 강절江浙·강서·호광湖廣 등지의 것을 팔았다"[229]고 한다. 왕사정은 또 "금릉·소주·항주의 각판이 성행하니 건본建本이 다시는 선하령仙霞嶺을 넘어오지 못했다"고 했다. 건본이 선하령을 넘을 수 없었다는 것은 건안 일대가 거의 폐허가 되었기 때문이다. 숭안崇安은 절강과 장주贛州 상인들의 길목을 물을 나누어 차단하고 인기척을 단절한 채로 수년이 지난 것으로 보아 병화의 영향이 얼마나 심한지를 알 수 있다. 마사본麻沙本은 후에 여전히 소량으로 판매를 했는데 동치 연간에 이르러서는 건양 마사진은 단지 쌀과 차, 잡화만을 팔았을 뿐이다.

청대서방이 가장 많은 곳은 북경으로 약 100여 곳이 있었으며 그 다음이 소주고 그 다음이 광주였다. 남경과 항주는 명대를 따라가기에는 한참 멀었다. 그러나 광동 불산佛山, 강서 금계허만金溪許灣, 복건 장정長汀 사보향四堡鄉 및 각 성 역시 적지 않은 서방이 있었다. 아편전쟁 후 상해는 서서히 북경을 대신하기 시작하여 중국 전체에서 가장 큰 출판중심이 되었다.

청대의 면화·찻잎·토마토·사탕수수는 광동을 최고로 쳤으며 찻잎과 잠사蠶絲는 가장 중요한 수출 품목이었다. 수공업은 남경·소주·항주의 견직업과 염색업이 발전하였고, 경덕진 자기는 오채五彩·분채粉彩·청화·옛 기물의 모방품 모두 뛰어났다. 먹 제조업은 휘묵이 원래 지니고 있던 명성을 유지한 것을 제외하면 북경 내무부內務府 먹을 동유桐油로 만들었다. 또 동물의 돼지기름을 이용해 그을음을 내기 시작했으며 웅담·사향·용뇌향 등 귀중한 약재를 아까워하지 않고 사용했기 때문에 건륭먹이 가장 최상급이다.

청대의 종이는 품종이 비록 많기는 했지만 명대 면지처럼 두껍고 질기며 희지는 못했다. 전판殿版은 개화지開化紙를 이용하는 것 외에도 또 방지榜紙・대련지臺連紙와 죽지를 사용했다. 경현涇縣의 선지宣紙는 그림 그릴 때에 사용되는 것으로 한정되었고 인쇄용으로는 아주 드물었다. 일반적인 도서인쇄는 대부분 연사지連四紙 그 다음으로는 모변지・모태지毛太紙・관퇴지官堆紙를 사용했다. 서남지역의 면지는 얇고 흑점이 많았으며 이를 사용한 국본局本과 사천, 운남본은 대부분 좋지 않다. 상해에 서점과 신문사가 많이 생긴 후에는 중국산의 종이와 먹만으로는 그 수요를 만족시킬 수 없게 되자 서양의 인쇄용의 유성잉크를 사용하게 되어 국가의 이익이 전부 외국으로 빠져나가게 되었다.

영국 제국주의는 마약인 아편을 팔기 위하여 대포를 사용하며 중국의 문호를 열게 했다. 외국자본주의의 침입으로 인해 중국은, 즉 반식민지 반봉건의 운명으로 향하게 되었다. 각국 통상들은 해안이나 대도시에서 분분히 정기간행물과 신문을 발행했으며 전통적인 목판활자와 목활자인쇄는 점점 서방의 석인石印과 연인술鉛印術로 바뀌면서 대체되었다.

청대 인본서적은 조선・월남・미얀마 등의 각국 사절단에게 환영을 받아서 그들이 귀국할 때 구입해갔다.[230] 도광제道光帝는 정부의 선물로 러시아와 교환을 하였으며 동치제同治帝는 또 미국에 9백여 책을 선물로 주었다.

청대 인쇄의 특징은 다음과 같다.

첫째, 목판 인쇄가 성행했다가 쇠퇴했다.

둘째, 연화年畵가 성행했다.

셋째, 목활자와 동활자가 유행했다.

넷째, 도광제 후에 서양식 인쇄술이 들어왔다.

2. 간행장소

북 경

청나라 왕사정의 《거이록居易錄》 권14에서는 "근래는 금릉 · 소주와 항주의 서방의 각판이 성행하니 건본이 다시는 선하령을 넘어오지 못했다"고 했다. 북경은 금 · 원 · 명 · 청의 수도이고 정치경제문화의 중심이다. 명청대에는 각국의 사절들이 북경에 와서 책을 구매하여 도서 간행업이 특히 흥성했다. 청대 통치계급들은 자연히 인쇄술을 이용하여 그들의 정치를 돕도록 했다. 청초에 세조는 《어찬효경연의御纂孝經衍義》 · 《내측연의內則衍義》 · 《자정요람資政要覽》 등의 서적을 내전에서 간행했다. 대자에 넓은 줄 칸이며 형식이 마치 명대 경창본과 같고 '광운지보廣運之寶'라는 커다란 도장이 찍혀있다. 청대 서적 비각은 모두 내무부에 예속되었기 때문에 '내부본'이라 부르며 또는 간단하게 '내판內板'이라고도 한다. 강희 건륭 연간에 무영전武英殿에서 가장 많이 도서를 간행했으며 이를 '무영전본'이라 하는데 이 무영전본이 점차로 내부본의 명성을 가리게 되었다.

무영전본　　청대 각본 중 가장 유명한 것은 무영전본武英殿本(무영전은 지금의 고궁 서화문西華門 안에 있음)이며 간략하게 '전본殿本'이라고 한다. 손육수孫毓修는 "무영전에서의 도서간행은 언제 시작되었는지 알 수 없지만 지금 《어정전당시御定全唐詩》 및 《역대시여歷代詩餘》 등을 살펴보면 모두 강희 45~46년에 간행된 것이며 하의문何義門[223]이 강희 42년에 이미 무영전 찬수를 겸하고 있었으니 그 유래는

223_ 하작何焯(1661~1722)을 말한다. 자는 윤천潤千이고 어려서 어머니를 여의었다. 만년의 호는 다선茶仙이다. 소주 사람이다. 조상이 '의문義門' 표창을 받은 까닭에 사람들은 그를 '의문선생'이라고 부른다. 저서로는 《시고문집詩古文集》 · 《어고재식소록語古齋識小錄》 · 《도고록道古錄》 · 《의문독서기義門

아주 오래되었다"고 말했다. 전본을 언급한 다른 사람들도 역시 시작한 해에 대해서는 상세하지 못하다. 지금《흠정일하구문고欽定日下舊聞考》권 70에 의하면 "강희 19년(1680)에 무영전의 좌우 낭방廊房에 도서 편찬서를 설립하기 시작하여 서적의 간행, 인쇄, 장정을 관장했다"는 기록이 있다. 교정관원과 각자공들이 모두 함께 있었다고 한다.

학문을 좋아하고 재주가 많은 강희제는 8년간 오삼계 등 삼번三藩의 난을 평정한 후 여전히 문화사업에 힘을 쏟았다. 강희 21년《평정삼역방략平定三逆方略》을 편찬하라고 조서를 내렸고,《어정효경연의御定孝經衍義》를 반포 시행했다. 그 다음 해에는《어정일강역경해의御定日講易經解義》, 24년에는《어선고문연감御選古文淵鑒》을 간행했다. 기타《친정평정역막방략親征平定逆漠方略》·《어정역상고성御定曆象考成》·《어정수리정온御定數理精蘊》·《어정성력고원御定星曆考原》·《흠정패문재서화보欽定佩文齋書畫譜》·《흠정연감류함欽定淵鑒類函》·《어정병자류편御定駢子類編》·《어정자사정화御定子史精華》·《흠정패문운부欽定佩文韻府》·《어정부휘御定賦彙》·《어정전당시御定全唐詩》·《어정역대시여御定歷代詩餘》·《어찬주자전서御纂朱子全書》·《어정강희자전御定康熙字典》등이 있다. 모두 강희 40~50년간에 편찬 간행된 것이다.

무영전본 중에는 황제 자신의 작품, 즉 어제시문집이 있다. 또한 어찬御纂·어선御選·어주御注·어비御批·흠정欽定·어정御定 등의 명칭은 대부분 한족 지식분자들이 편집한 것으로 통치자의 공명심리에 부합하고자 제목 위에 이렇게 붙인 것이다.

건륭 4년 조서를 내려《십삼경》·《이십일사》를 판각했는데 무영

———————————

讀書記》등 다수가 있다.

전의 각서처刻書處에서 특별히 대신大臣들이 이 일을 주재하였다. 문학시종인 사신詞臣[224]을 선발하여 필사하고 교정을 보도록 하니 전판의 명성은 더욱 유명해졌다. 전에는 내부판이라고 불리던 것이 후에는 통칭 전본殿本이라고 불렸다. 전본 혹은 내부본이 도대체 얼마인지 그 설이 분분하다. 혹은 147종이라고도 하고 혹은 156종이라고도 하고 혹은 182종이라고도 한다. 실제는 약 312종이다. 그중 강희제 때 63종, 옹정제 때 71종(그 안에는 불경이 30여 종 있음), 건륭제 때 120종으로 가장 많다. 가경嘉慶 때 25종, 도광 때 11종, 함풍 · 동치 연간에는 겨우 3종이고, 광서 때는 19종이었으며 나머지는 계산할 필요도 없이 대부분 연인쇄鉛印刷 · 석인쇄石印刷로 무영전 목판과는 이미 무관하다.

건륭이 간행한 《이십사사》 · 《구통九通》 · 《대청일통지大淸一統志》 · 《황여서역도지皇輿西域圖志》 · 《성경통지盛京通志》 · 《일하구문고日下舊聞考》 · 《의종금람醫宗金鑒》 등은 비교적 중요하여 지금까지 여전히 학술적 가치가 풍부하다. 건륭 12년 전에 간행 인쇄된 것은 글자를 새긴 것이 정교하고 종이와 먹이 우수하여 전판의 극성시대라고 불린다. 전판은 개화지開化紙에 투인套印으로 청 인본의 최고라고 할 수 있다. 어떤 학자는 심지어 강희 · 건륭 전판은 가장 멋지고 가장 아름다워 양송 시대를 뛰어넘는다고도 한다. 도광 · 함풍 이후로 나날이 쇠락해져 갔다.

강희 · 옹정 때에는 《고문연감古文淵鑒》 · 《어찬주자전서》 · 《흠정효경연의》 · 《성유광훈聖諭廣訓》 등의 도서를 각 직성 학교에 반포했

224_ 건륭의 5대 사신詞臣은 양시정梁詩正 · 장조張照 · 왕유돈汪由敦 · 심덕잠沈德潛 · 전진군錢陳群 다섯 명이다. 이 밖에도 60년 재위기간 중에 혜황嵇璜 · 유륜劉綸 · 어민중於敏中 · 양국치梁國治 · 동고董誥 · 팽원서彭元瑞 · 기윤紀昀 등이 있다. 그중에서도 기윤이 가장 유명하다.

다. 건륭 3년에 내각에 알려 어제·어찬의 여러 도서 및 무영전·한림원·국자감에 서판을 보존하도록 했다. 9년에 각 성의 도독과 번사에게 명해《성리정의性理精義》·《서書·시詩·춘추전설휘찬春秋傳說彙纂》을 많이 인쇄하도록 하고 모든 학생에게 종류마다 2부씩 발급하도록 했다. 39년 무영전 수서처修書處에서 182종[231]이나 되는 많은 수의 도서를 복본할 수 있도록 주청을 드렸다. 그래서 종류마다 서명·종이·투수套數·본수本數·가격價銀에 대해 '개여통행概予通行', 즉 공개적으로 발매할 수 있다고 하였다. 무영전본은 대부분 송자방체宋字方體를 이용하여 행이 성글고 대자며, 또 소자小字인《고향재사기古香齋史記》등 10종의 수진본도 있다.

청대는 무영전 각서刻書가 아주 많았으므로 북경 국자감은 명대 북감의 구판 및 무영전판을 보존하는 창고로만 사용되었다. 도광 14년 북경국자감이 보존하고 있는 판각은 64종, 전체 14만 9,782면面[232]이 있었다. 이 중 대부분은 모두 무영전에서 잘 판각된 것을 송부하여 보존된 것으로 그중에《이십사사》판이 있다. 동치 8년 여름에 무영전에 화재가 나서 2백년 간 보관되어 오던 보존판들이 일거에 잿더미가 되었고 오로지 전판의《이십사사》판편이 있을 뿐이다. 필자가 오문午門 밖 동조방東朝房에서 이를 본 적이 있는데 후에 건청궁 동랑으로 옮겨갔고 지금은 자금성 각루角樓에 보관되어 있다고 들었다.

서방본 청대 북경에는 내부관각內府官刻 이외에 또 수많은 개인상이 설립한 서방과 각자포刻字鋪가 있었고 모두 앞머리에 '경도京都' 두 글자를 넣었다. 북경의 각자포는 각종의 서판을 판각하는 일 외에도 도장을 대신 새겨주거나 경사의 대련이나 제축문, 생일축하용 휘장을 대신 써주는 곳이었다. 명대서방은 정양문내正陽門內·구형부가舊刑部街·선무문宣武門 안에 분포되었었는데 청나라에 들어

와서는 내성 융복사隆福寺와 선무문 밖과 유리창琉璃廠 두 곳에 집중
되었고 그중에서도 유리창이 가장 성행하여 속칭 '창사廠肆'라고 한
다. 북경 서방으로 알 수 있는 것은 다음과 같다.

노이유당老二酉堂	홍씨기궐재洪氏剞劂齋	이유재二酉齋	삼괴당三槐堂
천회각天繪閣	중화당中和堂	소유산방小酉山房	문우당文友堂
문광당文光堂	문광루文光樓	문성당文成堂	문수당文萃堂
문귀당文貴堂	문화당文華堂	문보당文寶堂	문금당文錦堂
문상당文象堂	문괴당文魁堂	문수산방文秀山房	문울당文蔚堂
문성당文盛堂	정문재正文齋	성문당成文堂	회문산방會文山房
회문재會文齋	금문당錦文堂	수문재秀文齋	치문당致文堂
부문재富文齋	굉문재宏文齋	동문재同文齋	한문재翰文齋
유문재裕文齋	문채재文采齋	문해재文楷齋	보문재寶文齋
동문당東文堂	수의재秀義齋	영록당榮祿堂	영보재榮寶齋
영금당榮錦堂	영화당선서포榮華堂善書鋪	영금서방榮錦書坊	유산당酉山堂
등영각登瀛閣	영괴재永魁齋	사보당四寶堂	노회문당老會文堂
사덕당四德堂	홍원당弘遠堂	태산당泰山堂	동태산東泰山
동승당同陞堂	동승각同陞閣	동립당同立堂	동선서국同善書局
합의당合義堂	병울당炳蔚堂	협옥당協玉堂	선성당善成堂
돈성당敦盛堂	보명당寶名堂	보명재寶名齋	보문당寶文堂
보서당寶書堂	보삼당寶森堂	보경당寶經堂	취진재聚珍齋
취원당聚元堂	취진당聚珍堂	취괴당聚魁堂	감고당鑒古堂
홍원당鴻遠堂[233]	숭수당崇壽堂	오본당五本堂	오류거五柳居
오운당五雲堂	취괴재聚魁齋	희생당羲生堂	영원당永遠堂
영화당永和堂	영취당盈聚堂	노취권당老聚卷堂	본립당本立堂
서본당書本堂	서업당書業堂	적선당積善堂	숭예당崇藝堂
청운서옥清雲書屋	경의당經義堂	한조재翰藻齋	전운재篆雲齋
용문각龍文閣	용위각龍威閣	풍운서옥風雲書屋	용운재龍雲齋

금옥당金玉堂	영화당英華堂	청유서실淸幽書室	남양산방南陽山房
별서산방別墅山房	유음산방柳陰山房	회우산방會友山房	금옥서방金玉書坊
득월서방得月書坊	격치서방格致書坊	천청경국天淸經局	보문각자국寶文刻字局
문금재文錦齋	영성재永盛齋	영림재榮林齋	수윤재漱潤齋
문덕재文德齋	문무재文茂齋	용광재龍光齋[234]	

(이상 7재齋에 용운재龍雲齋까지는 모두 각자포이다.)

이상 전체 114곳의 서점은 모두 앞에 '경도'라는 두 글자를 썼으나
본고에서는 모두 생략했다. 그 중 어떤 곳은 아마도 판매만 했을 것
이며 스스로 도서간행은 하지 않았을 것이다. 건륭 34년 이문조李文
藻의 《유리창서사기琉璃廠書肆記》에서는 성요당聲遙堂 등 31개의 서점
이 있으며[235] 그중 보명당寶名堂·감고당·오류거·문금당·동승각
등은 모두 도서간행을 했다고 되어 있다. 서방포의 주인은 하북인·
소주인·호주인이 있었고 금계인金鷄人이 많았다. 오류거의 도씨陶
氏와 문수당 김씨는 "해마다 소주에서 도서를 구입하여 배에 싣고 왔
다"고 하니 당시 북경에서 판매한 도서가 현지의 판과 내판서 이외
에 주로 남방인본이었음을 알 수 있다. 그중 이유당二酉堂은 명대부
터 시작하였기 때문에 건륭시기에는 이미 '노이유老二酉'라 불렸고
광서 11년까지도 여전히 영업하였으며 다만 주인이 누차에 걸쳐 바
뀌었을 뿐이다.

홍씨洪氏의 기궐재는 명 숭정 연간에 《진신책縉紳冊》을 간행했고
청초 순치·강희제 때에 다시 속간했다. 수도 유리창의 영금당은 영
금당서방이라고도 하는데 《본조제박공안本朝題駁公案》·《장원책狀元
策》(강희 60년)·《작질전람爵秩全覽》(옹정·건륭)을 판각했다. 동성각에
서는 《만한진신전서滿漢縉紳全書》(건륭초)를 판각했고 보명당에서는
《대청진신전서大淸縉紳全書》(건륭 57년)를 간행했다. 홍원당鴻遠堂·

숭수당崇壽堂·오본당五本堂 역시 각각 진신책을 판각했다. 청나라의 도문각판都門刻版은 "시문 판각이 남발하여 가짜 서序와 가짜 장정이 있으니, 어떤 사람이 원고를 서방에 주면 한 편을 보자마자 모두 고개를 저어 판값을 보상하지 못했다." 권선징악을 다룬 책을 시주하여 "재산을 내어 좋은 일이 있게 해달라고 기도를 하여 신을 감동시키는데 종이로 그 백성을 권할 필요가 있겠는가? 친척과 친구가 병을 모두 잊어버리고, 돈이 각자공에게 헛되이 가버렸네"[236]는 말도 있다.

청나라 왕사정은 "수도에서 도서 간행을 하는데 훌륭한 장인이 드물다"고 했다. 건륭 가정 연간에 이르러 "수도의 서점에서 각자와 필사는 점점 정교해져 간다"[237]고 했다. 당시 광전서사廣甸書肆에서 판매하던 도서는 대부분 신간으로 회시를 보러 북경에 들어온 거인들의 일반 경사經史용의 책과 팔고문 시험지였다. 후에 소설·민가·속곡俗曲·고사鼓詞·자제서子弟書·산가山歌·수수께끼·자전·의서·법률·권선징악을 다룬 책 및 초보자의 만문滿文교재를 주로 판각했다. 유리창의 병울당·문광당·천회각·영화당, 융복사·취진당·문성당은 대부분 만문滿文(청나라 글자)도서를 출판했다. 문수당文粹堂에서는《신각매매몽고동문잡자新刻買賣蒙古同文雜字》를 간행했다. 옹화궁雍和宮 부근의 천청경국天淸經局에서는 주로 몽골, 티베트문의 불경 몇 종을 출간했다. 고사나 자제서 등을 가장 많이 간행한 곳은 이유당·문수당·회문산방 등으로 대부분 소형목판인데 청말에는 이를 석인판으로 바꾸었다.

용위각龍威閣·취진당聚珍堂 등에서는 목활자를 이용해 책을 간행했다.

북경은 광서 말년에 비로소 각자공들의 동업자 조합과 필사공들의 동업자 조합이 조직되었으니 소주보다 비교적 늦은 셈이다.

북경 선무문 밖 유리창은 해왕촌海王村이라고도 하는데 통칭 광전廣甸이라고 하며 건륭, 가정이래로 문인학사들이 이곳에 심취하여 떠나기 싫어하던 곳이다. 양임공梁任公[225]은 "서점 한 곳을 들를 때마다 하루가 필요하다. 수도의 사대부들에게 공공도서관의 역할을 하고 있다"고 여겼다. 사실 그랬다. 매년 설날이 지난 후 광전이 문을 열면 길가 옆에는 수백 개의 가두서ㅊ점이 열리고 신구서적을 진열하여 책시장을 만들었다. 책 사냥꾼들이 몰려들어서 자신의 재력의 많고 적음에 따라서 자신이 좋아하는 사냥감을 사들고 돌아갔다. 필자도 매년 반드시 광전에 가서 판본과 인쇄 등의 자료를 수색하곤 한다.

소 주

소주의 상공업은 몹시 발달하여 명대부터 인쇄업 중심지의 하나였으며 이곳에서 판각된 것은 '소판蘇板'이라고 한다. 각 업소들은 모두 자신들의 이익을 유지하기 위하여 대부분 동업자 조합을 조직하였으며 그중 서방업書坊業은 강희 10년(1671)에 숭덕공소崇德公所를 설립했고, 각자공들은 건륭 4년(1739)에 기궐공소剞劂公所를 설립했다.[238] 이는 다른 도시에는 없는 것이었다. 건륭 중엽에 소주의 비단업이 회복되어서 그에 종사하는 업자만도 만가萬家에 그치지 않고 극장과 유람선, 술집 찻집 등이 마치 산처럼 나무처럼 많았으며 인쇄업도 발전이 있었다. 청나라 원동袁棟은 "인판의 성행이 지금보다 성한 적이 없었다. 우리 소주 지방이 특히 정교하다"고 했다. 청대

<hr>

225_ 양임공은 양계초梁啓超의 호다. 양계초는 중국근대사상 유명한 정치활동가·계몽사상가·교육가·사학자이자 문학가이다. 무술변법戊戌變法(백일유신) 영도자의 한 사람이다. 문체개량의 '시계혁명詩界革命'과 '소설계혁명'을 제창했다. 그의 저서로는 《음빙실합집飮冰室合集》이 있다.

소주서방은 대부분 출판한 속표지 첫머리에 종종 고소姑蘇·금창金閶[226]·창문閶門·소성蘇城·오군吳郡·오문吳門이라는 글자를 써넣었다. '금창'이라는 두 글자가 비교적 많다.

지금 고증할 수 있는 서방은 다음과 같다.

조씨서업당趙氏書業堂   보한루寶翰樓   진업당振鄴堂   녹음당綠蔭堂

목대전국穆大展局   경문재서문經艾齋胥門   경서당經鋤堂

문수당文粹堂   문영당文英堂   문유당文裕堂   문림당文林堂

문희당文喜堂   문연당文淵堂   삼경당三經堂   삼우당三友堂

삼원당三元堂   사미당四美堂   삼매당三昧堂   계홀당桂笏堂

인수당仁壽堂   동석산방桐石山房   동문당同文堂   동청당同青堂

홍현당興賢堂   춘양당春陽堂   숭본당崇本堂   성선당性善堂

췌금당萃錦堂   전만당傳萬堂   관승당觀承堂   췌고재산당萃古齋山塘

남괴당楠槐堂   채련당采蓮堂   민학당부동敏學堂府東

왕씨취문당王氏聚文堂   취성당聚盛堂   유산당酉山堂   학경당學耕堂

홍문당鴻文堂   함삼당函三堂   취문당聚文堂   진문재振文齋

강덕재講德齋   내청각來青閣   최신각最新閣   황금옥黃金屋

보월루步月樓   여광루藜光樓   세월루歲月樓   사문한재謝文翰齋

득현재得見齋   도원장방度元章坊   상석산방相石山房   세덕당世德堂

보화당寶華堂   보홍당寶興堂   석씨소엽산방席氏掃葉山房

강씨문학산방江氏文學山房   지항서사志恒書社

이상 57개 서방은 건륭 가정 시기에 있던 소주서방으로 상술한 서

226_ 소주성에는 금문金門과 창문閶門 두 성문이 있었다. 그래서 금창은 소주를
말한다.

업당과 유산당 외에 경의재經義齋 19곳이 더 있었다.[239] 그 중 아마도서간행을 한 곳이 있을지 몰라도 신중히 계산하기 위해 잠시 열거하지 않았다. 금창 서업당은 명말에도 있던 오래된 책방으로 청나라에 들어와서는 《상한대성傷寒大成》(강희 6년)·서호 진호자陳淏子의 《화경花鏡》(강희 27년)·《제전전전濟顚全傳》(건륭 43년)·《설호전전說呼全傳》(건륭 44년)·재판 《개자원화전芥子園畵傳》(건륭 47년)·서호 심이룡沈李龍의 《식물본초회찬食物本草會纂》(건륭 48년)·《수상후서유기繡像後西遊記》(건륭 58년)·《두진금경록痘疹金鏡錄》·《동서한전전東西漢全傳》·번각 《급고각 13경》(한 부당, 은 14냥이 필요했음)을 간행했다. 보한루는 숭정 시기에 이미 있었으며 청나라로 들어와서는 《본경봉원本經逢源》(강희 37년)을 간행했다. 진업당振鄴堂에서는 《고학홍재古學鴻裁》(순치 17년)를 간행했고 녹음당에서는 《국어》·《청초사선淸初詞選》을 간행했다. 보월루에서는 《고금명의방론古今名醫方論》(모두 강희 연간)을 간행했다. 인수당에서는 소책자본 《제공전濟公傳》, 문희당에서는 《진월루秦月樓》(강희), 취문당에서는 《십자十子》(자못 훌륭함)·《태평광기》(모두 가경 연간)를 간행했다. 함삼당函三堂에서도 의서를 간행했고 삼경당에서는 대부분 권선징악서를 간행했다. 건륭 연간의 목근문穆近文은 자가 대전大展인데, 소주 거리에 은거하면서 목대전국穆大展局을 설립하고 판각에 힘썼다. 이 사람은 송대 임안 목친방 주인 진기陳起와 같은 류의 사람이다. 아들 군도君度가 가업을 이어받았고 오문목대전국이라고 불린다. 석세신席世臣의 소엽산방掃葉山房에서는 문학과 사학, 의서를 번각하였고 청대 서방 중에서 간행서적이 가장 많다. 간행한 책으로는 《십칠사十七史》·《백가당시百家唐詩》·《원시선元詩選》이 있고 또 장로張璐의 《천금방연의千金方衍義》(가경 연간에 간행하고 광서 연간에 중간함), 왕청임王淸任의 《의림개착醫林改錯》, 해녕海寧 범세훈范世勳의 《도화천혁보桃花泉弈譜》(도광 원년)를 재간했다. 后에 또《삼국연의》·《봉신방전전封神榜全傳》·《천가시》·《용문편영龍文鞭影》등의 책을 간행했다. 소엽산방의 본점은 소주 창문閶門에 있었는데 동치 연간에 상해 채의가彩衣街에 분점을 내고 동당가東唐家 골목에 판각인쇄소를 열었다. 상해가 개항도시가 된 것을 틈타 조계 내에 지점을 설립했고 또 한구漢口·송강松江 등 각지에도 지점을 내니 석씨가 간행한 도서들은 발도 없으면서 천하를 달릴 수 있었다.

청초에 소주서방은 소설 전기를 편찬간행하여 많은 이득을 얻었다. 그림 판각 솜씨도 아주 좋아서 많은 독자들을 끌어들여 지방관이 조사하여 금지하는 일까지 야기시켰다. 탕빈湯斌은 이를 위해 다음과 같은 통지를 했다. "만일 이전과 같이 음탕한 사詞·소설·희곡을 편찬하여 인심을 문란케 하고 풍속을 상하게 하면 즉시 그 서판을 훼손하고 태워버린다. 그 편찬자, 간행자, 판매자에게 일괄적으로 엄한 책임을 물을 것이며 사거리에서 칼을 쓴 채 서있는 벌을 맞게 될 것이다. 원래 공임을 끝까지 추궁하며 기한을 정해 또 다른 고서 1부를 판각하는 날 처분이 끝난다"[240]는 내용이다. 동치 연간에 정일창丁日昌은 또 소설 수백 종을 금지하는 포고문을 내렸으니 청대에 소주는 시종 소설과 희곡 출판의 중심지였음을 알 수 있으며 또한 경사·의서의 출판도 적지 않다.

광동의 청대 판각은 거의 전체 성에 보급되었다. 예를 들면 조주潮州에서는 급고각의《양한서兩漢書》·《조주기구집潮州耆舊集》을 번각했고, 고주高州에서는《고량기구집高涼耆舊集》과 또《단인집端人集》·《단계서원지端溪書院志》를 판각했다. 순덕順德 온여능溫汝能은《월동문해粤東文海》를, 나학붕羅學鵬은《광동문헌廣東文獻》을, 양구도梁九圖는《영표시전嶺表詩傳》을 간행했다. 동완東莞의 등순鄧淳은《영남종술嶺南從述》을, 번우番禺의 유빈화劉彬華는《영남군아嶺南群雅》를 간행했다. 능양조凌楊藻는《영해시초嶺海詩抄》를, 향산의 진난지陳蘭芝는 《영남풍아嶺南風雅》를 간행했으며 모두 적지 않은 광동 문헌자료를 보존하고 있다.[241]

광주廣州

건륭 연간의 시인 원매袁枚가 광동에서 관직에 있던 그의 동생에게 보낸 편지에 "듣자하니 광동에서 각자는 아주 편하다고 하지만 실은 좋지는 않다네. 그러나《자불어子不語》를 판각한 것이 본래 좋을 필요는 없으니 동생은 조심하여 물어보기 바라네"[242]라는 말이 있다. 강녕 회덕당 서적상 주학선周學先은 광동으로 가서 책을 팔았다. 광동성 각자공들의 공임은 강남에 비교해 저렴했으므로《국조시별재집國朝詩別裁集》번각본을 강남으로 가져와서 인쇄해 팔았다.[243] 또 소주판에서도 이와 비슷한 정황이 있는데 소주 책판매상들은 광주에 가서 책을 팔고 오는 김에 순덕順德 마강馬岡[227] 일대에서 서판을 잘 판각하여 그 서판을 가지고 소주로 돌아와서 인쇄했다. 마강은 여공女工이 많아서 각자를 하는 가격이 저렴하고 강남의 작가와 서상들은 광동에서 도서 간행하기를 좋아하였으므로 다시 서판을 가지고 와서 인쇄를 하였다. 광동성내의 서방들이 숲처럼 빽빽이 들어서고 장수사長壽寺 같은 사원이나 사당도 서판을 많이 쌓아두고 있었다. 영국과 프랑스 연합군이 광주를 침공했을 때 서점가는 모두 훼손되었다. 미국의 사무엘 윌리암스(Samuel Wells Williams)[228]의

227_ 광동성 불산시에 있다.

228_ 중국어로는 웨산웨이[衛三畏]라고 표기한다. 근대 중미관계의 중요한 인물이다. 중국에 온 선교사일 뿐 아니라 미국의 초기 한학연구의 선구자이며 한학 교수였다. 그는 중국에서 40여 년을 생활했고 중미 천진조약 담판을 통역하기도 했다. 미국에서는 '한학의 아버지'로 불린다. 유명한 저서로《중국총론》은 순수하게 문화적인 입장으로 중국을 연구한 책이다.《한영병음자전》은

《중국사》(1897년판)에서는 "1856년 광주에서 불에 태워진 책이 백만 권을 넘는다"고 했다. 이는 광동문화사상 첫 번째의 큰 재해였다. 광주서방으로 고증할 수 있는 곳은 다음과 같다.

삼원당三元堂	오계당五桂堂	문경당文經堂	선서당善書堂
경업당敬業堂	한문당翰文堂	한경당翰經堂	익경당翌經堂
유아당儒雅堂	성경당聖經堂	화경당華經堂	사경당寫經堂
장광당長廣堂	부계당富桂堂	등운각登雲閣	보경각寶經閣
고경각古經閣	연원각連元閣	오경루五經樓	습개원拾芥園
한묵원翰墨園	청운루青雲樓	예방재藝芳齋	부문재 富文齋(도광)
감심재鑒心齋(광서)			

이상 25개 서점은 주로 함풍·동치·광서·선통 연간의 서점들로 종종 '양성羊城' '광성廣城' '광주' 혹은 '광동' '월동粵東' 등이라는 글을 써 광동임을 밝히고 있다. 광동지역에서 나온 것을 통칭 '광판廣板' 혹은 '월판粵板'이라고 한다. 그중 적지 않은 판본은 주묵투인으로 2~3색 혹은 4~5색까지 있어 비교적 눈을 끈다.

불산佛山

광동 남해현 불산진佛山鎮은 지금은 불산시라 한다. 청대에는 하남성의 주선진朱仙鎮, 호북성의 한구진漢口鎮, 강서의 경덕진景德鎮과 더불어 4대진四大鎮이라 했다. 불산은 서북의 두 강 사이에 끼어 있어 사천, 광주, 운남, 귀주의 화물이 모두 먼저 불산에 도착한 후에 서북의 각 성으로 운송되는 중국에서 으뜸인 상업도시이다. 아편전

과거 외국인들이 중국을 연구하는 필독서였다.

쟁 후에 그 상업을 홍콩이 빼앗아갔다. 불산에서 가장 유명한 공업은 무쇠솥으로 얇고도 광택이 나고, 견고하여 오래 쓸 수 있다. 옹정 8~9년에 대량으로 수출되었으며 쇠솥을 적재한 배가 수백에서 1천 척까지 이어져 있었다.[244] 지금의 광동솥 역시 사람들이 좋아한다. 기타 수공업은 170여 업종으로 비단업, 직포업의 공장노동자는 만여 명이 넘었다. 문구업 중 종이 판매소는 복건지항福建紙行·남북지항이 있고, 먹 판매소는 휘주 사람들이 연 곳이 10여 점포가 있었다. 붓 판매소 역시 20여 집이 있었다. 단연과 직선자를 파는 곳도 여러 집이 있었다.

활판집·인쇄집·각자刻字집은 주로 수항水巷이나 두시항豆豉巷 큰 거리에 있었으며 노점은 두시항이 제일 많았고 각자공의 기교도 상당했다. 서적집에서는 먼저 목판 인쇄를 하였고 후에는 주로 석인이나 납활자 인쇄를 했으며 중국과 남양군도에 판매했다. 인쇄된 종이를 접는 일은 사람손이 많이 필요해서 번성할 때는 천 명이 넘었다고 하며 청말민초에는 20여 개의 크고 작은 점포가 있었다.[245]

청대 동치·광서 연간에 불산의 각서서방으로 고증할 만한 서점은 다음과 같다.

고문당古文堂·경신당敬慎堂·한문당翰文堂·금옥루金玉樓·천보루天寶樓 문광루文光樓·회광루會光樓·한보루翰寶樓·천녹각天祿閣·연원각連元閣 천길헌天吉軒·자림서국字林書局이 있다.

이 중 연원각·한문당은 점포의 이름이 같은 것으로 보아 아마도 광주와 체인점인 것 같다. 불산판의 서적도 쇠솥처럼 중국내륙에서 판매됨은 물론 남양까지 가서 판매되었다. 불산판은 주로 통속소설과 일상 의서다. 예를 들면 《홍루몽》·《군영걸전전群英傑全傳》·《자

운주국慈雲走國》·《금궤요략천주》·《금궤방가괄金匱方歌括》·《달생편達生篇》·《제인양방濟人良方》·《화양장상약찬華洋臟象約纂》·《수신소보壽身小補》 등이 있다.

네덜란드의 라이든 대학에는 불산에서 출판한 한남자서漢喃字書[229] 여러 종류를 소장하고 있는데 제목에 월동불진粤東佛鎭, 혹은 월동진粤東鎭, 또는 월동성불진粤東省佛鎭이라고 되어 있다. 월동진 복록대가福祿大街 천보루에서 간행한 《천자문연의千字文演義》, 번성藩城 복재선생福齋先生이 지은 한남자는 광동가 광성남판이고, 월동불진의 문원당文元堂 판이다. 월동 불산 복록대가 금옥루장판 《백□서집白□書集》(소설)은 을해년(1875) 신간으로 남자喃字로 제안提岸[230] 광호원점廣浩源店에서 발매했다. 월동성 불진 복록대가 천보루에서 간행한 《양옥고적楊玉古蹟》은 남자喃字로 광동가 광성남장판이고 월동 불산진 복록대가 원당 간행이라고 제가 되어 있다. 《대남국사연가大南國史演歌》는 한남자漢喃字고 동치 갑술년 신간으로 제안 화원성和源盛에서 발매했다. 가정성嘉定城에서는 유명씨惟明氏[231]만이 간행을 했고 월동 불진 복록대가 금옥루 판각이다. 《금룡적봉전집金龍赤鳳全集》은 제안 화원성和源盛에서 발매를 했고 남자며 월동불진 근문당近文堂 판본이다. 《훈몽일곡가訓蒙一曲歌》는 동치 연간의 광남 거인 완득阮得이 판각한 것으로 근문당에서 판각하고 화원성에서 발매했으며 한

229_ 혹은 남문喃文이라고도 하는데 월남 전통의 민족 언어다. 한자와 본 민족 문자의 남자喃字를 혼합하여 사용하고 표기하는 월남어를 말한다.

230_ 여기서는 아마도 베트남 호치민시에 있는 촐론(cholon)을 말하는 것 같다. 앞에서 불산에서 출판된 서적이 남양까지 가서 판매된다고 하였고 불산 지역에 제안提岸이라는 지명은 없기 때문이다. 촐론 지역에는 아직도 50만 여의 화교가 살고 있다고 한다. 그러나 이 부분에서 설명하는 광호원점이나 화원성이 어떤 서점이었는지는 확인할 수가 없다.

231_ 월남 사람으로 중국에 유학왔다고 한다.

자로 남자를 주해했다.[246] 불진이라고 명기되지 않은 것으로는 치중당致中堂 판의《대남국사연가大南國史演歌》가 있다.《임생임서전林生林瑞傳》은 남자喃字로 의풍호意豐號라고 수정되었으며 병자년(1876) 신간이고 제안대시提岸大市 광남성廣南盛에서 발매했다.《자학구정가字學求精歌》는 한자로 복수당 판각이며 사덕嗣德[232] 경신년 봄(1880)에 간행했다.《여칙연음女則演音》도 남자로 사덕 술신년 맹추孟秋(음력 7월임)에 신간이 나왔고 성문당장판이다.《사체필식四體筆式》은 한자로 성문당 판이며 사덕 22년 여름(1869)에 간행되었다.《반진전潘陳傳》은 남자로 사덕 정인 가을(1867)에 간행되었고 성문당장판이다. 《장원유학시狀元幼學詩》는 한자로 오운류장판으로 교정이 정확하며 잘못된 글자가 없다.《허사신서許使新書》(남자)는 광성 기묘년(1879)에 새롭게 판각되었고 월동 진촌陳村 영화원永和源장판으로 제안대시 화원和源에서 발매했다.《이공신서李公新書》는 양명덕楊明德 편찬으로 병자년(1876) 신간으로 남자소설이며 월동 진촌 영화원 장판각이며 제안 화원태和源泰에서 발매했다.《서유연가이본西遊演歌二本》은 가정 연간에 유명씨惟明氏가 편찬했으며 무인년(1878)에 새롭게 판각하였는데 남자로 제안 화원성에서 발매했으며 월동 진촌 영화원[233] 장판이다. 이상의 서적은 불산과 순덕順德 일대에서 판각한 도서들이다.

232_ 사덕嗣德은 월남 대남제국 완왕조阮王朝의 연호로 1848년~1883년까지이다.

233_ 이 부분에서 화원, 화원태, 화원성 등은 현재 호치민시의 촐론에 있던 서점인 듯하지만 영화원과의 관계는 어떤지 확인할 수가 없다. 점포 이름에 '화원'이 있는 것으로 보아 아마도 촐론에 있는 서점들과 관계가 있는 듯하다.

복건성 천주泉州

천주의 도서간행은 전암田庵·회구淮口·후판後坂 세 마을에서 나왔다. 특히 전암촌은 홍씨洪氏 성이 많은데 전하기로는 1세대 홍씨가 주희로부터 금석각金石刻을 배웠고 후에는 목판까지 하게 되었다고 한다. 전암에서는 옛날 풍속에 매년 음력 2월 15일에 집집마다 반드시 젯상을 마련하고 '조사주문공祖師朱文公'이란 목패를 새겨서 바치고 돌아가며 제사를 드렸다고 한다. 청 중엽 후에도 전암 등 세 마을에 각자공이 3백여 명이나 있었다. 청대 천주서방은 보인당輔仁堂·기문당綺文堂·욱문당郁文堂·취덕당聚德堂·숭경당崇經堂 등이 있었고 모두 수많은 서판을 간직하고 있었다. 후에 기문당과 욱문당 두 곳에서 이를 사들였고 욱문당은 청말에도 새로운 판각본을 내었다.[247]

사천성 덕격德格

사천성 서북과 티베트 경계에 있는 덕격현은 건륭초에 덕격인경원德格印經院을 설치하고 티베트문《장경藏經》을 간행했는데 이를 덕격판이라고 한다. 또 장족藏族의 의서도 판각했는데 티베트문화의 보고라고 할 수 있다.

티베트(라싸·내당奈塘)

티베트 라싸 목록사木鹿寺[234] 경원經圓에서 티베트문《장경》을 인쇄 간행하여 각처에 반포했는데 이를 라사판이라고 한다. 후에 장경은 시가체의 나이탕那爾湯 사원에 티베트문 전체 장경판을 보존했는데 이것이 지금 내당판奈塘版이 되었고 고판과 신판 두 종류가 있으

234_ 우리가 자주 쓰는 라싸나 시가체는 통용되는 발음대로 표기하고 그 외 알 수 없는 티베트 발음은 우리식 한자 독음으로 표기한다.

며 신판은 청대에 판각되어 비교적 유통이 많이 된다.

이외에 항주와 휘주 서방들은 쇠락했는데 항주에는 문보당文寶齋 · 혜공경방慧空經房 · 마노경방瑪瑙經房 · 경문재景文齋 · 선서국善書局 등이 있었다. 남경 역시 명대의 번성함을 따를 수는 없었고 단지 영성당榮盛堂 · 일득재一得齋 · 강녕의 계성당啟盛堂 · 금릉의 규벽재奎壁齋 · 부문당富文堂 · 취금당聚錦堂 · 덕취당德聚堂이 있었다. 오로지 청말에 이광명李光明이 개설한 이광명장각서李光明莊刻書 160여종이 있는데 주로 계몽도서 · 의학잡서 · 집부集部 및 권선징악 도서들이다. 복건의 "장정長汀[235] 사보四堡[236]의 향민들은 모두 서적을 업으로 삼았다. 집집마다 장판이 있어 늘상 전적 및 팔고문 응시의 문장을 응용할 수 있는 준비가 되어 있으므로 한 해에 한 번 인쇄하면 멀리까지 판매가 되었다. 이를 '사보본四堡本'이라고 한다"[248]는 기록이 있다. 건륭 연간에 북경에 강서성 금계인金溪人이 개설한 서방이 있었는데 청나라 김무상金武祥의 《속향삼필粟香三筆》 권4에서 "강서와 광동 두 성의 서판이 가장 많으며, 강서 각자공은 금계현의 허만許灣에 있고, 광동의 각자공은 순덕현의 마강馬岡에 있는데 이들은 서판을 많이 갖고 있다"는 말이 있다. 이전의 지도책에도 "금계현은 허만에 속하는데 남녀가 모두 글을 잘 새긴다. 이전에 성안에 유통되는 서적은 모두 이곳에서 출판되었다"는 말이 있었다. 현재 볼 수 있는 것으로는 허만서림 골목에 있는 대경당大經堂의 도광본道光本《사유전전四遊全傳》이 있다. 산동성의 동창부東昌府에 있는 요성서방聊城書

235_ 장정현長汀縣은 복건, 광동, 강서성의 세 성의 경계의 요충지에 있으며 복건의 변경지대에 있는 객가의 수부首府이다. 장정은 복건성 5대 주州의 하나이다. 또한 양안해협 경제의 중요도시로 혁명지와 문화유적이 많이 있다. '중국에서 가장 아름다운 산성山城의 하나'라고 한다.

236_ 사보향四堡鄉은 연성連城 북부에 있다. 사보향은 연성連城 · 장정長汀 · 청류清流 · 영화寧化 네 현으로 둘러싸여 있어 이런 이름이 붙여졌다.

坊에서 출판업을 한 서방은 덕선성당德善成堂 · 보흥당寶興堂 · 유익당有益堂 · 문영당文瑛堂 · 선흥당善興堂 · 삼합당三合堂이 있다. 제남濟南에는 선성당善成堂 · 의흥당義興堂이 있다. 함풍 · 동치 연간에 섬서성안강安康의 내록당來鹿堂의 주인 장포산張浦山은 성도에 가서 목판에 판각하는 각자공을 초빙하여 안강으로 돌아와 인쇄했다. 이후에는 안강에서 판각을 하였으며 판각과 인쇄를 함께 하였는데 2백여 종의 서적을 간행했다.[249] 서안에는 당씨唐氏가 운영하는 각자포가 있었다. 판각하는 서방이나 선서국善書局이 없는 성은 없었다. 다음과 같다. 절강성에는 소흥 · 영파 · 여요 · 자계慈溪 · 가흥嘉興이 있다. 강소성에는 양주 · 진강鎭江 · 상주常州가 있다. 복건성에는 복주 · 천주 · 하문廈門이 있다. 호북성에는 무창武昌 · 한구漢口 · 사시沙市가 있다. 호남성에는 장사 · 상덕常德이 있고, 사천성에는 중경 · 성도가 있다. 강서성에는 남창南昌, 안휘성에는 안경安慶, 하남성에는 개봉 · 창덕彰德 · 정주鄭州 · 주구周口가 있다. 봉천奉天의 성경盛京(지금의 요녕성 심양) · 요양遼陽, 운남성의 곤명과 길림, 산서성과 감숙성 등에도 모두 판각하는 서방이나 선서국善書局이 있었다. 어떤 곳은 민국 초까지 계속 출판했으며 석인石印 · 연인鉛印으로 바꾸어 출판했다. 손육수孫毓修는 "호남 · 강서 · 복건 세 성은 각자공의 임금과 지묵이 모두 저렴하여 점포들이 집중되었다. 그 책은 몹시 나빠 송원시대의 마사의 각본에도 미치지 못한다"고 했다. 서방은 영리를 목적으로 하지 않을 수 없어 원가를 한껏 낮추면서도 이윤을 얻어야 했기 때문에 지묵과 공임은 자연히 전본가殿本家들이 판각하는 것처럼 그렇게 공을 들일수가 없었지만 문화 발전과 교육의 보급에 있어서는 공이 있다고 하겠다.

3. 국각본局刻本

청대 지방관서에서의 도서 간행은 송과 명나라에는 미치지 못했다. 강희 연간에는 양회兩淮 염정鹽政 조인曹寅(간정棟亭)이 판각한《전당시》등 10종이 있다. 단정하고 아름다운 연자체軟字體²³⁷로 글자를 새긴 것이 몹시 아름다운데 이를 양주시국본揚州詩局本[그림 66]이라고 한다. 옹정 연간에 각 성의 포정사布政司에 목판서적을 간행하도록 명령하여 선비들이 인쇄를 청한 것을 비준하였으나 인쇄를 청한 사람이 아주 적었다. 건륭 연간에 명령을 개정하여 상인들을 모집하여 인쇄판매하도록 임명하니 폭넓게 퍼졌으며《강희자전》·《의종금감醫宗金鑒》등 상용서적 이외에 수많은 서적들은 여전히 몇몇 사람만이 관심을 가질 뿐이었다. 태평천국의 기의로 남방에서 전란은 해마다 계속되니 양주揚州 문회각文匯閣 및 진강鎭江 금산金山의 문종각文宗閣에 있던《사고전서》가 모두 전소되었다. 또한 항주 문란각文瀾閣의《사고전서》역시 온전치 못했으며 기타 민간의 장서들도 손실이 막대하여 일반 선비들은 읽을 서적이 부족했다. 통치계급은 구질서를 회복하고자 각 성에 출판기구를 설립하고 관서국官書局이라 하였다. 먼저 흠정·어찬御纂 같은 책을 간행하고, 그 다음으로 여러 책들을 간행하여 이를 '국각본'이라 하니 국각본의 수량이 많아 광범위하게 유통된 것이 청대 인쇄 특징의 하나다.

중국번曾國藩은 먼저 막우지莫友芝에게 진상을 알아보아 유서를 얻도록 하고²³⁸ 동치 2년에 처음으로 금릉서국을 강녕江寧 철작방鐵作坊

237_ 예술적인 글씨체로 둥글면서도 예쁜 모양의 글자다.

238_ 이 내용은 중국번이 막우지에게 왕부지王夫之의 글을 모아 함께《반산유서船山遺書》를 간행한 것을 말한다. 중국번과 막우지의 우정은 사람들에게 회자되는 아름다운 이야기다. 이들은 도광 27년(1847)에 처음으로 만났다. 회

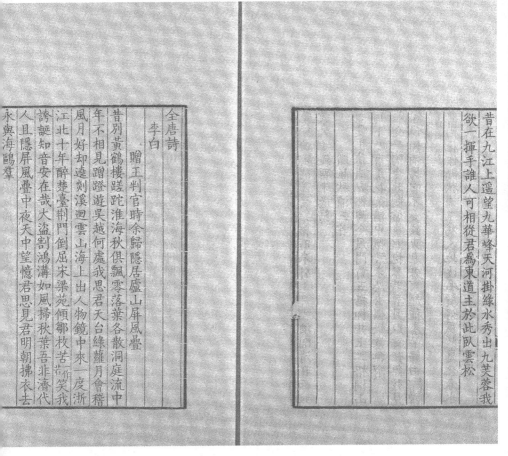

全唐詩

李白

贈王判官時余歸隱居廬山屏風疊

昔別黃鶴樓蹉跎淮海秋
年不相見蹭蹬遊吳越
風月好却遶剡溪迴雲山海上出人物鏡中來一度浙
江北十年醉楚臺荆門倒屈宋梁苑傾鄒枚苦笑我
誇誕知音安在哉大盜割鴻溝如風掃秋葉吾非濟代
人且隱屏風疊中夜天中望憶君思見君明朝拂衣去
永與海鷗羣

昔在九江上遙望九華峰天河掛綠水秀出九芙蓉我
欲一揮手誰人可相從君爲東道主於此臥雲松

[그림 66] 강희 44년, 45년(1705-1706)에 양주시국에서 쓰고 판각(연자軟字)한 《전당시》

시에 응시하기 위해 북경에 온 막우지는 유리창에서 책 구경을 하다가 우연히 중국번을 만나고 함께 이야기를 했는데 중국번은 막우지가 무척 박학다식한 것을 알게 되었다. 그러나 아쉽게도 막우지는 시험에 낙방하여 고향으로 돌아갔다. 1860년에 세 번째로 회시에 응시하러 북경에 왔다가 역시 낙방하여 1861년에 과거를 포기하고 돌아갔다. 1862년에 중국번이 안경安慶에서 관직에 있을 때 《반산유서》를 간행했다. 반산은 왕부지의 별명이고 그는 황종의黃宗羲·고염무顧炎武와 함께 명말청초의 3대 사상가 중 한 사람이다.

에 세우니 이것이 관국의 시초다. 동치 7년에 야성산治城山으로 옮겼다. 관서국官書局은 간단히 서국書局이라고도 하며 동치에 시작되어 광서 연간에 성행하였고 각 성에서는 계속 이를 모방하여 서국을 설립했다. 설립된 곳은 다음과 같다.

금릉서국金陵書局 – 남경. 광서 초년에 강남관서국江南官書局으로 이름을 바꿈

강초서국江楚書局 – 남경

소주서국蘇州書局 – 또는 강소서국江蘇書局이라 함. 이홍장李鴻章이 설립

회남서국淮南書局 – 양주

절강서국浙江書局 – 항주

곡수서국曲水書局 – 상주常州. 즉 안휘서국

강서서국江西書局 – 남창

호북 숭문서국崇文書局 – 무창武昌

호남 사현서국思賢書局 – 장사

사천 존고서국存古書局 – 성도. 또는 성도서국이라 함

산동 황화서국皇華書局 – 제남

산서 준문서국濬文書局 – 태원. 후에 산서서국으로 개명

복건 복주서국福州書局

광동 광아서국廣雅書局 – 광주

운남서국 – 곤명昆明

귀주서국 – 귀양貴陽

직례서국直隸書局 – 보정保定 · 천진

금릉서국은 학자 대망戴望과 장문호張文虎 등에게 교감을 분담토록 했다. 장문호는 비교적 오랫동안 임직에 있었으며《사기집해색은정의史記集解索隱正義》(동치 5년)를 힘껏 신중히 교감했다. 간행한 책으로는《사서》·《오경》·《전사사前四史》·《문선》등이 있다. 당시 북경에서 대관들이 금릉서국을 찾아와 도서간행을 하는 자가 많았는데 그의 교감이 정확했기 때문이다. 광서 초에 강남관서국으로 이름을 바꾸었다.

소주서국은 또 강소서국이라고도 하며《요금원사遼金元史》·《통감通鑒》·《속통감》·《단씨설문段氏說文》등을 판각했다. 광서 10년에 여씨黎氏[239]가 정밀하게 판각한《고일총서古逸叢書》판 26종은 모두 강소국에 있다.

회남서국은 동치 8년 염운사 방준이方濬頤가 창건했다.《십삼경주소》·《수서隋書》·《구당서》·《동도사략東都事略》·《양회염법지兩淮鹽法志》및 왕중汪中의《술학述學》등을 간행했다.

각 서국에서 간행한 도서는 많은데 그중에서 최고인 것은 절강관서국을 들 수 있다. 절강국은 동치 6년(혹은 4년이라고도 함)에 시작되었다. 절강 안무사 마신이馬新貽는 설시우薛時雨와 손의언孫衣言을 초빙하여 먼저 경사자집을 간행하고 관서국을 열었다. 각자공 백수십 명을 모집하여 이를 간행했다. 개국하고 광서 11년까지 20년간 200여 종을 판각했으며 이후에도 지속적으로 출판하였다. 저명한 학자인 유월俞樾도 때때로 고경정사詁經精舍[240]에서 강연을 맡았으며 사회

239_ 여씨는 여도창黎庶昌(1837~1896)이다. 귀주貴州 존의遵義 사람으로 만청 때의 유명한 외교가이자 산문가이다.

240_ 고경정사는 청대 가경 시기의 유명한 서원이다. 절강성 항주부 치고산治孤山의 남쪽에 있었다. 왼쪽에 삼충사三忠祠가 있고, 오른쪽에 조망대가 있으며 서호를 앞에 하고 있다. 고경정사는 청대 완원阮元이 가경 6년(1801)에 정식으로 창건했다.

도 보았고 시종 그 일에 관여했다. 또는 담헌譚獻·황이주黃以周 등이
명문학교에서 간행할 때는 먼저 선본善本을 선택하여 원본으로 삼아
교정을 세심히 보고 중각하였다. 때문에 판각이 정밀하고 세심하여
잘못이 아주 적어 전본殿本보다 뛰어났다. 유명한 것으로는 《십삼경
고주》·《22자二十二子》·《구통九通》·《옥해玉海》 및 부록 13종을 판
각했다. 또 《절강통지浙江通志》(광서 25년) 및 장학성章學誠·손이양孫
詒讓 등 절강 사람들의 저작이 있다. 선통 원년에 절강장서루를 절강
도서관으로 바꾸고 관서국과 합쳤다. 민국 이후에는 절강도서관의
일부분이 되었다.

강서서국은 남창에 설립되었고 《취진판총서聚珍版叢書》·《송사宋史》·
《원사元史》·《통감기사본말通鑑紀事本末》(동치 12년)·《황산곡집》 등을 판
각했다.

호북서국은 동치 6년에 호광총독겸 호북순무사 이한장李瀚章이 무
창에 창립했고 후에 숭문서국과 합병되어 호북숭문서국이라 칭한
다. 250여 종의 도서를 판각했으며 그 판은 14만여 편에 이른다. 중
요한 것으로는 《백자전서百子全書》·《호북통지》·《국어주國語注》(동
치 8년)·명왕본明王本《사기》·《독사방여기요讀史方輿紀要》·《천하군
국이병서天下郡國利病書》·《방호각문선仿胡刻文選》[241]·《호문충공유집
胡文忠公遺集》 등이 있다. 경비는 이한장과 장지동張之洞 등의 보조금
으로 충당했으며 번성할 때는 판각공, 인쇄공, 장정공이 60~70명이
있었다고 한다.

호남서국은 처음에 《왕반산유서王船山遺書》·《증국번전집曾國藩全
集》을 판각했다. 또 왕선겸王先謙의 《전후한서보주前後漢書補注》·《집

241_ 일반적으로는 《방송호각문선仿宋胡刻文選》이라고 한다. 송 순희본의 《문
선》을 본떠서 파양鄱陽의 호극가胡克家가 판각한 것을 말한다. 원문에는 '송'
자가 빠져 있다.

해集解》와 손이양의 《묵자간고墨子間詁》를 판각했다.

사천서국은 성도에 있고 《전사사前四史》 등을 판각했다.

제남의 산동서국은 각 성에 관서국의 분점이 있었고 장서가 아주 많았으며 자체적으로 《십삼경독본十三經讀本》을 판각했다.

준문서국濬文書局은 광서 5년에 산서 순무 증국전曾國荃(중국번의 동생)이 상주하여 태원에 설립하라는 허가를 받았다. 민국 후에는 산서서국으로 개명했다. 《십이경독본》·《사기·한서 평림評林》·《진양명비록晉陽明備錄》·《당인만수절구선唐人萬首絶句選》·《산서통지》 등 백여 종에 가깝다.

광주의 광아서국廣雅書局은 광서 연간에 장지동張之洞이 양광총독兩廣總督으로 있을 때 돈을 기부하여 창건했으며 현재 광동성 중산도서관 자리다. 서국은 책임자에 왕병은王秉恩, 교감자로는 도경산屠敬山·왕인준王仁俊·섭창치葉昌熾 등의 명사를 초대했다. 《광아총서廣雅叢書》·《취진판총서聚珍版叢書》·《전당문》을 판각했고 총수는 약 300여 종이다. 판각한 도서는 주로 실용적이고 본조지本槽紙[242]와 남구지南扣紙[243]에 인쇄했다. 인쇄한 것으로는 《광아서국서목廣雅書局書目》이 있다.

운남·귀주서국은 비교적 늦게 설립되었으며 도서간행도 많지 않다. 운남서국에서는 《전계滇系》[244](광서 6년)를 간행했다. 하남과 난주蘭州에도 관서국이 있었다고 한다.

직례서국直隸書局은 광서 연간에 보정保定에 설립되었고 후에는 천

242_ 본조지는 죽초지竹草紙로 광동에서 생산되었다. 흰색으로 광동 광아서국에서는 이 종이에 인쇄를 했다.

243_ 광동에서 생산되던 종이다. 색은 연한 황색이고 표면은 매끄러우며 뒷면은 꺼끌꺼끌하며 섬유질이 균일하게 들어 있다.

244_ 전滇은 운남의 옛 이름이다.

진에도 설립되었다. 경비가 없었기 때문에 자체적으로는 판각하지 못했다. 전문적으로 남방 각 성들의 관서국과 상해 제조국制造局·포방각抛芳閣·금릉의 이광명장李光明莊의 출판물을 하북까지 사가지고 와 원가로 판매했다.

어림잡아 10여 곳의 관서국에서 간행한 도서는 1천여 종으로 사부四部가 모두 있고 정경正經과 정사正史가 많다. 국각본《이십사사》는 금릉·소주·회남·절강·호북 5국 합각으로 이루어졌다. 고서를 제외하고 또한 당시의 신서적도 출판했는데 절국浙局에서는《전보신편電報新編》·《중한조약中韓條約》·《일본국지日本國志》등을 출판했다.

국각본의 특징은《사서》·《오경》등 일반 교본의 대량출판으로 사회의 구매력에 영합하기 위하여 '가격은 모두 저렴'하였으니 당시 문화 보급에 있어 커다란 역할을 했다. 국본은 인쇄한 종이에 따라서 가격에 현격한 차이가 있었다. 가령 절국浙局의《구통九通》은 전체 1천본으로 연사지連四紙는 1부당 1170 천문千文이고, 새련지賽連紙는 140 천문이고, 모태지毛太紙는 1백 천문이었다. 국각局刻《이십사사》는 백선지白宣紙 전부가 은 166냥이었으며 관퇴지官堆紙는 1백 냥이었다. 이처럼 큰 편폭의 서적은 당연히 부유한 지주나 거상들만이 구매하여 소장할 수 있었다. 한껏 원가를 낮추려고 각 국에서는 비교적 값이 저렴한 황색의 관퇴지·모변지毛邊紙·모태지毛太紙·남구지로 인쇄했다. 일반적으로 행간과 자간의 배열은 너무 조밀하였고 자체字體도 그다지 날렵하지 못했다. 또 어떤 것은 먹색이 번져서 책을 몇 장만 펼쳐도 손이 까매지곤하여 사람들을 정떨어지게 했으며 어떤 것은 교감이 자세하지 않아 탈자 오자가 적지 않았다.

현대인들 중에는 관서국본이 전부 목판이라고 여기는 사람도 있지만 사실 금릉서국과 강서서국에서는 목활자본이 있고, 운남관서국은 연인鉛印《운남비징지雲南備徵志》(선통 2년)가 있으며 투인본은 비교적 적다. 호북서국과 절강서국에만 소량의 투인본이 있을 뿐이다. 이들 서국에서는 또 연자鉛字로《최신양잠학最新養蠶學》(광서 30년)을 인쇄했다.

각 관서국은 비교적 시대가 가깝기 때문에 지금까지 대량의 서판을 보존하고 있다. 절강서국 같은 데서는 1935년 총결산에 의하면 본 서국에서 판각한 서판이 12만 2천여 편이 있으며, 기증을 받았거나 보관을 맡은 것은 3만 9천여 편으로 모두 16만 3천 편이 있다. 기증받은 것은 항주 정씨丁氏 가혜당嘉惠堂 및 금화金華 호봉단胡鳳丹의 서판이 가장 많다. 광아서국은 학해당學海堂·국파정사菊坡精舍의 구각장판까지 합해 역시 15~16만 편에 이른다. 1945년 이후에는 시골에 있던 것을 광주로 옮겨왔다. 호북과 사천서국에서도 1949년 초까지 대량의 판편版片이 있었다.[250] 이런 류의 판편은 어떤 것은 이미 벌레가 먹어버린 것도 있고 어떤 판은 여전히 인쇄가 가능하다.[251]

4. 서원본書院本

청대에 서원은 약 781곳이 중국 전역의 각 성에 분포되어 있었고 강희 연간에 제일 많았다. 자양서원紫陽書院에서는 명나라 주불황朱芾煌의《문희당시집文嬉堂詩集》을 판각했다. 동호서원東湖書院에서는 청나라 왕주요王舟瑤의《수운집水雲集》을 판각했고, 신안서원新安書院에서는 왕수汪璲의《어여만록語餘漫錄》(모두 강희 연간)을 판각했다. 산서성 해주解州 해량서원解梁書院은 건륭시기에서 광서시기까지《사마온공전가집司馬溫公傳家集》등 20여 종을 판각했다. 양곡陽曲의 진

양서원晉陽書院, 운성運城의 홍운서원弘運書院, 무창武昌의 작정서원勺
庭書院, 호남의 악록서원嶽麓書院, 광동의 곡강서원曲江書院에도 역시
각본이 있다. 곤명의 육재서원育才書院과 오화서원五華書院에서도 각
각 10~20종을 판각했다. 삼려서원三閭書院에서는 굴대균屈大均의 《광
동문선廣東文選》(강희 26년)을 간행했고, 천웅서원天雄書院에서는 고대
문顧大文의 《소헌시초嘯軒詩鈔》(건륭 47년)를, 난산서원蘭山書院에서는
허필許㳆의 《철당시초鐵堂詩草》(건륭 55년)를 판각했다. 옥병서원玉屛
書院에서는 도광 《하문지廈門志》를, 건양의 동문서원同文書院에서는
당나라 이하李賀의 《창곡집昌谷集》(강희 5년)을 간행했다. 정의서원正
誼書院에서는 《복건통지福建通志》(동치)를, 강음江陰의 기양서원暨陽書
院에서는 오육吳育의 《사애헌문집私艾軒文集》을 간행했다. 경천서원
涇川書院에서는 《경천시초涇川詩抄》와 또 호배휘胡培翬의 《연육실문초
研六室文鈔》를 간행했다. 오운서원五雲書院에서는 《진운문징縉雲文徵》
(모두 도광)을, 사천의 존경서원尊經書院에서는 《측원해경통석測園海鏡
通釋》(광서)을 간행했다. 청말의 남청서원南菁書院과 격치서원格致書院
에서는 주로 신학문을 제창하는 책들을 출판했다. 광서 연간에 장지
동張之洞은 양광총독직에 있었는데 지속적으로 완원阮元의 유지를
받들어 광아서원 · 월화서원粵華書院 · 월수서원粵秀書院을 설립했다.
이 세 곳은 학해당學海堂과 국파정사菊坡精舍(이 두 곳은 완원이 건립함)
와 함께 당시에 '오대서원'으로 불렸다. 국파정사에서는 《통지당경
해通志堂經解》 등 10여 종 1천여 권을 간행했다.

청대 서원 역시 목활자를 이용해 인쇄했다.

5. 기타 조판雕版[245]

강녕동판江寧銅版

청 옹정 연간에 남경의 계성당啓盛堂에서는 동판인본銅版印本 《사서체주四書體注》 19권을 인쇄하고 속표지에 《정전동판사서체주精鐫銅板四書體注》라고 썼는데 주먹만한 큰 글씨였다. 또 작은 글씨로 "글자는 반포된 정운正韻을 따른다"고 되어 있고 윗 칸에는 가로로 "옹정 8년 신본을 교정한다"는 한 행이 있으며 주색인朱色印이 찍혀 있다. 아래에는 주인朱印 광고가 있고 "《체주體注》 책이 세상에 나온 지는 이미 오래되었다. …내가 생산 원가를 아까워하지 않고 동판으로 아름답게 간행하니 글자는 단정한 해서체며 점획點劃[246]에 잘못된 것이 없다. 천하의 학자들이 이를 보면 마음이 통쾌하고 눈이 상쾌하지 않음이 없으니 생각만 해도 역시 통쾌하고 기쁜 일이다. 동지와 군자들은 이를 보면 반드시 높은 가격을 아까워하지 않고 서로 사려고 다투니 세상에 커다란 일이 되었다"고 했다. 말미에 '계성당주인근지啓盛堂主人謹識'라는 글이 있지만 성명은 쓰지 않았다. 그 옆에는 주인朱印으로 두 줄 "강녕 계성당은 기망가奇望街에 있고, 이씨서림李氏書林 안에서 돈을 바꿀 수 있다"고 쓰여 있다. 《수방헌합찬사서체주漱芳軒合纂四書體注》는 초계苕溪 범상자등范翔紫登[247]이 교정을 했다. 대자편체大字扁體로 1호자에 가깝고 소자는 4호에 가까우며 소자 옆에 。 。 。 [   ] … 등의 표점이 있고, 판각과 인쇄가 분명하며 큰

245_ 이제까지 중국어의 조판雕版은 우리말에 없는 단어이므로 문맥에 맞추어 '목판' 또는 '목판 인쇄'로 번역했으나 본절에서는 목판 이외의 판에 글을 새겨 넣는 것이므로 한자 그대로 사용한다.

246_ 글자를 말한다.

247_ 범상范翔의 자가 자등紫登이다. 청나라 강희 연간의 유명한 학자이다.

본으로 5책이다. '정전동판精鐫銅板'이라고 명기되어 있으며 또 "생산
원가를 아까워하지 않고 동판으로 아름답게 간행한다"고 되어 있다.
이로 볼 때 그것이 목각이 아니고 동으로 전체 판을 새긴 것을 알 수
있다. 그러나 어떻게 새겼는지에 관해서는 말하지 않고 있다. 광고
는 "점획에 잘못된 것이 없다"고 했으면서도 '구매購買'를 '구매搆買'라
고 잘못 썼으니 정말로 자신과 남을 속이는 일이다.

　태평천국 때는 천경天京[248]에서 도서간행을 했는데 어떤 것은 동판
이었다.

덕격동판德格銅版

　영국 사람 맥도날드Macdonald[249]는 "덕격德格[250]의 인경처印經處에
는 독특한 동판을 구비하고 있는데 동판의 면은 목판의 면처럼 쉽게
훼손되지 않는다. 본떠서 인쇄한 경전은 납상納商(나당奈塘[251]으로 생각
됨)에서 인쇄한 것보다도 더 뚜렷하다."고 했다. 티베트에서는 활자
를 사용하지 않았는데 즉 동판이라고 했으니 당연히 전체 판을 말하
는 것이라고 볼 수 있다.[252]

248_ 남경을 말한다. 태평천국의 수도였다. 1853년 1월 태평군이 무창을 공격하
　　자 그 수는 50만에 이르렀고 3월에는 남경을 점령하고 '천경天京'이라고 이름
　　을 바꾸고 수도로 정했다. 이 뜻은 '금릉의 작은 천당'이라는 뜻이다. 홍수전
　　洪秀全은 스스로를 천왕天王이라 하며 천경을 1853~1864년까지 태평천국의
　　수도로 했다. 후에 증국번의 군대에게 공격을 당한 후 패하여 태평천국은 종
　　말을 고했다.
249_ 중국어로는 麥克唐納이라고 표기했는데 누군지는 확실하지 않다.
250_ 덕격현은 사천성 감자甘孜 티베트 자치주 서북변경에 있다. 동남쪽으로는
　　청장고원青藏高原, 동쪽으로는 금사강金沙江에 연해 있으며 감자티베트자치
　　주에 속한다. 티베트와 청해로 들어가는 교통요지다.
251_ 티베트 중부에 있는 나당사를 말한다. 서기 1153년에 창건되었으며 티베트
　　불교교의를 공부하는 중심지의 하나다. 티베트 불교학자인 포돈布頓이 일찍
　　이 여기에서 티베트 대장경을 교정하고 판각했다. 이 판목은 지금까지도 나당
　　사에 소장되어 있으며 세계적으로 귀한 대장경판이다.

덕격철판德格鐵版

맥도날드는 또 "서강西康[252]의 공포대사工布大寺에 철판鐵板이 있는데 그것으로 인쇄한 책이 가장 많다"고 했다. 또 "전 경내에서 오직 《감주이甘珠爾》를 위해 한 세트의 철인판鐵印板이 만들어졌고 이 판은 늘 객목喀木[253]의 덕격德格 지방에 보존되었다"[253]고 했다. 철판도서인쇄는 이전에는 들어보지 못했다. 조선에서는 철활자를 주조했지만 역시 전체를 철판으로 했다는 말은 들어보지 못했다. 그런데 덕격에서는 《감주이》 전체판을 철판으로 했다. 맥도날드 씨는 티베트에서 20년간 거주했으므로 그의 말은 어쩌면 믿을 만하다.

석요판錫澆版

명초에 이미 석판으로 위조지폐를 인쇄한 사람이 있었는데 이 사람은 극형을 받았다. 청 건륭 52년에 흡현 사람 정돈程敦은 《진한와당문자秦漢瓦當文字》 1권[그림 67]을 인쇄했다. "처음에는 대추나무에 새겨 원래 글자를 모방했지만 역시 차이가 있었다. 후에 한나라 사람들의 주물법으로 본래의 기와를 모범으로 하여 주석을 녹여 이를 만들었다"고 되어 있다. 진한와당은 주로 양각문이며 적게는 한 글자에서 많게는 12자까지 있다. 보통은 '장생무극長生無極', '장생미앙長生未央', '장락미앙長樂未央', '연년익수延年益壽' 등의 넉자로 된 길상을 뜻하는 글들이 있다. 정돈은 대추나무 목각을 쓰다가 후에는 주석을 녹여 주조된 것을 사용해 인쇄했으니 새로운 형식을 창조했다고 할 수 있다.

252_ 서강성西康省은 간략히 강康이라고도 한다. 청나라 제도에 따라 설치한 22개 성省 중의 하나로 민국 28년(1939)에 설치되었다. 1949년 국민당이 대만으로 간 후 중국정부에서 계속 관리하다가 1955년에 이 성을 폐지했다. 기본적으로 티베트 문화속에 속하며 티베트족 위주의 소수민족 주거지다. 지금의 사천성 일부와 티베트 일부지역이다.

253_ 파이객목巴爾喀木을 간략하게 喀木이라고 부른다. 즉 서강西康을 말한다.

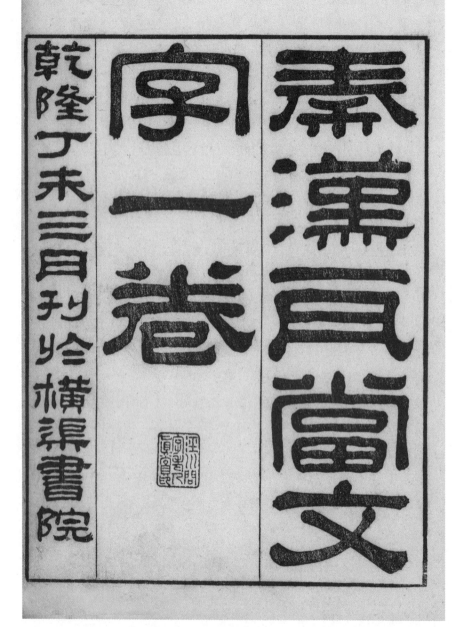

[그림 67] 흡현사람 정돈이 인쇄한 《진한와당문자秦漢瓦當文字》 1권, 건륭 52년 석요판 인쇄.

[그림 67-1]

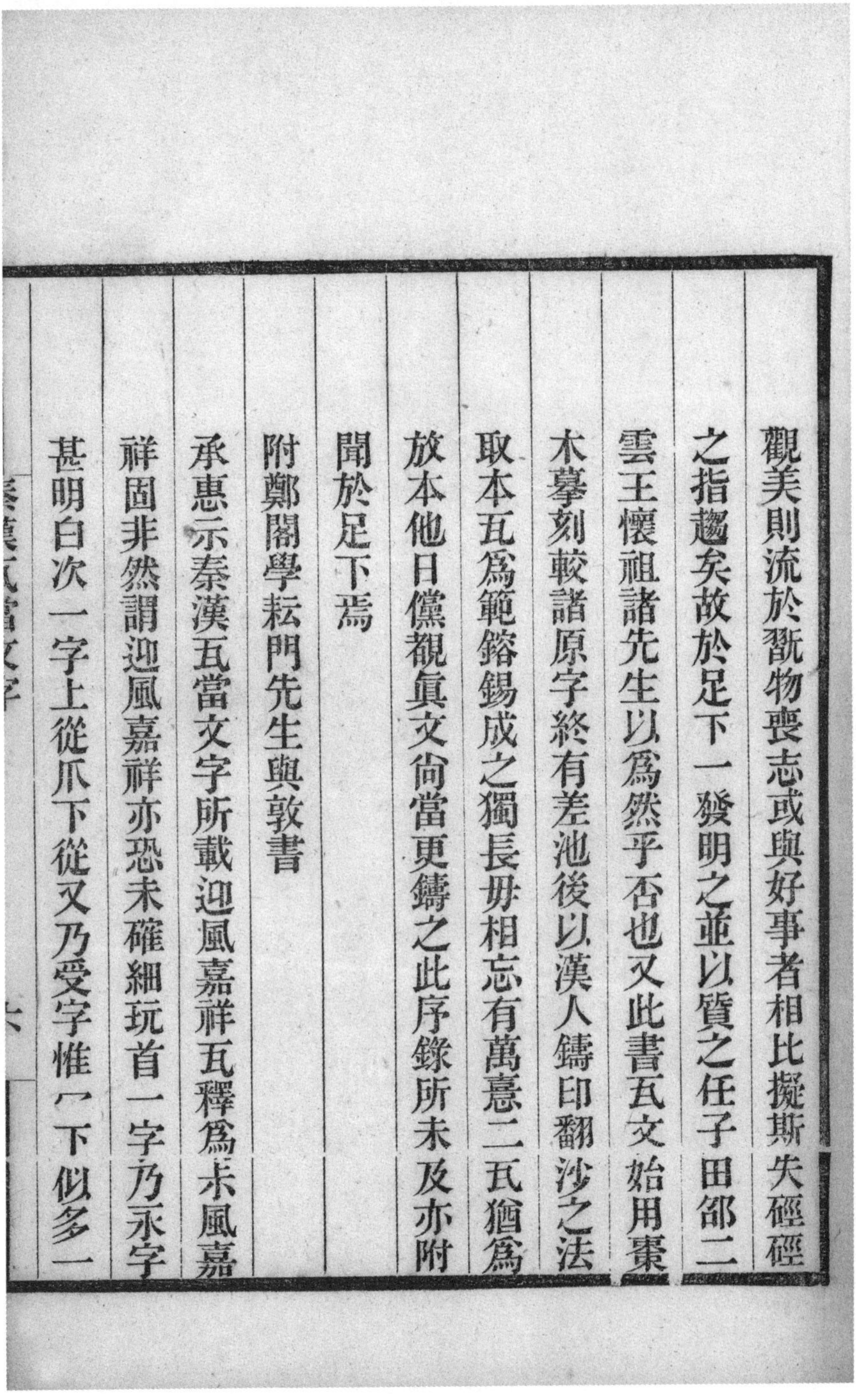

觀美則流於翫物喪志或與好事者相比擬斯失砠砠

之指趨矣故於足下一發明之並以質之任子田邸二

雲王懷祖諸先生以爲然乎否也又此書瓦文始用裹

木摹刻較諸原字終有差池後以漢人鑄印翻沙之法

取本瓦爲範鎔錫成之獨長毋相忘有萬意二瓦猶爲

放本他日儻觀眞文尙當更鑄之此序錄所未及亦附

聞於足下焉

附鄭闇學耘門先生與敦書

承惠示泰漢瓦當文字所載迎風嘉祥瓦釋爲未風嘉

祥固非然謂迎風嘉祥亦恐未確細玩首一字乃永字

甚明白次一字上從爪下從又乃受字惟〇下似多一

[그림 67-2]

목판인쇄의 발전　953

[그림 67-3]

광주납판廣州蠟版

청대 납인쇄술蠟印刷術에 관해서는 서양의 문헌에서만 볼 수 있다. 제일 처음 나온 것은 프랑스 예수회 선교사 장 밥티스트 뒤 알드 (Jean-Baptiste du Halde, 1674~1743)[254]가 편찬한《중화제국지리역사전지中華帝國地理曆史全志》이다.[254] 이 책은 1735년에 파리에서 출판되었으며 전체 4권으로 전면적으로 중국의 역사 · 지리 · 과학기술 등 각 방면의 상황에 대해 소개하고 있다. 중국에 온 예수회 선교사들의 서신과 그들이 쓴 문장이나 서적에 근거를 두고 편집된 책이다. 선교사들이 보고 들은 것에 근거했기 때문에 비교적 진실되고 믿을 만하다. 이후에 영어와 독일어, 러시아어로 번역 출판되어 유럽에 커다란 영향을 주었다. 중국인쇄술에 관한 언급에서 뒤 알드는 다음과 같이 말했다.

―――

어떤 소식을 발표할 필요가 있을 때, 즉 궁정에서 수많은 조항의 명령을 발령하고 또한 반드시 하루 밤새에 인쇄해야만 할 때, 그들(중국인을 말함)은 또 다른 글자를 새기는 방법을 사용한다. 그들은 황랍을 목판 위에 칠하고 사람이 놀랄 정도의 속도로 글자를 새겨 나간다.[255]

프랑스 사람 그로시에(Grosier)가 편찬한《중국통사》(1788년 출판, 영역본)[255]에서도 이런 말을 전하고 있다.[256] 18세기 말엽, 프랑스 수상

254_ 중국어로는 두혁덕杜赫德이라고 쓴다.

255_ 다른 자료《중국과 일본의 역사가들》. W. G. Beasley, E. G. Pulleyblank, (이윤화, 최자영(역), 신서원, 2007)에 의하면《중국통사(Historie Generale de la Chine)》의 저자는 드 마이야(Moyriac de Mailla)로 되어 있다. 설명에서 "이 책은 1737년에 완성되었으나 아베 그로시에(Abbe Grosier)의 노력으로 34년 후에나 출판업자를 찾아서 발간할 수 있었다"라고 했으니 같은 책임을 알 수 있다. 이 설명에 의하면 1771년에 책이 나왔는데 장수민은 1788년에

베르텡(Bertin)은 재임 시 중국의 사물에 깊은 흥미를 갖고 있었으며 게다가 중국에 온 예수회 선교사들과 밀접한 관계를 갖고 있었다. 그의 사후에 어떤 사람이 그의 자료에 근거하여 중국의 풍속 예술과 공예제도에 관한 책을 썼는데 후에 영문으로 번역되어 1824년에 출판되었다. 이 책은 납판인쇄에 대한 서술이 뒤 알드보다 좀 더 상세하게 되어 있다. 책 속에 다음과 같은 구절이 있다.

───

칙서나 고시告示 등 무슨 일을 발표할 때는 황납판 위에 글자를 새긴다. 이런 인쇄방법은 채용할 수 있는 방법 중에서 가장 적합한 것이라는 것을 상상할 수 있다. 이런 방법은 자구가 잘못되어도 영향을 받지 않고 글자도 반복할 수 있고, 삭제 요약하거나 위치를 이동할 때의 제한도 없다. 만일 글자를 잘못 새겼거나 판면에 수정이 필요할 때도 각자공이 이 부분을 없애면 되고 또 다른 판목으로 이 부분을 대체하면 된다.[257]

상술한 자료는 모두 18세기에 중국에 온 예수회 선교사들이 제공한 것이다. 1920년대부터 중국에 온 영국인과 미국인은 납판인쇄술에 대하여 더욱 상세한 기록을 했다.

영국 런던회[256] 선교사 밀느(W. Milne, 1785~1822)가 중국에 선교사로 왔을 때의 정황을 회고한 글이 있는데 한 장章을 전적으로 중국의 인쇄에 대해 묘사했다. 그는 중국인쇄는 목판·납판·활판의 세 종류가 있다고 하며 "나는 아직 중국인들이 사용하는 납판을 본 적이 없으며 책 속에서 언급하는 것도 보지 못했다. 마육갑馬六甲이라는 인쇄공(중국사람일 것으로 보임)을 고용했는데 그가 말하는 것을 들었

───

나왔다고 하니 어느 해가 정확한지를 모르겠다.
256_ 런던 선교회(London Missionary Society)를 말한다.

다. 긴급한 일이 발생하게 되면 많은 장인들을 소집하여 한 사람 당 작은 목판에 1~2행, 혹은 더 많은 행의 글자를 목판에 새기게 하는 데 그들은 몹시 빠른 속도로 글자를 새겨 나간다(목판 위에 납칠을 한 것). 모든 판각이 끝나면 작은 나무 핀으로 함께 엮어 놓는다. 이런 방법은 한 페이지나 종이 한 장에 곧장 인쇄를 할 수 있어 마치 영국 인쇄소에서 찍는 호외와 같다. 신속함으로 따지자면 납판이 최고라고 하는데 다른 정황에 대해서는 아는 게 없다"고 했다.[258] 이 단락의 의미로 보자면 마육갑이라는 인쇄공은 납판인쇄술을 이해하고 있었다. 밀느는 1813년에 마카오에 도착하여 선교사 모리슨(Robert Morrison)[257]을 도왔다. 마카오의 천주교 측에서 그의 거주를 불허하자 몰래 광주로 잠입했다. 그러나 얼마 안 되어 중국당국에 발각되어 쫓겨나 말레이시아 반도로 가서 화교들에게 신약을 선교했다. 마지막으로 마육갑이 거주하는 곳에 머물며 인쇄소 및 영화서원英華書院을 창설했다. 이로 볼 때 밀느가 언급한 마육갑 인쇄공은 필시 화교(광동의 광주나 혹은 복건성 일대의 중국인)였을 것이다. 다른 점으로 볼 때 19세기 초에 광동일대는 분명히 납판인쇄술을 사용했다는 것을

257_ 런던 선교회에서 중국으로 파견한 최초의 선교사다. 모리슨(1782~1834)은 중국 개신교 선교의 아버지로 여겨지고 있는데, 신학과 중국어를 공부한 뒤 1807년에 목사 안수를 받고 곧바로 광주로 파송되었다. 1809년 동인도회사의 통역관이 되어 죽을 때까지 이 직책을 맡았다. 중국에서 27년간 선교활동을 하면서 겨우 10명을 개종시켜 세례를 주었지만, 그들은 모두 독실한 신자였다. 동료 윌리엄 밀느와 함께 앵글로차이니스 칼리지를 말라카에서 설립했으며(1843년 홍콩으로 이전)《신약》을 중국어로 번역했다(1813). 이 성서 완역본은 1821년에 나왔다. 모리슨은《중국어 문법Grammar of the Chinese Language》(1815)·《3부로 된 중국어 사전 Dictionary of the Chinese Language, in Three Parts》(1815~23)도 저술했다. 그가 죽은 뒤 신설된 모리슨 교육협회(Morrison Education Society)에 의해 중국 청소년들을 위한 또 하나의 학교가 설립되었는데 처음에는 마카오에 있다가(1838) 나중에 홍콩으로 옮겼다.

설명해준다.

미국인으로 첫 번째로 중국에 온 선교사 브리지먼(E. C. Bridgman, 1801~1861)[258]은 중국에 온 후 얼마 안 되어 《중국문고Chinese Repository》를 창간하고 아편전쟁 전의 중국 상황에 대해 상세히 소개했다. 또한 중국초기에 연인술鉛印術의 전파와 중국인이 만든 금속활자의 경과를 기록하여 중문 문헌상에서의 부족함을 보충해 주었다. 1833년 《중국문고》에는 〈중국의 인쇄〉라는 글이 발표되었는데 근대 중국인쇄를 연구한 중요한 제1차 자료로 전체 9페이지에 달한다. 이 문장에서 당시 광주에서 사용한 납판인쇄술에 대해 언급하고 있다. 다음과 같은 구절이 있다.

일시적인 작품을 인쇄하는 것이라면, 더구나 급히 소식을 내보내야 할 때 그들(중국인을 가르킴)은 또 앞에 기술한 방법과는 다른 인쇄법을 사용한다. 광주의 원문초轅門鈔(매일 발행됨)는 즉 이 인쇄법을 이용하여 인쇄한 것이다. 이런 인쇄법은 납판을 채용했다. 한 장의 판 위에 얇게 밀랍을 칠하고 그런 후에 밀랍 위에 글자를 새긴다. 마치 평평한 목판 위에 글자를 새기는 것과 같다. 이런 류의 인쇄법으로 새긴 글자는 뚜렷하지가 않아 판별하기가 어렵다.[259]

1836년의 《중국문고》도 원문초에 관해 언급하고 있다. 원문초는 당시 광동의 성보省報로 출판자는 매일 저녁 자료를 수집한 후 다음 날 일찍 소식을 내보내야 하므로 당연히 신속한 인쇄법을 사용했을 것이다. 원문초는 "낱장 작은 신문으로 납판인쇄로 만들었기 때문에 단면인쇄에 글자는 판별하기 어려웠다."[260]

258_ 중국어로는 비치문裨治文이라고 한다.

광주 원문초가 납판인쇄를 사용한 일에 관하여 미국 선교사 윌리엄스(S. W. Williams, 1812~1884)[259]도 그의 저서 《중국총론》(1847년 초판)에 기록하고 있다. 그는 또한 인쇄용 먹에 대해서도 언급하고 있다. 그는 다음과 같이 말했다.

—

목판 인쇄 외에 또 일종의 간편한 방법이 있는데 신문이나 원문초轅門鈔를 인쇄할 때 사용한다. 이 방법은 딱딱한 밀랍 위에 글자를 새긴 후에 인쇄하는데 그저 글자만 보이면 된다. 인쇄용 먹은 연묵煙墨(lampblack)과 가격이 싼 유채기름을 섞은 것으로 인쇄공이 스스로 그것을 갈아 가루로 만든다. 인쇄공은 또 제지장製紙匠에게서 폭이 큰 종이를 구한 후에 종이를 재단하여 합당한 규격으로 만든다.[261]

윌리엄스는 초기(1833)에 중국에 온 미국 선교사다. 그는 일찍이 인쇄소의 업무를 책임지고 중국인쇄술에 관해 상세한 기록을 남겼으며 납인에 관한 기록은 그중의 한 소절일 뿐이다. 그 역시 브리지먼이 편집한 《중국문고》를 도와주었으며 중국에 관해 깊이 이해하고 있었다.

이상 서술한 미국인들의 기록 외에도 영국 외교관이자 한학자였던 존 프랜시스 데이비스(John Francis Davis, 1795~1890)[260]의 저서 《중국》(1857년 수정판)에서 광주 신문지가 납판인쇄를 사용했음을 기술하고 있다[262]. 데이비스는 1816년에 윌리엄 피트(William Pitt Amherst, 1st Earl Amherst, 1773~1857)[261]의 사절단을 수행하고 한문정사漢文正使

259_ 중국어로는 위삼위衛三畏라고 한다.
260_ 중국어로는 덕비시德庇時라고 한다.
261_ 중국어로 통칭 아미사덕훈작阿美士德勳爵(Lord Amherst)이라고 한다. 윌리엄 피트는 영국외교관이다. 1823년부터 1828년까지 인도총독을 지냈다.

로 왔다. 1833년에 데이비스는 주중 제3 상무감독을 역임했다. 후에
다시 홍콩총독을 역임했고 1848년에 사임했다. 이리하여 그가 본 납
판의 인쇄는 당연히 1848년 이전의 일이다.

사실상 광주의 원문초에서만 납인술을 사용한 것은 아니고 다른
각 성에서도 경보京報²⁶²를 다시 인쇄할 때도 수시로 납인술을 사용
했다. 영국 외교관 메이어(W. F. Mayers, 1831~1878)²⁶³는 1859년에 중
국에 와서 1871~1878년까지 한문정사漢文正使로 있었다. 1868년에
출판된 간행물에서 그는 중국 신문의 인쇄방법에 대해 말했다.

─

지금(최소한 현재까지도 믿을 수 있음)의 경보(Peking Gazettes)는 목활
자를 사용해 인쇄한 것이다. 또한 연활자도 사람들이 모르는 바가 아니
다. 말나온 김에 한마디 하자면 모두들 각 성에서 경보를 다시 인쇄할 때
는 납판을 이용해 인쇄를 했다는 것을 모른다(적어도 어느 상황에서는
그렇다). 이런 납판의 연한 표면에 문자를 충분히 또렷하게 새길 수 있어
대량의 인쇄품을 인쇄할 때 제공되었다. 누구라도 이런 인쇄과정을 목도
할 기회가 있다면 이 과정에 관해 묘사하는 것이 몹시 흥미가 있을 것이
라고 생각될 것이다.[²⁶³]

262_ 《경보》는 처음에 청나라 정부가 북경에서 출판한 반관방 성질의 중국어 정
기간행물로 '저보邸報'라고 불렀다. 관방에서 경영을 허락한 보방報房에서 배
달했다. 《경보》는 정부가 전문적으로 설치한 기구에서 베껴 써서 대중에게 전
달하는 것으로 공고판의 기능을 했다. 그러므로 현대적인 의미의 신문이라고
는 할 수 없다. 민국초기에 커다란 영향을 준 《경보》는 소표평邵飄萍이 1918
년 10월 5일에 설립한 것이다. 1926년 《경보》는 진실을 폭로하여 당시의 군벌
의 심기를 불편하게 하여 소표평은 살해되고 《경보》는 정간되었다. 1929년에
소표평의 부인 탕수혜湯修慧가 복간을 했고 '77사변' 이후에 정식으로 정간停
刊되었다.
263_ 중국어로는 매휘립梅輝立이라고 한다.

1874년, 즉 메이어가 한문정사로 있을 때에 《중국평론》에 《경보》에 관한 장편의 논술을 발표했다.[264] 그는 《경보》의 각종 명칭, 인쇄용지, 인쇄방법에 대하여 모두 묘사했다. 이것으로 19세기 후반부의 신문 인쇄업의 정황을 이해할 수 있다. 《경보》발행방식을 논할 때에 그는 '사본寫本'과 '장본長本'이라는 두 형식을 거론했는데 후자가 바로 납판인쇄를 말한다. 인쇄가 완료된 후에 밀랍을 다시 문질러 평평하게 해놓으면 재사용할 수 있다.

　윌리엄스는 1875년에 《교무잡지敎務雜志》(Chinese Recorder)에 한문활자에 관해 장편의 문장을 발표했는데 그 글에서도 역시 납판인쇄에 대해 말하고 있다. "일시적인 포고나 혹은 다른 것을 인쇄하기 위해서 밀랍과 로진264을 혼합하면 아주 견고하게 제조되므로 각자공은 끝이 튕겨질 정도로 과하게 칼자국을 내었다. 이런 밀랍을 사용하여 비교적 비싼 이화목梨花木을 대체했다[265]"고 기록했다.

　위에서 인용한 10여 종의 문헌을 통해 보면 청대 납인술의 과정은 대체로 다음과 같다.

　(1) 밀랍과 로진을 혼합하여 작은 목판 위에 칠하고 충분히 굳힌다.

　(2) 밀랍판 위에 양각을 거꾸로 새긴다.

　(3) 나무핀을 이용해 작은 목판들을 연결시킨다.

　(4) 연묵과 유채유를 혼합해 갈아 가루로 만들어 인쇄먹을 만든다.

　(5) 종이를 재단해 길게 만들어 인쇄용지를 준비한다.

　(6) 납판을 이용해 인쇄한다.

　(7) 인쇄가 끝나면 판면의 문자를 평평하게 문질러 놓아 다시 사용하도록 한다.[266]

264_ 로진(rosin)은 송진을 수증기로 증류한 후에 남은 고체 물질이다.

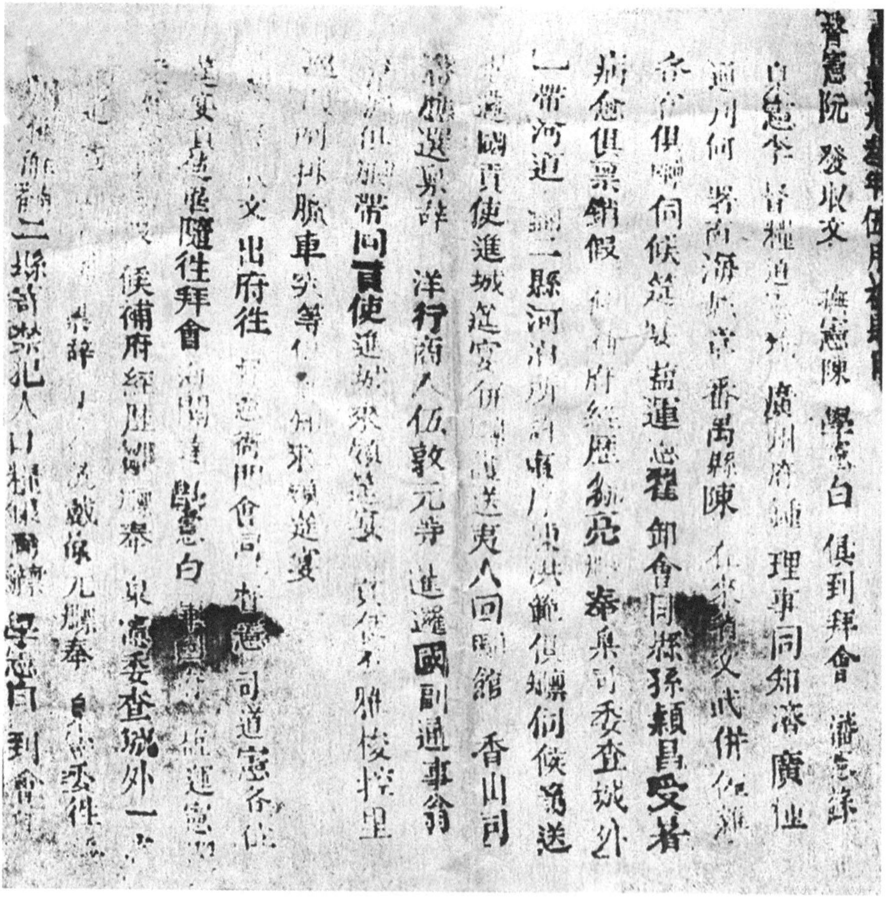

[그림 68] 도광 3년(1823) 납판 각인한 광동의 〈원문초〉

이 밖에 또 청대 납판 인쇄사용은 비교적 보편적이었음을 이해할
수 있고, 도광시기에 납인蠟印을 이용했지만, 이는 옹정 이전에 이미
사용했음을 알 수 있다. 광주 외에 북경과 다른 성부에서도 이런 간편
한 인쇄방법을 사용했으며 현재도 여전히 납판 인쇄품이 전해져 내려
온다.

청 도광 초년에 광동성 아문에서는 매일 《원문초》(성省정부 공보)가
나왔으니 이는 광주에서 납판에 새기고 인쇄한 것이다[그림 68]. 먼저 벌

꿀의 밀랍을 로진과 혼합하여 얇게 목판 위에 한 층을 칠하고 굳은 후에 밀랍 칠한 위에 글자를 새기는데 이렇게 하면 400~500부까지 인쇄가 가능하다. 하지만 분명하게 보이는 글자는 아주 적었다. 이외에도 벽보나 공고문에도 납판인쇄를 이용했다. 이 방법의 장점은 빠르고 절약할 수 있다는 점이고 결점은 글자가 그다지 분명하지 못하다는 점이다. 이는 미국 에디슨(T. A. Edison)이 등사기를 발명하기 30~40년 전의 일이다.[267]

오스트리아 비엔나 국립도서관에 옹정 9년의 《제주전록題奏全錄》[그림 69][268]이 소장되어 있는데 당연히 현재까지 발견된 것 중에서 최초의 납판 인쇄품이다. 인쇄품의 먹의 농담은 균일치 않으며, 글자의 필획도 거칠고 균등치 않고, 글자의 배열도 가지런하지 못하다.

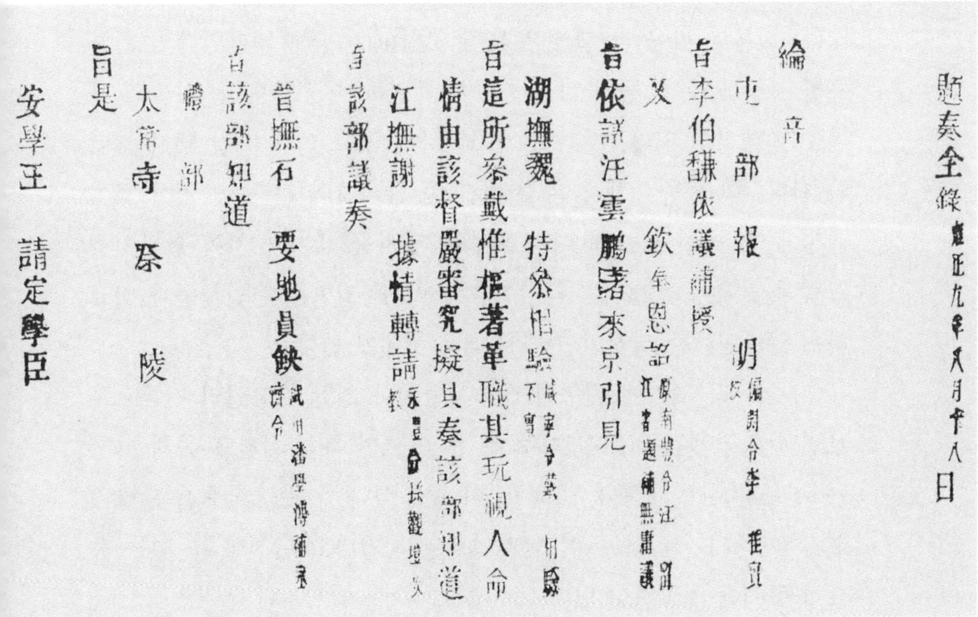
題奏全錄
綸音
吏部 報 明
旨李伯鏶依議補授
又 欽奉恩詔
旨依議汪雲鵬著來京引見
湖撫魏 特參 驗
旨這所參戴惟權著革職其玩視人命
情由該督嚴審究擬具奏該部知道
江撫謝 據情轉請
旨該部議奏
晉撫石 要地員缺
旨該部知道
禮部
太常寺 祭 陵
旨是
安學臣 請定學臣

[그림 69] 옹정 9년 《제주전록題奏全錄》, 현존하는 최초의 납판 인쇄품으로 비엔나 오스트리아 국립도서관에 소장되어 있다.

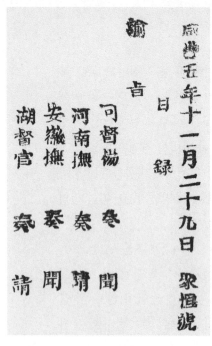

[그림 70] 함풍 5년 취항호 《제주전고》, 비엔나 오스트리아 국립도서관 소장.

개별자個別字는 보충한 것으로 보이며 일반 활자 인쇄품의 질과는 비교할 수 없다. 비엔나에는 또 도광 10년, 함풍 5년(취항호聚恒號) 《제주전고題奏全稿》[그림 70]도 소장하고 있는데 이도 당연히 납판인쇄다. 이외에 파리 프랑스국가도서관, 남경도서관 등과 개인 소장으로 공신당公愼堂에서 인쇄한 《제주사건題奏事件》[그림 71]이 있는데 이 역시 납판을 이용해 인쇄한 것이다. 그 이유는 다음과 같다.

(1) 실물로 봤을 때 그것은 도광 3년(1832) 광주 납판인쇄의 원문초를 모방했고[269] 등사 잉크 농담이 균일하지 않으며 열列마다의 사이도 평행하지 않다. 자간도 가지런하지 않고 인쇄의 질 역시 차이가 난다. 더욱 중요한 것은 전체판 중 글씨가 없는 곳에 먹이 묻어 꺼멓게 된 곳이 있는데 이는 납판에 글자를 새기는 것이 활자처럼 그렇게 필획이 돌출되지 않았기 때문이다. 일반활자 인쇄품과 비교하면 납판인쇄는 질적인 면에서 더욱 차이가 난다.

(2) 청나라 초기에 예수회 선교사들이나 청말 서양인의 기록으로 보면 납판인쇄는 비교적 자주 볼 수 있으며 특히 시간을 몹시 다투는 신문같은 인쇄품을 인쇄할 때 사용했다. 이는 《제주전록題奏全錄》·《제주사건題奏事件》이 납판인쇄로 되었다고 단정할 수 있는 중요한 증거를 제공하고 있다.

전통적 활자 인쇄품은 어떤 때는 농담이 고르지 못한데 《제주사

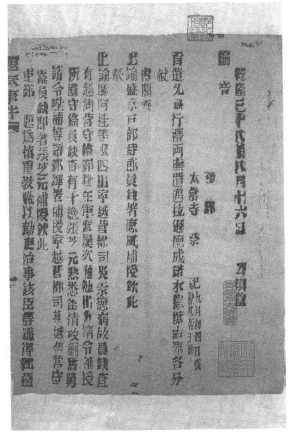

[그림 71] 건륭 30년 8월 건륭 공신당에서 납판 인쇄한 《제주사건》.

건》에서도 이런 특징이 있다. 그러나 주의할 것은 어떤 것은 목활자
인쇄품보다 질이 좋은데 적금생翟金生[265]이 니활자泥活字[266]로 《니판

265_ 적금생翟金生(1775~1857)의 자는 서원西園이고 또 문호文虎라는 이름도 있
다. 경현涇縣 수동적촌水東翟村 사람이다. 가경 연간의 수재로 학문을 좋아했
으며 특히 금석문을 좋아했다. 집안이 가난해 책을 구입할 수 없어 다른 사람
의 책을 베껴서 보았다. 그러나 이렇게 하는 것이 너무 시간과 힘이 들어 심괄
의 《몽계필담夢溪筆談》을 읽은 후에 필승畢升의 활자주조법을 모방하여 네 명
의 아들을 데리고 찰흙을 이용하여 활자를 만들었다. 30년의 세월을 들여 견고
하고 단단한 다섯 종류의 찰흙 활자 10만여 개를 만들었다. 도광 24년(1844)에
아들 손자와 함께 이 활자로 《시문연어詩文聯語》 1책을 제작하고 그 이름을
《니판시용초편泥版試用初篇》이라 했다. 포세신包世臣이 여기에 서를 썼다.

시인초편泥版試印初編》을 인쇄했는데 이는 결코 목판 인쇄품에 못지 않다. 다시 말해 만약 《제주사건》이 활자인쇄라고 인정한다면 이치로 볼 때 분명히 먼저 활자를 잘 배열한 후에 나뭇가지로 계행界行을 만들면 행간은 분명히 가지런하고 평행일 것이다. 그러나 《제주사건》은 행과 행의 간격이 몹시 가지런하지 못하니 이는 《제주사건》이 활자를 이용해 인쇄했을 거라는 가능성이 크지 않다. 청대 문헌 속에 납판 인쇄법에 관한 기록이 없기 때문에 어떤 사람은 활자인쇄의 농담이 고르지 않다는 특징에 근거하여 《제주사건》을 활자 인쇄라고 단정하기도 한다.[270]

영파니판寧波泥版

동치·광서 연간에 영파의 민간에서는 찰흙판을 이용해 창본唱本 《맹강녀孟姜女》·《양축梁祝》 등 30~40쪽의 작은 책자를 인쇄했고 자비로 인쇄해 스스로 팔았다. 영파 장서가인 손정관孫定觀의 말에 의하면 그가 실물을 보았는데 전체 찰흙판은 활자가 아니라고 한다.

6. 투인套印

명대의 투인은 호주湖州에서 성행했지만 청대에 이르러 호주는 이미 그 명성이 사라지고 북경과 광주에서 그 뒤를 이어 성행했다.

청대에는 시헌서時憲書267와 강희·건륭 전본殿本 서적 중에 일부

도광 27년에 강서 의황현宜黃縣의 황작자黃爵滋의 승인을 받아 《선병서실초집시록仙屏書室初集詩錄》을 제작했다. 그가 인쇄한 도서는 목판 인쇄와 비견되곤 한다. 현재 그가 만든 니활자와 인쇄품은 안휘성박물관 및 국가역사박물관에 소장되어 있다. 이에 관해 자세한 것은 뒤의 〈청대활자〉에 나온다.
266_ 니활자는 교니활자膠泥活字, 점토활자, 니활자라고도 하지만 이 책에서는 도활자, 목활자, 철활자처럼 한자 그대로 니활자로 표기한다.

는 주색과 흑색의 투인이 있다. 강희 말년의 《흠정곡보欽定曲譜》, 건륭 인장인 《옹정주비유지雍正朱批諭旨》의 비자批字와 '。' '___'는 모두 붉은 색으로 112책이나 된다. 또 4색본도 있는데 《고문연감古文淵鑒》(강희 24년)[그림 72]·《당송문순唐宋文醇》(건륭 3년)·《당송시순唐宋詩醇》(건륭 15년) 등이다. 《당송시순》은 1949년 이전에 나온 도서판매 목록에는 내부오색투판內府五色套版에 개화지開化紙로 300원이라고 명기되어 있다. 《당송문순》은 나문지羅紋紙에 600원이었다. 《권선금과勸善金科》(건륭)는 주朱·흑·황·녹·남색 5색이다[그림 73]. 노곤盧坤이 판각한 《두공부집杜工部集》(도광 14년)은 자·남·주·녹·황·흑 6색이다[그림 74]. 광주廣州 한묵원翰墨園의 《두공부시집杜工部詩集》(광서 2년) 역시 이 여섯 가지 색상이다. 6색은 투인본 중에서 색상이 가장 많다고 할 수 있다. 각종 색상투인은 흰 종이 위에 인쇄된 것이 몹시 아름다워 눈길을 사로잡는다.

광주 예방재藝芳齋·한묵원 등 서방에서도 적지않은 투인본을 출판했다. 한묵원에서는 상술한 《두공부시집》 외에도 3색 투인본인 《소시蘇詩》(동치)·《문선》(광서 2년)·《창려시주昌黎詩注》를 인쇄했다. 이외에 소주의 장주長洲 섭씨葉氏의 해록헌海綠軒에서 간행한 《문선》(건륭 37년), 소주 경서당經鉏堂의 《임중지남의안臨證指南醫案》(도광), 항주 절강서국의 《어비역대통집람御批歷代通輯覽》(동치 10년)이 있고, 오색투인으로는 《세원록洗冤錄》이 있다. 강서투인에는 《고문연감》·《강서전성여지도江西全省興地圖》(동치 7년)가 있다. 무창 숭문서국에도 5색 투인본 《문장궤범》(광서 원년)이 있고, 한구漢口의 삼보재森寶齋에도 역시 주·묵본이 있다.

267_ 시헌력時憲曆으로 태음력太陰曆의 구법舊法에 태양력의 원리를 부합시켜 24절기의 시각과 하루의 시각을 정밀히 계산하여 만든 역법.

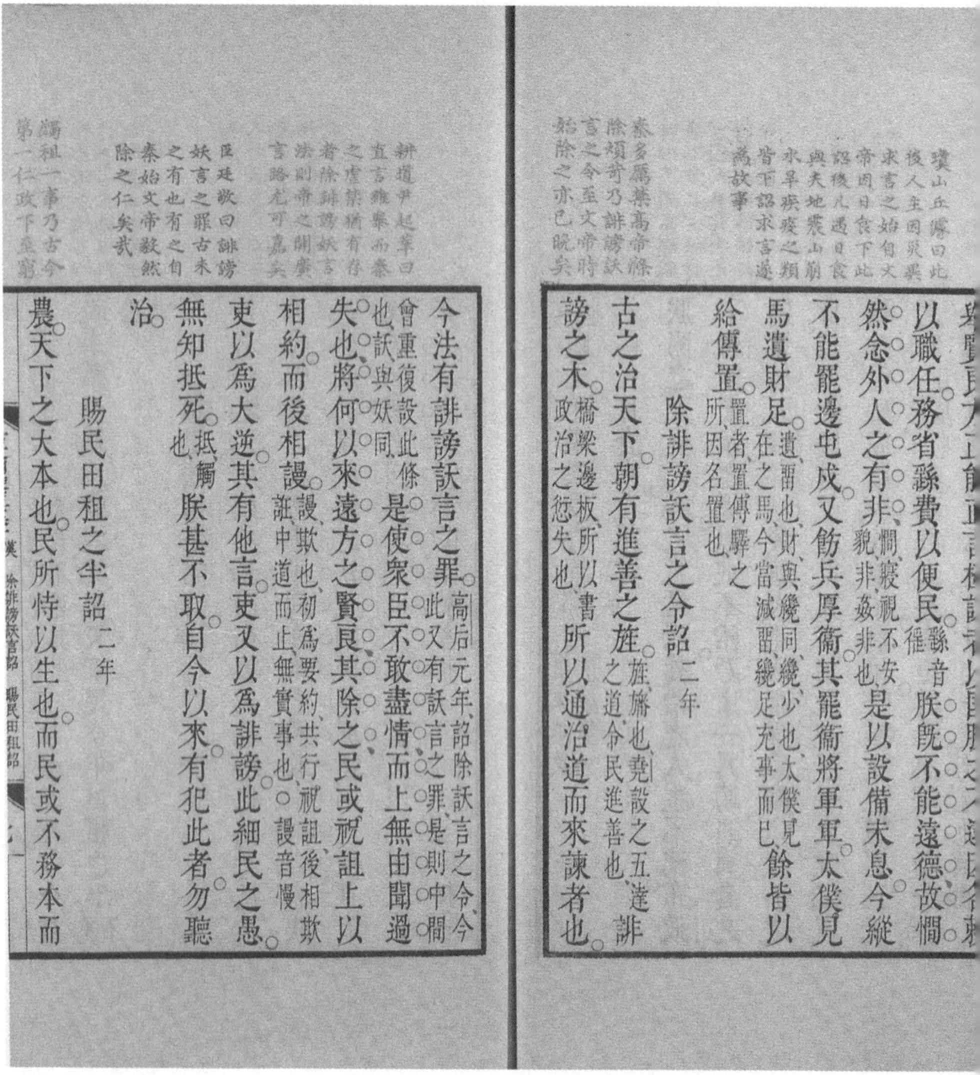
瓊山丘濬曰此後人主因災異求言之始自文帝因日食下此詔後凡遇日食與夫地震山崩水旱疾疫之類皆下詔求言遂為故事

秦多厲禁高帝除煩苛乃誹謗訞言之令至文帝時始除之亦已晚矣

舉賢良方正能直言極諫者以匡朕之不逮因各敕以職任務省繇費以便民。繇音徭 朕既不能遠德故憪然念外人之有非。憪寢視不安貌非姦非也 是以設備未息今縱不能罷邊屯戍又飭兵厚衛其罷衛將軍軍太僕見馬遺財足。遺留也財與纔同纔少也太僕見在之馬今當減留纔足充事而已 餘皆以給傳置。置者置傳驛之所因名置也

除誹謗訞言之令詔 二年

古之治天下朝有進善之旌。旌旛也堯設之五達之道令民進善也 誹謗之木。橋梁邊板所以書政治之愆失也 所以通治道而來諫者也。

耕道尹起莘曰直言雖舉而秦之虐禁猶有存者除誹謗訞言法則帝之開廣言路尤可嘉矣

臣廷敬曰誹謗妖言之罪古未之有也有之自秦始文帝毅然除之仁矣哉

今法有誹謗訞言之罪。高后元年詔除訞言之令今此又有訞言之罪是則中閒曾重復設此條 是使衆臣不敢盡情而上無由聞過失也。訞與妖同 將何以來遠方之賢良其除之民或祝詛上以相約而後相謾。謾欺也初為要約共行祝詛後相欺誑中道而止無實事也○謾音慢 吏以為大逆其有他言吏又以為誹謗此細民之愚無知抵死。抵觸也 朕甚不取自今以來有犯此者勿聽治。

賜民田租之半詔 二年

農天下之大本也民所恃以生也而民或不務本而

[그림 72] 《어제고문연감》, 강희 내부투인본.

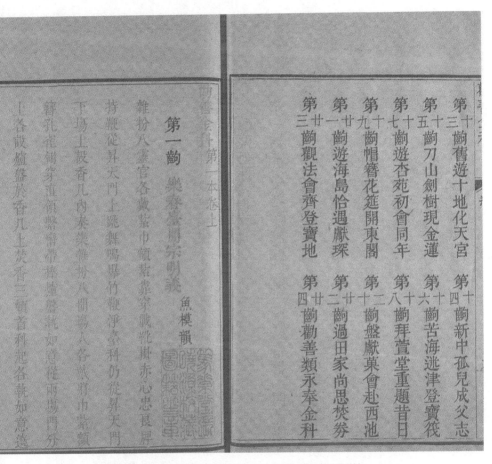

第三齣舊遊十地化天宮　第十四齣新中孤兒成父志
第十五齣刀山劍樹現金蓮　第十六齣苦海逃津登寶筏
第七齣遊杏苑初會同年　　第八齣拜萱堂重題昔日
第九齣帽簪花筵開東閣　　第十二齣盤獻菓會赴西池
第二十齣遊海島恰遇獻琛　第二十一齣過田家尚思楘券
第三十一齣觀法會齊登寶地　第二十四齣勸善類永奉金科

第一齣　樂奉壽開宗明義

魚模韻

雜扮八壽宮各戴蟒巾領紮靠穿戰靴掛赤心忠良牌
持頭從昇天門上跳舞喝畢竹鞭淨臺科仍從昇天門
下場上殿香几內奉樂雜扮八朝勢人各戴冕旒巾紮額
簪孔雀翎穿直領繫鸞帶持爐盤執如意雉兩場門分
上各設爐盤於香几上焚三頓首科起各就如意遶

[그림 73] 장조張照 등 편찬 《권선금과勸善金科》, 건륭 내부 오색투인본.

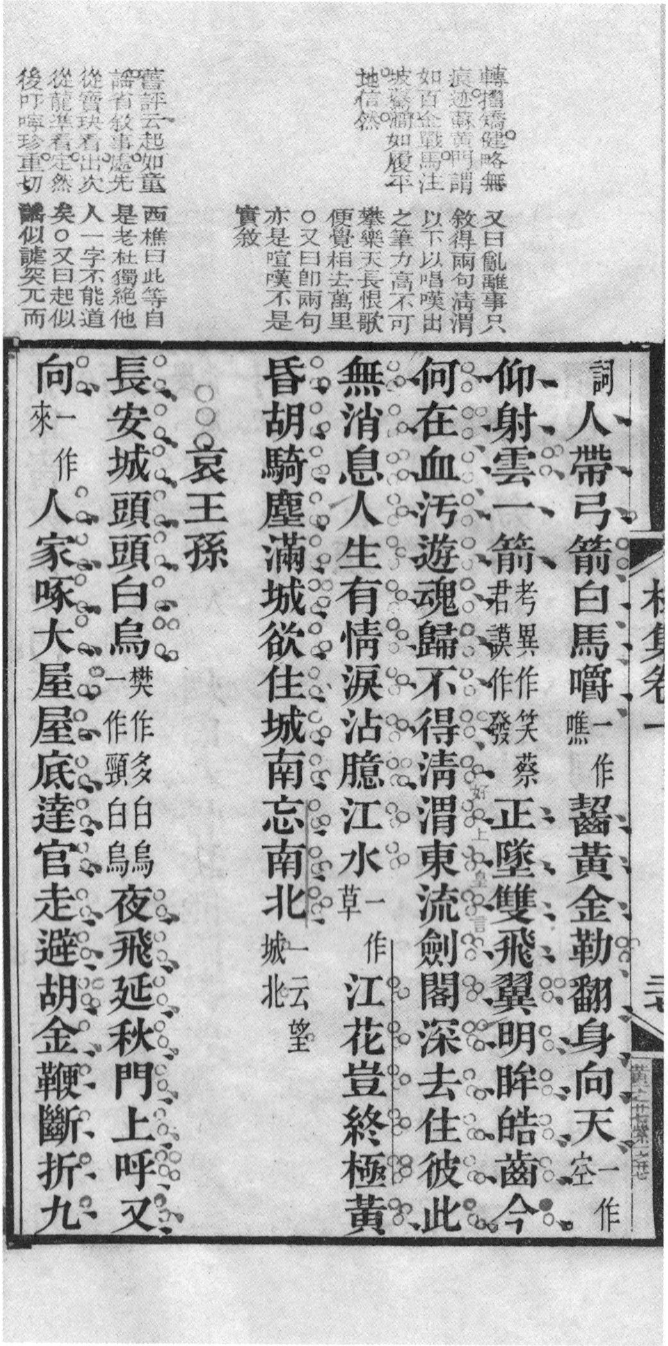

轉擲蹻健略無
痕迹森門謂
又曰亂離事只
如百途戰馬注
敍得兩句淸渭
以下以唱嘆出
彼筌蹄如履平
之筆力高不可
地信然
藥藥天長恨歌
便覺相去萬里
○又曰卽兩句
亦是喧嘆不是
實敍

舊評云起如童
論省敍事處先
從龍準看定然
後吓嗟珍重切
謂似謔突兀而

西樵曰此等自
是老杜獨絕他
人一字不能道
矣又曰起似
論似謔突兀而

從寶塊看出次
入一字不能道

詞
人帶弓箭白馬嚼 一作 齧黃金勒翻身向天空一作
仰射雲一箭 考異作 笑 蔡正墜雙飛翼明眸皓齒今
何在血汚遊魂歸不得淸渭東流劍閣深去彼此
無消息人生有情淚沾臆江水一作江花豈終極黃
昏胡騎塵滿城欲往城南忘南北 城北云望
○○
哀王孫
長安城頭頭白烏一樊作頭多白鳥夜飛延秋門上呼又
向來一作人家啄大屋屋底達官走避胡金鞭斷折九

[그림 74] 《두공부집》, 도광 14년 6색 투인본. 중국 인민대학교 도서관 소장.

활자본도 주·묵 투인이 있다. 무영전 취진판聚珍版 팽원서彭元瑞의 《만수구가악장萬壽衢歌樂章》(건륭 55년) 같은 책은 옆에 작은 글씨로 궁상각치우宮商角徵雨 주를 달았는데 모두 주색이다. 활자본 《도연명집》(건륭 후기)은 남색 쌍변에 남색 어미, 권점과 작은 주[小注]는 주색이고 평어는 녹색이며 본문은 먹색이다. 활자본 역시 4색이 있지만 몹시 희귀하다.

7. 채색인쇄

명대에 채색 두판餖版 인쇄가 있었는데 청대 사람들도 이를 모방했다. 가령 소주에서는 《본초강목》 부도附圖 2책(순치 12년), 《삼국지연의》의 도원삼결의도(순치 말년), 강희 연간에 《경직도耕織圖》[그림 75]를 판각했는데 모두 채색투인이다. 강희 연간에 금릉왕부에서 간행한 《서호가화西湖佳話》의 서호전도全圖·서호십경과 건륭 연간에 오일吳逸의 《고흡산천도古歙山川圖》 1권도 모두 5색 투인이다. 청재당青在堂에서 화훼 영모翎毛를 그렸는데 이는 호씨[268]의 십죽재十竹齋를 모방한 것이다. 《십죽재화보十竹齋畫譜》는 가경 22년 개자원芥子園에서 다시 판각했고, 광서 연간에 효경산방校經山房에서 또 번각본을 내었다. 오색 《개자원화전芥子園畫傳》은 가흥 연간에 왕개王槩 형제 세 명이 그린 것으로 강희 18년 목판 채색으로 인쇄된 제1집[그림 76]이고 40년에는 인본이 3집으로 나뉘었다[그림 77]. 금창金閶[269] 서업당에서는 건륭 47년에 중간했고, 가경 23년에 또 4집이 나왔다.[271] 현란하고 아름다워 가경 이후에 계속 번각이 되어 처음 그림공부를 하는

268_ 호정언胡正言을 말한다.
269_ 소주를 말한다.

[그림 75] 《어제경직도御製耕織圖》, 강희 채색투인본.

胡長伯画自文五
峰入手晚乃出入
叔明子久其筆古
質頫穎文代以肯
人書學禮器碑

[그림 76] 《개자원화전》, 왕개王槩 등이 편집, 강희 18년 이어李漁 간행 투인본.

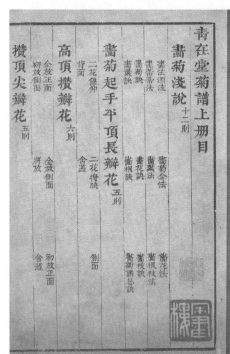

[그림 77(1-1)]

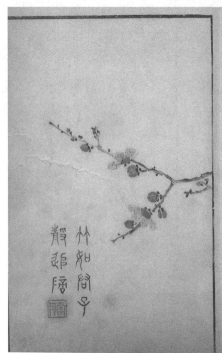

[그림 77(1-2)]

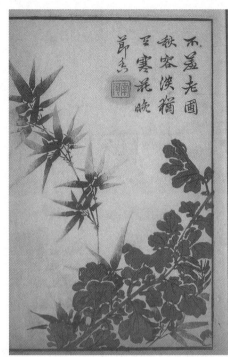

[그림 77(1-3)]

[그림 77(1-4)]

[그림 77(1)] 〈개자원화전〉 2집, 왕개 등이 편집, 강희 40년 개자원생관에서 간행한 투인본.

未放香噴雪
仍藏蕊散金

[그림 77(2)] 《개자원화전》3집, 왕개 등이 편집, 강희 40년 개자원생관이 간행한 투인본.

사람들의 교과서가 되었으며《십죽재화보》보다도 더욱 유행했으며
영향 역시 더 컸다.

　건륭 시기에 소주의 정량선丁亮先 · 정응종丁應宗은 목판을 이용하
여 많은 화조화를 인쇄했다[그림 78]. 조각이 섬세하고 또한 기술이
뛰어났으며 백색의 종이 위에 색채가 현란한 것이 투색인쇄 중에서

[그림 78] 건륭 중엽 소의 정량선 · 정응종이 제작한 아름답고 다채로운 두판饾版 인쇄 화조화. 파리 프랑스국립도서관 소장.
Monnet, Chines: l'Empire du trait, Paris, 2004년 참조.

도 많지 않은 정품으로 프랑스 국립박물관 · 영국대영박물관과 스웨덴의 크리스터(Christer von der Burg)가 적지않게 소장하고 있다[그림 79]. 프랑스 소장 파일 문헌으로 볼 때 정량선이 건륭 연간에 생존한 천주교도였음을 알 수 있고, 또한 소주에 있던 유럽에서 온 선교사들과 왕래가 많았음을 알 수 있다. 자신이 인쇄를 했을 뿐만이 아니라 또 서양화의 교역에 종사했으니 아마도 그의 작품은 선교사와 외국인들이 유럽에 판매했을 것이다. 건륭 연간에 소주 일대에는 여전히 서양의 투시법을 모방하여 연화年畫와 기타 문학제재의 인쇄품[그림 80]을 제작했고 현재에도 이런 작품들이 유럽과 일본의 박물관에 보존되어 있다.

도광 28년에 영인서옥판影印書屋版 《금어도보金魚圖譜》에는 56종의 서로 다른 금붕어가 그려져 있다. 큰 배에 눈이 튀어나온 몸집에 몹시 생동적이며 모든 금붕어들의 본래 색상 그대로 인쇄되었다. 페이지 마다 사방 테두리에는 흐린 녹색으로 소나무 · 대나무 · 매화가 그려져 있다. 《절동진해득승전도浙東鎭海得勝全圖》도 채색 인쇄다. 광서 7년에 상해에서 인쇄된 《제일재자서삼국연의第一才子書三國演義》는 매권의 첫 번째에 채색 삽화가 있는데 이는 목각투인을 새로운 연인鉛印에 적용시킨 예다.

청말에 북경 유리창의 영보재榮寶齋 등 남지점南紙店에서는 채색의 편지지와 시전詩箋[270]이 유행했다.

각 성의 채인 연화는 연화편에서 상세히 살펴본다.

270_ 시전詩牋이라고도 한다. 전문적으로 시를 쓰는 종이이다. 꽃잎이나 아름다운 문양을 넣어 멋지게 장식한 종이이다.

籬邊高致欺霜
冷静伴書齋到
画屏　亮先題

[그림 79-1]

[그림 79-1] 건륭 연간에 정량선이 제작한 두판 인쇄 화조화. Christer von der Burg 소장.

[그림 79-2]

[그림 79-3]

[그림 80] 소주판화 전본《서상기》, 정묘년(1747?)에 새롭게 조각했는데 유럽 화풍을 모방했
다 《중국의 양풍화》참조, 마치다[町田] 국제판화 미술관, 1995년.

태평천국(1851~1864)의 도서간행

1. 총 론

태평천국太平天國 시대에는 문화 선전을 중시했으며 일찍이 청 도광道光 24년(1844) 홍수전洪秀全(1814~1864)은 광서廣西를 전전할 때에 《권세진문勸世眞文》·《백정가百正歌》 등을 지어서 백성들에게 선전했다. 금전기의金田起義 후에 백성의 폭넓은 지지를 얻고 군대의 위세가 오르자 적들은 동정을 살피며 도망가니 얼마 되지 않아 드넓은 지역을 점령하게 되었다. 홍수전의 태평군은 행군 중에 필요한 인신印信·포고문 등을 모두 판각 인쇄해 문서로 배포했는데 처음에는 광서와 호남 호북 및 적지 않은 강서성의 각자공들이 와서 간행 인쇄했다. 남경에 와서 수도 천경天京을 건립한 후에 신정권의 수요에 부응하기 위하여 부성창대가復成倉大街에 전각아鐫刻衙(전각관鐫刻館이라고도 함)를 설치하고, 문창궁文昌宮 뒤에 쇄서아刷書衙(쇄서관刷書館이라고도 함)를 설치하는 등 정식으로 출판기관을 설립하고, 아울러 판각을 관장하는 관리가 책임을 졌다. 남경은 명대에 도서간행이 이미 아주 발달했기 때문에 양주揚州의 솜씨좋은 각자공을 일부 불러오기에 이르렀다. 그래서 천경은 태평천국의 출판중심지가 되었고 도서간행사업은 몹시 왕성하게 발전했다.

태평천국 관서官書에는 소위 '어지를 받들어 간행 반포한 조서詔書' 29부部가 있으며 태평천국 초기 2, 3, 4년에 주로 판각되었다. 저자는 천왕天王 홍수전洪秀全·남왕南王 풍운산馮雲山·간왕干王 홍인간洪仁玕이 있는데 간왕 것이 가장 많다. 간왕은 29부 안에는 있지 않지만 역시 대부분 '어지를 받들어 간행 반포'라는 글이 있다. 주요 저서로는 적에 대한 작전사항을 담은 《반행조서頒行詔書》(임자壬子 2년 신각新刻, 아래에는 각刻 자 생략)가 있는데 여기에는 〈위봉천주요구세안민유爲奉天誅妖救世安民諭〉·〈위봉천토호격포서방유爲奉天討胡檄布四方諭〉·〈위구일체천생천양유爲救一切天生天養諭〉 삼통三通이 수록되어 있다. 〈주요격문誅妖檄文〉(11년)은 홍인간이 천하의 군인과 백성은 함께 일어나 감풍㺫㺒(즉 함풍)[271]이라는 요괴의 우두머리를 무너뜨리자고 선전하고 또한 청군의 관리와 병사(즉 청나라 병사)들도 암흑을 버리고 투항하여 광명을 찾으라고 권유하는 내용이다. 미로에서 벗어나 각자 행복을 유지하라고 권유했다. 〈성세문醒世文〉(8년)에서도 청 병사들에게 투항하라고 권유했다. 이런 청 조정을 토벌하자는 선전문건은 민족주의를 발양시키고 혁명의 사기를 고무시키며 적 내부를 와해시키고 적군의 기의를 쟁취하는 데 어느 정도의 역할을 했다.

군대의 편제·조직·군기軍紀·호령號令에 관해서는 《태평군목太平軍目》(2년, 이 책은 《태평예제太平禮制》와 함께 모두 풍운산이 지은 것임)·《태평조규太平條規》(《태평영규太平營規》라고도 함)·《행군총요行軍總要》(5년)가 있고 또한 고대 유명한 병서인 《손자》·《오자吳子》·《사마법

271_ 감풍㺫㺒과 함풍咸豊의 중국어 발음은 모두 xianfeng이다. 감㺫은 개이름이고, 㺒(이 글자는 찾을 수 없는데 혹 獖[짐승이름 풍]자가 아닌지 의심이 듦)자 역시 짐승을 나타내는 글자이므로 같은 음을 차용하여 함풍제를 비아냥한 것이다.

司馬法》을 번각하여서 《무략서武略書》라고 총명總名하여 무사의 자제들에게 학습하도록 제공했다.

정치경제 서적으로 중요한 것은 《천조전무제도天朝田畝制度》(4년)가 있는데 태평천국의 정치 경제의 기본사상을 반영하고 있다. 《자정신편資政新篇》(9년)은 홍인간이 저술했다. 홍인간의 사상은 진보적이어서 기차와 기선을 만들자고 제창하고, 은행을 설립하고 공업을 부흥시키고, 광산을 개발하고, 신문사를 세우고, 의원을 부흥시켜야 한다고 했다. 또 먹고 살기 힘들다고 여아들을 물에 처넣어 죽이는 것을 금지하고, 술과 잎담배 아편을 금지하고, 백성들이 게으름을 피우거나 정상적인 업무에 힘쓰지 않는 것을 제거해야 한다고 했다. 이에 매 조條마다 홍수전은 '옳다[是]', '이 책략은 좋다[此策是也]'라는 미비眉批[272]를 적어 넣었다고 하는데 애석하게도 이렇게 된 것을 아직 본 적은 없다. 《태평조서太平詔書》(2년)는 홍수전이 지은 것으로 그 안에는 〈원도구세가原道救世歌〉·〈백정가百正歌〉·〈원도성세훈原道醒世訓〉·〈원도각세훈原道覺世訓〉이 들어 있고 홍수전이 32~33세 때 쓴 작품이다. 《유주조서幼主詔書》 판심版心 제목에는 《십구시十救詩》라고 되어 있는데 역시 노천왕老天王(홍수전)이 지은 것이며 유천왕幼天王[273]을 가르치기 위한 것으로 "남녀는 떨어져야 한다고 말하는것은 만나지 못하게 하는 도리다"라고 했다. 《천부시天父詩》(7년) 5백 수는 대부분 천왕天王[274]이 후궁과 후비들에게 알려 훈시하는 내용이다. 제도를 논한 것으로는 《태평예제太平禮制》(원년, 2년)가 있다. 과거 제도와 벼슬의 등급에 따른 복식을 서술한 것으로는 홍인간과 진옥성陳玉成 등이 《흠정사계조례欽定士階條例》(11년)를 제정하여 바쳤다.

272_ 책의 위쪽 여백에 써 넣는 평어評語나 주석을 말한다.
273_ 홍수전의 아들을 말한다.
274_ 홍수전을 말한다.

또 《천부상제언제황조天父上帝言題皇詔》(일명 《십전대길시十全大吉詩》)가 있으며 태평군인들이 남경에 살포한 책들은 즉 이런 종류들이다. 《천명조지天命詔旨》는 홍수전의 조령詔令을 수집하여 기록해 놓았다. 《천부하범조서天父下凡詔書》는 두 종류로 나뉘어져 있는데 내용은 서로 다르다.

태평천국의 과거시험 문장은 하진천何震川 등 30~40명이 《건천경어금릉론建天京於金陵論》·《폄요혈위제례론貶妖穴爲罪隸論》(죄례는 즉 직례直隸로 지금의 하북성을 말함)를 지었다. 천시장원天試狀元 오용관吳容寬[275] 등 25명은 《조서개새반행론詔書蓋璽頒行論》(모두 3년)을 지었다.

이들은 어린이 교육을 중시하여 《삼자경三字經》·《어제천자조御製千字詔》를 반포했으나 내용은 기존의 《삼자경》·《천자문》과는 완전히 달랐다. 《유학시幼學詩》(원년·2년)에는 "상제上帝를 공경하고, 예수를 공경하고, 내친內親을 공경한다"[276] 등의 오언절구 34수가 실려 있다.

매년 반포하는 달력은 365일을 1년으로 했고 홀수 달은 31일, 짝수달은 30일이고 윤달은 사용하지 않았으며 단지 절기와 예배일(일요일)만 주를 달아서 당송唐宋 이래의 책력의 미신금기를 타파하여 중국 책력상에 있어 일대 혁명을 이루었다. 현재 계호癸好 3년[277]·갑인甲寅 4년·무오戊午 8년·신유辛酉 11년의 신력新曆이 남아 있는데 신유 11년 책력에는 절기 아래에 차 심는 날짜, 채소씨 파종하는 날짜, 밀 파종 날짜가 상세히 적혀 있다.

275_ 오용관은 태평천국 4년 갑인과甲寅科에서 장원을 했다. 천시天試는 과별科別을 말한다.

276_ 본서의 원문에는 "敬上帝, 敬耶蘇, 敬內親"이라고 되어 있는데 다른 자료에서는 "敬上帝, 敬耶蘇, 順內親"이라고 되어 있다.

277_ 계호는 태평천국의 연호로 갑인甲寅 3년(1853)을 말한다.

계호 3년(1853)은 영국 해군 대령 피시번(E.G.Fishburne)[278]이 천경에 도착한 해다. 그는 "태평군이 《성경》을 아주 널리 살포했는데 4백명이 종일토록 인쇄에 종사하여 밖으로 내보냈다"고 했다. 당시에는 아직 《신약新約》이 없어서 피시번은 《신약》 여러 권을 증정했다. 미국 목사 예이츠(Matthew Tyson Yates, 1819~1888)[279]는 "홍수전은 80명의 각자공을 고용했으며 전문으로 《신약성경》 및 종교문서를 간행하여 전군全軍에 나누어 주었다"고 했다. 천경에서는 4백 명이 《구약》을 인쇄했고, 80명이 《신약》을 간행했으니 전각아鐫刻衙와 쇄서아刷書衙 규모의 방대함을 알 수 있다. 홍수전은 종교를 이용하여 군중을 동원하고 백성을 단결했으며 사병의 사상무기로 훈련하기 위해 다량의 《성경》을 나누어 주었다. 《구유조성서舊遺詔聖書》(3년)(즉 《구약성경》)는 칼 귀즐라프(Karl August Friedrich Gutzlaff, 1803~1851)[280]의 번역본에 의거했으며 10년 후의 판각본에는 앞에 '흠정欽定'이라는 두 글자를 더했다. 또 《신유조성서新遺詔聖書》(3년)(즉 《신약성경》)도 있다. 또 영국의 메드허스트(Walter Henry Medhurst, 1796~1857)[281]는 《천리요론

278_ 중국어 표기는 비사반費士班이다.

279_ 19세기에 미국 남부의 침례교에서 중국에 파견한 유명한 선교사다. 그는 미국 북 캐롤라이나 주에서 태어나 1847년 9월에 중국 상해로 파견되었고 이 해 11월 노북문老北門에 첫 번째의 침례교회를 건축했다. 중국어 표기는 안마태晏瑪太이다.

280_ 독일 기독교 루터파 목사이다. 7차례나 중국에 왔으며 상해 등지에서 아편을 판매하고 간첩활동을 했다. 동시에 종교 서적을 간행했으며 영국군과 함께 정해定海 · 영파寧波 · 상해 · 진강鎭江 등지에서 침략활동을 했다. 중국어 표기는 곽사립郭士立이다.

281_ 영국 선교사, 자호는 묵해노인墨海老人으로 한학에 조예가 깊었다. 메드허스트는 런던에서 인쇄기술을 배웠고 말라카에 파견되었다. 메드허스트는 말라카에서 말레이시아어와 중국어 및 중국의 여러 방언들을 배우고 중문판 서적인 《찰세속매월통기전察世俗每月統記傳》을 편집했다. 1819년에 목사에 임명된 후 말라카와 페낭, 자카르타 등지에서 선교활동을 하며 목판 인쇄법과 석인법으로 30여 종의 중국어 서적을 간행했다. 중국어 표기는 맥도사麥都思이다.

天理要論》24장의 '유상제有上帝'에서 '상제무소불능上帝無所不能'까지를 취하여 그대로 《천리요론》(갑인 4년)이라고 이름지었다. 또《천조서 天條書》(2년)는 즉 기도문으로 "죄를 뉘우치고 규율대로 하며 아침 저녁으로 하나님을 예배하고, 음식물을 주신 하나님께 감사한다"는 등의 내용이다. 당시에 "형제들이 모두 천조를 익숙하게 찬미해야만 하며 만일 3주일이 지났는데도 외우지 못하면 목을 베어 남기지 않는다"는 등의 말이 있었는데 이처럼 엄격한 규정이 있었기 때문에 사람들은 각각 1권씩 가지고 아침 저녁으로 암송했다.

태평천국은 전통적인 《사서》·《오경》에 대해서는 처음에는 '요서 妖書'로 간주하여 엄격히 금지하고 "만일 감히 학습하고 암송하는 자는 일률적으로 참수한다"고 했다. 게다가 칙령으로 과거응시에도 《신·구약성경》을 기본으로 했으며 유학경서는 다시 사용하지 않았다. 후에 삭제와 개정을 거쳐서 읽는 것을 허락했는데 "공자 맹자의 책을 없앨 필요는 없다. 그중에는 하늘의 정과 도리에 합당한 것들도 역시 많다. 기왕에 진성주眞聖主 어필흠정御筆欽定의 은혜를 입었으니 모두 책을 펼치기만 하면 이익이 된다"고 했다. 계호癸好 3년에는 이미 수정된 《사서》·《오경》을 인쇄했다. 어떤 사람이 《개본맹자改本孟子》를 본 적이 있는데 다음과 같았다고 한다.

"孟子見梁惠相(王), 相(王)曰: '不遠千里而來, 亦將有以利吾郭(國) 乎?"[282]

태평천국의 출판품 중 현존하는 것에서 시기가 가장 빠른 것은 태평천국 신개辛開 원년(1851)에 인쇄한 《유학시幼學詩》이고 가장 늦은 것은 홍수전 기의 전 젊은 시절의 역사를 기록한 것으로 임술 12(1862)년에 간행된 《태평천일太平天日》이다. 인쇄된 책 중에서 《태

---

[282]_ ( ) 속에 있는 글자가 원래 맹자의 글이고 ( ) 앞의 글자들은 수정한 것이다.

평천일》만 동판이고 나머지는 모두 목각본이다. 자체는 대부분 가로획보다 세로획이 굵은 명체자明體字이고 속표지는 대부분 용 두 마리가 구슬을 갖고 노는 것이라든가, 봉황 장식 도안이 있으며 또 네 주위에 간단한 회문回文 도안이 있다. 난에는 간행연월일이 옆으로 쓰여 있으며 천부天父 · 천형天兄 · 상제上帝 · 진주眞主 · 천조天朝 · 천당 · 천심天心 · 천은天恩 · 천병天兵 · 천서天書 같은 글자가 모두 앞에 따로 나와 있어 또 다른 풍격을 갖고 있다. 문자 방면으로는 國을 国(송판본에서는 간체자 国자를 주로 사용했음)이나 또는 郭으로, 淸을 菁으로, 魂을 𩲸으로, 辛亥를 辛開로, 癸丑을 癸好로, 乙卯를 乙榮으로 바꾸었다.

책은 모변지毛邊紙283에 인쇄하여 종이는 깨끗하고 인쇄는 정교하며 용 문양이 있는 노란색 비단으로 장정을 했다. 서적의 장정裝訂284은 모두 선장이고 노란 실[黃絲線]을 사용했다. 황지黃紙 · 홍지紅紙 · 백지 · 녹지綠紙 등으로 책표지를 싸기도 했다. 당시에 어떤 사람은 마치 노점에서 파는 하문수何文秀285의 수놓은 염낭과 같았다고 말했다. 그들도 제본과 책커버에 신경 썼음을 알 수 있다. 그러나 우리는

283_ 명나라 말기에 강서성에서 생산하던 대나무로 만든 종이[竹紙]로 지질이 부드럽고 매끄럽다. 담황색을 띠며 견수성이 없으나 먹의 흡수성은 좋아 글자 쓰기에 적당하다. 또 고서를 인쇄하는 데 이용된다. 명대의 장서가 모진毛晉은 죽지를 이용해 인쇄하기를 좋아하여 약간 두꺼운 죽지를 강서성에 대량으로 주문했으며 글자 가장자리에 전서로 '모毛'자 도장을 찍어 놓았기 때문에 후대사람들이 습관적으로 이를 '모변지毛邊紙'라고 부르게 되었다

284_ 이 책에서는 장정裝訂을 주로 제본으로 번역했는데 이처럼 확실하게 선장線裝이라고 한 경우에만 장정이라고 했다. 장정이라는 말이 선장에서 나왔기 때문에 그러하다. 우리나라에서 쓰는 裝幀과는 뉘앙스가 조금 다른 듯하다.

285_ 하문수는 중국전통극 중의 하나인 월극越劇의 극중 인물이다. 서생 하문수는 아내 왕난영과 함께 서울로 과거를 보러가는 중에 해녕海寧을 지나는 도중 악당 장당張堂을 만난다. 장당은 왕난영을 욕심내지만 제 마음대로 되지 않자 무고죄를 만들어 하문수를 옥에 가둔다. 우여곡절 끝에 하문수는 장원급제하고 아내와 만나게 된다는 내용이다. 명나라 전기 작품 《하문수옥차기何文秀玉釵記》가 원전이다.

태평천국의 각자공, 인쇄공 및 제본공의 성명에 대해서는 하나도 아는 바가 없다.

태평천국의 출판품에서 가장 귀중한 것은 제1차 혁명사료다. 태평군은 행군이 이르는 곳마다 도서 간행을 했는데 예를 들면 양주에서는 남문가南門街에 있는 주씨朱氏 성을 가진 집에서 인쇄를 했다. 또 마을 사람이나 혹은 상점에서 돈·쌀·돼지·닭 등 물건을 보내 군대를 위로하면 그들이 돌아갈 때 서적 몇 권, 혹은 몇십 권을 주어 돌려보냈다. 《천조서天條書》는 사람마다 한 권씩 갖고 있었으며 당시 각종 인쇄품은 "한우충동汗牛充棟286이라고 할 만큼 많아서 사람마다 늘 보았다"고 한다. 그러나 청나라 통치자들의 질시를 받아서 대부분은 소실되었으니 《천조조명天朝詔命》·《태평관제太平官制》·《진성주어필개정사서오경眞聖主御筆改正四書五經》·《충왕회의집략忠王會議輯略》 등과 같은 책은 모두 이미 망실되었다. 전해오는 《천정도리서天情道理書》 안에는 부록으로 동왕東王이 태평천국의 자매(신도)들을 장려하는 7언시가 50수 있는데 간행본 《동왕시東王詩》의 원래 시는 모두 1백 수였지만 지금은 겨우 반만 남아 있다. 지금 전해지는 태평천국 관방 서적은 약 42종 안팎[272]이며 원래 판각본은 대부분 서양 여러 나라 도서관에 흩어져 있다.

1949년 신중국 성립 이후 각 방면에서 이를 중시하여 지속적으로 발견이 되고 있는데 산서성 임분臨汾의 한 농가에서는 《유학시幼學詩》 속표지의 목각 한 판이 발견되었다. 북경대학도서관에서는 계호 3년에 새로 판각한 《창세전創世傳》권1을 구입하기도 했다. 상해시 문물관리위원회에서는 《자정신편資政新篇》을 소장하고 있다. 항주에

286_ 수레에 실어 운반하면 소가 땀을 흘리고, 쌓아 올리면 들보에 닿을 정도로 양이 많다는 뜻으로 책이 많음을 비유하는 말.

서는《태평구세가太平救世歌》·《태평군목太平軍目》두 종이 발견되었다. 강소성 상숙常熟에서는 폐지를 구입했는데 그 속에서《흠정사계조례欽定士階條例》가 발견되었다. 영국에서는 17~18 두 페이지가 없어진 이 책을 소장하고 있지만 발견된 이 책은 완전무결하다. 동시에 또 홍인간의 시문집《흠정군차실록欽定軍次實錄》1종이 발견되었다. 남경도서관에서는 태평천국에서 편찬한 서적 판각본 6종을 발견했으나 상세한 제목은 미상이다. 북경(국가)도서관에는 새롭게 갑인 4년 신각본《태평구세가》를 소장하게 되었다. 이런 새로운 발견은 태평천국의 역사와 판본을 연구하는 데에 적지 않은 도움을 준다.[273]

2. 기타 인쇄

천국보초

태평천국은 독립정권을 세운 후에 스스로 통용화폐를 발행했는데 각종의 크고 작은 동전을 주조했다. 어떤 것은 정면에 '태평천국' 넉 자, 뒷면에는 '성보聖寶' 두 글자를 써넣었다. 또한 지폐도 발행하고 이를 '천국보초天國寶鈔'라 했는데 과거에는 이를 언급한 사람이 없었다. 필자는 2백 문짜리 석 장을 본 적이 있다. 위에는 가로로 '천국통행보초天國通行寶鈔'라고 쓰여 있었다. 중간에는 돈꾸러미가 그려져 있고 옆에는 전서로 '천국보초天國寶鈔, 천하통행天下通行'이라고 두 줄로 쓰여 있었다. 아래에는 "천왕의 명을 받들어 천국보초를 인쇄 제작한다. 동전과 더불어 유통하여 사용할 수 있다. 위조하는 자는 참형하고 고발자는 2백 냥의 상을 내리고 또한 범인의 재산도 준다. 태평천국 10년 8월 1일"이라고 쓰여져 있었다. 위에는 용문양이 있고 아래에는 물결문양이 있으며 얇은 면지綿紙에 인쇄되어 있었다.[274] 태평천국 말기에는 아마 재정이 곤란했기 때문에 1860년[287]

에는 2백 문 지폐를 인쇄 제조한 것 같다.

연화年畵

1854년 태평천국 북벌군이 천진에 도착하여 양류청楊柳靑[288]에서 그림을 그리고 판각한 태평천국연화가 있는데 지금까지 발견된 것으로는 《영웅회英雄會》·《잡훼도雜卉圖》·《어락도魚樂圖》·《후랍마猴拉馬》·《연자기燕子磯》·《추경도秋景圖》등 10여 폭이 있다.[275]

3. 서양 인쇄술의 전래

명 만력 18년(1590) 유럽의 천주교회는 이미 광동성 마카오에서 서양활자를 이용해 도서간행을 했으나 중국인들은 서양 글자를 몰랐기 때문에 그것은 명대 사회에서 어떤 영향도 발생하지 않았다. 청나라에 이르러 서양인쇄가 전래되자 먼저 동판지도와 도화를 판각 인쇄했지만 궁정에 서비스하는 데 그쳤고 외부로 전해진 것은 극히 적었으므로 영향 또한 미비했다. 아편전쟁이 발발한 후에는 서양의 석판인쇄[石印]·연활자인쇄[鉛印]가 수입되었고 서적 간행의 풍기가 일어나 사회에서 극렬한 변화가 일어났다.

(1) 서양 동판[凹版]

중국에서는 송대에 동판을 이용하여 회자會子를 인쇄했으며 금·원대에도 모두 동판을 이용하여 교초交鈔를 인쇄했지만 그러나 판각 인쇄는 조잡하고 아름답지 못했다. 18세기 초에 이르러서야 서양동

287_ 태평천국은 1864년에 종말을 고했다.
288_ 산동성 천진시天津市 서청구西靑區에 있다.

판[凹版]의 중국지도가 출현했다.

1) 강희 《황여전람도皇輿全覽圖》　　강희제는 걸출한 재능과 웅대한 계략이 있고 문무를 겸비한 역사상 걸출한 제왕이었다. 어려서부터 근면하고 배우기를 좋아하여 스스로 "짐은 다섯 살 때부터 책을 읽었는데 늘 밤 늦게까지 책을 낭독했으며 이것이 즐거워서 피곤하지 않았다"고 했다. 문학과 역사만을 널리 아는 게 아니라 또한 서양인에게서 기하학을 배우고 천문 측량에도 정통했으며 지도의 중요성을 알았다. 그래서 학자와 관리 및 서양 선교사인 요하힘 부베(Joachim Bouvet, 1656~1730)[289] · 장 바티스 레지(Jean Baptiste Regis, 1663-1738)[290] · 피에르 자르뚜(Pierre Jartoux, 1668~1720)[291] 등 9명에게 중국을 측량하도록 명하여 강희 55년(1716)에 각 성마다 성도省圖가 측량되어 그려지게 되었다. 다음 해 여러 지도를 함께 모아 하나로 만들고 이를 《황여전람도皇輿全覽圖》라 하여 전국적 규모의 삼각측량三角測量을 완성했으니 이는 중국만이 아니라 세계 측량제도사에 있어서도 전례 없는 최초의 사업이다.

최초로 동판인쇄를 소개한 사람은 이탈리아 선교사 마테오 리파(Matteo Ripa, 1682~1745)[292]로 그는 1710년 1월에 유럽에서 마닐라를

289_ 중국어 표기는 白晋 또는 白進이라고도 쓰며 자는 명원明遠이다. 프랑스 노르망디에서 태어났으며 신학 · 언어학 · 철학 및 자연과학에 관해 교육을 받았다. 특히 수학과 물리학에 조예가 깊었다. 강희 26년에 중국에 왔으며 중국과 서양의 교류에 커다란 공헌을 했다.

290_ 중국어 표기는 雷孝思, 자는 영유永維다. 프랑스 예수회 선교사로 지리학자 · 역사학자다. 그는 《시경》의 "깊이 효도하며 생각하라, 효도하며 사모하는 것이 법이니라[永言孝思, 孝思維則]"의 글귀에서 자신의 자를 지었다고 한다. 1698년 3월 6일에 요하힘을 따라서 중국에 왔다. 1698년 11월에 중국 광주에 도착했다. 그는 천문 역법에 정통했기 때문에 북경에 들어와 천문관에서 봉직했다.

291_ 중국어 표기는 두덕미杜德美다. 프랑스 예수회 선교사로 1701년에 중국에 왔다. 수학자이자 식물학자, 지리학자이다.

거쳐 마카오에 도착했다. 1711년 2월 5일에 북경에 도착하여 창춘
원暢春園에서 강희제를 접견했는데 이로써 예수회 선교사이외의 선
교사가 처음으로 궁정에서 봉직하게 되었다. 강희제는 서양과학기
술과 예술에 대해 몹시 흥미를 갖고 있어 여러 차례 교황에게 화
가 · 의사 · 음악가를 청나라 궁정에서 근무하도록 파견해 달라고 요
청했다. 마테오 리파는 이 요청에 의하여 중국에 최초로 온 화가 중
의 한 사람이다. 그는 궁정에서 13년간이나 임직했고 자못 강희제의
신임을 받았다. 그는 대부분의 시간을 북경에서 보냈고 때로는 강희
제를 수행하여 열하에도 갔으며 둘의 관계는 상당히 돈독했다. 그가
궁정 생활을 상세하게 서술한《마테오 회고록: 청궁 13년기》293[276]
에 전각鐫刻 동판화에 대해서 많은 부분을 묘사했다.

   강희제는 1713년 봄에 거행될 60세 탄신을 경축하기 위하여 1711
년에 열하 36경景으로 시가詩歌의 주제를 잡고 아울러 궁정화가인
심유沈喻에게 화책을 그리도록 명령했다.《피서산장시避暑山莊詩》는
강희가 1711년에 쓴 서를 포함하여 36수의 시 및 규서揆敍294의 주
注, 그리고 모든 시의 뒤에 36경의 목각화가 있으며 마지막에는 규서
가 1712년에 쓴 발跋[277]이 있다. 목각화는 주규朱圭 · 매유봉梅裕鳳이 판
각한 것[그림 81]이고 1713년에 인쇄되었다. 대략 1713년 전에 마테오가
명령을 받들어 동판에 풍경화를 전각했는데 강희제가 이를 본 후 몹시
만족하여 1713년 전후에 '36폭 열하도'를 전각하도록 하고 아울러 그
기술을 중국학생에게 전수하도록 결정했다. 대영박물관에 36폭의

292_ 중국어 표기는 마국현馬國賢이다.
293_ 중국어 제목은《馬國賢回憶錄: 淸宮十三年記》이다.
294_ 규서(?~1717)는 납랄씨納喇氏고 자는 개공凱功이다. 만주 정황기인으로 대
    학사 명주明珠의 아들이다. 강희 35년에 한림시독, 기거주 관직에 있었다. 후에
    공부시랑직에 있었다. 사후에 옹정제가 즉위하여 그의 죄상을 파헤치고 관직과
    시호도 삭탈당했으며 묘비도 '不忠不孝陰險柔佞揆敍之墓'라고 바꾸었다.

[그림 81] 《어제피서산장36경시도御制避暑山莊三十六景詩圖》(1713년), 주규朱圭 · 매유봉梅裕鳳 판각

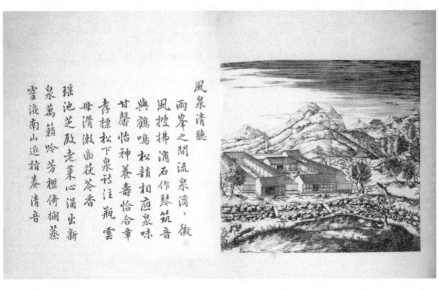

[그림 82] 마테오가 판각한 피서산장 동판화. 파리 프랑스국가도서관 소장. N. Mannet, Chine: l'Empire du trait Paris, 2004년.

열하동판화가 소장되어 있는데 그중 한 폭의 표제에는 "열하경제일연파치상熱河景第一煙波致爽"이라고 되어 있으며 그 옆에는 손으로 쓴 '장규각張奎刻'이라는 석자가 있다. 이것이 마테오가 쓴 것인지 알 수가 없으나 장규張奎는 마테오의 학생임에 의심의 여지가 없다. 그는 마땅히 중국 제1대 동판화 판화공이라고 할 수 있다. 얼마 되지 않아 마테오는 열하 36경도의 동판 판화 업무를 완성하고 인쇄한 후에 그림을 한 권으로 묶어[그림 82] 황제에게 헌상했다. 이에 강희제의 큰 칭찬을 받았으며 다시 대량으로 인쇄하여 황자皇子와 황손 및 기타 황실 친척들에게 나누어 주었다.

이외에 강희 시대의 만주어 주비朱批 상주문[295]에서도 마테오가 동판화를 제작한 관계 사료를 피력하고 있는데 특별히 거론할 만한 것은 열하 36경 동판화를 새긴 배경이다. 마테오 회고록 이외에 만주어 자료에서도 열하 36경의 판각에 대해 상세한 과정을 제공하고 있다. 현재 열하 36경에 대한 중국어·만주어 목각판과 동판의 간행 판각 과정을 시간 순서에 따라 아래와 같이 배열해 본다.

강희 51년 7월 22일에 무영전武英殿 총감조總監造 화소和素(1652~1718)[278]와 이국병李國屛 등에게 조사토록 했다. "열하 피서산장 36경 시詩는 모두 6권 92편으로 50명의 장인들에게 나누어주어 색판에 판각을 하도록 하고 판각마다 삼색인쇄로 완성하는 것으로 계산하면 8월 초면 끝나 얻을 수 있습니다"[279]고 했다. 8월 초하루에 화소 등은 다시 "피서산장 시 상하 두 권안은 이미 인쇄를 끝냈고 어지를 받들어 다섯 자를 고쳤고 고친 후에 다시 3권을 장정하여 갖추어 상주합니다.…지금 피서산장 시는 어떤 종이를 사용하고, 몇 부나 인쇄할지는 어지가 내려진 후에 노비(저희)가 판을 공경히 정리하여 인쇄

295_ 중국어로는 주절奏折이라고 한다.

를 끝내겠습니다"고 상주했다.[280] 8월 7일에 또 상주문을 올렸는데 그 내용은 다음과 같다.

"7월 24일에 장상주張常住가 공문에서 말한 대로 폐하의 명령을 받들었습니다. 열하 36경은 모든 경치의 각 그림으로 상세한 그림 2장씩을 그렸는데 1장은 비단판에 판각하고 또 1장은 보고하러 가지고 가는데 본판에 판각해도 된다고 하셨습니다. 성지가 이와 같기에 삼가 따르옵니다. 그림 두 장이 완성되면 이를 보내어 주규朱圭와 매유봉梅裕鳳이 엎드려 명을 받들어 목판에 판각을 하여서 이에 갖추어 아룁니다"

주규와 매유봉은 그림을 본 후에 또 "이 그림을 판각할 때는 대추나무판을 쓰면 되겠습니다.…이를 어림잡아 계산해보면 한 사람이 약 20일 동안에 한 판을 판각할 수 있습니다. 게다가 지금 구할 수 있는 대추나무판은 비록 너비와 치수는 억지로 그런대로 한다 해도 습기 때문에 마른 후에야 비로소 판각을 할 수 있습니다. 말린다면 십여일이 필요합니다. 제가 듣기로는 천산갑穿山甲296과 아교를 물에 넣어 2~3일 끓인 후에 서늘한 곳에 두었다가 말리면 빨리 마르고 터지지도 않는다고 합니다"고 했다. "… 게다가 주규와 매유봉은 현재 황경판黃經板을 판각하고 있으니 … 이 기간에 판을 건조하면 되고 또 다른 한편으로는 마른 판을 구하면 되니 주규와 매유봉 두 사람에게 한 사람은 황경을 판각하고, 한 사람은 그림을 판각하도록 명령할 수 있습니다. 그러나 겨우 두 사람에게만 판각하도록 한다면 시간이 너무 오래 걸릴 것 같아 주규와 매유봉에게 자네들은 원래

296_ Pangolin, 천산갑과에 딸린 짐승으로 검은 비늘이 박히고 끈끈한 침을 흘리는 짐승. 천산갑의 비늘은 부기를 가라앉히고 부스럼을 터뜨리며 풍風을 물리치고 낙맥絡脈을 잘 통하게 하며 월경月經을 원활하게 하고 젖의 분비를 촉진하는 효능을 가진 약재라고 한다.

판각을 잘하는 사람들을 더 찾아보기 바란다고 명령했습니다."[281]

강희 52년 7월 8일 화소와 이국병은 강희제에게 상주문을 보내었
는데《어제피서산장시》를 판각한 부수에 관해 말하고 있다. "6월 초
8일에 어제피서산장시의 인쇄를 마친 상주문이 이번 달 초 10일에
도착했습니다. 어지를 받듭니다. 판각을 마친 글은 몹시 아름답고
몹시 정중합니다. 자네들은 서양지西洋紙 1~2부에 인쇄를 해 놓으라
고 하셨습니다. 동판을 이용해 판각한 그림이 완성될 때를 기다렸다
가 다시 모아 장정을 했습니다. 만일 서양지가 많다면 몇 부 더 인쇄
하면 더욱 좋겠습니다. 듣기로는 이런 종이는 주름이 지는 곳이 많
아 만일 포개놓는다면 먹이 스며들지 않을 수 있어 필획이 아마 쉽
게 끊어질 것 같습니다. 앞으로 이를 적절하게 해야 합니다. 성지가
이와 같기에 삼가 따르옵니다. 소신들은 도처로 서양지를 찾아보았
으나 아직 찾지 못했습니다. 조사하여 얻은 바에 의하면 양심전養心
殿에 서양지 25,900여 장이 있었는데 그중에 18,140장이 인쇄를 할
수 있는 얇은 종이였습니다. 그래서 양심전에 소장하고 있던 서양지
를 가져와서 주름이 진 곳을 잘 펴고 전문적으로 인쇄를 잘하는 영
최領催[297]와 장인에게 주어 1부를 인쇄했기에 보시도록 공손히 올립
니다. 이 책은 마땅히 몇 부 더 인쇄해야 하는데 어지를 받든 후에
계속하여 인쇄하여 수장하겠습니다. 이에 삼가 아룁니다. 칙명을 주
청하옵니다."[282]

이로써 시의 판각 완성은 강희 52년 6월이고 강희 역시 서양지를
사용해 몇 부를 인쇄하라고 명령했음을 알 수 있다. "동판을 이용해
판각한 그림"이라는 것은 즉 동판화를 말한다. 비록 상주문에 마테
오의 이름을 거론하지는 않았지만 그의 회고록과 맞추어 볼 때 동판

297_ 청나라 팔기 병영의 문서 기록과 출납을 관장하던 벼슬.

화는 마테오와 그의 제자가 판 것임을 알 수 있다.

강희 52년 7월 8일에 화소의 상주문에 피서산장기 만주어판 기록에 관해 거론했다.[283] 9월 3일에 화소와 이국병은 상주문에서 "어제 피서산장 만문시滿文詩 30부는 이미 표구가 완성되었습니다"고 말하고 있다.[284] 프랑스 국가도서관 동방부에 만문滿文《어제피서산장시》(1711년 규서의 발이 있음)[285]가 있는데 피서산장화畵와 시가 모두 36폭으로 동판수가 같고 상술한 상소문과 관련이 있음을 알 수 있다. 그중 한 폭의 목각화에는 "내무부사고가일급內務府司庫加一級 신하 심유공沈喩恭이 공손히 그림을 그리고, 홍려시서반가이급鴻臚寺序班加二級 신하 주규·매유봉이 함께 공손히 전각했다"는 제가 쓰여 있다. 그 중간 페이지에는 강희제의 '삼체원주인三體元主人'·'만기여가萬幾餘暇'의 붉은 도장이 찍혀 있다.

열하도 인쇄제작이 성공한 후에 강희는 또 그들에게 동판을 이용해 청대의 대지도(즉《황여전람도皇輿全覽圖》)를 인쇄 제작하도록 명령했다. 마테오가 후에 44폭 동판지도를 전각하여[286] 이를 가지고 이탈리아 중국학원으로 가지고 가서 학교 로비에 걸어 놓았는데 이것이 중국에서 제작한 첫 번째의 동판지도다. 1921년 김량金梁[298]이 심

298_ 김량(1878~1962)의 호는 식후息侯, 소숙小肅이고 만년의 호는 과포노인瓜圃老人이다. 유명 화가다. 항주 출신으로 북경에 거주했다. 만주 정백기正白旗 과이가씨瓜爾佳氏다. 광서 30년(1904) 진사로 경사대학당제조京師大學堂提調·내성경청지사內城警廳知事·민정부참의民政部參議·봉천기무처총판奉天旗務處總辦 등을 역임했다. 민국 성립 후에는 청사관淸史館 교정원을 했다. 후에 장작림의 추천으로 북양정부 농상부차장을 역임했다. '9·18'사변 후에 천진으로 와서 청나라 유로遺老들과 '주사儔社'·'성남시사城南詩社' 등의 단체를 조직했다. 서예와 전각에 뛰어나며 저술도 많다. 광서 34년(1908)에는 심양고궁沈陽故宮의 소장품들을 관리책임지었다. 수많은 심양고궁의 소장품 및 장서를 정리하여《미술연감》·《서화서록해제書畵書錄解題》등의 책을 편찬했다.

양고궁沈陽故宮에서 동판 47개를 발견했는데 안이 공백인 것이 6개였다. 나머지 41개 동판지도를 석인출판했으며 그 제목을《만한합벽청내부일통여지비도滿漢合璧淸內府一統輿地祕圖》라 했다. 이 지도는 풍보림馮寶琳 선생이 고궁에서 본 것에 의하면 다섯 종류의 서로 다른 판본이 있다.

첫째는 즉 동판도로 8배排 41쪽으로 현존하는 것은 몇 페이지에 불과하며 김량의 석인본이 있다. 둘째는 목각본 32쪽으로 독일사람 포커스의 영인본이다. 셋째는 강희 채회지본으로《황조여지전도皇朝輿地全圖》다. 넷째는 강희 56년 목각본이다. 다섯 번째는 강희 60년 목각본이다. 네 번째와 다섯 번째는 높이와 너비가 200×300센티미터의 큰 지도로 선이 세밀하고도 정확하며 묵인 채색이다.

1927년, 프랑스 한학자 폴 펠리오(Paul Pelliot, 1878~1945)[299]가 기메박물관(Musée Guimet)에서 〈17~18세기 유럽 영향을 받은 중국예술〉이란 제목[287]의 발표문에서 그는 프랑스 국가도서관에서 본 36폭 열하피서산장의 동판화 책에 대해 거론했다.[288] 그는 마테오의 회고록을 연상하고 이런 동판화는 당연히 마테오가 판각한 것이라고 여겼다. 이후에 그는 유럽 각국에서 책을 찾아내 이 동판화에 대해 무척 주의를 기울였다.[289] 그는 또 18세기 말 영국의 한 동판 조각가가 새롭게 마테오의 동판화를 판각했다고 거론했는데 현재 전해지지 않는다. 1895년 영국학자 바질 그레이(Basil Gray)는 대영박물관 동방 고물부古物部(Department of Oriental Antiquities)에서 얻은 동판인쇄품에 근거하여 로드 벌링통(Lord Burlington, 1694~1753)과 마테오의 36폭 동판화의 관계[290]에 대해 논문을 쓰고 토론했다. 또한 마테오가 영국에서 활동한 사항에 관해 상세히 논술했다. 1992년에 프랑스

299_ 중국어 표기는 伯希和이다.

학자 Christophe Cornmentale가 샹띠이(Chantilly)에서 열린 회의에서 한 편의 논문[291]을 발표했는데 중국과 서양의 문헌을 결합하여 피서산장 동판화에 대해 분석하고 비교했으며, 동판화 중의 서로 다른 요소에 관해 토론했다. 당시에는 피서산장의 목판화가 발견되지 않았기 때문에 동판화와 목판화를 비교할 수는 없었다.[292]

ㄹ) 옹정 원년 동판 성도星圖의 제작   중국 고대의 성도星圖는 대부분 필사본 · 목각 · 석각이었고 명말에 이르러 예수회 선교사들이 《숭정역서崇禎曆書》를 편역했는데 그중의 《적도남북양총성도赤道南北兩總星圖》역시 목판으로 인쇄된 것이다. 옹정 원년(1723) 세상에 나온 《황도총성도黃道總星圖》는 현재 알 수 있는 첫 번째의 동판 성도다. 독일 예수회 선교사 쾨글러(I. Kögler, 1680~1746)[300]가 본을 뜨고 모지(F. B. Moggi, 1684~1761)[301]가 판각했다. 모지는 이탈리아 플로렌스 사람으로 화가이자 조각가다. 1721년에 중국에 왔는데 주세페 카스틸리오네(Giuseppe Castiglione, 1688~1766)[302]와 함께 그림을 그렸으며 대부분의 시간을 북경에서 보냈다.

《황도총성도》는 서양 스타일의 동판 성도로 그 조각이 세밀하고 정확하여 목각 성도를 능가한다. 이 지도는 황극黃極을 중심으로 외권대권外圈大圈을 황도로 하고 남극과 북극을 나누어 그렸다. 그림 안에는 또한 아름다운 금성金星 · 태양흑자太陽黑子 · 목성의 가는 반점과 네 개의 위성 · 토성환과 다섯 개의 위성 · 화성의 흑암표면 및 월면도月面圖 등 현상을 그려 넣었는데 이는 갈릴레이(G. Galilei, 1564~1642) · 카시니(G.D. Cassini, 1625~1712)[303] · 호이겐스(C. Huygens,

---

300_ 중국어 표기는 대진현戴進賢이다.
301_ 중국어 표기는 리백명利白明이다.
302_ 중국어 표기는 낭세녕郎世寧이다.
303_ 이탈리아 출신의 프랑스 천문학자이다.

1629~1695)[304] 등의 천문 발견을 포함한 것이며 어떤 것은 처음으로 중국에 소개된 것이다.

3) 《건륭십삼배지도乾隆十三排地圖》　　　　프랑스 선교사 브누아 (Michael Benoist)[305]가 1747년에 건륭제를 위하여 원명원에 서양식 분수대를 만들고 12간지를 장식했는데 간지마다 시간에 따라 물이 뿜어 나오게 만들었다. 건륭제는 이를 보고 감탄을 금치 못했다. 1773년에 브누아는 세계전도 한 폭을 그려서 황제에게 헌상했는데 지도의 크기는 12척 반, 너비는 6척 반, 동서의 반구半球가 각각 5척으로 보기에는 마테오 리치 지도보다도 더욱 정교했다. 건륭제는 지도를 얻자 몹시 기뻐하며 중국의 전국여도를 그리고자 했다. 번국량樊國梁의 《연경개교략燕京開教略》에서 "황상(건륭)께서 또 조정에 있던 수사修士에게 대청일통지도 및 연혁이 있는 변경지역을 그리라고 명령하셔서 그림을 더하여 도책圖冊을 만들었다. 브누아(장우인)에게 동판에 새기도록 했다. 브누아는 판각하라는 어지를 받들어 동판에 104편을 판각했으며 매 편 100장씩 도합 10,400장(크기는 2척 3촌에 너비는 1척 2촌임)을 인쇄하여 표구를 하여 황상이 보시도록 진헌했다. 황제가 보시고 몹시 기뻐하시고 100책을 인쇄하도록 명한 후 군신들에게 하사했다"[293]고 기록되어 있다. 그러나 펠리오는 강희·건륭 두 왕 때의 동판지도는 중국사람들이 선교사의 지휘 아래 동판에 판각을 한 거라고 여겨 이와는 다른 의견이다. 13배 《건륭내부여도乾隆內府輿圖》는 북으로는 북극해, 남으로는 인도양, 서로는 지중해까지 그렸으니 아시아 대지도라고 할 만하다.

304_ 크리스찬 호이겐스는 1629년 네덜란드의 헤이그에서 출생했다. 그는 1655년 그의 형과 함께 개량한 망원경으로 토성과 토성환의 선명한 상을 얻을 수 있었다. 그는 또, 1656년에 오리온 성운을 처음으로 관측한 사람이다. 그의 원심력에 관한 정리는 아이작 뉴턴이 만유인력법칙을 구상하는 데 도움이 되었다.

305_ 중국어 표기는 장우인蔣友仁이다.

4) 《건륭평정회부득승도乾隆平定回部得勝圖》 　　이 지도 안에는
《이리수항도伊犁受降圖》·《개연성공제장사도凱宴成功諸將士圖》등　16
폭으로 나뉘어 있고 건륭제가 외국 수사修士들에게 명령하여 그린
것이다.[294]《연경개교략》에 "장우인[306]이 지도를 프랑스로 보내 간
행했다. 프랑스 황제가 스스로 돈을 내어서 본국의 장인 고산高山이
라는 사람에게 명하여 동판에 판각하도록 하여 중국으로 보내왔다.
장우인이 200부를 인쇄하여 인쇄된 원고와 판을 다시 프랑스로 보
내 고치기 쉽도록 했다. 건륭 37년에 프랑스에서 교정한 판 7편이
왔는데 황상이 장우인에게 명하여 시험 인쇄하도록 했다. 장우인이
몇 장 인쇄했는데 갑자기 피를 토하며 죽었다. 때는 건륭 39년으로
서기 1774년 양력 10월 23일이다"고 기록되어 있다. 폴 펠리오《건
륭서역무공도고증乾隆西域武功圖考證》(풍승균馮承鈞 역)에 의하면 그림
을 그린 사람은 궁정에 있던 외국의 저명한 화가인 주세페 카스틸리
오네, Jgnatius Sickeltart(1708~1780),[307] 장 데니스 아띠레(Jean Denis
Attiret, 1702~1768),[308] 다마신(Joannes Damascenus Saslusti, ?~1781)[309] 등
네 명이 그렸다[그림 83-1].

　건륭제는 "낭세녕만큼 똑같이 그리는 사람은 없을 것이다"고 했
다. 위에 언급한 고산高山은 Cochin으로 '戈善'이라고도 번역되는데
Cochin은 비록 파리에서 판각을 주재했다고 하지만 그 본인은

306_ 본 번역문에서는 최대한 원명으로 표기를 했지만 인용문에서는 원래의 느낌
을 살리기 위해 중국어 표기로 했다.
307_ 중국어 표기는 애계몽艾啓蒙이다. 자字는 성암醒庵, 천주교 예수회 선교사
로 건륭 10년(1745)에 중국에 왔다. 서양화가이다.
308_ 중국어 표기는 왕치성王致誠이다. 천주교 예수회 선교사, 프랑스인으로 로
마에서 유학했다. 인물초상화에 능했다. 건륭 3년(1738)에 중국에 왔으며 궁
정에서 일을 했다. 전하는 작품으로는 《십준도十駿圖》책이 있다.
309_ 이탈리아 사람으로 천주교 선교사이다. 중국어 표기는 안덕의安德義이다.
인물화에 뛰어났다. 건륭 27년(1762)에 중국에 와서 궁중에서 봉직했다. 앞의
세 사람과 함께 '네 명의 서양화가'로 불린다.

[그림 83-1]

[그림 83-2]

그림 83] 평정이리회부전도平定伊犁回部戰圖(퉁그스루크의 전투)의 동판과 동판화. 주세페 카스틸리오네 그림. 독일 인류학박물관(Ethnologisches Museum) 소장, Herbert Butz Bilder für die Halle des Purpurglanzes. Berlin, Museum für Ostasiatische Kunst, 2003년 참조.

참가하지 않았고 실제로 판각한 사람은 러바·산토반·칼리프·아리마이[310] 네 사람 외에 또 요니 등 네 사람이 참여했는데 Cochin은 그들을 선정하고 판각을 승인만 했을 뿐이다.

건륭 30년에 주세페 카스틸리오네(낭세녕)가 네 폭의 그림을 그리고 먼저 광주에서 프랑스 상인을 통하여 부친 것이지 브누아가 부친 것이 결코 아니다. 먼저 돈 5천 냥을 주었고 후에 다시 광주 프랑스 인도회사에 은 2만 냥을 보냈으니 공임은 중국에서 지불했으며 프랑스에서 스스로 출자한 것도 아니다. 주세페 카스틸리오네의 편지에서도 "판각을 할 때는 칼끝으로 조각을 하든 아니면 초산을 사용하든지를 막론하고 반드시 정교하여 눈이 즐겁도록 해야 한다"고 쓰여 있다. 이 16도十六圖는 판각한 사람과 판각한 것만을 거론했는데 아마도 정교한 조각이 나올 것이므로 원판 그림과 털끝만큼의 차이가 없이 해달라고 요구하고 있다. 브누아의 편지에서는 1772년 12월 7장의 판을 부쳐와서 황제가 브누아에게 다시 인쇄를 하라고 명령했다고 한다. 브누아는 "겨울에는 일을 하기가 불편하므로 시기를 기다리는 가운데 우선 인쇄기와 기타 필요한 물건들을 준비하겠다"고 말했다. 황제의 지시를 받들어 청한 바대로 처리했다. 이에 의거하면 아마도 당시에 서양인쇄기를 수입했던 것 같다. 그림에 건륭 병술년(1766) 맹춘월(음력 정월임)이라는 어제御題가 있다. 거기에 "서쪽 군대가 기묘년己卯年(1759)에 정벌성공을 거두었는데 7년이 지난 병술丙戌년에야 전투 그림이 비로소 완성되었다"고 되어 있다. 또 부항傅恒·우민중于敏中의 발跋도 있다. 천일각天一閣에는 건륭 44년 사은품인 16폭이 소장되어 있다.

5) 원명원도圓明園圖　　서양인들은 원명원을 '중국의 베르사유궁'

---

[310] 이들의 불어 원명을 알 수가 없어 중국어 소리나는 대로 적었다. 중국어 표기는 勒霸·散多班·卡列孚·阿里邁이다.

[그림 84] 원명원 '관수법觀水法' 동판화. 파리 프랑스국가도서관 소장 N. Monnet, Chine: l'Empire du trait, Paris, 2004년.

이라고 말하는데 원래 있던 원명원 40경 목각판화에는 서양건축이
본래 없었다. 브누아가 원명원 안에 서양식 분수를 설치한 후 오래
지 않아 같은 곳에 서양건물을 건축했다. 건륭제는 서양건축을 그림
으로 그려 놓고자 하여 주세페 카스틸리오네에게 명해 수사 제자
2~3인과 함께 그리도록 하고 건륭제가 친히 감독을 하고 측량제도
를 시정하고 그림을 동판에 조각하도록 했다. 이는 중국인이 동판
음각(요판凹版)을 처음으로 시도한 것으로 때는 건륭 48년(1783)이다.
원명원 동판화 20장[그림 84]은 중국인이 처음으로 조각과 인쇄를 시
도한 것으로 이 근면하고 참을성 있는 중국민족의 모방의 정교함에
프랑스 사람들은 놀라지 않을 수 없었다. 애석하게도 이 세계에 유
례가 없는 '정원 중의 정원'은 1860년에 야만적인 영국과 프랑스 연
합군의 방화로 초토화되었다. 중국인 판화공들은 궁중의 조판처造辦
處에 소속된 사람들로 성명은 조사검토가 필요하다. 국가도서관에
동판원명원도 20폭이 소장되어 있다.

6) **건륭의 기타 무공도**   조판처의 중국 조각가는 또 건륭이
금천金川·대만臺灣 등지를 평정한 크고 작은 무공도를 조각했는데
그 조각이 몹시 정교하며 그림은 모두 음각이다. 여러 전적도판戰跡
圖版 및 《건륭십삼배지도》는 모두 무영전武英殿에 소장되어 있다. 동
치 초년에는 동이 귀하고 공부工部에서는 또 여러 그림이 음각으로
되어 있어 인쇄를 할 수 없었기 때문에 고주鼓鑄[311]로 하기를 청했다.
어떤 신하가 이를 금지하기를 청했다 하나 청말에는 아직 있었다.
천일각에는 원래 건륭 52년 《평정양금천전도平定兩金川戰圖》12폭[그
림 85]이 있었으나 이미 없어졌다.

국가도서관에는 《평정안남득승도平定安南得勝圖》11폭[그림 86]이 소
장되어 있는데 그 안에는 완혜阮惠가 조카 완광현阮光顯을 파견하여 입
궁해 연회를 하사받는 그림[312]이 들어 있으며 건륭 기유己酉(1789) 중추

311_ 녹인 쇠붙이를 거푸집에 부어 물건을 만드는 것이다.

312_ 18세기 후반에 안남(월남)에 내전이 일어나 완문악阮文岳·완혜阮惠 형제
는 여씨黎氏왕조를 전복시켰다. 건륭 53년(1788)에 안남국왕의 어머니와 아
내가 청 조정에 구원을 요청하니 건륭제는 강희 5년(1666)에 청 정부가 대월
왕 여유희黎維禧를 안남국왕에 책봉한 이래 안남이 청조정을 몹시 공경한 것
을 보고는 여씨왕조를 도와주기로 했다. 이에 지원군을 보내어 여씨왕조를
회복시켜 주었다. 그러나 다음 해에 다시 완혜군의 대대적인 공격으로 여씨왕
조는 멸망했다. 완혜는 청 정부에 자신을 비준할 것을 요구하고 건륭제는 안
남의 정국을 생각해 완씨를 안남국왕에 책봉했다. 건륭제는 청군이 안남에 출
병하여 몇 차례 승리한 것과 동시에 안남을 평정한 공이 있는 광서제독 허세
형許世亨, 총병 상유병尚維屏과 장조룡張朝龍 등의 용맹함을 포상하기 위해
연회를 베풀고 《평정안남득승도》 책冊을 그리게 했다. 이외에 건륭 54년 7월
완혜가 그 조카인 완광현에게 표表를 올리도록 피서산장으로 파견했는데 건
륭제가 피서산장 안의 청음각淸音閣에서 대연회를 베풀고 완광현 일행을 접
견했다. 또한 이 연회 광경을 그려 〈완광현입근사연도阮光顯入覲賜宴圖〉라
했다. 그림 속의 건륭제는 늠름한 표정으로 앉아 있고 그의 앞에 붉은색 옷을
입은 완광현 등 사신들이 한 줄로 늘어서 있다. 이 그림은 건륭황제가 높은 데
서 아래를 바라보는 구도로 사실적이고 생동적이다. 황제와 신하간의 엄격한
등급의 차이와 모든 것을 소유한 황권의 지위를 표현하고 있다.

[그림 85] 《평정양금천득승도平定兩金川得勝圖》, 건륭 42년에서 46년까지 내부 동판화. 고궁박물원 소장

[그림 86] 《평정안남득승도平定安南得勝圖》, 건륭 55년에서 58년까지 내부 동판화. 고궁박물원 소장

中秋라고 쓰여 있다. 이전에는 서양 장인의 그림이라고 여겼지만 그렇지 않다. 이처럼 판각이 아주 정밀한 동요판銅凹版은 외부에 전해지는 것이 아주 적고 후에 인쇄한 사람 역시 없어지게 되었다.[295]

7) 건륭시기 프랑스에서 동판인쇄술을 공부한 중국인
건륭시기에 고류사高類思(1733~1787) · 양덕망楊德望(1734~1787)이라는 두 명의 북경 사람이 예수회에 가입했는데 프랑스 선교사 브누아에게서 3년 간 공부한 후 1751년에 프랑스에 파송되어 프랑스어와 라틴어, 신학을 공부했다.[296] 1764년에 귀국 준비를 하기 전에 당시의 국무비서 베르텡(H. I. J. Bertin, 1720~1792)과 접견했는데 베르텡은 중국문화에 대해 몹시 열중이어서 중국의 모든 것에 대해 매료되어 있었다. 그래서 고류사와 양덕망이 귀국 후에도 프랑스를 위해, 특히 중국의 경제 · 과학기술과 자연상황을 조사하여 프랑스에 보고해줄 것을 요청했다. 또한 이 목적을 위해 베르텡은 그들을 1년 더 프랑스에서 공부하도록 했다. 이 기간에 그들은 프랑스 황실과학원 학술원 회원인 브리송(M.-J. Brisson, 1723~1806)과 카데 드 가시쿠르(L.-C. Cadet de Gassicourt, 1731~1799)의 우수한 과학훈련을 받았다. 브리송은 그들에게 물리학과 자연사를 가르쳤고 카데 드 가시쿠르는 화학과 응용을 가르쳤다. 고류사와 양덕망은 자연현상을 어떻게 해석하는지를 쉽게 배웠고 또한 화학조작에 대하여 특히 민첩하고 솜씨가 좋아 그들의 진보에 관해 두 학술원 회원은 칭찬을 했다.[297] 프랑스에서의 마지막 기간 동안에 그들은 또한 방직공장을 참관했고 동판의 판각 · 강수强水(초산)를 이용해 동판을 부식시키는 기술을 포함하여 회화와 인쇄술을 배웠는데 이는 그들의 안목을 대대적으로 확대시켰다. 1765년 말 그들이 귀국했다. 유감인 것은 최초로 서양 과학 훈련을 받은 이 두 중국인이 귀국한 후에 그들의 장기를 발휘하지 못했을 뿐만 아니라 동판인쇄술제작을 이용해 어떤 인쇄품도 만들지 못했다는 점이다.

8) 조학민의 《본초강목습유》에 기록된 동판제작법   조학민趙
學敏의 《본초강목습유本草綱目拾遺》는 《본초강목》 이후를 계승한 중요
한 약물학 저서로 이시진李時珍 이후 근 2세기의 본초에 관한 경험을
총결했다. 1765년에 서序를 썼는데 그러나 수많은 내용은 후에 증보
되었다. 그중에 강수強水를 이용해 동판에 조각하는 일과 관련된 사
항은 동판인쇄사상 중요한 한편의 문헌이다. 《본초강목습유》 권1에
는 다음과 같은 기록이 있다.

왕이당王怡堂 선생은 다음과 같이 말했다. "서양인들은 양화를 그릴 때 동판
위에 조각을 한다. 먼저 붓으로 동판에 그림을 그리는데 산수 인물을 그리고
하룻밤을 물에 담가둔다. 그 담가진 동판은 스스로 침식하여 조각이 되는데
높고 낮음이 보였다 안보였다 하는 것이 그 묘함이 대단하다. 동판 중 부식
하고 싶지 않은 곳에는 먼저 황랍을 칠하여 보호한 후에 다시 담그면 된다.
1주일을 기다리면 동이 붙은 곳은 부식의 흔적이 있는데 물로 씻고 강수強水
를 제거하고 황랍을 털어내어 깨끗하게 한다. 그 동판 위에 있는 그림은 이
미 이루어져 조각한 것보다 뛰어나고 게다가 쉽고 빠르다"[298]

여기서 말하는 강수強水는 즉 초산을 말한다. 이는 중국인이 처음
으로 강수(초산)를 이용한 동판화 조각에 대한 기술이다. 고증에 의
하면 왕이당은 즉 왕응소汪應紹로 전당사람이며 조학민과 동향이다.
1783~1788년에 대흥현大興縣 지현知縣을 지냈다.[299] 이 기간은 마침
중국인이 시험적으로 동판화를 제작한 기간이고 왕응소가 일찍이
선무문宣武門 천주당天主堂에 가서 서양사람과 왕래[300] 했던 것을 고
려하면 동판화의 제작에 관해 대부분 이해했거나 직접 보았을 가능
성이 있다. 그리고 관직을 사직하고 고향으로 돌아가 조학민에게 말

했다는 것이 이치에 합당한 추측일 것이다. 조학민의 기록 역시 선교사가 가지고 온 동판제작술을 설명했고 당시의 문인들에게 확실히 어느 정도 영향을 주었을 것이다.

19세기 초 기독교(신교)가 전래되자 신교도들은 천주교 구교도 신자들보다 더욱 문자 선교를 중시하여 《성경》을 번역하고 전도하는 작은 책자를 살포했다. 아편전쟁 후에 영국인은 교회와 영화서원英華書院을 홍콩으로 옮기었고 홍콩은 드디어 영국제국주의 경제침략과 식민문화 선전의 중심지가 되었으며 후에 또 5개 무역항으로 확대되어 외국인은 서국書局을 설립하고 교회 선전물을 출판했다. 동시에 신문사를 설립하고 외국어와 중국어 신문과 기간물을 출판했다. 이리하여 석인판石印版·홍콩 연활자鉛活字[313] 및 인쇄기기가 무역항 및 각 대도시와 중소도시에 계속하여 출현했다. 필자가 북경 서십고북당인쇄소西什庫北堂印刷所에서 영국의 스탠호프 철제 인쇄기를 본 적이 있는데 이는 1860년 영국 프랑스 연합군이 북경을 공격했을 때 남겨 놓은 것이다. 제국주의는 강건책과 유화책을 함께 써 대포와 인쇄기를 함께 사용하여 긴밀히 보조를 맞추었다. 지금 서양 석판 인쇄와 연활자 인쇄를 중국에 수입한 과정을 간략히 소개한다.

(2) 석인石印

오스트리아 헝가리 제국 사람 알로이스 제네펠더(Aloys Senefelder,

---

[313]_ 납으로 만든 활자로 한국에서는 납활자라고도 하는데 이 납이 한국 고유어인지도 불명확하고 일반적으로 납활자라고 할 때는 鈉活字라는 자주 쓰지 않는 한자를 쓴다. 또 납은 한자로 '鑞'이라고도 하는데 우리가 '경랍硬鑞, 금랍金鑞, 백랍白鑞, 은랍銀鑞' 등처럼 쓸 경우이다. 납활자로 번역할 경우 여러 가지로 고려할 점이 많아 이 책에서는 원서대로 연활자로 표기한다.

1771~1834)는 지금의 체코 프라하에서 태어났다. 그는 작곡을 좋아하여 악보를 만들었지만 인쇄할 방법이 없어 그림을 석판으로 인쇄했다. 몇 차례 시도했으나 실패하다가 결국 1796년에 실험이 성공했으며 이를 석인술石印術(Lithography)이라 칭했다. 이 석판인쇄는 볼록 튀어나온 연활자와는 달라 석판 표면이 평평하고 매끈하기 때문에 평판인쇄平版印刷라고도 하고 또는 화학적 신인쇄법이라고도 한다. 그 방법은 기름과 물이 섞이지 않는 원리를 이용하여 석면으로 판을 만들고 접착력이 강한 약먹을 사용하여 특제의 약지藥紙 위에 검은 글자를 쓰고 약간 말린 후에 석면을 덮고 힘 있게 이를 누르면 접착성 약먹이 석면에 눌러붙게 된다. 그런 후에 종이를 제거하고 이를 물로 씻어낸 후 물이 마르게 될 때 인쇄잉크[油墨]가 굴러가면 모든 석면은 물의 저항력으로 인쇄잉크가 닿지 않게 되고 자획이 있는 곳은 그렇지 않으므로 종이를 덮어 눌러 인쇄하면 된다. 석판인쇄에서 사용하는 석판을 청대 사람들은 '흘묵석吃墨石'이라고 했다. 아편전쟁 전후에 석인술은 기독교 신교의 전도사가 중국에 들어오면서 중국으로 유입되었다. 청말에 이르기까지 중국 내의 서적상에서는 분분히 서국을 설립하여 서양석인으로 도서를 인쇄하여 석인본은 한때 몹시 성행했다. 이리하여 석판인쇄는 중국 근대인쇄사에서 중요한 지위를 차지하게 되었다.

판각을 하지 않고도 능히 책을 인쇄할 수 있다는 사실은 당시 사회에서 몹시 신기한 일로 여겨졌다. 청나라 황식권黃式權은 《송남몽영록淞南夢影錄》에서 "석인 서적은 서양의 석판을 이용하는데 평평하게 간 것이 마치 거울과 같고 전자현미경 영상법으로 석판 위에 있는 글자의 흔적을 촬영하고 그런 후에 접착제를 발라 인쇄잉크로 인쇄를 한다. 아무리 많은 책이라도 하루에 찍어내는 것이 어렵지 않다. 가늘기는 쇠털과 같고, 맑기는 코뿔소의 뿔과 같다"고 하였다.

석판인쇄는 빠르고 또한 아주 작은 글씨의 필획도 확실하게 보여 이
전 시대의 판각인쇄보다 월등히 좋았다. 그러나 당시 사대부들은 반
신반의했다. 믿는 사람은 책이 빨리 만들어지고 게다가 특별히 아름
다운 것을 좋아했고, 의심하는 사람은 책이 오래가지 않고 종이와
먹이 쉽게 변하는 것을 걱정했다. 후에 석인본의 종이와 먹이 바뀌
고 시간이 오래되어도 새것과 같음을 알고는 비로소 석인본의 우월
성을 알게 되었다. 석판으로 고서를 번각 인쇄하여도 전혀 차이가
없고 또 마음대로 축소를 할 수 있어 시험장이나 배를 타거나 차를
탈 때에도 휴대하기 편하여 선비들의 열렬한 환영을 받았다. 중국은
송나라 때 이미 손바닥만한 수진본이 출현했는데 석인본이 나오고
부터는 어떤 책은 더욱 축소되었다. 필자는 《오경》4책을 소장하고
있는데 작은 상자 속에 들어가 있으며[그림 87][301] 마치 작은 말린 두
부모만 하다. 비록 엄지손가락이나 혹은 손톱처럼 작은 서양의 소형
인본과는 비교할 수 없지만 중국내에서는 소형책이라고 할 수 있다.

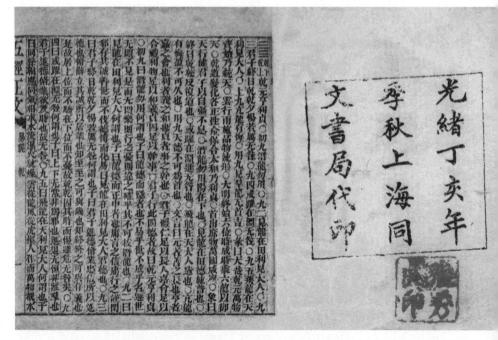

[그림 87] 《오경》4책. 광서 정해년 상해 동문서국 석인본, 판광 4.3 제곱센티미터다.

석판인쇄술은 발명자인 알로이스 제네펠더 생전에 이미 광동에 전래되었다. 일찍이 중국 내에서 석판인쇄술의 사용에 관해 기록한 책은 《중국문고中國文庫》(Chinese Repository)다. 이 책은 중국에 온 미국의 첫 번째 선교사인 브리지먼(E.C. Bridgman)이 창간한 잡지로 여기에는 아편전쟁 전후의 역사적 사실이 풍부하게 기록되어 있다. 그래서 누차에 걸쳐 근대사 연구자들에게 인용되었으며 동시에 중국 근대인쇄사를 연구하는 데 있어서도 빠져서는 안 될 중요한 문헌이다. 《중국문고》의 기록에 따르면 영국 런던회 선교사 메드허스트 (W.H.Medhurst, 1796~1857)[그림 88]

는 1830~1831년 사이에 지금의 인도네시아 쟈카르타에서 석인을 사용하여 중문책을 인쇄했다. 그 후 얼마 되지 않아 마카오에 인쇄소를 설립했고 1832년 말에는 광주에서 석판인쇄소를 설립했고 또한 경영도 몹시 성공적이었다.[302] 다음해 5월에 《중국문고》는 또 1833년부터

[그림 88] 메드허스트 초상

1834년 5월까지 광주에 석판인쇄소가 두 개로 발전했다는 것을 보도했고, 또한 소형 출판물을 출판했다. 도광 연간에 광주와 마카오에 석판인쇄가 있었음을 알 수 있다.

당시 중국에 왔던 선교사는 소수이고 또 경비가 한정되었기 때문에 어떻게 서적의 인쇄비를 낮출 수 있는가가 그들 토론의 화제가 되었다. 그러나 그들의 주요목적은 복음의 포교이자 전파였으므로 인쇄품도 교리전도敎理傳道의 소책자가 대부분이었다. 1834년 10월에 《중국문고》는 전문적으로 목판 인쇄·석판인쇄·활자인쇄의 장단점을 비교했으며 2천 권을 인쇄한 중문 《성경》을 예로 들어 이 세 가지 방법에서 필요한 원가를 계산해보았는데 결과는 석판인쇄가 가장 쌌다. 석판인쇄의 장점으로는 다음과 같은 점을 들고 있다. 필요한 시간에 맞추어 각종 크고 작은 서적을 인쇄할 수 있다. 작은 교리전도 책자도 단시간 안에 인쇄가 가능하여 시간을 아낄 수 있다. 소규모의 교리전도를 할 때는 사람 손이 부족한데 선교사 한 사람이 능히 조작이 가능하여 비용을 절감할 수 있다. 각종 문자를 인쇄하기에 편리하다는 점 등이다. 또한 석인술의 결점에 관해서도 토론했는데 다음과 같다. 즉 비교적 많은 부가적 업무가 필요한데 돌판을 적시고 깨끗이 해야 한다. 석판의 손상이 빠르다. 대기변화라든지 재료의 손상으로 인해 서적인쇄의 질이 안정적이지 못하고 도서의 외관이 정연치 못하다. 초기 투자가 목판 인쇄에 비해 크다는 점 등이었다.

메드허스트는 상해에서 묵해서관墨海書館을 경영했는데 비교적 일찍이 연활자 인쇄를 이용한 출판기구를 채용했다. 그는 적지 않은 중국 선비들을 망라하여 과학과 종교서적을 번역 출판하여 당시에 이름이 높았다. 그러나 사람들은 그가 1830~40년대에 행한 업적, 특히 석인술을 사용한 것에 관해서는 그다지 알지 못한다. 일찍이 1820년에 메드허스트는 인쇄기구를 가지고 말레이시아의 페낭 Penang섬에 갔다. 그 다음해 자카르타로 가서 선교 업무에 종사했고 1829년부터 1835년까지 28종의 본인이 쓴 중문 교리전도 책자를 출판했는데 대부분 석판인쇄다.[303] 1832년 메드허스트는 또 마카오와 광주에 석판인쇄소를 설립했다. 그는 석판인쇄술을 중국에 전파하는 데에 커다란 공헌을 했다. 메드허스트는 선교사이자 동시에 걸출한 인쇄공으로 1838년에 그가 런던에서 출판한 《중국》이라는 책은 서양 인쇄가 중국의 초기 전파에 끼친 연구를 하는 데에 가치가 있는 책이다. 책속에서 1833년부터 1835년까지의 석판인쇄된 책을 열거했고 부록이 2개 있는데 광주와 말라카(malacca)[314] 인본서의 서목이 있다. 또한 목판 인쇄·석판인쇄·활자인쇄의 장단점 및 임금 문제를 토론 비교했는데 대체적으로 《중국문고》에 기재된 내용과 비슷하지만 통계수치에 차이가 조금 있다.[304]

아편전쟁 이후 동치말에 이르기까지 석인술은 중국의 정황으로 인해 기록이 적어 아직 잘 알 수가 없다. 그저 북경교회인쇄소(견사회 遺使會)에서 일찍이 연鉛·석石 두 종류의 인쇄기를 사용했으며 영국과 프랑스 연합군이 북경을 침략한 후에 프랑스군이 교회에 기증했다는 것만 알고 있을 뿐인데 아마도 석판인쇄로 서적을 출판했을 것이다.[305]

석인술은 1832년에 중국에 전래되었지만 1880년 이후에서야 비로소 보급되었는데 어째서 50여 년간 확산되지 않았는지에 관해서는 생각해 볼 필요가 있다. 우선 1840년 전후에 신교 선교사들이 정부의 제약을 받아 그들은 석인방법을 이용해 포교 전도책자 인쇄를 비밀리에 진행했는데 개별 신도 이외에 중국의 일반 백성들은 아직 석인술을 접해 볼 기회가 없었기 때문에 더구나 목판 인쇄와 우열을 비교해 볼 방법이 없었다. 그 다음으로 석인의 원료들, 예를 들면 석판과 인쇄잉크는 수입을 해야만 되었다. 특히 당시 중국인은 폐쇄적 상태에 처해 있었으므로 석인술이든 연인술鉛印術이든 모두 중국인의 중시를 받지 못했다.

중국인으로 첫 번째로 석인술을 배운 사람은 유명한 인쇄공 양아발梁阿發의 제자이자 기독교인인 굴아앙屈亞昻이다. 그는 로버트 마리손의 큰아들인 요한(John Robert Morrison, 1814~1843)[315]에게서 석인

---

314 _ 중국어 표기는 마육갑馬六甲이다.

술을 배워 마카오에서 수많은 경문과 한 면에 그림이 있는 포교전도 책자를 인쇄했다. 모리슨은 그의 25년의 업무를 회고할 때 몹시 만족하여서 "나는 지금 나의 업무가 효과를 거두고 있음을 보았으며 우리가 작은 책자를 인쇄한 방법으로 진리를 폭넓게 전파했고, 굴아앙이 이미 석인술을 배웠다"[306]고 했다. 필자는 다음과 같이 생각한다. 즉 모리슨은 1807년에 중국에 왔고 1834년 8월에 사망했으니 이로 볼 때 굴아앙이 석인술을 배운 것은 도광 12년, 즉 1832년 전후였음을 알 수 있다. 현존하는 광주의 석인품은 최초의 것이 도광 18년 9~10월에 메드허스트가 주편한 《각국소식各國消息》이라는 중문월간으로 상업계의 뉴스를 주로 게재했고 몇 기만 출간했는데 연사지連四紙 석인이었다. 영국 런던에 2책이 소장되었는데 한 책은 8쪽에 불과하다.[307] 상술한 기록과 현존하는 실물에 근거해 볼 때, 석인은 도광 초부터 이미 전래되었고 일반적으로 광서 2년에 시작되었다고 말하는 것보다 40여 년이나 더 일찍 시작되었다고 생각한다.

청나라 말에 상해에는 부문각富文閣·조문서국藻文書局·굉문서국宏文書局에서 오채석인五彩石印을 시작했지만 채색의 농담濃淡 구분은 없었다. 광서 30년 문명서국文明書局에서 일본인 기술자를 고용하면서 채색은 명암의 깊이가 분명하게 되었다. 다음 해에 상무인서관에서 채색 석인 기술자 와다 만타로[和田滿太郎][316] 등 여러 명을 고용하여 상해에 오게 하여 채인에 종사하도록 했다. 산수山水·화훼花卉·인물 등 옛그림을 모방하여 인쇄하고 채색을 하니 원화와 다름이 없었다. 그 채색 석인제판방법은 광석光石·모석毛石 두 종류를 벗어나

315_ 중국어 표기는 마유한馬儒翰(즉 요한)이다.
316_ 뒷 부분 〈오목판〉의 설명에서 이 이름이 다시 나오는데 거기에는 와다 만타로[和田滿太郎]로 나와 있고 이것이 타당하다고 여겨 여기서의 璃자를 滿으로 바꾸었다.

지 못했다고 한다.

콜로타이프(Collotype)는 원래 콜로이드(colloid) 인쇄라는 뜻으로 혹은 유리판이라고도 하는데 1869년에 독일 사람 요제프 알버트 (Joseph Albert)가 발명한 것이다. 그 방법은 음문陰文을 마른 판에 놓고 감광성感光性 콜로이드 유리판과 밀착시켜 프린트하면 그 감광처가 인쇄잉크를 흡수하고 나머지 인쇄판은 즉 수성水性을 흡수하게 되어 종이를 사용해 인쇄하면 그 인쇄 모양을 얻을 수 있게 된다. 사진제판 중에서 가장 정밀하여 명인서화 등 미술품을 인쇄하는 데 적합하다. 광서 초년에 서가휘徐家彙 토산만土山灣 인쇄소에서 성모상을 인쇄했는데 즉 이 방법을 사용했다. 후에 유정서국有正書局에서 일본인을 상해로 초빙하여 이 기술을 전수했다. 문명서국의 조홍설趙鴻雪 역시 실험을 하여 성공했다. 광서 33년 상무인서관에서 처음으로 콜로타이프를 사용했고 그 채색 콜로타이프는 몹시 아름다웠다.[308]

(3) 연인鉛印

볼록판 연활자 인쇄[凸版鉛印]는 현대 서적과 신문을 생산하는 중요한 방법이다. 중국은 비록 일찍이 금속주조활자를 발명했지만 오로지 동활자[317]만 비교적 유행했고 석활자錫活字와 연활자鉛活字는 잠시 나타났을 뿐이다. 19세기 중엽에 서양의 연활자 인쇄와 석판 인쇄가 들어온 후에 전통적인 목판 인쇄와 목활자·동활자 인쇄는 점점 쇠락해갔으며 결국에는 도태되었다.

317_ 이 책에서 銅字와 木字는 일반적으로 쓰인 경우에는 동활자, 목활자로 번역했으며 서명이나 특별한 경우에는 동자, 목자로 구분했다.

1833년에 광주와 마카오에 다섯 곳의 영문인쇄소가 있었는데 세 곳은 영국에서 왔고 두 곳은 미국에서 온 것으로 가장 이른 것은 1814년에 세워졌다. 그러나 여기서는 영문만을 인쇄했고 중문 연활자는 없어 중문 간행물을 인쇄하려면 여전히 목판에 판각을 해야만 했다. 중문 목판만이 아니라 포르투갈 문서 한 권도 본 적이 있는데 전체 자모字母를 모두 목판에 판각한 것으로 이루어졌다.

그러나 수공으로 나무에 판각하는 일은 어찌되었든 몹시 번거로운 것이어서 영국의 메드허스트는 우선 신식 석판인쇄를 채용했다. 그의 연구 결과에 의하면 가장 경제적이고 가장 신속한 방법은 연활자 인쇄를 채용하는 것이 가장 최선의 방법이었다.

이전의 이론은 1814년에 모리슨이 각자공 채고蔡高를 교인으로 받아들여 조수 윌리엄 밀른(William Milne, 1785~1822)[318]과 채고 두 사람을 말라카로 파견하여 인쇄소를 설립하고 1819년에 처음으로 중문 《신구약성경》을 인쇄했는데 이것이 첫 번째의 서양식 활자를 사용한 중문책이라고 했다. 그러나 《양발梁發》 안에 기술한 바에 의하면 이는 사실과 부합되지 않음이 확연하다. 1819년 11월 《성경》 전체의 번역이 완성되었고 양아발梁阿發(즉 梁發)이 판각하고 인쇄를 했다고 하는데 그러나 한 달 안에 번역된 전체 《성경》을 인쇄한다는 것은 불가능하다. 당시 밀른이 말라카에서 비록 인쇄기를 운영하고 있었다지만 영문과 말레어문 두 부의 연활자만 있었고 중문 연활자는 없었으므로 중문 《성경》은 여전히 목판을 사용하여 인쇄했다. 1853년에 모리슨의 큰 사위 흡슨(B. Hobson, 1816~1873) 의사와 양아발이 1만 권의 《신약》을 인쇄하고자 결정하여 이 노 각자공 양아발은 여전히 판각을 하느라고 바빴다고 하니 모리슨이 번역한 《성경》임을 알 수

318_ 중국어 표기는 미련米憐이다.

있고, 모리슨 생전(1834년 전)에 전부 활자인쇄를 했는지 여부는 아직
도 의문이다.

모리슨이 마카오에서 《화영자전華英字典》을 편찬했는데 이를 《모
리슨 자전[馬禮遜字典]》이라고도 한다. 이 자전의 출판을 동인도회사
에서 동의했다. 약 1814년에 인쇄공 토마스(P. Thomas)[319]가 인쇄기
활자와 기타 필요한 설비를 런던에서 중국으로 가져왔다. 그가 도착
한 후 몇 명의 중국 각자공들과 함께 주석이 포함된 합금판에 활자
를 조각하는 일에 착수했다. 1815~1822년 사이에 6권의 자전 600부
인쇄를 마쳤는데 비용은 12,000파운드였으니 이는 서양사람이 중문
활자를 사용하여 인쇄한 첫 번째의 인쇄본이다. 그러나 활자는 여전
히 중국의 옛 방식대로 판각을 사용한 것으로 서양의 주조법이 아니
다.

《자전》을 인쇄하기 위하여 두 세트의 크기가 다른 활자를 준비
했고 40년 동안 그들은 20만 개 이상의 활자를 조각했으며 서로 다
른 새 글자가 2만 개가 넘었지만 그러나 중문서적을 인쇄하기에 글
자수는 여전히 부족함을 느꼈다. 자형은 보기에 조금 이상했지만 두
종류의 언어로 된 책을 인쇄할 수밖에 없었다. 《마씨자전馬氏字典》을
인쇄한 것을 제외하면 모두 두 종류의 비교적 작은 자전을 인쇄했
고, 20종의 기타 영화英華와 합간한 책이다. 1856년에 광주에 동란이
일어나자 활자는 모두 훼손되었다.

중문 연활자 인쇄에서 가장 중요한 문제는 우선 활자를 주조하는
것이었다. 19세기 전기에 적지 않은 외국인들이 자형字型 중문활자
를 만들었는데 다음과 같은 것들이 있다.

319_ 중국어 표기는 탕모사湯姆司이다.

병합자

한자의 번잡한 어려움을 해결하기 위하여 19세기 초에 서양인은 병합자拼合字(divisible type)로 중문서적을 인쇄했다. 병합자의 연구제작硏究製作의 역사로 근대 연활자 인쇄술이 중국에서 광범위하게 사용된 배경과 한자 주자鑄字 기술 및 연활자 자체의 발전을 살펴볼 수 있다.

1) 파리 인쇄공 르그랑의 병합자 제작　　프랑스 파리의 활자제조 전문가 르그랑(Marcellin Legrand)은 한학자 포티에(I. Pauthier)의 건의와 지도하에 파리에 있던 몇 명 중국학생의 도움을 받아 번거로운 조각에 종사하여 중문에서 가장 잘 사용되는 철활자모형 2000개를 조각했다. 그는 자형字型을 작게 하기 위하여 중문 형성자의 편방偏旁을 발명하여 본래의 글자와 나누었다가 다시 병합했다. 예를 들면 '碗'자를 '石'변과 '宛'자를 병합하는 것인데 이전에는 이를 '첩적자疊積字'라고 했다. 나눌 수 없는 글자는 여전히 단독자로 두었다. 이런 병합자는 편방과 원래 글자의 비율이 같지 않고, 반쪽의 두 글자가 억지로 하나가 되면서 몹시 어색하고 부자연스럽고 크기도 일치하지 않고 가지런하지도 않았으며 동시에 식자공에게도 적지 않은 번거로움을 주었다.

1835년 3월에 《중국문고》에 그가 파리에서 활자를 연구제작했다는 소식을 보도했다. 당시에 편집자는 이미 파리에서 출판된 중문활자와 관련된 설명서를 받았는데 부록의 견본서를 보고는 이 활자가 당시에 가장 아름답다고 여겼다. 이리하여 늦어도 1834년 전에는 르그랑이 중문활자의 연구제작이 이미 시작된 것이다. 이 내용은 즉 아시아학회 회원인 포티에 선생이 "중요한 중국 철학가의 번역본을 출판하고 원본을 바로 앞 페이지에 부록으로 싣기로 결정했다. 그는 급히 공자와 노자의 정치·도덕·철학 저서를 출판하겠다고 했다. 활자는 유럽에 완전한 것이 있다. 그는 르그랑과 상의했는데 르그랑은 당시 파리에서 가장 숙련된 각자공의 하나였다. 과학에 대한 흥미에서 출발하여 르그랑은 철활자 모형의 조각제작을 맡을 것을 원했다. 그리곤 2천 개의 상용한자의 활자를 만들었으며 구매자는 기본활자의 응용의 기초위에 대처한 것이고 그들의 수요에 근거하여 이 숫자는 아마도 수시로 증가될 것이다. 이런 한자는 여기서 이미 견본이 나왔으며 겨우 매 면에 14점이 … 그러나 우아한 한자가 있어 능히 선택할 수 있으나 여전히 사용하기에는 부족하다. 필요한 것이 있으면 병합과 분배의 방법을 찾는데 보통의 활자와 마찬가지로 용이하다. 이는 아주 간단한 과정을 통해 얻어진 것이다. 구매자에게 보내는 2천 개 한자는 214개 부수로 나누었고 분류할 때 모든 글자에 번호를 부여하여 명확하게 연활자 하단의 오목한 곳에 새겼는데 이는 늘 사용하는 식자공들이 자모字母의 앞부분을 식별하게 하기 위해서다. 이리하여 식자공의 지능 정도에 상관없이 조판組版과정 중에 한자를 배열하는 것이 숫자를 배열하는 것보다 어려움이 없다는 것을 알게 될 것이다. 모든 한자는 번호가 있기 때문이다"[309]고 했다.

　1837년, 파리에서 르그랑의 《한자양본漢字樣本》이 출판되었고[310] 르그랑은 서론에서 모든 문자 중에서 한자인쇄가 가장 어렵다고 여기고 한자의 수량이 너무 많은 난제를 해결하기 위하여 병합자의 방법을 채용하기로 결정했다고 했다. 전체 활자는 세 부분을 포괄하고 있다. 첫째는 공자 등 경전 저서를 인쇄하기 위해 필요한 3천 개의 글자다. 둘째는 이런 기초 위에서 1,600개를 더하면 총 4,600개가 되는데 조합방법을 이용해 《성경》을 인쇄할 수 있었다. 셋째는 다시 4,400~4,900자의 한자를 더하여 전체 9,000~9,500개의 한자로 《강희자전》 중의 3만 개 한자를 조합할 수 있었다. 책 뒤에는 한문 《성경》의 견본 13쪽을 부록으로 첨가했다. 1837년 파리에서 출판한 프랑스 번역본 《대학》은 연활자를 사용한 것으로 바로 르그랑이 조각한 철활자로 주조한 것이다.[311] 이 책의 부록에 있는 광고를 보면 이 병합자를 사용하여 노자의 《도덕경》을 동시에 인쇄했다.[312]

1838년 메드허스트는(W. H. Medhurst, 1796~1857)는 《중국의 현상과 전망》이라는 책에서 르그랑의 활자 연구제작 업무에 관하여 신속히 보도했다.

───

파리에서 아주학회 회원인 포티에의 지도 아래 또 다른 중문 금속활자를 주조하는 시험을 진행하고 있다. 이 활자로 출판된 견본을 볼 때 다이어 (Samuel Dyer, 1804~1843)의 활자에 비하여 훨씬 작고 흡사 18호(pt) (great primer)의 크기와 비슷한 듯한데 프랑스의 유명한 활자 주조 대가 가 주조한 것이다. 필획의 정교함과 고도의 정확함으로 볼 때 이런 활자 는 아시아의 어떤 장인들보다도 잘 만들었다. 몇몇 활자의 형식은 약간 경직되어 있어서 비례가 맞지 않지만 그 부분적인 원인은 경험이 없어서 … 그러나 총체적으로 볼 때 이 활자는 몹시 정교하고 아름답다.[313]

메드허스트는 또 르그랑의 《한자양본漢字樣本》의 프랑스어 서를 영어로 번역했다. 1838년의 정황으로 볼 때, 당시에는 두 가지 활자 를 사용했을 수 있는데 하나는 르그랑의 파리자字고 하나는 다이어 의 활자로 파리 인쇄공은 아마 작은 철 자형字型을 조각하려고 했던 것 같다.[314] 1845년 파리황실인쇄국에서 《황가인쇄소활자양본皇家 印刷所活字樣本》[315]을 인쇄했는데 그중에도 적지 않은 중문활자가 들 어 있다.

2) 마카오 미국장로회 인쇄소 '화영교서방'에 전래된 병합자

1843년 5개의 무역항[五口通商]인 상해上海 · 영파寧坡 · 복주福州 · 하 문廈門 · 홍콩 및 마카오는 선교사 진출의 활동장소가 되었고 교리전 파의 수요에 따라서 교회는 수많은 인쇄소를 개설하여 《성경》 등의 교리책자를 인쇄하는 데 사용했다. 마카오 미국장로회의 '화영교서방 華英校書房'은 비교적 이른 시기에 세워진 곳이다.

사무엘 윌리암스가 《교무잡지教務雜志》(Chinese Recorder)에 게재한 〈한자인쇄의 활자〉[320][316]라는 글 속에서 르그랑이 1834년에 처음으로 시험적으로 자형부터 시작하여 중문활자를 제조한 것을 회고했다. 당시 자형의 숫자를 줄이기 위하여 편방 및 기본 글자 조합의 방법을 채용했고 이로써 수천 개의 자형을 줄일 수 있었으며 이를 위해 전체 3,000개 이상의 자형을 조각 · 제작했는데 여기에는 214개의 편방과 1,100개의 기본 한자가 포함되어 있으며 편방을 점하고 있는 글자가 3분의 1이 되었고 기본한자는 3분의 2를 점한다. 여기에 의거하면 22,471개의 한자를 만들어 낼 수 있다. 미국 장로회는 이런 활자에 대해 몹시 관심이 있었으며 1836년에 5천 원을 들여 3,000개의 자형을 구매했다. 1844년 르그랑의 자형 한 세트를 중국에 가지고 와서 마카오의 '화영교서방'에 주었는데 종교서적을 인쇄하는 데 주로 쓰였다. 윌리암스는 어느 정도까지는 이런 병합이 좋다고 생각했다. 미국 장로회 인쇄소인 '화영교서방'은 1844년에 마카오에서 출판한 병합자 견본 《신주화영연인新鑄華英鉛印》[그림 89][317]의 서론에서 다음과 같이 기록하고 있다.

───

동방학자의 주의력은 종종 금속활자를 이용하여 한자를 인쇄하는 과제로 돌려지곤 했다. 최대의 곤란함은 한자수량의 방대함에 있는데 사용하기 비교적 번잡한 한자가 5천자 이상이다. 더구나 식물학 · 동물학 혹은 의학저서는 앞으로 100개가 필요한데 설사 이 숫자의 활자가 있다 해도 만족할 수가 없다. 그러나 1만 혹은 1만 5천 개를 점하는 공간은 너무 크

───

320 _ 원 제목은 〈漢字印刷的活字〉이다.

[그림 89-1]

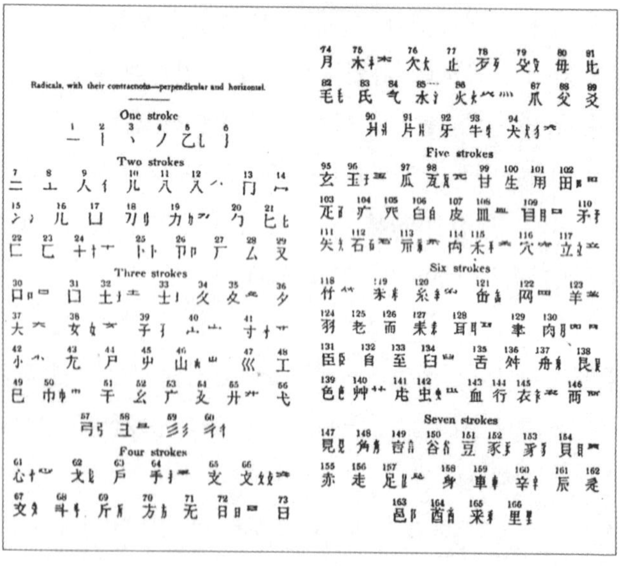

[그림 89-2]

[그림 89] 《신주화영연인》속표지 및 첩적자 모습. 마카오 미국장로회 인쇄소 '화영
교서방' 간행. 도광 24년(1844), 파리 르그랑이 제작한 활자를 구매하여 인쇄
했다.

고 사용 역시 몹시 곤란하여 수많은 사람들은 한자를 인쇄하는 것은 실용적이지 않다고 여기게 되었고 습관적으로 사용하는 판각방식을 채용하는 것이 좋겠다고 생각했다. 10년 이전에 파리의 한학자들이 병합한자의 방법을 발전시켜 왔고 이에 근거하면 어떤 한문저서도 인쇄할 수 있으며 게다가 대량의 활자나 불편한 활자도 필요하지 않다. 당시 장로회에서는 중국 선교를 고려하고 있었으므로 한 세트의 자형을 구하기로 결정했다. 여러 차례의 시험을 거쳐서 이 계획의 실용성을 증명했다. 몇 년의 노동을 거쳐 이 계획은 어느 정도 이미 성숙해졌으며 인쇄기와 자형은 금년에 중국에 들여오게 되었고 활자도 이미 주조가 다 되었고, 인쇄소도 준비가 다 되어서 한문과 영문 저서를 인쇄하게 되었다. 그러나 작은 경험들은 우리에게 인쇄소의 일꾼들은 반드시 모든 문자의 정확한 리스트가 필요하고 그렇지 않고 처음 배우는 사람으로서는 수많은 시간을 활자 찾는 데에 낭비할 수밖에 없다는 사실을 말해주고 있었다. 이리하여 이 시험에 대하여 흥미를 갖고 있는 수많은 친구들에 감격하여서 이런 견본서를 준비했다. 목적은 사람들에게 인쇄소의 모든 활자 및 그것들이 놓인 상자에 대하여 일목요연하게 하려 함이다.

활자는 두 종류로 분류했다. 하나는 정체자整體字로 하나의 활자가 한 글자를 대표한다. 두 번째는 병합자로 두 개의 활자가 조합되어 한자 한 글자가 된다. 이는 또 두 종류가 있는데 수평병합과 수직병합이다 … 이미 고인이 된 다이어는 사용빈도에 따라서 리스트를 준비했는데 이런 작업은 기본적인 서비스를 제공해주었다. 이 활자의 리스트를 통하여 250개의 글자(필획에 근거함)를 선택하고 안배하여 네 상자에 담아두었다. 이 250개의 글자는 자주 사용되는 글자로 중문서적에서 사용되는 한자 수의 약 반을 포괄하고 있다.

1845년 3월, 《중국문고》도 병합한자로 제목을 만들어 마카오 장

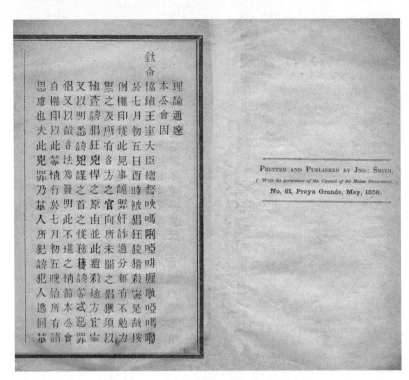

思自倡又犢緊例於協本理
慮權又以查之權七鎭公論
也印以明該及印月王會通
夫以戢悉狙所從初室因達
此此各該狂有此五大
兕等法兕兕各見日臣
罪情爲謀悍方事西總
乃行發之之之詭時督
華於明首原官繫被唊
人七此之由並所奸狙嗎
所月不從此所詐狂唎
犯初堪務此未過狡啞
該五之獲遭聞分狷唪
犯晚情該殺之無殺喠
人始節等地狙有窘唻
逃所本或方獗不是啞
回有公惡官須勉故嗎
基諸會罪峯以力捼嘞

欽
命

PRINTED AND PUBLISHED BY JNO: SMITH,
(With the permission of the Council of the Macao Government.)
No. 61, Praya Grande, May, 1850.

[그림 90] 《이론통달》, 1850년 마카오 병합활자인본. 위력韋力 선생 소장.

로회의 인쇄를 보도했는데 즉《신주화영연인》책 및 부록의 서론을 소개했고 또한 1장의 견본을 부록으로 놓았다. 지은이는 이 활자에 대한 평가가 아주 높아 당시로서는 가장 좋으며 금속활자의 시험이 완전히 성공했다고 여겼다. 그러나 자체字體의 아름다움으로 볼 때 병합자는 다이어 글자[318]만 못하다. 현존하는 마카오 병합활자 인쇄품에는 《이론통달理論通達》[그림 90]이 있는데 1850년에 인쇄된 것이다.

3) 영파 화화성경서방에 전래된 병합적자拼合積字   미국은 늦어도 1834년 봄에 이미 중문활자의 연구제작에 종사했다.[319] 시험제작 업무는 보스턴에서 진행되었다. 중문 포교책자에 근거하면 판각을 하여 주조물을 부어 연판으로 만든 것으로 모두 두 세드의 활자가 연구제작되었다.

1844년 미국 장로회는 마카오에 인쇄소를 개설하고 처음에는 미국인 콜(Richard Cole)[321]이 인쇄 업무를 주재했는데 그는 미국 장로회에서 중국으로 파견한 인쇄공이다. 중국에 오기 전에 그는 신문사를 책임지고 있었다. 1844년에 홍콩에 도착했으며 그가 가져온 인쇄기와 자형字型으로 한자를 만들고 인쇄하기 시작했다. 같은 해에 그는 마카오로 옮겨 업무를 시작했는데 이 해는 마침 마카오에서 병합활자 견본을 출판한 해다. 미국에서 인쇄술을 배웠던 중국 소년이 콜을 따라 중국에 돌아오게 되었는데 미국에서 승선할 때 자형 323개를 가져왔다. 시작할 때에는 겨우 인쇄공 두 사람과 식자공 한 사람뿐이었다. 후에 다이어가 제조한 활자를 사용하게 되었고 콜이 더 제작했다. 1845년에 그는 영파에 도착하여 1847년까지 살았다.

1845년에 인쇄소는 마카오에서 영파로 옮겨왔고 이를 '화화성경서방華花聖經書房[322]'이라고 했다. 다음 해 미국에서 가져온 새로운 주조가마와 기타 재료들이 있어 콜의 주자鑄字 업무는 영파에서 진행되었다. 이렇다 할지라도 주자는 이미 각 방면의 수요를 유지할 수가 없어 어떤 때는 홍콩으로부터 다이어의 활자를 운반해왔다. 《중국의 교회인쇄소》의 기록[320]에 의하면 1846년에 다이어 활자가 홍콩으로부터 왔고 병합활자는 아직 시험단계였는데 1849년에 베를린에서 활자를 주문 구입했다. 얼마 안 되어 외지에서도 활자를 주문 구입했는데 가장 먼 곳은 방콕이었다. 1847년에 콜이 사직하고 다른 사람이 주재했다.

파리 르그랑의 병합활자도 영파에 오게 되었고 1851년 5월의 《중국문고》에 다음과 같은 기록이 있다.

──

다이어의 활자 외에도 두 세트의 중문 병합활자가 이미 1845년에 중국에

---

321 _ 중국어 표기는 柯理이다.
322 _ 여기서 華는 중국을 지칭하고 花는 성조기, 즉 미국을 말한다. 성조기를 중국어로는 화기花旗라고 한다.

서 사용되었는데 이는 르그랑이 파리에서 자형을 주조해 만든 것이다. 한 세트는 영파에 있고 또 한 세트는 마카오에 있다. 콜 선생이 장로회의 도움 아래 몇 년 전에 중국에 와서 모든 재료를 제공해주어 이 계획의 실용성을 시험했는데 그는 첫 번째로 이를 실천에 옮긴 사람이다. 실용적인 인쇄공으로 그의 기능은 수많은 어려움을 극복하게 했으니 이런 어려움은 첫 번째로 안배하고 마음대로 사용하는 수많은 한자와 서로 관계가 있다. 이 후에 영파의 교회인쇄소는 무수한 출판물을 인쇄했는데 모두 이 파리활자를 이용해 인쇄했다. 1847년 콜 선생이 영파를 떠나 홍콩으로 갔는데 런던회의 안배에 따라서 다이어가 시작한 두 세트의 활자 제작에 종사하고 완성하기 위함이었다. 지금 그는 이미 모든 4,700개의 한자를 완성했다. 다이어의 큰 활자 자형은 어떤 것은 대칭이 맞지 않아 다시 깎아야 했다. 또한 이미 제작된 일부분의 작은 글자 자형은 사용할 수 있음을 발견했다. 이리하여 이 아름다운 활자 제작의 전체 공을 콜에게 돌리는 것이 그의 기능과 스타일에 더욱 적합하다. 여기서 소개한 두 세트 활자의 글자[그림 91] … 형식 대칭과 스타일의 아름다움으로 말한다면

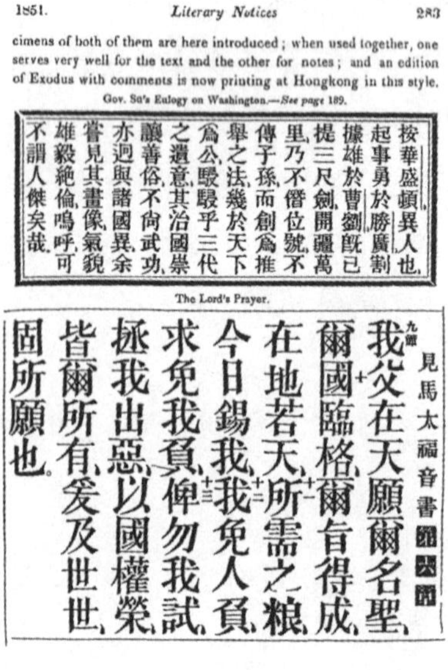
1851. *Literary Notices* 283

cimens of both of them are here introduced; when used together, one serves very well for the text and the other for notes; and an edition of Exodus with comments is now printing at Hongkong in this style.

Gov. Sü's Eulogy on Washington.—*See page* 189.

按華盛頓、異人也、起事勇於勝廣、割據雄於曹劉、既已提三尺劍、開疆萬里、乃不僭位號、不傳子孫、而創爲推舉之法、幾於天下爲公、駸駸乎三代之遺意、其治國崇讓善俗、不尚武功、亦迥與諸國異、余嘗見其畫像、氣貌雄毅絶倫、嗚呼、可不謂人傑矣哉、

The Lord's Prayer.

見馬太福音書六章九節

我父在天、願爾名聖、爾國臨格、爾旨得成、在地若天、所需之糧、今日錫我、我免人負、求免我負、俾勿我試、拯我出惡、以國權榮、皆爾所有、爰及世世、固所願也。

[그림 91] 콜(R.Cole)이 연구 제작한 두 종류의 자체字體. 그중 아래 것은 대자체로 다이어가 처음 만들었고 콜이 수정을 가했다. Chinese Repository, 1851, p.283 참조.

이 두 세트의 자체字體는 지금까지의 어떤 중국과 외국의 활자도 뛰어넘으며 게다가 《문헌통고文獻通考》에서 사용한 한자보다도 훨씬 뛰어나다는 점은 이 출판가 스스로도 인정했다.[321]

선교사 와일리(Alexander Wylie, 1815~1887)[323]의 기록에 의하면 미국 장로회 선교사 로리(W.M.Lowrie, 1819~1847)[324]가 1842년에 중국에 와서 먼저 마카오에 도착했고, 1845년에 영파로 가서 선교를 했으며 1847년에 해적을 만나 죽었다고 되어 있다. 1852년에 영파에서 《신주화영연인新鑄華英鉛印》(1844년 마카오 출판)의 수정본[322]을 출판했는데 이 책의 저자가 로리의 이름 밑에 있다. 로리가 1844년에 마침 마카오에 있었기 때문에 그는 이 병합활자 견본에 대해 아주 익숙했고 영파에서의 재판에 그가 참여했기 때문에 가능성이 있다.

영파 화화성경서방에서 인쇄한 서적은 대부분 1840년대 말, 50년대에 출판[323]되었으나 지금은 이미 많이 볼 수 없다. 현존하는 비교적 초기의 인쇄품으로는 《야소교요리문답耶穌教要理問答》이 있는데 1849년 출판된 것으로 이 책은 철자형字型을 모형母型 주조한 것이고 병합활자로 인쇄된 것임을 명확히 알 수 있다. 일본 학자 가와다 히사나가[川田久長][325]는 이 책의 활자는 화화성경서방 첫 번째 책임자인 콜이 가지고 온 것으로 미국에서 제작된 것이라고 한다. 실제로 이 책에서 사용된 활자는 르그랑의 병합활자인데 이유는 상술한 1851년 《중국문고》에 이미 병합활자를 영파에 가지고 왔다는 사실을 기재했으며 또 이 책의 자체字體와 월리암이 《교무잡지教務雜志》에 부

---

323 _ 중국어 표기는 위열아력偉烈亞力이다.

324 _ 중국어 표기는 루리화婁理華이다.

325 _ 가와다 히사나가(1890~1963)는 일본의 초대 인쇄도서관 관장으로 그의 저서 《활판인쇄사》는 지금까지 연구자들에게 귀한 자료로 인식되고 있다.

록으로 게재한 파리 글자체의 크기와 같기 때문이다.[324] 또 《지구설략地球說略》은 미국 장로회 선교사인 웨이(R. Q. Way, 1819~1895)[326]의 저서로 웨이는 1844년에 마카오를 경유하여 영파에 도착했고 1859년 귀국하기 전에 대부분의 시간을 영파에서 보냈다. 1853~1858년까지 화화성경서방 인쇄소 업무의 책임을 맡았다. 이 책은 1848년에 영파에서 출판되었고 1856년에 재판되었다.[325] 1856년 재판본의 본문을 보면 거기에 쓰인 활자 역시 르그랑의 병합자로 《야소교요리문답》과 같다. 그러나 이 책의 서는 다이어의 활자로 인쇄되었다.

1840년대는 영파 화화성경서방의 초창시기로 당시 사용된 활자 대부분은 파리병합자다. 비록 콜이 1845년부터 1847년 사이에 영파에서 일을 했지만 성과는 그다지 드러나지 않았다. 1850년대에 이르러서야 활자의 숫자가 증가함에 따라서 점점 파리 활자에 의존하지 않게 되었는데 이런 상황은 상해 미화서관美華書館 시대가 되어서야 비로소 철저하게 바뀌었다.

4) 상해 미화서관에 전래된 베를린 병합자 1847년, 뉴욕 장로회의 발기하에 바이엘 하우스(A. Beyerhaus)[327]가 베를린에서 대자 활자[326]를 연구 지도했고 그 제작방법 역시 르그랑의 원칙에 따라 진행했다. 그 크기는 다이어와 콜 두 활자 중간이었다. 1849년 장로회가 주문 구입한 '베를린 글자'는 즉 바이엘 하우스가 연구 제작한 것을 말한다.

1860년 화화성경서방이 영파에서 상해로 옮기고[327] 미화서관美華書館이라고 개명했다[그림 92]. 미화서관은 시험적으로 7종의 크기가 다른 활자를 제작했고 많은 서적을 인쇄했는데 중국 근대 인쇄사상 중요한 지위를 점하고 있다. 상해 미화서관 역시 베를린 글자를 사용했

---

326 _ 중국어 표기는 위리철㖞理哲이다.
327 _ 중국어 표기는 패야호사貝耶豪斯이다.

[그림 92] 상해 미화서관, W.A.P. Martin, The Awakening of China. 1907년. 고미야마 히로시[小宮山博史] 선생 제공.

는데 이는 와일리의 《중국에 온 신교 선교사의 저서 목록》으로 알 수가 있다.[328] 1862년 갬블(W.Gamble, 1830~1886)[328]은 베를린 병합자의 견본 목록을 출판했다.[329] 1861년 미화서관에서는 《천로지남天路指南》(자체字體는 Double small pica)을 출판했는데 서문을 보면 '항恒'・'성性' 두 글자는 병합자로 인쇄된 것임이 확연하며 윌리암이 《교무잡지》에 부록한 활자 모양과 대조해보면[330] 이 책의 자체는 베를린 글자일 가능성이 가장 크다. 그러나 이런 모양의 활자는 그 자체로 결점이 너무 많기 때문에 당연히 유행할 수 없었다.

이상을 종합해 보면 병합자의 전파 경로는 다음과 같다.

파리 르그랑이 병합활자를 연구 제작(1834) → 마카오 미국 장로회 인쇄소 '화영교서국'(1844) → 영파 화화성경서국(1845) → 상해 미화서관(약 1860)[331]의 경로다. 대략 이와 동시에 베를린의 병합자 역시 영파와 상해에 전래되었다. 병합자의 전파와 동시에 다이어・콜 등이

---

328 _ 중국어 표기는 강별리姜別利이다.

시험 제작한 연활자는 즉 홍콩 영화서원英華書院과 폐낭 섬에 유통되었고 후에는 상해에 전래되었다. 메드허스트가 설립한 묵해서관墨海書館에서 사용했고 후에는 또 북경의 동문관同文館에 전래되어서 과학과 종교서적을 인쇄했다.

홍콩자[香港字]

영국인 다이어는 1824년 런던회에 가입하고 1827년에 목사에 임명되고 얼마 안 있어 말라카 해협을 항해하여 8월에는 폐낭섬에 도착했다. 중국어를 배우고 교육과 포교에 관심을 갖는 이외에 중문 금속활자를 개선하려고 있는 힘을 다했다. 1828년에 말라카에 도달하여 중문서적을 인쇄하려고 준비했다. 1831년 초 다시 말라카를 방문하고 1835년에는 그곳에 거주하여 인쇄소의 활자 만드는[鑄字] 일을 책임지었다. 1839년에 영국에 돌아갔다가 1841년에 자카르타에 도착했다. 1843년에 홍콩에 도착하고 다시 광주를 방문하고 싱카폴로 돌아가던 중에 병으로 마카오에서 생을 마감했다.[332] 중국 근대 인쇄사에 있어 다이어는 큰 공을 세웠다. 비록 토마스가 대량으로 활자를 조각했다고 하더라도 그것은 주조한 것은 아니었다. 1827년에 다이어는 중문활자의 연구제작 문제에 주의를 기울였다. 1930년대에 이르러 중문활자의 연구제작은 선교사들에게 더욱 큰 화제거리였다. 1833년 2월에 모리슨이《중국문고》의 편집자에게 편지를 보내어 어떻게 경제적으로 중문활자를 주조할 수 있는지에 관한 문제를 이야기했다. 또한 다이어가 금속활자에 관해 논한 긴 문장을 게재했다. 편지에는 다음과 같이 썼다.

———

선생님! 지금 활자에 관한 문장 한 편을 첨가하여 보내니 잘 살펴보시기 바랍니다. 이 문장은 폐낭섬의 다이어 목사가 쓴 것입니다. 다이어 선생은 6년간 이 과제에 힘을 쏟았으니 저는 이 계획이 결국은 성공할 것이라고 믿습니다. 제 생각에는 적당한 가격으로 중문활자를 구할 수 있으며 유용한 지식과 기독교 교의를 동방 및 그곳의 섬에 전파할 수 있다는 점이 첫 번째로 중요한 목적입니다.[333]

다이어의 논술은 모두 다섯 부분으로 나뉜다. 첫째는 중문활자의 특징, 두 번째는 중문 금속활자의 필요성, 세 번째는 이전에 시도 제작했던 중문 금속활자의 폐단, 네 번째는 금속활자의 개선에 대한 건의, 다섯 번째는 철 자형字型 조각에 관한 건의다.

다이어는 한문금속활자를 채용하는 이유는 중국과 서양문자 대조 사전 인쇄의 수요가 있기 때문이고 또 다른 원인은 마시맨(J. Marshman, 1768~1837)[329]의 경험에 근거하면 활자인쇄를 사용하면 판각인쇄에 비해 3분의 2의 비용을 절감할 수 있기 때문이라고 했다.[334] 그러나 1833년부터 사용한 세 세트의 활자(마카오 · 말라카 · 인도 Serampore)로 볼 때 이 활자들은 아주 강한 금속에 전각을 했기 때문에 글자체가 아름답지 못하고 한자가 좀 이상하게 되어서[그림 93] 《성경》을 인쇄하기에는 적합하지 않았다.[335]

1833년 다이어는 목판 인쇄된 책을 한 세트 구했는데 납판을 주조하고 다시 네모나게 잘라 단독 활자로 만든 것이었다. 목재는 약하기 때문에 글자체가 조잡하고 게다가 내구성이 없어서 5~6년만 사용하면 다시 새롭게 주조를 해야 하므로 오히려 원가가 증가했다. 이리하여 그는 철활자 모형으로 깎기를 건의하고 동으로 자형을 만들어 다시 활자를 제조했다. 다이어가 시험제작하기 전에 런던의 유명한 주자공鑄字工 피긴(Figgins)[330]이 이미 철 자형으로 제조한 활자

329_ 중국어 표기는 마시만馬施曼이다.

330_ 중국어 표기는 비금사非金斯이다.

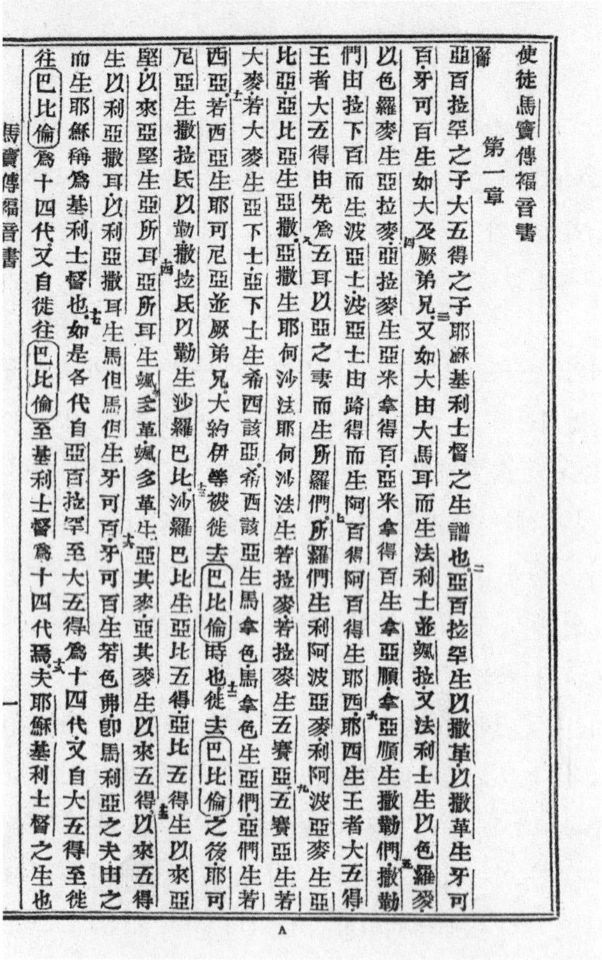

使徒馬竇傳福音書

第一章

亞百拉罕之子大五得之子耶穌基利士督之生譜也亞百拉罕生以撒革以撒革生牙可百牙可百生如大及厥弟兄又如大由大馬耳而生法利士並飒拉又法利士生以色羅麥以色羅麥生亞拉麥亞拉麥生亞米拿得百亞米拿得百生拿亞順拿亞順生撒勒們撒勒們由拉下百而生波亞士波亞士由路得而生阿百得阿百得生耶西耶西生王者大五得王者大五得由先為五耳以亞之妻而生所羅們所羅們生利阿波亞麥利阿波亞麥生亞比亞亞比亞生亞撒亞撒生耶何沙法耶何沙法生若拉麥若拉麥生五賽亞五賽亞生若大麥若大麥生亞下士亞下士生希西該亞希西該亞生馬拿色馬拿色生亞們亞們生若西亞若西亞生耶可尼亞並厥弟兄大約伊徙被徙去巴比倫時也徙去巴比倫之後耶可尼亞生撒拉氏以勤撒拉氏以勤生沙羅巴比沙羅巴比生亞比五得亞比五得生以來亞堅以來亞堅生亞所耳亞所耳生飒多華飒多華生亞其麥亞其麥生以來五得以來五得生以利亞撒耳以利亞撒耳生馬但馬但生牙可百牙可百生若色弗即馬利亞之夫由之而生耶穌稱為基利士督也如是各代自亞百拉罕至大五得為十四代又自大五得至徙往巴比倫為十四代又自徙往巴比倫至基利士督為十四代焉夫耶穌基利士督之生也

馬竇傳福音書 一

[그림 93] 마시맨이 19세기 초에 인도 Serampor에서 인쇄한 《사도마태전복음서》. 현지 중국인이 금속활자를 깎은 것으로 인쇄했다.

를 성공적으로 사용하고 있었지만 그러나 비용이 너무나 비쌌다.[336] 인도에서는 당시에 어떤 사람이 한문활자를 주조할 수 있었는데 아마도 철 자형을 사용했을 것이다.[337]

《중교기서작인집자重校幾書作印集字》는 1834년에 말라카의 화영서원英華書院에서 인쇄했다.[338] 이 책의 영문 서문에 활자 연구제작의 경과를 소개하고 있는데 저자는 명기하지 않았지만 사료에 의거하면 다이어가 지은 것이 맞다.[339] 지금 《중교기서작인집자》영문 서문에 의거하여 그 연구의 기원 및 과정을 아래에 소개한다.

본 한자 선록 견본의 저자는 여러 해 동한 한자 금속활자의 철활자 모형을 새기는 상판 문제를 조사하는 일에 종사했다. 대략 8년 전[340]에 그의 첫 번째 노력이 있었다. 즉 두 사람의 중국어를 잘 아는 학생과 협력을 했는데 당시에 모리슨의 한문 《성경》번역본이 3600개 한자를 포괄했고, 《신약》은 2,600개의 한자를 포괄하고 있다는 것을 조사하여 밝혀냈다. 두 번째는 한자 철 자형을 전각하는 데 드는 대략의 원가 조사를 실시했는데 영국에서는 철활자 모형 가격이 10실링(shilling)과 2파운드 사이였다. 어떤 사람은 《성경》에 필요한 철활자 모형을 파는데 적어도 대략 1,800파운드가 필요하다고 하는데 자형이 완성된 후에 활자를 주조하는 비용은 또 따로 이야기해야 한다.

다이어는 인도로 출발하기 전에 한 가지 아이디어가 떠올랐는데 당시 영국에는 목판에 직접 조각하여 금속으로 주조하는 설비가 있어 연판인쇄(steretype)를 사용한 것이 생각났다. 그렇다면 어째서 중국인이 자주 사용하는 목판 위에 금속활자를 주조하지 못하는 것인가? 당연히 금속활자를 주조하여 실용적인 것을 증명하면 되는데 어떻게 글자를 잘라내어 단독 활자로 바꿀 수 있을까를 생각하게 되었다. 당시의 한 출판상이 다이어에게 이 일의 실용성을 말해주며 다이어에게 아주 간편한 절삭기계를 보여주었다. 금속조각을 잘라 활자를 만든 후 적합한 활자를 만드는 것으로 이 과정은 간단하게 할 수 있고 이렇게 하면 크고 작은 활자를 만들 수 있다는 것이다.

다이어는 인도에 도착한 후에 곧 이 실험을 시작했다. 말라카에서 나무 목판에 판각을 하여 성공했는데 전체 700자였으며 모든 글자가 비율에 적합했다. 나무판의 판각이 성공한 후에 영국으로 보내졌고 활자가 만들어졌는데 몹시 성공적이었다. 다이어는 2년의 시간을 들여《논어》·《국어》·주희朱熹의 저서 및 신교 선교사의 포교 교리 소책자 13종에 대한 통계를 진행한 결과 상용 한자는 1,200개가 된다는 것을 밝혀냈다. 나머지 한자는 어쩌다가 사용하므로 완전한 활자는 1만 3,000개에서 1만 4,000개의 한문 활자가 필요했다.

다이어는 말라카에서 판각제작에 필요한 1만 3,000개에서 1만 4,000개의 나무판을 준비하여 대부분 영국으로 보내어 연활자인쇄를 준비하도록 했으며 이 활자들이 가능한 빨리 인도에 도착하길 바랬다. 그러나 이런 방식으로 얻은 활자들은 불편한 점이 아주 많았으니 마치 필요할 때 철활자 모형을 만드는 격이었다. "우리가 판각한 것을 제공한 후에야 이 업무는 진행할 수 있고, 우리가 새로운 활자를 필요로 할 때 중요한 한자 전부를 철로 조각할 수 있다. 자주 사용하지 않는 한자는 석錫에 조각을 하고 철에 조각을 할 때까지 사용한다." 철활자 모형을 조각하기 편하게 하기 위하여 다이어는 먼저 이런 한자의 견본을 선별 사용하여 상용한자로 했다.

다이어는 이어서 안내책자 속의 관련 한자 배열에 대하여 설명을 했다. 여기에는 (1) 3,000개 상용한자, (2) '전자全字'[그림 94], (3) 삼분이분三份二份[그림 95]·삼분일분三份一份(수직의 한 글자를 두 부분으로 나누고 그중 한 부분이 3분의 2가 되도록 하고, 또 다른 한 부분은 3분의 1이 됨, 혹은 한 글자를 3개씩 3분의 1로 나누어 조합함), (4) 직사대반直寫對半·횡절대반橫折對半(수평이나 수직으로 한 개의 한자를 2등분 하는 것), (5) 사분일분四份一份(수평·수직으로 한 개의 한자를 4등분 하는 것), 마지막으로 철활자의 형판型板(punch)·자형(matrice)과 주조 간에 어떻게 처리하고 배열하는지의 문제와 犬과 大 같은 글자를 어떻게 철 펀치로 제작할 수 있는지에 관한 문제를 서술했다. 이런 자체 견본의 배열은 완전히

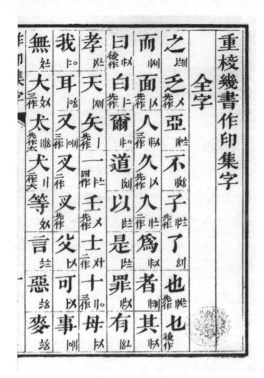

[그림 94] 다이어 《중교기서작인집자》 '전자全字', 1834년에 말
라카에서 인쇄되었다. 대영도서관 소장.

[그림 95] 다이어 《중교기서작인집자》 '3분2분', 1834년 말라
카에서 인쇄되었다.

중국 사람들의 도움 아래 완성되었다. 이 책 자체字體의 크기와 22호 (pt)(Double Small Pica) 크기는 같다.

다이어는 철활자 모형 제작이 완성된 후에는 한번 고생으로 영원히 편할 것이라고 생각했다. 그는 1,200개의 필요한 상용한자 철활자 모형을 판각해 놓으면 자주 사용하지 않는 다른 글자는 목판 위에 판각을 한 후에 글자를 주조하는 방법이 있을 것이라고 계산했다. 처음에 비용이 너무 비싸 모든 철활자 모형은 1 기니(guinea)[331]의 원가가 필요했기 때문에 그다지 진전을 보지 못했다. 후에 다이어는 강철에 글자를 새길 수 있는 중국노동자를 찾아내었는데 겨우 2실링 10펜스(pence)로 3,000개의 철활자 모형을 새기는 데 겨우 425파운드면 되었다. 경제적인 면을 비교해 보고 다이어는 용기를 얻어 철활자 모형을 연구 제작하기로 하고[341] 영국과 미국 친구들의 도움을 얻어 서너 세트의 활자를 만들려고 준비했다. 1838년에는 이미 금속활자의 견본이 나왔고 또한 몹시 아름다웠다. 몇 년간 끊임없는 노력을 거쳐 다이어는 생전에 대자 자형 1,845개 및 부분적으로 소자 자형을 새기게 되었다. 그는 말라카에 있을 때 각자공 양아발과 함께 일을 했는데 그 자형의 완성은 아마도 양씨의 도움을 받았을 것이다. 활자의 연구제작 방면에 있어 다이어는 처음으로 한자에 대한 분류를 했으며 사용한 빈도수와 한자의 자형字形 구성에 근거하여 철활자 모형을 만들어 낼 수 있었고 《성경》등 포교 책자를 인쇄했다. 그는 한자 병합활자의 창시자다. 다이어가 창조한 활자 연구는 후에 중국 본토로 전래되어 신속한 발전을 보게 되었다.[342]

다이어 사후 2~3년, 즉 1844년에서 1845년 사이에 싱가포르의 목사 스트로나크(A. Stronach)가 다이어의 주조소를 계승하여 새롭게

---

331 _ 1기니는 20실링이다.

370개의 활자 모형을 더하여 1,226개의 철활자 모형을 주조했다. 한자 활자 모형 총수는 이미 3,041개에 달했다.[343] 1846년에 싱가포르를 떠날 때에 홍콩으로 가져왔다. 1846년에 다이어의 업무는 또 미국의 콜(Richard Cole)이 계속했다.[344] 그는 인디아나주의 숙련된 인쇄공 겸 활자 조판공으로 1851년에 조자 활자 모형을 완성했고 세트마다 4,700자가 있는데 이리하여 모든 세트는 완전한 활자로 교회의 서적 인쇄가 가능해졌을 뿐 아니라 또한 보통의 중국서적 인쇄도 가능했다. 활자가 분명하고 아름답고 내구성이 있었기 때문에 사회에서 대량의 수요가 있었으며 작은 글자는 특히 신문사와 출판가들에게서 환영을 받았다. 홍콩에서 그 제작을 했기 때문에 그래서 홍콩자 즉 '향항자香港字'라고 부르는데 글자체가 비교적 크다. 홍콩자로 인쇄한 책은 적지 않다[그림 96]. 예를 들면 홍콩의 영화서원에서

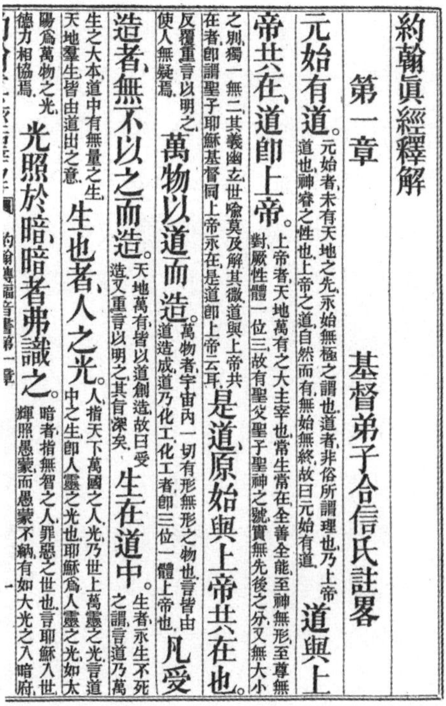
約翰眞經釋解

第一章　基督弟子合信氏註畧

元始有道。元始者、未有天地之先、永始無極之謂也、道者、非俗所謂理也、乃上帝道也、神睿之性也、上帝之道、自然而有、無始無終、故曰元始有道、 道與上帝共在、道卽上帝。上帝者、天地萬有之大主宰也、常生常在、全善全能、至神無形、至尊無對、厥性體一位三、故有聖父聖子聖神之號、實無先後之分、又無大小之別、獨一無二、其義幽玄、世喩莫及、解其微、道與上帝共在者、卽謂聖子耶穌基督同上帝永在、是道卽上帝云耳、 是道原始與上帝共在也。反覆重言以明之、使人無疑焉、 萬物以道而造。萬物者、宇宙內一切有形無形之物也、言皆由道造成、道乃化工、化工者、卽三位一體上帝也、 凡受造者、無不以之而造。天地萬有、皆以道創造、故曰受造、又重言以明之、其旨深矣、 生在道中。生者、永生不死之謂、言道乃萬生之大本、道中有無量之生、天地羣生、皆由道出之意、 生也者、人之光。人、指天下萬國之人、光乃世上萬靈之光、言道中之生、卽人靈之光也、耶穌爲人靈之光、如太陽爲萬物之光、德力相協焉、 光照於暗、暗者弗識之。暗者、指無智之人、罪惡之世也、言耶穌入世、輝照愚蒙、而愚蒙不納、有如大光之入暗府、

[그림 96] 합신合信 저《요한진경석해[約翰眞經釋解]》, 홍콩의 영화서원, 함풍 3년(1853) 활자 인쇄.

함풍 11년에 인쇄한 《구약전서》, 동치 7년에 인쇄한 《이솝우화》 등
이 있다. 동치 계유(12년) 동문관同文館 집자판集字版으로 인쇄한 《여
백비황儷白妃黃》은 청나라 동순董恂이 편집한 대련으로 큰 대자, 그
다음 대자, 소자 세 종류의 홍콩자로 인쇄되어 있다. 이 활자를 '바다
에서 온 새로운 글자[海上來的新字]'라고 말한다.

미화자美華字

1844년 미국 장로회에서 마카오에 화화성경서방華花聖經書房을 설
립하고 콜이 이를 주재했다. 다음 해에 영파로 옮겼다. 1858년 장로
회에서는 갬블(William Gamble, 1830~1886)을 파견해 영파 장로회 인쇄
소를 주관하도록 했다. 1860년대 말에는 또 화화성경서방을 상해로
옮기고[345] 이름을 미화서관美華書館으로 바꾸었다. 갬블의 국적은
아일랜드지만 17세 때에 미국으로 건너가 필라델피아에 있는 커다
란 인쇄소에서 기술을 익힌 후에 뉴욕의 성경서방으로 옮겼다. 그는
활자 모형과 활자 만드는 기계[鑄字機]를 가지고 왔는데 취임 후에 전
기도금방법이 중국 글자 모형을 만드는 데 적합하다고 생각했다. 이
방법은 결이 세밀한 황양목에 양각으로 문자를 새기고 자동紫銅 음
각문자를 도금제조하고 황동黃銅 케이스를 집어넣으면 전각을 하는
공정이 대대적으로 감소했다. 또한 활자의 크기도 축소할 수 있으며
그 명확함도 잃지 않을 수 있어 자형字形이 비교적 아름다웠다. 이렇
게 하여 연활자 7종을 만들어 1호부터 7호자까지 만들었으니 즉 오
늘날까지 신문사에서 광범위하게 사용되는 7호 연활자는 속칭 '송자
宋字'라고 한다. 그 실제적인 필획은 가로가 가늘고 세로가 굵은 명
조明朝의 각서체刻書體를 모방했기 때문에 일본사람들은 이를 '명조
자明朝字'라고 부른다. 갬블의 연활자는 미화서관에서 대량으로 상해
신문사와 북경 총리통상 각국 사무소 및 일본·영국·독일 등의 나

라에 팔았으며 그래서 이를 미화자美華字라고 한다.[346] 과거 자모를 조각할 때는 모두 수공이 필요하여 번거롭기도 하고 돈과 시간이 많이 들었는데 갬블의 전기도금법의 성공은 한문 연활자 제조에 있어 1차 혁명이라고 할 수 있다.

갬블은 중국에 있는 동안 미화서관 책임자로 근 10년간을 일했고 활자 인쇄기술의 개선에 힘을 쏟았으며 그 공헌이 몹시 크다. 1869년에 일본 초청을 받아 나가사키[長崎] 사람 모도기 쇼조[本木昌造][332]를 지도하여 한문 7호 활자를 만들었고 또 특대의 초호자初號字는 실제로는 8호자로 이를 '명조활자'라고 칭한다. 갬블은 수개월간 일본에 머물며[347] 활자 모형을 이용하여 일본·영문 사전을 조판하여 인쇄했고 반년 후에 중국으로 돌아왔다.[348] 헤어질 때 수많은 중국 친구들은 그를 위해 송별연을 베풀었고 또 서로가 증시贈詩를 썼다.

———

이름이 일본까지 퍼져 기쁘게 받아들이니,

남포에서 그대를 슬픔 속에 이별하네.

수많은 글자를 화로 속에서 녹여내고, 구름처럼 해외로 돌아다닌다네.

선생이 가신다는 소리를 듣고, 일찍이 이별주를 마련했다네.

신강申江[333] 아름다운 곳에 여러 해를 살았는데,

---

332 _ 모도기 쇼조(1824~1875)는 에도 막부의 통역가이자 교육가이다. 그가 개발한 활자는 일본 중앙의 신문사와 출판계를 석권했고 일본 인쇄문화의 기초를 다졌다.

333 _ 신강은 상해 일대를 말한다. 초나라의 춘신군春申君 황헐黃歇의 봉지였기 때문에 상해를 간단히 '신申'이라고 칭한다. 신강 역시 이런 연유로 이름을 얻게 되었다. 춘신군(기원전 314~기원전 238)의 본명은 황헐黃歇이고 한족이다. 전국시대 초나라 공실의 대신으로 유명한 정치가이다. 위나라 신릉군信陵君 위무기魏無忌·조나라 평원군平原君 조승趙勝·제나라 맹상군孟嘗君 전문田文과 함께 '전국사공자戰國四公子'라고 부른다. 황헐은 학문이 깊고 변론을 잘했다. 초나라 고열왕考烈王 원년(기원전 262)에 재상이 되었고 춘신군

일단 말을 하고는 각자 막막하네.

연활자의 편성이 특히 질서정연하고,

동활자를 녹여 거둔 성과가 확실히 전할 가치가 있네.

명예로움이 국내외에 퍼지니, 인쇄로 선후를 이어준다네.

어느 날에 동남의 아름다움을 다할 건가?

서쪽 누각에서 아름다운 달 함께 보기 바라네.[349]

또 다음과 같은 시가 있다.

———

갬블은 훌륭한 사람으로, 아름다운 가슴에 신통함 가득 품었다네.

분주히 자동紫銅 전기판을 성공시키고, …

기계를 만드는 데 노력과 고통이 많으니

책 좋아하는 선비들에게 새로움을 가득 맛보게 하네.

우리나라 덕이 가득하고 멀리 퍼져, 많은 내빈들이 다투어 이를 말하네.

명성이 서쪽에서 동양으로 다시 전해오니,

선생의 기술이 좋다고 다투어 말하네.

　…

10년간이나 상해 동쪽에서 천막을 치고,

반년동안 일본의 어리석음을 가르쳤네.

수많은 제자가 비처럼 많아, 아름다운 향기가 바람에 돌아오네.

이때 고향으로 돌아가는 즐거움이 있으니 석별의 정이 가슴에 가득하네.

오늘 아침에 우리들의 기치[334]가 돌아간다니,

다시 돌아와 우리들을 가르치기를 바란다네.

에 봉해졌으며 회북淮北지역 12현을 하사받았다. 부모의 상을 치루러 가다가
초나라 국구國舅 이원李園이 심어놓은 자객에게 암살당했다.
334 _ 즉 영도자를 말하니 갬벨이다.

이에 우리는 선생과 지난 날을 회상하며,

집안에 있는 좋은 술을 가지고 와 술 마시며 우리의 기억을 돕는다네

술병을 열고 수개월간 이별을 하나,

물이 넘쳐 강에 다시 모여 놀기를[350]

시 속의 "분주히 자동 전기판을 성공시키고"라는 말은 갬블이 전기도금방법으로 한자 활자모형을 만든 것을 말한다.[351] 갬블의 두 번째 공헌은 원보元寶[335]식의 글자 선반을 만들어 사용한 것인데 이를 속칭 삼각대 혹은 승두가斗架라고 한다. 앞의 시에서 "연활자의 편성이 특히 질서정연하고"라고 한 것은 바로 갬블이 만들어 사용한 식자대植字臺를 말한다.[352] 《강희자전》에 수록된 글자만 해도 40,919자로 중국 글자는 글자 수가 너무 많기 때문에 검자檢字와 식자植字가 커다란 문제였다. 갬블은 중국인 학자 두 명을 고용하여 각자에게 2년을 기한으로 옥타보(octavo)[336] 4,166쪽을 조사토록 했는데 거기에는 《성경》과 미화서관에서 인쇄한 27종의 서적을 포괄하며 130만자가 포함되었고, 상용 기본한자 50,150개를 계산해 내었다. 1861년에 상해 미화서관에서 갬블의 한자 활자 견본을 출판했으니 이는 이 방면의 연구 성과로[353] 1865년에 다시 재판된 적이 있다[그림 97].[354] 갬블은 조사발견한 횟수에 의거하여 15종류로 나

335_ 금은 화폐의 통칭이다. 중국 화폐사에 있어 정식으로 금은화폐를 '원보元寶'로 칭한 것은 원나라부터이다. 그러나 당나라 초기에 이미 개원통보가 세상에 유통되었으며 민간에서는 그것의 크고 귀중한 뜻을 담아서 '개통원보開通  元寶'라고 불렀다. 원대에는 금은으로 만든 돈을 '원보'라고 했으며 이때의 뜻은 '원나라의 보물'이란 뜻이다. 원보는 대체적으로 위와 같은 모양이다.

336_ 가로 153mm, 세로 240mm인 인쇄물의 규격이나 또는 그런 인쇄물을 말한다. 전지全紙를 여덟 등분한 크기이다. 중국어로는 팔개본八開本이라고 한다.

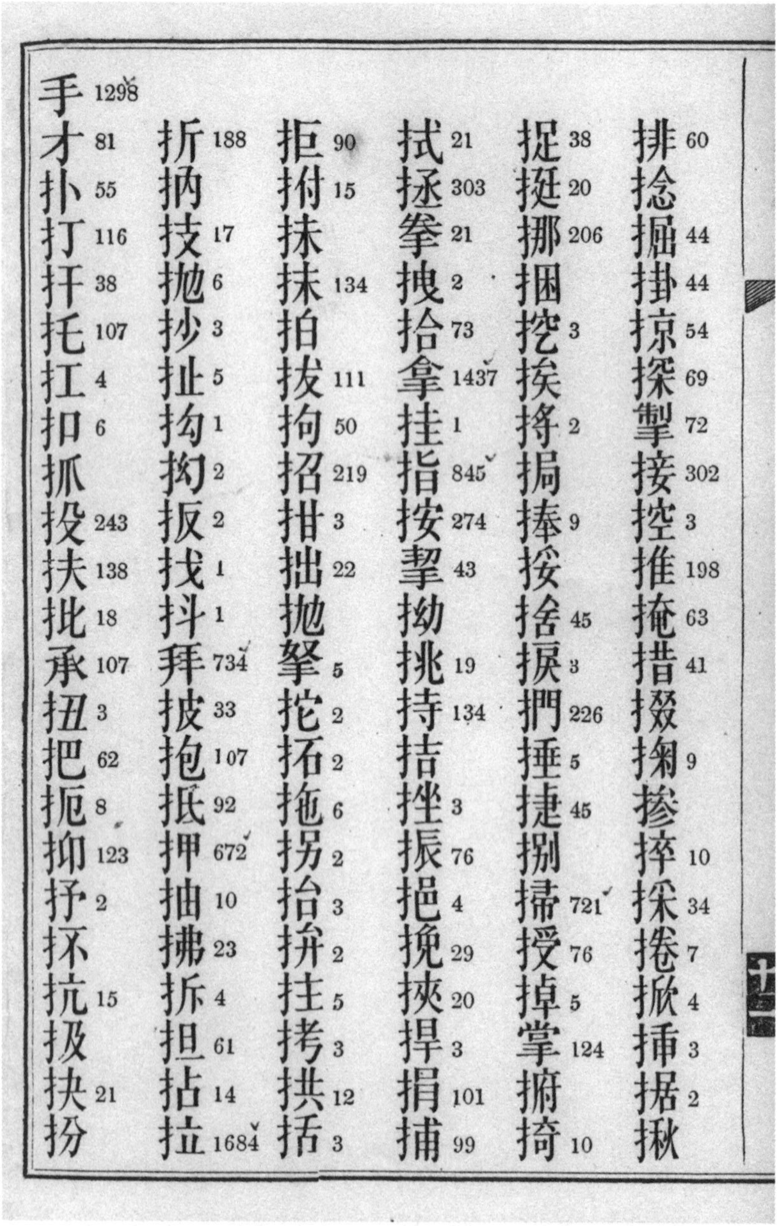

手 1298
才 81
扑 55
打 116
扞 38
托 107
扛 4
扣 6
抓
投 243
扶 138
批 18
承 107
扭 3
把 62
扼 8
抑 123
抒 2
抔
抗 15
扱 21
抉
扮

折 188
抐 15
技 17
抛 6
抄 3
扯 5
抅 1
抝 2
扳 2
找 1
抖 1
拜 734
披 33
抱 107
抵 92
押 672
抽 10
拂 23
拆 4
担 61
拈 14
拉 1684

拒 90
拊 15
抹
抹 134
拍
拔 111
拘 50
招 219
拑 3
拙 22
抛
拳 5
扡 2
拓 2
拖 6
拐 3
抬 3
拚 2
挂 5
拷 3
拱 12
括 3

拭 21
拯 303
拳 21
捜 2
拾 73
拿 1437
指 1
按 845
挈 274
拗 43
挑 19
持 134
拮 3
挫 76
振 4
挹 29
挽 20
挾 3
捍 101
捐 99
捕

捉 38
挺 20
挪 206
捆 3
挖
挨 2
捋 9
捧 45
按 3
捩 226
捫 5
捶 45
捷
捌 721
掃 76
授
掉 5
掌 124
摅
掎 10

排 60
捻
掘 44
掛 44
掠 54
探 69
掣 72
接 302
控 3
推 198
掩 63
措 41
掇
搦 9
掺
捽 10
探 34
捲 7
掀 4
挿 3
揪

[그림 97] 갬블의 1865년 한자병합자 활자 견본. 대영도서관 소장

누었는데 그중 1만 번 이상 중복되는 것은 13자였고, 1천 번 이상 중복되는 것은 224자, 25번에 불과한 글자는 3,715자였다.[355] 갬블이 얻은 이 결과는 중문 연활자를 분류할 때 상용·예비용·간혹 사용의 세 종류로 구분한다. 그는 목선반을 발명하고 정면에 글자 24판을 배치하고 가운데 여덟 판에는 상용 연활자를 배치하고, 위판 여덟 판과 아래 여덟 판에는 모두 예비용 글자를 배치했다. 그리고 옆에 46판을 만들어 모두 '간혹 사용'하는 연활자를 배치했다. 모든 종류의 글자는 《강희자전》 부수 검자법에 의거하여 부部로 나누어 배열했다. 식자공들은 가운데 서서 식자판에서 글자를 취하게 되니 과거에 비하여 세 배나 빨라지게 되었다. 선통 원년(1909) 상해 상무인서관은 이를 조금 더 개량했다.

《연자병법집전鉛字拼法集全》[337]은 미화서관 한자 활자의 견본집으로 "예수 탄생 1873년(세차歲次계유癸酉)" "상해 미화서관 소장"[그림 98]이라고 쓰여 있고 영문 표제는 Lists of Chinese Characters in

[그림 98] 매티어의 《연자병법집전鉛字拼法集全》1873년, 미화서관인쇄. 대영 도서관 소장.

337_ 이 책에서 문장 중에 나온 '鉛字'는 '연활자'로 번역하지만 책제목이나 논문 제목으로 나올 때면 그냥 '연자'로 사용한다. 또한 鉛字本 같은 경우도 그대로 사용한다.

the Fonts of the Presbyterian Mission Press라고 되어 있으며 전체
는 약 18쪽이다. 이 책은 영문 서序가 있고 1873년 11월에 쓰여졌으
며 중문 서문과는 약간 다르다. 저자는 매티어(J. L. Mateer)[338]로 갬블
을 이어 미화서관의 인쇄업무 책임자였다. 이 견본은 갬블 견본의
기초 위에서 완성된 것으로 한자는 더욱 완전하다. 매티어가 지은
활자 견본 설명의 내용은 대체로 다음과 같다.

모든 한자는 네 종류로 나누는데 제1종류는 전체 모형의 글자들
로 도합 6,664개로 자전 부수의 배열에 따랐으며 모두 상용자다. 미
화서관의 사용 경험 및 《성경》과 중국고대 13경의 사용정도의 배열
에 근거했다.

제2종류는 분체자分體字로 그중 '3분체의 2'가 1,413개고[그림 99],
'3분체의 1'은 132개로 1835년 프랑스 학자의 방법을 모방하여 제작
한 것이다.[356]

제3종류는 《강희자전》 중의 한자에서 제1 종류에 포함되지 않은 것
으로 분체자 조합에 따라 16,334개의 한자를 포괄하고 있다. 이리하여
한자 총수는 22,998개다. 기타 한자는 잘 사용하지 않는 것이다.

제4종류는 역시 전체 모형의 글자로 모두 6,664개로 10여 년 전에
갬블이 교회서적 중에 사용된 글자 숫자에 근거하여 상용자와 상용
하지 않는 글자를 나누었다. 선반의 원근을 고려하여 글자를 놓고
취하기에 편하도록 했고 중국인 두 사람을 청하여 자세히 《신약》
《구약》 및 각종 교회서적 28권을 읽고 전체 5,150자를 조사하고 거
기에 1,414자를 첨가하여 이 숫자를 얻게 되었다. 그러나 《연자병법
집전》에 수록된 글자는 단지 2,285개를 포함하고 있고 자전 부수의
배열에 따랐다.

338_ 중국어 표기는 적취열狄就烈이다.

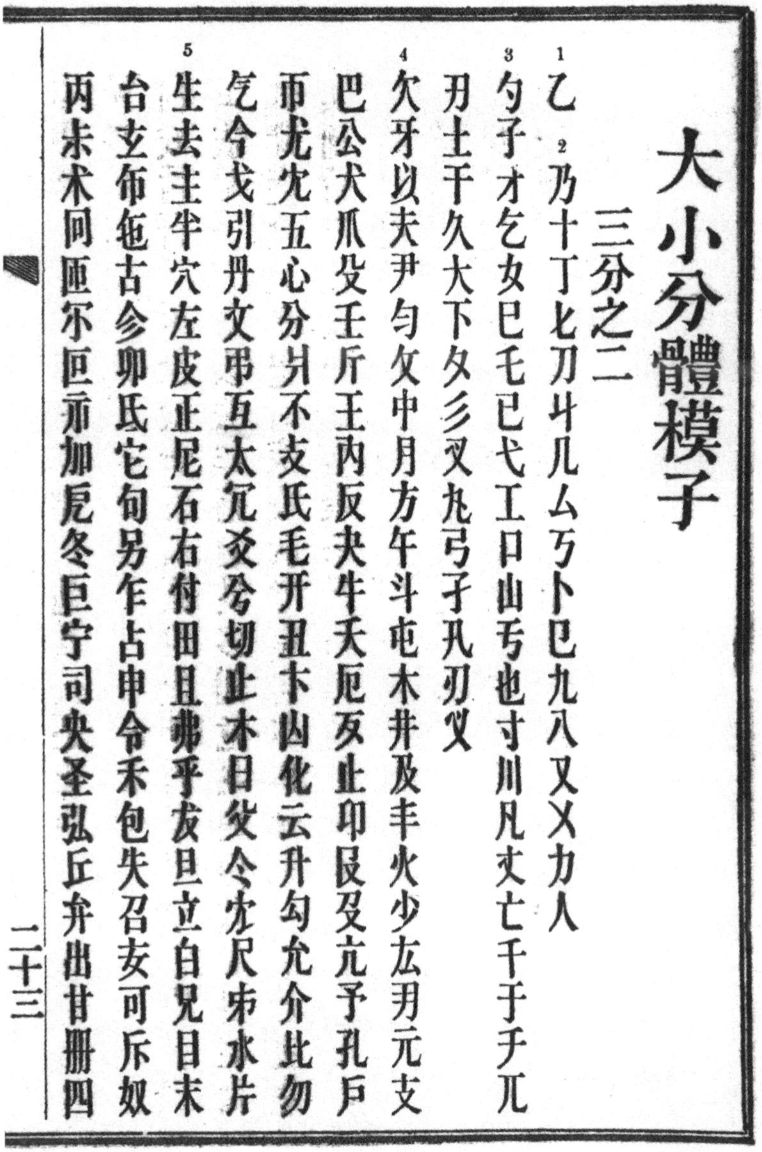

大小分體模子

三分之二

乙 乃 十 丁 匕 刀 屮 几 厶 丂 卜 巴 九 八 又 乂 力 人

勹 子 才 乞 女 巳 毛 已 弋 工 口 山 丏 也 寸 川 凡 丈 亡 千 于 亍 兀

刃 士 干 久 大 下 夕 彡 叉 丸 弓 孑 凡 刄 义

欠 牙 以 夫 尹 勻 攵 中 月 方 午 斗 屯 木 井 及 丰 火 少 厷 丏 元 支

巴 公 犬 爪 殳 壬 斤 王 內 反 夫 牛 夭 厄 及 止 卬 艮 乏 予 孔 戶 支

丏 尤 先 心 分 兇 不 支 氏 毛 开 丑 凶 化 云 升 勾 允 介 比 勿

气 今 戈 引 丹 文 弔 互 太 冘 爻 切 止 木 日 父 令 尤 尺 木 水 片

生 去 主 半 穴 左 皮 正 尼 石 右 付 田 且 弗 平 戊 旦 立 白 兄 目 末

台 支 布 氐 古 㕚 卯 氏 句 另 乍 占 申 令 禾 包 失 召 可 斥 奴

丙 未 朮 同 匝 尔 叵 示 加 㞋 冬 巨 宁 司 央 圣 弘 丘 弁 出 廿 冊 四

二十三

[그림 99] 《연자병법집전》 중의 '대소분체大小分體 모형'

미화서관에서 인쇄한 책은 30여종에 이르는데 이미 많이 볼 수는 없다. 지금 전하는 것으로는 미화서관에서 동치 2년(1863)에 간행한 《구약전서》가 있다. 서기 1869년(동치 8년)과 1875년(세차 을해) 두 종류의 《신약전서》가 있다. 전자는 '소송상해미화서관장판蘇松上海美華書館藏板'이라고 쓰여 있는데 상해가 과거에는 강소성 송강부松江府의 한 현縣이었기 때문에 제목에 소송상해蘇松上海라고 쓰여 있다. 오직 표지에만 '신주동판新鑄銅板'이라고 쓰여 있는데 아마도 동 모형 주자를 말하는 것 같다. 책은 새롭게 주조한 연활자 인쇄로 방체자方體字며 사주단변四周單邊으로 조밀하게 배열되어 있다. ' 、 ' ' 。 '등의 단구斷句[339]가 있고 ' , ' 및 ' ── ' ' □ ', 인명 · 지명 표점 부호가 있으며 또 음각문이다.

위를 종합해보면 19세기에 다이어(파리 인쇄공 M. Legrand를 포함)가 처음 만든 병합활자는 중국 근대 인쇄사의 큰 획을 그었으며 중국에 활자 인쇄를 전파하는 데 있어 중요한 역할을 했다. 다이어가 한자 활자 모형을 처음으로 사용한 것과 한자 사용 빈도수를 통계 낸 공헌은 아주 크다. 후에 갬블이 상해에서 전기도금 활자모형 제작 기술을 처음으로 사용한 것도 인쇄사상의 중요한 혁신이며 그는 다이어의 작업을 계승하여 더욱 광범위하게 한자의 사용 빈도수를 통계 내어 대대적으로 검자檢字와 식자植字 작업을 간편하게 해주었다. 병합활자는 여러 세대 사람들의 노력을 통하여 지속적으로 마카오의 미국 장로회 인쇄소 화영교서방 · 영파의 화화성경서방 · 상해의 묵해서관과 미화서관 및 북경의 동문관에서 과학과 종교서적을 인쇄하는 데 사용하였다. 이로써 19세기 말 연활자 인쇄술이 중국에서 보편적으로 사용하는 데 있어 중요한 촉진제 역할을 했다.

메이저자[美查字]

영국인 메이저(Ernest Major, 1830?~1908)[340]는 상해에서 《신보申報》를

---

339 _ 구두점이 없는 중국 고서를 읽을 때, 문장의 뜻에 따라 끊어 읽거나 그곳에 권점을 찍는 것을 말한다.

[그림 100] 영국인 메이저가 상해에 설립한 도서집성국, 광서 10년 점석재에서 간행한 《신강승경도申江勝景圖》에 의거했다.

창간하고 점석재석인서국點石齋石印書局을 창립했다. 1884년에 그는 또 도서집성국圖書集成局[그림 100]을 조직하여 편체扁體 연활자를 제작했는데 이를 '메이저자'라고 한다. 이 자형字形은 홍콩자・미화자 美華字의 사방체와 달리 크고 특히 편편하여 인쇄시에는 편폭을 줄일 수 있어 편체 《고금도서집성古今圖書集成》・《구통九通》을 출판했는데

340_ 메이저의 중국어 표기는 미사美査이다. 그는 영국 상인으로 신문사 자본가로 상해 《신보申報》의 주요 창간인이다. 1860년대 초 중국 상해에서 무역을 했다. 《신보》사업 확장으로 점석재인서국點石齋印書局을 설립하고 《점석재화보點石齋畫報》를 창간했다. 또한 활자로 《고금도서집성古今圖書集成》을 인쇄했다.

서양인들은 이를 '메이저판[美査版]'이라고 한다. 자세한 교감을 거치지 않아 잘못된 것이 너무 많아 끝까지 읽기가 어렵다. 또 《24사二十四史》를 인쇄했는데 인본의 인쇄잉크가 나빠서 페이지마다 잉크 찌꺼기가 많이 남아 있다.

이 밖에 1833년(또는 1834년이라고도 함)에 목판 인쇄의 포교서 24쪽이 미국의 보스턴에서 보내왔는데 주조연판법鑄造鉛版法을 사용하여 한자 연활자를 만든 것이다. 1838년 프랑스 파리 황실인쇄국에서도 같은 방법으로 연판을 톱으로 잘라서 단독의 활자를 만들었다. 당시에 미국·프랑스·독일 등에서 모두 한자 활자를 시험 제작했음을 알 수 있으나 위에서 서술한 네 종류 활자만큼 유명하지는 못했다.

중국인이 스스로 제작한 것으로는 다음과 같은 것이 있다.

상무자商務字

청말에 설립된 상무인서관商務印書館은 끊임없이 기술을 개량하고 외국의 새로운 기계와 새로운 방법을 채용했다. 과거 미화서관에는 7~8호 명조자만 있고 명체자는 반듯하고 경직되어 있어 서체가 아름답지 못해 오래 보면 실증이 났다. 상무인서관에서 해서체를 만들었는데 우아하고 아름다웠다. 예서체와 방두체方頭體 등도 있었다. 민국으로 들어선 후에 또 고활자·주음연적자注音連積字를 모방했다. 초기에 연활자를 주조했는데 모두 손으로 주자가마[鑄字爐]를 두드려서 만들었고 가마당 겨우 수십 개밖에 만들 수 없었다. 이후 개선하여 주자가마를 발로 밟고 손으로는 주자가마를 돌리니 매 시간 7~8개를 만들 수 있게 되었다. 민국 2년(혹은 3년이라고도 함)에 상무인서관에서는 처음으로 톰슨(Thomson, Joseph John, 1856~1940)[341]의 자동주자로自動鑄字爐를 사용하여 선반마다 매일 1만 5천자를 주자

---

341 _ 유명한 영국의 물리학자로 전자와 동위소의 실험으로 유명하다.

했다. 글자들은 모두 가마에서 나온 후 테두리를 잘라 정리할 필요가 없이 방향을 끝까지 돌려 깎아 즉 완전히 사용할 수 있게 되었으며 생산량도 급증했다. 중국 내 각처의 연활자는 대부분 이 상무인서관에서 나왔으므로 이를 '상무자商務字'라고 한다. 상무자가 나오자 구식의 홍콩자, 미화자, 메이저자는 도태되었다.

찰흙판과 지형

1804년 영국사람 스텐호프(Earl of Stenhope) 백작이 찰흙판을 발명하여 그 활판 위에 찰흙을 덮어 눌러 음각을 만들어 납 등의 혼합금속을 그 위에 용해하면 즉 양각 연판鉛版이 되어 인쇄를 할 수 있는데 목판의 이점이 있고 활판의 폐단은 없었다. 마카오의 화화성경서방 및 상해 신보관申報館·저이당著易堂에서는 즉 이 연판인쇄법을 사용했다.

찰흙판이 연판주조를 거치면서 행이 부서지고 연판이 망가져서 다시 주조할 수 없게 되고 게다가 연판만 남게 되어 원가가 막대하게 들어갔다. 이런 폐단을 없애기 위하여 1829년에 프랑스의 쥬노(Claude Genaux)는 또 지형紙型(즉 지판紙版)을 발명했다. 지형 주조연판은 10여 차례 주조해도 갈라지지 않고 지형을 보존할 수 있었으며 언제라도 판을 주조할 수 있었다. 지형이 행하게 되자 찰흙판은 드디어 폐기되었다. 광서 중엽에 일본사람이 상해에서 수문인서국修文印書局을 열었는데 그 판은 대부분 지형을 사용하여 주조했다. 민국 후에 상무인서관에서는 신식의 지형을 제조하는 기계를 구입하여 강력 고압을 사용하여 지형을 두껍게 만드니 이전에 여러 겹으로 면지를 덮던 일이 필요 없게 되고 풀을 바르고 씻고 두드리고 가열 압축하는 여러 가지 수속이 필요 없게 되었다. 지형이 가장 간편한 것은 여러 판을 중복 인쇄할 수 있다는 점으로 지금도 여전히 사용하고 있다.

황양판

광서 30년 상무인서관에서는 일본 사람 시바다[柴田]씨를 중국으로 초빙하여 황양판黃楊版을 조각하도록 했다. 그 방법은 일종의 약물을 사용하여 원래 그림을 나무판 위에 옮기는 것으로 사진과 비슷한데 그 그림자를 조각하는 것으로 정교하기가 동판 못지 않다.

사진 동 아연판

1855년 프랑스 사람 질로(M. Gillot)가 처음으로 사진 아연판을 발명했다. 광서 16년 상해의 토산만土山灣 인쇄소에서 제일 먼저 시험 제작했다. 광서 34년에 이 인쇄소의 직원 허강덕許康德이 상무인서관으로 들어가 교과서의 사진아연판을 촬영했다. 그러나 한 판을 완성하는 데 6~7일이나 걸렸다. 상무인서관에서는 이전에도 일본기술자 마에다 요토요시[前田乙吉] 등을 중국으로 초빙하여 망목동판網目銅版[342]을 촬영 제작했다. 선통 원년에 또 사진 제판 기술자인 미국사람 스태포드(Stafford)[343]를 상해로 초빙하여 새로운 사진 아연판을 촬영제작했으며 또한 마에다의 사진동판을 개량하여 신속하고도 정밀한 제품을 출품했다. 스태포드는 또한 채색동판도 제작했다.

볼록판 인쇄기[凸版印刷機]

유럽에서는 15세기 중엽에 나무 재질의 수동 인쇄기를 사용했는데 시간당 40~50장밖에 인쇄하지 못했다. 19세기 초까지 모두 인력

342_ 동판을 또 '망목동판'이라고도 한다. 일종의 사진 볼록판인판이다. 전문적으로 사진을 복제하거나 농담이 있는 그림에 사용된다.

343_ 중국어 표기는 시탑복施塔福이다.

을 응용했다. 1814년에 처음으로 수증기를 원동력으로 사용했다. 1851년에는 전력으로 바꾸어 사용했다. 유럽인은 처음으로 중국의 볼록판 인쇄기를 수입하여 손으로 기계를 돌려 매일 수백 장밖에 인쇄하지 못했다. 오래지 않아 자동먹기계의 출현으로 수공으로 먹을 묻힐 필요가 없었다. 도광 때에 상해 묵해서관墨海書館에서는 축력畜力을 사용했으니 즉 소를 이용하여 인쇄 선반旋盤을 돌렸다. 동치 11년 신보관에는 손으로 돌리는 윤전기가 있었는데 시간당 수백 장을 인쇄할 수 있었다. 이후 수증기 엔진 및 가스 엔진으로 인력을 대체하여 효율이 비교적 높아졌다. 후에 호상서국滬上書局은 일본에서 유럽식을 모방한 윤전기를 염가로 구매하고 또한 원압圓壓 인쇄기를 구매했는데 속칭 '대영기大英機'라는 것으로 전기모터를 사용했고 시간당 1천 장을 인쇄할 수 있었다. 민국 후에 상무인서관에서는 미국의 밀리(mealy) 인쇄기를 구매하고 또한 독일의 원압인쇄기를 채택했으며 또 절첩기折疊機를 부착하여 시간당 양면으로 8천 장을 인쇄할 수 있었다.

청나라 말기에 《상해도화일보上海圖畵日報》에서는 신식 방법으로 인쇄한 책에 관해 "기계인쇄는 정말로 간편하여 15분에 큰 덩이 하나를 인쇄할 수 있다. 시간과 돈을 절약할 수 있으며 또한 인쇄된 것이 영롱하고 산뜻하다"고 칭찬했다.

(4) 오목판[凹版]

동판 오목판은 18세기에 전래되었으며 내정內廷의 각자공 기술은 이미 상당히 우수했다. 그러나 궁정에서만 응용되었고 외부에서는 유행하지 않았으며 또한 후에 중단되어 영향력이 크지 않았다. 근대에 동판을 조각했는데 광서 14년(1888)에 왕조횡王肇鋐이 일본에 유학하여 그 방법을 알게 되어 1889년에 《동각소기銅刻小記》[357]를 저술했다. 그가 일본에 유학할 때에 일본의 지도그림이 "대지의 성질에 가깝게" "항구의 형세를 아주 빠진 것 없이 상세하고 세밀하게 모두 그린 것"을 보고 일본에서 새기고자 하니 이것이 바로 왕조횡이 일본 동판인쇄술을 알게 된 동기다. 이리하여 왕조횡은 "그 방법을 고구하고 열심히 연구하고 이를 습득하여 그 방법을 다 알게 되었다. 이리하여 그림을 나누어 동판의 여러 기기에 조각하여 각각을 이었다"고 한다.

총론에서 그는 동판조각의 장점을 묘사하기를 "건조하거나 습하여 신축되는 걱정을 안 해도 되고 목각보다 우수하다. 인쇄의 모호한 폐단이 없어 석인石印보다 뛰어나다"고 했다. 또 차례에 따라 동판인쇄술의 과정을 서술했다. "먼저 인쇄판을 문지른 후 밀랍을 칠한다. 다음에 그림을 그리고 판 위에 올려놓는다. 다음에 밀랍을 조각하고 다음에 구리를 녹이고, 다음에 판을 수정한다" 모든 과정에 대하여 그는 상세한 설명을 했는데 이는 청말에 첫 번째로 완전하게 동판인쇄술을 논술한 문장으로 어느 정도의 사료적 가치를 갖고 있다.

몇 년이 지나서 상해 세관의 인무처印務處에서 동판으로 수입인지(우표와 약간 비슷함)를 인쇄했다. 광서 34년 북경 재정부 인쇄국이 설립되고 미국의 조각가 해치(L. J. Hatch)를 기술자로 초빙하여 북경에서 기술을 전수하도록 했다. 그 제자들이 충분히 기예의 정수를 전수받게 되자 이 인쇄국은 과거에는 전문적으로 수표와 우표를 인쇄하는 인쇄국이 되었다. 광서 31년에는 상무인서관에서 일본 동판조각기술자 와다 만타로[和田滿太郎] 등 세 사람의 기술자를 중국으로 초빙하여 전수하게 했으니 그 기술이 발전했다.

동판인쇄술이 숱한 어려움을 겪으면서 중국에 전래되는 역사는 18세기 초부터 20세기 초에 이르기까지 200여 년의 시간이 경과되었다.

내부內府의 동활자처럼 동판인쇄 역시 궁중에서 사용했으므로 황제의 한가한 취미를 만족시키는 데 사용되거나 혹은 통치자가 문치와 무공을 자랑하는 데에 썼다. 황실의 이러한 거대한 자산을 제외하면 평민백성은 동판인쇄라는 이런 비싼 예술에 종사할 방법이 없었으며 더욱이나 강한 초산을 사용하거나 동판을 부식시키는 기술은 줄곧 보급되지 않았기 때문에 중국에서의 동판인쇄술의 발전이 제한되었다.

이상이 근대 서양인쇄술인 평판(석판인쇄) · 볼록판(연판인쇄) · 오목판이 중국에 전래된 간략한 경과였다.[358]

4. 서양인쇄의 중심 — 상해

상해는 명대와 청 도광 이전에는 도서간행이 그다지 많지 않았다. 후에 포방각抱芳閣 · 익화당翼化堂 · 선서국善書局 등에서 적지 않은 선서보권善書寶卷을 간행했다. 1840년에 영국 제국주의가 아편전쟁을 발동하여 1842년까지 불평등 남경조약을 체결한 후에 상해는 다섯 개의 무역항의 하나가 되어 서방 자본주의 각국이 중국에 대한 경제 약탈과 문화침략을 하는 중요한 거점이 되었다. 외국 교회와 상인들은 연활자, 석판인쇄소를 설립하고 신문을 창간하고 종교를 선전하며 백성들을 마비시키며 외국을 숭배하는 사상을 주입시켰다. 또 조계租界를 건립하고 양행洋行을 개설하고 비단과 차 같은 토산물을 팔고 아편과 서양물건을 수입하여 십리양장十里洋場[344]에는

344_ 1845년 영국 조계지는 상해 성북의 양경빈洋涇浜(지금의 연안동로)에 있었고, 1848년 미국 조계지는 소주하蘇州河 북쪽의 홍구虹口에 건립되었다. 1849년에 프랑스 조계지는 상해현과 양경빈 사이에 건립되었다. 이들 조계지역을 중국사람들은 오랑캐를 나타내는 '이夷'를 써서 '이장夷場'이라 불렀다. 1862년에 외국인에게 '이인夷人'이란 용어를 쓰지 못하도록 금지했고 법을 어기면 엄히 처벌하도록 했으므로 '양장洋場'이라 부르게 되었다. '십리十里'라

아편가게, 도박집, 기생집 등이 숲처럼 생겨나 시장은 기형적으로 발전했다. 조계 안에는 공부국工部局 · 순포방巡捕房이 설립되어 치외법권을 누리게 되었으므로 나라 안에 나라가 생기게 된 셈이 되었다. 외탄공원外灘公園에는 "개와 중국인 진입 금지"라는 모욕적인 팻말이 걸려 있었으니 중국은 이미 반식민지 상태로 떨어지게 되었다. 중국의 지식인들은 자본계급 민주 사상의 고취하에 국가를 멸망의 위기로부터 구하여 생존을 도모해야 된다는 인식에서 출발하여 출판사 · 신문사 등이 분분히 출현하여 여기서 민족주의와 애국사상을 선전하고 서양의 신지식을 소개했다. 또한 출판 사업을 경영하여 이익을 도모했기 때문에 광서 전후에 상해에는 새롭게 우후죽순처럼 서점들이 개설되었으니 서양의 인쇄법도 도입했다. 상해는 북경을 대체하여 전국 최대의 출판중심지가 되었다.

과거에는 석판인쇄가 중국에 전래된 것에 대해 말할 때면 모두 광서 2년(1876)에 상해 서가휘徐家彙 토산만土山灣 인쇄소에서 천주교 선전품을 인쇄하는 데 처음으로 도입했다고 했으며 최근까지도 서적이나 논문에서 모두 이렇게 말하고 있다. 그러나 사실상 1846년에 상해에서는 이미 석인의 중문도서가 출현했다. 석인술을 상해로 가져온 사람은 묵해서관의 메드허스트로 그는 1820~30년대에 이미 석인을 사용하여 중국서적을 인쇄했다. 그러므로 그가 석인술을 상해에 가져왔다는 것이 이치에 맞다. 그는 상해에서 《예수탄생전》 · 《마태전복음주》를 인쇄했는데 모두 1846년에 석판인쇄했다.[359] 이렇게 되면 석인을 상해로 전래한 역사는 30년이나 앞으로 당길 수 있다. 광서 초기에 상해에 점석재인서국이 설립되었고 10여 년 후에

_____

는 명칭은 조계지인 소주하부터 황포강까지의 길이가 약 10리 정도 되었기 때문에 '십리양장'이라고 부르게 되었다.

상해에는 새롭게 석인서국들이 개설되어 한때 몹시 흥성했다.

상해의 강남제조국에 있던 번역관翻譯館은 양무운동시기에 최대의 번역서 기구였다. 이 번역관은 1868년 5월에 설립되어 수많은 과학기술 서적들을 번역했으며 이는 서양 근대 과학기술 지식을 중국에 전파하는 데 커다란 공헌을 했다. 이 번역관의 번역서들은 대다수가 강남제조국에서 스스로 인쇄했다. 이 제조국은 전통의 목판 인쇄를 위주로 했지만 또한 서방인쇄기술도 도입했다. 예를 들면 지도 번역에는 음각 동판인쇄를 했고 또 연활자 인쇄 설비도 갖추고 있었지만 자주 사용하지는 않았다. 여기서 특별히 거론할 만한 것은 번역관 설립 얼마 후에 두 권의 석인 기술에 관한 저서를 소개했다는 점이다.

영국인 플라이어(J.Fryer, 1839~1928)[345][그림 101]가 구두로 번역해 주고 서건연徐建寅이 기술한 《석판인법石板印法》(Lithography by Straker)

[그림 101] 플라이어, 《격치휘편格致彙編》에 의거했다.

---

[345]_ 중국어 표기는 부란아傅蘭雅이다.

이라는 책과, 플라이어가 구두로 번역해 주는 것을 왕덕균王德均이 기술한 《석판인법략石板印法略》(Lithography by Berry)이 있다. 이 두 책은 플라이어가 1880년에 쓴 〈강남제조총국번역서서사략江南制造總局翻譯西書事略〉이라는 글 중에 나온다. 그러나 당시에는 출판이 되지 않았다. 이런 책의 번역은 점석재석인국과 서가휘 토산만 인서관 석인소(1876년 창건)의 창립보다 약간 이르다. 강남제조국의 도서들은 대부분 목판이고, 석인으로 된 것은 《예기기주藝器記珠》한 가지만이 알려져 있다.

《석판인법》과 《석판인략법》두 권은 비록 제조국에서 인쇄하지는 않았지만 1887년 말, 즉 점석재가 설립된 후 얼마 되지 않아 플라이어가 개인적으로 주관하는 과학 간행물인 《격치휘편》중에 〈석판인도법石板印圖法〉이라는 글[그림 102]을 게재했다. 프라이는 《격치휘편》에 제조국에서 이미 출간한 적지 않은 책의 요점을 추려서 게재했다. 그러나 여러 가지 원인으로 번역서를 간행하지는 못했고 이 〈석판인도법〉은 위에서 상술한 두 책 가운에 하나다. 이는 석인 방법에 관해 가장 상세하게 기재된 청말의 문장이다. 이 글은 '석판인도원류石板印圖源流'·'석판응용묵료石板應用墨料'·'각종 석판 분별법과 석판법 해석'·'도서 인쇄지 자료'·'탈묵지과석판법脫墨紙過石板法'·'석면회법石面繪法'·'석면각도법石面刻圖法'·'인도법印圖法'·'동판인도법銅板印圖法'·'전유법煎油法(연활자를 사용해 인쇄)'·'인도법 후권後卷' 등 11개 항목으로 나뉘어져 있다. 읽게 되면 석판인쇄에 대해 깊이 있게 이해할 수 있다. 《격치휘편》이 발행되자 지식인들의 깊은 환영을 받았다. 초판 발행은 3,000부나 되었으나 독자들의 수요를 만족시키지 못하여 후에 다시 여러 차례 재판했다. 당시에는 몹시 보기 드문 아름다운 인쇄이다. 1892년에 《격치휘편》은 또한 《석인신법石印新法》에 게재되었는데 소위 '신법'이란 즉 사진 석인을 말

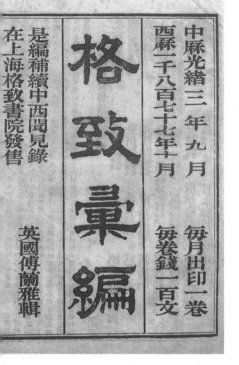

中歷光緒三年九月　每月出印一卷
西歷一千八百七十七年十月　每卷錢一百文
格致彙編
是編補續中西聞見錄　英國傅蘭雅輯
在上海格致書院發售

[그림 102-1]

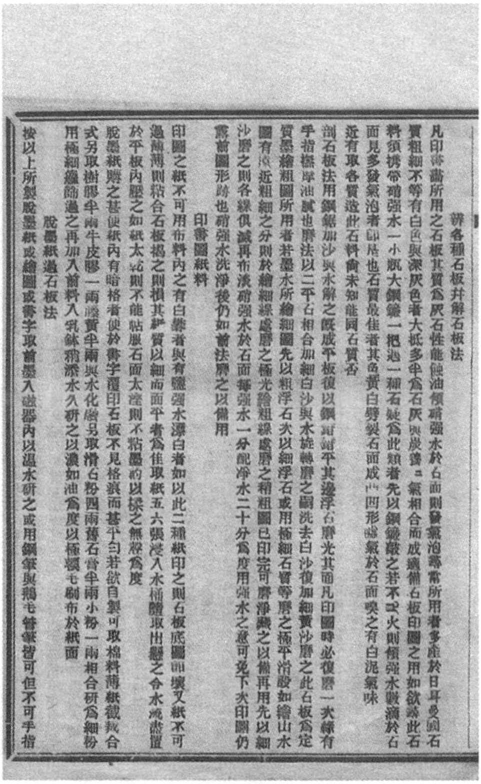
辨各種石板幷解石板法
凡印書畫所用之石板其質爲灰石性能蝕油傾硝強水於石面則發氣泡常所用者多産於日耳曼國石質粗細不等有白色與深灰色者大抵多半爲石灰與炭養二氣相合而成擇備石板印圖之用如欲試此石料須携帶硝強水一小瓶大鋼錐一把逐一細石試爲此類者先以鋼錐畫之若不出火則傾強水數滴於石面見多發氣泡者即是也石質最佳者其色黄白劈裂石面成凹凸形嗅氣於石面嗅之有白泥氣味
近有取各質造此石料尚未知能同石質否
剖石板法用鋼鋸加沙與水解之既成平板復以鋼漸漸平其邊浮石磨光其面凡印圖時必復磨一次緣有手指擦摩油膩也磨法以二平石相合加細白沙與水旋轉磨之嗣洗去白沙復加細黄沙磨之此石板爲定質墨繪粗圖所用者若墨水所繪細圖先以粗浮石次以細浮石或用極細石質等磨之極平消殺如繪山水圖有遠近粗細之分則於繪細線處磨之極光繪粗線處磨之稍粗圖已印完可磨淨繪之以備再用先以細沙磨之則各線俱滅再布淡硝強水於石面每強水一分配淨水二十分爲度用強水之意可免下次印圖仍露前圖形跡也硝強水洗淨後仍如前法磨之以備用
印書圖紙料
印圖之紙不可用布料內之有白礬者與有鹽強水漂白者如以此二種紙印之則石板底圖即壞又紙不可過薄薄則粘合石板揭之則損其紗質以細而面平者爲佳取紙五六張浸入水桶隨取出壓之令水滴盡置於平板內壓之如紙太乾則不能粘服石面太溼則不粘墨約以揉之無聲爲度
脫墨紙與之甚便紙內有暗格者便於書字覆印石板不見格痕而甚平勻若欲自製可取棉料薄紙襯糊合式另取樹膠半兩牛皮膠一兩藤黄半兩與水化之另取滑石粉四兩舊石膏半兩小粉一兩相合研爲細粉用極細篩篩過之再加入前料入乳缽稍添水久研之以濃如油爲度以極軟毛刷布於紙面
脫墨紙過石板法
按以上所製脫墨紙或繪圖或書字取前墨入磁器內以溫水研之或用鋼筆與鵝毛筆皆可但不可手指

[그림 102-2]

[그림 102] 플라이어가 주편한 《격치휘편》속표지, 석인법에 관해 소개하고 있다.

하며 플라이어가 이 방법을 소개했다. 이는 당시 사진 인쇄는 아직 이해하지 못하고 있음을 설명하는데 그래서 홍보할 필요가 있었다. 《석인신법》은 처음에 사진 석인의 원리를 다음과 같이 소개하고 있다.

지금 석인법은 모두 사진을 찍는 것으로 일을 시작한다. 사진 찍는 책은 비록 몇 건에 불과하나 그러나 논자論者들은 인물산수를 찍는 것에 불과하다고 하는데 석인 사진 찍는 일은 사뭇 다르다. 그래서 반드시 특별한 사진기와 사진촬영법을 필요로 한다.

모든 석판은 그림을 인쇄할 수 있는데 평상 사용하던 사진을 석면 위에 올려놓고 인쇄할 수 없으며 반드시 진한 먹이 있어야 된다. 또는 목판이

나 동판으로 원고를 인쇄하고 그림을 그리는 데 전부 대소점법大小點法을 사용하거나 거칠고 세밀한 선법으로 그린다. 그림이 완성된 원고는 평판 위에 연이어 놓고 늘 하는 방법으로 유리판에서 찍으면 원고의 반대 형태가 된다. 즉 유리면의 밝은 곳이 원고의 검은 곳이 되고 유리면의 어두운 곳은 광선이 통과하지 않아 원고에 하얀 곳이 생긴다. 이 유리판을 인화상자 안에 놓고 아교면을 향하게 하고 약재종이를 덮어 늘 하는 대로 이를 인화한다. 인화가 끝나면 암실에 놓고 롤러로 먹을 털어내고 이를 물에 넣어 씻는다. 광선을 보지 않았던 곳은 먹이 씻겨지고 광선을 본 곳은 먹이 떨어지지 않아 씻으면 모습이 선명하고 원고와 다름이 없다. 이 종이를 석판이나 아연판 면에 놓고 이를 누르면 즉 먹이 떨어져 나가는데 이를 낙석落石이라고 한다. 늘 하던 방법대로 인쇄 선반에 석면을 놓고 롤러로 먹을 묻혀 이를 인쇄한다.

이어서 또 '원고 인화에 사용되는 종이'와 사진 기재 및 '아교지를 만드는 약처방'을 소개하고 사진 석인에 대하여 비교적 전면적인 설명을 하고 있다. 《석판인도법》과 《석인신법》은 석인기술을 최초로 보급한 두 편의 문장으로 충분히 진귀한 자료다. 《격치휘편》에서는 석인술을 소개하는 이외에도 또한 다른 도서인쇄법을 소개했다. 예를 들어 시기적절하게도 중국인에게 신발명의 유인법油印法을 소개했다. 석판 인쇄 도서는 휴대하기에 간편하고 가격도 염가여서 많은 독자들을 매료시켰다. 그러나 석인이 대부분 축소인쇄라서 그 작기가 실과 같아 반드시 확대경을 갖고 읽어야 하여 시력을 상하게 하기 쉬워서 어떤 사람들은 반대를 했다.

석인술이 수입되었을 때 중국은 마침 신·구 문화 교체의 거대한 변혁 시기였다. 석인업의 흥기는 고서의 보전과 신지식의 전파에 있어 분명히 역사적 역할을 했다. 석인업의 흥망과 성쇠 역시 또 다른 측면에서 시대의 변화와 진보를 반영했다.

처음에 석인본은 주로 지식인이 과거 시험을 학습하는 참고서였다. 예를 들면《강희자전》·《병자유편駢字類編》·《책학비찬策學備纂》·《사류통편事類統編》·《패문운부佩文韻府》·《시구해제운편총휘詩句解題韻編總彙》와 같은 종류다. 석인본 인쇄는 간편하게 인쇄가 되고 몹시 정확하므로 석인본으로 인쇄제작이 된 수진소본袖珍小本은 휴대하기가 몹시 편하여 지식인의 환영을 받았으며 이런 종류의 도서들은 수요량이 많아서 인쇄한 숫자도 많았다. 몇몇 석인서국은 이리하여 거대한 이익을 거두었다. 석인술로 서화와 고서를 영인해도 원본과 전혀 다름이 없었다. 석인기술이 간편하고 일하기가 쉬워서 도서 간행은 종종 거대한 이익을 취할 수 있어 일시에 서상書商들이 분분히 이를 모방했다.

상해서점은 석판인쇄와 연활자 인쇄로 분류할 수 있으며 광서 연간에 상해 일대의 석인서국은 80곳이 넘지 않는데 아래에 이를 열거해보겠다.('상해' 두 글자는 모두 생략함)

서 점

석인서점　　　점석재點石齋 · 동문서국同文書局 · 배석산방拜石山房 · 소엽산방掃葉山房[360] · 수육산방漱六山房 · 비영관斐英館 · 비운관斐雲館 · 문선국文選局 · 문명서국文明書局 · 문성서국文盛書局 · 문림서국文林書局 · 문현각文賢閣 · 문서루文瑞樓 · 십만권루十萬卷樓 · 문익서국文益書局 · 문란서국文瀾書局 · 보문서국寶文書局 · 홍문서국鴻文書局 · 상해서국 · 대동서국大同書局 · 천보서국天寶書局 · 유정서국有正書局 · 산학서국算學書局 · 금장도서국錦章圖書局 · 구경재久敬齋 · 후보재侯寶齋 · 익오재益吾齋 · 조문서국藻文書局[361] · 경세문사經世文社 · 적산서국積山書局 · 적학서국積學書局 · 공화서국共和書局 · 진보서국進步

書局・보선서국寶善書局・진예서국珍藝書局・도서국圖書局・비홍각飛鴻閣・홍보재서국鴻寶齋書局・중서서국中西書局・순성서국順成書局・신민서국新民書局・사서당賜書堂・부문서국富文書局・회문당서국會文堂書局・낙군도서국樂群圖書局・오주동문서국五洲同文書局・저이당著易堂・기형당璣衡堂・장복기章福記・부문각富文閣・진기서장晉記書莊・문원각서장文元閣書莊・맥망선관脈望仙館・태동시무인국泰東時務印局・중서오채서국中西五彩書局・영상오채공사英商五彩公司・경향각經香閣・천양각天壤閣・신기서장愼記書莊・환문서국煥文書局・육예서국六藝書局・용문서국龍文書局・부강재富強齋・사학재史學齋・죽간재竹簡齋・의금당宜今堂・취육당醉六堂・천경당千頃堂・낙선당樂善堂・소창산방小倉山房・강동무기서국江東茂記書局・강좌서림江左書林・중서서국中西書局・통시서국通時書局・경회서옥敬懷書屋・역서공회譯書公會・세계교육사世界敎育社・박문관博文館・문보서국文寶書局・위문각緯文閣 등 80곳이었다.

이외에 당시《신보申報》관[그림 103]・미화서관美華書館・강남제조

[그림 103] 상해《신보》관, 광서 10년, 점석재 간행《신강승경도申江勝景圖》에 근거함.

국과 상무인서관 역시 일찍이 석판인쇄 도서를 간행했다.[362]

연인鉛印**서점**　　　묵해서관 · 미화서관 · 《신보》관 · 도서집성인
서국 · 신창서국申昌書局 · 수문修文서국 · 낙선당樂善堂 · 광백송재廣
百宋齋 · 작신사作新社 · 동문관同文館 · 중국도서공사 · 개명서국開明書
局 · 녹음산방綠蔭山房 · 광지서국廣智書局 · 문명서국文明書局 · 중신서
국中新書局 · 정의서국正誼書局 · 국학부윤사國學扶輪社 · 신주국광사神
州國光社 · 강남제조국 · 상무인서관이 있다.

석인은 필요한 자본이 비교적 적었기 때문에 80곳이나 되어 연활
자 인쇄소보다 두 배나 된다. 또 소수이지만 연인과 석인 두 종류를
함께 경영하는 곳도 있었으니 광백재에는 연인과 석인 소설 모두 있
었다. 그중 묵해서관은 영국사람 메드허스트가 개설한 곳이고, 점석
재 · 《신보》관 · 도서집성인서국은 모두 영국 사람 메이저가 개설한
곳이다. 오채공사의 석인소설 역시 영국 상인이 개설한 것에 속한
다. 미화서관은 미국 교회에서 개설한 곳이고, 수문서국과 낙선당은
일본인이 개설한 것이다. 그중 영향력이 비교적 컸던 곳은 점석재와
미화서관이다. 중국인이 개설한 상무인서관은 뒤에 출발했지만 오
히려 중국 인쇄업의 주도권을 잡게 되었다.

영국사람 메이저(F. Major, 요즘 사람들은 이를 리사理查346라고 잘못 쓰고
있음)은 상해에서 이미 《신보》를 창간했는데 동치 13년(1874)에 다시
점석재인서국 · 도서집성연인서국 · 신창서국申昌書局을 개설하여 부
업으로 했다. 점석재는 상해에서 가장 최초의 석인서국[그림 104]이
며, 최초로 《성유상해聖諭詳解》라는 책을 인쇄했고 가장 이익을 많이
낸 책은 《강희자전》이다. 초판 4만 부를 찍었는데 몇 개월 지나지 않

---

346 _ 원문에서의 중국어 표기는 미사美查로 표기되어 있다. 즉 美查를 理查로 잘
못 표기한다고 말하는 것이다.

[그림 104] 청 광서 10년(1884) 상해 점석재 인쇄공장이다. 오우여吳友如 그림.

아 품절되었다. 재판은 6만 부를 찍었는데 마침 과거보는 사람들이 북경으로 회시를 보러가면서 상해에 들러 본인도 사용하고 친구에게 선물도 주기 위해서 5~6부씩 샀기 때문에 또 몇 개월이 지나지 않아 매진되었다.[363] 책 한 권이 10만 부가 팔렸으니 중국 출판사상 기록을 세웠다. 또 《십삼경》·《패문운부》·《병자류편》 등을 인쇄했다. 점석재가 거대 이익을 얻을 수 있었던 것은 왕도王韜의 계획 경영과 밀접한 관계에 있다. 우선 영국 사람 메드허스트는 상해 묵해서관에 왕도를 주필로 초빙하고 후에 또 메이저를 초빙해 점석재를 주관하도록 했다. 왕도의 《도원일기弢園日記》 원고에는 매년 지출 계정이 기록되어 있다. 예를 들어 "점석재 보수는 480원, 격치서원 보수는 200원, 초상국招商局 보수는 80원" 등으로 되어 있다. 그러므로 능히 "스라소니로 만든 마고자 64원, 금 체인은 30량"을 지출하면서 상당히 호사스러운 생활을 할 수 있었다. 왕도와 이선란李善蘭·장검인蔣劍人은 시를 짓고 술을 마시며 한가롭게 상해를 다녔는데 당시 사람들은 이들을 기인 3인방으로 보았다.

점석재에서 이익이 크게 나자 중국 출판상들은 이에 자극되어 모방하게 되었다. 청나라 황무권黃式權은 《송남몽영록淞南夢影錄》에 "영국사람이 점석재를 개설하고 이익을 독점한 지가 이미 4~5년이 되었다. 근래에 영파 사람이 세운 배석산방拜石山房, 광동 사람이 세운 동문서국同文書局이 세발솥처럼 버티고 있으니 이익이 있는 곳에 사람들이 다툼이 심하도다"라고 썼다.[364] 즉 1880년대가 되어서야 중국인이 설립한 석판인쇄서국과 영국인들이 서로 겨루기 시작했다는 것이다. 후에 상해에 크고 작은 석인서방들이 80여 곳이나 생겨나 석판 도서를 간행하지 않는 곳이 없었다. 예를 들어 익오재益吾齋에서는 《천하군국이병서天下郡國利病書》를, 부문서국에서는 《천연론天演論》을, 적학서국積學書局에서는 《태평어람太平御覽》을, 수육산방漱六山房에서는 《사고전서간명목록四庫全書簡明目錄》을, 비영관斐英館에서는 《황씨사례거총서黃氏士禮居叢書》를 간행했다. 이 중에서 가장 유명한 곳은 동문서국과 소엽산방掃葉山房이다.

광서 7년(1881)에 광동사람 서유자徐裕子(홍복鴻複)가 투자하여 동문서국을 창립했다. 석판 인쇄기 12대와 직공 5백 명으로 그 규모는 점석재와 배석산방을 능가했다. 광서 11년까지 《강희자전》·《자사정화子史精華》·《어비통감집람御批通鑑輯覽》·《패문재서화보佩文齋書

畫譜》·《이근경易筋經》·《육조신의陸操新義》 및 각 성의 과예課藝[347] 등 55종을 간행했다.[365] 가장 큰 사업은 《고금도서집성》 1만 권을 번각하는 일이었다.[366] 자본금이 너무 컸기 때문에 예약 구매라는 방법으로 광서 11년부터 2년 기한으로 주식청약을 받아 구매하도록 했는데 매 구좌는 먼저 책값의 반인 180냥을 내도록 했다. 최초 예약량은 1,500부였는데 축인본으로 글자체는 비교적 작다. 광서 16년에 호부시랑 장음환張蔭桓은 그 당시 각국 통상사무아문대신을 총괄하고 있었는데 석인《고금도서집성》 100부를 주청하여 비준을 받아 동문서국에서 인쇄를 맡아 광서 20년에 비로소 완성하였다. 《고증考證》 20권을 증보 수록하여 전체 50,044책이 되었다. 안휘성에서 생산된 삼개지三開紙[348]를 사용했고 전본殿本 원래 모습에 따랐으며 인쇄가 몹시 정밀하여 원본과 다름이 없었다. 매 부의 가격은 은 3,500여 냥이었다. 먼저 50부를 북경으로 발송했는데 이는 외국정부에 보내는 선물용이었다. 얼마 되지 않아 동문서국이 불이 나서 남아 있던 50부가 전부 불타버렸다. 현재 중국 내외에서 황색 표지의 전본식殿本式 도서를 볼 수 있지만 축인 소자본은 오히려 보기가 어렵다. 동문서국의 두 번째의 큰 사업은 전본《24사二十四史》 번각본 사업으로 역시 주식청약을 받아 예약구매토록 했는데 1천 부로 정했고 도매값은 100원이었다. 그러나 전본《명사明史》는 건륭 12년에 간행되었고, 《구오대사舊五代史》는 건륭 49년에 간행되었는데 석인본은 다른《24사》처럼 판심에는 건륭 4년이라고 적어 놓았으니 정말 웃기는 일이 아닐 수 없다. 인쇄된 글자가 깨끗하여 동문본同文本이라 칭해진다.[367] 후에 《죽간재이십사사竹簡齋二十四史》는 동문본

347_ 역대 과거 시험의 우승자의 답안을 모아 놓은 책.
348_ 三開의 사이즈는 387×844, 362×781㎜ 두 종류라고 한다.

을 원본으로 삼았다.

1887년 전후에 《신보》에 다음과 같은 보도가 있었다. "은상殷商의 어떤 사람이 거대자금을 출자하여 외국상인들에게서 인쇄기 화륜기 火輪機 10여 대를 사들이고 영국 조계지의 회심공해會審公廨[349] 앞 북쪽에 있는 오래된 집 수십 동을 선정하여 얼마 지나지 않아 공사를 시작하여 새롭게 개조했다. 건물이 준공되었는데 높은 벽이 마치 서양식 같았고 편액에는 비영관蜚英館이라고 쓰여 있다."

여기서 말하는 은상殷商은 바로 유명한 장서가인 이성탁李盛鐸[350]을 말한다. 1889년에 이르러 상해에는 석인국 4~5개만이 있었는데 이는 대략 석판과 기계 태반을 외국(영국과 프랑스)으로부터 구매해오기 때문에 일반 중국인들은 살 수가 없었기 때문이다. 이 4~5개 석인국이 있다고 할지라도 거기서 간행하는 서적은 전국으로 유통되었고 북경의 유리창, 사천의 중경, 광주 등지에도 분점이 있었으니 석인이 광범위하게 퍼져 있었음을 알 수 있다.

소엽산방은 원래 소주에 있던 300여 년이나 된 오래된 서점이었다. 상해로 옮긴 후 광서 연간부터 민국 초에 이르기까지 석인서적 419종을 발행했다.[368] 중요한 것으로는 《사사합각四史合刻》·《백자

---

349 _ 회심공해會審公廨는 청 동치 7년(1868년)에 상해 도태道台(청대에 한 성省의 각 부처의 장관이나 또는 각 부府·현縣의 행정을 감찰하는 관리. '道台'는 존칭임)는 영국 미국 영사와 〈양경빈설관회심장정洋涇浜設官會審章程〉을 체결하고 영미 조계지에 회심공해(會審公堂이라고도 함)를 설립하기로 결정했다. 영어로는 Mixed Court다.

350 _ 강서성江西省 덕화현德化縣 사람이다. 근대의 중국 장서가로 청나라의 한림원 편수·국사관협수國史館協修·강남도감찰어사江南道監察御史·내각시독대학생內閣侍讀大學生·순천부부승順天府府丞·태상시경들을 역임했고 각국으로 정치 시찰을 다녀왔다. 후에 산서포정사·섬서순무 등을 역임했다. 민국 후에는 대통령고문·참정원참정·농상총장·참정원의장 등을 역임했다. 조부(李恕) 때에 장서루 목서헌木犀軒에는 이미 수만 권이 있었고 아버지(李明墀) 때에 더욱 증가했고 이성탁 때에는 이미 10만 권이 넘었다고 한다.

전서百子全書), 장명부明張溥의 《한위육조백삼명가집漢魏六朝百三名家集》이 있고 역대 시문집·사집詞集·시화詩話·전기傳奇·소설·편지·도서목록·법첩法貼 및 의서醫書 등이 있다.

석인은 본래 서양에서 왔기 때문에 어떤 석인본에는 '방태서법석인仿泰西法石印'[351]이라는 글씨가 쓰여져 있다.

석인도화는 과거의 목각에 비해 몹시 편리했는데 점석재는 도서간행만 한 것이 아니라 또한 그림도 간행했다. 예를 들어 《역대명원도설歷代名媛圖說》과 초병정焦秉貞이 그린 《경직도耕織圖》(모두 광서 5년)[369]를 간행했다. 동문서국은 도서간행 이외에도 또 《이아도爾雅圖》(광서 10년)를 간행했고 유명인의 글과 그림을 본래의 면목을 잃지 않고 인쇄했는데 "본 서국書局은 상해 홍구虹口 서화로西華路에 설립되었고 전문적으로 각종 서첩 도화를 석인합니다"라는 광고를 내기도 했다. 조문민趙文敏의 친필 대련對聯을 출판했다. 각 석인서국에서 출판한 수상소설繡像小說[352]은 특히나 많은 독자들의 사랑을 받았다.

청나라 말기에 신문은 이미 발달했고 그림과 글이 함께 중시되어 석판은 그림을 인쇄제작하기에 편리했기 때문에 정치시사·사회뉴스의 석인화보는 더욱 시대의 요구에 따라 성장했다. 광서 중엽부터 신해혁명까지의 시기에 상해 등지에서 출판한 석인화보는 20~30종이 되는데 그중 유명한 것은 광서 10년(1884)의 《점석재화보》·16년의 《비영각화보飛影閣畫報》·선통 원년의 《도화일보圖畫日報》·《영환화보瀛環畫報》등이 있고 중국 정기간행물 화보의 선도를 이끌었

---

351 _ 泰西는 서양이라는 뜻으로 주로 유럽을 가리킨다. 즉 '서양 방법인 석인을 모방했다'는 뜻이다.

352 _ 명대부터 흥기하기 시작했다. 글 앞에 선으로 스케치한 주요인물을 인쇄해 놓았는데 이를 '수상繡像'이라고 했다. 자수에 빗대어 그 묘사가 정교하다는 것을 과장한 것이다. 앞에 자세한 내용이 있다.

다.[370] 1890년대에 석인은 전통의 목판 인쇄를 기본적으로 대체하게 되어 당시 자못 유행하는 인쇄방법이었다. 상해 이외에 북경 · 천진 · 광주 · 항주 · 무창 · 소주 · 영파 등지에서도 19세기 말, 20세기 초에 석인국을 개설했다.[371] 그러나 상해의 도서만큼 아름답지 못했다.

갑오전쟁(1894~1895)에 패한 후 1905년까지는 석인업이 가장 흥성하고 단독으로 문화를 이끈 시기다. 상해 이외에 천진과 광주 등 통상항에는 내지의 각 성의 석인업이 신속하게 발전했다. 인본의 내용으로 볼 때 경사자집 · 서화지도 · 신문 잡지 · 한학 · 서양학은 물론이고 석인본이 없는 것이 없었다. 그중에서 가장 거론할 만한 것으로는 석인업이 이 기간에 서양학문 신지식을 전파하여 변법유신을 촉진한 것에 대한 공헌이다. 광서 연간에 양무운동의 발전에 따라서 서양의 과학기술 · 정치종교 · 역사지리 등 지식이 중국에 전래되었고 대량의 서양 학문의 번역서가 출현하여 전통의 천문역산과 박물학에서도 중시를 받았다. 특히 갑오전쟁 후에 중국인은 서양학문의 새로운 지식을 추구하고 당면 정세를 전심으로 연구하는 열정이 공전에 없이 높았다. 수많은 석인서국은 신학문과 관련된 당면정세의 저서나 번역서를 한데 모아서 총서로 출판했으니 일시에 '총서붐'을 형성했다. 비교적 유명한 것으로는 《부강재총서富强齋叢書》로 본집과 속집續集에 모두 210종의 책을 수록하여 당시 대부분의 서양 과학기술 역서를 모았다. 또 《농학총서農學叢書》에는 239종의 책을 수록했다. 이 밖에도 《서정총서西政叢書》 · 《서학대성西學大成》 · 《군정총서軍政叢書》 · 《격치총서格致叢書》 · 《고금산학총서古今算學叢書》 · 《중서산학대성中西算學大成》 등이 있으며 역시 큰 환영을 받았다. 당시의 서양학문과 당면정세에 관한 책들은 대부분 단행 석인본으로 나뉘어 나왔으며 수많은 책들의 여러 종류의 석인본이 있다. 몇몇 석인서방에서는 또한 시론가의 문집을 출판하기도 했는데 풍계분馮

桂芬의 《교빈려항의校邠廬抗議》·설복성薛福成의 《용암전집庸盦全集》·
탕수잠湯壽潛의 《위언危言》·양육휘楊毓煇의 《격치치평통의格致治平通
議》등이 있다. 유신운동 기간에 새롭게 창건한 학보는 반수 이상이
석판인쇄다. 예를 들면 《시무보時務報》·《경세보經世報》·《실학보實
學報》·《몽학보蒙學報》·《농학보農學報》·《췌보萃報》·《격치신문格致
新聞》·《보통학보普通學報》·《공상학보工商學報》·《중외산보中外算
報》등과 같은 것은 모두 석판인쇄이다.

석인업의 이런 번영 국면은 얼마 지나지 않아 쇠락해갔다. 석인업
에 가장 큰 타격을 준 일은 과거제도의 폐지다. 1901년에 청 조정은
팔고문을 폐기하고 시험을 바꾼다는 책령을 내렸다. 광서 31년(1905)
8월에 과거제도는 완전히 폐지되었다. 이렇게 되니 이전에 공명을
얻기 위해 필요했던 석인 과거시험용 도서들은 모두 시장을 잃게 되
었고 게다가 경쟁적으로 신학문을 말하는 형세 속에서 석인 고서적
의 판로는 대대적으로 감소되었다. 과거용 서적 위주로 인쇄하던 대
동서국 같은 석인서국들은 이로써 한 번 넘어지고는 다시 일어서지
못했다. 연인업鉛印業과 양장서洋裝書의 발전은 석인업 쇠락의 두 번
째 중요한 원인이다. 서양방법의 연인이 중국에 전래된 것은 결코
석인에 비해 늦은 편은 아니지만 연인기술은 비교적 복잡하고 연활
자 모형은 원가가 비교적 높아 한자漢字 연활자 주조로는 충분히 사
용할 수가 없었다. 광서 연간에 연인업은 시대의 수요를 만족시키지
못하고 결국 간편하고 쉬운 석인술이 대부분 시장을 점거했다. 그러
나 광서 말년에 이르러 연인업이 발전하기 시작하여 점차로 석인업
과 양쪽이 서로 대등한 수준에 이르게 되었다. 더구나 아주 빠르게
석인업이 점거하고 있던 부분 시장을 대신하게 되었다. 당시에는 일
본 유학붐이 있었기 때문에 대량의 일본어 서적을 한문으로 번역한
새로운 책들이 생산되어 이전의 서양학문의 서적들은 낡고 유행에

뒤떨어진 것이 되어버렸다. 이런 대량의 일문서 번역본은 내용이 참신할 뿐만 아니라 장정도 양장을 채택했으므로 면모가 일신하여 석인본과 비교해 보면 확실히 모자람이 드러났다. 1905년 이후에 중국 내에서 신학문 저서와 번역서는 대부분 일본식의 양장을 모방했다.[372] 민국 이후에는 중국 내에서 보통 신도서가 출판되면 일반적으로 모두 양장으로 했으며 석인술은 주로 고서나 서화를 인쇄하는 데 사용했다. 청나라 말기 민국 초의 화보는 대부분 석인이다. 예를 들면 《신주화보神州畫報》·《여론시사보도화輿論時事報圖畫》·《신보도화申報圖畫》·《도화일보圖畫日報》·《민호일보도화民呼日報圖畫》·《시보부간지화보時報附刊之畫報》·《민권화보民權畫報》·《천민화보天民畫報》 등이 모두 석인이다. 민국 초년에 상해의 석인서국은 아직 30여 곳 이상이었는데 상무인서관, 중화서국과 세계서국 등은 모두 유명한 서점으로 석인술로 고적과 서화를 인쇄했다.[373]

연인은 약 21곳이 있었는데 묵해서관이 맨 처음 설립되었으며 설립자는 경험이 풍부한 영국 교회 인쇄공 메드허스트로 말라카에서 직접 윌리엄 밀른의 일을 인계받았다. 그는 우선 광주에서 석인으로 《각국소식各國消息》을 출판했다.

도광 23년(1843) 상해 산동로山東路에 유명한 묵해서관을 설립하니 런던회의 상해 활동 중심지가 되었다. 와일리(1847년에 중국에 옴)·죠셉 에드킨스(J. Edkins, 1823~1905, 1848년에 중국에 옴)[353]·윌리엄슨(A. Williamson, 1829~1890)[354] 등과 왕도王韜·이선란李善蘭 등 몇 명의 중국 문인들도 함께 여기서 일을 했다. 왕도의 《영연잡지瀛壖雜志》권 6에 "서양인들이 인서국 몇 곳을 설립했는데 묵해가 가장 유명하다.

353_ 중국어 표기는 애약슬艾約瑟이다.
354_ 중국어 표기는 위렴신韋廉臣이다.

철제 인쇄 선반旋盤이 있는데 길이가 1장 몇 척이고 너비는 3척이 넘는다. 옆에 무거운 기어(gear)가 두 개 있고 한 편에 두 사람이 인쇄 일을 관장한다. 소로 선반을 돌리고 밀고 당기는데 두 개의 큰 축을 걸고 가죽끈을 세로로 묶고 종이를 들이민다. 한 번 돌리게 되면 두 면 모두 인쇄가 되니 몹시 간단하고도 빨라서 하루에 4만여 장을 인쇄할 수 있다. 글자는 활판을 사용하고 납을 주조하여 제작한다. 먹은 젤라틴 등유를 사용하는데 함께 저으면서 끓여주면 된다. 인쇄선반 양측에는 먹을 넣은 홈통이 있어 철대 축으로 이를 돌리면 먹이 평판에서 움직이면서 옆의 여러 개의 먹축 사이에 배열이 있게 된다. 또 평판의 먹을 닦고 자판을 움직이면 농담의 차이가 없게 된다. 먹은 고르게 되어 글자가 아주 분명하다. 책 인쇄 선반旋盤의 무게는 소 한 마리쯤 되는데 제작이 심히 기이하다. 중국 선비들이 묵해에 와서 이를 보고 좋아하며 감탄하지 않는 사람이 없다. 손차공孫次公이 시를 짓기를 '묵해의 윤전기를 소가 돌리니, 백 가지의 기이한 책이 그 안에서 나온다. 늙은 소는 정신없이 바쁘면서도 왜 그런지를 모른다네, 어째서 밭을 갈지 않고 책밭을 가는 거지?'라고 읊었다"라는 내용이 있다. 왕도는 묵해서관에 임직했으므로 이처럼 구체적이고 정확하게 말할 수 있었다. 《육합총담六合叢談》(함풍 7년)은 묵해서관에서 인쇄를 맡았으며 또 《구약전서》(함풍 8년)·《담천談天》(함풍 9년) 및 미국의 브리지먼(E. C. Bridgman)의 《대미연방지략大美聯邦志略》(함풍)·《수학계몽數學啟蒙》(함풍 3년[그림 105])·《대수학代數學》(함풍 9년)·《중서통서中西通書》(함풍, [그림 106])를 인쇄했다.

묵해인본은 전해오는 것이 비교적 보기 드물다. 묵해서관을 이어서 흥기한 곳은 미국 장로회가 설립한 미화서관으로 함풍 10년(1860) 영파에서 상해로 이전했다. 《영연잡지》에서는 "묵해는 후에 폐지되었지만 미국 선교사 강군江君이 미화서관을 상해 남문 밖에 설립하

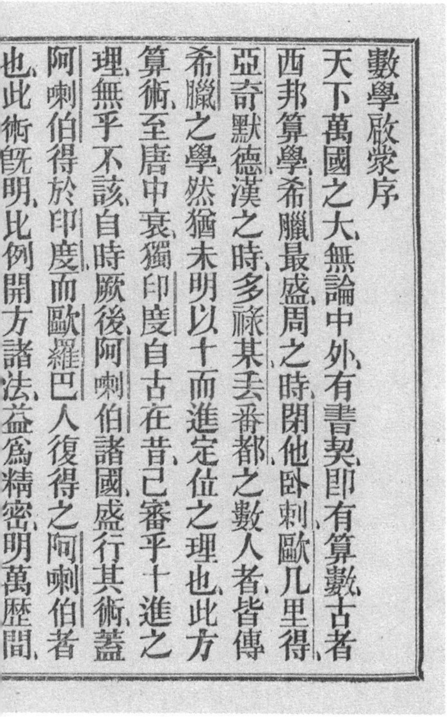

數學啟蒙序

天下萬國之大無論中外有書契即有算數古者

西邦算學希臘最盛周之時閉他卧刺歐几里得

亞奇默德漢之時多祿某丟番都之數人者皆傳

希臘之學然猶未明以十而進定位之理也此方

算術至唐中衰獨自古在昔已審乎十進之

理無乎不該自時厥後阿喇伯諸國盛行其術蓋

阿喇伯得於印度而歐羅巴復得之阿喇伯者

也此術既明比例開方諸法益爲精密明萬歷間

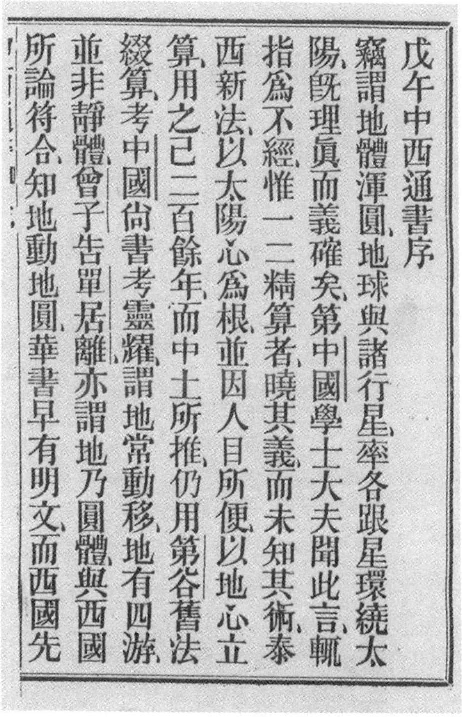

戊午中西通書序

竊謂地體渾圓地球與諸行星率各跟星環繞太

陽既理眞而義確矣第中國學士大夫聞此言輒

指爲不經惟一二精算者曉其義而未知其術泰

西新法以太陽心爲根並因人目所便以地心立

算用之已二百餘年而中土所推仍用第谷舊法

綴算考中國尚書考靈耀謂地常動移地有四游

並非靜體會子告單居離亦謂地乃圓體與西國

所論符合知地動地圓華書早有明文而西國先

[그림 105] 와일리 저 《수학계몽數學啟蒙》, 1853년 묵해서관 활자인쇄. 비엔나 오스트리아 국가도서관 소장

[그림 106] 에드킨스 저 《중서통서中西通書》, 1858년 묵해서관 활자인쇄. 비엔나 오스트리아 국가도서관 소장

[그림 107] 청나라 말의 인쇄 식자 작업장. A. J. Brown, The Chinese ReVolution, 1912. 고미야마 히로시[小宮山博史] 선생 제공.

고 글자와 판을 제작하니 모두 화학적인 것으로 실제로 오늘날의 새로운 법이다"고 했다. 앞에서 말한 미국 선교사 강군은 즉 전자도금자 모형을 만든 미국의 인쇄공 갬블을 말한다. 미화서관이 주조한 연활자[그림 107]는 당시 중국과 외국에 팔렸으며 남아 있는 인본으로는 《신구약성경》·《중학》(동치 6년)이 있다.

메이저는 또 연활자를 이용하여 수많은 필기소설을 조판하고 인쇄했는데 이를 《신보관취진판총서申報館聚珍版叢書》라 하며 약 160종이 된다. 《영환쇄기瀛環瑣記》·《역하지유歷下志遊》·《독사탐려록讀史探驪錄》 등과 같은 책의 표지 뒷면에는 "상해신보관방취진판인上海申報館仿聚珍版印"이라고 두 줄로 되어 있다. 또 도서집성국을 설립하여 대편체大扁體 연활자를 만들어 《고금도서집성》(광서 10년)·《이십사사》 등을 인쇄했다. 일본인이 개설한 곳도 두 곳이 있는데 수문서국修文書局은 비교적 빨리 지형을 이용했고, 낙선당에서는 원려즉元黎崱의 《안남지략安南志略》 등을 간행했는데 잘못된 곳이 아주 많지만 지금까지 여전히 이 책이 유일한 인본이다. 이상은 모두 외국인이 설립한 서점이었다.

중국인이 설립한 서점으로는 관에서 설립한 강남제조국이 있다. 청 정부는 외국의 힘을 빌어 태평천국 혁명을 진압하니 서양의 해군은 더욱 세상을 진동시키고 이에 동치 4년(1865) 상해에 강남제조국을 설립했다. 역서처譯書處와 인서처印書處를 설립하고 서양의 과학·수학·지질학·화학·공사기술·채광·야금 등에 관한 책을 번역했다. 외국인으로는 영국인 플라이어와 미국인 알렌(Young Jhon Allen, 1836~1907)[355]이 근무했으며 알렌은 《격치계몽格致啓蒙》을 저술했는데 중국인 이선란李善蘭[그림 108]과 화형방華蘅芳이 그가 구술한

355_ 중국어 표기는 임낙지林樂知이다.

것을 받아 적었다. 화형방은 수
많은 수학서적을 번역했다. 서수
徐壽는 화학서적 10여 종을 편역
했다. 《물리학》·《조상루판인도
법照相樓版印圖法》 등을 광서 26년
에 목각판으로 간행한 이외도
《서국근사휘편西國近事彙編》 등은
모두 강남제조국에서 큰 연활자
를 사용해 간행했다. 선통 원년
출판된 연인鉛印 도서목록으로는
모두 178종이 있다. 강남도서국
에서 도판을 이용한 석고각石膏刻
은 그다지 아름답지 못하여 오래

[그림 108] 이선란李善蘭, 《격치휘편》에 있는
모습.

사용되지 못했다. 또한 인서처의 유모씨 역시 사진판으로 시험제작
한 적이 있고, 광방언관廣方言館356에서 출판한 책을 인쇄하기도 했지
만 외부로 확산되지는 않았다.

개인이 운영하는 서점은 염혜경廉惠卿의 문명서국文明書局, 하천주
何天柱의 광지서국廣智書局, 장건張謇의 중국도서공사中國圖書公司 등이
있으며 모두 도서를 출판했고 마지막으로는 상무인서관이 있다.

356_ 청나라 말기에 설립한 근대 신식학당이다. 1863년에 이홍장이 주청하여 상
　　해에 설립했다. 처음에는 외국언어문자학관, 동문학관이라 불렀다. 14세 이
　　하의 아동에게 학관에서 기거하며 학습하도록 했다. 영국인과 중국인을 초빙
　　하여 공부를 시켰다. 교육과정에는 외국어와 근대자연과학과 유학이 있었다.
　　1869년에 강남제조국으로 합병되었고 영문관, 프랑스관과 산학관算學館으로
　　분리되었다가 1894년에 천문관을 증설했다. 교육기간은 3년이고 졸업 후에는
　　성적에 따라 각 아문이나 세관에 번역관으로 부임되었다. 1905년에 공업학당
　　으로 개칭되었고 별도로 광주에 광방언관廣方言館을 설립했다.

미화서관의 생도 중에 영파 사람 포함은鮑咸恩이 각자刻字를 배우고, 포함창鮑咸昌은 식자를 배우고, 포함형鮑咸亨은 인쇄를 배웠는데 이들은 형제간이다. 이들과 청포青浦사람 하서방夏瑞芳(수방粹方), 미화서관의 노사무관 고봉지高鳳池(한경翰卿)는 모두 장노회 신도로 광서 23년(1897)에 함께 4천 원을 출자하여 상무인서관을 설립했다. 당초에는 수동식 작은 인쇄기, 손으로 누르는 압인기壓印機, 발로 밟는 원반기 몇 대가 고작이었다. 그러나 경영을 잘하여 영업은 날로 번창해갔으며 각종 유럽, 미국, 일본의 신기술과 새로운 기계를 도입했다. 그리하여 생산품의 질량과 수량 면에서 모두 비약적으로 발전하니 기타 인서국들은 그저 바라다 볼 뿐이었고, 인쇄업 방면에서 외국인들이 주도하던 지위를 무너뜨렸다. 상무인서관은 물질 생산을 중요시했을 뿐만 아니라 또한 인재 배양도 중요시하여 편역소를 설립하여 청나라 해원解元 장국생張菊生을 소장으로 초빙하였다. 장국생은 또 원보元寶식의 식자판을 개량하여 식자공들의 노고를 경감시켰다. 편역소에서는 국내외의 명사들을 초빙하여 글을 쓰고 번역하도록 했는데 엄복嚴復이 번역한 서양 사회과학 명저나 임금남林琴南이 대량으로 번역한 서양 소설들은 모두 대중들의 환영을 받았다. 광서 30년에는 또 《동방잡지東方雜志》를 창간했는데 40여 년간 중국 내 가장 영향력 있고 권위가 있는 종합잡지였다. 또한 《소설월보小說月報》도 창간했는데 근대 문학 발생에 있어 비교적 큰 영향을 주었다.

상무인서관은 청나라 말기부터 1949년 전까지 줄곧 전국 출판계의 영도적 지위에 있으면서 85년간 2만여 종의 책을 출판했고 지금까지도 상무인서관의 역할을 발휘하고 있다.

청나라 말기에 전국의 각 대도시와 중소도시에서는 분분히 새로운 방법인 석인과 연인서방이 설립되었으니 일일이 열거하기 어렵다.

5. 인본 내용

청나라 사람들은 비교적 근래이기 때문에 저작이 남아있는 것도 많다. 고서는 대부분 총서 속에 수록되었으며 또한 단행본으로도 간행되었다. 모든 고서는 송宋·원·명에서 이미 판각본이 있으므로 청나라의 번각본에 대해서는 자세한 설명을 하지 않겠다. 함풍 동치 이후에 서양 자연과학과 사회과학 서적이 대부분 중국어로 번역되었으며 연인과 석인으로 인쇄되었다. 후에 임금남林琴南이 또 대량으로 세계문학 명저를 번역했으니 이는 그전 시대에는 보지 못했던 것으로 근대의 과학문화 발생에 있어 아주 큰 영향을 주었다.

경부經部

청나라 사람의 경부 저서는 《청사고淸史稿·예문지藝文志》에 약 2천여 종이 있다. 수많은 경학가들이 나왔으며 그중 유명한 사람으로는 고염무顧炎武·황종희黃宗羲·왕부지王夫之·이광지李光地·모기령毛奇齡·염약거閻若璩·호위胡渭·고동고顧棟高·혜동惠棟·임계운任啟運·제소남齊召南·노문초盧文弨·만사대萬斯大·최술崔述·대진戴震·손성연孫星衍·초순焦循·왕불汪紱·강영江永·학의행郝懿行·주준성朱駿聲·정안丁晏·유월俞樾·손이양孫詒讓·왕선겸王先謙 등이 있다. 이들은 모두 한두 개의 경전에 통달했거나 혹은 경전 몇에는 통달해 있었다. 모기령과 유월은 여러 경전에 관한 저술이 풍부하다.

강희제는 주자朱子를 존중하여 그의 패위를 공묘孔廟 대성전大成殿 정전 안에 모셨다. 유학자 신하인 이광지 등은 칙령을 받들어 《주역절중周易折中》과 《서경·시경·춘추전설휘찬春秋傳說彙纂》을 편찬했는데 주로 송대 유학자의 학설을 더욱 발전시켰다. 동시에 납란성덕納蘭性德은 곤산昆山 서건학徐乾學이 소장하고 있던 송나라와 원나라

사람들이 경전을 해석한 것에 근거하여《통지당경해通志堂經解》140
종, 1,786권을 편찬 간행했다. 건륭 시기에《영락대전》에는 또 적지
않은 송대 사람들이 강의한 유가 경전 작품을 수록했다.

강희·옹정·건륭 세 황제 시대에는 필화사건인 문자옥文字獄이
많이 일어났으므로 지식인들은 함부로 쓰는 것을 두려워하며 경세
치용의 학문을 포기하고 정치 득실에 관해서는 더욱 상관치 않으려
고 했다. 이리하여 과도하게 조심하고 신중하게 현실을 도피하면서
모두가 옛 종이 무더기 속을 뒤져가면서 집안을 구하고 화를 피하려
고만 했으므로 경학도 고증학이 되었다. 또한 맹목적으로 한대漢代
의 허신許愼·정현鄭玄·가규賈逵·마융馬融 등을 숭배하니 이들은
건가학파乾嘉學派를 형성했다. 그들은 삼례三禮의 명물名物 제도制度
를 고증했으니 손성연孫星衍의《명당고明堂考》, 완원阮元의《거제도고
車制圖考》, 초순焦循의《군경궁실도群經宮室圖》및《석증釋繒》·《석복釋
服》·《석묘釋廟》·《석사釋祀》등이 있다. 명사 한 단어의 변천이나 글
자 하나의 고음古音과 고의古義를 위해 수만 자의 전문서적을 저술하
면서 멋진 구절이나 찾아 쓰고 깊이 연구하지 않아 지리멸렬하고 번
잡한 철학을 만들었다. 완원은 이런 경전주석을 183종이나 써서《황
청경해皇淸經解》1,412권으로 편찬 간행했다. 도광 9년에 광주 학해
당學海堂에서 간행했으므로《학해당경해學海堂經解》라고도 한다. 후
에 왕선겸이 또《속해경續經解》1,315권을 간행했다. 청나라의 경학
저서는 대체로 이 두 부의 총서 속에 들어가 있다.

《사서》는 과거시험과 관계가 있으므로 왕부지王夫之의《사서훈의
四書訓義》, 육농기陸隴其의《사서강의곤면록四書講義困勉錄》, 여유량呂
留良의《사서강의》등 약 150종이 있다.

청나라 유학자들의 문자학에 대한 연구는 형形·음音·의義 세 방
면에서 많은 성적을 거두었다.《이아爾雅》에 관한 훈고서로는 소진

함소진涵의《이아정의爾雅正義》, 학의행郝懿行의《의소義疏》가 있다. 왕념손王念孫은《광아소증廣雅疏證》, 완원은《경적찬고經籍纂詁》가 있다. 고음古音을 논술한 책으로는 고염무의《시본음詩本音》·《고음표古音表》, 시소병柴紹炳의《고음통古音通》, 강영의《고운표준古韻標准》등이 있다. 허신의《설문說文》을 연구한 사람은 70여 명이 있는데 단옥재段玉裁의《설문해자단씨주說文解字段氏注》가 가장 유명하다. 다음으로는 계복桂馥의《설문해자의증說文解字義證》, 왕균王筠의《설문해자구두說文解字句讀》가 있다. 금석종정金石鍾鼎 문자 연구도 적지 않은 전문서적이 있다.

관방에서 편찬한 자서字書로는 강희 55년 장옥서張玉書 등이 칙령을 받들어《어정강희자전御定康熙字典》42권을 편찬했는데 글자마다 그 성음과 훈고를 상세히 밝혔다. 먼저 정의正義를 밝히고 후에 방의旁義를 밝히고 고문古文을 갖추어 실었으며, 아울러 속체俗體도 병렬했다. 고증이 적합한데 모두 49,030자를 수록했으므로 역대 자서字書의 총체라고 칭해진다. 강희 내부간본內府刊本, 도광 중교내간본重校內刊本, 강남복본江南復本, 왕씨간본王氏刊本, 해창海昌 진씨간본陳氏刊本이 있으며 소자 석인본이 대량으로 유통되자 집집마다 참고서로 비치해 놓았다. 지금도 잘 쓰이지 않는 벽자僻字를 볼 수 있는데 여전히 해결해야만 할 문제다.

사부史部

청대의 사서 간행으로 중요한 서점은 가정 도광연간에 소주에 있던 서점인 조씨趙氏 서업당書業堂, 석씨席氏 소엽산방掃葉山房으로 모두 급고각본汲古閣本《십칠사十七史》를 번각했다. 건륭 4년 무영전武英殿에서는 명대 북감본에 의거하여《이십일사二十一史》를 중각했고《구당서舊唐書》를 더했다. 12년에는 새롭게《명사明史》를 편찬하여 간행했고, 49년에는 또 《구오대사舊五代史》를 간행하여 합칭 정사正 史 《이십사사二十四史》라고 했으며 전체 3,250권으로 가장 완벽하다. 함풍 원년에서 동치 8년까지 광동 신회新會 진씨陳氏 조고당葬古堂에 서는 전본殿本 850책을 중각重刻하여 한 사람의 힘으로 《이십사사》 를 번각하기도 했으니 정말 쉽지 않은 일이다. 또 오국五局(강녕江寧 · 강소 · 회남 · 절강 · 호북 등 서국) 합각본이 있는데 동문서국에서 석인본 680책을 번각했고, 죽간재竹簡齋에서는 동문본을 번각했으며 메이저 판 편체연자본扁休鉛字本도 있다.

청대 사학가들은 주로 《사기》 · 《한서》 · 《삼국》 등의 고사古史를 연구했으며 빠진 곳을 채워 넣고, 전 · 주 · 소 · 증箋注疏證을 하고, 유실된 것을 수집하고 고증했다. 중요한 사서로는 장정옥張廷玉 등 이 칙명을 받들어 편찬한 《명사》, 만사동萬斯同의 《명사고明史稿》, 부 유린傅維麟의 《명서明書》가 있다. 건륭 때에 찬수한 《청삼통淸三通》(즉 《황조통전皇朝通典》 · 《황조통지皇朝通志》 · 《황조통고皇朝通考》를 말함), 유금 조劉錦藻의 《황조속문헌통고皇朝續文獻通考》(광서 연인), 장량기蔣良驥의 《동화록東華錄》, 왕선겸의 《십조동화록十朝東華錄》 및 《함풍 · 광서 동화록》이 있다. 《청실록淸實錄》이 출판되기 전에 청나라 역사를 연 구하는 데 많이 이용되었다. 고궁에는 청대의 각종 공문서 원본이 천장까지 가득 차게 소장되어 있는데 청나라 역사를 연구하는 데 제 1차 자료가 된다.

청사淸史 **저술**　　청대 관부의 사서史書 편찬은 중국내외 전쟁의 시말을 기록한 전쟁의 역사가 적지 않다. 예를 들면 《평정삼역방략 平定三逆方略》 · 강희 《친정평정삭막방략親征平定朔漢方略》 · 건륭 《평 정준가르[准噶爾]방략》 · 《안남기략安南紀略》 · 《곽이객기략廓爾喀紀略》, 동치 《초평월비방략剿平粵匪方略》 · 《초평염비방략剿平捻匪方略》 등이 있다. 개인 기록으로는 조익趙翼의 《황조무공기성皇朝武功紀盛》, 위원

魏源의 《성무기聖武記》가 있다.

정치에 관한 서적으로 중요한 것은 강희 · 건륭 · 가경의 각각 《흠정대청회전欽定大淸會典》이 있다. 《광서회전光緒會典》1백 권, 《사례事例》 1,220권, 그림 270권(광서 25년 석인)이 있다. 또 《대청통례大淸通禮》(내부 간행, 가경)가 있다. 양절兩浙 · 양회兩准 · 양광兩廣 · 사천 · 장로長蘆 · 산동에서 각각 《염법지鹽法志》를 간행했다. 또 《흠정팔기칙례欽定八旗則例》 · 《흠정팔기통지欽定八旗通志》 · 《대청율집해부례大淸律集解附例》가 있다.

조령詔令이나 주의서奏議書로는 모든 황제의 《성훈聖訓》과 옹정제의 《주비유지硃批諭旨》가 있다. 옹정 2년에 칙명에 의해 《성유광훈聖諭廣訓》을 간행했는데 대대적으로 조정을 선전하는 도서였으므로 시험볼 때에 수험생들은 반드시 한 절節을 외워 써야 했다. 탕빈湯斌 · 송락宋犖 · 증국번曾國藩 · 호임익胡林翼 · 좌종당左宗棠 · 이홍장李鴻章 등과 같은 각 성의 독무督撫대신들은 모두 주의奏議가 있는데 이를 주소奏疏, 또는 주고奏稿라고 칭하며 약 1백 종이 된다. 문집의 부록으로 넣거나 혹은 단독으로 간행하기도 했다.

전기류傳記類로 관방에서 간행한 서적은 《팔기만주씨족통보八旗滿洲氏族通譜》 · 《만한명신전滿漢名臣傳》 등이 있다. 개인 저서로는 이환李桓의 《국조기헌류징國朝耆獻類徵》, 이원도李元度의 《국조선정사략國朝先正事略》이 있다. 전의길錢儀吉의 《비전집碑傳集》에는 많은 청대 사람의 전기 자료를 모아놓았다. 황종희의 《송원학안宋元學案》, 전조망全祖望이 보충한 《명유학안明儒學案》, 당감唐鑒의 《국조학안소식國朝學案小識》은 철학가를 위한 학술사고 완원阮元의 《주인전疇人傳》은 과학자를 위한 전문 서적이다.

청나라 사람들은 고대의 유명인 즉 공자 · 맹자 · 유향劉向 · 정현鄭玄 · 조식 · 제갈량 · 왕희지 · 도잠 · 육지陸贄 · 육유陸遊 · 원호문元

好問·왕수인王守仁 등에 대해 각각의 연보를 편찬했다. 청대 사람들 스스로 편찬한 자신의 연보는 더욱 많은데 약 2천 종에 이르며 단독으로 간행되었거나 혹은 문집에 부록으로 넣었다.

청대에 출판 수량이 가장 많은 것은 지방지地方志[357]와 총서叢書 외에 한 성씨, 한 가족을 기록한 족보가 있는데 이를 또 종보宗譜(목활자 족보를 본 적이 있음)라고도 한다. 과거 중국에서는 개인이 소장하지는 않고 공공도서관에서도 역시 중시하지 않았다. 그러나 일본이나 미국 학자들은 일찌감치 그 중요성을 알아 비싼 값을 아까워하지 않고 구매했다. 이리하여 일본의 동양문고, 미국의 콜럼비아대학도서관, 국회도서관에 많이 소장되어 있다. 미국 유타주 족보학회에 의하면 중국의 5,400여 종의 지방지와 수천 종의 족보를 보관하고 있다고 한다. 문화혁명 기간에 도서문물의 손실은 계산할 수 없이 많은데 족보 역시 사구四舊[358]로 간주되어 남방 시골의 족보들이 모두 태워 버려지거나 제지공장의 원료로 보내졌으니 요행에서 벗어나기는 참으로 힘들었다.

지 리　　　지리류의 총지總志는 강희 연간에 칙명으로 편찬한 《황여표皇輿表》, 건륭 때 다시 증수增修한 《대청일통지大淸一統志》 500권이 있다. 개인 저서로는 고염무의 《천하군국이병서天下郡國利病書》및 고조우顧祖禹의 《독사방여기요讀史方輿紀要》 2부가 유명하며 간본 외에 활자본 역시 적지 않다. 《독사방여기요》에 관해 위희魏禧는 "몇백 년이 흘러도 이와 같은 책은 절대 없을 것이다"라고 했다.

357_ 이 책에서 '方志'는 모두 '지방지'로 번역했지만 도서명에서는 그대로 '방지'로 두었다.

358_ 사구四舊란 구사상·구문화·구풍속·구습관을 말한다. 원래는 임표林彪의 '5·18' 강화에서 나왔다. 사구의 파괴는 사회생활의 혼란을 야기했을 뿐만 아니라 재산과 문물의 손실도 컸다.

신강新疆·티베트[西藏]·몽골 및 변방을 기록한 책으로는 건륭 《서역도지西域圖志》, 칠십일七十一[359]의 《서역문견록西域聞見錄》, 성승조盛繩祖의 《위장도지衛藏圖志》, 황패교黃沛翹의 《서장통고西藏通考》, 장목張穆의 《몽고유목기蒙古遊牧記》, 하추도何秋濤의 《삭방비승朔方備乘》이 있다. 또 러시아와 변경에 관해 협상하는 일에 관한 도서도 적지 않은데 서원문徐元文의 《아라사강계비기俄羅斯疆界碑記》, 홍균洪鈞의 《중아교계도中俄交界圖》, 허경징許景澄의 《서북변계아문역한도례언西北邊界俄文譯漢圖例言》·《파미르 도설圖說》, 섭사성聶士成의 《동삼성한아교계표東三省韓俄交界表》 등이 있다. 또 인광임印光任·장여상張汝霖이 함께 저술한 《오문기략澳門紀略》이 있다.

외국지리로는 강희 연간의 환관 흠천감감정欽天監監正이었던 벨기에 사람 베르비스트(Ferdinand Verbiest, 1623~1688)[360]의 《곤여도설坤輿圖說》이 있는데 세계 5대주와 각국의 산천, 민속풍습, 생산품에 관해 서술했다. 강희 11년 북경각본 《지해指海》본이 있고 또 《사고전서》에 수록되었다. 위원魏源은 《해국도지海國圖志》(도광 목활자, 광서간본)가 있고, 서계여徐繼畬는 《영환지략瀛寰志略》이 있는데 모두 외국 정황을 소개하고 있다.

외국사정을 기록한 책으로는 주가록周家祿의 《조선재기비편朝鮮載記備編》, 부운룡傅雲龍의 《일본도경日本圖經》, 황준헌黃遵憲의 《일본도지日本圖志》, 성경불盛慶紱의 《월남지여도설越南地輿圖說》, 서연욱徐延

---

359 _ 칠십일은 사람이름이다. 만주 정람기인正藍旗人이다. 성은 니마차尼瑪查, 호는 춘원椿園이다. 건륭 연간에 칠십일은 하남 무척현武陟縣에서 관직에 있었고 신강에서 10여 년을 보냈다. 《서역문견록》은 그가 쿠차에 있을 때 지은 것이다. 당시에 서역에 관한 책이 그다지 없고 자신이 오랫동안 살았기 때문에 그래서 지은 것이라고 한다. 이 책에는 당시 서역의 인문지리와 풍토인정, 생산물과 풍속 등이 자세히 기록되어 있어 좋은 사료가 된다.
360 _ 중국어 표기는 남회인南懷仁이다.

旭의 《월남집략越南輯略》, 서보광徐葆光의 《중산전신록中山傳信錄》, 주
황周煌의 《유구지략琉球志略》, 비석장費錫章의 《속략續略》, 영창王昶의
《정면기문征緬紀聞》, 팽송육彭松毓의 《면술緬述》, 공시龔柴의 《섬라고
략暹羅考略》, 임칙서林則徐의 《아라사국기요俄羅斯國紀要》,[361] 왕문태
汪文台의 《영길리고략英吉利考略》,[362] 왕도王韜의 《법국지략法國志
略》,[363] 심돈화沈敦和의 《영국 · 프랑스 · 독일 · 러시아 4국 지략》, 부
운룡傅雲龍의 《미리가도경美利加圖經》[364]이 있다. 또 곽송도郭松燾 · 증
기택曾紀澤 · 설복성薛福成 · 최국인崔國因 · 이봉포李鳳苞 · 진난빈陳蘭
彬 등이 유럽과 미국에 외교사절로 나가서 쓴 일기가 있다.

지도로 가장 유명한 것은 강희 연간의 《황여전람도皇輿全覽圖》가
있다. 강희제는 일찍이 "이 지도는 짐이 30여 년의 심혈을 쏟아 비로
소 완성된 것이다"고 했다. 서양동판도 있고 거대폭의 목각본도 있
다. 건륭 연간에는 《내부여도內府輿圖》가 있는데 《건륭13배지도乾隆
十三排地圖》라고도 하며 역시 동판으로 민간에서는 보기 어렵다. 동
치 연간에도 호임익胡林翼의 《대청일통여도大淸一統輿圖》가 있으며 비
교적 유행했다.

지방지　　지방지는 지방지학地方志學이 되었으며 청대부터 회
계 사람 장학성章學誠(실재實齋)이 시작했다. 장학성은 지방지를 역사
의 한 종류라 여기고 지방지를 그저 지리연혁으로 보는 것에 반대했
다. 그는 주현州縣에 지과地科를 설립할 것을 건의했는데 이렇게 하
여 지방관부의 공문서를 보존하여 지방지를 편찬하는 기초로 삼고
자 했다. 또한 도상圖像 · 보첩譜牒 · 가요 · 속담 등을 중시했다. 지방

361_ 아라사俄羅斯는 러시아를 말한다.
362_ 영길리英吉利는 영국을 말한다.
363_ 법국法國은 프랑스를 말한다.
364_ 미리가美利加는 미국을 말한다.

지 편찬은 지역이 가까우므로 대조하기도 쉽고, 시기도 근접해 있어 행적도 정확하다. 보통 사실을 기록함에 있어 가까운 곳은 상세하고 먼 곳은 간략히 하게 되는데, 장학성은 실증하고 정도를 지키며 아부하지 않는 역사가의 도덕을 제창했다. 더구나 지방지에는 네 가지가 필요하다고 의견을 제시했다. 즉 간단[簡]·엄정[嚴]·핵심[核]·고아[雅]하여야 한다고 말했다. 후에 번역가는[365] 이를 바꾸어서 믿을 수 있고[信], 통달해야 하고[達], 우아[雅]하게 번역해야 한다고 했다. 장학성은《화지주和州志》·《영청현지永淸縣志》및 가경제의《호북통지湖北通志》를 저술했다. 다른 유명인들이 편찬한 것으로는 대진戴震의《분주부지汾州府志》, 홍량길洪亮吉의《경현지涇縣志》, 손성연孫星衍의《삼수현지三水縣志》및 완원의《광동통지廣東通志》·《운남통지고雲南通志稿》가 있다.

청대 지방지는 이전 왕조보다 훨씬 많아 현존하는 것만 해도 6,500종(혹은 4,889종이라고도 함)이나 된다. 강희 22~23년 2년 동안에 두 차례 주와 현에 지방지를 편찬하라는 격문을 보냈다. 옹정 7년에 다시 각 성에 통지通志를 편찬하라고 조서를 내리고 일통지一統志에 채택하려고 준비했다. 이후에 또 각 성의 주현지州縣志를 60년에 한 번 편찬하라는 명령을 반포했다. 각 성의 통지通志는 곧 전체 성의 성지省志가 되는데 청대에는 종종 3~4차례 편찬했다. 통치자가 이처럼 중시하게 되자 전국의 각 성省·부府·청廳·주州·현縣에 거의 지志가 없는 곳이 없었으며 어떤 현은 향토지·향진지鄕鎭志도 있었다. 강희 건륭시기에 편찬한 것이 가장 많아 각각 약 1천여 종이 된다. 광서 연간에는 700여 종으로 그 다음이고, 도광 연간에는 400여

365_ 여기서 번역가는 엄복嚴復을 말한다. 엄복은 번역에 있어 신信·달達·아雅를 주장했다.

종으로 그 다음이다. 가경과 동치 때는 각각 300여 종, 순치 때는 200여 종이 있다. 지역으로는 사천 · 절강 · 직례直隸(하북) · 산동 · 강서 · 호남 · 광동성 등이 가장 많으며 각각 약 3,500종이다. 대만은 초대 지부知府(강희 22년~28년)인 장육영蔣毓英이 최초로《대만부지臺灣府志》를 편찬했다. 다음으로 강희 29년에 임겸광林謙光의《대만기략臺灣紀略》1권을 목판본으로 간행했고, 세 번째는 강희 35년에 고공건高拱乾이《대만부지》를 편찬하여 판각본으로 완성했다. 지방지는 연속성이 있는 출판물로 청대에는 종종 한두 번, 혹은 여러 차례 편찬되었다.《승현지嵊縣志》같은 경우는 강희 · 건륭 · 도광 · 동치 및 청말 민초본이 있으며 그중에서 강희때는 두 차례나 편찬되었다. 《소흥부지紹興府志》는 강희 61년 동안 네 차례나 편찬되었는데 강희 12, 22, 30, 58년의 4종류 판각본이 있으며, 건륭《소흥부지》는 건륭 57년 판각본이 있다. 새로운 지志는 종종 이전 것보다 나았으며 실용가치도 비교적 컸다.

청대에 명산名山을 기록한 것으로는 오악 이외에 반산盤山 · 장백산長白山 · 섭산攝山 · 금산金山 · 초산焦山 · 호구산虎邱山 · 황산黃山 · 여산廬山 · 천목산天目山 · 사명산四明山 · 보타산普陀山 · 초보산招寶山 · 천태산天台山 · 안탕산雁蕩山 · 무이산武夷山 · 고산鼓山 · 태화산太和山(무당산) · 아미산峨眉山 · 나부산羅浮山 · 계족산雞足山 등 산지山志가 없는 곳이 없다. 또한 곡부曲阜의《선성묘림기先聖廟林記》·《궐리광지闕里廣志》가 있다. 항주에는《서호지西湖志》·《악묘지략岳廟志略》·《운림사지》(즉 영은사靈隱寺)가 있다. 소흥에는《난정지蘭亭志》가 있다. 이런 명승고적 도서들은 여행객들에게 가이드북의 역할을 했다. 각 곳의 수리 · 호수 · 방파제 등도 전문서적이 있다.

금석학은 청대에 몹시 발달했는데 건륭제의 칙령에 의해 편찬한 《서청고람西淸古鑒 · 속편》이 있다. 수많은 장서가들로는 완원 · 장

정제張廷濟·진개기陳介祺·유희해劉喜海·반조음潘祖蔭·오대징吳大
徵·오운吳雲·오식분吳式芬·단방端方 등이 있으며 그들이 소장한
종정이기鍾鼎彝器[366] 및 옛날 비석에 새긴 글자나 그림 등이 있다. 손
성연의《환우방비록寰宇訪碑錄》, 왕창王昶의《금석수편金石粹編》이 있
다. 또 각지의 금석 비각碑刻을 기록한 것으로는 완원의《양절금석지
兩浙金石志》와 두춘생杜春生의《월중금석기越中金石記》가 있다. 기타
하북·관중·중주中州·산좌山左[367]·산우山右[368]·강소·호북·양
광兩廣 각 성에 금석목록이나 금석기가 없는 곳이 없다. 금석 제발題跋
을 짓거나 혹은 정鼎이나 비석의 문자를 고증하여 해석했다. 전문적
으로 옛날 기와·도장·옛날 화폐 등을 소장하는 사람들이 있게 되어
고인쇄본 총집이나 옛날 화폐학에 대한 전문 저서도 적지 않았다.

청대의 역서曆書는 처음에는《시헌력時憲曆》이라고 불렀다가 후에
는《시헌서時憲書》로 개칭했다. 민간에서는 '황력皇曆' 혹은 '태력台曆'
이라 했다. 명나라 때의《대통력大統曆》처럼 전국에 통용되었으며 또
한 외번外藩에도 발송되었다.《대청순치원년세차갑신시헌력大淸順治
元年歲次甲申時憲曆》부터《선통3년세차신해시헌력宣統三年歲次辛亥時憲
書》까지는 연대가 비교적 가깝기 때문에 거의 모두 남아 있다. 도광
연간에 나온《도광26년일월각도통서道光二十六年日月刻度通書》는 중국
과 서양의 장점을 합하여 만든 책력[369]이다. 3등분하여 첫째 칸에는
중국과 서양의 달을 명기했고, 중간 칸에는 중국과 서양의 날짜를

366_ 종정鐘鼎은 종이나 세 발 달린 솥 따위 그릇붙이나 쇠붙이를 통틀어 말하는
   것이며, 이기彝器는 나라에서 종묘제향의 의식에 쓰이던 제기를 말한다.
367_ 산동성山東省을 말한다. 山左의 산은 태행산太行山을 말하며 산동성이 태
   행산의 왼쪽에 있기 때문에 산좌라고 한다.
368_ 산서성山西省을 말한다. 태행산의 오른쪽에 있기 때문에 산우라고 한다.
369_ 이 책에서 역서와 책력은 통일시키지 않고 그 문장 안에서 더 적절한 단어
   를 선택하여 혼용했다.

대조했으며 아래 칸에는 싱가포르·홍콩·주산舟山[370] 세 곳의 해와 달이 출몰하는 시간을 표시했다. 전체 책력의 앞에는 그 해의 중국과 서양의 날짜를 대조한 일요일을 적어 넣었고 또한 하나님이 천지를 창조한 일을 적어 놓았으니 외국 교회에서 간행한 책력이다.

자부子部

제자諸子로는 도광 연간에 소주서방蘇州書坊의 《십자전서十子全書》가 있으며 후에는 《십이자十二子》가 있다. 절강서국에서는 《이십이자二十二子》를 출간했는데 교정이 몹시 정교하다. 호북서국의 《백자전서百子全書》가 가장 완벽하다.

고대 제자諸子에 대한 주석으로는 유태공劉台拱과 학의행郝懿行의 《순자보주荀子補注》가 있고 왕선겸王先謙의 《순자집해荀子集解》가 있다. 《관자管子》에 관한 책으로는 대망戴望의 《교정校正》과 홍이훤洪頤煊의 《의증義證》이 있다. 엄만리嚴萬裏의 《상군서신교정商君書新校正》, 왕선신王先愼의 《한비자집해韓非子集解》, 장혜언張惠言의 《묵자경설해墨子經說解》, 필원畢沅의 《묵자주墨子注》, 손이양孫詒讓의 《묵자간고墨子間詁》가 있다. 서시동徐時棟의 《여씨춘추잡기呂氏春秋雜記》, 진창제陳昌齊의 《회남자정오淮南子正誤》가 있다. 노자와 장자를 주해한 책은 비교적 많은데 순치제의 《어주도덕경御注道德經》, 왕부지王夫之의 《노자연老子衍》, 요내姚鼐의 《노자장의老子章義》 및 왕부지의 《장자통莊子通》, 임운명林雲銘의 《장자인莊子因》, 왕선겸의 《장자집해莊子集解》, 손가감孫家淦의 《남화통南華通》등이 있다. 임대춘任大椿의 《열자석문列子釋文》도 있다. 《태상감응편太上感應篇》은 혜동惠棟과 유월俞樾의 주注가 있다.

---

370 _ 절강성 주산반도에 있는 도시.

강희제는 주희를 존경했는데 이광지李光地가 어명을 받들어 《주자전서朱子全書》를 편찬했다. 이광지는 또 《존주요지尊朱要旨》도 저술했는데 일반학자들이 너도 나도 따라하는 풍조가 만연했다. 주자의 《근사록近思錄》·《소학》(《사고제요》에서는 송나라 유자징劉子澄이 편찬했다고 함)을 주해한 사람으로는 육농기陸隴其와 강영江永 등 30여 명이 있다. 기타 철학저서로는 왕부지의 《사문록내思問錄內·외편》·《어록》이 있고, 안원顔元의 《사존편四存編》이 있다. 황이주黃梨洲[371]는 《명이대방록明夷待訪錄》에서 백성이 중하고 군왕은 가볍다는 민주사상을 주장했는데 이는 당시로서는 보기 드문 생각이었다. 또 이옹李顒의 《관감록觀感錄》, 대진의 《원선原善》, 당견唐甄의 《잠서潛書》 등이 있다

청말에는 중프전쟁·중일전쟁의 패전으로 인하여 진보인사들은 애국의 도를 찾기 위하여 서양의 과학기술 및 사회과학과 문학발생에 흥미를 갖게 되었고 이런 것을 번역했다. 그중 가장 공헌이 많은 사람은 엄복嚴復과 임서林紓 두 사람이다. 엄복(1853~1921)은 신해혁명 10여 년 전에 헉슬리의 《천연론天演論》, 아담 스미스의 《국부론(The Wealth of Nations)》,[372] 스펜서의 《사회학연구(A Study of Sociology)》,[373] 몽테스키외의 《법의 정신(De L'Esprit des Lois)》,[374] 존 스튜어트 밀의 《논리학 체계(A System of Logic)》[375]를 번역하여 서양의 자산계급 철학과 정치경제학 방면의 명저들을 소개하여 중국 사상계에 커다란 영향을 주었다. 그는 어렸을 때에 영국에서 유학하여 해군을 공부했

---

371 _ 황종희黃宗羲를 말한다.
372 _ 중국어로는 《원부原富》로 번역되었다.
373 _ 중국어로는 《군학이언群學肄言》으로 번역되었다.
374 _ 중국어로는 《법의法意》로 번역되었다.
375 _ 중국어로는 《명학名學》으로 번역되었다.

으며 영어에 정통하여 독자적으로 번역을 할 수 있었기 때문에 동문관과 강남제조국에서 번역을 했다. 이는 외국인의 구술을 중국인이 받아 써서 번역한 것과는 다르다. 엄복은 자신이 제기한 신信·달達·아雅라는 세 개의 번역표준을 달성했다.

청나라의 병서兵書로는 오궁계吳宮桂의 《병벽백금방洴澼百金方》, 연갱요年羹堯의 《치평승산전서治平勝算全書》·《연장군병법年將軍兵法》등이 있고, 좌종당左宗棠의 《병법입문兵法入門》이 있다. 황백가黃百家의 《내가권법內家拳法》은 무술에 관한 서적이다. 또 소수의 서양 화기법에 관한 책도 있다.

청대에 서화예술을 논한 출판물로는 강희 47년에 손악반孫岳頒·왕원기王原祁가 어명을 받들어 편찬한 《패문재서화보佩文齋書畫譜》, 건륭 9년 장조張照 등이 어명을 받들어 편찬한 《석거보급石渠寶笈》·《비전주림秘殿珠林》이 있다. 또 반존潘存의 《해법소원楷法溯源》, 만사동萬斯同의 《서학휘편書學彙編》, 포세신包世臣의 《예주쌍즙藝舟雙楫》, 여악厲鶚의 《남송원화록南宋院畫錄》, 서심徐沁의 《명화록明畫錄》, 호경胡敬의 《국조원화록國朝院畫錄》과 《남훈전도상고南熏殿圖象考》, 증준曾峻의 《송원이래화인성명록宋元以來畫人姓名錄》, 진예종陳豫鍾의 《명화성씨휘편明畫姓氏彙編》, 팽온찬彭蘊燦의 《화사휘전畫史彙傳》, 왕개王槩(안절安節)의 《개자원화전芥子園畫傳》, 변영예卞永譽의 《식고당서화휘고식古堂書畫彙考》, 주가위周嘉胄의 《장황지裝潢志》가 있다.

또 주상현朱象賢의 《인전印典》, 진극서陳克恕의 《전각침도篆刻針度》, 주간朱簡의 《인장요론印章要論》, 왕계숙汪啟淑의 《비홍당인인전飛鴻堂印人傳》, 정웅程雄의 《송풍각금보松風閣琴譜》, 왕불汪紱의 《입설재금보立雪齋琴譜》, 범세훈范世勛의 《도화천기보桃花泉棋譜》등이 있다.

유서類書　　유서로는 강희 연간에 관에서 편찬한 《연감류함淵鑒類函》《병자류편騈字類編》·《자사정화子史精華》·《패문운부佩文韻

府》등이 있다.《패문운부》가 비교적 유명한데 내부간內府刊으로 소
주·광동·강서에서 번각본을 출간했다. 진원룡陳元龍의《격치경원
格致鏡原》은 옹정본이고 소주와 강서 번각본이 있다. 특히 진몽뢰陳夢
雷의《고금도서집성古今圖書集成》1만 권의 명성은 중국은 물론 해외
에도 널리 퍼졌으며 가장 학술적 가치가 있다. 내부 동자본 이외에
광서 연간에 상해 도서집성국에서는 소본小本을 조판인쇄했는데
오자가 적지 않다. 또한 상해 동문서국에서는 사진 석인본을 출간
했다.

집 부

청대 인쇄품 중에서 수량이 가장 많은 것은 총서·지방지·족보
외에 시문집과 팔고문八股文을 들 수 있다. 팔고문 자체는 전혀 가치
가 없는 것으로 그저 생겼다가 사라진 것으로 이제껏 사람들이 중시
하지 않았으며 각 도서관에 보존된 것도 거의 없다. 시기가 얼마 되
지 않은 관계로 청나라 사람의 시문집은 일부 없어진 것 외에는 원
고본·필사본 및 인본 등 전해오는 것이 1~2만 종에 이른다.《청사
고清史稿·예문지藝文志》에 수록된 것은 1,100종으로 완전히 다는 수
록하지 못하고 있다. 청대 유명한 시집으로는 고염무의《정림문집亭
林文集》, 황종희의《남뢰문정南雷文定》, 왕부지의《강재문집薑齋文集》,
위희魏禧의《위숙자문집魏叔子文集》, 굴대균屈大均의《굴옹산시집屈翁
山詩集》, 전겸익의《초학집初學集》과《유학집有學集》, 오위업吳偉業의
《매촌집梅村集》, 왕사정의《대경당전집帶經堂全集》, 주이존朱彝尊의
《폭서정집曝書亭集》, 모기령毛奇齡의《서하집西河集》이 있다. 또 우동
尤侗·진계숭陳維崧·호천유胡天遊·심덕잠沈德潛·원매袁枚·기윤紀昀
·대진戴震·전조망全祖望·조익趙翼·홍량길洪亮吉·이조락李兆洛·왕
중汪中·이자명李慈銘·오여륜吳汝綸·황준헌黃遵憲 등의 작품이 있다.

청대 문학작품도 서화처럼 임臨·의擬·모摹·방仿 넉자를 넘어서
지 못하고 있다. 산문은 주로 당송 팔대가를 학습했고 이들을 '동성
파桐城派'라고 한다. 동성파의 제창자는 방포方苞로 그가 추구한 것은
"정자程子·주자朱子를 배우고 계승한 후에 문장은 한유·구양수 사
이에 있다"고 하여 한유와 구양수의 문장을 최고의 표준으로 삼았
다. 문장을 지을 때는 의법義法을 중시했다. 후에 요내가 또 이를 계
승발전시켰고 조직 구조와 성조聲調 기운氣韻에 있어 공력을 기울였
다. 동성파는 청 문단 2백여 년간을 이끌었다. 방포는《방망계집方望
溪集》이 있고, 요내는《석포헌시문집惜抱軒詩文集》이 있고 또《고문사
류찬古文辭類纂》을 편찬하여 고문 표본을 만들었는데 상당히 유행했
다. 또 제齊·양梁의 변체를 모방한 '양호파陽湖派'의 장혜언張惠言·
운경惲敬이 있다. 시에서는 당을 배우지 않고 송을 배웠으며, 형식을
학습하여 대부분 무병신음無病呻吟과 진부한 단어가 넘쳐나며 천편
일률적이다. 건륭제 본인은 일생동안 4만여 수의 시를 지어 시의 수
량이 중국시인 중에서 첫손에 꼽히지만 그렇게 많이 지었으면서도
당시唐詩처럼 일반인들이 암송하는 유명한 시는 한 수도 없다. 다른
시인의 작품도 문학사에서 그다지 지위가 없다. 그러나 작가들은 자
신의 풍아를 표시하기 위하여 재력이 허락하는 한 어찌되었든 자신
의 문집을 내고자 했으니 그야말로 쓸데없이 나무판이나 소비하는
꼴이었다. 대량의 축수문祝壽文·전찬傳贊[376]·묘지·비석·애사哀
辭·제문祭文·서신 중에도 수많은 사료들이 보존되어 있다.

사집詞集으로는 주이존의《폭서정사》, 진유숭陳維崧의《가릉사迦陵
詞》, 납란성덕納蘭性德의《납란사納蘭詞》, 정섭鄭燮의《판교사板橋詞》
[그림 109] 및 장사전蔣士銓·황경인黃景仁·장혜언·공자진龔自珍·왕

376_ 기전체 사서에서 역사가가 인물 전기 뒤에 적어 놓은 평론.

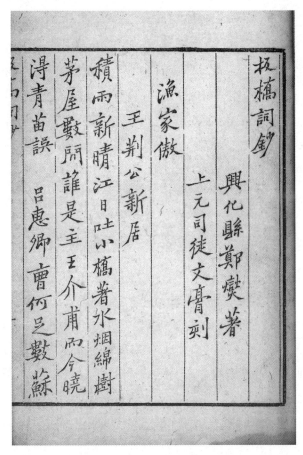

[그림 109] 청 건륭 연간의 저명한 서화가 정섭의 친필로 쓴 《판교사초板
橋詞鈔》각본

붕운王鵬運 등의 사집 약 2백 종이 있다.

　청대 민간에서 유행한 강창講唱문학으로 남방에는 탄사彈詞 · 보권
寶卷이 있었고 북방에는 고사鼓詞가 있었다. 탄사의 주 악기는 비파
고, 고사의 주 악기는 소고小鼓와 삼현三弦이다. 탄사는 국음國音(즉
표준발음)으로 쓴 것도 있고 오음吳音으로 쓴 것도 있는데《삼소인연
三笑姻緣》(가경 18년)이란 작품의 본래 명칭은 《삼소신편三笑新編》이었
다. 금산 오육창吳毓昌이 쓴 희곡작품으로 수많은 소주 방언이 보존
되어 있다. 《옥청정玉蜻蜓》[377] · 《진주탑珍珠塔》등은 오음吳音으로 쓰

여겼다. 탄사는 구 사회에서는 집안에서 유행했고 일반여성들이 좋아했다. 여성들은 이백이나 두보는 몰라도 탄사 작품 속에 나오는 주인공인 당백호唐伯虎나 소방경小方卿, 맹려군孟麗君을 모르는 사람은 없었다. 여성들은 시간을 보내기 위하여 탄사를 듣고, 탄사를 읽었고 어떤 때는 스스로 짓기도 했다. 유명한 탄사《재생연再生緣》은 항주 진조륜陳兆侖 태복太僕[378]의 손녀 진단생陳端生이 지은 것이다. 진단생은 17권까지 쓰고 절필했고 나머지 3권은 허모許某의 아내 양덕승梁德繩이 이어 지었다. 회음淮陰 여자 구심여邱心如는《필생화筆生花》(함풍 7년)를 썼는데 그녀의 남편은 가난한 선비였고 그녀 자신은 개인 서당의 교사였다. 조광윤趙匡胤 일가의 일을 서술한 표준 발음의 탄사《안방지安邦志》(도광 29년)·《정국지定國志》·《봉황산鳳凰山》삼부곡은 전부 674회에 이르며 72책으로 그 방대함이 대단한데 애석하게도 작가의 성명을 알 수가 없다.

복주에는 평화評話, 광동에는 목어서木魚書가 있었는데 모두 탄사의 별칭으로 목어서에는《화전기花箋記》등이 있다. 조주潮州 속곡俗曲은 조주전가潮州全歌라고도 하는데 탄사에 해당되며 청말 각본은 약 100여 종이 있다.

고사鼓詞는 북방의 여러 성에서 유행했고 북방민중이 가장 즐겨 듣고 읽던 장르다. 탄사처럼 그 연원은 명대 성화成化 연간에 유행하던 북경의 설창사화說唱詞話이다. 명말에《대당진왕사화大唐秦王詞話》(일명《진왕연의秦王演義》)는 고사鼓詞로 당 태종 이세민이 여러 영웅들을 정복하며 천하를 통일하는 과정을 그리고 있다. 고사는 여러 전쟁을 주로 묘사했는데 장병들이 대치하고 있는 상황을 표현한 것

---

378 _ '옥잠자리'라는 뜻이다. 청정蜻蜓은 잠자리다.
378 _ 진조륜(1700~1771)이 태복시경 관직에 있었기 때문에 이렇게 부른 것이다.

으로 《양가장楊家將》·《호가장呼家將》·《삼국지》·《충의수호전》 등
이 있으며 대부분 장편 대작이다. 단편 고사로는 1, 2본에서 10여 본까
지 있으며 《호접배蝴蝶杯》·《만한투滿漢鬪》·《삼원전三元傳》·《시공
안施公案》·《뇌봉탑雷峰塔》·《평정남경고사平定南京鼓詞》 등이 있다.

북경에는 또 소위 자제서子弟書라는 것이 있었는데 고사의 한 종
류로 약 1천 종이 있다. 만주 귀족 자제들이 한문화를 배우고 여가
를 보내다 심심풀이로 고사를 지어서 스스로도 즐기고 남도 즐겁게
했는데 대부분은 짤막하다. 팔기八旗 자제들이 썼기 때문에 그래서
자제서라는 명칭이 있게 되었다. 작가로는 나송창羅松窗·한소창韓
小窗 등이 비교적 유명하다. 고사와 자제서를 가장 많이 간행한 곳은
북경의 문수당文萃堂·이유당二酉堂·회문산방會文山房 등의 서방이
다. 광서 연간에 성경盛京379의 취성서방聚盛書坊·정기서방程記書坊,
요양遼陽의 삼문당출판三文堂出版에서는 《신람교新藍橋》·《쌍미기연
雙美奇緣》 등을 출판했으니 자제서가 동북지역에서 유행했음을 알 수
있다.

보권寶卷은 명대보다도 더욱 성행했으며 《백사보권白蛇寶卷》·《벽
옥잠보권碧玉簪寶卷》·《하선고보권何仙姑寶卷》·《비파기보권琵琶記寶
卷》·《어람관음보권魚籃觀音寶卷》 등이 있다. 보권은 설창 기예의 각
본으로 이미 순수한 문학작품이 되어 청대 속문학의 중요한 부분을
이루었다. 도광 이후에는 상해·항주·영파 일대의 서방 및 선서국
善書局 등에서 보권 약 3~4백 종을 출판했으며 필사본 및 민국 이후
의 석인본까지 합한다면 도합 7백여 종에 이를 것이다.[374] 보권에는
때에 따라 《권선문勸善文》·《계음문戒淫文》·《공과격功過格》·《이십
사효二十四孝》 등을 부록으로 두기도 했다.

379_ 지금의 요녕성 심양시를 말한다.

청대의 민가집으로 지금 현재 가장 시기가 빠르다고 보는 것은 건륭 7년(1744) 수도의 영괴재永魁齋에서 출판하면서 "거금을 아까워하지 않고 출판하여 한가롭게 감상하도록 제공한다"고 한 《시상남북아조만화소곡時尚南北雅調萬花小曲》이 있다. 이외에도 차곡岔曲[380]·앙가秧歌[381]·마두조馬頭調[382]·호광조湖廣調 등이 있으며 각 성에서 수만 종을 출판했다. 필사본 및 연인쇄와 석인쇄 이외에도 대부분 목판 및 부분적으로는 목활자 단행본 소책이 있다. 1936년에 유복劉復·이가서李家瑞가 편찬한 《중국속곡총목고中國俗曲總目稿》에는 6,044종이 수록되어 있다. 정진탁 선생은 각지의 단행본 가곡 1만 2천여 종을 수집했으나 아깝게도 '1·28'[383] 전투 때 훼손되었다. 현재 대만에 8천여 본이 소장되어 있으며 전체 1만 4천여 목目이 있는데 이는 남북의 14성을 포괄한 것이다. 건륭연간부터 시작하여 항전까지의 기간은 속악俗樂과 방언의 보고로 몹시 풍부한 사회정치 사료를 포함하고 있다.

청대 소설로 유명한 것은 청나라 초기의 치천淄川 사람 포송령蒲松齡(1640~1715)의 단편소설집 《요재지이聊齋志異》16권이 있다. 내용은

---

380 _ 설창문예의 일종인 단현單弦의 전주곡으로 내용은 대개 서정적이며 풍경을 노래한 것이 많다.

381 _ 주로 북방 농촌에 유행하는 한족의 민간 가무의 하나로 노래하고 춤을 추며 징과 북으로 반주한다.

382 _ 마두조는 중국 민간에서 광범위하게 전해오는 오래된 곡패다. 마두조는 공척보工尺譜가 전해내려오기 때문에 더욱 진귀하다. 곡패의 음악구성 및 현재 유행하는 정황으로 살펴볼 때 마두조는 항구나 포구에서 유행했던 곡임을 알 수 있다.

383 _ 9·18 사변 후 일본은 국제적 시선을 돌리기 위하여 남경 국민정부를 압박하여 굴복하도록 했다. 일본 침략자들은 1932년에 상해에서 끊임없이 도발을 일삼았다. 1월 28일 밤에 갑자기 국민당 19로군을 공격하고 이어서 강만江灣과 오송吳淞으로 진격했다. 19로군의 군장 채정개蔡廷鍇, 총지휘 장광내蔣光鼐의 통솔아래 항전했다. 3월 3일까지 전투는 계속되었다.

여우가 신선으로 변하는 이야기나 요괴 등의 이야기를 통하여 사회의 어두운 면을 폭로했다. 포송령이 서거한 지 몇 년 후인 건륭 31년에 조기고趙起杲 판각본이 있다. 후에 헌현獻縣 사람 기윤紀昀의 《열미초당필기閱微草堂筆記》5종이 있는데 심오한 사상과 기묘한 말로 큰 웃음을 주기에 족했으며 그의 문인이 간행했다(가경 5년). 그중 《난양소하록灤陽消夏錄》은 막 탈고가 되자마자 서점에서 간행되었다. 전숙全椒[384] 사람 오경재吳敬梓(1701~1754)의 장편 풍자소설 《유림외사儒林外史》는 과거제도와 염치없고 추악한 사회를 폭로했으며 와한초당각본臥閑草堂刻本(가경 8년)이 있고 예고당각본藝古堂刻本(가경 21년), 활자본(동치 8년)이 있다.

만주족 조점曹霑(설근雪芹, 1715~1763)이 쓰고 고악高鶚이 보충한 《홍루몽》120회(처음 제목은 《석두기石頭記》이고 80회였는데 만주족 고악이 다시 44회를 보충함)는 사상성이 강하고 예술성이 높아 많은 사람들이 즐겨 읽었다. 청말 시인인 황준헌黃遵憲은 특히 이를 높이 추앙하면서 "《홍루몽》은 개벽천지할 소설로 지금까지 나온 소설 중에서 가장 훌륭하다. 그 문장으로 논하자면 《좌전》·《국어》·《사기》·《한서》와 함께 묘하다고 해도 가하다."고 했다. 그만큼 한때를 풍미했으며 판본도 아주 많은데 목활자로는 3종이 있다. 정위원程偉元의 췌문서옥萃文書屋에서 건륭 신해(56년)에 간행한 것은 정갑본程甲本이라 하고 그 다음해인 임자년에 또 재판했는데 이를 정을본程乙本이라 하며 가장 최초로 간행된 《홍루몽》이다. 광서 2년에 북경 취진당의 활자본도 있다. 또 다른 판각본으로는 동관각각본東觀閣刻本이 있다. 필사본으로는 건륭 경진본庚辰本·기묘본己卯本·갑진본甲辰本 등이 있다. 당시에는 "대화를 할 때 《홍루몽》을 말하지 않으면 비록 시서를

384_ 전숙은 안휘성 동부에 있는 전숙현全椒縣이다.

읽었다 해도 헛읽었다"라는 말이 있었으니 얼마나 폭넓게 전파되었는지 설명이 되며 이를 흉내 낸 후속작품도 계속 나왔다. 《홍루몽》은 세계적으로 유명한 문학작품의 하나이며 현대에도 일본·영국·독일·프랑스·이탈리아·러시아·헝가리·한국·월남 등에 번역본이 있다. 이외에도 재앙이나 견책, 협의소설 등을 쓴 1백여 작가들이 있다.

소설이 성행하자 북경에서는 소설을 빌려주는 책방이 생겨났으니 서성궁문 앞 노호동老虎洞 영순재永順齋 책방이다. 이 책방에서는 책 표지 위에 작은 글자로 대출 규칙이 쓰여 있고 노호老虎라고 명기된 검은 도장을 찍었는데 도서관의 역할을 했다. 외국인의 기록에 의하면 청대 광주에서도 이런 책을 빌려주는 책방이 있었으며 《요재지이》·《삼국지》·《수호전》·《서상기》 등을 대출해 주었다고 한다.

청대에는 희곡 역시 몹시 성행했으니 지풍의支豐宜는 《곡목신편曲目新編》에서 "전기傳奇 잡극은 청나라만큼 성행한 적이 없다"고 말하고 있다. 청나라 초기에 390종이 있었고 후에 계속하여 희곡집이 나왔다. 그중 홍승洪昇의 《장생전長生殿》과 공상임孔尙任의 《도화선桃花扇》전기가 가장 유명하다. 현재에도 여전히 공연이 되고 있으며 《도화선》은 강희 판각본이 있다.

총집總集　　청대인의 총집류로는 위헌魏憲의 《황청백명가시皇淸百名家詩》(강희), 진이명陳以明의 《국조시품國朝詩品》(옹정), 심덕잠沈德潛의 《국조시별재집國朝詩別裁集》(건륭), 오익봉吳翌鳳의 《국조문징國朝文徵》(함풍), 하장령賀長齡의 《황조경세문皇朝經世文》(도광), 성강盛康의 《황조경세문속편皇朝經世文續編》(광서), 증욱曾燠의 《국조변체정종國朝騈體正宗》(가경), 성욱盛昱의 《팔기문경八旗文經》(광서)이 있다. 지방 시문집으로는 소원생蘇源生의 《국조중주문징國朝中州文徵》(도광), 진재겸陳在謙의 《국조영남문초國朝嶺南文鈔》(도광), 정신丁申·정병丁丙의

《국조항군시삼집國朝杭郡詩三輯》(광서), 손동생孫桐生의《국조전촉시초國朝全蜀詩鈔》(광서) 등 1백여 종이 있다.

청대 사람들은 고대의 시문을 종합편집했는데 중요한 것으로는 엄가균嚴可均이 편집한《전상고삼대진한삼국육조문全上古三代秦漢三國六朝文》 740권이 있고, 강희의 칙령으로 편찬한《전당시全唐詩》 9백권, 가경의 칙령으로 편집한《전당문全唐文》 1천 권이 있다.

서양문학과의 교류　　여기서 거론할 가치가 있는 작품은 청나라 초기의《호구전好逑傳》으로《협의풍월전俠義風月傳》이라고도 한다. 원제는 '명교중인편차名教中人編次'로 작가의 성명은 조사검토가 필요하다. 명청 말의 재자가인 소설의 일종으로 철중옥鐵中玉과 수빙심水冰心 두 사람의 연애혼인 이야기를 묘사하고 있다. 독일의 문호 괴테가 1827년에 번역본을 읽은 후 몹시 칭찬하기를 "이야기 속에 무수한 전고典故가 삽입되어 있어 마치 격언을 원용한 것 같다. … 이런 종류는 모든 방면에서 엄격한 절제를 유지하며 중국을 몇천 년까지 유지하도록 했고 게다가 오래도록 존재하도록 했다"고 말하고 또 "중국에는 수천만의 이런 작품이 있으며 게다가 우리 조상들이 생활하던 원시 삼림시대에도 바로 이런 작품이 있었다"고 칭찬했다.[375]《호구전》 4권 18회 청릉운각각본淸凌雲閣刻本이 있으며 독처헌獨處軒 대자본도 있다. 20세기 초에 이미 15종의 외국어 번역본이 있었다고 한다. 중국내에서는 그다지 유명하지 않았기 때문에 사람들의 중시를 받지 못했다. 19세기에 이백, 두보, 왕유, 백거이 시집 같은 적지 않은 문학 명저와 함께《삼국지》·《수호전》·《서유기》·《홍루몽》 등이 외국어로 번역되었다.

임서林紓의 자는 금남琴南이고 광서 8년 거인으로 자신은 외국어를 몰랐지만 왕수창王壽昌·위한魏翰과 협력하여 세계문학 명저인《이솝우화》·《로빈슨표류기》·《아이반호Ivanhoe》·《돈키호테》·

《셰익스피어 희곡 이야기》[385]·《톰 아저씨Uncle Tom》[386] 등 약 2백 종에 달하는 작품을 번역했다. 최초로 번역된 것은 알렉상드르 뒤마의 《춘희椿姬》[387]이며 1899년에 복주에서 출판된 후에 한때 세상을 떠들썩하게 했다. 후에 상무인서관에서 임서가 번역한 소설들을 전부 《임역소설林譯小說》로 하여 연인 출판했는데 전국적으로 성행했다. 임서는 통속적이고 자유스런 문언문을 이용하여 소설 속 인물의 심리와 감정을 세밀하게 묘사하여 원작의 정신과 그대로 맞아 떨어졌다. 또한 문필이 유창하고도 아름다워 호소력을 구비하여 당시 지식인들이 즐겨 읽었으며 근대 유명한 문학가들에게 영향을 주었다. 강유위는 "번역의 재주꾼으로는 엄복과 임서를 거론할 수 있다"고 했다. 이 두 사람은 복주의 학자로 확실히 번역사에 있어서 기재奇才라 할 만하다.

총 서

청대 최대의 총서는 건륭 흠정 《사고전서四庫全書》로 3,470종이 수

385_ 중국어 번역본의 제목은 《莎氏樂府本事》인데 이는 셰익스피어의 극본을 개편한 이야기다. 한글 번역본의 제목은 역자가 임의로 하였다.

386_ 중국어 번역본의 제목은 《黑奴吁天錄》이다.

387_ 중국어 번역본의 제목은 《巴黎茶花女軼事》로 그 뜻은 '파리 동백꽃 아가씨 이야기'이다. 이는 소설 속의 주인공 마르그리트 고티에가 가슴에 늘 동백꽃을 꽂았기 때문에 이런 제목이 붙었다. 오페라 《라 트라비아타》의 뜻도 '동백꽃을 들고 있는 부인'이란 뜻이다. 우리나라에서 사용하는 《춘희》라는 제목은 일본어 《츠바키히메[椿姬]》라는 한자음을 한글로 읽었을 뿐이니 원제의 뜻이 전혀 나타나지 않는다. 일본어로 츠바키는 동백꽃이지만 우리나라에서 동백은 冬柏이라는 한자를 쓰기 때문이다. 더구나 椿이라는 한자는 우리나라에서는 '참죽나무'이며 일반적으로 상대방의 아버지를 존경해서 '춘부장'이라고 할 때 쓰는 한자다. 그러므로 우리식으로 풀이하면 '춘희'는 '참죽나무 아가씨'가 될 것이다. 일제 강점기에 쓰던 것을 그냥 한자 발음으로 읽었던 것이 계속 내려오고 있는데 지금이라도 일본식 제목을 버리고 원제를 번역하여 《동백꽃 아가씨》라든지 아니면 새로운 제목을 달았으면 좋겠다.

록되었으며 33,300책에 79,018권(각 각閣의 종수와 책수는 약간 다름)으로 너무 많고 너무 방대하여 건륭 홍성시대라 해도 판각인쇄를 할 수 없었기 때문에 필사공 3천여 명을 고용하여 먼저 7부七部와 2부《사고전서회요四庫全書薈要》를 필사했다. 7부 중 문연각文淵閣의 3,459종 36,078책은 건륭 46년 신축辛丑(1781)년에 완성되었고, 성경盛京 문소각文溯閣의 36,380책은 1782년에 완성되었고, 원명원의 문원각文源閣은 1783년에 완성되었으며, 열하 피서산장의 문진각文津閣 36,300책은 1784년에 완성되었다(이상이 북사각北四閣). 남삼각南三閣의 문종각文宗閣(진강鎭江 금산사金山寺)의 33,6347책, 문회각文匯閣(양주 대관당大觀堂)과 문란각文瀾閣(항주 서호)의 35,990책의 필사 비용은 모두 내탕고에서 지불했는데 은백 1만여 냥이 들었고 1천여 명을 고용하여 필사했다. 건륭 38년부터 개관하고 서적을 편찬하여 52년 동안 7부가 전부 완성되었으며 남삼각에서는 사람들에게 열람하고 필사하도록 허락했다.

청대의 판각본 수량 중 가장 방대하고 교감이 정교한 것은 사가私家에서 판각한 총서를 최고로 꼽을 수 있다. 《중국총서종록中國叢書綜錄》에 약 2,797종(신학문과 불학은 포함하지 않음)이 수록되었는데 그중 명대와 민국 외에 청나라 사람이 편찬한 것이 2천 종이 된다. 모든 종류에 수록된 전체 제목 아래의 작은 제목이 적게는 5~6종에서부터 많게는 백여 종에서 수백 종에 이르며 평균 10종 혹은 20종으로 계산한다 해도 역시 수만 종에 이르러 중국 인본서의 중요한 총서가 되었다. 비교적 이른 시기의 유명한 사람은 납란성덕納蘭性德으로 《통지당해경通志堂經解》1,800여 권이 있다. 본래는 서건학徐乾學이 판각하고 하작何焯이 교감했으며 전문적으로 정자와 주자파의 경전 해석 작품을 수록했다. 조인曹寅의 《연정십이종楝亭十二種》이 있고, 장사준張士俊의 《택존당오종澤存堂五種》은 송대 판각본을 모방했으며 몹시 정교하다. 건륭 가정 이후에 이 풍조는 더욱 홍성했다. 전희조 錢熙祚는 상숙常熟 장해붕張海鵬의 《묵해금호墨海金壺》의 남겨진 판版을 얻어 이를 기초로 하여 《수산각총서守山閣叢書》112종 665권을 보충 수정했고 도광 23년에 간행이 완성되었다.

청나라 소문昭文[388]의 장해붕은 "장서藏書는 독서만 못하고, 독서는 출판만 못하다. 독서는 자신을 위한 것이지만 출판은 남을 이롭게 한다. 위로는 작가의 정신을 오래도록 기리고, 아래로는 후대의 수양을 적셔주고 학문으로 이끄는 데 혜택을 주니 그 길보다 더 넓은 것이 있을까?"라고 했다. 그는 이렇게 말만 한 것이 아니라 스스로 실행했다. 그리하여 《학진토원學津討源》《묵해금호墨海金壺》를 각각 백수십 종이나 간행했다. 장지동張之洞의 《서목답문書目答問》에서는 "무릇 역량이 있어 좋은 일을 하고자 하는 사람이 만일 덕과 학문이 다른 사람보다 못하다고 스스로 예상하지만 영원한 것을 원한다면 고서를 간행하는 방법이 좋다"고 했다. 이들은 모두 출판으로서 이름을 날린 것이 자신이 저서보다 많았으며 그래서 출판자로서 분분히 일어섰다. 양계초는 "당시에 책을 간행하는 풍조가 성했는데 황비열黃丕烈 · 포정박鮑廷博 등은 스스로 교감할 능력이 있었다. 그러나 그 나머지 여력이 있고 자신을 드러내고 싶은 사람은 일을 잘 하는 명사를 초빙했으니, 아편을 팔아서 부자가 된 오숭요伍崇曜 역시 《월아당총서粵雅堂叢書》를 간행했으니 이를 알 수 있다"[389]고 했다. 도서를 간행하는 사람들의 주요목적은 소위 영원히 이름을 날리고

388_ 1724년에 상숙현으로 분리되었고 현재 강소성에 속한다.

389_ 즉 오숭요는 돈을 출자하고 담형譚瑩을 초빙하여 교감하고 편찬하도록 했다. 1850년에서 1875년까지 광주에서 간행했다. 그 내용은 위魏나라에서 청나라까지의 저술을 편집했으며 전체 3편編 30집集 185종種 1,347권으로 청말에 가장 영향력 있던 종합적 대형총서이다.

자 하는 것으로 서방에서 전문으로 영리를 목적으로 하는 자들과는
달랐다. 그들은 거대 자금을 아까워하지 않고 비밀스런 경전 서적들
을 찾아내어 학자들을 초빙하여 자세히 교감했고 다시 훌륭한 장인
을 찾아 정교하게 판각하여 유통하고 보존하고자 했으며 학자들이
편하게 이용하도록 했다.

청대의 장서가 중에는 본래가 감상가賞鑒家 · 저술가, 고증과 교감
을 좋아하는 사람들이 적지 않았기 때문에 그들은 간행도 많이 했고
교정도 정교하다. 노문초盧文弨의 《포경당총서抱經堂叢書》, 필원畢沅
의 《경훈당총서經訓堂叢書》, 손성연의 《대남각총서岱南閣叢書》 및 《평
진관총서平津館叢書》가 있다. 황비열 · 포정박이 특히 유명하다. 손성
연과 황비열이 간행한 책은 또한 당시 유명한 교감자였던 고광기顧
廣圻(천리千里)의 교정을 거쳤다. 건륭이 사고관四庫館을 개설하자 포
정박과 천일각에서 가장 많은 책을 헌상했다. 포정박은 가흥 오진烏
鎮에서 《지부족재총서知不足齋叢書》198종(256종이라고도 함)[376]을 간행
하여 황비열의 《사례거총서士禮居叢書》와 더불어 가장 사람들이 칭찬
하는 총서이다. 남해 오숭요의 《월아당총서》 역시 훌륭하다. 금산의
전씨錢氏네는 건륭부터 광서 연간까지 판각을 중지하지 않았으며
《금산전씨가각서목金山錢氏家刻書目》이 있다. 그중 전희조錢熙祚의
《수산각총서守山閣叢書》《지해指海》[377]는 각각 백여 종이 있고 비교
적 유명하며 또 《주총별록珠叢別錄》이 있다. 모두 남휘南彙 사람 장문
호張文虎가 교감했다. 남휘의 오성란吳省蘭은 《예해주진藝海珠塵》8집
을 판각했으며 도광 30년에 간행이 완성되었다. 이외에도 상해 욱송
년郁松年 의가당宜稼堂, 해녕海寧 오건吳騫의 배경루拜經樓, 장광조蔣光
照의 별하재別下齋, 동향桐鄉 고수顧修의 독서재讀畫齋, 남해 반사성潘
仕誠의 해산선관海山仙館, 오현吳縣 반조음潘祖蔭의 방희재滂喜齋, 귀안
歸安 요근원姚覲元의 지진재咫進齋, 육심원陸心源의 십만권루十萬卷樓에

서 모두 총서를 판각했으며 대부분 그 소장관이나 소장루를 이용하여 책이름을 정했다. 또한 준의遵義 사람 여서창黎庶昌은 주일공사 재임시에 유명학자 양수경楊守敬이 일본을 방문하자 중국에서 없어진 고사본 및 송원 각본을 양수경의 손을 거쳐 일일이 검토했다. 그런 후에 26종을 선택하여 일본의 훌륭한 장인을 초빙하여 정교하고 세밀하게 영인판으로 간행하여 2년에 걸쳐 완성했고(광서 8년과 10년) 이 책 이름을 《고일총서古逸叢書》라 했다. 일본에서 생산된 미농지를 사용하여 정밀하게 인쇄하여 세상의 보물이 되었다. 여서창은 귀국할 때 이를 전부 가지고 와서 소주관서국에 기증했다. 송나라 때 일본 승려가 중국의 판각편을 가지고 갔는데 이에 이르러 또 일본에서 판목에 새겨 중국에 돌아올 수 있었으니 이는 중일 판각교류의 아름다운 일이 되었다. 후에 상무인서관에서 《속고일총서續古逸叢書》를 편찬 간행했다.

총서는 일반적으로 고서가 많지만 혹은 고서와 금서를 겸하여 수록했다. 명대부터 지방군읍의 책들을 모아 간행했으며 청대까지 지방 총서는 각 성에 두루 보급되었다. 《기보총서畿輔叢書》·《예장총서豫章叢書》·《호북총서湖北叢書》·《영남유서嶺南遺書》·《경천총서涇川叢書》·《상주선철유서常州先哲遺書》(광서 25년)·《포성유서浦城遺書》같은 것들이 있다. 절강성이 가장 많은데 송세락宋世犖의 《태주총서台州叢書》(가경 22년), 손의언孫衣言의 《영가총서永嘉叢書》(동치 12년), 호봉단胡鳳丹의 《금화총서金華叢書》(동치 8년), 서우란徐友蘭의 《소흥선정유서紹興先正遺書》(광서18년), 손복청孫福淸의 《취리유서檇李遺書》, 육심원의 《호주선철유서湖州先哲遺書》가 있다. 전당의 장서가 정병丁丙은 동치 2년에서 광서 25년까지 36년간 《무림장고총편武林掌故叢編》·《무림왕철유저武林往哲遺著》 등 총서 5종이 있고 작은 제목만 해도 2백 수십 종이 된다. 섭덕휘葉德輝는 《서림청화》에서 "산수山水, 절과 사원의 지志까지 넘쳐나게 수록하여 아무래도 감별이 어렵다"고 나무랐다. 사실 이 점은 정병의 식견이 다른 사람보다 우월함을 증명하는 것으로 책 속에는 수많은 항주와 관계된 명승고적 문헌이 수록되어 있다.

청대 총서 중에는 전문적인 총서도 있는데 수학 같은 경우는 10여종이 있다. 소엽산방掃葉山房에서 《중서산학사종中西算學四種》, 강남제조국에서 《동방립유서董方立³⁹⁰遺書》를 간행했고, 이예李銳의 《이씨유서李氏遺書》는 상해 취육당본(광서 16년)이 있다. 또 의학과 지리 등의 총서도 있다. 청나라 유학자들은 산실된 것을 모으는 일에 뛰어난 업적을 남겼다. 그 대표적인 것으로는 마국한馬國翰의 《옥함산방집일서玉函山房輯佚書》 580여 종이 있고, 황석黃奭의 《황씨일서고黃氏逸書考》 368종, 왕모王謨의 《한위유서초漢魏遺書鈔》·《한당지리서초漢唐地理書鈔》가 있다. 또 전문적으로 족보를 수록한 총서도 있는데 이를 가집家集(《고우왕씨오종高郵王氏五種》)이라고도 한다. 또한 1인이 스스로 저술한 총서도 있는데 왕부지의 《선산유서船山遺書》·고염무의 《정림유서亭林遺書》·모기령毛奇齡(1623~1716)의 《서하합집西河合集》·이광지李光地의 《용촌총서榕村叢書》, 《망계전집望溪全集》·《잠연당전서潛研堂全書》·《대씨유서戴氏遺書》·《구북합집甌北合集》·《홍치존전집洪稚存全集》·《이신서오종李申耆五種》·《항씨칠종杭氏七種》·《경운루총서經韻樓叢書》 등 50여 명이 있으며 전집 혹은 전서로 칭해진다.

청대의 총서는 목활자로 인쇄된 것이 약 20여 종이 있는데 그중에 육안六安의 조씨晁氏가 청나라의 조용曹溶이 편찬하고, 도월陶越이 증보한 《학해류편學海類編》 807권(도광 11년) 120책을 조판 인쇄했는데 440종의 책을 수록했으니 그 사업은 관방의 《무영전취진판총서武英殿聚珍版叢書》와도 우열을 가릴 수가 없다.

390_ 이름은 동우성董祐誠(1791~1823)이고 자가 방립方立이다.

과학기술 도서

청대에는 수많은 수학자들이 있었다. 왕석천王錫闡·매문정梅文鼎·
대진戴震·나사림羅士琳·항명달項名達·대후戴煦·고관광顧觀光·서
유임徐有任 등이 있으며 이선란李善蘭과 화형방華蘅芳이 특히 유명하
다. 그들은 고대 경전의 산경算經을 주석했을 뿐만 아니라 이선란과
웨일(Alexander Wylie, 1815~1887)[391]은 함께 《기하원본幾何原本》후 9권
을 번역함으로써 이 책은 완전하게 되었다. 또 《대수학代數學》·《대
미적습급代微積拾級》이 있다. 화형방과 프라이어(John Fryer, 1839~192
8)[392]는 《필산筆算》·《서산초계西算初階》·《대수술代數術》·《삼각수리
三角數理》·《미적소원微積溯源》을 번역하여 서양의 근대 수학을 모두
소개했다. 강희제는 젊었을 때 베르비스트(Ferdinand Verbiest, 1623~
1641)에게서 기하학을 배우고 수학을 이해했다. 그가 지은 《어정수
리정온御定數理精蘊》은 내용이 풍부하고 광범위하게 퍼져 있었다. 몽
골족인 명안도明安圖의 《할원밀율첩법割圓密率捷法》은 현대인들이 추
앙하는 책이다.

천문역법 방면에서는 강희제가 지은 《역상고성曆象考成》과 베르
비스트가 지은 《영대의상지靈台儀象志》·《의상도儀象圖》(강희 갑인甲寅
[그림 110]), 건륭 연간의 관서 《역상고성후편曆象考成後編》·《의상고성
儀象考成》이 있다. 도광 연간에는 《만년서萬年書》가 있다. 왕석천의
《효암신법曉庵新法》, 매문정의 천문수학 저서는 수십종에 이른다.
강영江永·추한훈鄒漢勳·요문전姚文田·전대흔錢大昕·이예李銳·왕
일정汪日楨 등도 모두 역법에 관한 전문저서가 있다. 매문정은 또
《동지고冬至考》·《오성기요五星記要》가 있고, 강성江聲의 《항성설恒星

391_ 중국어 표기는 偉烈亞力이다.

392_ 중국어 표기는 傅蘭雅이다.

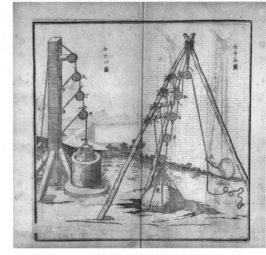

[그림 110-1]

[그림 110-2]

[그림 110] 베르비스트의 《의상도》(1674), 유럽에서 전래된 천문의기와 그 제작법을 소개했다.

說》이 있다. 가보위賈步緯는《항성도표恒星圖表》, 초순焦循은《지구도
설보地球圖說補》, 초정호焦廷琥는《지원설地圓說》을 저술했다.

농서에는 건륭 2년에 칙령에 의해 편찬한《수시통고授時通考》78권
이 있다. 또 장이상張履祥의《보농서補農書》, 예탁倪倬의《농아農雅》가
있다. 양잠에 관한 것으로는 위걸衛杰의《잠상췌편蠶桑萃編》, 주개周
凱의《종상설種桑說》이 있고 부록으로〈사잠시飼蠶詩〉가 있다. 왕일정
汪日楨의《호잠술湖蠶述》도 있으며 40여 명의 저서가 있다. 그중에는
야생 누에에 관한《상견도설橡繭圖說》과《득견보得繭譜》도 있다. 또한
《이탈리아 잠서蠶書》, 일본의《최신양잠학最新養蠶學》도 소개했다.
《면서棉書》·《목면보木棉譜》도 있다.

식물 도서로는 오기준吳其濬의《식물명실도고植物名實圖考》(도광 28
년, 몽자현蒙自縣의 육응곡陸應谷이 판각)에는 식물 1,700여 종을 그려 넣
었는데 그림이 아주 정확하고도 실제와 같아 중국식물지로서 서양인
들이 불후의 명작이라고 찬탄해 마지 않는다. 강희 연간에 왕호汪灝
등이 칙명을 받들어 편찬한《광군방보廣群芳譜》1백 권은 내용이 아

주 풍부하다. 육요陸耀는 《감서록甘薯錄[393]》을 저술했다. 진정陳鼎・진국보陳寶國・오응달吳應達 등은 《여지보荔支譜》[394]가 있다. 또 담영譚瑩의 《뇌원귤기賴園橘記》, 저화褚華의 《수밀도보水蜜桃譜》(가경), 왕봉진王逢辰의 《취리보橋李譜》[395](함풍), 오수강吳壽康의 《종오구수도설種烏桕樹圖說》, 진정陳鼎의 《죽보竹譜》, 이후유李厚裕의 《종저마법種苧痲法》이 있다. 또한 모양冒襄의 《난언蘭言》, 섭천배葉天培의 《국보菊譜》, 육정찬陸廷燦의 《예국지藝菊志》 및 추일계鄒一桂의 《양국보洋菊譜》가 있다. 박주亳州・조주曹州에는 각각 《모란보牡丹譜》가 있다. 동백꽃과 봉선화에 관해서도 각각 보譜가 있다. 저화褚華는 자가 문주文州이고 상해사람으로 목면의 재배와 솜타기, 방직과 염직하는 순서와 도구 등에 관해 《목면보木棉譜》 1권을 완성했고 《예해주진藝海珠塵》본이 있다.

동물 도서로는 조표조趙彪詔의 《담호談虎》, 왕초동王初桐의 《묘승貓乘》(가경), 황한黃漢의 《묘원貓苑》(함풍)・《메추라기론》(강희 건상본)이 있다. 화미조畵眉鳥・게・뱀에 관해서도 각각 전문서적이 있다. 곤충 도서로는 이원李元의 《유범蠕范》(건륭・동치), 방욱方旭의 《충회蟲薈》(광서) 및 《실솔보蟋蟀譜》[396]가 있다.

음식방면으로는 육정찬陸廷燦의 《속다경續茶經》, 유원장劉源長의 《다사茶史》(옹정) 등 외에도 조인曹寅의 《거상음찬록居常飲饌錄》, 왕사웅王士雄의 《수식거음식보隨息居飲食譜》(동치), 원매袁枚의 《수원식단隨園食單》이 있다. 또 진종陳琮의 《연초보煙草譜》(가경)가 있다.

393_ 감서는 고구마를 말한다.
394_ 여지는 남방에서 나는 과일이다. 양귀비가 가장 좋아했다는 과일로 유명하다.
395_ 취리는 자두를 말한다.
396_ 실솔은 귀뚜라미를 말한다.

문방사우 및 수공예 제작에 관한 것으로는 예도倪濤의《문방사보文房四譜》, 당병균唐秉鈞의《문방사고文房肆考》, 오난수吳蘭修의《단계연사端溪硯史》, 원수袁樹의《단계연보端溪硯譜》, 서의徐毅의《흡연집고歙硯輯考》, 장연창張燕昌의《금속전설金粟箋說》, 양동서梁同書의《필사筆史》, 조소공曹素功의《조씨묵림曹氏墨林》, 왕근성汪近聖의《감고재묵수鑒古齋墨藪》가 있다. 도자에 관한 전문서적에는 오윤가吳允嘉의《부량도정지浮梁陶政志》, 남포藍浦의《경덕진도록景德鎭陶錄》, 주염朱琰의《도설陶說》이 있다. 또 손정전孫廷栓의《유리지琉璃志》, 진정패陳丁佩의《수보繡譜》및《천선기川扇記》·《우선보羽扇譜》가 있다.

토목건축에 관한 것으로는 관방도서인《공정주법工程做法》·《물료가치칙례物料價値則例》·《내정공정주법內廷工程做法》·《원명원공부칙례圓明園工部則例》·《성원주법책식城垣做法冊式》·《하공기구도설河工器具圖說》이 있다.

서양과학기술 서적　　　청 옹정이 천주교를 금지한 후에 중국과 서양의 학술교류는 거의 중단되었다. 두 차례의 아편전쟁이 실패한 후에 청 정부의 부패와 무능이 완전히 폭로되었다. 당시에는 서양인이 승리한 주요 원인은 함선이 튼튼하고 대포가 대단했기 때문이라 여겨서 서양을 배우자는 양무운동洋務運動이 일어나 "오랑캐의 장점을 배워서 오랑캐를 무찌르자"는 욕구가 일어났다. 동치 원년에 북경에 동문관을 설립하여 서양 과학기술 서적을 번역 인쇄했다. 동치 4년에는 상해에 강남제조국을 설치하고 번역처를 설립하니 가장 많은 책이 나왔다. 후에 또 상무인서관 등을 설치했다. 외국인이 개설한 묵해서관墨海書館·광학회廣學會에서는 교회서적 외에도 이런 과학기술 서적들을 번역출간했다. 주창수周昌壽의《역간과학서적고략譯刊科學書籍考略》에 의하면 함풍 3년(1853)부터 선통 3년(1911)까지 58년간 번역 출판된 서양과학서는 도합 468부라고 한다. 그중에는 수

학서가 가장 많아 164부이고 다음으로는 물리와 화학, 생물이 각 90
여 부, 지리 58부, 천문 기상이 가장 적어 12부가 있다. 총론과 잡저
는 44부가 있다. 출판을 신속히 하기 위하여 대부분 서양식의 연인
쇄와 석인쇄를 했으며 어떤 책은 수십판에 이르기도 했다.

수학 중에는 《필산수학筆算數學》·《대수비지代數備旨》등이 있고 학
교에서 광범위하게 사용했다. 묵해서관에서는 《담천談天》(즉 천문
학)·《중학重學》(즉 역학)·《식물학》을 간행했다. 강남제조국에서는
《물리학》·《지학천설地學淺說》(즉 지질학)을 간행했다. 서수徐壽는
《화학감원化學鑒原·속편·보편補編》·《화학고질化學考質》·《화학구
수化學求數》를 편역했다. 또한 영국의 의사 홉슨(Hobsen B)[397]이 편역
한 《물리학제요物理學提要》·《박물신편博物新編》은 비교적 일찍 근대
물리와 생물학의 지식을 소개했다. 엄복이 독자적으로 번역한 영국
헉슬리의 《천연론天演論》에서 다윈의 진화론 학설을 소개한 "물경천
택物竟天擇, 적자생존適者生存", "우승열패優勝劣敗, 약육강식弱肉強食"
의 이론은 사람들의 마음 속에 깊이 들어가 사상적으로나 정치적으
로 큰 영향을 미쳤다.

의 약 서

청나라의 태의원太醫院은 11과科로 분류되었다가 후에 9과로 병합
되었다.[378] 이는 명대에 13과로 분류한 것보다 못하고 의서 역시 명
대보다 적다. 《청사고淸史稿·예문지》에 보면 약 250종이 있고 그중
이전의 경전 의서를 해석한 것이 적지 않다. 장중경張仲景의 《상한론
傷寒論》을 주해하거나 연구한 것이 30여 종에 이른다. 청나라 사람이
의서를 저술한 것은 건륭의 《어정의종금감御定醫宗金鑒》90권이 있으

397_ 중국어 표기는 合信이다.

며 내부간본과 외성 역본이 있다. 또 소자본小字本이 있는데 의학 교재로서 의사들의 필독서였다. 진념조陳念祖의 《의학삼자경醫學三字經》, 왕앙汪昂의 《탕두가괄湯頭歌括》은 초학자들의 입문서다. 소아과[398]에 관한 책으로는 하정우夏鼎禹의 《유과철경幼科鐵鏡》, 진복성陳復成의 《유유집성幼幼集成》이 있다. 천연두에 관한 서적으로는 장치원蔣致遠의 《우두요법》이 있는데 서양의 새로운 종두법을 도입했다. 산부인과 서적으로는 《부청주녀과傅青主女科》, 진념조의 《여과요지女科要旨》, 강철江喆의 《산과심법産科心法》이 있다. 외과 서적으로는 서대춘徐大椿의 《외과정종평外科正宗評》이 있다. 안과 서적으로는 등원鄧苑의 《일초정목과전서一草亭目科全書》, 섭계葉桂의 《안과방眼科方》이 있다. 인후과에는 허좌정許佐廷의 《후과비약喉科秘鑰》이 있다. 이외에도 곽란, 설사, 학질, 나병, 매창 등에 관해서도 전문서적이 있다.

방서方書[399]로는 조학민趙學敏의 《양소원전신방養素園傳信方》, 서대춘徐大椿의 《회계비방洄溪秘方》, 오의락吳儀洛의 《성방절용成方切用》, 진념조의 《시방묘용時方妙用》, 왕사웅王士雄의 《사과간요방四科簡要方》, 연희요年希堯의 《집험양방集驗良方》, 나세요羅世瑤의 《행군방편방行軍方便方》, 여성보余成甫의 《급구양방急救良方》등이 있다.

의서醫書에는 소위 의안醫案·의화醫話라고 하는 새로운 체제가 출현했으니 서대춘의 《회계의안洄溪醫案》, 왕사웅의 《왕씨의안王氏醫案》과 《잠재의화潛齋醫話》, 위지수魏之琇의 《유주의화柳州醫話》, 육이첨陸以湉의 《냉려의화冷廬醫話》가 있다.

본초학에는 전당 사람 조학민의 《본초강목습유本草綱目拾遺》(건륭·동치·광서 간행)에는 이시진에 비해 약물 7백여 종을 증가했으니

398_ 중국어로는 소방맥小方脈이라고 한다.
399_ 전문적으로 약 조제에 대해 기술했거나 논술한 책. 약처방전이다.

그 공헌이 아주 크다. 또한 왕앙汪昂의 《본초비요本草備要》(도광), 채열선蔡烈先의 《본초만방침선本草萬方針線》, 오의락의 《본초종신本草從新》(도광), 황궁수黃宮繡의 《본초강목구진本草綱目求眞》, 유약금劉若金의 《본초술本草述》(강희 · 가경 · 광서) 등 10여 명의 저자가 있다. 육훤陸烜의 《인삼보人參譜》도 있다.

청대의 명의로는 부산傅山 · 황원어黃元御 · 진념조陳念祖 · 서대춘 · 장로張璐 · 섭계葉桂 · 설설薛雪 · 왕사웅王士雄 · 육무수陸懋修 · 왕청임王淸任 등이 있으며 그중 진념조의 저서가 가장 많고 황사웅이 그 다음이다. 해염海鹽 사람 풍조장馮兆張의 《풍씨금낭비록잡증대소합참馮氏錦囊秘錄雜症大小合參》의 활자본과 판각본이 중국 내에서는 유명하지 않지만 월남의 '의성醫聖'이라고 하는 여유탁黎有卓이 이를 몹시 숭배하여 풍조장의 의학은 월남에서 커다란 발전을 한 사실은 거론할 만한 가치가 있다.

티베트 의서로 출판된 것은 《장의술론藏醫術論》 · 《제병양의除病良醫》가 있고, 몽골 의서로는 《보제잡방普濟雜方》 · 《약성사칙藥性四則》 등이 있다.

서양의학　　서양 기독교의 선교사들은 힘껏 글자로 선교를 하는 것 외에도 학교와 병원을 설립하여 선교활동의 중요한 수단으로 삼았다. 각 곳에 병원이 설립됨에 따라 서양의학 지식도 점차로 도입되었다. 비교적 이른 시기에 영국 의사 홉슨(B. Hobsen)이 번역한 《전체신론全體新論》이 있다. 미국의 글래스고 커(Glasgow Kerr)[400]가 출판한 《서의략석西醫略釋》 · 《할증전서割症全書》 등 다수가 있다. 프라이어(John Fryer)[401]는 강남제조국에서 《서약대성西藥大成》 · 《내과이

400_ 중국어 표기는 嘉約翰이다.
401_ 중국어 표기는 傅蘭雅이다.

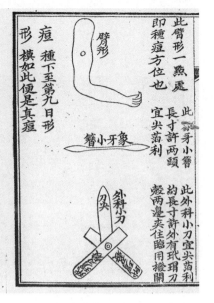

[그림 111] 영국에서 전래된 새로운 종두에 관한 도서로 1858년 홍콩에서 재간되었으며 활자인쇄
  이다.

법內科理法》·《서양상과요람西洋傷科要覽》·《안과촬요眼科撮要》등을
편찬 간행했다. 중국은 명대에 이미 인두접종법을 발명했으니 강희
27년에 러시아는 의사를 중국으로 파견하여 인두법을 배워갔다.
1796년 영국사람 제너(Edward Jenner, 1749~1823)가 우두법을 발명했
다. 10년이 채 안 되어 중국에 전래되었고[그림 111], 이리하여 《우두
요법牛痘要法》이 출현했다. 우두법은 더욱 안전하여 후에는 전국에
서 사용하게 되었다.

종교서적

불장佛藏

한문《대장大藏》   청대의 역대 황제들은 불교를 믿었으며 순치
제는 오대산에 숨어 들어가 승려가 되었다는 전설도 있다. 강희제는
티베트어 《대장》을 판각했다. 옹정제는 스스로 원명거사圓明居士라
하여 불교 정통으로 자처하고 한문 《대장경》을 판각했는데 이를 속
칭 《청룡장淸龍藏》[그림 112]이라 한다. 옹정이 《용장》을 간행한 목적

[그림 112-1]

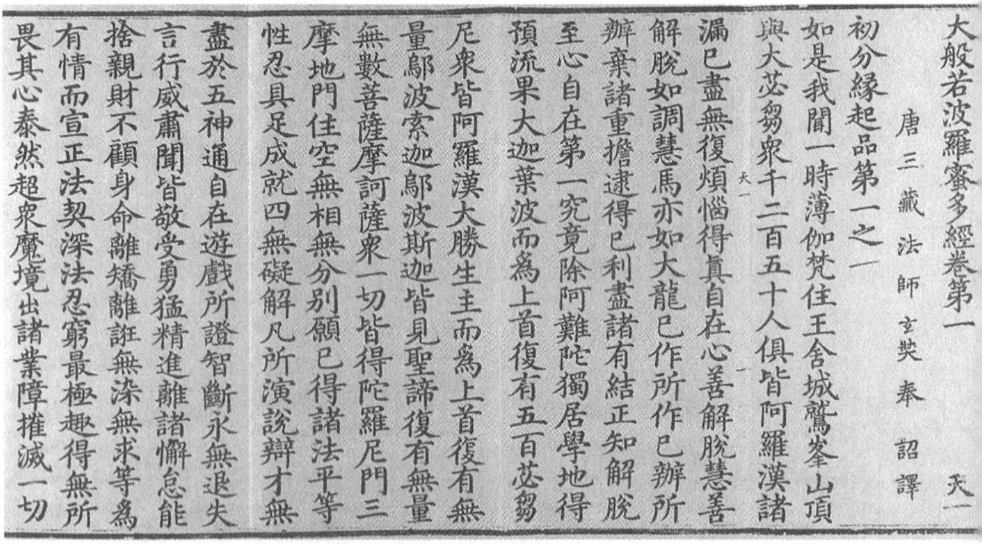

大般若波羅蜜多經卷第一　天一

唐三藏法師玄奘奉　詔譯

初分緣起品第一之一

如是我聞一時薄伽梵住王舍城鷲峯山頂
與大苾芻衆十二百五十人俱皆阿羅漢諸
漏已盡無復煩惱得眞自在心善解脫慧善
解脫如調慧馬亦如大龍已作所作已辦所
辦棄諸重擔逮得已利盡諸有結正知解脫
至心自在第一究竟除阿難陀獨居學地得
預流果大迦葉波而為上首復有五百苾芻
尼衆皆阿羅漢大勝生王而為上首復有無
量鄔波索迦鄔波斯迦皆見聖諦復有無量
無數菩薩摩訶薩衆一切皆得陀羅尼門三
摩地門住空無相無分別願已得諸法平等
性忍具足成就四無礙解凡所演說辯才無
盡於五神通自在遊戲所證智斷永無退失
言行威肅聞皆敬受勇猛精進離諸懶息能
捨親財不顧身命離矯離詐無添無求等為
有情而宣正法契深法忍窮極趣得無所
畏其心泰然超衆魔境出諸業障摧滅一切

[그림 112-2]

[그림 112] 《대반야바라밀다경大般若波羅蜜多經》 권1, 옹정에서 건륭 연간에 판각한 《대장경》(용장), 1985년 문물출판사
재판본이다.

은 "중국에 있는 모든 《삼장》의 오자와 탈자 때문에 사람들이 이목을 의심하지 않도록 하고자 한다"는 데에 있었으며 한문 《대장》이 표준본이 되었다. 북경 현량사賢良寺에서 승려들이 모여 밤이 새도록 경문을 교열하여 옹정 13년(1735)에 시작하여 건륭 3년(1739) 12월에 준공했으니 성공의 속도는 송나라나 명나라의 장경을 뛰어넘었다.

《용장》은 '천天'자부터 '기機'자까지 번호가 있으며 전체 724 상자로 《속장續藏》을 포괄하는데 전부 배나무판을 사용했으며 그 판은 79,036조각(쌍면판)으로 15만 4211련連[379]에 전부 7,168권(일설에는 7,838권이라고 함)이다. 건륭 4년(1739)에 칙령으로 1백 부를 간행했고, 1936년에 22부를 인쇄했다. 과거 명산의 대사찰에 소장된 것은 대부분 이때 인쇄된 장경이다. 경판은 원래 무영전武英殿에 있었으나 후에 인쇄를 청하기가 불편하여 백림사柏林寺로 옮겨 저장했으며 지금은 전부 경판 78,238 조각이 여전히 이 절에 있으며 국가도서관에서 보관을 맡고 있다. 중국은 송원 이래로 10여 차례 한문 《대장》을 판각했으나 모두 이미 판편이 없어지고 오로지 용장판만이 성과가 크고 현재까지 남아 있어 아주 소중하다. 인본은 범협장으로 반엽半葉 5행이고 1행은 17자다. 자체는 해서로 아주 아름답고 절강도서관에 남심南潯 가업당嘉業堂판이 있다.

동치·광서 사이에 민간에서는 지속적으로 《방책장方冊藏》 판각을 거행했으니 양인산楊仁山 거사가 금릉에 각경처刻經處를 설립하고 양주揚州 전교磚橋·상주常州 천녕사天寧寺·상숙 삼봉의 여러 곳에서 힘을 합쳐 완성하고자 계획했다. 그 후에 항주·소주·장사·성도·북경·천진에 각경처를 설립하여 60~70년간이나 시간이 경과되었지만 시종 경산徑山에서 새롭게 대장을 판각한 것에는 이르지 못했다. 양인산은 그 문인인 구양경무歐陽竟無와 함께 《대장집요大藏輯要》 465종, 3300여 권을 완성했다. 금릉 각경처刻經處에는 1962년

에도 아직 경판 15만여 편이 있었다고 한다.[380]

만주어 《대장》　　만주어 인쇄품 중 가장 큰 사업은 만주어 《대장경》으로 당시에는 《국어대장國語大藏》이라 불렀다. 건륭이 《만문장滿文藏》을 처음 간행했는데 불교 신자로 복을 비는 것 외에 정치적인 의의가 있었다. 그는 "인도 불경을 처음 번역한 것은 번番이었고 다시 한문으로 번역되었고 세 번째는 몽골어로 번역되었다. 우리 황실 청나라는 중국의 주인으로 1백여 년 간 이들 세 곳을 오래도록 신하로 두고 있는데 홀로 국어(만주어)의 《대장》만 빠져서야 되겠는가? 한문을 국어로 번역하여 안팎의 관리들이 국어를 배우도록 하고 군왕을 존경하고 친하도록 하여 악을 제거하고 선을 따르도록 하겠다"[381]고 했다. 그래서 계사癸巳년(건륭 38년, 1773) 60세 이후에 뜻을 세우고 한문 《대장》을 전부 국어로 번역하고 판각하여 건륭제 85세 때 소원을 이루었다. 그래서 몹시 기뻐했다. 그는 이 일이 《사고전서》의 편찬처럼 자신의 문화정책 중에서 가장 마음에 드는 두 가지 사업이라고 여겼다. 이 만주어 《대장경》판은 원래 청자경관淸字經館에 보관되었다가 오봉루五鳳樓(즉 오문루午門樓)로 옮겨 보관되었다.[382] 오문루의 만문경판滿文經版에 보관되다가 현재는 고궁에 보존되어 있다[그림 113]. 당시에는 인본이 매우 적어서 북경 옹화궁의

[그림 113] 만주어 《대장경》 불상경판, 고궁박물원 소장.

라마묘喇嘛廟에 장본藏本이
있었다고 한다.[383] 항전 전
에 어떤 사람이 열하 승덕의
수상사殊像寺에서 1부를 발
견했다. 프랑스 파리도서관
에 1부가 소장되었다고 한
다.[384] 근래에 어떤 사람이
《만문장滿文藏》을 청나라
때는 《번자장番字藏》이라고

[그림 114] 《청문번역전장경淸文飜譯全藏經》(만주어 《대장경》), 건륭
59년(1794) 내부 주인본. 고궁박물원 소장.

부르지 않았나라고 말하는데 이는 틀린 말이다. 지금 고궁에는 여전
히 만문滿文 《대장경》 인본[그림 114]이 있다.

　　티베트문 《대장》 　　티베트문 《대장》은 통칭 《번장番藏》이라고
하며 명 영락제 때 판각된 적이 있다. 강희제는 "양궁兩宮의 경사스
런 복을 축원하며 만백성에게 음덕을 늘리고자 번장番藏의 구문舊文
을 이에 판각한다"[385]고 했다. 말로는 "백성의 재물을 건드리지 않
고 내탕고를 닫지 않는다"고 했지만 실은 백성들의 피땀을 흘리게
했다. 당시에 수많은 만주족, 티베트족, 한족을 동원하여 이 일에 참
가하도록 했으나 단지 경전을 읽은 라마는 겨우 41명이었다. 강희
22년(1683)에 판각을 시작하여 약 10여 년에 걸쳐서 완성하였는데 제
목을 《여래대장경如來大藏經》이라 하며 오로지 《감주이甘珠爾》만이
통칭 강희판이라고 한다. 강희제의 아들 옹정제가 《단주이丹珠爾》를
속각했다. 건륭 2년(1737)에 보충 수정했으므로 이를 건륭수보판修補版
이라 한다. 이는 모두 북경에서 판각된 것이므로 통칭 북경판이라고
도 한다. 서안 광인사廣仁寺에 강희 39년(1700)에 판각이 완성된 티베트
문 《감주이대장경甘珠爾大藏經》 107포包가 소장되어 있다고 한다.
　　티베트의 라싸402에 있는 목록사木鹿寺403는 4층 높이로 '경원經園'

이라고도 하는데 장경을 간행 인쇄하여 각처로 나누어 줄 때 모두 이곳의 것을 취했다.[386] 목록사에 있는 장경판은 건륭 혹은 이전의 라싸 구판이다. 1927년까지 라싸에는 판각한 신판이 있었으며 글자체가 비교적 컸다고 한다. 후에 시가체[日喀則](짜쉬룬포[札什倫布라고도 함)[404]에서 서쪽으로 50리 떨어진 곳에 있는 옛날 절인 나이탕묘那爾湯廟 안에 소장되었으며 전체 장경판이 소장되어 있다.[387] 나이탕판은 지금 내당판奈塘版[405]이라고도 쓰는데 내당고판과 내당신판의 구별이 있다. 내당신판은 18세기 중엽에 제7대 달라이라마 나포장갈이상목차羅布藏噶爾桑木磋의 칙명을 받들어 내당고판을 기초로 하여 내당사에서 판각을 시작하고 교감을 정밀하게 한 것으로 현재 가장 보편적인 판본으로 일반인들은 이를 관판官版이라고 한다.

라싸 동북부에 있는 구 서강창도西康昌都에도 경판이 있다. 창도의 옛 이름은 찰목다察木多였기 때문에 찰목다판察木多版이라고 한다.

사천성 감자甘孜 장족자치주藏族自治州의 덕격德格은 장족 문화의 고성古城으로 덕격인경원德格印經院이 있는데 건륭 4년에 처음 건립되었다. 창건자는 덕격 토사土司[406] 등파재인登巴才仁이며 그 후에 지속적으로 확장 건립되었다. 인경원 안에는 대소장판 창고가 여섯 칸이 있고 창고 안에는 서가가 즐비하다. 서판書版은 좁고 긴 형식으로 일반적으로 길이는 약 2척이고 너비는 3~4촌寸, 두께는 반 촌寸 정도

---

402 _ 습관적으로 쓰는 용어는 그대로 사용한다. 그래서 '拉薩'을 납살이라 하지 않고 라싸로 한다.

403 _ 현재는 목여사木如寺라고 하는데 라싸 경내에는 신, 구 두 곳이 있다. 구목 여사는 죠캉사원 북부에 있고, 신목여사는 5세 달라이라마 시기에 건축되었 으며 특히 이곳을 목록사木鹿寺라고 한다.

404 _ 시가체나 따쉬룬포는 현재 습관적으로 많이 사용하고 있어 이를 따랐으나 뒤의 나이탕묘는 발음을 알 수 없어 한자음으로 표기한다.

405 _ 那爾湯과 奈塘의 중국어 발음은 모두 naitang이다.

406 _ 원·명·청시대의 소수 민족의 세습 족장을 말한다.

에 양면에 판각을 했고 좌에서 우로 읽는 횡서로 되어 있다. 인경원의 장각판은 약 21만여 편으로 4~5천 종이나 된다. 티베트 달력으로 매번 4월에서 8월까지는 인경원에서 가장 바쁜 도서 간행 계절이다. 1949년 전에는 감자 경내로부터 멀리는 티베트, 감숙성, 청해성 등지 사원의 라마와 장족의 각 계층 인사들이 노고를 무릅쓰고 먼 길을 와서 구매하는데 몇 부, 몇십 부, 혹은 몇백 부를 인쇄한다. 어떤 사람은 심지어 전체《감주경》·《단주경》을 인쇄하기도 한다. 사람이 지거나 배에 싣거나 낙타에 지워 인쇄하는 사람들의 행렬이 길마다 끊이질 않았다. 인쇄된《장경》은 인도, 네팔, 부탄, 시킴 등의 나라까지 유통되었다. 해방(1949년) 이후에는 장족문화를 계승하고 발전시키기 위하여 전국의 각 유관 부문과 학교에서 인경원에 가서 대량의 서적을 인쇄했는데 1958년에는 북경도서관에서 전문으로 덕격으로 사람을 파견하여 이 인경원에 있는 전체 경판을 인쇄하기도 했다.[388]

감숙성의 조주挑州(임담현臨潭縣) 동남의 탁니사卓尼寺(현재 낙니현)에서는 또 탁니판을 판각했다.

청말(1910)에 외몽골 고륜庫倫(지금의 몽골인민공화국 수도인 울란바토르)에서 판각한 것은 고륜판이라고 한다. 또 부탄의 수도 푸나카[407]에서 판각한 것은 부탄판이라고 하거나 혹은 푸나카판이라고 한다.

청대에 중국 내외서 판각한《장문장경藏文藏經》의 전체적인 수는 10여종의 판본이 있으며[389] 각 판은 대부분 이미 훼손되었고 라사판, 덕격판, 내당판만이 존재한다. 항전 전에 열하의 승덕 · 조양朝陽 · 평천平泉의 포달라묘布達拉廟 등 각 대사원 안에서는 북경판과 내당판의《감주이》·《단주이》가 11부 넘게 발견되었는데 지금은 그

---

407 _ 현재 부탄의 수도는 팀푸이다. 푸나카는 팀푸로 이전하기 전에 약 3백여 년 간 부탄왕국의 수도였다.

행방을 알 수가 없다. 국가도서관에는 티베트문 《감주이》가 소장되었으며 덕격판과 내당판 두 종류는 모두 주색인본朱色印本이다.

한문 《대장》은 경經·율律·논論 삼장(삼대부三大部)으로 나눈다. 몽골과 티베트문 《대장》은 2부로 나뉜다. 《감주이》(간주이幹珠爾라고도 하는데 불설의 경률임)로 즉 경부經部며 계장戒藏이라고도 하는데 약 108함이고 그 안에는 불경 반야·화엄·열반涅槃·율경·비밀경집 등이 있다. 《단주이》(등주이登珠爾라고도 하는데 불제자의 저서를 말함)는 즉 논부論部로 잡장雜藏이라고도 하는데 약 200함으로 여러 종가의 학설을 말한다. 그 안에 철학·문학·수사학 등이 있다. 티베트문 《대장》의 진귀함은 인도 원본에서는 태반이 없어진 것을 보존했다는 점이다.

도광 24년(1844)(25년이라고도 함)에 북경 주재 러시아정교 대사제 동정홀修正笏[408]이 당고특唐古忒[409]의 《감이주경廿珠爾經》·《단주이경丹珠爾經》각 1부를 요청했다.[390] 소위 탕고특 《감주이경》과 《단주이경》은 즉 티베트문 《대장경》을 말한다. 도광제는 옹화궁 소장본 8백여 책을 그에게 주도록 명령했다. 다음해 11월 러시아 황제 니콜라이 1세는 자국 유학생들이 북경 국자감에서 수업을 편하게 받게 하기 위해 러시아 도서 357종 7백여 책을 중국에 보냈다.[391] 이는 중국과 러시아 양국이 첫 번째로 서적을 교환한 일이며 양국 문화교류에 있어서 중대한 의의를 갖는다. 7백여 책의 러시아어 과학과 문학 서적들은 광서 연간에 어사御使 조이손趙爾巽의 제의에 의해 모든 책을 추려서 동문관에 주고 번역하여 판각하도록 했는데, 애석하게도

408_ 波里卡爾뽈라고도 쓰는데 그 원이름은 알 수가 없다.
409_ 당고특唐古忒를 말한다. 청초 문헌 속에서는 티베트지역과 현지 티베트인을 지칭하고 있다. 원나라 때 몽골인들은 당항인黨項人과 그들이 건립한 서하정권을 당올唐兀 혹은 당올척唐兀惕이라고 했는데 점차 확대되어 티베트지역과 티베트 여러 부족을 일컫게 되었다. 현재도 몽골어에서는 티베트 지역을 당고특唐古特이라고 한다.

당시 청 황족인 혁광 및 미국인 마틴(William A. P. Martin, 1827~1916)[410]
의 반대에 부딪혀 포기하고 번역하지 못했다. 그래서 중국 학술사에
있어 어떤 영향도 발생하지 않았다. 필자는 몇십 책의 표지에 금색
으로 된 '화려한 장식용'의 잔본만 볼 수 있었다.[392]

　　몽골문《대장》　　강희 10년(1671), 외몽골의 철포존단파호도극
도哲布尊丹巴呼圖克圖는 티베트에《감주경》108세트 전체를 청하여 고
륜庫倫으로 가지고 갔다. 28년(1689) 봄에 강희제는 친히 다륜낙이多
倫諾爾(지금의 내몽골 자치구 다륜현多倫縣)에 가서 회맹하고 예를 마친 후
에 철포존단파호도극도는 어가를 따라서 북경에 올라와《감주경》을
태묘에 봉헌했다.[393] 몽골 활불이 몹시《감주경》을 존중했음을 알
수 있다. 원대에 이미 몽골문《대장》이 간행되었다고 전해지는데 청
대 강희 때에는 이에 다시 판각을 했고 이를 전판몽문殿版蒙文《대
장》이라고 한다[그림 115]. 1933년 열하 조양 우순사佑順寺에서 1부가
발견되었다. 현재 호하호특에 또 1부가 보관되어 있다고 한다. 북경도

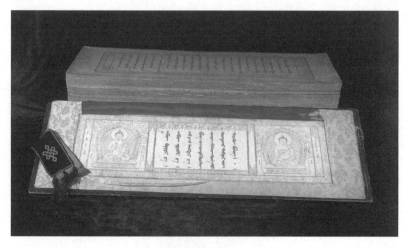

[그림 115-1]

410_ 중국어 표기는 丁韙良이다.

[그림 115-2]

[그림 115] 감주이(몽골문)는 강희 59년(1720)에 북경에서 판각했고 주인朱印이며 범협장이다.

서관에서는 일찍이 몇십 포를 구매했는데 좁은 판에 장정도 아주 아름다우나 애석하게도 잔결판이 너무 많다. 최근에 《감주이》 1부가 나왔다. 일본 동양문고에 몽골문 《감주이》가 소장되어 있고, 쿄토대학에 몽골문 《단주이》가 소장되어 있다고 한다.

　이슬람교　　이슬람교는 이전에는 회교, 또는 청진교淸眞敎라고 했으며 당송 이후에 중국 내지로 전래되었다. 원나라 시인 살도랄薩都剌·정학년丁鶴年과 《하반통의河防通議》의 저자인 첨사瞻思 및 화가 고극공高克恭은 모두 회족이다. 그들의 책과 작품은 지금까지도 전해오고 있다. 오직 이슬람경전과 교의에 관한 서적은 "천백년래 반드시 베껴 쓴다"고 하여 불교나 도교 경전 서적이 광범위하게 간행된 것과는 다르다. 각 곳에 있는 청진사의 《코란경[古蘭經]》(이전에는 《가란경可蘭經》이라고 했음)은 주로 아랍 원문이거나 혹은 색연필로 베껴 쓰거나 금니金泥로 써서 금빛 찬란하고 화려했다. 비교적 초기의 코란은 홍무 필사본이 있다. 《코란경》 역시 목판본이 있다고 한다.

명 숭정 연간에 소주의 장시중張時中이 한문으로 교의를 번역하기 시작했고 그의 저서 《귀진총의歸眞總義》는 숭정 13년에 완성되었으며 현재는 광서 4년 중각본이 남아 있다. 순치 연간에 진강鎭江에서 남경 사람 왕대여王岱輿의 《정교진전正敎眞詮》이 판각되었는데 이는 최초의 회교 서적 간행본의 하나라고 할 수 있다. 강희 연간에는 남경 회족의 유명학자인 유지劉智가 문자 홍보를 중시하여 저서를 많이 지었고 지속적으로 번각했다. 《천방전례택요해天方典禮擇要解》 20권 같은 것은 강희 연간에 산양山陽의 양비록楊斐菉 각본刻本(49년)이고, 건륭 연간의 경구京口(진강)의 동국선童國選 등의 중각본(5년)이 있으며, 또 곤명간본이 있다. 《천방지성실록天方至聖實錄》은 원씨袁氏 계승당啓承堂 각본(건륭 고5년)이 있다. 《천방성리天方性理》는 경강京江의 담씨각본談氏刻本(건륭 25년)이 있다. 유씨劉氏의 《천방삼자유의天方三字幼義》(《천방삼자경天方三字經》) 역시 판각본이다. 김천주金天柱의 《청진석의淸眞釋疑》는 건륭 10년 각본이 있다. 《축천대찬집해祝天大贊集解》는 회교서적의 간행에 대하여 언급하고 있으며 광동·진강·운남·사천 지역이 있다. 지금 고증할 수 있는 것은 광동성 안의 청진사에서 청나라 초기 운남 마주馬注의 《청진지남淸眞指南》(동치 9년), 곤명에서 간행된 마덕신馬德新(자는 복초復初)의 《사전요회四典要會》(함풍 9년)가 있다. 마복초가 교의와 교법을 논술한 책은 22종에 이르며 성도成都 경외당敬畏堂에서 그가 번역한 《축천대찬집해》(광서 3년)를 간행했다. 운남 마안례馬安禮는 13세기 이집트 시인 알 붓시리(A1-Budsiri, 1212~1296)의 송찬시를 《시경》의 체제를 이용하여 한문으로 번역하고 아랍 원시와 함께 《천방시경天方詩經》이라는 제목으로 성도에서 간행했다(광서 16년). 북경 회안당懷安堂의 심씨沈氏는 오자선伍子先의 《수진몽인修眞蒙引》(도광 16년)을 간행했다. 산서성 상당上黨 청진사에서는 유지劉智의 《오공석의五功釋義》(가경 15년)를, 하남河

南에서는 페르시아어를 번역한 철학서 《소원비결昭元密訣》을 간행했다. 심무중沈懋中의 《청진교고淸眞敎考》 1권은 심봉의沈鳳儀 각본이 있다. 천주泉州에는 당나라 때의 아랍 선교사의 성묘가 있고, 북경에도 청진사 유적지가 있는데 책을 간행했는지는 앞으로 더 고증해 봐야 한다.

천주교　천주교 서적은 명 만력 후에 이미 상당히 유행했다. 청 순치 후부터 건륭 22년(1758) 전까지 북경에서는 교회서적 약 70종이 간행되었다. 청초에 간행된 것으로 현존하는 것은 포르투갈 사람 안토니우스 드 구베아(Antonius de Gouvea, 1592~1677)[411]의 《천주성교인몽요람天主聖敎引蒙要覽》(순치 12년), 벨기에 사람 베르비스트의 《망점변妄占辨》(강희 8년), 이탈리아 사람 루도빅 부글리(Ludovic Bugli, 1606~1682)[412]의 《사탁전요司鐸典要》(강희 15년)가 있다. 북경에서는 교회당을 벗어나 스페인의 팡도야(Diego de Pantoja, 1571~1618)[413]가 《칠극七克》(강희 37년)을 간행했다. 북경 천주당에는 소위 남당南堂 · 북당 · 동당이 있었는데 남당이 가장 이른 시기인 명 만력 연간에 건립되었으며 명대와 청초에 간행된 도서도 가장 많다. 북당은 속칭 서십고교당西什庫敎堂이라고 하며 서안문 안에 있는데 강희 42년(1703)에 낙성되었으며 이전에는 강희제가 '만유진원萬有眞原'이라고 쓴 편액이 걸려 있었다. 도광 함풍 이후에 북당은 상해 서가휘천주당徐家彙天主堂과 더불어 최초로 연인쇄와 석인쇄를 도입했다.

청나라 초기에 외국 천주교 선교사들은 북경에서 도서를 간행했을 뿐만 아니라 상해에서 반국광潘國光의 《천계天階》(순치 11년)를 간행했고, 항주에서는 마티노 마티니(Martino Martini, 1614~1661)[414]의

411_ 중국어 표기는 何大化이다.
412_ 중국어 표기는 利類思이다.
413_ 중국어 표기는 龐迪我이다.

《구우편述友篇》(순치 18년)을, 복주에서는 줄레스 엘레니(Jules Aleni, 1582~1649)[415]의 《오십여언五十餘言》(순치 2년)을, 광주에서는 안드레아 로벨리(Andreas Lobelli, 1610~1683)[416]의 《성교약설聖教略說》(강희 13년, 이상은 모두 이탈리아 사람임)을 판각했다. 무창에서는 프랑스 사람 야코보(Jacobus)[417]의 《성세규의聖洗規儀》(강희 28년)를 판각했다. 강희년 (1668)에 이르기까지 천주교 도서는 5백 종이 넘었다고 하는데 명간본을 포함한 것이다. 옹정제가 천주교를 금지한 후에 교회 세력은 쇠퇴했고 인본도 적어졌다.[394]

기독교　　　1807년(가경 12년), 영국 런던 교회에서 파견한 모리슨 (ReV. Robert Morrison)이 광주에 왔는데 그는 최초로 중국에 온 신교도다. 청나라 왕도王韜가 말하길 "모리슨, 밀른(William Milne)·유림維林[418]·메드허스트가 처음 중국에 왔는데 선교사들 중에서도 거물들이다"고 했다. 모리슨은 런던에서 양씨 성을 가진 광주사람을 우연히 만나 그에게 중국어를 배웠다. 모리슨은 동인도회사의 중국어 비서 겸 통역원이 되어 연봉 1천 3백 파운드를 받았다. 그 외에 영국정부로부터 직접 보너스를 받았으며 영국의 침략정책의 집행인이 되어 귀국 시에는 영국왕을 접견하기도 했다. 모리슨은 《신약성경》을 번역하여 1810년에 먼저 〈사도행전〉(65쪽) 1천 부를 간행했다. 중국인 조수 채려홍蔡廬興이 손 인쇄를 하여 책위에 가짜 서첨書籤을 놓고 그림으로 이를 가렸다. 얼마 후에 청 정부에서는 "만일 서양인이 비밀리에 서적을 인쇄하고 … 그 우두머리는 즉시 참수한다"는 기독교

414_ 중국어 표기는 衛匡國이다.
415_ 중국어 표기는 艾儒略이다.
416_ 중국어 표기는 陸安德이다.
417_ 중국어 표기는 穆迪我이다.
418_ 원명은 알 수 없다.

를 금지하는 유지를 반포했다. 다음 해와 그 다음 해에 모리슨은 〈누가복음〉과 〈신약서신〉의 대부분의 원고를 인쇄소에 넘겼다. 이들 서적의 판각과 인쇄는 대부분 각자공 양아발梁阿發의 손에서 나왔다. 1819년 11월 전체 《성경》의 번역이 완성되었고 양아발이 판각하고 인쇄를 했다.

양아발은 가경 21년(1816)에 말라카에서 세례를 받은 후 돈독한 기독교도가 되었으며 열심히 선교했다. 스스로 포교를 위한 작은 책자인 《구세록촬요략해救世錄撮要略解》를 쓰고 주기도문과 10계명을 부록으로 하여 200권을 인쇄하여 친구들에게 나누어 주었다. 후에 또 《진도심원眞道尋源》《영혼편靈魂篇》과 《이단론異端論》을 쓰고 스스로 판각하여 제자 굴아앙屈亞昻과 함께 집에서 인쇄하여 사람들에게 나누어주었다. 어떤 때에는 1년 안에 인쇄하여 나누어 준 《성경일과聖經日課》가 7만 책冊이나 되었다. 남해현에서는 특히 이를 엄금하면서 "근래에 불손한 자들이 감히 간음을 가르치고 마음을 해하는 책을 간행하고 외국 이단서적을 《권세문》이라 사칭하고 사람들을 파견하니 실로 왕법을 안중에 두지 않는다"는 포고문을 내걸었다. 홍수전洪秀全은 바로 이 양아발이 도광 12년에 출판한 《권세양언勸世良言》을 읽은 후에 감동을 받아서 '상제회上帝會'를 조직했으며 청나라를 타도하자는 농민기의를 만들어 전쟁을 치루었다고 한다. 《권세양언》은 9종의 소책자로 되어 있는데 대부분 《성경》의 장절章節을 나누어 만든 것이다. 별도로 4종이 있는데 이를 《간선권세양언揀選勸世良言》이라고 한다. 싱가포르에서 출판된 《구복면화요론求福免禍要論》이 있다.

함풍 3년에 양아발과 모리슨의 큰 사위 홉슨 의사는 1만 권의 《신약》을 간행하기 위하여 바쁘게 판각작업을 했다. 당시 영국 성서공회는 마침 50주년 기념일을 맞이하여 이 기회를 틈타 모금을 하여 중국어 《성경》 1백만 권을 인쇄하여 중국의 각처로 보내니 그들이

얼마나 문자 선교에 열중했는지를 알 수 있다.[395]

미국에서 중국으로 온 첫 번째 기독교 선교사 브리지먼은 도광 10년(1830)에 광주에 도착하여 선교사 사무엘 윌리엄스와 함께 영문교회잡지 《중국문고中國文庫》를 창간했다. 불평등 남경조약이 체결된 후에 영국과 미국 선교사들은 상해·광주·영파·복주·하문 5개 무역항에서 분분히 '교당(복음당)'을 설립했고, 후에는 중소 도시 및 내지의 마을로 진입하여 선교했다. 새로운 인쇄술로 대량으로 교회용 《성경》 및 포교 소책자를 인쇄했다. 예를 들면 복주에서는 《복주 지방어 중문 성경》(도광 20년 전후, 현재 워싱턴도서관 소장)이 간행되었고, 영파 성경서방에서는 《성경유서聖經類書》(함풍 6년)가 간행되었고, 상해 묵해서관에서는 《구약전서》가 간행되었다. 동치 연간에는 북경의 경도시의원京都施醫院의 복음당福音堂, 동교민항東交民巷의 야소당耶穌堂, 산동 연태의 교당 등에서 모두 교회서적을 인쇄하여 소위 천국복음 선교에 노력하면서 교회세력을 확대했다.

소수민족 문자와 외국문자 인본

청대 도서간행 특징의 하나는 중국 안에 소수민족 문자의 인쇄품이 명대에 비하여 훨씬 유행했다는 점이다. 그중 중요한 것은 만주문·몽골문·티베트문이며 이들 문자로 된 《대장경》 간행은 그 공정이 특히 거대했다.

만문滿文　만문은 청문淸文이라고도 하며 청대 통치계급이 만주족이었으므로 또한 '국어' '국서國書'라고도 했다. 태조 누르하치가 중국 산해관에 들어오기 전 약 만력 27년(1599)에 파극십巴克什(만주어로 독서인이라는 뜻) 액이덕니額爾德尼에게 몽골자와 연결시켜 만주어를 만들라고 명령했으나 별도의 서체를 만들지는 못했다. 태종이 "파극십 고이전庫爾纏이 나라글을 창조하여 12글자로 모든 음이 관통하니 음音이 있고 글자가 있어 글자를 합하면 말이 되니 이를 만문노당滿文老檔이라고 하라"고 명령했다. "얼마 후에 권점圈點을 증가하여 음과 뜻이 더욱 상세해졌다"고 했으며 이를 신만문新滿文이라 칭했다. 가경 때에 예친왕禮親王 소련昭璉의 《소정속록嘯亭續錄》 권1에 기재한 내용에 의거하면 "숭덕崇德 4년(1639) 문묘文廟(청 태종)께서 나라 사람들이 한자를 모르는 것을 걱정하셔서 파극십 달문성공해達文成公海에게 《국어사서國語四書》 및 《삼국지》 각 1부씩을 번역하도록 하여 기로들에게 하사했다. 정국이 안정된 후에는 번각방翻刻房을 태화문太和門 서랑西廊에 설립하고 만주족 중에서 청문이 능숙한 자를 선발하여 이를 채웠으며 정원은 없다. 《자치통감》·《성리정의性理精義》·《고문연감古文淵鑒》 등 여러 책을 모두 청문으로 번역하여 행하게 했다" 라는 기록이 있다. 숭덕 초년 희복希福은 《요사遼史》·《금사金史》·《원사元史》를 번역했다. 순치 3년에 이 세 책의 판각이 완성되었다.

만주족이 산해관에 들어온 후 대대적으로 만주어를 보급했는데 만주인만이 읽게 한 것이 아니라 한족으로 관직에 있는 사람들도 배우도록 했다. 북경 유리창琉璃廠·융복사隆福寺 등 서방書房에서 적지 않은 청문 초학 계몽 교과서와 자전字典 등이 출판되었는데 예를 들면 《청문계몽淸文啓蒙》 같은 책이다. 《대청전서大淸全書》 판각본은 비교적 이른 시기의 만한대조자전이다. 청나라의 법령 전장 제도는 만주어를 사용해 쓰여졌다. 또한 경·사·자·집 등을 번역했고 대부분은 무영전武英殿에서 판각 인쇄되었다. 만한문을 배열한 대조본[419] 《오경사서五經四書》와 마테오 리치의 《천주실의天主實義》마저도 만주어로 번역되어 출판되었다(건륭 23년). 내정에서는 달해達海가 번

---

[419]_ 중국어로는 이를 합벽본合壁本이라 한다.

역한 《만한합벽삼국지연의滿漢合璧三國志演義》(순치 7년, 현존[그림 116])
를 판각했는데 청초에 만주족 무장들이 한문을 몰랐기 때문에 용병
때에 주로 이 책의 도움을 받았다. 후에 또 《부도만한서상기附圖滿漢
西廂記》(강희 49년)·번역본 《요재지이》(도광 28년) 등이 나오게 되자
통치자들은 당혹하여 조사 금지하도록 했다. 건륭 18년(1753) 7월에
내각에 "근자에 못된 무리들이 바른 정전을 번역하지 않고 오히려
《수호》·《서상》등 소설을 번역하여 사람들에게 보여 악을 유발하
게 되니 만주풍습에서 훔치는 것은 모두 이로써 말미암은 것이다.
엄히 금지하지 않을 수 없다. 지금 조사하여 소각시키도록 하라"는
유시를 했다. 무영전에서 판각한 만문본은 강희부터 광서까지 모두
있다. 그중 건륭 때에 판각한 것이 가장 많다. 이 밖에도 남경주방아
문南京駐防衙門, 형주주방荊州駐防에서도 총학總學을 번역하고 또 간행
본도 있어 현지 만주주둔방위 부대에게 학습하도록 제공되었다. 청

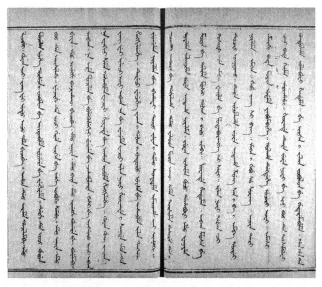

[그림 116] 순치 7년(1650) 판각 간행된 만문 《삼국연의》

대 만문본 혹은 만·한대조본을 총계로 보면 현재까지 전해오는 것은 약 180여 종이 있고 1만 5천여 책에 달하는데[396] 모두 고궁과 국가도서관에 소장되어 있다. 그중 최초의 인본은 순치 3년본 만문 《홍무요훈洪武要訓》이다. 눈여겨볼 만한 것은 만문 인본 중 《어제성경부御製盛京賦》가 있는데 만문 단행본으로 만·한 대조본과 32체 만·한 전자본篆字本(전본殿本, 건륭 13년)이 있다. 한자의 전서체를 모방하여 용조전龍爪篆·조적전鳥跡篆·현침전懸針篆·옥근전玉筋篆·전숙전轉宿篆·수로전垂露篆·수운전垂雲篆·유엽전柳葉篆 등 32체가 있으며 사실 이는 일종의 장식문자다.

　　몽골문　　《대청회전大淸會典》에서는 몽골인은 한족을 초빙하여 가르칠 수 없고 문서도 한문을 멋대로 쓸 수 없다고 규정했다. 라마승은 티베트문의 불전을 읽는데 그 의의를 알지 못하여 청대에 몽골인들이 글자를 아는 사람은 비교적 적었다. 몽골문 서적은 조사에 의하면 겨우 《칭기즈칸전》·《몽고원류蒙古源流》(이 책은 중국어 번역본임) 및 번역된 《몽고율례蒙古律例》·《이번원세칙理藩院細則》·《성유광훈聖諭廣訓》·《삼자경》·《소학》·《열국지列國志》·《금강경》 등이 있다.[397] 또 비교적 널리 전해 내려오는 책은 《삼국연의》·《홍루몽》 등의 소설이며 건륭 초년에 만문에서 중역한 것이다. 청초에 티베트 라마승이 몽골에 와서 의학을 전파했으므로 건륭 연간에 몽골 의학은 한때 자못 명성을 떨쳤다.[398] 몽골 의서로 전해지는 것으로는 《보제잡방普濟雜方》(옹정 11년)·《약성사칙藥性四則》이 있다. 기타 몽골문 목판서로는 오대산을 기록한 《청량산잡집淸凉山雜集》(강희 40년)·《고사해故事海》(옹정)·《삼합편람三合便覽》(건륭)·《음운봉원音韻逢源》(도광)·《대청광서삼십일년력大淸光緒三十一年曆》 및 미신서적 《옥갑기玉匣記》(광서 12년)·《관제영첨關帝靈簽》(가경 13년) 등이 있다.[399] 또 몽골문 《금광명경金光明經》(북경 천청경국天淸經局 판각) 및

《몽문지요蒙文指要》·《몽문휘서蒙文彙書》등 몽골문을 처음 배울 수 있는 독본이 있다. 《몽장사전蒙藏詞典》(건륭 6년)은 몽골문과 티베트 문 대조 분류 사전이다. 내부본 안에는《어제만주몽고한자삼합절음청문람御製滿珠·蒙古·漢字三合切音淸文鑒》(건륭 57년)이 있다. 몽골문 인본으로 현재 전해 내려오는 것 중 최초인 것은 숭덕 3년에 판각한 《팔기계규八旗戒規》잔본 1책이 있는데 희귀한 진본이다. 순치 11년에《만몽합벽순천부거인고시록滿蒙合璧順天府擧人考試錄》을 간행했고 또 강희 4년에《보성다라니경寶星陀羅尼經》을 판각했으며, 21년본 《칠불여래공양의궤경七佛如來供養儀軌經》[그림 117]이 있다. 무영전에서 판각한《흠정서역동문지欽定西域同文志》24권(건륭 28년)은 만문·

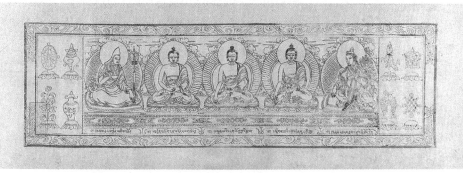

[그림 117] 강희 21년(1682) 판각한 몽문 《칠불여래공양의궤경》

한자·티베트·아랍·몽골자 외에 탁특자托忒字가 있었다. 탁특자는 몽골자의 일종으로 이전에 신강의 몽골인들이 통용하던 문자다. 《만한몽장사체합벽대장전주滿·漢·蒙·藏四體合璧大藏全咒》80권은 건륭 내부본으로 상무인서관에서 영인했다.

티베트문　청대에는 여러 곳에서 티베트문 《감주이》·《단주이》를 간행했고 이외에도 엉성하게 간행된 대부분은 주문呪文과 교의 등의 소책자로 티베트 사원 안에서 라마승들이 인쇄했으며 떠돌이 책장사들이 판매를 했는데 라마승들이 사는 것을 가장 좋아했다. 강희 56년 라마를 관리하는 금파감소金巴監素는 '만수무강을 축원'하기 위하여 《장문육자진언경藏文六字眞言經》(또는 《대청진경大淸眞經》이라고도 함) 64부를 판각인쇄하고 각 절에 나누어 주었다. 한역漢譯 불경은 티베트 지역에서도 없는 것이 없었지만 오직 《능엄경楞嚴經》만은 없었다. 건륭 계미년(1763)에 《사체심경四體心經》을 모방하여 내부에서 《사체능엄경四體楞嚴經》을 간행했다. 사체四體란 한문에서 청문으로 번역하고, 청문에서 몽골문으로 번역하고, 몽골문에서 티베트문으로 번역하는 것을 말한다. 가경 연간에 북경 천청경국에서 티베트문 《미랍일파상사전米拉日巴上師傳》을 간행했다.

티베트인들은 병을 치료하거나 예방하는 데 풍부한 경험이 있는데 753년(당 천보 12년)에 이미 24만자의 경전의서가 완성되었다고 한다. 이 의서가 《거실据悉》이고 156장章에 인체해부·약물·기계·요진尿診·맥진脈診 등의 그림 여러 폭을 간행했다. 현재 이미 정리되어 제1, 제2부가 나왔다.[400] 북경에서는 티베트문 의서를 간행했고 덕격德格에서도 《장의술론藏醫術論》·《제병양의除病良醫》·《의해간편醫海簡編》·《의방비결췌편醫方秘訣萃編》·《약성광술藥性廣述》 등 7~8종을 간행했다.

티베트력曆은 이미 1,300여 년의 역사를 갖고 있으며 현지의 천문기상에 근거하여 매년의 계절 변화를 추산하여 티베트 농목민들이 파종하고 관리하고 목축을 방목하는 데 참고가 되도록 했다. 줄곧 목판으로 인쇄를 해왔는데 약 1천 책이 있다. 그중에는 적지 않은 봉건미신의 잔재들도 포함하고 있다.

회문回文　　회문은 위그르문을 말하며 이전에는 신강 위그르족이 통용했었다. 전판殿版《흠정서역동문지欽定西域同文志》 6종 문자 중에 회자도 있다. 광서 6년 북경에서 위그르문과 한문의《한회합벽잡자漢回合壁雜字》가 출간되었다. 같은 해에 신강의 장요張耀가《성유십육조부율역해聖諭十六條附律易解》를 발행는데 그 가운데 한문이 있고 옆에 회자回字로 주를 단 '보물'이다. 좌종당左宗棠은《천자문》·《삼자경》·《백가성》 등을 발간하여 신강 전역에 보급하여 유아교육을 하도록 했다.[401]

산스크리트문[梵文]　　인도의 산스크리트문 인쇄품은 당나라와 송나라 때 이미 출현했으며 청나라에서 판각한《오역합벽집요현겁천불호五譯合壁集要賢劫千佛號》는 산스크리트·티베트·만滿·몽蒙·한漢 다섯 종류의 문자로 합각되었다.

남자喃字　　월남은 예로부터 한문을 사용하다가 근대에 이르러 라틴 병음자로 바꾸어 사용하고 있다. 진陳·여黎 왕조 이후에 민간에서는 한자의 필획을 모방하여 그들의 글자를 창간했으며 이를 '남자喃字'라고 한다. 남자는 자수가 많지 않아 널리 응용되지 않았는데 후에 월남문학가들은 한자를 집어 넣어 사용했다. 월남 완阮왕조의 가장 유명한 시인 완유阮攸(1766~1820, 월남의 괴테로 불림)가 일찍이 사신으로 연경에 온 적이 있었다. 그의 명저《금운교전金雲翹傳》이 즉 남자를 사용해 쓰여졌으며 판본이 아주 많아 광동 불산진佛山鎭에도 판각본이 있다. 중국인들은 이에 익숙치 않아 그것과 불산판《황월지여지皇越地輿志》(1872, 한문, 무명씨 작품, 촐롱[420] 화원성和源盛 발행)와 함께 모두 월남으로 팔아버렸다. 광동 불진의 근문당판近文堂版《봉신

읍백고전집封神邑伯考全集》은 광동가 화원성和源盛에서 발매했고, 불진 근문당판《삼국지국어三國志國語》상하上下도 광동가 화원성에서 팔았다. 불진 복록대가福祿大街 문원당장판文元堂藏版《삼국지국어본三國志國語本》과 광서 경진년(1880) 중간진본重刊珍本은 모두 남자로 되어 있다. 《금운교신전金雲翹新傳》은 선전예찬儹田禮參 완후阮侯가 지었으며 임신년(1872)에 새롭게 판각했다. 월남 가정성嘉定城 거사 유명씨惟明氏가 중간했고, 광동 불진 복록대가의 금옥루金玉樓에서 발매했다. 남자 68체 시구는 현존하는 최초이자 희귀한 진본이다. 《남절육성지여지南折六省地輿志》역시 유명씨惟明氏가 지은 것으로 임신년에 새롭게 판각했고 그해에 출롱의 광성남廣盛南에서 발매했다. 광동진 복록대가 천보루天寶樓에서 간행한《삼자경연의三字經演義》는 번성藩城 복재선생福齋先生 저서로 한자와 남자로 되어 있고 광동성 불진 문원당판文元堂版과 광동가 광성남판廣盛南版이 있다. 광동진 복록대가 천보루에서는《유학시연의幼學詩演義》를 간행했으며 광동가 광성남판이 있다(청대 불산 도서간행 참조).

버마[421]자　명나라 초기에 곤명에 면자관緬字館이 설치되어 한인들에게 이를 학습하고 번역하도록 했다. 청나라 때 운남사람 사범師範이 지은 《전계滇系》(가경각본)에서 버마문자의 천天·운雲·뇌雷·우雨 등 4쪽이 있으며 그 옆에 한자의 음과 뜻이 주로 달려 있다.

아랍문　명판明版 중에는 비록 드물지만 아랍 숫자가 나오고 또 아라비아 연도를 거론한 적은 있지만 아랍문자 인쇄본은 청대에 처음으로 보인다. 회족 기의起義 영수인 두문수杜文秀가 동치 원년

---

420 _ 차이나 타운인 출롱(Cholon)이다. 호치민 시내에 있으며 출롱은 베트남 경제를 좌지우지한다고 한다. 중국어 표기는 提岸이다.

421 _ 이 책에서는 미얀마로 부르지 않고 1989년 이전의 국가 명칭대로 버마로 번역했다.

(1862)에 새롭게 판각한 《보명진경寶命眞經》 30권은 중국 내 아랍문 《코란경》의 최초 각본이라고 할 수 있다. 속표지는 여전히 한문으로 썼는데 운남 대리부大理府에서 간행한 것으로 원판은 명경관明經館에 보관되어 있다가 현재도 여전히 운남에 보관되어 있다. 성도에서 판각한 《천방시경天方詩經》은 한문과 아랍어 대조본이다. 아랍문 《극청경克聽經》·《타라와경打喇窩經》은 '특히 소학의 기초'였기 때문에 지속적으로 번각되었다. 어떤 사람이 아랍력 1291년(동치 13년, 1874)에 2경을 간행했는데 판이 이미 만들어졌고 선행을 좋아하는 사람이 자금을 내어서 인쇄하여 경당經堂으로 보냈다. 특히 인쇄하여 보내기에 부족해도 인쇄하고자 하는 사람이 스스로 종이만 준비하면 모두 융통해 주었다. 어떤 청진사에서 간행했는지는 모른다.[402] 광서 3년에 섬씨閃氏 성을 가진 무관이 송강에 재임했는데 광동에서 얻어온 《혁청경赫聽經》 1권을 "원본을 모두 나무판에 새겼다"고 한다. 월본粵本의 원제목은 《극청경克聽經》인데 섬씨가 《혁청경》으로 바꾸었다.[403] 섬씨는 동시에 월본 《타라와경》을 번각했다. 청말에 회교사원 교육 과정에는 모두 14종이 있었는데 그 안에 천방문자(아랍문)를 사용한 것이 8종이었다. 그 안에는 《자량뢰니者倆耒尼》(《코란경》주)·《백아니白亞尼》(수사학)·《만량滿倆》(문법서)[404] 등이 있었으며 각 곳의 과정은 같았으므로 아마도 각인본이었을 것이다.

페르시아어문 청말에 각 곳의 회교사원에서는 페르시아 교과서인 《후새니侯賽尼》(경주학經注學), 《액사이특額士爾特》(철학서) 등 6종을 사용했는데 이 역시 인본이 아닌가 생각된다. 곤명에서 판각된 마덕신馬德新의 《산이부算爾夫》(동치)는 페르시아 문법을 강의한 것으로 페르시아 인본이다.

서양문자 강희 9년(1670) 북경에서 루도빅 부그리의 《미사경전》을 출판했는데 그림이 있는 속표지에 라틴 글자가 크기가 다르게

비스듬하게 쓰여 있다. 1717년 광주에서 출판된 라틴문 전체 목각본 대본大本이 있는데 중국 종이에 인쇄했고 속표지에는 중국 숫자가 있다. 필자는 포르투갈어 책을 본 적이 있는데 전체 186쪽이었고 단어는 모두 판각하여 인쇄된 것이었다. 한 면에만 인쇄를 했고 인쇄된 것을 반으로 접은 중국 종이 위에 중국 숫자로 번호를 매기었다. 건륭 연간에 프랑스 선교사 요셉 마리에(Jean-Joseph Marie, 1718~1793)[422] 등이 합편한 《한·만·몽·장·법오국문자자휘漢滿蒙藏法五國文字字彙》[423]가 있으며 책이 완성된 후에 간행했고 문연각에 소장되어 있다. 이는 초기의 프랑스어 각본이다.[405] 요셉은 또 《만주·프랑스 자전》을 지었다. 후에 《주석교정화영사서註釋校正華英四書》(광서 30년 석인) 및 중영대조의 《성경》, 영한대조의 《의습몽인意拾蒙引》[즉 《이숍 우화》(도광 21년)]이 출현했다. 청말에 중영대조 혹은 순전히 영문으로 된 출판품이 더욱 많아졌다.

판 화

청대 서적 삽화는 명대 휘파徽派의 정교함에는 미치지 못하며 가경 도광 이후에는 거칠고 판에 박은 듯한 작품이 넘쳐나게 만들어져 차마 눈뜨고 볼 수 없었다. 청초의 판화 조각은 비교적 유명한데 소주사람 주규朱圭는 강희 7년에 《능연각공신도凌煙閣功臣圖》를 판각했다. 35년 내부인본內府印本 《어제경직도御製耕織圖》가 있는데 제題에는 '홍려시서반신주규전鴻臚寺序班臣朱圭鐫'이라고 되어 있다. 그림은 화가 초병정焦秉貞이 그렸다[그림 118]. 52년(1713)에 또 유명화가인 냉매冷枚·왕원기王原祁·송준업宋駿業 등이 그린 《만수성전도萬壽盛典

422_ 중국어 표기는 錢德明다.

423_ 藏은 티베트어, 法은 프랑스어를 말한다. 프랑스를 중국어로는 法國이라고 한다.

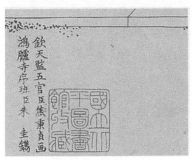

[그림 118] 《어제경직도》1696년 내부각본으로
초병정이 그리고 주규가 판각했다.

圖》148쪽은 전판殿版 중에서도 최고로 정교하고 화려한 삽화다. 주규는
또 석렴화상石濂和尙의《이육당집離六堂集》삽화 34폭을 판각했다.

　청초 소주에서는 소설전기를 판각한 "수상루판繡像樓板이 몹시 기
묘하여 아름다움을 다했고"고 하는데 판각공의 이름은 고증할 수가
없다. 건륭 연간에 금릉사람 목근문穆近文이 소주에 서국을 개설하
여 열심히 판각하여 책을 간행했다. 왕취교王翠翹의 일을 엮은《추수
당쌍취원전기秋水堂雙翠園傳奇》권 앞에 아름다운 삽화 8폭을 넣었는
데 "오추吳趨의 목대전穆大展이 판각하고 고오古吳의 왕순방王舜芳이
글을 썼다"는 제題가 있다. 그 아들 목군도穆君度가 판각한《관성제군
성적도지關聖帝君聖跡圖志》의 그림 25폭은 조각칼 다루는 기법이 몹
시 숙련되었다. 또한《고금도서집성》의 부록으로 남아메리카주 지
도가 있는데 건륭 집액헌集腋軒본으로 왕홰王翽가 그린《백미신영도
百美新詠圖》, 포승훈鮑承勛이 판각한《양주몽揚州夢》과 더불어 비교적
정교하다. 우지정禹之鼎이 그린 태화전도 각본은 건축의 위대한 기
백이 드러난다. 건륭 10년 원명원 40경시四十景詩[그림 119]에서는 당

[그림 119] 《어제원명원사십경시도》, 건륭 11년 무영전 주인본

시 '정원 중의 정원'이라는 원명원의 빼어난 풍경을 볼 수가 있다. 《황청직공도皇淸職貢圖》(가경 10년 증보 간행)에서는 당시 세계 각국 인종의 모습과 복장 복식을 볼 수가 있으며 모두 사실적인 작품으로 남녀 전체 600명을 그리고 있는데 감생監生[424] 문경안門慶安 등이 그렸다.

청대 판화각공 중에 매봉유梅鳳裕·포천석鮑天錫 및 정덕旌德의 각자공인 유영劉榮·탕상湯尙·탕의湯義 등의 작품이 전해온다. 흡현 규촌虯村 황씨黃氏는 문자나 거친 선의 지도를 잘 판각했지만 명대의 선조들에게는 훨씬 못 미쳤다.

6. 청판의 특색

글자체

청대에는 인쇄체가 가장 성행했으며 여전히 명대의 방체자方體字를 연용해 왔고 속칭 이를 '송자宋字' 혹은 '송체'라고 하며 또 '방송자仿宋字'라고도 한다. 또는 '경체자硬體字', '장체자匠體字'라고도 하지만 실은 송판宋版의 송자宋字와는 같은 점이 전혀 없다. 관방이나 개인 판각을 막론하고 《고금도서집성古今圖書集成》의 동활자 및 무영전 취진판聚珍版의 대추나무활자 및 개인의 일반적인 목각이나 활자는 십 중팔구 모두 네모반듯한 장체자다. 급고각汲古閣의 글씨체는 어떤 때는 비교적 편편했는데 도광 이후는 몹시 융통성이 없이 딱딱하다. 청 내부 규정에는 "판에 송자宋字를 쓰는 것은 1백자 공임이 은 2푼에서 4푼까지로 같지 않다"고 되었다.

송자宋字와 병행한 것으로는 일종의 '연자軟字'[그림 120]로 실제는

---

424 _ 국자감 학생의 간칭簡稱이다.

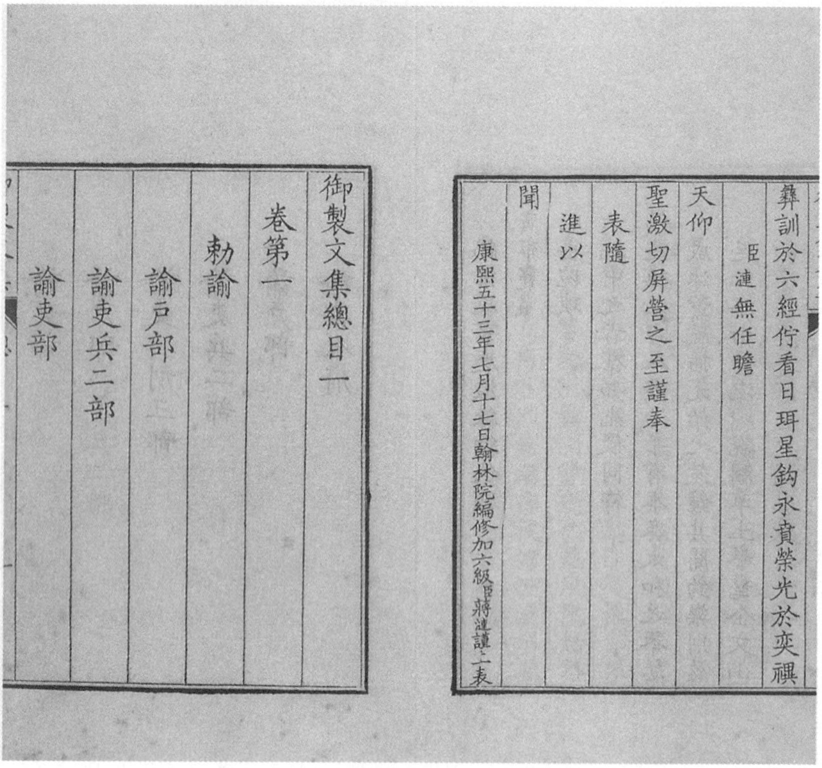

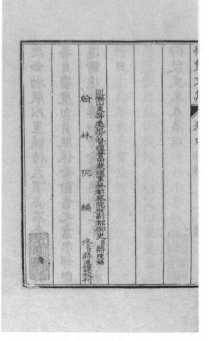

御製文集總目一

卷第一

敕諭

諭戶部

諭吏兵二部

諭吏部

彝訓於六經佇看日珥星鉤永貴榮光於奕禩

臣連無任瞻

天仰

聖激切屏營之至謹奉

表隨

進以

聞

康熙五十三年七月十七日翰林院編修加六級晉蔣漣謹上表

[그림 120-1]

御製文集卷第一

敕諭

諭戶部

前以尒部題請直隸各省廢藩田產差部

員會同各該督撫將荒熟田地酌量變價

今思小民將地變價承買之後復徵錢糧

[그림 120-2]

巡撫山東等處地方兼理軍務都察院右副都御史蔣陳錫

翰林院編

修復蔣漣較刊

[그림 120-3]

해서체의 서체로 아름답고 글자를 새길 때 공임이 비교적 비싸서 "연활자를 쓸 때는 1백자의 공임이 은 4푼"이라고 규정되었다. 양주 시국揚州詩局에서 판각한 《전당시》 9백 권(강희 44, 45년)은 즉 연활자를 사용하여 아름답기가 그지 없다.

청대 사각본寫刻本 중 가장 아름다운 것은 춘휘당春暉堂에서 건륭의 형제 홍교弘晈[425]가 국화 모습을 기술한 전문 서적 《국보菊譜》[그림 121]

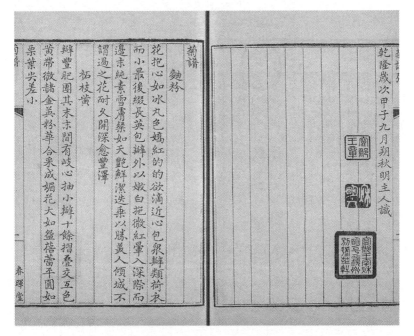

[그림 121] 청 건륭 연간 춘휘당에서 영군왕寧郡王 홍교弘晈의 《국보》를 정교하게 새겼다.

425_ 홍교가 건륭제의 형제라고 했지만 실은 사촌간이다. 즉 홍교의 아버지는 윤상允祥이고 윤상의 아버지는 강희제다. 강희제는 35명의 아들이 있었는데 요절하거나 양자를 간 아들 말고도 26명이나 되었다. 윤상은 강희제의 13번째 아들이고 강희제를 이어 제위에 오른 옹정제는 14번째 아들이다. 그러므로 윤상과 옹정제가 형제므로 건륭과 홍교는 사촌간이 된다. 홍교의 자는 경재鏡齋, 호는 동원東園, 자호는 추명주인秋明主人 혹은 경재주인鏡齋主人이라고 했다. 실명室名은 춘휘당春暉堂이다.

다. 겸목당謙牧堂에서는 계서揆敘가 지은 《계륵집雞肋集》(옹정)을 정교하게 간행했다. 건륭 《어제전운시御製全韻詩》·《어제의백거이신악부御製拟白居易新樂府》는 유명한 서예가인 유용劉墉의 사각본寫刻本이다. 이 두 책은 또한 우민중于敏中·팽원서彭元瑞·요이姚頤 세 사람의 사각본 3종이 있다. 정섭鄭燮은 원희元禧를 위해 《수렵시초隨獵詩草》를 쓰고 또 자신의 저서 《판교집板橋集》을 자신이 직접 글을 써서 판각했다. 《동심집冬心集》의 저자인 전당의 김농金農도 친필로 썼다. 정섭과 김농은 모두 건륭 시기의 유명한 양주파 서화가로 그들의 글씨는 각자 독특한 풍격을 갖고 있다. 강성江聲은 전자篆字를 이용해 《상서집주음소尚書集注音疏》를 스스로 썼고, 장돈인張敦仁이 초서로 쓴 《통감보식오通鑑補識誤》는 보기 드문 것이다.

청나라 사람들은 독창성이 적었으니 이것이 인쇄에서도 반영되어 명대의 방체자가 성행했다. 이외에도 또 일종의 영송본影宋本이 유행했는데 이를 방송본仿宋本이라고도 한다. 즉 판각하기 전에 먼저 글씨 잘 쓰는 사람을 청하여 송판 원본을 따라서 한획 한획 베낀 후 뒤집어 목판에 붙힌 후에 자세하게 그대로 판각하는데 이는 명대 가정시기에 이미 시작되었고 청대에 와서는 더욱 성행했다. 비교적 유명한 것으로는 청초의 장사준張士俊 《택존당오종澤存堂五種》이 있다. 건륭·가정 이후에 소주 일대의 장서가들이 다투어 이를 모방하니 전문적으로 영송 글자를 쓰는 장주長洲의 허한병許翰屏이라는 고수도 나타났다. 호극가胡克家가 번각한 송나라 우무본尤袤本 《문선》(가경 10년)은 즉 허한병을 청하여 영사한 것이다. 호극가는 스스로 "판각이 정교하고 교정이 엄격하여 비록 우모의 진본이라 할지라도 아마 이보다 낫지는 않을 것이다"고 허풍을 떨었다. 그러나 형식주의의 모방은 진짜처럼 똑같이 모방하여 그 양量을 충족시켰지만 청출어람이 되지는 못했다.

청나라의 목활자는 대부분 장체자匠體字(명체자)로 이는 또 방체方體·장체長體·편체扁體 3종류로 나뉘며 방체가 가장 많다. 상주常州에서 간행된《대청일통지大淸一統志》(도광)는 네모나며 약간 길다. 소원嘯園 심씨沈氏의《남제서南齊書》와 후관侯官 정씨丁氏가 조판인쇄한《진사잡영晉史雜詠》은 모두 편체扁體이다. 해서체 필치는 유연한데 가장 아름다운 것은 호주湖州 사람 왕량채汪亮采의 남릉초당南陵草堂에서 간행한《당미산집唐眉山集》과《추애소고秋崖小稿》다. 동활자 해서체는 취려각吹藜閣과 복전서해福田書海에서 사용했다.

족보에 사용한 목활자는 모두 비교적 큰데 대목자大木字는 거의 1촌 평방이며, 일반적인 것은 현재의 두2호頭二號 연활자고, 가장 작은 것은 3~4호자다. 도광 연간에 매화서옥본梅花書屋本《우공역해禹貢易解》는 대자로 편편하면서도 몹시 크지만 주注 활자는 차이가 몇이나 나는 소자로 비율이 너무 걸맞지 않다.

청대 통속문학 판각본은 대체적으로 간체簡體를 사용했으며 활자본 역시 간체자를 사용했다.《육미도六美圖》탄사彈詞(동치 9년)는 글자체가 조잡하고 '열閱'자가 거꾸로 배열되었다.

새로운 연활자로는 홍콩자·미화자美華字가 있으며 모두 방체명자이다. 메이저자[美査字]는 몹시 편편하여 편폭을 절약할 수 있으나 미관상으로는 보기 좋지 않다.

피 휘

송·요·금나라는 본래 모두 피휘를 했으며 송나라가 가장 엄격했다. 원나라는 피휘가 없었으며 명나라 역시 기본적으로 피휘가 없었으나 명말에 약간의 예외는 있다. 만주 애신각라씨가 청나라를 세우고 산해관을 넘어 중원으로 들어온 후에 번잡한 피휘법이 다시 생겼다. 시험 규정에 "한 점을 더하면 시험 주관자는 녹봉이 깎이고,

시험 채점자는 관직이 파면되고, 시험본 학생은 과거가 정지된다"고
했다.[406] 소위 '한 점 더한다'라는 것은 마땅히 빼야 할 한 획을 빼지
않으면 그것도 휘를 범한 것으로 보고 시험관은 녹봉이 깎이고 파면
되며 수험생은 응시할 수 없다는 것이다. 시험이 이렇다 보니 도서
간행 때에도 당연히 이를 따라야만 했다. 그러므로 청각본 피휘는
송본처럼 엄격하지만 오로지 동음의 이름만 피하여서 송나라 때보
다는 많지 않다.

청나라가 산해관에 들어온 후 10명의 제왕 연호와 묘호를 열거하
면 다음과 같다.

순치(세조世祖)　福臨

강희(성조聖祖)　玄燁

옹정(세종世宗)　胤禛

건륭(고종高宗)　弘曆

가경(인종仁宗)　顒琰

도광(선종宣宗)　旻寧

함풍(문종文宗)　奕詝

동치(목종穆宗)　載淳

광서(덕종德宗)　載湉

선통(묘호가 없음)　溥儀[426]

이상은 첫 번째의 방법으로 필획 한 획을 빼버리는 결획缺劃이다.
'복림' 두 자는 피휘하지 않은 것 같은데 아마도 중원에 들어온 지가

426_ 열거한 10명의 황제의 이름은 다음과 같다. 복림福臨-현엽玄燁-윤진胤禛-
홍력弘曆-옹염顒琰-민영旻寧-혁저奕詝-재순載淳-재첨載湉-부의溥儀

얼마되지 않았기 때문에 주의를 하지 않은 듯하다. 현엽玄燁의 동음자 炫[427]·弦·鉉·曄 역시 피휘했다. 胤은 𦙍로 썼다. 真、貞、弘、泓、顯、㬎 역시 모두 마지막 필획이 빠져 있다. 寧은 宁로, 혹은 寍寜로 썼다. 佇는 伫로, 貯는 貯로, 恬은 恬[428]로 썼다. 한 획을 빼는 것이 비교적 보편적이었다.

두 번째 방법은 글자를 바꾸는 대자代字로 개자改字라고도 한다. 元을 玄으로, 煜을 燁으로, 允을 胤로, 裔를 胤으로, 正을 禎으로, 宏을 弘으로, 强을 強으로, 歷과 麻를 曆으로, 寧을 寗으로, 淳을 㵤로, 醇을 醕로 대신 썼다.

세 번째 방법은 작은 글씨로 주를 달아 고묘高廟(건륭) 휘諱, 인묘仁廟(가경) 휘, 선묘宣廟(도광) 휘로 썼다.

청나라의 시조 이름은 피휘하지 않았으므로 중원에 들어오기 전의 누르하치(태조), 홍타이지(태종)의 이름은 모두 피휘하지 않았다. 어느 때는 그다지 엄격하지 않았는데 무영전취진판《어선명신주의御選明臣奏議》에서는 弘자는 피휘했지만 禎자는 모두 피휘하지 않았다.

청대에는 공자를 존중해 '지성선사至聖先師'라고 하여 공자의 이름도 피휘했으니 공구孔丘의 丘자를 𠀉로 썼다. 루동婁東의 시씨施氏 목활자《오군문수吳都文粹》에서는 𠀉자로 모두 필획이 빠져 있다. 또 丘자의 편방에 ß을 넣어 邱자로 쓰기도 한다. 또 "아성 맹자 및 관성關聖 역시 마땅히 피휘해야 한다"[407]고 했지만 맹자 및 관우를 피휘한 것은 보기 드물다. 청대 통치계급은 이夷·로虜자 같은 글자들도 인본 중에 어떤 때는 이적夷狄·이로夷虜 두 글자를 □□[429]로 쓰

427_ 피휘하는 한자들은 그 자체를 나타내는 것이기 때문에 한글로 따로 적지는 않는다.
428_ 이 부분에서는 한자의 다름을 보여주는 것이므로 한자음을 따로 표기하지 않는다.

거나 평로후平虜侯 혹은 평역후平逆侯로 고쳐 썼다.

청대 목판활자본은 모두 피휘를 했고 청나라 말기 석인본과 연인본에서도 여전히 피휘했다. 재미있는 일은 청나라의 신하들은 민국 이후의 작품이나 인본에서도 여전히 선통제 부의溥儀를 피휘하여 충성을 표시했다.

피휘 때문에 혼란이 쉽게 일어났는데 예를 들면 숭정崇禎 연호를 崇正으로 고친 일이다. 원대의 농학가 왕정王禎의 이름이 건륭《강남통지江南通志》, 동치《광풍현지廣豊縣志》에 모두 王貞으로 바뀌었고, 건륭《영국부지寧國府志》에서는 王楨으로, 동치《광신부지廣信府志》에서는 또 王正으로 바뀌었다. 같은 한 사람의 이름이 3~4종으로 쓰였으니 모두 옹정제 윤정胤禎을 피휘하느라 생겨난 일이다. 그러나 강희《강남통지》는 옹정의 앞이기에 자연히 왕정王禎을 바꿀 필요가 없다. 그런데 요즘 사람들은 글을 쓰거나 논문을 쓸 때 여전히 王楨으로 잘못 쓰고 있고, 또 명나라 구준丘濬도 邱濬으로 인쇄하고 있다.

도광 활자본《제리명대인문략帝里明代人文略》에서는 釨棟 두 글자가 있는데 이는 아마도 집안 어른을 피휘한 것 같으며 청대에 이런 것은 극히 보기 드문 것이다.

책 한 권이 두 권으로 됨

명말에 책 한 권이 두 권으로 변하는 방법이 출현했는데 청대 방본坊本에서 지속적으로 모방했다. 청대 홍현당에서 간행한 소본수상小本繡像《한송기서漢宋奇書》60권은《영웅보英雄譜》라고도 하며 또 다른 제목은《삼국수허전전三國水滸全傳》이다. 위에는《수허》115회, 아래에는《삼국》124회로 편집하였고 그림은 전체 40쪽이다. 또《합각

429_ 원문에는 □□로만 되어 있다.

천화장칠재자서合刻天花藏七才子書》가 있는데 삼재자三才子《옥교리玉
嬌梨》, 사재자《평산냉연平山冷燕》을 합칭하여 칠재자七才子[430]라고 한
다. 취금당본聚錦堂本과 옹정 퇴사당간본退思堂刊本은 모두 상하로 나
뉘었으며 위에는《옥교리》, 아래에는《평산냉연》으로 이런 판본은
외국서적에서는 아직까지 본 적이 없다.

위에는 글 아래는 그림

원元·명明 이래의 도서는 일반적으로 위에는 그림, 아래에는 글
이었는데 청나라에서 간행한 제6재자서인《서상기》는 위가 글이고
아래는 그림이어서 전통적인 위치와 바뀌었는데 이는 당연히 개별
적인 것이다.

주인본朱印本

덕격판德格版과 내당판奈塘版 티베트어《감주이》는 모두 주색인본
朱色印本이다. 새롭게 판각된 것도 처음 견본을 인쇄할 때 주인을 사
용하고 검은 붓으로 교정을 보았다. 순치 각본《향회시록鄕會試錄》은
주인본이다. 전각도장 역시 주색으로 도장을 찍었다.

녹인본綠印本

명대의 남인본藍印本은 청대에 와서는 아주 적어졌으며 어쩌다가
편지에서나 볼 수 있다. 청나라 왕준의王遵展의《추애시사고秋涯詩詞
稿》는 건륭 40년 육시화陸時化의 취화헌翠華軒에서 간행되었는데 녹

430_ 중국의 10대 재자서才子書는 다음과 같다. 제1재자서는《삼국연의三國演
義》, 제2재자서는《호구전好逑傳》, 제3재자서는《옥교리玉嬌梨》, 제4재사서
는《평산냉연平山冷燕》, 제5재자서는《수허전水滸傳》, 제6재자서는《서상기
西廂記》, 제7재자서는《비파기琵琶記》, 제8재자서는《화전기花箋記》, 제9재
자서는《착귀전捉鬼傳》, 제10재자서는《주춘원駐春園》이다.

색 인쇄다. 어떤 안료를 썼는지는 모르겠으나 인쇄본 중에서는 보기 드문 책이다.

7. 청판의 장점과 단점

청 건륭 연간 편찬된 《사고전서》는 어떤 책은 같은 책 안에도 글자체가 굵고 가늘어 균일하지 못해 깔끔하고 획일화된 《영락대전》에 미치지 못하고 교정 또한 엉성하다. 《영락대전》에서는 오자를 발견하기가 어렵지만 문진각文津閣 《사고전서》본에서는 거의 매 책마다 2~3개의 오자가 발견되고 어떤 것은 심지어 5~6개의 오자도 발견된다. 오로지 무영전에서 간행된 것만 황제의 명령을 받들어 여러 유신儒臣들이 정밀하게 교정을 보았다. 그리하여 판각하거나 발간 중에 오자가 발견되면 고치느라 몇십 차례 왔다 갔다 하면서 행을 더하거나 행을 빼느라고 각판을 한 개에서 몇 개까지도 바꾸니 각자공들은 이 때문에 늘 배상을 하고 수고해야만 했다. 《무영전취진판총서武英殿聚珍板叢書》는 당시 한림에게 교정을 보도록 명령했으며 오자 한자에 1년치의 봉록을 감했다는 설도 있을 정도니 틀린 것은 비교적 적다. 전본殿本은 개화지開化紙를 사용했으며 건륭 내부에서 묵인墨印된 것은 종이와 먹이 상품이어서 송 목판본이나 송인본을 따를 만하고 투인은 특히 아름답다. 개인이 번각한 고서는 송이나 원을 모방했는데 그 모방이 너무나 진짜와 똑같다. 각 성의 국각본局刻本은 유명인들의 교정을 거쳐 판각했으니 예를 들면 절강국본은 평소에도 널리 명성을 떨쳤다. 동활자나 목활자본은 몇몇 해서체 이외는 대부분 목판 인쇄의 우수함에 미치지 못하고 잘못된 점도 역시 목판본보다 많다. 일반 서점에서는 전문적으로 영리를 목적으로 했기 때문에 글자를 새긴 것이 엉성하고, 종이와 먹색도 이익을 취하기 위해 자재를 규정보다 적게 사용했다. 국각본의 종이는 어떤 것은 너무 조악하고 먹색도 혼탁하여 손에 닿기만 해도 먹물이 묻어 나왔다. 청대에는 거의 전부 선장을 했는데 실선이 가늘어 꿰맨 자리가 터지고 실이 끊어지니 굵은 노끈으로 선장을 한 조선본의 튼실함에 크게 미치지 못했다. 청나라의 책표지는 고청지庫青紙가 가장 좋았고 비단은 내부본에 한정되었다. 흑색의 반지礬紙[431] 책표지가 있는데 이것은 손만 대면 부서져 버렸다.

8. 관과 개인의 장서

청대 궁전 내에는 많은 서적이 비치되어 있었으며 내각 대고大庫에는 명대의 고서들이 보존되어 있었다. 건청궁乾淸宮 동쪽 소인전昭仁殿 안의 천록임랑天祿琳琅[432]은 전문적으로 송·원·명 선본을 소장했고 《천록임랑서목天祿琳琅書目·후편後編》을 편찬했다. 문연각에는 건륭제가 새롭게 펴낸 《사고전서》가 소장되어 있었다. 신무문神武門 안의 어화원 이조당摛藻堂에 《사고전서회요四庫全書薈要》가 소장되어 있었다. 양심전養心殿에는 《완위별장宛委別藏》(완원阮元이 《사고》에 수록되지 못한 160종을 올림)이 소장되어 있었다. 원명원 안의 문원각文源閣 역시 《사고전서》가 소장되어 있었지만 영프 연합군이 불살라버렸다.

---

431 _ 반사礬沙(백반을 갈아 푼 물에 아교를 섞은 물질로 종이에 발라 먹, 물감 등이 번지는 것을 막는 데 사용함)를 바른 종이를 말한다.

432 _ 건륭 9년(1744)에 건륭제는 내신들에게 궁정에 소장하고 있는 책을 검토하여 선본善本을 선택하여 소인전昭仁殿에 진열하도록 하고 '천록임랑天祿琳琅'이라는 편액과 대련을 써서 하사했다. '천록'은 한나라의 천록각 장서에서 취했고, '임랑'은 아름다운 옥이다. 그 뜻은 눈앞에 아름다운 물건이 많은 것처럼 내부장서가 많고 좋다는 뜻이다. 이후에 소인전은 청 궁전 선본의 진귀한 서적을 수장하는 전문서고가 되었다.

목록으로 가장 유명한 것은 건륭 37년에 기윤紀昀 등이 칙명을 받들어서 편찬한 《사고전서총목제요四庫全書總目提要》 2백 권인데 《사고제요》라고 간략히 부른다. 3,458종이 목록에 기재되어 있으며 6,788종의 목록이 있다. 조공무晁公武와 진진손陳振孫의 체례를 모방하여 모든 책의 요지를 적었고, 또한 저자의 출생지와 프로필을 상세히 병기하여 중국 학술문화를 연구하는 데 있어 가장 가치있는 기본 참고서가 되었다. 권질卷帙이 심히 번잡하기 때문에 펼쳐보는 데 쉽지 않아 별도로 《간명목록簡明目錄》1편을 간행했다. 그러나 건륭의 《사고전서》편찬 목적은 한족들의 청왕조에 반대하는 도서를 없애버리고자 함이었기 때문에 《금서목록》·《위애서목違碍書目》·《추훼서목抽毀書目》도 편찬했다.

청대의 유명한 장서가는 명대처럼 거의 강소성과 절강성 사람들이 독차지하고 있으며 장서목록자는 1백여 명에 이른다. 유명한 장서가로 소주에는 황비열黃丕烈·고지규顧之逵·원정도袁廷檮·반조음潘祖蔭이 있다. 상숙常熟에는 전겸익錢謙益의 강운루絳雲樓에 소장된 도서들이 내부와 필적할 만하다고 했는데 순치 7년에 강운루와 도서가 전부 훼손되었다. 전겸익은 불타고 남은 도서를 집안 손자인 전증錢曾에게 주었고 전증은 《독서민구기讀書敏求記》를 저술했다. 같은 현 사람인 진규陳揆의 계서루稽瑞樓, 장금오張金吾의 애일정려愛日精廬(8만 권이 있었음), 구씨瞿氏 철금동검루鐵琴銅劍樓가 있다. 곤산의 서건학徐乾學은 고염무의 생질로 전시루傳是樓가 있었는데 철금동검루와 같이 송·원본을 많이 소장하고 있었다. 상해에는 욱송년郁松年의 의가당宜稼堂이 있고, 태흥泰興의 계진의季振宜 역시 유명한 장서가다. 남경 황우직黃虞稷은 《천경당서목千頃堂書目》이 있는데 《명사明史·예문지》보다 상세하고 폭이 넓다. 그러나 허목虛目이 많으니 실은 소장본이 아니다.

절강성에는 영파 범흠의 천일각을 빼고는 항주가 가장 성행했다. 항세준杭世駿의 장서는 10만 권 정도 되고, 조욱趙星의 소산당小山堂 장서는 그 군郡에서 최고였다. 오척부吳尺鳧의 병화재瓶花齋, 손종렴孫宗濂의 수송당壽松堂, 주학근朱學勤의 결일려結一廬에도 장서가 풍부했다. 건륭이 《사고전서》를 편찬하자 항주 왕여률汪汝瑮의 진기당振綺堂, 왕계숙汪啓淑의 개만루開萬樓, 포정박鮑延博(흡사람이지만 항주에 살았음)의 지부족재知不足齋의 세 서장고에서 각각 선본 6백 종을 헌상했다. 천일각 범흠의 8세손 범무주范懋柱는 638종을 헌상했으니 이 네 집이 개인으로 헌상한 책이 가장 많다. 영파의 장서가로는 범대철范大澈의 와운산방臥雲山房, 전조망全祖望의 쌍구산방雙韭山房, 서시동徐時棟의 연서루煙嶼樓, 노지盧址(1725~1794)의 포경루抱經樓, 채홍감蔡鴻鑒(1854~1881)의 묵해루墨海樓 등 10여 곳이 있다. 전당 지역에는 정신丁申과 정병丁丙의 팔천권루八千卷樓가 있는데 청말의 구瞿·정丁·양楊·육陸 4대 장서가 중의 하나다.[433] 후에 그의 도서들은 남경 용반리龍蟠里 도서관에 귀속되었다.

항주부근 해녕海寧의 오건吳騫은 '천원십가千元十駕'[434]로 이름을 날렸다. 가흥의 주이존朱彝尊·조용曹溶 역시 장서가로 유명하다. 호주湖州의 육심원陸心源은 욱송년의 의가당의 책들을 전부 사서, 벽송루䛬宋樓(2백 종의 송본이 있었다고 함)·십만권루十萬卷樓에 소장했다고 하

433_ 청말 4대 장서가로는 상숙常熟 구씨瞿氏(철금동검루鐵琴銅劍樓), 산동 양씨楊氏(해원각海源閣), 귀안歸安 육씨陸氏(송루宋樓), 전당 정씨丁氏(팔천권루八千卷樓)가 있다.

434_ '천원십가千元十駕'에서 '가'는 책꽂이로 보아 "원나라의 장서가 책꽂이에 10개다"라는 뜻도 되지만 원래 이 '駕'는 '노마십가駑馬十駕'의 '가'와 같다. 즉 이 뜻은 우둔한 10마리의 말이라도 절뚝거리는 기린은 이길 수 있다는 뜻으로 오건의 1천 부의 원본元本이라면 황비열의 백 종의 송판과 상쇄될 수 있다는 뜻이다. 오건과 황비열은 친구 사이다.

며 소장서는 15만 권으로 일찍이 얼마간은 북경 국자감 남학에 기증했다. 광서 말년에 그의 아들[435]이 11만 8천 원에 일본사람 이와사키[岩崎][436] 씨의 세이가토문고[靜嘉堂文庫][437]에 모두 팔았다. 세이가토문고에 일본도서와 함께 기증하였다. 후에 나진옥羅振玉·동강董康 등도 역시 일본사람들에게 장서를 팔아서 큰 이익을 남겼다.

산동성 요성聊城(동창부東昌府)에는 양이증楊以增·양소화楊紹和 부자의 장서각 해원각海源閣이 있었는데 이는 청대 북방에 있던 유일한 유명 장서루다. 그들이 소장한 책은 후에 북경(국가)도서관과 산동성도서관에 귀속되었다. 해원각은 도광 2년에 건립되어 '문화대혁명' 중에 철거되었다. 상숙常熟 구소기瞿紹基의 철금동검루鐵琴銅劍樓는 1949년 중국 성립 후에 그 후예가 장서와 철금鐵琴 동검銅劍을 모두 북경도서관에 소장되었다. 강안江安 부씨傅氏의 쌍감루雙鑒樓, 장락長樂 정진탁鄭振鐸 선생의 장서 및 수많은 장서가들의 도서는 여러 강물들이 바다로 흘러오듯 모두 북경도서관에 소장되었다. 북경도서관(국가도서관)은 중국 전역의 선본서의 중심지가 되었다(덕화德化의 이성탁李盛鐸 장서만이 북경대학도서관에 소장되었음).

청말에 개량주의 사상의 영향 아래서 광서 28년에 거인擧人 출신의 산음山陰사람 서수란徐樹蘭은 독자적으로 출자하여 현대도서관 특징을 구비한 고월장서루古越藏書樓를 건립했다. 이는 중국 최초의

435_ 육수번陸樹藩(1868~1926)을 말한다.

436_ 책을 구입한 사람이 이와사키 야노스케인지 이와사키 고야다인지 확인할 수 없다. 육수번이 1903~1904년에 경영하던 사업이 적자가 누적되고 이사장으로 이끌고 있던 구제회가 빚이 많아서 할 수 없이 팔았다고 한다.

437_ 세이가토문고는 도쿄에 있는 전문도서관과 미술관이다. 일본과 동양의 고전적 및 고미술품을 소장하고 있다. 미츠비시 재벌의 2대총수였던 이와사키 야노스케[岩崎弥之助](1851~1908, 호가 靜嘉堂)와 4대 총수였던 이와사키 고야다[岩崎小弥太, 1879~1945] 부자가 소유하고 있던 정원과 유품인 고전적과 고미술 콜렉션을 기초로 발족시킨 재단법인 세이가토에서 운영하고 있다.

사립도서관이다. 고월장서루 소장서는 7만여 권으로 광서 38년 공개적으로 사람들에게 열람하도록 했다. 항전 승리 후 재개방했을 때는 겨우 1만 6천여 책만 남아 있었으니 지금의 소흥 노신도서관의 전신이다.

9. 기타 인쇄

신문[報紙]

청대 신문은 시간의 선후에 따라 약 세 종류로 구분된다. 첫째는 관보官報, 둘째는 외보外報, 셋째는 민보民報이다. 초기에는 관방의 《경보京報》가 한 시기를 독점했다. 아편전쟁 전후에는 외국 신문이 발전한 시기였다. 광서 연간의 갑오(1894) 중일전쟁과 무술(1898)변법이 실패하고 난 후에는 민간에서 자발적으로 창간한 일보日報 잡지들이 한때를 풍미했으니 민보의 흥성시기였다.

관보　　　관보 중에서 가장 중요한 것은 북경의 《경보京報》이다. 《대청회전大淸會典》에는 다음과 같은 기록이 있다. "매일 황제의 조령을 군기처 승지가 공손히 받들어 나오는데 그것을 베끼는 것은 모두 각閣에서 한다. 내외에서 올리는 사건은 접주摺奏도 있고 제본題本도 있다. 접주는 주유지硃諭旨[438]를 받들거나 군기처에서 황제의 유지에 따라 모방하여 쓴다. 제본題本은 내각학사가 황제의 비답을 대신하여 답하거나 혹은 어지를 받들어 바꾸어 비준하여 내각으로 내려보낸 후 유지 및 주절은 즉 각 아문에 알려 베껴서 행하도록 했

438_ 청나라의 제도로 내외에서 올린 상주문이나 혹은 특별한 성지를 내릴 때 황제가 주필朱筆로 표시를 하거나 글을 쓰는데 이는 친필임을 알리는 것이다. 이를 주비유지朱批諭旨라고 하며 간략하게는 주유朱諭, 또는 주비朱批라고 한다.

다. 제본은 즉 과科로 발급되는데 6개 과에서 베껴 썼다"고 기록되어 있다. 당시에 조정에서 공포한 소식은 관방에서 편집 출판했을 뿐만 아니라 민영의 신문방에서도 인쇄발행했는데 이를 《경보》라고 했으며 《경보》가 바로 중앙의 관보이다. 청나라 초기에 남지포南紙鋪에 있는 영록당榮錄堂이라는 자가 내무부와 관계가 있었기 때문에 《경보》 및 《진신록縉紳錄》을 인쇄하고 판매할 수 있는 특권을 얻었다. 동치 9년에 북경에는 이미 신문방이 12곳이 있었으니 공흥보방公興報房·취항보방聚恒報房·집문보방集文報房 등으로 매일 《경보》를 발행했다.

《경보》는 처음에 《궁문초宮門鈔》를 싣고 다음에 상유上諭, 다음에 주절奏折을 싣는데 주로 관리들의 승진과 이직, 어느 관리가 황제에게 감사를 표시하는 예를 올렸는지, 어느 관리가 휴가를 내었는지, 어느 관리가 휴가를 마치고 복귀했는지와 황실 안의 동정이나 생활의 세세한 부분 등을 기록했고 매일 내각에서는 궁문초를 발행했다. 문건은 긴 것은 1만여 자나 되었고 신문 편폭에는 제한이 있어서 전부 등재하지는 못했기 때문에 각 신문방에서 나오는 내용이 서로 같지 않았다.

《경보》는 도서 형식의 소책자로 얇은 죽지竹紙에 매일 2~3쪽 혹은 6~7쪽, 10여 쪽이고, 겉은 황색의 얇은 종이로 감쌌으며 길이는 약 6~7촌에 너비는 3촌이고 주인朱印 나무도장으로 《경보》라는 두 글자와 모모 신문방이라는 넉 자를 찍었다.

19세기에는 적지 않은 외국인들이 《경보》에 흥미를 느껴서 Peking Gazette라고 번역했다. 폴은 《경보》가 백양나무 혹은 버드나무 활자로 인쇄한 것이라고 여겼다. 청나라 원동袁棟의 《서은총설書隱叢說》에서 "요즘에 저보邸報가 종종 활판으로 인쇄되는데 여러 번 인쇄하고 여러 번 바꾸기는 편하지만 부득이하게 오류가 있으니 용서해

주기 바란다"고 했다. 건륭 초년에는 이와 같았으며 청말에 이르기까지 여전히 목활자로 인쇄했고 마지막 몇 년간 비로소 연인자로 바꾸었다. 신문은 시간성이 있기 때문에 시간을 다투느라 교정이 완전치 못하고 오자도 매 페이지마다 거의 있었으며 자체字體의 크기도 일정치 않았다. 또한 행과 글자가 비뚤어지고 먹색의 농담도 균일하지 않았으며 희미하여 분명치 않았다. 그러나 신문의 판로는 괜찮아서 인쇄 부수는 1만여 부에 달했으며 소주는 《경보》의 번각 중심지가 되어 중국 전역으로 판매되었다. 상해 《신보申報》는 《경보》를 신문의 부록으로 하여 보도가 있을 때마다 발행하여 무료로 배부하였다.

광서 23년에 이르러 《경보》는 이미 6,077기期가 출판되었다. 지금까지 보존된 것 중에서 가장 시기가 이른 것은 동치 《경보》이다 [그림 122].

《경보》는 우편 배달이 지연되었고 게다가 가격도 비싸며 구하

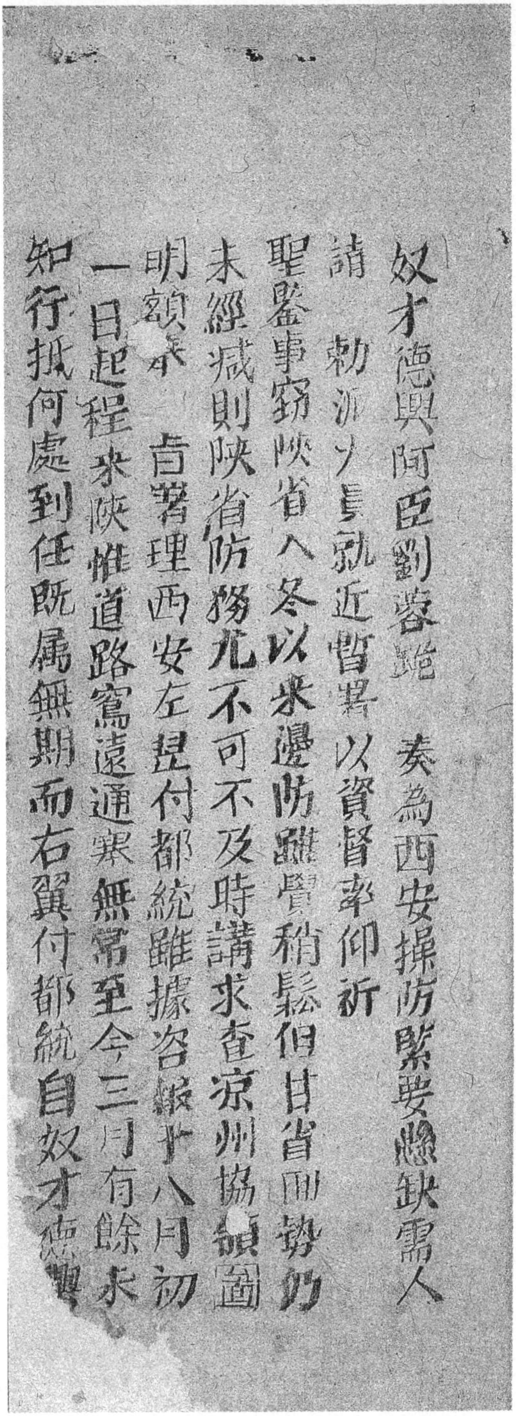
奴才德興阿臣劉蓉跪 奏為西安操防緊要懇缺需人
請 勅派大員就近暫署以資督率仰祈
聖鑒事竊陝省入冬以來邊防雖覺稍鬆但甘省回勢仍
未經戢則陝省防務尤不可不及時講求查涼州協領圖
明額 奉 旨署理西安左翼付都統雖據咨稱於八月初
一日起程來陝惟道路寫遠通塞無常至今三月有餘未
知行抵何處到任既屬無期而右翼付都統自奴才德興

[그림 122] 동치 4년의 《경보》. 위력韋力 선생 소장

기도 쉽지 않았다. 함풍 원년에 장불張芾이 《저보邸報》를 간행하여 각 성에 발송하자고 주청했으나 엄한 꾸짖음을 받았다. 그러나 광서 연간에 신문방들은 여전히 《유접휘존諭摺彙存》·《저초휘편邸鈔彙編》 등을 편찬 간행했으니 청나라 역사를 연구하는 데 있어 무척 참고 가치가 있다.

건륭 15년 강서의 어떤 사람이 상서 손가금孫嘉淦의 상소문 초고를 날조하여 각 제당提塘으로 보내어 베껴 써 《경보》에 등재하고 인쇄를 하니 문자옥의 발단이 되었다.

청나라 왕인준王仁俊은 《궁문초宮門鈔》를 송나라의 《내탐內探》같은 것이라고 여겼다. 《경보》는 매일 발행되고 매 책마다 비용이 10문十 文을 취했는데 만일 북경에서 따로 《궁문초宮門鈔》를 배달받아 읽으 면 매월 비용은 2백 문이었다. 매일 오후에 각閣에서 궁문초가 나오 니 미리 각자刻字를 해 놓으면 글을 쓸 필요가 없고 언제라도 석고류 같은 찰흙판에 간편하게 칼로 새기는데 이를 속칭 건두부판乾豆腐板 이라고 한다. 불로 구우면 굳어지고 먹색도 검게 된다. 또 활자를 이 용하여 인쇄한 것도 있는데 글자체는 찰흙판에 비하여 작지만 비교 적 가지런하다.

《당보塘報》는 또 《제당보提塘報》라고도 하며 왕인준은 이를 송나 라의 《성탐省探》과 같은 것이라고 여겼다. 청대에 병부 거가사車駕司 는 동화문東華門에 첩보처捷報處를 설치하고 오고가는 공문을 접수하 고 발송했다. 또 무과직 16명을 각 성회省會에 주둔시키고 이 첩보처 에서 직접 경성으로 보내는 문서와 정보를 경영하고 관리했는데 이를 제당提塘이라 하고 그래서 이 이름을 《제당보提塘報》라고 한다. 현존 하는 《변대수당보고邊大綬塘報稿》 1권(순치 각본)이 있다. 당보는 길가 역참에서 역참으로 건네주는 것이어서 또한 《역보驛報》라고도 한다.

《원문초轅門鈔》는 즉 지방신문으로 송대에는 《아탐衙探》이라고 했고 청대에는 《원문초》라고 했다. 강소성 범위의 한 성의 아문衙門 소식만을 전문적으로 보도했고 이는 민간 신문방에서 발행했다. 도광 초년에 광동성 아문에서 출판된 《원문초》는 신속히 보도하기 위하여 밀랍판을 이용하여 글자를 새겼다.

《원문초》는 후에 《관보官報》로 개칭했다. 광서 27년 천진에서 《북양관보北洋官報》가 출판되자 각 성에서 이를 따라 《남양관보南洋官報》·《안휘관보安徽官報》·《호북관보湖北官報》 등을 간행했다.

외국 간행물　　　아편전쟁 이전에 광주·마카오에는 이미 영·미 두 나라 사람이 창간한 6종류의 영문간행물이 있었다. 아래와 같다.

* Canton Register 《광주기록보廣州紀錄報》

1827년(도광 7년)에 광주에서 창간되었으며 중국에서 출판된 첫번째의 영문 기간지다. 광주에서 12년간 출판되었고 격주간이었다가 후에 마카오에서 출판되었으며 주간週刊이 되었다. 1844년에 다시 홍콩으로 옮겨와 《홍콩기록보》로 이름을 바꾸었다. 영국상점인 이화양행怡和洋行의 통제 아래에서 영국제국의 대변자가 되었다.

* Chinese Courier and Canton Gazette 《화인차보華人差報와 광주초보廣州鈔報》

주간이고 1831년에 출판되었다. 2년간 간행되다 정간停刊되었다.

* Chinese Repository 《중국문고》(혹은 《중국총보中國叢報》로 번역)

월간이고 1832년 미국인이 창간했다. 다음 해에 미국 최초의 선교사의 한 사람으로 예일대학 졸업생인 사무엘 윌리암스(1812~1884)가 책임자가 되었고 광주에서 20여 년간 출판했다. 비교적 중요한 교회 잡지다.

* Canton Miscellany《광주잡지廣州雜志》

월간이고 동인도회사에서 출판했다. 이 회사는 마카오의 인쇄소에서 인쇄를 맡았고 겉표지는 비단 장정이었다.

* Canton Press《광주신문》

주간이고 1835년 광주에서 출판되었다. 4년 후에 마카오로 이전했다.

*《마카오 잡문편雜文篇》

주간이고 영문 대조판이다. 1833년에 광주에서 모리슨이 출판했으나 겨우 4기만 발행되었다.

이상의 간행물[408]은 외국인 사이에서 소규모 범위로 유통되었고 당시 일반 중국인들은 영어를 몰랐으므로 그 안의 내용을 알 수 없었다. 그러나 선견지명이 있었던 임칙서林則徐는 오히려 이들을 잘 이용했다. 그는 각자공 양아발의 아들 양진덕梁進德을 통역원으로 초빙하여 정보를 얻어 아편금지를 할 때에 적의 동정을 손바닥 보듯이 훤히 꿰뚫고 있었다.

아편전쟁 후, 제국주의 세력은 빈틈을 타고 중국에 들어와서 경제적 약탈과 정치 문화 침략을 감행했으며 자국의 선교사와 상인들을 보호하기 위하여 먼저 군대를 파견했다. 그들은 문자 선교를 중시하여 간행물을 창간하니 청말에 광주, 홍콩, 상해에서 출판한 영문잡지는 40~50종이나 된다. 포르투갈어, 러시아어, 프랑스어, 일어판 역시 각각 7~8종이 있었다. 그러나 단순히 외국어로 기독교 선교를 하는 것은 신도를 흡수하기에는 효과가 크지 않자 중국 백성들에게 직접적으로 선교를 했다. 또한 중국어 간행물을 창간하니 광서 12년(1886)에 이르러서는 이미 68종의 간행물이 출판되었다. 그중 종교 간행물이 가장 많은데 상해의《교회신보敎會新報》등이 그런 것이다.

나머지 역시 종교를 선전하는 것으로 《찰세속매월통계전察世俗每月統計傳》같은 것은 "기독교의를 명확히 알리는 것이 유일한 급선무"라고 했다. 《육합총담六合叢談》의 짧은 머리글에는 간단하게 과학을 소개했지만 결론은 "하느님 아들 예수는 구세주이며 하늘 아래에서 모두 경외한다"는 것이다. 그들은 아편을 판매하면서 간행물에서는 '복음'을 홍보하고 다투어 신도를 빼앗아 갔다. 종교는 정신상의 아편이며[439] 중국백성을 마비시키고 외국 것을 맹목적으로 숭배하고 외국과 결탁하고자 하는 심리를 주입시키며 매판번역을 육성하고, 서양인이 고용하는 하인이 되어 저들의 앞잡이가 되었다. 상업적으로는 순수한 상업성 잡지인 《홍콩신문[香港新聞]》 출판 외에 다른 간행물에는 기선의 출항과 입항 날짜가 게재되고, 서양물건 소비품의 광고와 중국 비단 등 특산물의 정황과 시세 등이 실려 폭리를 취하고자 했다. 심하게는 선교사들이 내지로 잠입하여 중국의 정치, 경제, 군사, 문화 각 방면의 정보를 정탐하여 그들의 정부에 제공하여 참고하도록 했다. 또 신문 논조에 있어서도 종종 옳고 그름이 헷갈리고 시비가 전도되어 수많은 중국인을 우롱하고 제국주의의 앞잡이가 되어 여론을 크게 날조하여 중국 침략준비를 위해 일했다. 외국인이 창설한 중문 간행물 중에서 비교적 이른 시기, 혹은 중요한 것으로는 다음과 같은 것이 있다.[409]

《찰세속매월통계전察世俗每月統計傳》은 영국 윌리엄 밀른(William Milne, 1785~1822)[440] 목사가 말라카(지금의 말레이시아)에서 출판했다. 겉표지에는 가로 글씨로 "가경 을해년 7월(가경 20년, 1815)"이라고 쓰여 있고, 그 옆에는 "자왈, 많이 듣고 그중 선한 것을 골라서 그를 따

439_ "종교는 아편이다"는 말은 칼 마르크스가 한 말로 저자 장수민의 의식을 엿볼 수 있다.

440_ 중국어 표기는 米憐이다.

르라"는 글귀가 있다.

《박애자찬博愛者纂》은 중국에서 첫 번째의 중문잡지로 목판본으로 영국에 가경 20년에서 26년까지의 것이 남아 있다.

《동서양고매월통계전東西洋考每月統計傳》은 원래 프러시아 사람으로 태국에 있는 복건 화교의 양아들인 칼 프레드리히 어거스트 (Gtzlaff, Karl Friedrich August, 1803~1851)[441] 목사가 1833년에 광주에서 창간했다. 이는 중국 국경 안에서 출판된 첫 번재 중문잡지다. 겉표지에도 "사람은 먼 것을 걱정하지 말고 반드시 가까운 것을 걱정하라"는 격언을 넣었다. 또 "한漢을 사랑하는 사람이 편찬[愛漢者纂]"이라고 제를 했다. 도광 계사년(13년, 1833) 6월에 실린 성省안 출입고의 물품 가격이 있는데 다음과 같은 것들이다. 팔각유八角油[442]는 근당 1원 8각角[443], 우전차雨前茶는 한 짐[擔][444]에 4원 9각이고, 제비집은 근당 3원 4각(중국 이전의 숫자 표기를 사용했음)이고 명반明礬과 장뇌樟腦의 가격도 있다. 해서체 목각으로 연사지連史紙에 인쇄했으며 선장본으로 모든 책은 12~13쪽에 달한다. 영국에 21책이 있다. 광주에서 1년간 출판되었고 후에는 싱가포르에서 1년간 발행되었다.

《각국소식各國消息》은 영국사람 메드허스터가 1838년에 광주에서 출판했고 월간이었다. 석인에 책마다 8쪽이다. 아편 금지 사건이 있었기 때문에 겨우 몇 기期만 출판되었다.

---

441 _ 중국어 표기는 郭土立이다.

442 _ 팔각 기름이다. 팔각나무의 열매로 각이 져 있다. 팔각나무는 붓순나뭇과에 속한 활엽 관목이다. 높이 3~5미터의 상록수이며, 긴 타원형의 잎은 어긋나고 딱딱하다. 3~4월에 녹색을 띤 흰 꽃이 잎겨드랑이에서 피는데 열매에는 독성이 있다. 약재나 음식재료로 쓰인다.

443 _ 원래는 仁元이라고 되어 있는데 이는 이전의 숫자 표기라고 한다. 현재 중국 화폐 단위는 원元과 각角(10분의 1원)이 있다.

444 _ 한 담은 100근이다.

《하이관진遐邇貫珍》은 1853년(함풍 3년)에 홍콩에서 발행되었고 메드허스트가 주필이었다. 3년 후에 제임스 레기(James Legge, 1815~1897)[445]가 담당했다. 겉표지에는 "매 호마다 지묵비 15문을 받는다"고 쓰여 있다. 얼마 안 가 발행이 중단되었다.

《육합총담六合叢談》은 1857년(함풍 7년) 상해에서 출판되었으며 겉표지에는 '강소 송강 상해 묵해서관인江蘇松江上海墨海書館印'[그림 123]이라고 쓰여 있고 달마다 1책이 나왔다. 다음 해에 일본으로 옮겨갔고 곧 발행이 중단되었다.

《중외신보中外新報》는 영파에서 출판되었으며 "널리 보고 들으며 타일러 깨우치고자 한다"는 주제를 표명했다. 사진에 의하면《중외신보》제1호 아래에 작은 글씨 두 줄로 "1858년 함풍 8년 11월 15일"이라고 쓰여 있다. 그러므로 과공진戈公振이《중국보학사中國報學史》에서 함풍 4년(1854)이라고 한 것은 잘못이다. 정해正楷자 목각木刻이며 처음에는 반월 간행이었으며 매 기期마다 4쪽이었다. 후에 월간으로 바뀌었다. 2년 만에 발행이 중단되었다.

《상해신보上海新報》는 영국을 대변하는 중요한 기관지로《자림보字林報》혹은《자림서보字林西報》(North China Daily News)의 중국어판이다. 1862년(동치 원년) 출판되었으며 상해의 첫 번째 중국신문이다. 신문 첫 페이지에는 황포강黃浦江 풍경을 인쇄했다. 이 신문의 대부분은《자림보》에서 번역한 것이고 나머지는《경보京報》나 홍콩 신문에 전재轉載되었으며 매월 2일에 1장씩 나왔다.《신보申報》가 창간되어 일간으로 바뀌자《신보》와 경쟁하게 되었고 후에 사람들이《신보》에 호의적이자 드디어 자동 폐간했다.《자림보字林報》는 또 다른 중문판 이름으로《호보滬報》[446]라고 했으며 광서 8년(1882)에 창간되

---

445 _ 중국어 표기는 理雅各다.

[그림 123-1]

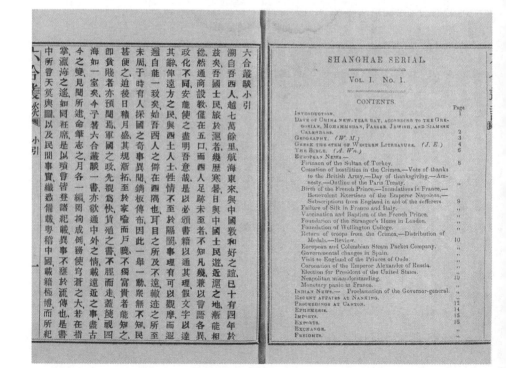

六合叢談小引

湖自吾西人、越七萬餘里、航海東來、與中國敎和好之誼、已十有四年於
兹矣、吾國士民旅於滬者、幾歷寒暑日與中國士民遊近滬之地漸能相
穩然通商設敎僅在五口、而西人足跡未至者、不知凡幾兼以言語各異、
政化不同安能使之盡明吾意哉、是以必頌書籍以通其理、假文字以達
其辭倬遠方之民、與西土人士性情不至於隔閡事理有可以觀摩而遲
遲自能一致矣始吾西人之僑在西隅也、耳目之所及不遠輙迹之所至
未周于時有人採國之奇事異聞、鋟板傳布因此一擧一勤衆無不知民
甚便之迢後日積月盛其規漸拓至於家喩而戶曉不獨富貴能知之、
即貧賤者亦預聞焉、軍國之政先覩爲快貨殖之事、盡古
海如一室矣、今予著六合叢談一書、亦欲通中外之情載遠近之事
今之變、見聞所逮命肇志之月各一編罔拘成例、務使冗著之大、若在指
掌瀛海之遙、如同衽席是以殫晉皆登諸祀載異事不遑於流傳也、是書
中所音天冕輿圖以及民間事實織恐備載學稻中國載籍極博、而所紀

八合叢談 小引 一

[그림 123-2]

[그림 123] 상해에서 비교적 초기에 출판된 연자인본, 묵해서관 1857년에 발행된 《육합총담》

었다.

《신보申報》는 1872년(동치 11년) 4월 30일 영국 상인 어네스트 메이저(Ernest Major, 1830~1908)[447]가 창립했다. 메이저는 처음에 그의 형과 함께 중국에 차를 팔았으며 중국어와 한자에 능통했다. 차사업이 손해를 보자 사업을 바꾸기로 생각했다. 처음에 매판 진화경陳華庚의 《상해신보》의 판매가 좋은 것을 보고 신문사를 설립하자는 의견을 내어 《신보》를 설립했다. 상해의 각 상점에서 소매로 팔았는데 한 장당 8문文을 받았다. 광서 32년에 《신보》관館은 매판 석자패席子佩가 돈을 빌려 이를 이어받았으며 명의는 외국인으로 했다. 민국 원년 석자패는 신보관을 사량재史量才에게 팔아 드디어 완전히 중국인의 손에 들어왔다. 《신보》는 1948년 5월 25일에 정간되었는데 77년 26일간이라는 오랜 세월동안 출판되었고 25,599호까지 내었다. 역사가 가장 길고 영향력도 가장 커서 전국적으로 명성이 높았으니 과거에는 부녀자나 어린아이도 모두 아는 신문이었다.

《신문보新聞報》는 1893년(광서 19년)에 발간되었고 처음에는 중국인과 외국인이 합자로 했으며 후에 미국인 존 퍼거슨(John Calvin Ferguson, 1866~1945)[448]이 출자하고 구매하여 《신보》와 함께 상해의 오래된 신문이 되었다.

민보民報　　　《경보京報》《원문초轅門鈔》 등과 같은 관보官報는 관리들에게 읽도록 제공되었으며 통치계급이 내부에서 참고하도록 되어 있어 민의民意의 목소리는 없었다. 외국신문은 본국의 이익을 각각 대표했다. 중국인이 스스로 창간해야만 사회여론을 표현할 수 있었기 때문에 비로소 중국인 스스로의 신문이 생기게 되었다.

---

447 _ 중국어 표기는 美査이다.
448 _ 중국어 표기는 福開森이다.

홍콩의 《중외신보中外新報》는 홍콩의 중요한 신문인 《자랄보孖剌報》(China Mail)에서 나온 것이다. 《자랄보》는 《중영합벽자전中英合璧字典》을 인쇄했기 때문에 일찍이 중문활자를 구매하여 함풍 8년(1858)에 오정방伍廷芳의 건의에 따라 중문판 석간신문을 냈으며 이를 《중외신보》라 했다. 처음에는 이틀에 한번 나왔고 일간으로 바꾸었다. 오정방이 그 일을 주관하여 중국인이 단독으로 주재하게 되니 모든 일체의 영업권리도 중국인에게 속했다. 오직 《자랄보》의 영업공간만을 이용했으며 기계 연활자를 사용했고 이 신문에 서양인의 광고를 등재했으니 이는 중국인이 스스로 설립한 최초의 현대적 신문이다.

《향항화자일보香港華字日報》[449]는 홍콩 《덕신보德臣報》(Daily Press)의 중문판이다. 동치 34년에 창간되었다. 제창자는 이 신문의 주필이었던 진애정陳藹亭이었고 그의 친척 오정방 등이 그를 도왔다. 진애정은 교회의 외국인으로부터 구 연활자 한 세트를 사서 스스로 편집하고 《덕신보》를 맡아서 인쇄 발행했다. 얼마 지나지 않아 진애정이 쿠바 총영사로 임명되자 그의 아들 진두원陳斗垣이 이어 맡았다. 후에는 《덕신보》와 분리되었고 1926년까지 계속 발간되었다. 그러므로 이 두 신문은 비록 홍콩 영자신문에서 나온 것이지만 중국인이 경영했으니 중국인 스스로 창간한 신문으로 선구자적 역할을 했다고 말할 수 있다.

내지에서도 계속하여 《소문신보昭文新報》가 발행되었는데 동치 12년에 한구漢口에서 창간되었고 발기인은 애소매艾小梅다. 처음에는 월간으로 나왔으나 후에 5일간으로 바뀌었고 판로가 없어 발행이

---

[449] _ 香港은 홍콩이지만 신문명이라서 '홍콩화자일보'라 하지 않고 원명대로 했다.

중단되었다.

개량주의자인 소주 사람 왕도王韜(자전紫詮 · 위원韜園, 호는 천남둔수天南遯叟)는 병란을 피해 광동으로 왔다가 영국 학자 제임스 레기가 《오경》을 번역할 때 끌어들였고, 거금으로 영국으로 초빙되어 갔다가 동치 9년에 서양에서 돌아왔다. 또한 일본으로 가 일본 시인들의 시에 운율을 맞추어 화답하기도 했다. 개인 문장을 인쇄했으며 "서양에선 경전의 스승이고 일본에선 시의 선조다"는 말이 있다. 왕도는 재기가 충만하고 외국의 시무에 밝았으며, 학식이 깊고도 넓고 선견지명이 탁월하여 당시에 필적할 만한 사람이 없었다. 동치 10년 홍콩에서 주식을 공모하여 영국교회 인쇄소를 매입한 후 중화인무총국中華印務總局으로 이름을 바꾸었다. 13년(1874) 봄에 중화인무총국에서 홍콩 《순환일보循環日報》를 창간하고 왕도 스스로 주필이 되었다. 초창기 신문은 서양 종이를 사용했는데 선박 출입항 때에는 현지 종이를 사용했다. 첫 난欄에는 《경보京報》문장을 골라서 수록했고 다음에는 광주廣州의 뉴스를 실었고, 그 다음에 중국과 해외 뉴스를 실었다. 첫머리에는 반드시 논설 한 편이 실렸는데 서양의 제도를 취하여 중국에 맞도록 해야 한다며 청나라 조정을 풍자하고 개혁하고자 했다. 《도원문록외편韜園文錄外編》은 그의 논설을 묶어 놓은 것으로 그중에 〈의색귀오문의宜索歸澳門議〉등의 문장이 있다. 이 신문은 민국 15년까지 계속 발간되었다.

왕도는 또 영문일보도 응당 중국인이 발행해야 된다고 건의하여 서양신문의 중국에 대한 불리한 왜곡선전을 바로잡고자 했다.

홍콩의 《순환일보》는 같은 해 5월에 상해에서 출판되었고 용굉容宏이 발기한 《회보滙報》는 주식을 2만원이나 공모 모집했는데 투자자는 주로 광동사람이었다. 7월에 《휘보彙報》로 이름을 바꾸었다. 《신보》는 외국인이 창간한 것이어서 당시 중국 사정에 불리한 것이 실리면[450] 즉시 필전筆戰이 이루어졌다. 광서 원년에 새 주식을 증자했고 이름도《익보益報》로 바꾸었다.

중·프전쟁과 중·일전쟁이 실패하자 제국주의자들은 중국을 나눠먹기로 꾀했으니 중국은 매우 위험한 상태에 처하게 되었다. 애국지사들은 천하 흥망은 필부의 책임에 있다고 여겨 망해가는 조국을 구해보고자 분분히 돈을 기부하여 신문, 잡지를 창간했으니 상해 한 곳만 해도《소보蘇報》·《민립보民立報》등 32개의 일간 신문사가 있었다. 천진에는 광서 28년에《대공보大公報》가 창간되었다. 각지의 신문사들은 서방사회의 정치 경제 및 일본 메이지유신을 소개하며 중국인의 각성을 촉구했고 변법유신과 일본을 배우도록 하여 부국강병을 꾀하고자 했다.

민간신문이 통치계급의 이익에 부합되지 않을 때는 종종 폐간되었으며 창간한 사람이 심지어는 엄한 형벌을 받기까지 했다. 일찍이 옹정 4년《소초小鈔》(소보小報)를 편집 간행한 하우산何遇山·소남산邵南山은 참형을 당했다. 양계초는 무술정변 후에《청의보淸議報》를 출판하여 자희태후를 공격하니 청나라 조정에서는 10만냥 현상금을 내걸고 강유위와 양계초를 검거하고자 했다. 그러나 상해《소보》안건은 더욱더 한 시기를 떠들썩하게 했으니 사천사람 추용鄒容은《혁명군革命軍》이란 책을 썼고, 장병린(장태염)은 이 책 서문을 썼다.《소보》는 좋은 문장으로 이름을 날렸는데《혁명군》의 내용을 소개했다. 그러자 청 조정은 상해의 공동조계의 공부국과 결탁하여 추용과 장태염을 감옥에 가두고,《소보》는 폐간되었다. 후에 추용은 옥중에서 병사했다. 한구漢口《초보楚報》는 월한粤漢[451] 철도 차관 계약을 발표

450_ 본문에는 "遇当时有不刊于中国之事"인데 내용상으로 볼 때 "遇当时有不利于中国之事"의 오기인 것 같아 고쳐서 번역했다.

451_ 광동과 한구를 말한다.

하여 신문은 압류당하고 주필 장한걸張漢傑은 10년간 감옥에 있었다. 《중경일보重慶日報》는 지부知府 악방鄂芳의 악랄한 행적을 게재하자 압류당하고 주필 변소화卞小和는 하옥되어 옥사했다. 이와 같은 일은 끊임없이 발생했다.

정말 이상한 점은 외국인도 늘상 간섭했다는 점인데 예를 들면 북경의 《경화보京話報》는 중국 노동자들이 남아프리카에 간 후 영국인들의 학대를 받은 사실을 게재하자 가겠다고 응모한 노동자들이 줄어들었다. 이에 영국 사신은 발간을 금지하도록 외부에서 압력을 행사했다. 하문廈門의 《노강보鷺江報》가 금문교안金門教案을 게재하자 영국 영사들은 하문 정부에 강제 폐쇄하도록 청했다. 《한구보》가 러시아 도승道勝은행[452] 행원 모씨가 개인 금융점포를 열어 자본이 부족하여 예금 인출이 엉망이 되어버렸다고 게재하니 러시아 대사는 악당도鄂當道에게 봉쇄하도록 청했다. 이런 이상한 일은 하나뿐이 아니었으니 충분히 당시 중국의 반식민지 지위를 보여주고 있다.

청말에 신문업계는 두 파로 나뉘었는데 군헌君憲과 민주로 즉 개량파와 혁명파의 경쟁이었다. 전자는 원래의 토대 위에서 어느 정도 개량하는 것이고 후자는 "지금의 악랄한 정부를 전복시키고, 토지는 국유화하고, 공화정부를 건설하자"는 요구를 했다. 또한 손중산 선생의 민족, 민권, 민생의 삼민주의와 자유, 평등, 박애의 민주공화사상을 홍보했다. 경술庚戌 · 신해辛亥 때에는 입헌을 주장하는 신문이 혁명파를 무너뜨렸다. 또한 '일자무식꾼인 친왕과 대신들, 경조京調 이황二簧이나 노래하는 장군, 팔기군의 우두머리'들은 부패하고 탐욕과 전횡을 휘두르며 날로 한인漢人들을 억압했다. 이에 한족 사상의 발흥을 고취시키자 민심이 격앙되어 "오랑캐를 물리치고 신주神

452_ 러시아어로는 Русско-Азиатскийбанк, 영어로는 Russo Chinese Bank이다.

州를 광복하자"는 거국적으로 일치된 구호가 되었다. 그러므로 무창 기의는 전국적으로 호응을 받아 청 정부는 즉각 붕괴되었고 신해혁 명이 성공했다. 이 혁명은 비록 무수한 혁명 열사들이 희생하여 뜨 거운 피로써 바꾼 것이지만 당시에 확대된 신문이 가장 강력한 여론 을 만들어서 대성공한 것이다.

청말에 신문 잡지의 발흥으로 인하여 서양 연인과 석인법이 결국 도태되고 중국에 원래 있던 목판 인쇄가 대신 성행하게 되었다.[410]

지폐紙幣

함풍 연간에는 대외적으로는 굴욕, 대내적으로는 진압의 시대였 다. 제2차 아편전쟁으로 말미암아 영국과 프랑스에 준 배상금은 각 각 은 8백만 냥이었다. 또 도광 이래 마약 아편의 수입은 매년 증가 하여 도광 6년에는 쌀값이 한 말에 360전에 이르렀다. 백은이 외국 으로 대량 유출되었고 중국 내의 은 시세는 날로 높아져만 갔다. 태 평군 기의 후에 운남에서 생산되는 동銅이 북경까지 운반되지 못하 여 돈을 만들 수가 없었고 군비와 치수공사에 들어가는 돈이 막대하 여 정부재정은 지탱할 수가 없게 되었다. 이리하여 함풍 초기에 큰 동전을 주조하게 되었으니 당십當十, 당오십, 당백, 당오백, 당천當千 까지의 대전大錢이 있었고, 또 철을 주조한 당십대전當十大錢도 있었 으며 납을 주조하여 만든 돈도 있었다. 제전制錢 1문文의 중량은 1 전 2푼, 당십전當十錢의 중량은 4전 8푼, 당천전當千錢의 중량은 겨우 2량二兩이고, 16제전의 중량은 당1천에 이용되었다. 대전은 교역이 불편하여 당백이나 당오십은 모두 유통되지 않고 오로지 당십만 유 통되었다. 함풍 9년 당십대전이 겨우 제전 1문의 가치에 해당되자 민간에서는 개인적으로 당십대전을 녹여 주조하게 되니 여러 가지 폐단이 생겨났고 은값은 점점 비싸지고 모든 물건 값이 폭등했다.

함풍 3년 5월에 호부戶部에서는 관표官票를 만들었는데 표면은 1
냥兩 · 삼냥 · 오냥 · 십냥 · 오십냥의 다섯 종으로 종이는 피지皮紙를
사용했다. 앞머리에는 '호부관표戶部官票'라 쓰여 있고 왼쪽에는 만주
어, 오른쪽에는 한자로 쓰여 있다. 중간에는 '이냥평족색은약간냥二
兩平足色銀若干兩'이라고 표기되어 있다. 아래에는 "호부에서 주청하
여 관표를 만드니 원컨대 관표를 은전으로 바꾸는 자는 은과 일률적
으로 정한 규정에 의하여 관부의 금액으로 바꾸어 준다. 위조자는
법에 의해 죄를 다스린다"고 쓰여 있다.[411] 테두리 문양은 용문양이
고 문양과 글자는 모두 남색이며 은수銀數는 검은색으로 인쇄되었으
며 임시로 적어 넣었다. 지폐발행 소식이 전해지자 북경 시내는 곧
장 혼란스러워졌으며 북경성 안팎에는 하룻밤 사이에 문을 닫은 돈
점포가 2백여 곳이나 되었다.

은표銀票 이외에 함풍 3년 11월에 또 돈을 발행하고 앞머리에는
'대청보초大淸寶鈔', 중간에는 '준족제전약간문准足制錢若干文'이라고
표시했다. 아래에는 "이 지폐는 즉 제전制錢 대신에 통용하고 거래에
준하여 지정地丁 지세 모든 과세를 납부할 수 있다. 북경 밖에 창고
를 하나씩 두고 일괄적으로 거두어 해결한다"[412]고 쓰여 있다. 도안
과 글자는 모두 남색이고, 금액은 새겨진 것도 있고 또 임시로 써 넣
은 것도 있다. 중간 도장은 '대청보초지인大淸寶鈔之印'이라고 붉은 네
모난 도장이 찍혀 있으며 절취선에는 원형의 도장이 찍혀 있다. 연
월 아래에는 흑색 장방형 도장이 찍혀 있고 일련번호는 천자문千字文
을 사용했다. 번호는 모두 나무도장을 사용했다. 관표 은 1냥은 제
전 2천에 해당되고, 보초 2천은 은 1냥에 해당되었다. 보초법이 반
포 시행된 후 2년이 안되어 돈 가격이 점점 올라가니 관표 은 1냥,
보초 1천은 제전 4~5백문에 해당되고 후에는 겨우 2백여 문에 해당
되었다. 보초와 은표를 현금으로 바꿀 수가 없게 되니 보초의 유통

으로 국내외 군대와 백성이 모두 고통스럽게 되어 보초는 드디어 중단되었다.[413]

과거에 북경의 가판대에서는 이런 장방형 남색 폐초廢鈔를 팔았으며 필자도 몇 장 소장하고 있었는데 후에 어디로 갔는지 모르겠다.

연화年畫[453]

북송시대 수도에서는 이미 인쇄한 문신門神을 팔았다. 미신적인 문신은 후에 확대되어 사회생활을 반영하는 연화年畵가 되어 농민의 사상과 바램을 기탁하고 재복을 빌었다. 예를 들면 오곡 풍성이라든가 부귀장수, 경사롭고 여유 있으며 해마다 귀한 자식을 낳고 재산이 집안에 가득하길 바랬다. 또 삼국지나 포청천의 희곡 이야기 및 신화 우언, 천축에서 불경을 가져온 이야기, 백사白蛇가 선초仙草를 구한 이야기, 쥐 시집보내기, 서호풍경 등이 있다. 사농공상의 일상을 세밀히 그리는가 하면 골목에서 본 것, 천하의 큰 일 등 연화의 제재는 광범위했다. 이런 일들과 노동자의 사상 감정은 밀접히 연관되었기 때문에 형상이 생동적이고, 울긋불긋한 선명한 색채를 사용했으므로 절강 일대에서는 연화를 '화인지花人紙'라 불렀다. 농촌의 부녀자와 아이들이 가장 즐겨 보았고 집안에서도 설을 쇨 때에 일종의 미술 장식품으로 벽에 붙이며 설날의 분위기를 더했다.

청대 연화는 남북 각지에 보편적으로 분포되었으며 강희 연간에는

453_ 우리나라에서는 세화歲畵라고 하는데 사전에서의 의미는 "조선 시대, 새해를 축하하는 뜻으로 궐내에서 만들어 신하들에게 나누어주던 그림. 설날이면 도화서圖畵署에서 성수선녀星壽仙女와 직일신장直日神將 등을 그려서 왕에게 바치고, 각 관아에서는 선물로 이런 그림을 교환했다"라고 되어 있다. 그러나 본문에서는 일반백성이 그리던 것이므로 그냥 원서대로 '연화'라는 명칭을 사용했다.

무석無錫이 가장 유명했다. "색감과 인물이 몹시 정교하여 북경에서부터 시골에 이르기까지 잘 팔려 먼 곳이라도 가지 않는 곳이 없다."[414]라고 할 정도였다. 부근의 무진武進은 겨울철에 문신門神을 인쇄하고 춘우도春牛圖를 팔았다. 그러나 생산량이 많고도 질적으로 비교적 좋은 곳은 다음의 다섯 군데다. 천진 부근의 양류청楊柳靑, 산동 유현灘縣의 양가부楊家埠, 창상倉上, 소주의 도화오桃花塢, 사천의 면죽綿竹, 광주부근의 불산진佛山鎭이다.

양류청楊柳靑　　양류청 연화는 대략 명나라 효종 홍치 원년 (1488)《구구소한도九九消寒圖》에서부터 시작했다. 청대의 가장 유명한 화상畫商은 건륭 연간의 대렴증戴廉增이다. 광서 29년 대렴증 화방에서는 서양판화를 밑그림으로 하여 판화 213종을 새롭게 새겼다. 그림에는 여몽정呂蒙正이 절에 가 밥 얻어먹는 이야기,[454] 낙양교洛陽橋 이야기 등이 있으며 당시 사회를 반영하는 것으로는 새롭게 출현한 천진의 기차 모습, 여자가 자전거를 타는 모습 등 매년 1백만 장을 인쇄했다. 대렴증과 이름을 나란히 하는 사람으로는 제건륭齊健隆이 있다. 또 혜륭惠隆・성흥盛興・증순增順・애죽재愛竹齋・만순항萬順恒 등의 화방이 있다. 함풍 동치 연간에는 개업한 화방이 거리의 반을 차지했다. 화가로는 고동헌高桐軒・장준정張俊廷・왕윤백王潤柏 등 많은 사람이 있다. 후에 또 남향南鄕 초미점炒米店[455]과 동풍

454_ 중국제목은《여몽정간재呂蒙正趕齋》로 중국사람들이 좋아하는 이야기다. 그 줄거리는 다음과 같다. 북송 재상 유무지劉懋之의 딸 옥란玉蘭은 가난한 수재인 여몽정을 남편으로 맞아들이고자 하나 아버지 반대에 부딪히고 집에서 쫓겨난다. 그 후 여몽정과 고생을 하는데 여몽정은 매일 목란사木蘭寺에 가서 제사드린 음식을 얻어먹는다. 하루는 절에서 돌아오니 눈위에 남자 발자국이 있어 아내가 부정을 저질렀다고 의심하고 차갑게 대한다. 부부 싸움 끝에 친정에서 돈과 쌀을 가져온 것을 알고는 화해한다. 그리고 십수 년 후에 여몽정이 장원급제한다는 내용이다. 특히 1960년에 이를 주제로 한 공연을 본 모택동, 유소기, 주은래, 주덕 등은 이 공연을 몹시 칭찬했다고 한다.

대東豊台까지 발전해 갔다. 초미점에는 연화 공방이 60여 집이 있었
으며 가정에서 부업으로 했다. 동풍대의 연화 역시 1백여 년의 역사
가 있으며 그들 영업은 선통 초년에는 한때 양류청과 초미점을 능가
하기도 했었다. 수많은 연화 공방에서는 나무판 손인쇄기를 끌던 방
법을 축력畜力을 이용하여 생산량이 대폭 증가했다. 이 몇 곳의 생산
품을 통칭 양류청 연화라고 하며 철도를 이용해 동북, 산동, 하남 일
대로 팔려 나갔다. 좌종당左宗棠이 서쪽 정벌 시에 상인들은 이 대군
대를 따라 머나먼 신강新疆까지 가서 연화를 팔았다. 광서 26년(1900)
제국주의 기병 30명이 양류청에 들이닥쳐서 공방의 화판들이 대부
분 소실되었다. 1954년 하북문화국이 양류청으로 가서 제건륭 등 유
명 화방이 갖고 있던 화판 1만 6천 근, 약 1천 종의 판화 견본품을 수
집하였다. 그 후 정정正定에 있는 융흥사隆興寺까지 가지고 가서 문화
관리회에 보존하도록 건넸는데 문화대혁명 후 어디로 갔는지 현재
는 모르겠다.

유현濰縣   유현 연화는 약 1백 년의 역사를 갖고 있으며 원고
는 현지의 화공 이외에 양류청이나 무강武强에서 온 사람들이 그리
기도 했다. 유현 양가부楊家埠의 전성기 연화 판매량은 1년에 7천만
장이나 되었다. 가게 이름을 알 수 있는 화방으로는 광흥륭廣興隆 ·
서장흥西長興 · 항흥복恒興福 · 의순성義順成 · 광성태廣盛泰 등이 있다.
창상倉上에는   항성복기恒盛福記 · 항성화점恒盛畵店 · 복경융화점福慶
隆畵店 등이 있었다.

소주蘇州   소주 도화오桃花塢 연화는 고소판姑蘇版이라고도
하며 그 기원은 약 강희 초년이라고 하는데 일설에는 명대에 이미
있었다고도 한다. 건륭 연간에 가장 번성했고 청초에 유명했던 무석

---

455 _ 산동성 제남에 있다.

연화를 대체했고 심지어는 청말에도 여전히 남방연화의 주도권을 잡고 있어 먼 지방에서 문신門神과 오색 그림을 사기 위하여 도화오로 운집했다. 도화오 화방은 함풍 전에 장성취張星聚·장문취張文聚·위홍태魏鴻泰·춘원春源 등이 있었지만 작품 대부분은 이미 없다. 동치 광서 연간에는 진동흥陳同興·왕영흥王榮興·오태원吳太元·진동성陳同盛·명운각鳴雲閣 등이 있었다. 이들은 고소姑蘇 현묘관玄妙觀·개화부귀花開富貴 등의 그림을 그렸다. 화가로는 묵낭자墨浪子·도오주인桃塢主人·묵림거사墨林居士·정응종丁應宗·진인유陳仁柔·유덕劉德·채위원蔡衛源·이취국李醉鞠·김춘순金春順 등이 있다. 건륭 초에는 서양 필법을 흉내 낸 그림들이 출현했다. 태평천국 말기에 청나라 병사들이 소주를 공격하여 풍교馮橋·산당山塘 일대의 연화 공방들을 7일 밤낮 동안 태워 버렸으나 이후에도 계속 도화오에 집결했다. 소주 연화는 양주揚州와 남통南通 지역에 영향을 주었을 뿐만 아니라 또한 일본에도 전해져서 일본의 아름다운 우키요에[浮世繪]의 발전을 촉진시켰다.

면죽綿竹　　면죽의 연화는 역사적으로 양류청·유방·도화오와 함께 명성을 얻었다. 청 건륭 연간에 일찍이 크고 작은 공방들이 3백여 집이나 되었고 화방은 30여 개, 연간 생산하는 판매품은 130만여 점이었으며 멀리는 인도와 미얀마 및 동남아 각국에도 팔았다. 그림 속의 인물이 두드러지고 구도가 가득 차 있으며 색채도 선명하여 대비가 강렬하다. 판목에 새긴 그림은 일반적으로 초안을 잡는 역할만 했고 채색을 뛰어나게 하여 다른 연화와는 다르다.[415]

불산佛山　　불산에서는 대량의 도서간행을 했을 뿐만 아니라 또한 전문적으로 연화와 문신門神을 판매했다. 책하柵下·금란錦瀾 지역에 점포가 특히 많았다. 함풍 동치 연간에 이 사업이 무척 성행했는데 남녀노소들이 항상 부적으로 지니고 있기에 신불의 화상이나 문신

門神, 호랑이를 베껴 그려주는 업자가 있었다. 불산 연화는 130여 종이 있으며 남양군도까지 팔려 나갔고 각지의 화교들이 무척 좋아했다.

대만臺灣　　대남臺南의 송운헌松雲軒은 도광 연간에 개업했으며 상서로운 판화, 종교판화, 경서교과서, 사원의 첨경簽經 등을 인쇄 간행했다.

1936년에 일찍이 어떤 사람이 하북성의 보정保定 공방에서 연화 237종을 판각한 것을 조사했는데 그것이 모두 보정의 현지 물건은 아니었다고 한다. 무강武強의 연화 역시 오래된 역사가 있다. 1955년 필자가 북경 백탑사의 묘회廟會에서 일종의 타등미打燈謎[456] 채화彩畫를 본 적이 있는데 모든 수수께끼 하나에 그림이 하나씩 그려 있었고 인쇄가 거칠었으며 '무강왕기武強王記'라는 글자가 있었다. 개봉성 내에는 전문적으로 하남 주선진朱仙鎮에서 판각인쇄한 연화만을 파는데 약 1백여 종이 있으며 선이 거칠고 채색은 간단하다. 산동 요성聊城은 문신門神 마자馬子의 집산지로 옛 점포로는 동태同泰·통순通順·복흥福興 등이 있다. 대부분 조운趙雲이 아두阿斗[457]를 안고 있는 삼국지 이야기를 그려 팔고 있다. 양곡현陽谷縣 장추진張秋鎮은 요성 연화의 중심지다. 진남전구晉南專區[458]에서는 1961년에 일찍이 3백

456_ '시등미猜燈謎'라고도 하는데 정월 대보름에 노는 오락의 일종으로 송나라 때 생겼다. 남송 때 수도 임안臨安에서는 정월 대보름만 되면 등불을 보며 수수께끼를 푸는 사람들이 많았다. 애초에는 놀기 좋아하는 사람이 수수께끼를 종이에 쓰고 오색찬란한 등 위에 붙인 후 맞추도록 했다. 이는 일종의 기지와 유머, 해학이 있는 문예 오락이다. 지금도 대보름이 되면 여러 곳에서 수수께끼가 쓰여 있는 등불을 내거는데 해마다 평안하고 복을 받으라는 희망을 담고 있다.

457_ 유비의 아들인 유선을 말한다. 아두는 유선의 아명이다. 이는 조자룡이 아두를 안고 장판교에서 싸우는 장면을 묘사한 것이다.

458_ 산서성에 있던 이미 폐지된 행정구역이다. 지금은 진남지구晉南地區로 바

여 종의 목판연화를 수집하고 정리했는데 '문화대혁명' 기간 동안에
'사구四舊'로 간주되어 모두 훼손되었다. 산서성 풍진豊鎭에는 조왕할
아버지[459], 월광마月光馬[460] 등 미신적인 옛 판만 겨우 남아 있다. 양
주시揚州市 박물관에서는 일찍이 양주의 5백여 개의 연화판을 수집
했었다. 이외에도 남경·남통, 절강의 항주·소흥, 안휘의 부양阜
陽·숙현宿縣·박현亳縣·경현涇縣, 복건의 천주泉州·장주漳州, 호남
의 장사長沙, 소양지구邵陽地區, 초남탄楚南灘·호북·섬서陝西의 봉상
鳳翔·귀주 등 각 성의 현의 연화가 있고 그 산지는 14개 성에 분포
되어 있으니 몹시 왕성했었다고 할 수 있다. 각지 연화는 현지의 향
토색을 띠고 있어 백화제방의 국면이 되었다. 시대적인 한계로 말미
암아 자연히 망가지게 되는 것도 면할 수는 없었다. 청말에 외국자
본의 침입으로 농촌경제는 파탄 났고, 원가를 낮추기 위하여 그림원
고의 대부분을 초학자나 가정주부들이 그리게 되었으므로 조잡하고
거칠어졌다. 또한 노력과 재료를 줄여가며 울긋불긋한 수입산 염료
와 열악한 종이를 사용했다. 동시에 상해 등 대도시에서 생산된 채
색 석인연화가 광범위하게 성행하여 이전의 목각 채색인쇄의 연화
는 결국 다시는 활기를 되찾지 못했다.

연화는 백성의 문화생활을 풍부하게 할 뿐만 아니라 정치부패를 풍
자하기도 하고 제국주의 침략에 반항하는 도구로도 사용되었다. 양류

꿰었다.

459 _ 조왕신竈王神, 즉 부엌의 길흉화복을 맡아보는 신이다.

460 _ 월광지月光紙라고도 한다. 월광지는 달의 신과 월궁을 그린 종이다. 청 부
찰돈숭富察敦崇《연경세시기燕京歲時記·월병月餠》에서 월광지에 달의 모습
을 가득히 그리고 계수나무 밑에 토끼가 약방아를 찧고 있는 모습을 그렸다고
한다. 종이가 작은 것은 3촌이고 크면 1장이 되었으며 금색으로 휘황찬란하
게 장식했다. 집안에서는 달이 뜨는 쪽에 두었다가 추석날 밤에 달에게 제사
드리고 난 후 지전과 함께 월광지를 태워 보낸다.

청 연화는 지현知縣의 옷을 만들어 판에 붙힌 후 현장에서 도끼로 판을 깨도록 했다. 또 광서 28년에 북경성 백성들이 점포를 강탈하는 그림을 그리기도 했다. 청말에 서양인 선교사들이 내지로 들어와 분분히 토지를 강탈하고 교회를 설립하였다. 수많은 교인들이 서양인의 세력만을 믿고 마을 사람들을 마구 짓밟았는데도 지방관리들은 외국인들을 호랑이처럼 무서워하여 전혀 보호해주지 못했다. 이에 국민들은 참으려 해도 참을 수 없고, 항거 안할 수도 없어서 작은 소책자와 울긋불긋한 풍자화를 이용하여 제국주의에 대항하는 투쟁의 무기로 삼았다. 호남성 장사의 등무화鄧懋華・증욱문曾郁文・진취덕陳取德 등이 경영하는 서방에서는 모두 이런 선전품을 출판했다. 등무화가 간행한 《근존성유벽사전도謹遵聖諭辟邪全圖》에는 〈귀배저정도鬼拜豬精圖〉[461]・〈사저참양도射豬斬羊圖〉[462] 등이 33쪽에 그려져 있어 무한武漢에 살고 있던 서양인들을 격노시켰다. 그들은 이런 작품은 하나님과 인류를 모욕하는 것이므로 만일 이런 선전을 그치지 않으면 곧 무력행사를 하겠다고 했다. 1891년에 그들은 이런 책을 한구에서 영어로 번역하여[416], 자기들 나라로 보내니 이로써 본국의 통치계급을 격분시켜 중국침략을 위한 여론을 형성했다. 10년이 안되어 8개 제국주의 국가들이 정말로 연합하여 침략을 했다. 8국연합군이 천진으로 쳐들어온 후에 판화가들은 다시 〈천진성 안에 지뢰를 묻어 놓고 동복상董福祥의 군

---

461 _ 중국인들은 천주교의 天主[tian zhu]를 발음이 비슷한 天豬[tian zhu: 하늘 돼지]로 사용했다. 그래서 돼지의 정령[豬精]은 바로 예수를 말한다. 〈鬼拜豬 精圖〉는 서양 목사 둘을 그렸는데 그들이 바로 귀신이고 이 귀신들이 돼지에게 무릎을 꿇고 예배드리는 모습이다. 돼지 몸에는 '예수[耶穌]'라고 커다랗게 써놓았으니 바로 돼지는 예수의 화신이라는 의미였다.

462 _ 서양인들을 경멸할 때 자주 등장하는 동물이 바로 羊인데 이도 서양의 洋과 발음이 비슷하기 때문이다. '사저참양射豬斬羊[she zhu zhan yang: 돼지를 쏘아 죽이고 양을 베어 죽인다]'은 '謝主讚揚[xie zhu zan yang; 주에 감사하고 찬양한다]의 발음과 비슷하다.

대가 서양병사에게 대승하는 그림[天津城埋伏地雷,董軍門[463]大勝西兵圖])〉[417]을 그렸다. 동복상이 서양병사들을 대파하는 모습과 서양 병사들이 지뢰가 터져 몸이 으스러지고 하늘에 피가 튀는 정경을 묘사하여 서양인을 대파하는 위풍을 나타냈다. 채색판화는 장식품으로 감상용일 뿐만 아니라 또 이처럼 종종 적에 대한 투쟁용으로 사용되었으며 애국주의를 선전하는 교육의 유력한 무기로 사용되었음을 알 수 있다.

중국 연화의 영향은 일본과 월남에도 전해졌다.

10. 장 정

청말 서적의 장정은 명말의 옛 방법을 계승하여 기본적으로는 선장線裝을 사용했으며 그래서 이를 장정裝訂이라고 하며 장배裝背라고는 하지 않는다. 천일각에 청 필사본 《서반역어西番譯語》[418] 1권이 있는데 길이가 수장數丈에 이르고 백지에 글을 썼다. 붉은 나무 축이 있으며 1권으로 말아 놓았는데 청대에 겨우 볼 수 있는 권축장卷軸裝이다.

범협장梵夾裝   《청용장淸龍藏》에서만 볼 수 있고 기타 엉성한 인본불경이 있으며 비첩책碑帖冊 페이지가 있을 뿐이다.

호접장   《순치5년강남향시록順治五年江南鄉試錄》 1책에서만 볼 수 있다. 청대《부역전서賦役全書》속에 간혹 호접장이 있는데 이런 것들은 완전히 별개의 예다. 강희본《청재당화화훼영모靑在堂畫花卉翎毛》3책은 벌레나 새의 전체적인 그림형태를 손상하지 않게 하기 위하여 시도한 것으로 책상에 책을 펴면 페이지가 책상과 같을 정도

463_ 감숙성 제독 동복상董福祥의 군대를 말한다. 청대에는 제독을 군문軍門이라고 불렀다.

로 크며 선장을 하지 않고 페이지만 풀로 붙여 만들었다. 일반적으로 선장서적 도판화는 실로 고정시키면 반페이지만 볼 수 있으므로 호접장으로 바꾸면서 전체 그림을 볼 수 있게 되어 일종의 개량본인 셈이다.

포배장包背裝　　청대의 인본 중에는 포배장이 많이 보이지는 않고 건륭 필사본《사고전서》7부와《영락대전》을 모방한 것이 모두 포배장이다. 문진각본 36,300책(책 수는 각閣마다 다름) 같은 경우는 책 표지를 초록, 빨강, 남색, 회색의 네 종류의 비단을 사용하여 춘하추동의 사계절을 상징했으며 이로써 모든 책의 경사자집 네 부의 내용을 구별했다. 현대 어떤 사람들은《사고전서》역시 노란비단 표구를 사용했다고 여기는데 이는 틀린 것이다. 포배장 가운데서 특히 거론할 만한 것으로는 요녕도서관에서 소장하고 있는 청대의《옥첩玉牒》(황실 족보)으로 선지화宣紙畫 주사란朱絲欄에 단정한 해서체로 쓰였다. 매 책은 높이가 약 90cm고 너비는 50cm다. 가장 두꺼운 것은 50cm 이상이다. 그중 가장 무거운 책이 약 1백 50~60근이 되고 모두 선반 위에 올려져 있어 필요할 때는 두 사람의 힘으로 들어 올려 이동시켜야만 한다. 포배장은 아주 견고하여 2백 년 동안 전혀 터진 흔적이 없다.[419] 이는 동독에서 소장하고 있는 17세기의 무게가 240근인 대지도와는 비록 비교할 수 없지만 그러나 중국에서 현존하는 가장 무거운 서적이라고 할 수 있다.

선장線裝　　청대 인본서 중에서 가장 보편적인 것이 선장이다. 19세기에 서양인들이 초기에 출판한 중문 간행물 역시 선장이었다. 책표지는 내부본內府本이 주로 황색지黃色紙를 사용했고 건륭 때의 고청지庫靑紙, 혹은 금속산장경지金粟山藏經紙가 가장 좋았다. 청대에는 구멍을 뚫어서 고정시켰으며 가장 자주 볼 수 있는 것은 여전히 4침 혹은 6침이다. 청대 선장은 명대와 비슷하고 면선棉線과 사선

絲線은 너무 가늘어서 쉽게 끊어지기 쉬워 어떤 사람은 두 줄의 청수백견선淸水白絹線를 써야만 단단하게 깊이 묶을 수 있다고 했다. 그러나 세월이 지나면서 역시 끊어지는 것을 막을 수는 없었다. 선이 끊어지고 나면 미관도 보기 좋지 않고 책장이 흩어지기 쉽다. 청나라 손경증孫慶增의《장서기요藏書紀要》에서 서적을 장정하는 것은 미관상으로 보기 좋아서만이 아니며 책을 보호하기 위한 것으로 모양이 우아하고, 두께가 적당하며, 정밀하고 단정해야만 비로소 제일이라고 할 수 있다고 했다. 책 페이지를 잘 접어야 하고, 오래도록 눌러야 하고, 가지런히 놓아야만 비로소 고수라고 할 수 있다. 침안針眼은 가늘게 해야 하는데 정확하고 작게 뚫어야 하고 초벌로 엮을 때의 침안 역시 그렇다. 또한 침안이 반드시 적어야 하는데 많으면 서뇌書腦가 손상되므로 나중에 다시 묶어야만 한다. 즉 침안이 많으면 쉽게 헤지므로 서뇌와 연결하는 것이 더욱 어렵다. 천天과 지地의 빈 곳은 위 아래가 서로 대칭이 되어야 하며 빠르게 칼로 재단해야 한다. 평평하고 빛이 나야 하므로 가는 사포로 다시 광택을 내야 하며 힘껏 눌러 가볍고 고르게 해야 권근卷根이 매끄럽고 평평하다고 했다. 이상 손경증의 선장서 제본법에 대한 의견은 비교적 정확하다. 잘 만든 선장은 세견포각細絹包角이다. 서책을 잘 묶은 후에 천지天地의 가장자리를 제대로 자르지 않은 것을 모장毛裝 또는 초장草裝이라고 하는데 대부분 초인본에 한해서 한다. 예를 들어 황지에 인쇄한 《고금도서집성》이 바로 이런 모장이다. 프랑스 인본 중에 어떤 것은 자르지 않은 것이 있어 읽으면서 자르는데 번거롭고 또 미관상으로도 가지런하지 못하여 실로 취할 바가 못 된다.

선장서 중에는 소위 '금양옥金鑲玉'이라는 것이 있는데 대부분 고서를 다시 제본할 때 사용한다. 얇고 작은 고서는 매 페이지[464] 속에 커다란 흰종이를 넣으면 위 아래 천지天地 가장자리에 흰 종이가 나오게 되어 밖의 부분은 마치 옥처럼 희고, 안쪽은 황금처럼 누렇기 때문에 '금양옥'이라고 부른다. 한 권이지만 두 권만큼 두꺼워 보통 선장에 비하여 판심을 많이 자르고 포지鋪紙에 풀을 붙여 끼워 넣은 후에 페이지를 접는 세 번의 작업이 필요하다. 이것의 단점은 책을 펼쳐볼 때에 천지 가장자리의 흰 종이가 종종 쉽게 떨어져 나간다는 점이다. 선장서는 금양옥을 포함하여 책표지가 약하고 얇기 때문에 포배장이나 호접장처럼 세워 놓을 수가 없고 오직 옆으로 뉘어 놓아야만 하며 서가에 놓을 때는 반드시 권근에 서명, 책차冊次를 가로쓰기 해야 하고 제첨題簽을 사용하면 책보기가 편해진다. 청대에 장서가들은 비단 커버나 비단갑[錦匣]에 책을 넣어두는 것을 좋아했는데 이때는 주로 산호나 벽옥과 같은 것으로 메뚜기를 만들었다. 외관으로는 아름다웠지만 남목楠木이나 향장갑香樟匣의 튼튼함에는 미치지 못했다.

청대의 서적 제본은 북경 외에 소주가 비교적 유명했는데 소주의 장정은 줄곧 송명 시대의 영예를 유지하고 있었다. 청 인본 중에는 장정 가격을 기록한 것이 있는데 함풍 후 상주 목활자로 인쇄한 《역경여화易經如話》는 장정한 매 질의 가격이 은 1푼이었다는 것을 알 수 있다.

티베트문 장정[藏文裝]　　　　티베트어 《감주이경》·《단주이경》의 장정은 위에서 말한 각종 장정과 다르다. 침안을 뚫은 선장도 아니고 포배로 페이지를 붙인 것도 아니고 그저 옆으로 인쇄한 종이 쪽지를 하나로 묶어 놓은 것이다. 노란 종이에 인쇄한 것은 어떤 때는 양면에 인쇄하고 어떤 때는 한 면만 인쇄하기도 하는데 보통 가로 12행이고 매 쪽마다 약 2척 정도가 되며 너비는 6촌 혹은 8촌이

464_ 고서는 낱장이 아니고 두 겹을 접어서 만들기 때문에 그 안에 넣는다는 의미다.

며 두께는 6~7촌에 이른다. 노란 비단이나 천으로 쌌으며 노끈으로 묶어 다시 두 쪽 목판 사이에 넣어 묶은 책은 나무쪽까지 합하여 무게가 20여 근이나 된다. 라마승들이 독경할 때 책을 두 무릎 위에 올려놓거나 책상에 놓고 순서대로 펼쳐가며 읽는데 만일 차례가 흩어지면 수습이 불가하다. 고궁박물관에서 목협판을 본 적이 있는데 위에는 채색 불상이 있고 테두리는 금으로 상감을 하고 진주와 홍색 남색 녹색의 보석을 상감하여 아주 화려한 장정으로 중국은 물론이고 외국의 제본 역사에서도 아주 보기 드문 물건이었다.

11. 인쇄재료

붓　　청대에는 통칭 호필湖筆·휘묵徽墨이라 하여 명대와 비슷했다. 과거 호주의 선련진善璉鎭에 붓 공방은 4백여 곳이 있었다고 하는데 남녀노소를 막론하고 열에 아홉은 붓을 제조할 수 있었다. 장기적인 노동자도 있고 일용직의 노동자도 있었으며 가게에서 재료를 받아다가 집에 가서 제조하기도 했다. 붓의 재료는 붓대와 붓끝 두 부분으로 나뉘는데 붓대로 쓰는 대나무 재료는 주로 여항余杭에서 구했으며 붓끝은 양털·족제비털·닭털·토끼털로 만들었다. 이리하여 양호羊毫·낭호狼毫·계호鷄毫·자양겸호紫羊兼毫 등의 명칭이 있게 되었고 제작이 아주 정교하여 글을 쓸 때에 마음에 들고 손에 익었다. 절강의 다른 현과 북경, 호남 등에서도 붓 제작이 가능했는데 그러나 모두 호필湖筆의 정교함에는 미치지 못했다. 청나라 왕사진王士禛은《거이록居易錄》에서 "지금 오흥의 토끼털 붓은 좋은 것이 1백전이고 양호는 이의 20분의 1밖에 안 된다. 가난한 선비들은 주로 양호를 사용하는데 부드러우나 봉鋒이 없다" 또 "근자에 호주에서는 전적으로 양모를 사용하는데 특히 부드럽고 골骨이 없으며 모양은 추하다"고 했다. 양호는 값이 저렴하므로 제작이 그다지 정교하지 못했다. 보통 사용되는 모필은 일반적으로 죽대를 사용하는데 드물게는 상비죽湘妃竹465・종죽棕竹대를 사용했다. 건륭제는 복식과 문구 완구에 몹시 신경을 썼는데 그가 사용한 붓대는 상아・옥관玉管・대모玳瑁・청석靑石・자단・오죽烏木・홍목紅木・채칠彩漆 등이 있었으며 화려하고 휘황찬란함이 어필御筆임을 나타내었다.

벼 루　　청나라 사람들이 귀하게 여긴 벼루 역시 여전히 광동의 단연端硯이었다. 건륭제는 특히 송, 원, 명 및 청초를 거치면서 유명인사들이 사용했던 벼루를 하나도 빠짐없이 수집하여 소중하게 보관했으며 대부분 벼루 위에 시를 새기고 제기題記를 써넣었다. 사대부 계급에서도 벼루를 좋아하는 수집가가 많이 출현했고 종종 보연재寶硯齋・십연재十硯齋466라고 서재 이름을 지었다. 그들은 옛벼루를 수집 소장하는 것 말고도 어떤 때는 스스로 새로운 벼루를 제작했다. 순치 연간에 평남왕平南王 상씨尙氏・정남왕靖南王 경씨耿氏를 소위 평平・정靖 이번二藩이라고 불렀으며 일찍이 단연을 채굴했다고 하는데 이후에는 소식이 없다. 단연 다음으로는 흡연歙硯으로 휘주부徽州府 무원현懋源縣의 용미산龍尾山에서 출토되는 청색녹취에 별모양이 많이 섞여 있는 돌을 최상품으로 쳤다[420]. 그러나 흡연 자체는 단연의 세밀하고 윤기가 나는 것에는 적수가 되지 못했다. 청

465_ 반죽斑竹을 말한다. 전설에 의하면, 순임금이 창오蒼梧에서 죽었을 때, 아황娥皇과 여영女英이라는 두 비妃가 흘린 눈물이 대나무에 묻어 얼룩이 생겼다고 한다.

466_ 원서에는 십연재十硏齋라고 되어 있지만 내용상 十硯齋로 정정하여 번역했다. 십연재는 복주 황임黃任의 서재 이름이다. 황임은 청 강희 41년(1702)에 과거에 급제했으며 유명한 시인이다. 청렴했으며 벼루 수집을 좋아했다. 자신의 작은 집뜰에 화초를 심어 '향초재香草齋'라고 했으며 그 안에 벼루를 소장했기 때문에 '십연재十硯齋'라고도 했다.

나라 조길사趙吉士는 "《구지舊志》에서 '휘주에서 벼루가 나온다'고 했
는데 지금은 비록 좋기는 하지만 거의 없다"고 했다. 단연 외에 청초
에는 또 금성석연金星石硯이 있었는데 광동성 덕경현德慶縣에서 생산
되었다. 왕사진은 《황화기문皇華紀聞》에서 "검기가 칠흑 같은 것은
대부분 금성으로 검은 빛을 발하지만 물에 오래 견디지 못한다. 품
질은 송 항중암坑中岩의 아래고 조천암朝天岩의 위다. 은성석銀星石은
고요高要의 소상협小湘峽에서 출토되었는데 그다지 검지 않고 붉은
색이 섞여 있으며 비석 재료로 사용된다. 금석錦石 역시 고요에서 나
오는데 돌의 문양이 운금雲錦, 혹은 산수 · 인물 · 곤충과 물고기 등
이 천연적으로 생긴 것이 그림과 같아 이를 잘 다듬어서 벼루를 만
드는데 역시 검은 빛이 난다"고 했다. 송화강석연松花江石硯은 녹색
에 재질이 윤기가 있어 강희 연간에는 청황실에서 어연御硯으로 사
용했다. 감숙성 임담조석연臨潭洮石硯, 지연紙硯 역시 청대의 새로운
창작품이다. "해녕海寧에 정씨程씨가 지연紙硯 제작을 했는데 좋은
종이를 재질로 하여 여러 가지 모래를 옻칠과 섞어서 만들었으며 제
작이 몹시 정교하여 먹을 갈아도 단계端溪 용니龍尾와 다름이 없고
세월이 오래되어도 상하지 않으니 예술적으로 감상할 수 있는 고상
한 물건이다"[421]고 했다. 청나라 사람들은 또 옛 벽돌이나 옛 기와
를 사용하여 벼루로 사용했다.

　　먹　　　청대의 먹제조는 여전히 휘주를 제일로 꼽았으나 청대
휘묵의 품질은 명대에 미치지 못하는 듯하다. 먹 제조로 유명한 사
람도 역시 명대처럼 많지 않다. 청초에 휘주의 유명한 먹 제조장은
정공망程公望 · 정공유程公瑜이다. 강희 연간에 조소공曹素功이 먹 제
조장으로 관직에 있었으며 자손들이 그 업을 이어받았다. 신문에는
만력 때의 사람이라고 게재되었으나 이는 틀린 말이다. 동시에 조정
원曹定遠 · 오천장吳天章 · 섭공려葉公侶 등이 있다. 가경 연간의 왕근

성汪近聖 역시 어용먹을 제조했다. 또 오숙대吳叔大·조소공의 6세손인 조덕수曹德酬·호개문胡開文·호학문胡學文 등이 있다. 특히 호개문이 가장 유명하고 근세까지 전해오는 먹에는 호개문의 이름이 표시되어 있는 것이 많은데 모양이나 형태 제작은 비교적 소박하다. 청대부터 근대에 이르기까지 관이나 민가에서 사용하는 것은 대부분 휘묵이었으며 재료는 소가죽 아교, 장뇌와 보통의 송연이다. 강서에는 서금묵瑞金墨이 있는데 모든 휘주 사람들이 서금현瑞金縣에 가서 제조를 하여 널리 유포되어 거의 휘묵과 같게 되어 도광 전에는 전례대로 서금공묵瑞金貢墨 1백 정錠을 진상했다.

후에 무주 사람도 제조법을 배웠다.[422]

북경 청대 내무부 어서처御書處에는 사작四作[467]이 있었는데 그중에 '묵작墨作'이 있었다. 부서책임자로 파견된 관리 1명, 배당아拜唐阿[468] 2명, 영최領催[469] 1명이 있었는데 전문적으로 주묵硃墨 제조하는 일을 관장했다. 묵작은 "먹 제조자 4명, 먹 제조를 배우는 사람 6명으로 만일 사용하기 충분치 않다면 외부에서 고용하는 것을 허락"했다. 묵작에서는 주묵을 만드는 데 주사朱砂·광교廣膠·용뇌향龍腦香 등을 원

467_ 어서처는 청대 내무부에 속한 기구로 원래 이름은 문서관文書館이었다. 강희 29년(1690)에 어서처로 이름을 바꾸었다. 주로 모각摹刻과 탁본, 황제 어제시문 법첩 등을 책임졌다. 또한 먹과 주묵朱墨 등을 제작했으며 그 아래에 사작四作인 각자작刻字作·표작裱作·묵각작墨刻作·묵작墨作을 배치했다. 그 밑에는 또 1백여 명의 장인들이 있었다. 도광 23년에 무영전 수서처修書處로 관리가 바뀌었다.

468_ 만주어로 청나라의 각 관청관리에 일하는 사람으로 품급이 없는 사람을 말한다. 도성에 있는 문관 3품 이상, 무관 2품 이상, 도성 밖의 있는 문관 안찰사 이상, 무관은 총병 이상의 형제 자손이 나이 만 18세, 현재 6품 이하 및 5품 후보 관원은 모두 그들의 기旗에 보고하는데 책을 만들어 군기처에 보고하여 배당아를 선발 후보로 준비할 수 있도록 해야 한다. 5년마다 한 번 한다.

469_ 청대 관직의 하나로 모든 좌령佐領 아래에 한 사람씩 있다. 주로 공문서 장부를 담당하고 관병의 봉급과 식량을 수령했다.

료로 사용했으며 주홍색은 매 정綻이 5전 5푼이나 되었다.

내부묵작內府墨作은 "독초묵獨草墨 일료一料를 만들려면 그을음은 동유桐油 4백 근, 돼지기름 2백 근을 사용한다". 동물기름을 사용해 그을음을 얻는 것은 청대 먹장들이 처음으로 시도한 것이다. "모든 기름 1근으로 그을음 3전을 얻는다. 광교 10근은 아교를 졸여서 만든다. 백단향白檀香 12냥, 배초排草 8냥, 영릉향零陵香 8냥, 합묵용비금合墨用飛金 6백 장張, 웅담 4냥, 용뇌향 10냥, 사향 5냥으로 먹을 생산하는 데는 285냥이 든다. 웅담 4냥이 얻기 어려우면 돼지담 80개로 바꾸어도 된다. 이외에 보조적으로 필요한 자료는 수등초需燈草 · 생칠生漆 · 자초紫草 각 2근, 소목蘇木 3근, 비단 1냥, 백저포白粗布 1장丈, 찹쌀술 15근, 좌초銼草[470] 1근이 필요하다. 물을 달여 아교를 만들어 먹을 만드는데 전체 그을음이 8백 근, 숯 240근이 필요하다".[423] 먹을 제조하는 데는 장인만이 필요한 것이 아니라 많은 재료도 필요했음을 알 수 있다. 웅담이나 사향을 재료로 배합한 것은 송대에는 없었던 일이었는데 생산원가를 아까워하지 않았기 때문에 대량으로 이런 귀중한 약물을 사용했으며 그래서 향먹을 제조할 수 있었다. 그 품질이 특히 뛰어나 이것으로 인쇄한 전판殿版 서적은 검은 색이 윤기가 나고 빛이 난다. 주묵이든 흑묵이든 모두 건륭 때에 가장 잘 만들었으며 비석을 탁본할 대는 건륭먹이 아니면 안 되었다. 지금은 구하기가 아주 어렵다. 또 건륭은 일찍이 이정규李廷珪 대먹을 모방한 길이 약 1척, 너비 2촌 정도, 두께 반촌의 커다

470_ 한국에서는 '속새'라고 한다. 양치식물 속샛과에 속한 상록 여러해살이풀로 습한 그늘에서 자란다. 줄기는 가운데가 비었으며, 높이는 약 30~60센티미터이다. 뚜렷한 마디와 능선이 있고, 잎은 퇴화하여 잎집같이 되었다. 모양이 붓통같다 하여 '필통초筆筒草'라고도 한다. 한방에서는 전초全草를 장출혈腸出血에 대한 약이나 지혈제로 쓴다.

란 먹이 있었는데 이와같은 큰 먹은 실제로 보기 힘들다.

청대 문인인 유용劉墉 · 김동심金冬心 등은 자신의 이름을 내걸고 좋은 먹을 제조했는데 실은 휘주 먹장들에게 부탁하여 자신의 이름을 새긴 것에 불과하다. 청나라 말기에 먹을 선물하는 풍속이 성행하여 비단 상자에 각기 다른 모양의 수성壽星 · 팔선八仙 등 모양의 먹을 담아서 친구들에게 선물로 보내기도 하고 상사에게 뇌물로 주기도 했다.

함풍 동치 이후에 상해 등에서는 서양식 석인과 연인을 시작하니 중국산 휘묵의 생산량이 부족하고 또 적당치도 않아서 부득이하게 서양의 인쇄용 잉크를 사용하게 되었다.

종 이　청대 종이는 명대만큼 좋지 않았으며 주로 남방에서 생산되었다. 그래서 북경에서 종이 파는 상점을 이전에는 '남지점南紙店'이라고 불렀다. 글을 쓰거나 인쇄하는 데는 주로 남지를 사용했다. 북방에서는 하북성 천안고려지遷安高麗紙가 유명했는데 뽕나무 껍질을 재료로 했기 때문에 몹시 견고했으나 진짜 고려 종이처럼 그렇게 희고 튼튼하지는 못했다. 또한 줄무늬가 드러나고 두께도 균일하지 못해 그저 겨울에 창문 바르는 데나 적합했다. 북경 궁궐과 민간의 창문은 모두 이 종이를 사용했으며 인쇄하기에는 적당치 않았다. 산동지山東紙는 뽕나무나 닥나무 등의 껍질로 했기 때문에 이를 '모두지毛頭紙'라고 한다. 산서성 평양부平陽府 면지棉紙는 마麻를 가지고 만들었고 섬서성 진파鎭巴 백하白河에는 피지皮紙가 있었다.

남방에서는 안휘성 경현涇縣의 선지宣紙가 가장 유명한데 경현은 이전에는 선주宣州에 속했으므로 그래서 선지宣紙라는 이름이 있게 되었다.[424] 원료는 교목喬木의 일종인 청단수靑檀樹[425]를 자르고 껍질을 벗겨낸 후 석회에 오래도록 담구어 표백을 하고 재료들을 깨끗이 닦아서 종이를 떠서 말려 만든다. 이렇게 만든 종이는 희고 유연하고 흡수성이 강하여 장기간 보존해도 색이 변하지 않고 벌레가 먹지 않아 종이의 수명이 천 년이나 간다는 명예로 세상에 이름이 높지만 생산량은 몇몇 화가의 수요만 만족시킬 뿐이었다. 극소량으로 인쇄할 때만 사용되었는데 가격이 비싸 백선지白宣紙를 사용한 오국본五局本《이십사사二十四史》의 정가는 166냥이나 되었다. 명대 이전에 선지는 전피全皮를 사용했는데 후에는 전피·반피半皮·칠피삼초七皮三草를 사용했고 청나라 때는 전부 단피檀皮와 모래밭에서 재배한 볏짚으로 바뀌었다.[426]

청대 도서간행에서 가장 좋은 종이는 개화지開化紙로 명대에 이미 대·소 개화지의 명칭이 있었다. 절강성 개화현에서 생산되었기 때문에 이런 이름이 생겨났다고 전해지며 또는 '도화지桃花紙'라고도 부른다. 지질이 섬세하고 순백으로 어떤 흠도 없으며 부드럽고 얇지만 견고하여 전판殿版에 많이 사용되었다. 전판 개화지는 청판淸版의 백미가 되었다. 애석하게도 건륭 이후에는 제조되지 않아 그 기술 역시 전해지지 않는다.

이 밖에 도서인쇄용의 종이는 연사지連史紙가 있으며 연사지連四紙라고도 한다. 순백으로 깨끗함이 마치 면지 같지만 견고성이 조금 부족하며 앞면은 반들반들한 반면 뒷면은 매끄럽지 않다. 연사지 다음으로는 또 새련지賽連紙가 있다. 모변지毛邊紙는 색이 미황색이고 지질은 부숴지기 쉬운데 건륭 후에는 주로 이 종이와 연사지에 인쇄했다. 연사지와 모변지는 연한 대나무를 재료로 했기 때문에 생산량이 가장 많았다. 모태지毛太紙의 질은 모변지 다음으로 동치 광서 연간의 도서 인쇄는 대부분 이를 사용했다. 관퇴지官堆紙는 모변지에 비해 조금 두꺼운데 국본局本은 주로 이 종이를 사용했다. 광주 광아서국廣雅書局에서는 조지槽紙·남구지南扣紙 두 종류를 사용해 인쇄했는데 조지가 비교적 비싸다. 생산지를 명칭으로 한 것으로는 강서

성의 하구연사지河口連史紙, 복건성 장정長汀 일대의 항련지杭連紙, 태화泰和 모변지毛邊紙, 호남성 유양瀏陽의 피지皮紙, 호북성의 의도지宜都紙가 있다. 또 사천의 협강夾江·동량銅梁·면죽綿竹도 모두 종이 생산지다. 면죽은 대나무 생산지이므로 이런 이름을 얻게 되었고 지역 주민들은 대나무를 베어 종이를 만들었으니 "죽지로 이익을 얻는 집이 수만 가옥"이 되었다. 일종의 백지를 생산했으며 전문적으로 연화용으로 쓰였다. 사천·운남·귀주에서 도서 간행을 할 때도 주로 현지에서 생산되는 박면지薄棉紙를 사용했는데 지질이 얇고 회흑점이 많아 명대의 백면지에는 못미쳤다.

청대의 통치 계급이 가장 많이 소비한 종이는 면방지棉榜紙·태련지抬連紙·연사지·연칠지連七紙·황방지黃榜紙·백본지白本紙·모두지毛頭紙·정문지呈文紙·모변지·개화지 등이 있다. 태련지같은 경우는 강서와 복건에서 각각 2백만 장씩으로 일정한 액수를 완화해 주기도 했다. 내부의 도서간행에서는 개화지 외에 가장 보편적으로 사용한 것은 방지榜紙·태련지台連紙·죽지竹紙 세 종류다.

청대에 변경지역인 신강, 티베트 지역에서도 종이를 제조했다. 신강지는 '회자지回子紙'라고 하는데 뽕나무껍질, 면포, 누에고치 부스러기 등을 혼합하여 만들었으며 거칠고 두꺼우며 질겼다. 1척씩 잘라 돌로 다듬어 광을 내면 글 쓰기에 편했다.[427] 티베트의 제지 중심은 강자江孜[471]로 제지 원료는 현지 주위의 산에 있는 독성이 있는 작은 관목의 나무껍질을 이용하였다. 물 속에 담가두었다가 발로 밟아서 얻은 점성물질을 가는 모래 위에 문지른 후 나무걸대에 올려놓고 흐르는 물에 천천히 씻어서 다시 고르게 펼쳐 놓는다. 나무걸대

---

471 _ 장쯔. 중국 티베트자치구 남부, 600여 년의 역사를 가지고 특산물로는 융단이 유명하다.

를 노천의 햇빛 아래에 둔 후 한 장씩 한 장씩 걷어내면 된다. 그것을 시가체[日喀則]⁴⁷² 부근의 나이탕묘那爾湯廟(즉 나당奈塘)로 옮겨서 티베트어 《감주이》·《단주이》 등을 인쇄했다. 이 종이의 질은 거칠고 독이 함유되어 있어 벌레가 먹는 것을 막을 수 있다.[428]

광서 17년(1891) 이홍장이 상해 양수포楊樹浦에 윤장綸章제지공장을 설립하니 이것이 처음으로 중국인이 기계를 사용해 종이를 만든 공장이다. 광서 25년에 또 화장華章제지공장을 설립했고 32년에는 상인들이 합작하여 용장龍章제지공장을 건립했다.[429] 그러나 각지에 신문, 기간물 및 학교 교과서 등이 대량으로 출판됨에 따라 종이 소비가 급격히 증가하였다. 구식의 수공업 종이도 상해에서 모방한 기계로 만든 종이도 여전히 부족하여 외국의 질이 나쁜 유광지有光紙와 백보지白報紙를 대량으로 사용하게 되었다. 1949년 이전에는 매년 서양지 30만 톤과 대량의 인쇄잉크를 수입하여 국가의 이익이 외국으로 빠져나갔다.

송·원 이래 도서발행 때는 모두 종려나무 솔을 사용했는데 청대에 털이 달린 토각兔脚이 종려나무 솔을 대신하게 되었다. 건륭 연간에 선화부宣化府의 "독석獨石⁴⁷³ 서판書板은 먹으로 인쇄하는데 주로 털이 달린 토각兔脚을 사용했다"[430]고 되어 있다. 독석 입구 부근인 장성에는 들토끼가 비교적 많았는데 인쇄공들이 이곳에 있는 재료를 취했음을 알 수 있다. 이런 인쇄도구인 솔은 동서양의 인쇄사에 있어 보기 드물다.

472_ 우리가 습관적으로 사용하는 음을 따랐다.

473_ 독석은 지금의 하북성 적성현赤城縣 북쪽에 있다. 명대에는 만리장성 선부진宣府鎭의 중요한 요새였다. 그래서 "상곡上谷의 목, 북경의 오른팔"이란 이름이 있었다. 이 곳에 커다란 돌 하나가 튀어 나와 있기 때문에 이런 명칭이 있게 되었다.

미 주

[1] 송나라 범성대范成大는 "소주와 호주에 풍년이 들면, 천하가 풍족해진다[蘇湖熟, 天下足]"라고 했다. 명나라 구준丘濬은 "소주와 송강에 풍년이 들면 천하가 풍족해진다[蘇松熟, 天下足]"라고 했다. 소주부에서 상납하는 쌀이 북송 때에는 매년 30만여 석이었고 원나라 때에는 80만여 석이었다. 장사성張士誠 때에는 약 100만 석이었고 홍무 연간에는 278만 석으로 늘어났다. 송강부松江府에서는 120만여 석을 상납했는데 홍무년(1369년) 여름과 가을의 세금과 곡식량은 2943만 석이었으니 그중 소주와 송강에서 나라 전체 세금의 7분의 1을 부담했다.

[2] 영락 정본正本은 일찌감치 사라졌고 지금 남아 있는 것은 다만 가정嘉靖 중초본重抄本이다. 기록에 의하면 영락사본은 2부가 있다고 하는데 가정 중사본重寫本도 정본과 부본 2본이 있다고 하며 혹은 모두 3부가 있다고도 한다. 권수에 관해서는 각종 기록에서 차이를 보인다. 《명사·예문지》에서는 22,900권이라고 되어 있다. 일설에는 22,877권이라고도 하는데 또 목록이 60권이라고 하니 마땅히 22,937권이라 해야 옳다. 이는 원서의 서문·진서표進書表와 건륭 상소의 수도 합친 것이다. 국가도서관에 가정 중초본 215책이 있다. 이 서적은 영락 5년 11월에 완성했는데 혹은 영락 6년 겨울에 시작했다고도 하지만 이는 옳지 않다.

[3] 《영락대전》 청나라 건륭 한림원에서 보관하고 있을 때 2494권이 빠져 9881책이 전한다.

[4] 《명사·예문지》 서.

[5] 두신부杜信孚의 《명대판각종록明代版刻綜錄》에 수록된 서적은 모두 5,925종이다. 한 서적에 판이 여러 개 있는 것은 1종의 판본을 1종으로 계산하여, 즉 7,685종(판)이 있고, 7,685종(판)이 4,853곳 서적상에서 출판되었다.

[6] 《해문의공집解文毅公集》 권1 《태평십책太平十策》.

[7] 모두 청나라 채징蔡澄의 《계창총화雞窗叢話》에 보인다.

[8] 청나라 관정분管廷芬의 《지상필승芷湘筆乘》 원고본에 보인다.

[9] 건문 2년 《부아埠雅》·《황명전례皇明典禮》를 판각했다. 4년, 전고훈錢古訓이 《설원說苑》을, 같은 해 주권朱權이 《한당비사漢唐秘史》를 판각했다. 홍희 원년에 익양왕부弋陽王府에서 《구선신기비보臞仙神奇秘譜》를 간행했다. 태창 연간에 《황명문준皇明文雋》·《금뇌자金罍子》·웅과熊過의 《남사선생문집南

沙先生文集》・《북송삼수평요전北宋三遂平妖傳》・《인경지월麟經指月》을 간행했다. 홍광 원년에 《춘추존사春秋存俟》・《갑신기사甲申紀事》・《설두사지략雪竇寺志略》을 간행했다. 융무 원년에 복건의 홍사승洪士升이 송나라 정사초鄭思肖의 《심사心史》와 사고謝翺의 《희발집晞髮集》을 합쳐서 간행했다. 2년 여초룡余超龍이 송나라 여정余靖의 《무계집》을 판각하고, 《웅물헌선생집熊勿軒先生集》을 중각했다. 영력永曆 갑오(8년)에 오흥의 동한책董漢策이 명나라 온황溫璜의 《온보충선생유고溫寶忠先生遺稿》를 간행했다. 대만의 책력서는 영력 연호를 여전히 사용했다. 이정국李定國・손가망孫可望은 불경을 판각했는데 모두 영력 연호를 사용했다. 이상에서 거론된 내용은 전체가 아니고 일부이다.

[10] 《명사・선거지選擧志》에 "일본・유구・태국 등 여러 나라에서도 역시 관의 학생으로 입학해 공부했는데 항상 후한 혜택을 받았다"고 기록되어 있다. 《흠정국자감지欽定國子監志》 권18에 국외지역입학에 관한 조항[外藩入學條]이 있다. 유이징柳詒徵의 《오백년 전 남경의 국립대학[五百年前南京之國立大學]》, 《학형學衡》, 1923년, 제13~14기에 보인다. 홍무 25년에서부터 청나라 말기까지도 북경의 국자감에, 유구 출신 학생이 있었다는 기록이 유구조琉球條 부분에 보인다. 또 건륭 6년 러시아 학생들이 교대로 유학 와서 북경 국자감에서 한문과 만주문을 배웠다.

[11] 예로 건도 3년 소흥부본紹興府本 《논형》, 건도 5년 《규림지桂村志》, 《영조법식》 존잔판 60면 등이 있다.

[12] 각 황제 실록을 참조했다.

[13] 명나라 황좌黃佐의 《남옹지南雍志》 권18.

[14] 명나라 황좌黃佐의 《남옹지南雍志》 권18.

[15] 《양서》에 대명 남경 국자감의 좨주 여유정余有丁의 교정이 있고, 판심의 상부에 만력 3년 간행이라는 글이 있다.

[16] 섭덕휘의 《서림청화書林淸話》에 송 촉각 칠사七史 항목이 있다.

[17] 명나라 하량준何良俊 《사우재총설四友齋叢說》 권3.

[18] 호응린의 《소실산방필총少室山房筆叢》 갑부 〈경적회통經籍會通〉 4.

[19] 이 절은 장수민의 〈명대 남경의 인쇄서적[明代南京的印書]〉, 《문물》, 1980년, 제11기를 참조했다.

[20] 명나라 환관 유약우劉若愚 《작중지酌中志》 권18(작중지는 무사소초蕪史小草라고도 불림).

[21] 명 만력각본 《대명회전大明會典》 권18, 홍무 연간, 각종 장인 13만 명 중 각자공 150명, 인출공 5명, 제본공 302명이 있었다. 《제사직장諸司職掌》 참조.

[22] 명나라 주홍조 《고금서각》 및 명 환관 유약우, 《작중지》 권18.

[23] 《무사소초蕪史小草》 권16.

[24] 청나라 완규생阮葵生 《다여객화茶餘客話》.

[25] 명 만력 각본 《대명회전》 권18.

[26] 성화·홍치 연간에 지어진 《국자감지》는 천일각天一閣의 유일 소장본으로 홍가요洪可堯 선생이 기록을 볼 수 있게 도움을 주셔서 이곳을 빌어 감사를 전한다. 《속지》에서는 《고사》를 4종류로 잘못 분류해 놓았다.

[27] 《북감십삼경·이십일사》의 간행 시기는 청나라 전대흔錢大昕 《십가재양신록十駕齋養新錄》을 참조. 《북감이십일사》는 등지성鄧之誠의 《골동쇄기骨董鎖記》 권1을 참조.

[28] 청나라 정병丁丙 《선본서실장서지善本書室藏書志》.

[29] 카터의 책을 참조.

[30] 《대명가정이십삼년세차갑진대통력大明嘉靖卄三年歲次甲辰大統曆》과 《대명숭정팔년대통력大明崇禎八年大統曆》(황릉면黃綾面, 남인본藍印本) 참조.

[31] 정원용 《문헌촬요文獻撮要》 권1. 홍무 16년 내부 인쇄본 《회회역법回回曆法》에는 서역(아라비아)의 역법이 수록되었는데 이는 수나라 개황開皇 19년(559)을 원년으로 하고 있다.

[32] 명나라 고유高儒 《백천서지百川書志》.

[33] 조경심趙景深 《담성화간본설창사화談成化刊本說唱詞話》, 1972년, 《문물文物》 제11호 참조.

[34] 만력 《야획편野獲編》.

[35] 정진탁鄭振鐸 《중국속문학사》.

[36] 필자의 견해로는 《옥기미의》는 명대 의서이다. 광고는 송과 원의 번각본을 잘못 제작한 것으로 사료된다. 또한 《구선비보臞仙秘譜》는 명나라 때 주권朱權이 편찬한 것으로 고관을 중간한 것이 아니다.

[37] 서종택徐宗澤의 《명청시대 예수회 선교사들의 번역서 제요[明淸間耶穌會士譯著提要]》, 배화행裴化行의 《유럽 저서의 한문 번역본[歐洲著作之漢文譯本]》 인용.

[38] 대명문은 청대에 대청문으로 이름이 바뀌었고 중화민국 때에는 중화문으로 바뀌었다. 유적지는 지금 천안문 광장 인민영웅기념관 비 남쪽에 있다.

[39] 《소실산방필총少室山房筆叢》 갑부, 〈경적회통經籍會通〉 4.

[40] 이 절의 주요 출처는 장수민의 《명대 북경의 판각서》. 《문헌》 제1권 참조

[41] 상기 내용의 대부분은 만력 때 간행된 《항주부지》와 청나라 정신丁申 《무림장서록武林藏書錄》에 근거했다.

[42] 항주 호문환판胡文煥版 450종.

[43] 《소실산방필총》 갑부甲部, 〈경적회통經籍會通〉 4.

[44] 정신丁申 《무림장서록》.

[45] 서종택徐宗澤 《명청시대 예수회 선교사들의 번역서 제요》, 배화행裴化行 《유럽 저서의 한문 번역본》(풍승균馮承鈞 번역).

[46] 명나라 주홍조 《고금서각》.

[47] 명나라 호응린《소실산방필총》갑부〈경적회통〉.

[48] 동치同治《소주부지蘇州府志》권147〈잡기사雜記四〉.

[49] 급고각《십삼경》총 118,456쪽,《십칠사》총 22,293쪽,《진체비서》145종, 16,637쪽. 청나라 왕서장王西莊의〈아술편蛾述編〉권74 참조.《진체비서》와《사고》의 존목은 모두 15집으로 나뉘었는데 137종으로 현재에는 141종이 전해진다. 모진이 간행한 서책으로는《삼당인문집三唐人文集》·《당인선시唐人選詩》·《당인팔가시唐人八家詩》등이 있다.

[50]《세계인쇄통사》제2권.

[51]《독서민구기讀書敏求記》.

[52] 청나라 손종첨《장서기요藏書紀要》.

[53] 청나라 고상顧湘《급고각판본고汲古閣板本考》.《서림청화》권7〈급고각각서汲古閣刻書〉1-7.

[54] 명《신종실록神宗實錄》권434.

[55]《오잡조五雜组》.

[56] 청나라 조길사趙吉士《기원기소기寄園寄所寄》권11.

[57] 송나라 웅화熊禾 동문서원同文書院 상량문 참조.

[58]《좌해문집左海文集》.

[59] 가정《건양현지》권3.

[60] 청나라 양장거梁章鉅《귀전쇄기歸田鎖記》권3《마사판서廝沙板書》.

[61] 경태《건양현지속집建陽縣志續集》서목에서는 173종, 명 주홍조《고금서각》건녕부 서방 서목은 365종(원래는 송·요·금의 역사를 하나로 보았으나 오늘날에는 3종으로 봄), 가정《건양현지》권5에서는 451종으로 기록됨.

[62] 서림 황렴재黃廉齋·황이소黃爾昭·섭앙산葉仰山·섭순葉順 단향관檀香館·섭일란葉一蘭 작덕당作德堂·진덕종陳德宗·진덕숭陳德崇·소문빙邵文聘·왕씨 선경당善敬堂·왕응준王應俊·첨백원詹伯元·공씨龔氏 명실당明實堂·주씨朱氏 자양관紫陽館·오세량吳世良 사인당四仁堂·임씨명사林氏鳴沙·옹견천翁見川·장민악張閩岳·장비張斐·장씨張氏 신현당新賢堂 등이 있다.

[63] 청 광서 병신년에《중수여씨신보重修余氏新譜》에는 14대 선조로 했다. 복주사범학원 도서관 소장본.

[64] 웅종립熊宗立이 저술한 의서는《명방유증의서대전名方類證醫書大全》·《도주난경圖注難經》4권(혹은 웅종립과 장세현張世賢이 함께 저술했다고 함)·《난경대전難經大全》4권·《도주지남맥결圖注指南脈訣》·《원의양성부原醫藥性賦》8권 이외에 또《원의도原醫圖》·《산거편의방山居便宜方》16권·온은군溫隱君《해상방海上方》1권·《비급해상방備急海上方》2권·《상한운기전서傷寒運氣全書》10권·《상한활인지장도론傷寒活人指掌圖論》10권·《단계치두요법丹溪治痘要法》1권·《기남종자서祈男種子書》2권이 있다. 또《전씨소아방》에 주를 달고《금정별극택일역서金精鼈極擇日曆書》와《지리설심부

地理雪心賦〉 1권에 주해를 했다. 또한 《거가필유사류전집居家必有事類全集》 10권도 운종립이 편찬했다고 한다. 이는 청나라 황우직黃虞稷의 《천경당서목千頃堂書目》에 의거했다.

[65] 이 두 사람은 모두 가정 《건양현지》에 보인다. 원대 일신당日新堂의 유금문劉錦文의 자도 숙간叔簡이고 이 《답책비결》의 저자 유문금의 자도 숙간인데 아마도 동명이인의 두 사람이 아닌가 싶다.

[66] 가정 건녕 각본 《춘추사전春秋四傳》 참조.

[67] 《칠수유고七修類稿》 권하.

[68] 《오잡조五雜组》 권13.

[69] 《소실산방필총 · 경적회통》.

[70] 경태景泰 《건양현지 속집》.

[71] 《고금서각》 참조.

[72] 이 절은 주로 장수민의 〈명대에 책을 제일 많이 간행한 건녕서방〉에 의거했다. 《문물》, 1979년, 제6기.

[73] 송나라에 《준의군도경遵義軍圖經》이 있는데 당시에 현지에서 판각이 되었는지는 모르겠다.

[74] 《연평왕호관양영종정실록延平王戶官揚英從征實錄》.

[75] 《명사》 권116 〈주왕전周王傳〉.

[76] 명판 《예부주의종번사의禮部奏議宗藩事宜》. 옥첩玉牒, 원래 '왕첩王牒'으로 잘못 적었다.

[77] 《명사 · 제왕전》 2.

[78] 《무강주지》 권18.

[79] 홍치 《영하신지寧夏新志》 천일각 소장.

[80] 가정 《청주부지》 권12.

[81] 주권의 저작으로 영부寧府에서 간행한 것으로는 《태화정음보太和正音譜》(만력본에서는 《북아北雅》로 바꾸었음) 등 10종이 있다. 익양왕부弋陽王府에서 간행한 것으로는 26종이 있다(그중 5종은 영부간행본과 중복됨). 이 밖에 또 고증할 수 있는 것으로는 《영국의범寧國儀範》, 《가훈》, 《조화겸추造化鉗鍾》, 《원도原道》, 《태현월령경太玄月令經》, 《시격詩格》, 《고본형차기古本荊釵記》, 《구선궁사臞仙宮詞》, 《사품詞品》, 구선臞仙이 새로 편집 간행한 《태음대전집太音大全集》(하남 번부 전하 교정. 서림금대書林金臺 왕씨汪氏가 중간), 《하령동원지遐齡洞元志》, 《고금무고古今武考》(숭정본 3권), 《주소서注素書》, 《서길주후경筮吉肘後經》(강희 동치 간본), 《위기圍棋》(명간본, 일본에 있음), 《상기세보象棋勢譜》, 《구선난가경臞仙爛柯經》(정덕 간본, 일본에 있음), 《천황지도태청옥책天皇至道太清玉冊》(만력 35년간), 《경신옥책庚辛玉冊》이 있다. 또 잡극 12종이 있다(현재는 모두 실전되었다).

[82] 《하남통지》 45권, 추수우鄒守愚 · 이염동李濂同과 함께 수찬했으며 가정 34년 각본이다. 주목결은 《부지》를 편찬했는데 만력 13년 각본이다.

[83] 가정 《청주부지青州府志》 권12.

[84] 청초 양청원梁淸遠 《조구잡록雕丘雜錄》 권15.

[85] 전겸익 《유학집有學集》 권26.

[86] 주이준 《명시종明詩綜》 소전小傳.

[87] 가정 20년 각본. 지금은 볼 수 없다. 《사고》 존목 참조, 부附 사전원본詞典院本, 도가 연도재초제의煉度齋醮諸儀.

[88] 이는 섭씨의 목각본에 의한 것으로 다른 판본에서는 97종으로 되어 있다.

[89] 창피득昌彼得 《명번각서고明藩刻書考》, 전존훈錢存訓 박사가 복사본을 미국에서 부쳐주었다. 여기서 특별히 감사함을 표시한다.

[90] 창피득 《명번각서고》, 《판본목록학논총版本目錄學論叢》 제1집, 학해출판사(대만). 1977년, 39~103쪽.

[91] 이 중에 《육자六子》·《칠자七子》·《이십자二十子》·《다보이십일종茶譜二十一種》·《기합수양집綺合繡揚集》 수십 종은 모두 1종으로 계산했다.

[92] 이유민李裕民 〈산서각서연표山西刻書年表(송에서 명까지)〉, 《만력각서개황》, 인쇄공업출판사, 1991년, 358쪽.

[93] 명판明版 《대리시지大理寺志》 권7에 《임희원소林希元疏》 인용.

[94] 동치 《소주부지》.

[95] 정덕 12년 동활자본 참조, 상해도서관 소장.

[96] 명나라 조율晁瑮의 《보문당서목》 권下.

[97] 주소량周紹良 《신간무당족본류편전상계성실록서기新刊武當足本類編全相啟聖實錄書記》 《문헌》, 1985년, 제2기.

[98] 정진탁鄭振鐸 《중국속문학사》 하책, 작가출판사, 1954년, 317쪽.

[99] 명나라 주모위朱謀㙔 《번헌기藩獻記》.

[100] 진계유 《사기초》. 91권, 24책, 만력 48년(1620).

[101] 도상陶湘의 《민판서목閔板書目》에 의거하면 능씨 일가의 것을 합치면 116부 144종으로 그 안에 6종은 확실하게 볼 수 있다. 도상이 소장했던 책은 동북도서관에서 소장하고 있다고 한다.

[102] 사조제 《오잡조》 권13.

[103] 호정언은 강희 10년 전후에 사망했다. 열옹生鸞鸞生의 《기십죽재기十竹齋》에 의거했다. 《도서계간》 참조. 제2권 제1기. 도광道光 《휘주부지徽州府志》 권14의 2방기二方技.

[104] 《십죽재서화보》는 권수가 없다. 해양 호정언의 편집으로 숭정 계미 16년(1643)에 간행되었다.

[105] 《사기》는 남감본, 북감본과 북경 도찰원본都察院本, 섬서와 산서 포사본布司本, 소주부본, 휘주부본, 복주부학본, 진정왕秦定王 주유작朱惟焯이 판각한 송 건안 황선부黃善夫 본(가정 13년), 주유작의 조카 주회권朱懷㙓 중각본(가정 29년), 풍성豊城의 유명遊明이 번각한 원나라 중통본, 진택震澤의 왕연철

王延喆본(가정 4년~6년), 건양서방 유홍신劉洪愼 독재본獨齋本(정덕 16년, 서명은 《사기대전史記大全》), 북경 금대서포金臺書鋪 왕량본汪諒本(가정 원년), 능치륭凌稚隆의 《사기평림史記評林》 본(만력 5년), 민진업閔振業 투인 《사기초본史記鈔本》, 모진 급고각본(숭정 14년)이 있다. 또 백록동본, 예장본豫章本, 소상본蘇常本, 업하본鄴下本, 북경 도찰원본은 이미 실전되었다.

[106] 옛 필기 기록에 따랐다.

[107] 개별적으로 지방에서 번각한 것도 있다. 예로 구주에서는 가정 39년에 《가정삼십이년계축과진사동년편람록嘉靖三十二年癸丑科進士同年便覽錄》을 판각했다.

[108] 풍정군馮貞群의 《천일각서목내편天一閣書目內編》 2에 보인다. 유헌의 서적은 가정 연간 주명관鶏鳴館 각본으로 8권이 남아 있다.

[109] 가장 시기가 빠른 것은 《홍무사년신해진사등과록洪武四年辛亥進士登科錄》이고, 가장 늦은 것은 《숭정13년경진진사이력편람崇禎十三年庚辰進士履歷便覽》인데 영락 연간이 빠져 있고 그 외 부분도 역시 완전하지는 않다.

[110] 가장 시기가 빠른 것은 홍무 신해과辛亥科이고, 가장 늦은 시기는 《만력팔년경진과회시록萬曆八年庚辰科會試錄》이다.

[111] 명나라 동기창董其昌의 《학과고략學科考略》 학해류편본學海類編本. 송나라 오자목吳自牧의 《몽량록夢粱錄》에 의하면 선비가 전시에 가게 되면 모두 인쇄된 책제策題를 하사받았으며 문방도구나 책자를 가지고 들어갈 수만 있었고 문집은 가지고 들어갈 수 없었다.

[112] 관지關志 · 산지山志 · 수지水志 · 호지湖志 · 사관지寺觀志 · 서원지書院志 약 260종은 계산하지 않았다.

[113] 청나라 전사산全謝山의 《소산당장서기小山堂藏書記》.

[114] 명나라 주산周山 홍치 《승지嵊志》 서.

[115] 가정 《수창현지壽昌縣志》 참조.

[116] 《천일각방지목天一閣方志目》 영락 10년과 16년의 범례에 보인다. 그 내용은 큰 차이가 없다.

[117] 곽말약郭沫若이 천일각의 대련에 다음과 같은 문장을 썼다. "좋은 일은 천년동안 아름답게 전해지고, 좋은 책은 온 세상에 도움을 준다[好事流芳千古 良書播惠九州]".

[118] 동치同治 《소주부지蘇州府志》 권147 《잡기 4》.

[119] 《명사》 본전本傳, 송렴은 홍무 14년, 72세로 사망했다

[120] 명나라 초기에 《녹귀박속편錄鬼薄續編》에서 나관중羅貫中은 태원太原 출신이라 했다. 혹은 동원東原 관중나본貫中羅本이라고 편차編次가 되어 있다.

[121] 《성호사설류선星湖僿説類選》 9상.

[122] 《수호》의 작가와 판본 문제에 관해서는 노신의 《중국소설사략中國小說史略》을 참고했다.

[123] 《남유기南遊記》 · 《북유기北遊記》 모두 건양서적상 삼대산인三臺山人 양지

仰止 여상두余象斗가 편집했다. 《동유기東遊記》는 난강蘭江 오원태吳元泰가 지었다. 《서유기전西遊記傳》 4권은 제운齊雲 양지화楊志和가 편집했다.

[124] 고염무의 《일지록》 권4.

[125] 《수동일기적초水東日記摘鈔》 5.

[126] 명나라 고기원顧起元의 《객좌췌어客座贅語》 권10. 전기傳奇 12과에서 신선 되는 내용이 맨 처음 순서로 삼고 있다고 생각된다.

[127] 송나라 말년에 위천응魏天應의 《논학승척論學繩尺》이라는 저서의 내용은 모두 당시 과거에 응시한 글이다. 파제破題·제목에 이어짐[接題]·소강小 講·대강大講·입제入題·원제原題의 여러 형식으로 되어 있다. 원나라 인종 연우의 중정과中定科 과거시험 방식으로 왕충운王充耘이 팔비일八比一법을 만들었다. 서명은 《서의긍식書義矜式》이며 팔고의 남상이 되었다. 고염무의 《일지록》 권13에 보인다.

[128] 명나라 낭영郎瑛의 《칠수유고七修類稿》 권상.

[129] 이렴李濂의 《지설紙說》.

[130] 명나라 서관(자는 원무元懋)의 《고금인사古今印史》.

[131] 청나라 위숭의 《일시기시壹是紀始》 권6.

[132] 청나라 위숭의 《일시기시》 권9.

[133] 명나라 이후李詡의 《계암만필戒庵漫筆》 권8. 당순지는 팔고문을 잘 짓기로 유명했으며 저서로 《책해정전策海正傳》 12권이 있다.

[134] 청나라 조익趙翼의 《해여총고陔餘叢考》 권33.

[135] 천일각에 《정각묘진이삼장청운득벌정책精刻卯辰二三場青雲得筏程策》(만 력 향회시 정책程策)·《신전오미주석이삼장정론옥곡집新鐫午未注釋二三場 程論玉穀集》 등 12종이 소장되어 있다.

[136] 《명청간야소회사역저제요明清間耶穌會士譯著提要》. 북경도서관에 있을 때, 과보권戈寶權 선생이 언젠가 장갱의 생애에 대해 물어본 적이 있었는데 몇몇 지방지에서 그의 약전을 찾을 수 있었다. 장갱의 약력은 건륭 《천주부지 泉州府志》 권49, 광서 《평호현지平湖縣志》 권12에 보인다. 내용은 "장갱은 진 강晉江 출신이고, 만력 정유(1597) 거인擧人이다. 평호平湖의 교유敎諭(지금 의 교사)를 제수받아 그 지방 선비들을 많이 발탁하여 과거시험에 급제하도록 했다. 기미(1619)년에 부모상을 당하고 빈털털이가 되었다"고 되어 있다. 또 융문지현을 역임했는데 그 내용은 《민성현서閩省賢書》 권6에 보인다. 장갱과 한림韓霖이 같이 저술한 《성교신증聖教信證》 1권은 청나라 판각본이 있다. 장갱은 양정균楊廷筠(기원淇園)에게 스스로를 칭하기를 "진강문생晉江門生 장갱張賡"이라 했으며 명나라 때 천주교 신도였다. 천계 5년 (1625)에 서양의 니콜라스 트리고(중국명 金尼閣)가 서안에서 구술하고 남국의 장갱이 붓으로 기록했다는 《황의》는 22칙만 번역했다. 《이솝우언》 14칙은 《태서우언泰西寓 言》에 보이고 광서 27년 장학해張學海 간행본이 있다.

[137] 송응성의 자는 장경長庚이고 강서 봉신奉新 출신이다. 만력 을묘(43년)에

그의 형 응승應昇과 함께 동시에 과거에 합격했다. 송정 7년 송응성은 강서 분의分宜 교유敎諭직을 맡았고, 11년에 복건 정주부汀洲府 추관推官(추국할 때 심사하던 관리)을 역임했고 14년 박주毫州의 지주知州를 역임했다. 청나라 초기에 사망했다.

[138] 서광계의 자는 자선子先이고, 호는 현호玄扈이며 상해 서가회徐家滙 출신이다. 만력 25년에 해원이 되었고 7년 후에 진사가 되었으며 문연각 대학사까지 역임했다. 북경에서 사망할 때 재산이 하나도 없었다. 익호를 문정文定이라 했다. 남긴 저서는 60여 종이다. 상해 서가휘에 무덤을 썼으며 옛날에는 무덤 앞에 석상[翁仲]이 있었다.

[139] 《명사·예문지》에는 서광계의 《숭정력서崇禎曆書》는 126권 혹은 157권이라 되어 있다. 숭정각본은 103권으로 "공부工部의 우형虞衡은 청렴한 관리인데 낭중郎中 양유일楊惟一이 간행했다"라는 글이 있다. 청나라 순치 2년(1645)에 아담 샬은 스스로 돈을 들여 빠지거나 없어진 부분을 보충하고 전체를 정리해 청나라 황제에게 바쳤다.

[140] 만력 12년 왕반王泮이 조경肇慶(조경은 광동에 있음: 역주) 각본의 서명을 《산해여지전도山海輿地全圖》라 했다. 28년(1600) 오중명吳中明이 왕반의 판본을 보충해 늘리고 정정하니 남경판각본이다. 29년(1601) 풍응경馮應京이 《여지전도輿地全圖》본을 판각했다. 30년(1602) 이지조가 북경에서 오중명본을 보충해 늘리고 정정했는데 서명이 《곤여만국전도坤輿萬國全圖》이다. 또 같은 해 어떤 각자공이 북경에서 이지조본을 번각했다. 32년(1604) 곽자장郭子章이 귀주貴州에서 《산해여지전도山海輿地全圖》를 판각했다. 오중명본을 축소 판각했다. 34년(1606) 이응시李應試가 이지조본을 보충하고 정정하니 북경각판이고 서명은 《세계지도世界地圖》(혹은 만력 31년 이응시가 판각했다 함. 서명은 《양의현람도兩儀玄覽圖》이고 일본에 있음)이다. 왕용王庸의 《중국지도사강의中國地圖史講義》에 보이고, 또 《지리학사地理學史》에서 홍외련洪煨蓮의 고증을 인용했다. 이상의 각 판본은 모두 이미 찾기 어렵고 오직 로마 바티칸·일본 동경대학 도서관에 만력 30년본이 소장되어 있다. 서종택徐宗澤에 의하면 옛날 북경역사박물관에 '대명 만력 임인년(1602)'이란 제기가 있는 지도가 하나 있었는데 전체 6폭이고 길이는 7척, 너비는 3척이라고 한다. 서종택은 또 "1608년(만력 36년) 마테오 리치는 만력 황제의 요청으로 1602년의 지도를 다시 정정하고 인쇄했다"고 한다. 1949년 전 필자는 오문午門 역사박물관에서 마테오 리치의 지도를 본 적이 있다.

[141] 아담 샬의 상소[奏疏]는 3천여 부 이상 된다. 기울리오 엘레니의 《서학범西學凡》 서문에서 "6과科 경적은 약 7천여 부나 되고 이미 배에 실려 왔으며 모두 번역되었다"고 말했다. 왕징 역시 7천여 부의 서적에 대해 언급했는데 천계 7년 왕징의 《원서기기도설록최遠西奇器圖說錄最》 서문에 보인다. 근대 북당의 네덜란드 신부 헤이렌(H.Verhaeren, 중국식 이름은 惠澤霖)의 의견에 의하면 7천이라는 수의 서적은 결코 없다고 한다. 필자는 언젠가 북당에서 헤

이렌 신부를 만난 적이 있는데 그때 이엄李儼 선생과 함께 방문했다.

[142] 헤이렌이 편찬한 《북당장서목록北堂藏書目錄》(Catalogue of the Pei-Tang Library, Peiping, 1949)은 저록이 꼼꼼하고 자세하다. 구하기 힘든 책이다.

[143] 정통 8년(1443)에 송나라 천성 5년에 제작된 동상을 모방했다. 지금은 중국 역사박물관에 소장되어 있다. 황동으로 주조되어 있고 실제 사람 크기며 전신의 혈 자리가 새겨져 있어 침구를 배우는 이들에게 모형이 되었다.

[144] 명나라 태의원은 13개 과로 나누어져 있는데 "대방맥 · 소방맥 · 부인 · 종기 · 침구 · 눈 · 치아 · 주문으로 병을 고치는 미신적 치료법[祝由] · 접골 · 상한 · 인후 · 금화살[金鏃] · 안마"가 있다.

[145] 이시진은 동물을 벌레 · 생선 · 갑각류 · 날짐승 · 길짐승 · 사람의 6분야로 나누고 있다. 동물을 낮은 급에서 높은 급으로 나누어 보여주고 있는데 스웨덴의 분류학자 린네(Carolus Linnaeus, 1707~1778, 식물학자)보다 200여 년이 빠르다.

[146] 《옥기미의》는 명나라 서용성徐用誠이 편찬한 《의학절충醫學折衷》이다. 유순이 계속 내용을 보충하고 서명을 바꾸었다. 가정 원년 왕량이 송나라와 원나라의 판을 근거로 번각했다고 하는 것은 잘못된 의견이다.

[147] 남장에는 1,610부, 혹은 1,625부가 수록되었다고 하는데 판심에는 대부분 사례감 모모 감제監制라고 새겨져 있으며 판광의 높이는 23.7cm다.

[148] 《만력어제성모인시불장경서萬曆御製聖母印施佛藏經序》.

[149] 북장은 1,615부에 637함 6,331권, 혹은 6,373권, 6,361권, 6,771권이라고도 한다. 판광의 높이는 27.4cm다. 명대 북경 관판 《대명삼장성교북장》은 중국 불교의 경 · 율律 · 론론 261부, 6647권을 모았고, 감숙성 장액張掖 대불사大佛寺의 벽 속에서 발견되었다. 또 북장경판 822판도 있다. 1995년 12월 18일 《인민일보》에 의하면 장액 대불사에서는 명청대의 불경 6천 권과 원판 북장, 금은분사불경 622권도 발견되었는데 정통에서 가정 사이에 쓰여진 것이라고 한다.

[150] 자세한 사항은 《경산책본각장연기徑山冊本刻藏緣起》에 보인다. 일본사람은 이 판이 만력 병술丙戌년(1586)에 시작하여 순치 정해丁亥년(1647)에 끝나 61년간 걸렸다고 보고 있다.

[151] 필자가 일찍이 영산성묘에 갔다가 영락 15년 흠차총병欽差總兵 태감 정화가 세웠다는 작은 돌비석을 본 적이 있었는데 중각重刻인 듯했다.

[152] 《불설마리지천보살경佛說摩利支天菩薩經》은 10권 1책으로 국가도서관에 소장되어 있다. 등지성鄧之誠의 《골동쇄기삼기骨董瑣記三記》 6권에 의거하면 등선생은 이행남李杳南이 갖고 있던 명 초각본 《우파새계경優婆塞戒經》 권7 후의 제기 전문을 옮겨 적었다. 기타 사원으로는 또 우수산牛首山의 불굴선사佛窟禪寺 · 천계선사天界禪寺, 복건성 남산의 삼봉탑사三峰塔寺, 진강鎭江의 금산사金山寺, 정해선사靜海禪寺 등이 있다. 오화사에 2부가 있는데 1부는 영락 8년에 인쇄한 것이고 또 1부는 영락 18년에 인쇄한 것이다. 연기緣起

에 "삼가 성심을 다하여 시주하고 장인들에게 명하여 1장藏 635함을 만들어 운남 오화사에 희사합니다. 이것이 뛰어난 공훈이 되어 사방에 명을 받들고 경전이 해양을 건너 늘 삼보에 은혜를 드리며 모두에게 이롭기를 희망합니다"고 적혀 있다. 《사미니이계문沙彌尼離戒文》 권말에 보인다. 남'숙叔'자 3호다. 운남성 도서관 소장본이다.

[153] 정통正統 12년 공부工部 우시랑 왕우언王祐言은 "《대장경》을 간행하여 천하의 사원에 반포하여 하사하십시오. 신의 원적은 산음현으로 가교선사柯橋禪寺는 신의 가족들이 공양하고 향을 사르는 곳으로 경을 하사하시기를 엎드려 청하옵니다. 스님들에게 조석으로 봉송하여 성수聖壽를 축원하도록 하겠습니다"고 하니 영종은 이를 따랐다. 《정통실록》에 보인다.

[154] 강희 《청량산신지淸涼山新志》.

[155] 강희 《청량산신지淸涼山新志》.

[156] 《정통실록》.

[157] 주소량周紹良 《신간무당족본류편전상서계성실록서기新刊武當足本類編全相書啟聖實錄書記》, 《문헌》 참조.1985년, 제2기.

[158] 이 책은 북경의 노공路工 선생 댁에서 보았다.

[159] 명대에 천주교 서적이 간행된 것으로는 서종택徐宗澤 《명청시대 예수회 선교사의 번역 제요》에 상세하게 기록되어 있다. 배화행裵化行의 《유럽 서적의 한문 번역본》(풍승균馮承筠 번역). 파리 국가도서관 소장 《기독찬술간판목록基督撰述刊板目錄》을 인용했다. 방호方豪의 《절강 천주교 약사略史》 논문이 있다.

[160] 위의 주석과 같다.

[161] 1백 권에 외집 3권, 부록 1권으로 영락 4년에 그 5세손 오관吳燔이 간행했다. 처음에 정통 원년부터 시작하여 공자묘에 제사한 사실을 보충 판각했으며 흑구이다. 외집은 필사본이다. 남작 모리 모토이사[毛利元功, 1851~1900, 도쿠야마 모리 가[德山毛利家]의 10대 당주임: 역주]가 헌상했다. 매 책 처음에 도쿠야마[德山] 소장인이 찍혀 있다. 원래는 명대 영종英宗의 둘째 아들인 주견린朱見潾, 혹은 그의 자손인 덕왕부의 소장품이었다.

[162] 대덕 4년·7년, 지대至大 원년·4년, 연우延祐 3년, 태정泰定 6년, 또 태정 2년 정월 3통이 있다.

[163] 오천지吳天墀 《서하사고西夏史稿》.

[164] 장수민의 《중국인쇄술의 발명 및 그 영향》 [그림 23] 참조.

[165] C.R. Boxer, "Some Sino-European Xylograpic Works, 1622~1718", Journal of the Royal Asiatic Society(1947), pp.199~215. 원래 북경도서관에 이런 류의 도서들이 소장되어 있었는데 다음과 같은 것들이다. Informatio proveritate contra iniquiorem famam sparsam per Sinas cum calumniain pp. Soc. jesu, & detrimen to Missionis. Canton, 1717. 참조.

[166] 《원곡선元曲選》은 그림 2책으로 되어 있다. 명대 삽화서적은 통계를 낼 수

없지만 아마도 1천 종 가량 될 것이고 그림은 수만 폭에 이를 것이다.

[167] 《옥명당적평왕엄주염이편玉茗堂摘評王弇州艷異編》.

[168] 천계 을축년(1625) 무림武林에서 판각한 《모란정환혼기牡丹亭還魂記》 범례.

[169] 자세한 것은 장수민의 《명대휘파판화황성각공고략明代徽派板畵黃姓刻工考略》 참조, 문말에 〈명대 규촌 황씨 판화가 자손의 생애 및 그들이 조각한 도서표〉가 있다. 《도서관》, 1964년, 제1기 참조.

[170] 왕백민王伯敏 《중국고대판화개관》이 《중국미술전집》 회화편(20) 판화에 실려 있다. 상해인민미술출판사. 1991년.

[171] 족보에는 사망일이 12월 중순 이후로 되어 있는데 지금 표 안에는 모두 서기 2년으로 계산했다.

[172] 혹은 황군천黃君倩이 황일빈이라고도 하는데 단보端甫는 황일빈의 자다. 족보에는 황일빈의 자호가 기재되어 있지 않기 때문에 지금 확신하기는 어렵다.

[173] 이전에는 황건중이 황응서의 손자라고 했는데 실은 황응서의 조카 손자다.

[174] 신묘神廟에서는 《규범도설》 1부를 정귀비鄭貴妃에게 하사했다. 만력 을미 23년 가을에 정귀비가 자금을 희사하여 중간했다. 《작중지》 권1 참조.

[175] 《요재필기聊齋筆記》 권상.

[176] 청나라 전영錢泳 《이원총화履園叢話》 예능 12.

[177] 만력 술자년(16년)에 왕운로王雲鷺가 간행한 《예석隸釋》에서 "장인들에게 송판 글씨에 의거해 간행하라고 명했다"는 말이 있다. 만력 연간에 보은사에 결여되었던 속장경판을 보충 판각했는데 "송자宋字를 이용해 판각했다"는 말이 있다.

[178] 명대 《장원도고壯元圖考》 범례.

[179] 전당의 정씨丁氏는 또 구양순 송체활자를 만들었다. 방체方體·장체長體가 있으며 크고 작은 것 등 여러 종류가 있다. 또한 일종의 해체자楷體字도 있는데 어쩌다 신문지상의 한 부분에 등장하곤 하였지만 인쇄에는 방체 명자明字를 쓰지 않은 곳이 없다.

[180] 번각 사마천 《사기》 1부
　번각 《문선》
　번각 《황학해주두시黃鶴解注杜詩》 1부(전집)
　번각 《천가주소시千家注蘇詩》》
　번각 《해주당음解注唐音》
　번각 《옥기미의》 1부, 의서
　번각 《무경직해》 1부, 유인劉寅 진사 주
　　송판과 원판 구비
　중각 《명의총화시림광기名義叢話詩林廣記》 1부
　중각 《한시외전》 1부 10권

중각 《잠부론潛夫論》 한왕부 1부 지음

중각 《태고유음대전太古遺音大全》

중각 《구선신기비보臞仙神奇秘譜》

중각 《시대압운詩對押韻》

중각 《효경주소》 1책

　고판 모두 구비

[181] 또 "서림문대여상두자고보보재書林文臺余象斗子高父補梓(서림 문대 여상두의 아들 고보가 보충간행)"라고 제를 했다. 전체 책의 원명은 《신침경본증보교정전상충의수호지전평림新鋟京本增補校正全像忠義水滸傳評林》 25권이다.

[182] 만력 31년에 《전당십이가시前唐十二家詩》를 판각했다. 거기에 "복건지역의 낭현재琅嬛齋 판은 서점들 간에 중각을 불허한다"는 패기가 있다. 상군常郡서림의 하경당何敬塘은 《황명삼원고皇明三元考》(만력 46년까지)를 간행했는데 거기에 "장아張衙의 장판藏板은 번각을 불허한다"는 목기가 두 줄 있다. 진아陳衙에서도 《황명문집皇明文集》을 발간했는데 거기에도 "감히 번각을 하면 필히 추궁한다"고 되어 있다. 요일도인了一道人 양포량보楊抱良甫(즉 왕징王徵)는 프랑스 선교사 금니각金尼閣(Nicolas Trigault)의 《서유이목자》를 간행했고 거기에도 "무림의 이아장판李衙藏板을 번각하면 반드시 추궁한다" "엄히 발행을 금한다"라는 글이 있다. 항주 횡추각橫秋閣 본 《귀곡자鬼谷子》에도 "호림虎林 가수리嘉樹里 장아에서 발행한 것이 천리밖에서 번각한다 해도 필히 추궁한다"고 붉은 글씨로 기록했다. 인화 仁和 낭규금랑圭金이 간행한 《풍속통의風俗通義》에도 "본아本衙에서 장인을 모아 아름답게 책을 간행하니 번각을 하면 천리 밖이라도 반드시 추궁한다"고 쓰여 있다. 《탕약사비점이탁오전서湯若士批點李卓吾全書》에도 "본아에 소장된 판을 번각하면 필히 추궁한다"라고 되어 있다. 고씨 간본 《계륵집鷄肋集》(숭정)에도 "천리 밖이라도 필히 추궁한다"라는 글귀가 있다. 소위 장아·이아는 관부의 관아를 가리키는 것이 아니라 실제로는 장부張府·이부李府 또는 장씨댁, 이씨댁을 말하는 것이다.

[183] 일본 오사카서림 군옥당郡玉堂에서 발행한 《선철총담후편先哲叢談後編》 8권(분세이[文政] 12년 경인, 즉 천보 원년, 1830)에 "천리라도 필히 추궁하며 번각을 불허한다"라는 목기가 있다. 에도[江都]서림 수잔보[嵩山房]에서 발행한 《논어고훈외전論語古訓外傳》이 있는데 겉표지에 "번각을 불허하니 천리라도 찾아가 추궁한다"라는 목기가 있다. 월남 완阮나라에서 간행한 《어제월사총영御製越史總詠》에도 "번각을 반드시 추궁한다"라는 글이 있다. 《국조율례촬요國朝律例撮要》에는 "이미 총통부에 보고했으니 번각을 필히 추궁한다"는 글이 있다. 이전의 저서 《중국인쇄술의 발명 및 그 영향》은 일본 역자가 번역한다고 먼저 연락이 와서 동의하였고 일어로 번역된 후에 일어판 2권을 이미 받았다.

[184] 만사년万斯年의 〈이서迤西지역 탐방 업무보고〉《도서계간》, 1974, 신 제5권

제2~3기.

[185] 명나라 태평노인 《수중금袖中錦》.

[186] 《소실산방필총》 갑부 〈경적회통〉 4.

[187] 《오잡조五雜俎》 권13.

[188] 전여성의 《서호유람지여》.

[189] 완열阮閱의 《시총詩總》을 《시화총귀詩話總龜》로 바꾼 것은 실은 송대 사람
이다. 송나라 호자胡仔 《초계어은총화苕溪漁隱叢話》에 이미 기록되어 있으니
명나라 사람과는 무관하다.

[190] 《서림청화》 권7에 황비열의 말과 《사고제요》를 인용하고 있다.

[191] 《칠수류고七修類稿》 권하.

[192] 《인수서옥서영因樹書屋書影》.

[193] 도선道宣 《광홍명집廣弘明集》 발문.

[194] 《도고당문집道古堂文集》 흔탁재欣託齋 장서기.

[195] 《일지록日知錄》 권18. 시정용施延鏞은 제남의 사세기謝世箕가 간행한 《금
석록》이라고 여겼다. 이 일은 순치 경인 7년으로 이미 청나라에 속하는 시기
이다.

[196] 천일각의 건축 시기에 관해서 일설에는 가정 9년(1530)에 건설되었다고 하
는데 황종희黃宗羲의 기록에 의하면 범흠이 25살 때 중거中擧가 되고 나서 2
년 후라고 한다. 또 일설에는 가정 40년(1561)에 건설되었는데 탁병부擢兵部
우시랑에서 그 완공한 시간을 적지 않았다고 한다. 《범씨보》에 범흠은 정덕
원년(1506)에 태어나 만력 13년(1585)에 향년 80으로 사망했다고 한다. 현지
縣志에는 83세로 잘못되어 있다.

[197] 필자는 천일각에 소장되어 있는 장서에 '천일각' '고사마씨古司馬氏' 등의 도
장이 찍혀 있는 것 외에도 또 다른 섭씨 녹중당, 산음 기씨 담생당, 회계 뉴씨
세학루, 사재항謝在杭, 서홍공徐興公, 전겸익錢謙益 등의 소장인이 찍힌 것을
보았다. 어떤 것은 범흠의 후예가 더 수집한 것으로 그중 유일본도 상당수 있
었다. 또 천일각 구소장본들이 중국 국내의 각 곳에 산재되어 있는데 인본이
잘 필사된 것은 말할 것도 없고 진본이 아닌 것이 없다.

[198] 이 단락은 이전의 원고에 의거하였으며 또한 원동례袁同禮의 《명대 개인 소
장서 고략》을 참조했다.

[199] 《범씨기서》는 천일각 안에 14종만 겨우 남아 있다. 온주시 도서관에 16종이
있다. 낙조평駱兆平의 〈천일각각서고략天一閣刻書考略〉, 《도서관 연구와 업
무》, 1982년 제2기 참조.

[200] 명나라 당금唐錦의 《용강몽여록龍江夢餘錄》(홍치 17년 각본) 권4에 이는 커
다란 변고라고 여겼다. 또한 "당나라 이광필李光弼의 어머니는 머리가 5촌 이
상 자랐다"고 했다. 또 진계유의 《언폭여담偃曝餘談》 권상에서는 "홍치 초에
수주隨州 응산현의 여자는 갑자기 머리가 2촌 넘게 자랐다. 〈저보〉를 보시
오"라고 쓰여 있다(본문에는 "3촌 넘게 자랐다"고 되어 있다: 역주).

[201] 명나라 주모위의 《이림異林》 권2에서 〈저보〉를 인용했다. 《이림》에서는 또 "가정 6년 하간의 백성 이공와李公窩의 처 진일陳一이 딸 일곱을 낳았다"고 기록하고 있다. 이탈리아에서는 한 번에 여덟 명을 낳기도 했다.

[202] 대명보초 사진은 카터(Thomas F. Carter)의 책에 있다.

[203] 홍무 《어제대고御製大誥》 위조지폐 제48.

[204] 오함吳晗의 《독사찰기讀史劄記》.

[205] 홍무 《어제대고》 위조지폐 제48.

[206] 명나라 승려 도개道開의 《모각대장문募刻大藏文》, 또 만력 14년 서염徐琰의 《증환여밀장이상인창연각대장서贈幻余密藏二上人唱緣刻大藏敍》 참조.

[207] 선장본의 작업 순서는 다음과 같다.
  1. 책의 순서를 조사한다.
  2. 파손된 페이지를 배접한다.
  3. 매끄럽게 파손된 페이지를 보수한다.
  4. 축축하게 물을 뿌려 평평하게 편다.
  5. 책을 눌러서 평평하게 한다.
  6. 책의 페이지를 접는다.
  7. 책의 네 주위를 가지런히 자르고 책 주변의 잘못된 것을 고친다.
  8. 다듬이질을 한다.
  9. 종이를 선택하고 종이를 다듬질하고 종이에 물을 뿌리고 종이를 접는다.
  10. 간지를 넣는다.
  11. 2차 다듬이질을 하여 평평하게 한다.
  12. 페이지 순서를 맞추고 본문 앞뒤에 들어가는 페이지를 나누어 잘 붙인다.
  13. 줄칸을 나란히 맞춘다.
  14. 잘 눌러 단단하게 굳힌다.
  15. 2차 줄칸을 나란히 맞추고, 구멍을 뚫고 노끈으로 묶는다.
  16. 책을 재단한다.
  17. 다듬어 평평하게 한다.
  18. 책 귀퉁이를 싸고 검사를 한다. 가지런하지 않은 부속 페이지를 재단한다.
  19. 책표지를 만들어 싼다.
  20. 구멍을 가늠하여 구멍을 뚫는다.
  21. 선으로 묶는다.

[208] 《고금비원속록古今秘苑續錄》 권1 참조.

[209] 《물리소식物理小識》 권8.

[210] 명대의 필묵은 고궁에서 볼 수 있다. 명대 먹은 정군방·방우로의 크기가 다른 형식의 먹이 10~20정이 있다. 이외에도 오거진吳去塵·오삼옥吳三玉·오신백吳申伯·오건초吳乾初·오숙대吳叔大·오우길吳羽吉·오장유吳長儒·오공소吳孔昭·오만화吳萬化·오공도吳公度·나소화羅小華·장유정정程

惟貞 · 정량程亮 · 정공유程公瑜 · 정계원程季元 · 정중이程中彝 · 정봉지程鳳池 · 방임종方林宗 · 방경요方景耀 · 왕유안汪維顔 · 왕문헌汪文憲 · 왕일원汪一元 · 왕일양汪一陽 · 왕기범汪豈凡 · 왕시무汪時茂 · 왕홍절汪鴻浙 · 왕훈보汪勳甫 · 왕백정汪伯正 · 왕연방汪聯芳 · 소원림邵瑗林 · 황장길黃長吉 · 황창백黃昌伯 · 섭현경葉玄卿 · 반가객潘嘉客 · 김오운金五雲 · 옹경산翁敬山 · 손단경孫端卿 · 손옥천孫玉泉 · 주열朱烈 · 주일함朱一涵 · 전홍우田弘遇 등 43가의 먹장이다.

이외에 명대 휘주 먹장으로 기록된 사람들은 강정江正 · 사문통查文通 · 소미양蘇眉陽 · 용충적龍忠迪 · 곽산전郭山田 · 오강우吳康虞 · 오문백吳文伯 · 오군장吳君章 · 오원양吳元養 · 오교년吳喬年 · 오진경吳秦卿 · 오대년吳大年 · 오초양吳初陽 · 오천고吳千古 · 왕계상汪季常 · 왕일원汪一元 · 왕해애汪海崖 · 왕춘올汪春兀 · 왕개汪凱 · 왕중산汪中山 · 왕중가汪仲嘉 · 왕미중汪美中 · 첨운붕詹雲鵬 · 첨문생詹文生 · 김현보金玄甫 · 조화초曹和初 · 조중괴曹仲魁 · 섭환원葉環源 · 주진朱震 · 반방개潘方凱 · 정맹양程孟陽 · 방면方冕 · 방첨현方詹玄 · 방경양方景陽 등 34명이고 이 둘을 합하면 77명이다. 대부분 만력 때의 사람이고 가정과 천계 숭정 연간에도 그 다음으로 만들었다. 필자는 만력 갑진년(1604) 정군방의 작록봉후 대먹 한 점을 갖고 있는데 무게는 몇 냥쯤 된다. 최근에 〈주익암선생사료전집朱翼庵先生史料專輯〉을 읽었는데 근대의 소산蕭山 주씨朱氏가 명대의 좋은 먹을 소장하고 있다고 한다. 그는 정군방 · 방우로 · 황창백黃昌伯 · 반방개 · 섭현경 등이 만든 먹 이외에 또 왕유현 · 오홍절 · 정부길 · 황창화 · 반방개 · 오문시 · 한용문韓龍門 · 정정로程正路(청초사람)의 것도 가지고 있다고 한다. 모든 먹은 각각 중량이 몇 냥 몇 전이 나가는지 밝히고 있는데 명대에 먹장의 이름을 고증할 수 있는 사람은 83명이다.

[211] 명대 《서광계수적徐光啓手跡》, 1962년 영인본.

[212] 방이지方以智 《통아通雅》 권31.

[213] 명 《서계광수적》, 1962년 영인본.

[214] 28색이란, 즉 백방지白榜紙 · 중협지中夾紙 · 감합지勘合紙 · 결실방지結實榜紙 · 소개화지小開化紙 · 정문지呈文紙 · 결연삼지結連三紙 · 면련삼지綿連三紙 · 백련칠지白連七紙 · 결련사지結連四紙 · 면련사지綿連四紙 · 모변중협지毛邊中夾紙 · 옥판지玉板紙 · 대백록지大白鹿紙 · 등피지藤皮紙 · 대저피지大楮皮紙 · 대개화지大開化紙 · 대호유지大戶油紙 · 대면지大綿紙 · 소면지小綿紙 · 광신청지廣信靑紙 · 연칠지連七織 · 연산주본지鉛山奏本紙 · 죽련칠지竹連七紙 · 소백록지小白鹿紙 · 소호유지小戶油紙 · 방방지方榜紙 · 소저피지小楮皮紙를 말한다.

[215] 11색이란, 즉 대백방지大白榜紙 · 대중협지大中夾紙 · 대개화지大開化紙 · 대옥판지大玉板紙 · 대용력지大龍瀝紙 · 연산본지鉛山本紙 · 대청방지大靑榜紙 · 홍방지紅榜紙 · 황방지黃榜紙 · 녹방지綠榜紙 · 조방지皀榜紙이다. 이전 원고에 의거했다.

[216] 청대 사람 무명씨의 《지서紙書》 원고본에 의거하는데 분류를 정리해 놓았다.

[217] 《소실산방필총》 갑부甲部 〈경적회통〉 4.

[218] 《민부소閩部疏》.

[219] 《오잡조五雜组》 권12.

[220] 청나라 장이기張爾崎의 《호암한화蒿庵閑話》.

[221] 명나라 심방沈榜의 《완서잡기宛署雜記》.

[222] 명나라 유약우劉若愚의 《내판경서기략內板經書記略》. 명반은, 즉 백반으로 밀가루 속에 넣으면 부패하지 않는데 현재 장정공들도 이를 그대로 따라 하고 있다. 남견과 황견은 함을 만드는 데 사용되었다. 이 절의 필묵에 관해서는 사국정謝國禎 선생의 《명대사회경제사료선편》 제5절 문구를 참조했다. 숫자는 풍보빈馮寶彬 교정 《작중지酌中志》를 참고했다.

[223] 이전 원고에서는 인용부호를 표시하는 것을 잊어버리고 안했는데 본서에서 인용부호가 있는 곳은 모두 근거가 있는 말이다. 옹정미翁正米 · 두개두价는 《침고沈故》 참조.

[224] 청나라 주자소朱子素 《가정도성기략嘉定屠城記略》에 청나라 군대는 "가정 성의 사람을 도륙하니 성 안팎으로 죽은 자가 2만여 명"이라는 기록이 있다.

[225] 청나라 한담韓菼의 《강음수성기江陰守城記》 하에 청나라 군대가 "강음을 파 괴하니 성내외에 죽은 자가 17만 2천여 명이었다"는 기록이 있다.

[226] 전부 훼손된 서목은 2,453종이며 뽑아서 일부 훼손된 것은 402종이다. 군기 처에 8년간 제출된 판은 68,000여 편으로 그중 5만여 편은 쌍면 판각이며 그 두께는 4~5푼이어서 삽으로도 쓰기 곤란해 대부분 땔감이 되었다. 천 근당 가격은 겨우 은 2냥 7전에 팔려 유리공장의 땔감이 되었다.

[227] 이상은 대부분 양계초의 《청대학술개론》에 의거했다.

[228] 《거이록居易錄》 권14.

[229] 청나라 노구고魯九皋의 《노산목선생문집외집魯山木先生文集外集》 권1.

[230] 조선에서는 책이 없으면 사신들이 책제목을 써가지고 와 가격이 비싼 것에 개의치 않고 구매해 돌아갔다. 건륭 60년 미얀마의 조공사신인 맹간孟干이 북경에 와서 《어찬오경御纂五經》《강희자전》·《연감류함淵鑒類函》·《주자강 목朱子綱目》·《이시진본초李時珍本草》 등 십수 종을 사 가지고 귀국했다. 함 풍 7년, 월남의 등정성鄧廷誠은 왕명을 받들어 광동으로 와서 서적을 구매했 다. 이상은 청나라 강소서姜紹書의 《운석재필담韻石齋筆談》, 사범帥范의 《전계滇系》, 예홍倪鴻의 《동음청화桐蔭清話》 권4 참조.

[231] 도서목록은 천일각 소장 복본의 숫자는 1천 부 이상 달하는 것은 2백 부를 베껴 남겨 놓았고, 150부 이상에서 6백~7백 부 되는 것은 1백 부씩을 베껴 남 겨 놓았다.

[232] 《흠정국자감지》 권66, 그 안에 《통지》 1종이 있는데, 즉 12,286면面이 있다.

[233] 수도 홍원당은 건륭 3년에 새롭게 《만한자서경萬漢字書經》을 판각했다.

[234] 용광재 각자포는 양매죽사가楊梅竹斜街에 있었고, 문해재文楷齋 주인 유춘

생劉春生은 이 각자포의 일꾼이었다.

[235] 이문조의《유리창서사기》에는 또 성요당聲遙堂·숭□당崧□堂·명성당名盛堂·대초당帶草堂·동승당同陞堂·종성당宗聖堂·취수당聚秀堂·이유당·문금당文錦堂·문회당文繪堂·보전당寶田堂·경조당京兆堂·영금당榮錦堂·경유당經腴堂·굉문당宏文鴬·영화당英華堂·문무당文茂堂·취성당聚星堂·서운당瑞雲堂·문화당文華堂·문수당文粹堂·선월루先月樓·보명당寶名堂·서금당瑞錦堂·감고당鑒古堂·환문당煥文常·오류거 도씨·연경당·적수당·박고당 등 31곳이 있다.

[236] 양정정楊靜亭의《도문기략都門記略》(판심版心 제목은 도문휘찬都門彙纂임), 동치 계유년 봄에 간행되었으며 수도 명덕당 소장판이다.

[237] 청나라 장목張穆의《□재서찰시고 月齋書札詩稿》수고본手稿本.

[238]《강소성 명청이래 비각자료선집[江蘇省明淸以來碑刻資料選集]》.

[239]《서림청화書林淸話》권9에 오문 서방의 성쇠에 대해 언급했다. 황씨《사례거장서제발士禮居藏書提拔》에 의하면 건륭, 가정 시기에 소주서방은 상술한 서업당·유산당 외에도 경의재·오류거·췌고재·학여당·학산당·민구당·민사덕당·옥조당·중유당·숭선당·묵고당·유경당·문수당·예분당·묵립거·주수성서방朱秀成書坊·대현당·유경당·본립당이 있었다.

[240] 동치 연간《소주부지蘇州府志》권3 풍속.

[241] 방인필方人疋의〈광동각판기사廣東刻版紀事〉,《역대각서개황歷代刻書概況》에 게재. 인쇄공업출판사, 1991년.

[242]《원매가서수고袁枚家書手稿》친필, 국가도서관 소장.

[243]《청대문자옥당淸代文字獄檔》.

[244] 연결한 것이 큰 것은 한 개, 작은 것은 4, 5, 6개로 연결한 총 무게는 약 20근이다.

[245] 민국《불산충의향지佛山忠義鄉志》권6〈실업實業〉.

[246] Truong Van Binh, "Les fonds de livres en Han-Nom hors du Vietnam. Inventaire No.2: The Han-Nom books preserved in Leiden." BEFFO, Tome LXXV1, 1987, pp.403~416.

[247] 사수순謝水順의〈복건성의 도서간행에 관한 약술[略談福建的刻書]〉,《역대각서개황》, 인쇄공업출판사, 1991년, 479~488쪽.

[248] 청나라 양란楊瀾의《임정휘고臨汀彙考》.

[249] 이전 원고에 의거한다.

[250] 숭문서국의 누적된 서판은 14만 4,700편이고 그중에《구오대사舊五代史》·《신오대사》등의 판편은 중요문물로 현재는 호북성박물관에 소장되어 있다.

[251] 이 단락은 주로 정신丁申의《무림장서록武林藏書錄》권상,《광서21년절강관서국서목光緒二十一年浙江官書局書目》, 주사가朱士嘉의《관서국서목휘편官書局書目彙編》(1933),《고서조인발전간사古書雕印發展簡史》및 이전의 필기에 의거했다.

[252] 영국사람 맥도날드의 《티베트의 사진》, 원제는 《라마국喇嘛國》, 정보선鄭寶善 번역.

[253] 영국사람 맥도날드의 《티베트의 사진》, 원제는 《라마국》, 정보선 번역. 또 맥도날드의 《티베트 여행 20년》, 손매생孫梅生 역.

[254] J.-B. du Halde, Description geographique, Historique, chronologique, politique et physique de I'Empire de la Chine et de la Tartarie Chinoise. 1735, Paris, 제4권.

[255] J.-B. du Halde, A Description of the empire of China and Chinese-Tartary. London. 1738, V.l, p.373.

[256] Abbe Grosier, A general description of China. London, 1788, V.2, p.449.

[257] China: its costume, arts, manufacture, etc, London, 1824, V.2, p.73.

[258] William Milne, A retrospect of the first ten years of the Protestant mission to China. 1820.

[259] Chinese Repository. 1833, p.419.

[260] Chinese Repository. 1836, p.3.

[261] S. W. Williams, The Middle Kingdom. 1847, V.1, p.478.

[262] J. F. Davis China. 1857, V.2, p.176.

[263] Notes and Queries on China and Japan. 1868, V.2, p.79.

[264] China Review. 1874, V.3, p.16. 1885년, 아주문회亞洲文會(Journal of Royal Asiatic Society, North China Branch)에서 Hirth의 글을 발표했는데 그 중에 메이어의 이런 논술을 이용하고 있다.

[265] Chinese Recorder. 1875, V.6, pp.22~30.

[266] 한기韓琦 〈중국의 납판인쇄술〉, 《인쇄과학기술》(대만), 1990년, 제6권 제6 기, 32~35쪽. 《중국인쇄》, 1991년, 제31기, 83~86쪽. 《중국인쇄 사료선집·장 정과 보수》, 북경, 중국서적출판사, 1993년, 159~165쪽. 《중국인쇄연감》 (1991~1992), 인쇄공업출판사, 1993년.

[267] 장수민 《중국인쇄술의 발명과 그 영향》, 100~101쪽.

[268] 장서번호 Sin. 251, 2002년 봄에 한기가 발견했다.

[269] 1980년에 반현모潘賢模 선생이 미국에서 납판 광동 원문초 사진을 한 장 보 내주셨는데 이에 감사를 드린다.

[270] 반천정潘天禎 〈건륭·가경 연간에 인쇄된 일보日報 '제주사건題奏事件'의 발견〉, 《문물》, 1992년, 제3기, 82~91쪽

[271] 《개자원화전초집芥子園畫傳初集》 5권은 수수繡水의 왕안절王安節이 모사 하여 강희 18년에 호상湖上(이어의 호로 호상입옹湖上笠翁을 말함: 역주) 이 어李漁가 간행했으며 현지 아문장판이다. 《개자원화전이집芥子園畫傳二集》 8권은 수수의 왕안절·왕복초王宓草·왕사직王司直이 함께 모사하여 강희 신사년(1701)에 간행되었고, 매난국죽 4부는 1부당 2권으로 되어 있다. 《개자 원화전삼집芥子園畫傳三集》 4권은 왕안절·왕복초·왕사직이 같이 모사했으

며 강희 신사년에 간행되었다. 《초충화훼보艸蟲花卉譜》·《영모화훼보翎毛花卉譜》는 각각 2권이다. 자세한 것은 앞장 명대의 〈남경채인〉의 주석 중에 있다.

[272] 나이강羅爾綱 편 《태평천국인서太平天國印書》에 모두 40종을 수록했는데 《천조서天條書》와 《태평조서太平詔書》 두 종은 재판본이므로 합계는 42종이다. 《무략武略》과 《신유조서新遺詔書》 이외에 이미 발견된 태평천국의 인쇄 서적은 모두 이 안에 포함되었다.

[273] 이 단락은 주로 장수민의 《태평천국의 각서[太平天國的刻書]》에 의거했다. 《문물》1961년, 제1기 참조, 또 필자와 왕회암王會庵 선생이 합편한 《태평천국자료목록》, 상해인민출판사, 1957년 참조. 1982년 남경의 한 주택의 천장에서 홍수전의 '지준旨准'이라는 큰 목판 인쇄가 발견되었는데 두께 2.4cm, 11.7cm²였다. 가운데에는 '지준'이라고 두 글자가 있고 양측에는 용이 각각 서 있으며 위 아래에는 모두 쌍봉, 떠오르는 해, 해수운 문양이 있다. 태평천국에 관한 최신 연구는 왕경성王慶成의 《태평천국의 문헌과 역사: 해외 신문헌 간행과 문헌사사史事 연구》, 사회과학문헌출판사, 1993년, 《영인태평천국문헌 12종影印太平天國文獻十二種》, 중화서국, 2004년.

[274] 천국통행보초 석 장 중 한 장은 온전하지 않다. 절강성도서관의 유신전劉愼旃 선생이 특별히 보여 주셨는데 이에 특히 감사를 표시한다.

[275] 왕백민王伯敏 《중국회화사中國繪畫史》.

[276] Matteo Ripa, Memoirs of Father Ripa, during thirteen years' residence at the court of Peking in the service of the emperor of China. tr. Fortunato Prandi. London, 1855. Matteo Ripa, Matteo Ripa, peintre-graveur-missionnaire a la Cour de Chine. Taipei: Ouyu chubanshe, 1983. tr. by Christophe Commentale.

[277] 이 중국어판의 인쇄는 몹시 정교한데 황색 비단으로 표구를 했으며 책의 말미에는 강희제의 도장이 두 방 찍혀 있다. 중국과학원도서관과 국가도서관이 모두 소장하고 있다.

[278] 화소和素에 관해서는 A.W. Hummel, Eminent Chinese of the Ching Period 1644~1912. 1943, Vol. 1. 참조.

[279] 《강희조만문주비주절전역康熙朝滿文朱批奏折全譯》, 북경:중국사회과학출판사, 1996년, 808쪽.

[280] 상동 주, 810쪽.

[281] 상동 주, 813쪽.

[282] 상동 주, 889쪽.

[283] 상동 주, 889쪽.

[284] 상동 주, 907쪽.

[285] 프랑스 국립도서관 동방 수고부手稿部(Department des Manuscrits Orientaux)에 한 세트의 만문滿文 《어제피서산장시》(장서번호 Manchu Res

111)가 있다. 만문본滿文本의 열하 36경 목판화는 상술한 한문본과 완전히 같다. 한문과 만주어본 36경도는 당연히 마테오 동판화의 원본이다.

[286] 1713년 6월 2일과 1715년 11월 사이.

[287] Paul Pelliot, "Les influences européennes sur l'art chinois au XVIIe et au XVIIIe siècle," Paris: Imprimerie Nationale, 1948년. 참조.

[288] 파리국립도서관 도편부(Departement des Estampes)에 36폭 피서산장 동판화책이 소장되어 있는데 매 폭의 그림 왼쪽에 설명이 있다. 소장품 번호는 Hd 90 Res다. 이 그림책은 펠리오가 본 듯하다.

[289] 펠리오는 유럽에 있는 5부에 주의했는데 한 부는 비엔나에, 한 부는 런던의 한 서점에 소장되어 있다고 했지만 어디인지는 거론하지 않았다. 폴 펠리오의 "Les influences européennes sur l'art chinois au XVIIe et au XVIIle siècle," Paris:Imprimerie Nationale, 1948, p12. 참조. 런던에 두 세트가 소장되어 있는데 한 세트는 펠리오가 본 것이고 현재 대영박물관(British Museum)에 소장되어 있는데 펠리오가 쓴 문장에 역시 제사題詞가 있다. 또 다른 한 세트는 대영도서관(British Library)에 소장되어 있는데 장서번호는 15255 e.19다. 역시 36폭 동판화다. 그러나 한문 표제는 없다. 단지 한 폭의 그림 가운데 '천원석벽泉源石璧'이라는 넉자가 있어 대영박물관 소장품과 같지만 배열 순서는 다르다. 로마 바티칸 교황청 도서관에 역시 한 세트가 소장되어 있다.

[290] Basil Gray, "Lord Burlington and Father Ripa's Chinese engravings," Studies in Chinese and Islamic art (London: The Pindar Press, 1985), Vol. 1, pp.82~86. 참조

[291] Christophe Comentale, "Les recueils de gravures sous la dynastie des Ch'ing: la série des eaux-fortes du Pishu Shan-Chuang, analyse et comparaisons avec d'autres sources contemporaines, chinoises et occidentales," Echanges culturels et religieux entre la Chine et I'Occident, Actes du VIIe Colloque International de Sinologie de Chantilly, Taipei-Paris: Ricci Institu, 1995, pp.81~111.

[292] 한기韓琦의 《중서中西 문헌으로 본 마테오의 궁정활동》 참조. in Matteo Ripae il Collegio dei Cinesi(Atti del Colloquio Internazionale, Napoli, 11~12 febbraio 1997) eds. Michele Fatica and Francesco D'Arelli(Napoli, 1999), pp.71~82.

[293] 강희 《황여전람도皇輿全覽圖》 동판, 독일인 폭스 고증에 의거함. 《건륭13배지도乾隆十三排地圖》·《건륭평정회부득승도乾隆平定回部得勝圖》에서 《연경개교략燕京開教略》원문 인용, 모두 풍보림馮寶琳 선생이 보여 주었는데 여기서 특별히 감사드린다.

[294] 펠리오의 《건륭서역무공도고증乾隆西域武功圖考證》 참조. 풍승균馮承鈞 번역 《서역남해사지고증역총6편西域南海史地考證譯叢六編》 참조, 중화서국, 1956년. 섭숭정聶崇正 《〈건륭평정준부회부전도乾隆平定准部回部戰圖〉와 청

대의 동판화〉,《文物》, 1980년, 제4기. Michele Pirazzoli-T'serstevens, Gravures des Conquétes de l'empereur de Chine K'ien-Longau Musée Guimet.1969. 한기韓琦《서양 동판술의 전래 및 그 영향[西方銅版術的傳入及其影響]》,《인쇄과기印刷科技》대만)에 게재, 1991년, 제7권 제6기, 21~29쪽, 또《중국인쇄사료선집·장정과 보유補遺), 중국서적출판사, 1993년, 388~400쪽. 서양 동판화에 관해선 또《중국의 양풍화》展-명말부터 청시대의 회화·판화·삽화본》, 도쿄. 마치다[町田]시립국제판화미술관, 1995년.

[295] 중국과학원도서관에 도광동판전도道光銅版戰圖 한 판이 현존하는데 내부內府에서 조각한 것이다. 영국대영박물관에 동판 1판이 소장되어 있고 그 뒷면에는 '내무부內務府'라고 쓰여 있다.

[296] H. Bernard, "Deux Chinois du XVIIIème siècie à l'ecole des physiocrates Français," Bulletin de l'Université l'Aurore, 1949, p.151~197.

[297] Memoires concernant l'histoire, 1es sciences, 1es arts, 1es moeurs, 1es usages, & c. des chinois. 1776, Tom l. 서언序言.

[298] 조학민《본초강목습유》권1, 수부강수조水部強水條, 상무인서관, 1955년 재판본.

[299] 장자고張子高《조학민〈본초강목습유〉저술 연대 및 중국에서 처음으로 초산을 이용하여 동판 조각에 관한 일을 논함〉,《과학사집간集刊》, 1962년, 제4기.

[300] 천한부차산인天漢浮槎散人《추평신어秋坪新語》권3.

[301] 이 작은 책은 북경도서관 중국인본 서적 전람회에 출품되었다. 또한 북경문화전北京文華殿과 일본 홍루몽紅樓夢 전람회에도 참가한 적이 있다. 오랜 동료인 장서가 장신부張申府 선생이 완전히 똑같은 크기의《사서》작은 상자 하나를 갖고 있는데 같은 날에 구매한 것이다.

[302] 광주廣州에 거주한 미국의 윌리암스(Samuel Wells Williams, 1812~1884)는 1833년에 "지난 계절에 석판인쇄소를 광주에 설립했다. 우리는 인쇄소가 성공적으로 운영될 것이라는 것을 알고는 기뻤다"고 했다.《Chinese Repository》. 1833. Vol. I, p.422. 참조.《양발梁發》전에 의거하면 도광 14년(1834) 영국 사신 나비아那椑亞(원명을 확인할 수 없음-역주)가 광주에 석판인쇄를 사용하여 포고했다.

[303] W.H. Medhurst, China: Its State and Prospects. 1838 및 A. Wylie, Memorials of Protestant Missionaries to the Chinese. 1867. p.30 참조.

[304] 한기韓琦·왕양종王揚宗의《청말의 석인술》(《인쇄과기印刷科技》, 1990년, 제7권 제2기, 37~42쪽)에 의하면,《중국인쇄사료선집·장정과 보유補遺)에 수록됨, 제목은《석인술의 전래와 흥망성쇠》(중국서적출판사, 1993년, 358~367쪽). 로버트 모리슨과 석인에 관해서는 소정蘇精의《중문석인(1825~1873)(《서목계간書目季刊》, 1995년, 제29권 제3기, 3~13쪽) 참조.

[305] 방립중方立中〈80년내의 북경 견사회 인서관印書館〉《중프 한학연구소도서

관관간漢學硏究所圖書館館刊》수록. 제1호, 127쪽.

[306] 《양발梁發》.

[307] 과공진戈公振《영경독서기英京讀書記》, 《보학토론집報學討論集》 참조. 또 반현모潘賢模의 《아편전쟁 전날밤의 광주 마카오의 간행물》.

[308] 하성내賀聖鼐・뢰언우賴彦于의 《근대인쇄술》, 상무인서관, 1933년. 사매잠史梅岑의 《중국인쇄발전사》.

[309] Chinese Repository. 1835. pp.529~530.

[310] Specimen des Caracteres Chinois, gravues sur acier, fondus par Marcellin-Legrand.

[311] 장수민・한기 《중국활자인쇄사》 참조, 중국서적출판사, 1998년, 175~176쪽.

[312] 같은 해에 포티에의 L'Universe ou Histoire et description de tous les peuples라는 책이 출판되었는데 그중의 한자 역시 르그랑의 활자를 이용하여 인쇄했다. 책 모습은 한기의 〈17에서 19세기 전반부까지의 서양인이 중문활자를 연구제작한 역사〉 참조. 《인쇄과기印刷科技》, 1991년, 제7권 제5기.

[313] W. H. Medhurst, China: Its State and Prospects. London. 1838. p.556.

[314] W. H. Medhurst, China: Its State and Prospects. London. 1838. p.564.

[315] Specimen Typographique de l'Imprimerie Royale, 고미야마 히로시[小宮山博史: (1943년생, 서체 디자이너, 平成 명조체의 저자이자 인쇄사 연구자임: 역주)소장.

[316] S. Wells Williams, "Movable types for printing Chinese." Chinese Recorder. 1875. V.6.

[317] 책 제목은 Specimen of the Chinese Type Belonging to the Chinese Mission of the Board of Foreign Missions of the Presbyterian Church in the U.S.A. Macao. 1844.

[318] Chinese Repository. 1845. pp.124~129.

[319] Chinese Repository. 1835. p.530.

[320] Gilbert McIntosh, The Mission Press in China. 1895.

[321] Chinese Repository. 1851. pp.282~284. 여기서 거론한 《문헌통고》는 광동 불산佛山의 등씨鄧氏 성을 가진 인쇄공이 석활자를 사용해 인쇄한 책을 말한다.

[322] A. Wylie, Memorials of Protestant Missionaries to the Chinese. Shanghai. 1867. p.132.

[323] A. Wylie, Memorials of Protestant Missionaries to the Chinese에 의거한다. Shanghai. 1867.

[324] S. Wells Williams, "Movable types for printing Chinese" Chinese Recorder. 1875. V. 6. p.30. 장수민・한기 《중국활자인쇄사》, 183쪽.

[325] A.Wylie, Memorials of Protestant Missionaries to the Chinese. Shanghai. 1867. pp.139~140.

[326] S. Wells Williams, The Middle Kingdom. 1847. p.480.

[327] Gilbert McIntosh, The Mission Press in China. 1895. p.22.

[328] A. Wylie, Memorials of Protestant Missionaries to the Chinese. Shanghai. 1867. p.249.

[329] List of Chinese Characters formed by tile Combination of Divisible Type of the Berlin Font. 이 견본 목록 외에 갬블은 또 1861년에 상해에서 Two Lists of Selected Characters, containing all in the Bible and Twenty Seven otber Books, With Introductory Remarks를 출판했다. 1865년 상해에서 재판했다.

[330] S. Wells Williams, "Movable types for printing Chinese" Chinese Recorder. 1875. V.6.

[331] 1827년, 다이어는 중문활자를 연구제작하는 것에 주의했으며 또한 처음으로 병합활자를 만들었다. 그 《중교기서작인집자重校幾書作印集字》(1834)는 즉 병합활자를 말한다. 한기韓琦 〈19세기 중문병합활자 연구제작사 속고續考〉참조, 《중국인쇄사 학술심포지움 문집》, 인쇄공업출판사, 1996년, 444~455쪽.

[332] A. Wylie, Memorials of Protestant Missionaries to the Chinese. Shanghai. 1867. pp.51~53.

[333] Chinese Repository. 1833. p.414.

[334] 한기의 〈19세기 상반기 서양인의 중문활자에 관한 연구제작〉참조. 《중국인쇄사료선집(2). 활자인쇄원류》, 인쇄공업출판사, 1990년, 267-276쪽. 마시맨이 인도의 Serampore에서 선교하는 기간에 적지않은 중문 《성경》을 인쇄했는데 활자를 사용해 인쇄했다. 영국 케임브리지대학 도서관 《성경》부에 그가 당시 인도에서 인쇄했던 실물들이 많이 소장되어 있다.

[335] Chinese Repository. 1833. p.416.

[336] 영국에서는 소형 활자를 만들어 말라카에 보냈는데 이 활자 연구제작은 아주 성공적이었다. 1833년에 영국은 또 다른 활자 제작하는 방법을 사용했는데 (Chinese Repository. 1833. pp.416~417), 즉 먼저 글자를 새긴 판목을 준비하고 그런 후에 주조물을 부어서 납판을 만들고 잘라서 단독 활자로 만드는 것이다. 1834년에 이런 방법에 의거하여 이미 700개의 활자를 만들었다 (Chinese Repository. 1834. p.229).

[337] Chinese Repository. 1833. p.417.

[338] 영문표지에 다음과 같이 쓰여있다. "A selection of three thousand characters being the most important in the Chinese language. For the purpose of facilitating the cutting of punches and casting metal type in Chinese. Malacca Printed at the Anglo-Chinese College. 1834" 중국어로 번역하면 즉

"한문에서 가장 중요한 3천개 한자를 선록했다. 철자형을 깎고 금속활자를 주조하여 사용했다"는 뜻이다.

[339] Manual of Chinese Bibliography, being a list of works and essays relating to China. by P. G. & O. F. von Mollendorff, Shanghai, 1876. pp.73~74. 이 책은 다이어의 저서로 해야만 한다.

[340] 대략 8년 전이라 함은 1826년 전후일 것이다. 당시에 다이어는 아직 영국에 있었으며 이는 다이어가 동방으로 오기 전에 이런 생각을 했다는 것을 설명하는 것이다.

[341] W. H. Medhurst, China: its State and prospects. London. 1838. pp.555~556.

[342] 이상은 한기韓琦의 〈19세기 중문 병합활자 연구제작사 속고續考〉에 근거했다. 《중국인쇄사학술 심포지움 문집》, 인쇄공업출판사. 1996년, 444~455쪽.

[343] Chinese Repository. 1845. p.129.

[344] 콜은 두 가지 견본을 출판했는데 한 종류는 Specimen of Chinese Type, made by the London Missionary Society(Hongkong, 1849). 이는 런던회에서 제작한 대자 견본이다. 또 한 종류는 Specimen of Three-line Diamond Chinese Type made by the London Missionary Society(Hongkong. 1850)이다.

[345] Gilbert McIntosh, The Mission Press in China. Shanghai, 1895. p.22.

[346] 미화서관美華書館은 때로는 활자를 판다는 광고도 냈다.

[347] 갬블이 상해에 있는 동안 인쇄한 서적과 그의 사진 · 유물은 현재 워싱턴 미국 국회 도서관 중문 특별실에 보존되어 있다.

[348] 〈미국인 갬블 선생 일본에서 상해로 돌아오다〉《교회신보敎會新報》, 1870년 4월 16일, 제2권 제82책, 웅월지熊月之의 《서학동점과 만청 사회》, 상해인민출판사, 1994년, 482쪽.

[349] 송서경宋書卿 《미국인 갬블 선생 귀국 시 보내는 시와 서[送美國姜先生回國詩並序]》, 《교회신보》, 1869년 10월 2일, 제2권 제55책, 송서경은 미화서관에서 4년간 교정일을 보았고 갬블과 서로 잘 지냈다. 웅월지의 글에서 재인용한다.

[350] 허유참許維參 《미국인 갬블을 보내는 시[送美國辟理姜君詩]》, 《교회신보》, 1870년 8월 18일, 제2권 제98책, 앞에 인용한 웅월지 책에서 인용.

[351] 상세한 공예 묘사에 관해서는 Gilbert McIntosh, The Mission Press in China. Shanghai, 1895. p.20. 참조.

[352] Gilbert McIntosh, The Mission Press in China. Shanghai, 1895. 이 책 20쪽에 부록으로 사진 한 장이 있다.

[353] W. Gamble, Two lists of selected characters containing all in the Bible and twenty seven other books, with introductory remarks. Shanghai, Presbyterian Mission Press. 1861.

[354] A. Wylie, Memorials of Protestant Missionaries to the Chinese. Shanghai. 1867. p.249.

[355] 갬블 영문 서 참조. 갬블의 영문 소개에 의하면 한자의 제1류類는 필획 배열에 의거했는데 상용기본 한자 5,150개를 포함했다고 한다.

[356] 당연히 프랑스 인쇄공 M.-Legrand가 사용한 방법을 말한 것이다.

[357] 장정로張靜盧의 《중국근대출판사료초편》, 298~307쪽.

[358] 이 단락의 연활자에 관해서는 맥너(G.H. McNeur) 저, 호잠운胡簪雲 번역, 상해 광학회 중역의 《양발梁發》에 의거했다. 하성내賀聖鼐의 《중국인쇄술연혁사략中國印刷術沿革史略》, 《동방잡지》, 1928년, 제25권 제18호 참조. 또 하성내의 〈근대인쇄술〉, 왕운오王雲五의 〈중국의 인쇄〉, 《문화건설월간》 1934년, 제1권 제1기 참조. 정우淨雨 〈청대인쇄사소기小記〉, 《문화도서과계간文華圖書科季刊》 제3권 제4기 참조. 사매잠史梅岑의 《중국인쇄발전사》 참조. 오광청吳光淸의 K. T. Wu: "The Development of Typography in China during the nineteenth century" 미국 Library Quarterly, 1952년 참조. 이 글의 자료는 비교적 많아 하성내의 실수를 고칠 수 있다. 미국의 사무엘 윌리엄스의 《중국총론中國總論》(The Middle Kingdom. Vol. 1, p.480) 참조. 또 《중국문고中國文庫》Chinese Repository. Vol. III, pp.528~533, 1835년.

[359] A. Wylie, Memorials of Protestant Missionaries to the Chinese. 1867. p.34.

[360] 석인 《소엽산방서목掃葉山房書目》 419종.

[361] 상해 조문서국 석인 허경중許景澄 《서북변계도지명역한고증西北邊界圖地名譯漢考證》(광서 임인壬寅).

[362] 한기·왕양종王揚宗의 〈석인술의 전래와 흥망성쇠〉, 《중국인쇄사료선집·장정과 보유補遺》, 중국서적출판사, 1993년, 358~367쪽.

[363] 하성내賀聖鼐·뢰언우賴彦于의 《근대인쇄술》 요공학姚公鶴의 《상해한화上海閑話》에서 인용.

[364] 황식권黃式權 《송남몽영록淞南夢影錄》, 상해고적출판사, 1989년, 118쪽.

[365] 《광서 11년 상해 동문서국 석인 목록》, 또 동문에서는 석인 건상본巾箱本 《전문육경사서篆文六經·四書》를 간행했다.

[366] 점석재와 홍보재鴻寶齋에서는 《황청경해皇淸經解》를 나누어 간행했고, 비영관에서는 《고경해휘통古經解彙通》과 《황청경해속편皇淸經解續編》등 내용이 많은 대작 등을 간행했다.

[367] 이상은 모두 필자의 옛 원고에 의거했다.

[368] 《소엽산방발행석인정본서적목록掃葉山房發行石印精本書籍目錄》, 석인본 《여정지견전본서목郘亭知見傳本書目》 말미 부록 참조.

[369] 초병정焦秉貞이 그린 《경직도》는 문서루文瑞樓에서도 번각했다.

[370] 장철현張鐵弦의 〈만청시기의 석인화보를 간략히 논함〉 《문물》, 1959년, 제3기, 1~3쪽.

[371] 《중국근대공업사자료》, 제1집. 참조.

[372] 사네도우 게이슈[實藤惠秀]의 《중국인 일본유학사》, 삼련서점三聯書店, 1983년, 249~280쪽.

[373] 한기 · 왕양종의 《석인술의 전래와 흥망성쇠》 358~367쪽.

[374] 이세류李世瑜 《보권종록寶卷綜錄》.

[375] 문한文寒 《괴테와 호구전》, 1980.8.25 〈인민일보〉 참조.

[376] 포정박鮑廷博의 《지부족재총서知不足齋叢書》는 모든 집集이 8책冊으로 되어 있어 도합 32집이다. 1949년 전에 이 총서의 판각편이 소주도서관에 있었다. 사국정謝國禎의 《명청필기총담明淸筆記叢談》에서 이 책에는 두 가지 장점이 있다고 했는데 즉 "한 책에 수록된 것은 반드시 수미가 모두 갖추어야 하니 그것이 좋은 것의 첫 번째다. 반드시 교감을 정확하게 본 후에야 판각을 하여 한 두 글자의 오자도 없어야 하니 … 그것이 좋은 것의 두 번째이다"고 했다.

[377] 《지해》 전희조 생전에 12집을 판각했고 그의 아들이 계속하여 8집을 판각했다.

[378] 청나라 태의원은 11과로 분류했다. 즉 대방맥大方脈 · 소방맥小方脈 · 두진과痘疹科 · 상한과傷寒科 · 부인과 · 창양과瘡瘍科 · 침구과 · 안과 · 인후과 · 구치과口齒科 · 정골과正骨科다. 후에 두진과를 소방맥으로 병합했고 인후와 구치과를 한 과로 병합하여 9과가 되었다.

[379] 그 안에는 서와 목록판 421조각이 포괄되었고 불상 · 위타韋馱(사찰 도량을 수호하는 보살: 역주) · 용패판龍牌版은 포함되지 않았다. 또한 건륭이 798조각을 꺼내서 상자수는 718상자라고도 하고 권수는 7,240권, 혹은 7,238권이라고 한다. 《대청중각용장휘기大淸重刻龍藏彙記》 참조. 또 승려 범성范成의 《수정청장경고판가기修整淸藏經庫板架記》는 《미묘성微妙聲》 참조, 제5기.

[380] 《광명일보》, 1962년 6월 2일.

[381] 청 고종이 전 장경을 번역한 서에 이렇게 썼다. 《고궁전본서고현존목故宮殿本書庫現存目》 하책 인용 참조.

[382] 《소정속록嘯亭續錄》 권1.

[383] 연거燕居 《석문총지釋門叢識》, 〈미묘성微妙聲〉, 1936년, 제1기.

[384] 혜민慧敏 《열하현존의 만滿 · 몽蒙 · 장문藏文 대장경》, 〈해조음海潮音〉, 1935년, 제16권 제9호.

[385] 《성조중각번장경서聖祖重刻番藏經序》. 소위 양궁이란 강희의 어머니와 조모를 말한다.

[386] 청나라 화녕和寧의 《서장부주西藏賦注》, 가경 2년 간행본, 목록사는 대초사大昭寺(조캉사)의 북쪽, 소초사小昭寺의 동쪽에 있다.

[387] 청나라 송균松筠의 《추열음秋閱吟》 나이탕을 서양에서는 나상那桑 혹은 납상納商으로 번역한다.

[388] 《인민일보》, 1981년 3월 13일.

[389] 관덕동關德棟 《티베트의 전적典籍》, 《현대불학》, 1950년 12월, 제1권 제4기.

[390] 동치 8년 5월 25일 《총리아문작급미국서적곡종절總理衙門酌給美國書籍谷種折》 참조.

[391] 혁광突劻 광서 11년 절折 참조. 《삭방비승朔方備乘》 권13. 문정식文廷式 《순상자지어純常子枝語》 권3 "도광 연간에 러시아가 헌상한 서적이 지금 총리아문에 보존되어 있는데 680권 682호가 있다."

[392] 1949년 전후에 북경 동안시장 고서 판매대에서는 이런 잔본이 나왔다. 친구 장전신張全新 선생이 10여 책을 구매했다.

[393] 《몽고일사蒙古逸史》 (《몽사수필蒙事隨筆》 부록).

[394] 이 절은 서종택徐宗澤의 《명청기간에 예수회 선교사들의 역서 제요提要》에 대부분 의거했다. 또한 배화행裴化行의 《유럽 저서의 한문 번역》, 풍승균馮承均 역이 있다.

[395] 이 단락은 대부분 맥너(G. H. McNeur, 중국어 표기는 麥沾恩: 역주)의 저서 《양발梁發》에 의거했다.

[396] 국가도서관의 오랜 동료 이덕계李德啟 편 《만주문서목滿洲文書目》에 의거했다.

[397] 무명씨의 《몽고조사보고서蒙古調查報告書》 필사본 참조.

[398] 진록陳籙의 《몽사수필蒙事隨筆》 제2종 《주찰고륜일기駐扎庫倫日記》 권3.

[399] 내몽골사범학원 《몽문도서목록蒙文圖書目錄》에서 발췌, 1957년.

[400] 《인민일보》. 1976년 8월 10일.

[401] 《좌문양주고左文襄奏稿》 권56, 광서 6년 4월 신강新疆 선후사의절善後事宜 折을 처리했다.

[402] 말미 제題에 남승리직사南勝里直事 서序가 있는데 성명과 주소를 알 수 없다.

[403] 광서 8년 여해정余海亭이 번역본 제목 《한자혁청漢字赫聽》을 또 《흑청黑廳》으로 바꾸었다. 필자는 송각본 《혁청경》을 본 적이 있다.

[404] 아래의 페르시아 교본과 같이 모두 백수이白壽彝 선생의 《중국이슬람교사략》을 참조.

[405] 《명청간야소회사역저제요明淸間耶穌會士譯著提要》.

[406] 청대 동성桐城 오초원吳肖元의 《동자문로童子問路》 (도광간본) 〈범휘자례예선강명犯諱字例預宣講明〉 조條.

[407] 청대 동성桐城 오초원吳肖元의 《동자문로童子問路》 (도광간본) 〈범휘자례예선강명犯諱字例預宣講明〉 조條.

[408] 반현모潘賢模의 중국 현대화 신문업 초창기에 관해 쓴 〈아편전쟁 전야의 광주와 마카오 출판의 간행물〉에 의거했다. 《신문연구자료》 참조, 1980년, 제5집.

[409] 이진명李鎭銘 《저초邸鈔와 중국 신문의 탄생》 및 이전 기록.

[410] 이 절은 주로 과공진의 《중국보학사中國報學史》, 이진명의 《저초邸鈔와 중국 신문의 탄생》 및 이전 기록에 의거했다. 또 양보화楊寶華의 《북경도서관보지수장개황간개北京圖書館報紙收藏槪況簡介》에 의거했다. 수년 전에 소장된 것은 고금의 중국내외 신문 4천여 종으로 7만여 책의 합본이 있었다.

[411] 《청사고淸史稿 · 식화지오食貨志五》. 도광 6년의 쌀값은 강도江都 섭주葉舟의 《시초존산 詩草存刪》 참조.

[412] 《청사고 · 식화지오》.

[413] 오함吳晗 《독사찰기讀史札記》.

[414] 강희 《무석현지無錫縣志》 권10 《토산土産》. 또 무진문신武進門神은 청 《설채시문고본薛寀詩文稿本》 참조.

[415] 각 곳의 연화에 관해서는 곽미거郭味蕖 《중국판화사략中國板畫史略》, 진연교陳煙橋의 《화동민간연화華東民間年畫》, 아영阿英의 《중국연화발전사략中國年畫發展史略》, 《도화오목관연화桃花塢木版年畫》, 섭우신葉又新의 《유현민간목판연화의 전통 특징》, 구창윤仇昌胤의 《풍격이 독특한 면죽연화[風格獨特的綿竹年畫]》, 왕백민王伯敏의 《중국회화사》, 왕수촌王樹村의 《민간판화취산기民間版畫聚散記》 및 필자의 이전 기록이 있다.

[416] 영문명 Tbe Cause of the Riots in the Yangtse Valley, A Complete Picture Gallery. Hankow. 1891.

[417] 《일문화보근백년사日文畫報近百年史》, 제7집, 1954년 복제.

[418] 권말에 발跋이 있는데 돈황에서 출토되었다고 한다. 또 대중大中 연호가 있는데 모두 위조품이다. 모든 단자單字 아래에 뜻과 음이 주가 되어 있고 안에는 보로普魯가 있고, 또 진鎭 표標 영營 등의 명칭이 있는 것으로 보아 청대에 쓴 티베트문임을 알 수 있다

[419] 진국경陳國慶의 《고적판본잔설古籍版本淺說》, 요녕인민출판사 출판, 1957년.

[420] 강희 《강남통지》 권二 24 〈물산〉.

[421] 청나라 오건吳騫 《여당어내蠡塘漁乃》 친필원고본.

[422] 도광 《영도직례주지寧都直隷州志》 권12. 필자는 조덕수와 호학문 먹을 소장하고 있는데 거문고 모양과 팔뚝형 모양으로 검고 빛이 나며 아주 귀엽다. 또 김동심金冬心이 제조한 먹은 이미 친구에게 선물로 주었다. 모두 부심여溥心畬가 소장했던 것으로 북경에서 8월에 구매했다.

[423] 자세한 것은 《흠정대청회전사례欽定大淸會典事例》 권1199.

[424] 선지宣紙라는 명칭은 당나라 장언원張彦遠의 《역대명화기歷代名畫記》 권2에 보인다. 즉 "호사가들은 선지 1백폭을 놓고 밀랍을 사용하여 모사할 준비를 한다"고 되어 있다. 선지는 지금 경현의 소령小嶺 · 오계烏溪 두 곳에서 생산된다. 경현지는 금방金榜 · 노왕路王 · 백록自鹿 · 화심畫心(등심당澄心堂이라고도 함) · 나문羅紋 · 권렴卷簾 · 연사連四 · 공단公單 · 학서學書 · 산지

傘紙가 있으며 모두 이것으로 책표지를 했다. 천장千張·화지火紙는 대나무 위주고, 하포지下包紙·고렴高簾·의지衣紙는 모두 풀이 위주다. 《가경경현 지嘉慶涇縣志》참조.

[425] 청단유青檀榆과로 다년생이며 목본이다. 섬유가 가늘고 세포벽이 얇으며 먹을 흡수하는 성질이 강하고 항노화로 수명이 길다.

[426] 호온옥胡韞玉《선지설宣紙說》, 1923년 스스로 편찬한 《박학재총간朴學齋叢 刊》문집 제3책 중.

[427] 강희 《회강지回疆志》참조.

[428] 영국 맥도날드의 《티베트 여행 20년》, 제15장, 상무인서관 번역본.

[429] 과공진 《중국보학사中國報學史》.

[430] 건륭 《선화부지宣化府志》 권41.